U0930132

2011 世界商务发展动态

上海市商务委员会
上海科学技术情报研究所

上海科学技术文献出版社

图书在版编目（CIP）数据

2011世界商务发展动态/上海市商务委员会，上海科学技术情报研究所编著. ——上海：上海科学技术文献出版社，2011.12

ISBN 978-7-5439-5147-1

Ⅰ. ①2… Ⅱ. ①上… ②上… Ⅲ. ①贸易发展—研究—世界—2011 Ⅳ. ①F731

中国版本图书馆CIP数据核字（2011）第267468号

责任编辑：忻静芬

2011世界商务发展动态

上海市商务委员会 上海科学技术情报研究所 编著

*

上海科学技术文献出版社出版发行

（上海市长乐路746号 邮政编码 200040）

全 国 新 华 书 店 经 销

上海市北印刷（集团）有限公司印刷

*

开本787×1092 1/16 印张31.25 字数581 340

2011年12月第1版 2011年12月第1次印刷

印数：1-1800

ISBN 978-7-5439-5147-1

定价：150.00元

http://www.sstlp.com

编审委员会

前　言

“十二五”期间是上海实现经济转型和新一轮产业结构战略调整升级的关键时期，服务业发展更是关系上海未来长远发展的战略性任务，加快发展服务业是上海建设国际经济、金融、贸易、航运中心的必然要求，是构建以服务经济为主产业结构的重要途径，也是落实科学发展观、转变经济发展方式的必然选择。

近十多年来，在经济全球化、网络化和信息化的推动下，世界商务领域发生重大变化，呈现出若干新动向、新特点；商务领域覆盖范围逐步拓展，经营和服务模式以及业态创新层出不穷。后金融危机时期，随着世界经济缓慢恢复，主要经济体对外贸易出现恢复性增长，国际贸易回升态势显著，全球商品和服务贸易继续显示出对世界经济增长较强的拉动作用。发达国家仍处国际商贸主导地位；而与此同时，新兴市场国家，尤其是中国、印度、俄罗斯和巴西在国际贸易体系中的地位进一步增强。2010年，受到各主要经济体及时推出的大规模经济刺激计划的提振，世界经济较为迅速地走出了衰退，全球国内生产总值（GDP）的增速从2009年的–2.1%恢复到3.9%，接近危机前的最好水平。但是，由于遭受危机重创的发达经济体，尤其是美国，其总需求的增长尚需要较长的时间来恢复；此外，欧元区的主权债务及银行系统中存在的问题远比先前预期的要严重；再加之日本经济受到地震与海啸的影响，以及中东和北非地区的社会与军事动荡给国际石油市场带来的不确定性等因素的存在，2011年世界经济增长的步伐已经较之于2010年有所放缓，复苏进程显现疲态。就全球贸易总量而言，发达经济体贸易恢复缓慢，发展中经济体回升显著；世界银行的数据显示，2010年1～10月，高收入国家的出口量年增长率为10.4%，而发展中国家则达到15.5%。随着全球经济环境改善、消费者和投资者信心回稳、市场需求回暖，食物、金属、能源等初级产品价格开始全面攀升上涨。大宗商品期货交易市场量价齐升。2010年以来，全球外商直接投资的回升主要受发展中国家和转型经济体带动，发展中国家和转型经济体首次吸引全球过半数的FDI流入，未来这一态势将得以延续。跨国并购整体规模重拾升势，制造部门并购规模企稳回升，服务部门并购呈现跨界融合态势。一系列动向表明，世界商务已成为全球经济复苏和发展的重要动力。

日前，我国《"十二五"现代服务业发展规划》（下称《规划》）基本框架已形成，《规划》明确提出，要把推动服务业大发展作为产业结构优化升级的战略重点，深刻理解加快发展服务业对转方式、调结构的重要战略意义，适应产业结构优化升级新要求，全力推进我国服务业现代化进程，开创服务业大发展的新局面。《规划》基本确定两条主线八大方向。一是要大力发展面向生产的服务业，包括金融服务业、现代物流业、高技术服务业、商务服务业等；二是要规范提升面向生活的服务业，大力发展商贸服务业、家庭服务业、旅游业、体育产业等。其中现代物流、商务服务业、商贸服务业将构成我国商务领域发展的重点方向。

2011年，上海市商务委员会委托上海科学技术情报研究所立项开展的"世界商务发展动态研究" 进入第二年，本着"研究国外、结合国内、针对上海"的精神，遵循宏观性、前瞻性、新颖性、针对性原则，从国际贸易、投资合作、商业流通、政策法规以及商务模式创新和商务集聚区发展两大专题入手，研究世界商务领域总体发展态势、特点以及国外发展经验对我们的启示。研究成果向社会公开，作为政府部门转变职能，服务上海、服务长三角、服务全国的一项工作，为有关部门领导和管理人员，以及研究机构、大学和企业提供参考。

由于本项目是首次开展研究，而商务领域涉及面广、资料繁多、信息量大，虽然研究人员在探索中尽可能收集国内外最新资料，不少都是第一手文献，但仍难免有疏漏和不妥之处。为此，热忱欢迎各界提出宝贵意见和建议，以便我们不断改进和提高。

编者

2011年10月

Preface

The "Twelfth Five-Year" Plan period is the critical period for Shanghai to realize economic restructuring and a new round of industrial structure adjustment and upgrade strategy. Developing service industry is the strategic task for Shanghai's long-term development; accelerating the development of service industry is the inevitable requirement for Shanghai to be the international economic, financial, trade and shipping center, the important means to build the industrial structure which focuses on service economy and the inevitable choice to implement the scientific outlook on development and transform the mode of economic development.

Over the past decade, driven by economic globalization, networking and informatization, world business experienced significant changes, showing a number of new trends and new features. Business gradually has wider coverage area; management and service models and business innovation emerge one after another. After the financial crisis, along with the recovery of world economy, foreign trade has increased continuously in major economies, international trade is in a significant upward trend and world trade in goods and services continue to promote the growth of world economy. Developed countries still dominate international trade; the position of some emerging countries, especially China, India, Russia and Brazil has further enhanced in the international trading system. In 2010, driven by the timely large-scale economic stimulus plan introduced by major economies, the world economy quickly got out of the recession; the growth rate of the world' s gross domestic product (GDP) increased to 3.9 from -2.1% in 2009, close to the best pre-crisis level. However, some crisis-hit developed economies such as the United States still need long time to increase its total demand. In addition, sovereign debt in the euro zone and the problems existing in the banking system are more serious than previously expected; coupled with that the Japanese economy affected by the earthquake and tsunami and the uncertainty of international oil market because of the social and military upheaval in Middle East and North Africa, the growth rate of world economy slows down in 2011 than 2010 and the recovery process weakens. In terms of global trade volume, the recovery of trade in developed economies is slow and that in developing economies is notable. World Bank data show that from January to October, 2010, the annual growth of exports in high–income countries was 10.4%, while the growth rate reached 15.5% in developing countries. With the improved global economic environment, consumer and investor were confident, market demand increased and the price of food, metals, energy and other commodity began to rise. Commodity forward exchange and commodity market volume both increased. Since 2010, the increase of global foreign direct investment has been mainly driven by developing countries and transition economies; developing countries and transition economies attracted more than half of global FDI inflows for the first time and this trend would continue in the future. The overall scale of cross–border mergers and acquisitions enlarged, the scale of manufacturing sector mergers and acquisitions raised, mergers and acquisitions in service sector showed an integration trend. A series of trends showed that world business has become an important driving force for the recovery and development of the world economy.

Recently, the basic framework of the "Twelfth Five–Year modern service industry development plan" (hereafter refer as the Plan) has formed. The Plan stated that we should take promoting the development of service sector as the strategic focus for industrial structure optimization, deeply understand the importance of accelerating the development to the service sector to mode transformation and structure adjustment, adapt to new requirements of the upgrading and structural optimization of industry, promote the modernization of China' s service industry and create a new situation of the great development of service industry. The Plan determined two principle lines and eight basic directions. First is to vigorously develop production–oriented services, including financial service industry, modern logistics industry, high–tech service industry, business service industry, etc.; second is to standardize and upgrade life–oriented service, to develop business and trade service industry, family service industry, tourism and sports industry. Among them, modern logistics, business service industry, business and trade service industry will be the key directions for China' s business development.

Shanghai Municipal Commission of Commerce authorized Institute of Scientific and Technical Information of Shanghai to develop the "dynamic study of world business development" and 2011 is the second year of this study. Abiding by "study abroad, combine China, focus on Shanghai" sprit and upholding the macro, forward-looking, novelty and target-oriented principles, the study started with international trade, investment cooperation, commercial circulation, policies and regulations, business model innovation and the development of business start gathering area; studied the overall development and characteristics of world business industry and the inspiration of overseas development to China. The research result is open to the public; it is one part for the government departments to change its functions to serve Shanghai, the Yangtze River Delta and the whole nation; it is also serves as the reference for leaders and managers, research institutions, universities and enterprises.

The project is researched and written for the first time. Businesses cover a wide range of information and data; although researchers collected the latest information at home and abroad as much as possible and many of them are first-hand documents, there are still some omissions and improprieties. To this end, we warmly welcome valuable comments and suggestions so that we can continuously make improvement.

Editor

October, 2011

目　录

第十三章 政府市场监管和公共服务体系建设

第十四章 网络环境下的商务模式创新

第十五章 世界商务集聚区发展研究

Contents

Section II: International Convention and Exhibition Center

Chapter V: International trade protection and trade friction

Chapter VI: Development of foreign direct investment

Chapter VII: International investment environment

Chapter VIII: International investment cooperation and Cross-Border Merger & Acquisition

Chapter IX: Development of commercial wholesale industry

Chapter XV:Study of world business agglomeration

第一章 世界商务总体发展动态

一、世界商务发展的经济环境

（一）世界经济复苏的不确定性增加

2009 年由美国次贷危机引发的国际金融危机导致世界经济陷入战后最严重的衰退，对现行国际经济金融体系、全球经济治理结构造成严重冲击，世界经济增长出现巨大的波动。2010 年，由于各主要经济体及时推出的大规模经济刺激计划，世界经济较为迅速地走出了衰退，全球国内生产总值（GDP）的增速从 2009 年的 -2.1% 恢复到 3.9%，接近危机前的最好水平（见表 1.1）。但是，由于遭受危机重创的发达经济体，尤其是美国，其总需求的增长尚需要较长的时间来恢复；此外，欧元区的主权债务及银行系统中存在的问题远比先前预期的要严重；再加之日本经济受到地震与海啸的影响，以及中东和北非地区的社会与军事动荡给国际石油市场带来的不确定性等因素的存在，世界经济增长的步伐已经较之于 2010 年有所放缓，复苏的不确定性增加。

据联合国贸易与发展委员会（UNCTAD）报告《2011 年贸易与发展报告》（Trade and Development Report 2011）的预测，2011 年世界 GDP 的增长率将下降到 3.1%，其中，发展中国家的经济增长率（约 6.3%）仍然远高于发达经济体（约 1.8%），而转型经济体——独联体国家的经济增长率介于两者之间，接近 4.5%（见表 1.1）。

对于发达经济体而言，当今的经济复苏具有“无就业的增长（jobless growth）”的特征，尤其是美国在 2010 年的失业率高达 10%，其就业的困境以及停滞增长的薪资进一步抑制了消费，再加上家庭财富净值的下降（因次贷泡沫的破裂而大量出现的负资产房主），削弱了经济复苏的基础。其次，为应对危机而实施的刺激政策引致的政府财政赤字以及公共债务形势使得诸如“量化宽松”的货币政策和财政政策难以为继，相对紧缩的政策势在必行，这将加速信贷条件的收紧。这些危机中必然出现的阵痛使得发达经济体需要一定的时间来实现经济的全面复苏，近期的增长放缓是在所难免的。

相反，发展中经济体的复苏和相对稳定的增长则主要得益于一些反经济周期的措施，以及自 2009 年中期以来的大宗商品价格和真实薪资水平的提高；此外，最为重要的是，发展中国家的金融体系几乎没有受到这次金融危机的影响，这些经济体的国内需求能够得到国内信贷的支持。相对而言，在这次危机的复苏中，发展中国家的经济复苏动力主要来自国内市场的扩张，因此，其经济增长速度较为稳定，这方面较为显著的国家有中国、印度等。与发展中国家的情况相似，大部分独联体中的转型经济体其经济增长也主要得益于投资的复苏以及相对强劲的国内需求的增长。除此之外，这些转型经济体中的燃料和矿石出口大国如俄罗斯、乌克兰、哈萨克斯坦等还受惠于相关商品贸易条件的改善。

尽管发展中和转型经济体的经济增长总体来说较为稳定，但是由于发达经济体依然处于缓慢调整状态，其增长动力尚未形成，近期世界经济要实现全面复苏尚有待时日。

表 1.1　2003-2011 年世界经济增长情况

%

地区 / 国家	2003	2004	2005	2006	2007	2008	2009	2010	2011
世界经济增长率	2.7	4.1	3.6	4.1	4.0	1.7	-2.1	3.9	3.1
发达经济体	1.9	3.0	2.5	2.8	2.6	0.3	-3.6	2.5	1.8
日本	1.4	2.7	1.9	2.0	2.4	-1.2	-6.3	4.0	-0.4
美国	2.5	3.6	3.0	2.6	2.1	0.4	-2.6	2.9	2.3
欧盟（EU-27）	1.4	2.5	2.0	3.2	3.0	0.5	-4.2	1.8	1.9
欧元区	0.8	2.2	1.7	3.1	2.8	0.5	-4.1	1.7	1.8
德国	-0.2	1.2	0.8	3.4	2.7	1.0	-4.7	3.6	3.0
法国	1.1	2.5	1.9	2.2	2.4	0.2	-2.6	1.5	2.1
意大利	0.0	1.5	0.7	2.0	1.5	-1.3	-5.0	1.0	0.9
英国	2.8	3.0	2.2	2.8	2.7	-0.1	-4.9	1.3	1.3
东南欧与独联体	7.2	7.7	6.5	8.3	8.6	5.4	-6.7	4.1	4.4
俄罗斯	7.3	7.2	6.4	8.2	8.5	5.6	-7.9	4.0	4.4
发展中国家	5.4	7.5	6.9	7.6	8.0	5.4	2.5	7.4	6.3
非洲	5.2	8.0	5.3	6.0	5.9	5.4	1.8	4.4	3.5
南非	2.9	4.6	5.3	5.6	5.5	3.7	-1.8	2.8	4.0
拉美和加勒比	1.8	5.8	4.6	5.5	5.6	4.0	-2.2	5.9	4.7
墨西哥	1.4	4.1	3.3	4.8	3.4	1.5	-6.5	5.5	4.0
巴西	1.1	5.7	3.2	4.0	6.1	5.2	-0.6	7.5	4.0
亚洲	6.9	8.1	8.1	8.7	9.1	5.8	4.2	8.3	7.2

（续表）

地区 / 国家	2003	2004	2005	2006	2007	2008	2009	2010	2011
中国	10.0	10.1	11.3	12.7	14.2	9.6	9.1	10.3	9.4
印度	8.4	8.3	9.3	9.4	9.6	5.1	7.0	8.6	8.1
大洋洲	2.4	2.0	2.2	1.4	2.8	2.5	1.4	2.9	3.5

数据说明：2011 年数据为预测值

资料来源：UNCTAD. Trade and Development Report 2011, Sep.6, 2011

（二）世界金融稳定性进程出现反复

金融体系及其所包括的各种金融工具具有动员和聚积储蓄、事先对潜在的投资提供信息、对投资进行监控和执行公司治理的功能，除此之外，还可以促进贸易发展、确保业务多元化、分散风险，并有利于商品和服务交易。因此，世界金融发展和金融稳定是全球商务服务业健康、可持续发展的必要条件之一。这次肇始于美国银行系统的经济危机，其负反馈作用使得全球金融系统进入异常不确定时期，成为经济复苏的大碍，也影响了全球商务服务业的发展。

自 2010 年 4 月以来，全球金融稳定的进程出现倒退。经济危机的演进增加了发达经济体银行和主权资产负债表的脆弱性，突出表现为欧洲主权债务市场的动荡。此后，由于政策制定者采取强有力的应对措施，资金市场得以暂时保持稳定、系统性风险在一定程度上得以降低，金融形势有所改善。2011 年，全球金融稳定的进程依然不容乐观，全球金融体系遭受了一系列冲击，如欧元区外围国家出现新的市场动荡，美国的主权信用遭降级。国际货币基金（IMF）2011 年 9 月期《全球金融稳定性报告》较为系统地考察了两年多来世界金融稳定性变化的情况，相对于 2011 年 4 月，除了货币与财政政策环境没有变化以外，市场主体的风险承受力降低了，而全球宏观经济风险、信用风险、市场与流动性风险以及新兴市场风险均有所增加，表明世界金融稳定性的进程出现反复（见图 1.1）。

在欧元区，主权债务压力可能重新引发银行体系与实体经济之间的负反馈循环。据 IMF 估计，自 2010 年发生主权债务危机以来，来自高利差国家的欧洲区主权信用压力对欧盟银行业造成直接影响的规模约为 2000 亿欧元，这表明在过去的两年间主权信用风险上升。而且，这一后果还将通过高度关联和杠杆化的金融机构网络进一步放大；如果计入对同一国家的银行间风险敞口，则其溢出风险效应规模将增加约 50%。欧美一些银行已经丧失进入私人融资市场的机会，除非采取足够的行动从源头上解决主权风险并提高银行的稳健性，否则更严重的去杠杆化、信用收缩将加剧整体经济风险，对全球商务发展的全面繁荣带来负面影响。

对于新兴经济体而言，由于相对明朗的增长前景和较为强健的经济基本面，其资本流入保持稳定增长，由此推动国内流动性和信用扩张，但是这一态势的发展对于那些国内政策宽松的国家，其经济过热、金融失衡、信贷质量恶化的压力将严重影响整个新兴经济体的金融稳定，增加新兴市场的风险，阻碍其商务服务业复苏的步伐。

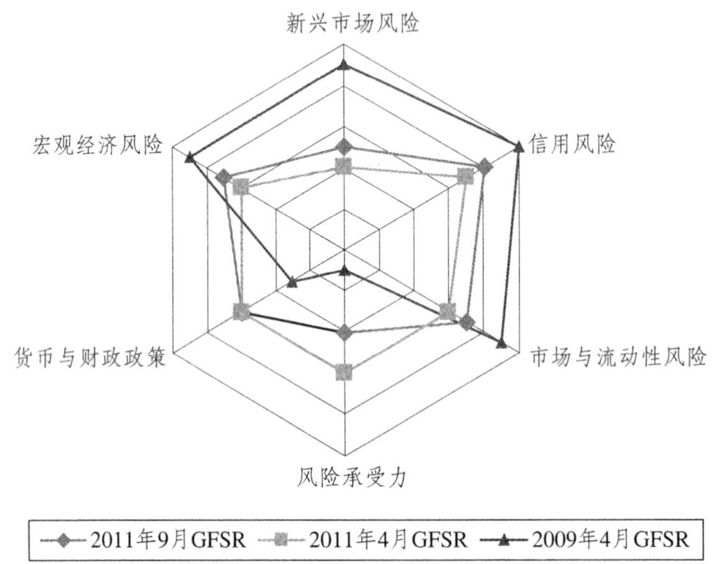

图 1.1　世界金融稳定性变化情况

资料来源：IMF. Global Financial Stability Report（GFSR）: Grappling with Crisis Legacies, Sep. 2011

（三）世界通胀呈现抬头趋势

商务服务业的全球化发展与各经济体和全球性通胀之间的相互影响机制目前仍然是一个有待探索的问题。在这次经济危机发生前的近 20 年间，无论是发达经济体还是新兴和转型经济体的通胀水平均呈现缓慢下降的趋势。但是，自 2008 年以来，发达经济体除了短期内的通胀水平有所提高以外，其消费者物价水平或通胀率均保持在较低的水平；与此相反，在全球化生产体系、全球性市场竞争和全球金融一体化环境下，由于显著的经济增长预期以及发达经济体实施的低利率或零利率政策而转移来的资金，新兴和转型经济体的消费者物价水平或通胀率却保持在高位水平，如 2011 年其通胀率的中位值预计为 6.2%，而发达经济体仅为 3.1%（见表 1.2）。

尽管在一定范围内的通胀水平对于刺激经济增长具有积极的影响，但是居高不下的消费者物价水平或通胀率对于经济可持续发展的危害已经是人们的共识。高通胀率将削弱消费者的购买力，从而抑制消费；高通胀率将影响货币的内外价值，由此影响一国的贸易条件，这对于制造业和商务服务业均有较大的负面影响。只有适度的物价和通胀水平才有利于经济增长和商务服务业的繁荣。因此，国际清算银行（BIS）在其《第

81 期年报》（81st Annual Report, 2011.6）中指出，近一阶段时期内，通胀是全球经济复苏的主要风险，尤其是对于新兴和发展中经济体更是如此。

表 1.2　1993-2011 年全球通胀水平变化情况

%

地区 / 国家	1993-2002 平均值	2003	2004	2005	2006	2007	2008	2009	2010	2011
消费者物价										
发达经济体	2.2	1.9	2.0	2.3	2.4	2.2	3.4	0.1	1.6	2.6
美国	2.5	2.3	2.7	3.4	3.2	2.9	3.8	0.3	1.6	3.0
欧元区	2.1	2.1	2.2	2.2	2.2	2.1	3.3	0.3	1.6	2.5
日本	0.2	0.3	0.0	0.3	0.3	0.0	1.4	1.4	0.7	0.4
其他发达经济体	2.4	1.8	1.8	2.1	2.1	2.1	3.8	1.5	2.4	3.5
新兴和发展中经济体	28.6	6.6	5.9	5.8	5.6	6.5	9.2	5.2	6.1	7.5
中东欧	44.9	10.9	6.6	5.9	5.9	6.0	8.1	4.7	5.3	5.2
独联体	108.2	12.3	10.4	12.1	9.4	9.7	15.6	11.2	7.2	10.3
亚洲发展中国家	6.8	2.6	4.1	3.7	4.2	5.4	7.4	3.1	5.7	7.0
拉美	39.2	10.4	6.6	6.3	5.3	5.4	7.9	6.0	6.0	6.7
通胀率（中值）										
发达经济体	2.4	2.1	2.1	2.2	2.3	2.1	3.9	0.7	2.0	3.1
新兴和发展中经济体	8.2	4.3	4.4	6.0	6.0	6.3	10.3	3.8	4.4	6.2

数据说明：2011 年数据为预测值

资料来源：IMF. World Economic Outlook: slowing growth, rising risks, Sep. 2011

（四）世界经济结构处于调整期

世界经济增长出现“两极化”趋势（即发达国家低增长而新兴市场和发展中国家高速增长，在 2009 年的世界经济增量中后者贡献超过 50%）的同时，世界经济结构也在逐步调整。首先，发达经济体开始改变负债消费模式。长期以来，以美国为首的发达国家主要靠消费来拉动经济增长。其中，美国个人消费支出占经济总量的 2/3 以上。这种基本格局虽然不会尽快改变，但以住房次级按揭贷款形式为标志的负债消费和过度消费模式已经难以为继。美国消费信贷 2010 年连续 7 个月放缓，美国民众的消费习惯有所改变，倾向于更为谨慎。在欧元区，长期居高不下的失业率和人口老龄化加剧了居民消费的低迷。而且，欧元区各国为了遏制主权债务危机所采取的财政紧缩政策，如增加税收、减少补贴等，又对居民消费产生明显的抑制作用。在日本，2010 年的数据表明，民间最终消费的增长速度低于民间企业投资和货物劳务出口的增长速度，居民消费仍然疲软。在消费不振的情况下，发达经济体的缓慢复苏更多得益于投资与出口。以美国为例，奥巴马政府采取量化宽松的货币政策促使美元贬值,并提出“再工业化”和“出口倍增计划”,一定程度上刺激了经济恢复并弱化了经济增长对消费拉动的依赖。从表 1.3 可以看出,自 2010 年到 2011 年前两个季度,美国个人消费的增长速度都低于私人国内投资和出口。

表 1.3 美国 GDP 各组成部分增长率及其对 GDP 增长的贡献

	2008 年	2009 年	2010 年	2011 年	
				第一季度	第二季度
国内生产总值	–0.3	–3.5	3.0	0.4	1.3
个人消费支出	–0.6（–0.39）	–1.9（–1.32）	2.0（1.44）	2.1（1.47）	0.7（0.49）
私人国内投资	–10.2（–1.66）	–25.0（–3.61）	17.9（1.96）	3.8（0.47）	6.4（0.79）
固定投资	–7.1（–1.15）	–18.8（–2.77）	2.6（0.32）	1.2（0.15）	9.2（1.07）
商品和服务净出口	（1.21）	（1.11）	（–0.51）	（–0.34）	（0.24）
出口	6.1（0.73）	–9.4（–1.18）	11.3（1.31）	7.9（1.01）	3.6（0.48）
进口	–2.7（0.47）	–13.6（2.29）	12.5（–1.82）	8.3（–1.35）	1.4（–0.24）
政府消费和投资总额	2.6（0.50）	1.7（0.34）	0.7（0.14）	–5.9（–1.23）	–0.9（–0.18）

数据说明：括号外的数据为 GDP 及其各组成部分经季度调整后的增长率（%）；括号中的数据为 GDP 各组成部分对 GDP 增长的贡献率（%）

资料来源：Bureau of Economic Analysis (BEA), US DOC. NEWS RELEASE, Sep. 2011

其次，新兴经济体则开始更多转向扩大内需。受国际金融危机影响，世界贸易额从 2008年的16099.6亿美元下降到2009年的12419.1亿美元,下降了22.9%。2008年至2010年,净出口的贡献率依次下降为 1.7%、–41.8% 和 –3.2%，分别拉动经济增长 0.2、–3.8 和 –0.3 个百分点。相反，内需特别是投资需求对经济增长的贡献大大增加，如巴西依靠内需拉动，2010 年前三季度实现了 GDP 同比增长 8.4%。另外，资源输出国开始调整过度依赖资源出口的发展模式。最明显的是俄罗斯，2010 年前 10 个月俄罗斯以美元计价的商品进口同比增长 30%，出现了进口增速明显快于出口以及经常项目顺差逆转的趋势。在应对国际金融危机中，不少资源输出国提高了本国固定资本形成额在 GDP 中的比重，如沙特从 2008 年的 19.6% 提高到 2009 年的 24.8%，印度尼西亚从 27.7% 提高到 31.1%。这表明，资源输出国的发展模式开始出现以增强内生动力为目标的转型。

世界经济结构的调整改变了世界需求结构，与发达经济体消费需求和经济增长恢复缓慢形成对照的是，新兴市场国家和发展中国家增长较快，进入新的建设高峰期，这将对商品和服务、投资和各类基础设施、公共服务设施建设产生更大需求，由此促进全球进出口贸易和实体投资的同步发展，进一步强化各经济体之间的商务合作，形成全球商务服务业的新格局。

二、世界商务领域总体发展概况

在经历2009年的负增长之后，由于全球以GDP计量的总产出重回到3.6%[1]的较高增速，世界贸易在2010年出现大幅增长，回到了本次危机前的水平。国际投资复苏则相对较缓，以外商直接投资（FDI）为例，其2010年的全球规模为1.24万亿美元，相较于危机前的平均水平仍然低15%。自危机爆发以来，发展中和转型经济体的FDI流入首次超过发达经济体。对于2011年的世界贸易和国际投资，众多国际机构持谨慎乐观的态度。

（一）世界商品贸易显著增长

2010年国际贸易显著反弹，各地区都从负增长转为正增长，以数量规模统计的商品进出口的数量规模增长率分别达到13.5%、14.5%[2]，其增长速率几乎是当年全球GDP增长率的4倍（见表1.4），正常年份一般是2倍。发达经济体与发展中和转型经济体之间经济复苏程度的差异也体现在商品贸易增长率的差异上。在出口数量规模方面，发达经济体的增长率为12.9%，低于全球水平；而发展中经济体和独联体国家的出口增长率却跃升到16.7%。在进口方面，发达经济体表现更弱一些，其增长率为10.7%，而发展中经济体和独联体国家则接近18%。

从地区的差别来看，在商品出口方面，欧洲、独联体国家、中东、非洲、南美洲和中美洲地区则明显低于14.5%的水平，其中，除欧洲以外的前述其他几个地区均以自然资源出口为主，因此其总体出口规模受到2010年大宗商品价格急升[3]的一定影响；而亚洲和北美地区的商品出口增长速率则超过了世界平均水平，分别为15.0%和23.1%，其中亚洲的出口增长主要由中国和日本拉动，其增长率均为28%左右。在商品进口方面，南美洲和中美洲、独联体国家、亚洲和北美地区则显著增长；增长幅度较小的地区主要为欧洲、中东和非洲（见表1.4）。

表1.4　2008–2010年世界各地区的商品贸易及GDP增长率

%

地区/国家	GDP			出口			进口		
	2008	2009	2010	2008	2009	2010	2008	2009	2010
世界	1.4	–2.4	3.6	2.2	–12.0	14.5	2.2	–12.8	13.5
北美	0.1	–2.8	3.0	2.1	–14.8	15.0	–2.4	–16.7	15.7

[1] 该数据来自世界贸易组织（WTO）的报告，与前述UNCTAD报告中的数据3.9%存在差异。

[2] 出现1%的误差是因为不同国家在货品规模数量计量时产生的差异所致。

[3] 较为详细的论述见下文。

（续表）

地区 / 国家	GDP			出口			进口		
	2008	2009	2010	2008	2009	2010	2008	2009	2010
美国	0.0	–2.6	2.8	5.8	–14.0	15.4	–3.7	–16.4	14.8
南美洲和中美洲	5.1	–0.2	5.8	0.8	–7.9	6.2	13.2	–16.3	22.7
欧洲	0.5	–4.0	1.9	0.2	–14.1	10.8	–0.6	–14.2	9.4
欧盟（EU–27）	0.5	–4.2	1.8	0.0	–14.5	11.4	–0.9	–14.2	9.2
独联体	5.5	–7.1	4.3	2.0	–5.2	10.1	16.4	–25.6	20.6
非洲	4.8	2.1	4.7	1.2	–4.2	6.5	14.6	–5.0	7.0
中东	5.3	0.8	3.8	3.5	–4.3	9.5	14.2	–7.8	7.5
亚洲	2.8	–0.2	6.3	5.5	–11.2	23.1	4.7	–7.5	17.6
中国	9.6	9.1	10.3	8.5	–10.5	28.4	3.8	2.9	22.1
日本	1.2	–6.3	3.9	2.2	–24.8	27.5	–1.0	–12.2	10.0
印度	6.4	5.7	9.7	14.4	–6.8	19.9	17.3	–1.0	11.2
发达经济体	0.2	–3.7	2.6	0.8	–15.1	12.9	–1.2	–14.4	10.7
发展中和独联体	5.7	2.1	7.0	4.2	–7.8	16.7	8.5	–10.2	17.9

资料来源：WTO. World Trade Report 2011, Jul. 2011

从商品交易的价值来看，2010 年全球商品出口贸易额为 15.24 万亿美元，年增长率为 22%，其中，发达经济体的出口贸易额相对于 2009 年 7.0 万亿美元增长 16%，为 8.2 万亿美元，占全球商品出口贸易额的比例为 55%，是历史最低水平。在商品进口贸易方面，发达经济体进口贸易额相对于 2009 年增长 16%，为 8.9 万亿美元，占全球商品进口贸易额的比例为 59%，呈现逐年下降趋势（2009 年为 61%、2008 年为 63%）。2010 年商品出口贸易额前 5 位的国家分别是中国、美国、德国、日本和荷兰；商品进口贸易额前 5 位的国家分别是美国、中国、德国、日本和法国（见表 1.5）。

表 1.5　2010 年商品进出口贸易额前 5 位国家

排名	出口			进口		
	国家	贸易额 / 亿美元	在全球占比 /%	国家	贸易额 / 亿美元	在全球占比 /%
1	中国	15800	10	美国	19700	13
2	美国	12800	8	中国	14000	9
3	德国	12700	8	德国	10700	7
4	日本	7700	5	日本	6930	4.5
5	荷兰	5720	3.8	法国	6060	4

资料来源：根据 World Trade Report 2011（WTO, Jul. 2011）数据编制

（二）大宗商品价格重回上升通道

2009 年，各类大宗商品价格出现不同幅度的下跌，跌幅最大的是原油以及矿物、矿石和金属，处于 2005 年以来的最低点。但自 2010 年以来，大宗商品市场保持着不确定、不稳定的状态，总体保持着震荡上升的态势，但自 2011 年第二季度后有小幅回调（见表 1.6、图 1.2）。

表 1.6　2005-2011 年世界大宗商品价格变化情况

%

商品类型	2005	2006	2007	2008	2009	2010	2011[1]	2009-2011
所有大宗商品[2]	11.6	30.2	13.0	24.0	–16.9	17.7	21.8	62.1
所有粮食	6.3	16.3	13.3	39.2	–8.5	7.4	20.7	39.6
食品和热带饮料	8.8	17.8	8.6	40.4	–5.4	5.6	18.5	33.9
热带饮料	25.5	6.7	10.4	20.2	1.9	17.5	32.1	71.5
粮食	7.2	19.0	8.5	42.5	–6.0	4.4	17.1	30.5
油菜籽和食用油	–9.5	5.0	52.9	31.9	–28.4	22.7	36.4	89.8
农业原材料	3.2	13.3	12.0	20.5	–17.5	34.0	31.5	97.1
矿物、矿石和金属	26.2	60.3	12.8	6.2	–30.3	33.7	20.2	104.2
原油[3]	41.3	20.4	10.7	36.4	–36.3	28.0	32.4	136.7
产成品[4]	2.5	3.4	7.5	4.9	–5.6	1.1		

数据说明：(1) 2011 年数据为 1 月到 5 月的平均值；(2) 不包括原油；(3) 以布伦特、迪拜和西德州交易所的交易价值，以相同权重计算得到的平均数；(4) 指发达国家制造业产品的单位出口价水平

资料来源：UNCTAD. Trade and Development Report 2011, Sep.6, 2011

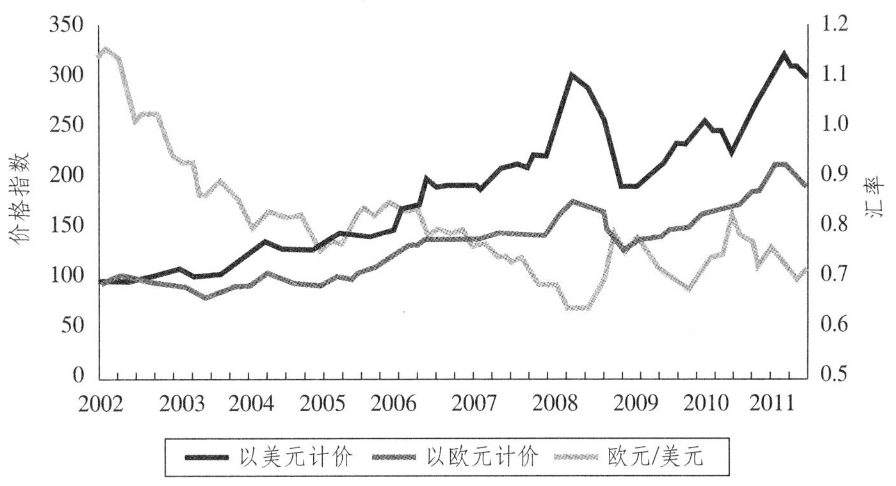

图 1.2　世界大宗商品价格变化演进（2002.1–2011.5）

数据说明：图中价格指除燃油之外所有大宗商品的综合价格指数；选定 2000 年为基期，其价格指数为 100

资料来源：UNCTAD. Trade and Development Report 2011, Sep.6, 2011

世界大宗商品价格的变化受诸多因素影响，但主要还是取决于市场的供给和需求之间的博弈，短期内金融投资者以及创新的金融工具的应用也会加剧大宗商品价格的波动。在世界原油市场上，2010 年前三季度其价格在 70~80 美元 / 桶区间波动，但自 2010 年第四季度以来，原油价格急剧上升，到 2011 年 4 月其月平均价格达到 116.3 美元 / 桶。世界石油价格的上升除了金融机构的投机炒作之外，来自供求方面的变化是其主要原因。2010 年世界石油需求增加 3.2%，其中，经合组织（OECD）国家增加 1.1%；非 OECD 国家增加 5.5%（其中，中国的石油需求增加 12.3%），占世界石油需求增加规模的 80%。而同一时期，由于西亚和北非的社会动荡，全球石油供给仅增加 2.1%，而且 2011 年 6 月的石油输出国组织（OPEC）会议并没有就增加石油生产配额达成共识，世界石油价格总体向上的趋势暂时不会改变。

粮食价格则是在 2010 年下半年开始飙升，一直延续到 2011 年前几个月才开始出现微跌。气象灾害以及俄罗斯和乌克兰因森林大火而实施的粮食出口禁令对全球粮食的供给端造成冲击是引起这轮全球食品价格上涨的主要因素之一。另外，由于全球生物燃料的生产对玉米的需求激增则是导致玉米价格上涨的主要因素。在 2010/11 财年内全球玉米产量增长 0.9%，而玉米的总需求却增长了 3.6%。就美国而言，据美国农业部（USDA）的数据，2010/11 财年内全美玉米产量的 40% 用于生物燃料的生产，比 2006/07 财年增长 20 个百分点。

棉花、烟草、天然橡胶和热带原木等农业原材料的价格也出现与粮食价格相似的走势。其中，棉花因中国的强劲需求以及中国、巴基斯坦等棉花主产国的歉收，其价格到 2011 年 2 月达到峰值，此后因需求调整而有所下降；天然橡胶价格也因汽车轮胎生产需求增加、东南亚橡胶减产而激升，直到 2011 年第二季度，由于中国紧缩性货币政策的实施以及日本因地震海啸而缩减了汽车生产规模，天然橡胶的价格才有所回落。

与 2010 年的经济增长相适应的是工业生产的增长，由此拉动相关金属和矿石的需求，价格上涨；2011 年则因经济增长趋缓，金属和矿石因需求减少，价格在 2－3 月间达到峰值之后有所回调。贵金属方面，其价格更多受到投资需求的影响，尤其是黄金价格自 2009 年以来一直在历史高位震荡，而白银价格则在 2011 年 5 月初形成了投机泡沫。

（三）运输服务引领世界服务贸易复苏

相对于国际商品贸易而言，商务服务贸易在这次金融危机中所受的冲击要小一些，以服务的出口贸易为例，2009 年的降速为 12%，小于商品出口贸易 22% 的降速。因此，在 2009 年服务贸易的基数上，2010 年世界服务的出口贸易额从 2009 年 3.4 万亿美元增加到3.67万亿美元，增长率为8%，小于商品出口贸易22%的增速。在服务贸易中，旅游和观光服务以及运输服务是增长最快的两个行业，而包括金融服务在内的其他服务贸易则增长较慢（见表1.7）。

表1.7　2005-2010年世界商品和商务服务出口贸易值及其变化情况

项目	贸易值/10亿美元	年度变化率/%			
	2010年	2008年	2009年	2010年	2005-2010年
商品贸易	15238	15	-22	22	8
商务服务	3665	13	-12	8	8
运输服务	783	16	-23	14	7
旅游服务	936	10	-9	8	6
其他商务服务	1945	13	-8	6	9

资料来源：WTO. World Trade Report 2011, Jul. 2011

旅游和观光服务的贸易额约占服务贸易的1/4，或占商品和服务总贸易额的6%。据联合国贸易与发展委员会（UNCTAD）的统计数据，2010年全球国际旅游和观光服务贸易额达到9400亿美元，较2009年8820亿美元的规模增长7%，超过了2008年9170亿美元的贸易规模。在2011年的前几个月，全球旅游观光业继续总体保持5%的年增长率，而西亚和北非地区因社会动荡，出现约10%的下降。与全球经济增长的态势基本一致，旅游观光服务在发展中和转型国家的增长率高于发达国家，如在南非和南亚，其增长率为15%；非洲撒哈拉地区的增长率为13%；中东欧地区的增长率为12%，高于欧洲的平均增长率6%。

商务服务中的第二大门类是运输服务，它是商品贸易的影子产业。2010年，承担全球贸易商品中4/5的海运服务贸易在经过前一年的萎缩之后大幅反弹，增长率约为7%[1]。运输货物总规模达到84亿吨，超过了最高峰时期的2008年。其中，不同的运输服务方式在这次经济危机中表现不尽相同，集装箱船运服务经历了V型反弹，从2009年-10%的增长率恢复到2010年的13%；2010年邮轮的运输规模增加了4.2%，对冲了2009年邮轮运输业务的微跌；2009年干散货运输业务仍然保持增长，在2010年则出现强劲增长，其年增长率达到11.33%。2010年，由于运输能力的过度供给，海上货运价格逐步下跌。相对于前10年海运价格的历史高位，2011年的海上货运价格将依然处于低位水平。

[1] 此数据来自UNCTAD的预估数据，为运输规模的增长率；WTO的数据则指运输服务的贸易额，其增长率为14%，见表1.7。

从不同国家和地区的表现来看，2010 年美国的商务服务出口贸易额达到 5150 亿美元，占全球的 14%，是全球最大的服务贸易出口国。其他前 5 位的国家分别为德国、英国、中国和法国。在商务服务贸易进口方面，美国依然居于首位，占全球服务贸易进口总额的 10%，其次分别是德国、中国、英国和日本（见表 1.8）。

表 1.8　2010 年商务服务贸易进出口贸易额前 5 位国家

排名	出口			进口		
	国家	贸易额 / 亿美元	在全球占比 /%	国家	贸易额 / 亿美元	在全球占比 /%
1	美国	5150	14	美国	3580	10
2	德国	2300	6	德国	2560	7
3	英国	2270	6	中国	1920	5.5
4	中国	1700	5	英国	1560	4.5
5	法国	1400	4	日本	1550	4.5

资料来源：根据 World Trade Report 2011（WTO, Jul. 2011）数据编制

（四）国际投资仍未回到危机前的水平

与全球工业产出和贸易规模恢复到危机前水平不同，国际投资尽管出现缓慢复苏的态势，但仍然没有恢复到危机前的规模水平。2010 年全球外国直接投资（FDI）小幅回升 5%，达到 1.24 万亿美元，但仍比危机前的均值低 15% 左右，是 2007 年高峰时的约 63%（见图 1.3）。尽管如此，联合国贸发会议（UNCTAD）的《世界投资报告 2011》认为，当前全球 FDI 已走出底部区间，预计 2011 年全球 FDI 流入量将恢复到 1.4 万亿 ~ 1.6 万亿美元的水平，于 2013 年重返危机前 2007 年的峰值 1.9 万亿美元。

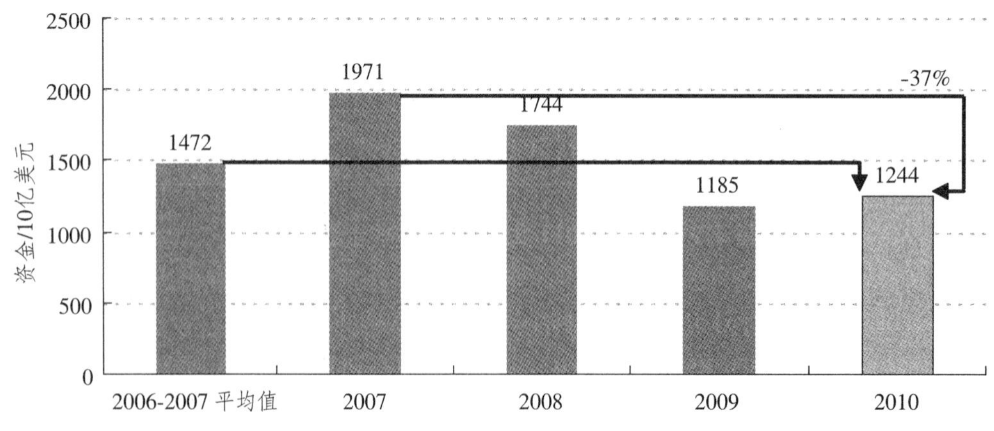

图 1.3　2007–2010 年全球 FDI 流入量情况

资料来源：UNCTAD. World Investment Report 2011, Jul. 2011

从FDI的地区流向看，2010年，全球FDI的回升主要由发展中国家和转型经济体带动。发展中和转型经济体首次吸引了全球过半数的FDI流入，占全球外资流入量比重达51.6%；并在2010年直接外资东道国前20排名中占据了半数席位。同时，发展中国家和转型经济体投资流出也呈现强势增长态势，2010年合计对外投资达3881.4亿美元，同比增长21%；其占到全球直接外资流出量的比重也从危机前2007年的15%，升至29.3%；其投资目的地主要为其他南方国家。相反，发达经济体吸引FDI的规模则继续下降，如美国2010年的外资流入量尽管同比增长49.3%，达到2282.5亿美元，但仍然仅为2007年峰值的一半。

从FDI的行业流向看，2010年，流入制造业部门的直接外资已开始回升，制造业跨界并购同比增长218.5%，绿地投资同比增长14.0%；相反，服务业直接外资流量继续下滑，以当年价计服务业跨界并购、绿地投资分别同比下降9.3%、24.2%。

在跨国并购投资方面，受全球经济危机的影响，2009年跨国并购处在2500亿美元的低位，2010年跨国并购规模同比增长33.7%，达到3388亿美元。近年来，发展中国家或地区公司进行跨国并购的案例有所增加，可是占据跨国并购活动的主体仍然来自发达国家。至今为止，仍有约80%的跨国并购发生在发达国家经济体。

（五）电子商务在经济危机中逆势增长

作为信息技术在贸易领域的积极应用，电子商务无论是作为一种交易方式还是传播媒介，都在广度与深度上取得了前所未有的进展，使得世界商务模式发生巨大的变革。电子商务在降低贸易成本、提高交易效率、减轻对实物基础设施的依赖、提高客户满意度等方面具有传统贸易方式无可比拟的优势。即便是在这次经济危机中，全球电子商务仍然保持较快的增长速度。目前，电子商务已经渗透到社会的各个方面，成为商务服务业发展的增长点。现有的电子商务模式包括：B2B（business-to-business）、B2C（business-to-customers）、网上拍卖、网上证券经纪业务、网上音乐和电影、网上旅游服务等。

对于B2B而言，在其发展初期市场覆盖面仅涉及零售、汽车、化工、钢铁、保险等行业的部分参与者。近年来，B2B的发展速度加快，已经渗透到不同规模企业的业务中，成为其商务活动的主要方式。据咨询机构Gartner的数据，2010年全球B2B市场规模已经超过7万亿美元，其中北美地区约为2.8万亿美元，欧洲为2.3万亿美元，亚洲为9000亿美元，拉美地区为1240亿美元。

在B2C方面，众多交易平台相继出现，网上零售业出现快速增长的态势，成为经济危机环境下的一抹亮色。据研究机构Forrester的数据，美国电子商务的网上零售交易额从2009年的1760亿美元增加到2010年的1973亿美元，增长率为11.98%；西欧的网上零售交易额达到 842.5 亿欧元（约合 1110.2 亿美元），预计 2011 年将达到 919 亿欧元（约合 1255.7 亿美元），增长率将上升到 13.10%。在新兴经济体，电子商务也得到较快的发展。以中国为例，2009 年其网络用户为 3.84 亿，网上零售交易额达到 366 亿美元。2010 年中国的网上零售发展更为迅猛，较之 2009 年翻了一番，达到 5131 亿元（约合 777.8 亿美元）。

网上拍卖市场使得日渐式微的现场旧货市场重获新生。通过网上拍卖平台，可以发现更多的潜在消费者，由此形成一个合理的询价机制。在经济不景气的情况下，制造商和批发商也利用网上拍卖平台来促销产品,以减少其商品剩余。据 Forrester 的估计，2010 年全球网上商品拍卖交易额达到 650 亿美元。

网上证券经纪业务在这次金融危机中受到较大的影响。以美国为例，约有 100 家网上经纪商破产，退出了该领域，到 2009 年只剩下 16 家网上经纪商。但是，自 2010 年以来，网上经纪业务得到较快的恢复，重获较多的新客户，而且其服务范围也有所扩大，已经不仅仅局限于网上证券交易，还涉及某些银行业务、票据支付、退休金账户管理，以及提供除股票和共同基金之外的其他投资服务。

以数字化音乐和电影为代表的数字化内容的下载与消费在近年来得到较快速的发展。据 Insight Research Corp. 的估计，仅在美国其数字内容以及相关的广告业务营业额就可以达到 270 亿美元，近年来的平均复合年增长率约为 32%。另据 Digital Music News 报道，全球近 30% 的电脑安装了 iTunes，到 2012 年数字音乐的消费将占整个音乐消费市场的 40%。

网上旅游服务业的发展肇始于上世纪 90 年代中期，是受消费者对旅行便捷性和增值服务需求驱动而产生的。在发展的前 10 年间，网上旅游服务业已经成长为产值数十亿美元级别的行业，是电子商务中的主导行业之一。根据 PhoCusWright 的报告《全球网上旅游概况（Global Online Travel Overview）》第二版的数据，全球旅游销售额的 1/3 是通过网上交易实现的。到 2012 年，全球休闲及商务旅行的网上服务销售额将超过 3130 亿美元。在网上旅游服务的地区分布方面，美国和欧洲的销售额占全球的 3/4，但是近年来亚太和拉美等新兴市场的网上旅游服务呈现快速增长的态势。

（六）国际贸易中心在世界商务中的地位得以强化

国际贸易中心是世界城市（world city），是全球商贸流通网络化的关键节点，又经常称为国际商业中心。随着经济全球化与信息化的高速发展，近代工业革命时期及二战后兴起的贸易中心在保持货物贸易的优势之外，逐渐向“信息港”、“服务港”、“自由港”的方向发展，逐步承担了全球性一体化综合资源配置的高端贸易，成为综合资源配置与高端贸易的中心，在全球经济中起到越来越重要的作用。

近年来，国际知名咨询公司科尔尼（A.T. Kearney）协同全球事务芝加哥委员会（The Chicago Council on Global Affairs）和美国《外交事务》杂志发布的“全球城市指数”（Global Cities Index）对世界大城市的全球化程度进行排名，其评价体系涵盖商务活动、人力资本、信息交流、文化体验和政治稳定 5 大类指标，其中商务活动和人力资本的权重最高，均为 30%。“商务活动”大类指标下的子指标包括召开国际会议的数量、货物流量（包括空运和海运）、资本市场、拥有全球前 40 位服务企业的数量，以及全球财富 500 强（Fortune Global 500）公司总部的数量，这些指标反映了作为国际化城市在世界商务服务领域所具有的综合竞争力。“全球城市指数 2010”对全球商务活动的城市排名中，传统的国际贸易中心纽约、东京、巴黎仍然名列前茅（见表 1.9）。

表 1.9　2010 年全球商务活动的世界城市排名情况

城市	2010 年排名	2008 年排名	2010 年评分
纽约	1	1	6.4
东京	2	2	6.4
巴黎	3	3	6.3
香港	4	5	5.4
伦敦	5	4	5.2
北京	6	9	4.7
新加坡	7	6	4.7
上海	8	7	4.5
首尔	9	8	4.5
芝加哥	10	12	3.5

资料来源：A. T. Kearney. Global Cities Index 2010, Jan. 2011

具体分析表 1.9，纽约和伦敦在其资本市场方面具有显著的优势，东京则集聚了数量最多的全球财富 500 强公司总部，具有国际化公司与人才集聚和全球性综合资源配置的功能。香港、新加坡和上海则在国际货物贸易规模方面处于领先地位。尤其是在这次全球经济危机的背景下，与亚洲经济增长总体向好的态势相吻合，三个贸易中心的贸易规模在 2009 年负增长之后，于 2010 年出现强劲反弹，规模总量同比增长率分别为 23.68%、28.53%、32.84%，高于全球贸易总规模 19.21% 的增长率；在全球贸易总额中的占比方面，近三年来三个贸易中心均保持增长态势，2010 年总计占比超过 10%（见表 1.10）。

表 1.10 香港、上海和新加坡三城历年货物进出口贸易情况

地区和贸易额		2000	2005	2008	2009	2010
香港	贸易额（亿美元）	4167.3	5922.8	7632	6816	8430
	全球占比（%）	6.45	5.65	4.74	5.47	5.67
上海	贸易额（亿美元）	1093.1	3506.8	6065.6	5153	6845
	全球占比（%）	0.85	1.67	1.88	2.07	2.30
新加坡	贸易额（亿美元）	2723.5	4297	6579.6	5156	6627
	全球占比（%）	2.11	2.05	2.04	2.07	2.23
全球	贸易额（亿美元）	129120	209780	321940	249220	297100

数据说明：上海的进出口贸易额为上海海关的关别数据

资料来源：根据 INFOBANK.CN（中国资讯行）数据计算、编制

（七）优惠贸易协定成为促进自由贸易的有效途径

尽管在全球经济不景气时期常会出现贸易保护主义倾向，但是贸易自由化提升全球经济福利已是共识，与那种以邻为壑的单边贸易策略相比，旨在消除贸易壁垒、降低贸易关税的双边、多边贸易协定以及区域贸易协定越来越成为促进全球贸易的有效机制。自 20 世纪 50 年代以来，随着世界贸易的快速发展，全球范围内的优惠贸易协定（PTAs）总体上呈现增多趋势，到 1990 年各种层次的 PTAs 数量约为 70 个。近 20 年来，越来越多的国家实施外向型发展战略且进入经济快速增长时期，全球 PTAs 的数量急剧上升，到 2010 年已经接近 300 个（见图 1.4）；其中，以自由贸易协定（FTA）占大多数，约为 3/4，其他为关税联盟或者就具体的货物、服务贸易或监管问题等而签署的优惠贸易协定。

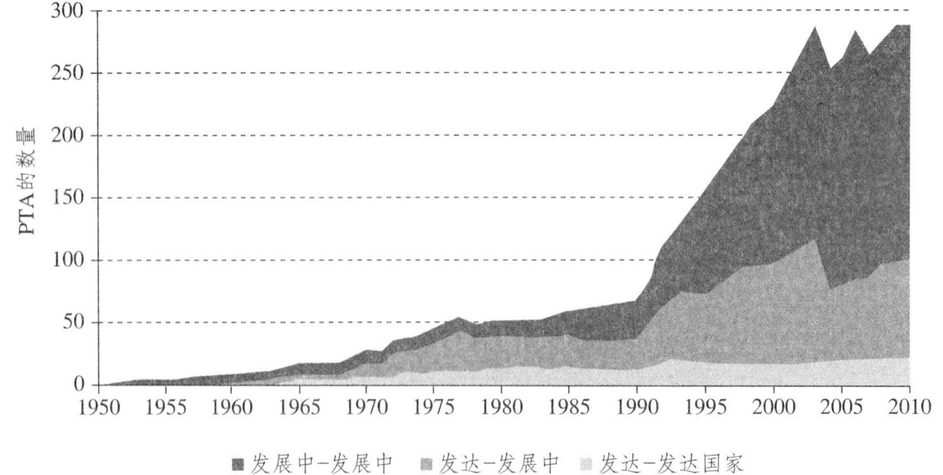

图 1.4 1950–2010 年全球有效 PTA 累积数

资料来源：WTO. World Trade Report 2011, Jul. 2011

在目前依然有效的 PTA 中约有 2/3 知会了世界贸易组织（WTO），所有的 WTO 成员中除了蒙古之外都至少参加了一个 PTA。每一个 PTA 的规模也逐步扩大，从 1990 年的平均 2 个成员国增加到 2010 年的平均 12 个成员国。从 PTA 的级别来看，自 90 年代中期以来，发展中国家之间的 PTA（南—南协定）越来越多，占全球 PTA 的比例接近 2/3；其次分别是发达国家与发展中国家之间的 PTA（南—北协定）占 1/4、发达国家与发达国家之间的 PTA（北—北协定）占 1/10。

从贸易协定涵盖的地区来分析，PTA 主要分为地区内优惠贸易协定和跨地区优惠贸易协定。在 10 年前，世界 PTA 主要以地区内优惠贸易协定为主，但近年来跨地区优惠贸易协定明显增多，目前已经超过全球 PTA 的 50% 左右。历来重视建立地区内优惠贸易机制的欧洲、非洲和独联体国家也加紧推进跨地区优惠贸易协定（见表 1.11）。

优惠贸易机制加快了全球市场一体化的进程，贸易协定的成员国之间的贸易规模大幅增长。据联合国的统计数据，1990 年全球 PTA 成员国之间的出口规模为 5370 亿美元，到 2008 年增加到 4 万亿美元，其中货物贸易占 65%。

表 1.11　2010 年全球 PTA 的地区类型

地区	非洲	独联体	欧洲	南美洲	中美洲	加勒比	西亚	中东	大洋洲	东亚	北美洲
非洲	24										
独联体	0	29									
欧洲	16	4	36								
南美洲	3	0	6	13							
中美洲	1	0	2	19	7						
加勒比	2	0	3	16	11	0					
西亚	4	1	3	4	1	1	7				
中东	13	1	12	3	1	1	4	7			
大洋洲	1	0	1	3	0	1	0	0	5		
东亚	3	0	5	8	6	1	9	3	7	17	
北美洲	4	0	6	16	9	4	2	7	2	5	1

资料来源：WTO. World Trade Report 2011, Jul. 2011

（八）恢复市场主体的活力成为商务促进政策的重点

商务服务业发展政策是随着商务活动的开展而出现的，涉及国家和地区之间的贸易促进与协调政策、贸易争端解决机制、商务服务业发展促进政策等。政策实施的方法与手段则包括相关战略的制订与推进、关税的调整、进出口管理措施（如进口限制、出口信贷、出口信贷国家担保、出口补贴、商品倾销、外汇倾销等）。迄今为止，世界上已经形成了全球、地区和国别等不同层次的商务服务业促进的政策框架体系，为各国商务服务业发展营造了相应的政策环境。但是与时俱进是任何政策体系演进发展必须遵循的原则。在应对这次经济危机的过程中，除了国际性组织一如既往地致力于自由贸易的政策环境建设以外，各大经济体都积极地提出了有针对性的经济刺激计划以恢复经济增长、保证充分就业、扩大货物与服务贸易，其政策的着力点为恢复市场主体的活力。

作为世界上最具影响力的多边机制，WTO 自经济危机以来在促进公平贸易的政策推进方面做了较大的努力。首先，在补贴与反补贴方面，2010 年补贴与反补贴措施委员会（SCM Committee）审查了成员国的特别补贴通报、反补贴税立法通报、反补贴行动半年度报告，以及发展中国家的出口补贴延长期限资助计划，使得成员国就自由贸易区或出口商的税收优惠政策等基本上达成共识。其次，在反倾销方面，2010 年反倾销措施委员会（Committee on Anti-Dumping Practices）分两次通报了反倾销调查立法情况与一个审查立法情况，并审查了各成员国的半年度报告。到 2010 年 6 月底，共有 1379 项明确职责和价格承诺的反倾销措施生效，其中美国 257 项、印度 205 项、欧盟 149 项、土耳其 121 项、中国 119 项。

美国政府自经济危机爆发以来出台一系列积极的财政和货币金融政策，加强对金融业的监管，促进国内商务消费，拓展海外市场，同时进行关税保护，强化进口管制。具体到商务促进政策主要有：首先，为了激活国内市场，2009 年 1 月，美国众议院重提“Buy America”（购买美国产品）计划，提出在“不违背美国对国际协定的承诺”的前提下，经济刺激计划支持的工程项目必须使用“国产”钢铁和其他制成品。随后，奥巴马政府在 7870 亿美元的经济救助方案中，再次以委婉方式表达“购买美国货”。其次，2009 年 2 月，为了化解金融危机，重启商务需求以提供更多的就业机会，美国财政部公布旨在解救银行业的《金融稳定计划》（Financial Stability Plan），其中直接刺激商务服务业的政策措施是实施高达 1 万亿美元资金规模的《消费者和商业信贷计划》（Consumer and Business Lending Initiative），向私人投资者提供融资，主要针对小型企业信贷、学生贷款、消费者和汽车贷款市场及商业抵押贷款，支持其购买 AAA 级资产抵押证券，限制新包装的 AAA 级贷款购买，刺激二级信贷市场。第三，针对小企业以及中产阶级家庭实施税收减免计划，2010 年 9 月奥巴马政府推出新一轮经济刺激计划，包括企业研发税收抵免、小企业与中产阶级减税计划，即，对小企业实施大约 120 亿美元减税，并设立 300 亿美元基金推动社区银行为小企业提供贷款；对年收入低于 25 万美元中产阶级家庭的减税政策，而年收入超过 25 万美元家庭的减税优惠在 2011 年 1 月 1 日到期之后不再延长。

从欧盟10年来的贸易政策走向可以看出，欧盟已深刻认识到“贸易”在巩固其竞争优势、推动经济发展和增加就业方面的作用，其制定的贸易政策不断得到细化和深化，强硬势头愈发明显，更加强调维护欧洲企业利益，以确保贸易规则得到遵守，为欧盟企业创造一个公平竞争的环境。2010年11月9日欧盟委员会公布名为《贸易、增长和世界事务》的新贸易战略文件，勾勒出欧盟未来5年贸易政策的走向。这份文件主张采取更加强硬的策略为欧盟企业打开外部市场，试图依靠贸易帮助欧盟经济摆脱困境。为帮助欧盟企业进入更开放的国际市场，欧盟拟创设一种新的贸易政策工具，对拒不向欧盟企业开放政府采购市场的国家实施限制，迫使对方做到对等开放。而且，欧盟加强双边贸易的谈判，尤其强调在亚洲的新兴市场进行双边贸易的构架。此外，欧盟贸易政策在以自我利益为主导的基础上，更加强调贸易的互惠互利，希望发展中国家能为其经济发展做出贡献。2011年5月，欧盟委员会出台欧盟普惠制改革方案，拟大幅减少享受这一贸易优惠待遇的发展中国家的数量，中国、巴西、印度等国也在其列。

日本自2008年以来其商务贸易政策也做出了一定的调整。首先，推出了“亚洲基地化综合战略”。2010年4月23日，日本经济产业省提出《亚洲基地化综合战略》方案，希望通过实行税收优惠政策和简化入境管理手续等吸引更多外企来日本投资。2010年11月29日，日本经济产业省发布《促进对日投资战略》方案，将《亚洲基地化综合战略》的内容纳入其中。其次，降低“普惠制”利率，放宽反倾销调查申请条件。日本财务省决定从2011年起调整针对发展中国家商品的贸易“普惠制”，从目前规定每个发展中国家可利用的上限20%降至10%～15%。2010年7月，日本经济产业省决定放宽申请反倾销调查的条件。此前，日本企业提出申请须获得相关业界50%以上的赞成，而该比例的计算分母为赞成、反对和赞成与否不明3项的总和，门槛较高。此次，日本将按“国际规则”进行调整，分母只保留赞成和反对2项。一旦受理申请展开调查，裁定反倾销，采取措施的几率是70%～80%。

三、世界商务服务重点行业发展动态

（一）批发业：电子商务应用和供应链管理成为行业核心驱动力

2010年以来全球批发贸易逐步摆脱危机影响，在经历了2008、2009年大幅下滑之后，整体呈现上升趋势，进入2011年各国批发贸易的增速趋缓。美国2011年7月批发商销售额同比增长15.4%，库存销售比率与上年同期持平；日本2011年第一季度批发贸易销售额同比增长4.1%，第二季度同比增长1.4%；欧盟27国2011年第一季度批发营业额指数较上年同期增加9.3%，其中德国2011年上半年批发贸易营业额较2010年上半年名义上涨 11%，实质上涨 3.1%，法国 2011 年第二季度营业额同比增长 9.1%，环比增长 0.6%，英国 2011 年上半年批发贸易销售额（除机动车）较 2010 年上半年上涨 8.1%。

信息技术几乎渗透批发业的各个环节，世界各国的批发业电子商务销售比重呈现扩大趋势，2009 年美国批发业电子商务销售额较 2004 年增加近 2000 亿美元，日本 2010 年批发贸易电子商务 B2B 市场销售规模较 2009 年增加 131%。传统实体批发依托电子商务平台，补充了传统批发业务上的不足，通过压缩中间环节降低了成本。电子商务的出现解除了批发企业的束缚，凭借网络实现了快速信息传播，实现了网上虚拟市场和网上采购及结算。信息技术在供应链中的应用进一步使批发企业能够更有效地应对需求变化。在电子网络环境下，随着生产商生产流通的一体化以及零售商经营的连锁化，上下游企业的统一采购与配送一定程度上危及到部分传统批发商的业务开展；但是，通过信息技术的批发销售短期内不会取代传统批发方式，在一段时期内两者将处于互为依赖、互为促进的共存状态。

供应链管理成为批发企业的核心竞争力，现代批发业的发展进一步要求企业对供应链进行资源优化配置及有效运作。现代批发企业不仅要承担采购和批量销售的任务，同时还要发挥物流和融资的功能。各批发企业纷纷建立自己的配送中心和供应链网络平台，以期通过其强大的物流和区域配送中心，突破职能界限，实现无缝对接，最终实现供应链整体效益的最大化，推动企业的发展。同时，批发企业正向大型化、综合化逐步发展，为上下游提供多样和综合化服务。批发商的供应链管理以顾客为导向，批发商通过整合供应链，与上下游形成合作，除贸易功能外，同时提供物流服务、技术支持、市场开拓等相关服务，从而在市场竞争中赢得主动权。此外，为更好地满足消费终端的需求，批发商正着力向上下游渗透，形成生产—批发—零售的完整产业链，从而进一步扩大市场份额，降低经营成本，向规模化发展。

随着经济区域化与全球化发展加速，包括中国、巴西、南非在内的新兴经济体强劲发展，很大程度上抵消了美国经济增长放缓的不利影响，不仅自身得以发展，其对整个世界经济的整体影响也越来越大。各跨国批发企业纷纷拓展新兴国家市场，通过大量建设大型卖场，以期获得更多的市场份额和利润。

（二）零售业：传统与新兴零售渠道加速整合，新一代信息技术推动变革

2010 年以来，零售业总体规模企稳回升；美、欧、日为代表的竞争格局得以延续。以美国、西欧、日本为代表的发达经济体，占据了全球零售额的绝大部分，其中尤以美国所占份额最高。根据德勤《全球零售力量 2011 年度报告》显示，全球最大的 250 家零售企业中，美国企业占总数的 33.6%，欧洲企业占总数的 36.8%，日本则为

12.8%，三者相加超过总数的 80%。受到全球金融危机的影响，美国零售业销售情况自 2008 年下半年起受到了强烈冲击，2008 年和 2009 年连续两年遭遇下滑，2010 年得以企稳回升，2011 年，随着经济进一步回暖，美国零售业销售额逐渐恢复到危机前的水平，但增速有所下降。从欧盟地区来看，零售业收益指数在 2007 年底达到高峰，之后一路下滑，至 2009 年底逐渐恢复，但尚未回到 2007 年的高点，2011 年 7 月与 2010 年 7 月相比，零售业指数在欧元区以及欧盟区小幅下降 0.2%；就整体指数而言，马耳他、葡萄牙、丹麦等 9 个国家下降，卢森堡、立陶宛、拉脱维亚等 12 个国家上升。根据日本经济产业省的统计数据，日本近几年零售消费一直不振，但其受到金融危机的影响相对较小，2008 年仍有小幅增长，2009 年下滑趋势也不明显，但 2010 年的表现相对疲软，2008–2010 年三年间的增长率分别为 0.3%、–2.3% 以及 2.5%，2011 年受地震影响本土零售业发展不容乐观。

相对于世界大部分地区，拉美地区受到本次世界金融危机的冲击较小，2010 年该地区 GDP 增长达到 6%。丰富的自然资源、不断进步且多样化的商业环境、充足的劳动力以及众多稳定的贸易伙伴，使这一地区在吸引人们注意力的同时，更吸引着国际投资者的注意。在科尔尼报告《2011 年全球零售发展指数》中，拉美地区表现抢眼，有 4 个国家连续两年进入指数榜前 10 位，且排名较去年均有上升，拉美成为最具吸引力的大型零售市场。

传统零售渠道与新兴零售渠道加速整合，呈现联动发展趋势。受到金融危机的影响，低价和低成本成为近年来业界重要的经营策略，各大公司纷纷通过调整门店或市场布局，关闭部分门店、裁减人员或开拓网络等低成本销售渠道来降低经营成本，调整运营结构，并取得了一定的效果。同时，金融危机对成本和价格的压力也推动了各大商业企业在传统渠道之外，积极开拓新的营销渠道，使得网络、手机、团购等新兴零售方式快速发展，例如已经倒闭的 Woolworths 和 Zavvi 开始利用 Twitter 重新塑造自身品牌。超市虽然仍是业内主要业态，但网络销售的成长速度很快，亚马逊作为其中的领军企业，2004–2009 财政年度的复合年增长率达到 28.6%；而零售业巨头沃尔玛也不甘寂寞，继 2011 年 5 月与 1 号店达成入股协议后，于 6 月在上海设立了它在全球的第二个电子商务总部。

一方面，沃尔玛、TESCO、梅西百货等以传统渠道起家的零售巨头纷纷加强网络虚拟销售，另一方面，亚马逊、eBay 等以新兴渠道起家的零售企业也以弹出式（pop-up）临时实体店铺等方式试水实体店销售渠道。各大企业在多渠道展开的同时，在渠道之间进行信息共享，并对各渠道进行一体化考虑，推动网络平台与实体平台紧密结合，呈现出传统与新兴渠道联动融合的趋势。

近年来，新一代科技的应用对零售业带来了重大的变革。综观目前国际零售业技术应用趋势，云计算及物联网技术有望成为新一轮零售技术发展的驱动力，而一些相关技术的发展，也为云计算及物联网提供了坚实的基础。自助服务终端技术（Kiosk）不断发展和成熟，其解决方案一改往日占用空间大、操作困难的负面形象，多采用软硬件一体、触摸屏操作的新型模式，不仅给顾客带来新的体验，也提升零售门店的整体形象；零售自助服务终端不仅仅是一个信息发布和交互系统，更是门店服务的延伸。同时，通过与嵌入式计算结合，将会为企业提供巨量而真实的销售数据，为企业“云”的创建以及物联网建设提供大数据（big data）的支持。物联网技术有望在流通领域得到广泛应用，目前射频识别技术已经在仓储管理、电子自动化、产品防伪、RFID 卡收费等领域推广应用，让零售行业领先一步感受到了新技术带来的便利。据悉在使用 RFID 标签的沃尔玛商场里面的货品脱销现象减少 16%，RFID 技术在货品补充上要比传统条形码技术快 3 倍，同时人工订单已经减少大约 10%。物联网与云计算技术的结合对于零售企业在“大数据”时代获得竞争优势具有重大意义：目前，对于零售商来说，将顾客作为个体来考量并预见他们的需求越来越难，各种消费趋势层出不穷，变化速度越来越快；这就意味着零售商必须在越来越短的时间内掌握越来越多的关于顾客、产品等方面的数据，并加以分析利用。而物联网可以为零售商们带来实时、真实的相关数据，“云计算”则为零售商根据情况调节自身计算能力、提取有用信息提供了可能。

（三）物流业：全球物流需求转向新兴市场，新兴服务模式层出不穷

2010 年世界经济逐步复苏，全球物流市场呈现回升态势。根据 Datamonitor 预测，全球物流和快递市场将从 2009 年的 3.5 万亿美元达到 2013 年的 4 万亿美元，2013 年物流和快递占全球 GDP 的比例将恢复其 2008 年 9.3% 的高峰。

全球物流需求将继续从北美和欧洲转向金砖四国、拉丁美洲和中东等新兴市场，不少物流企业搬离美国，到税收制度更加宽松、市场条件更加优越的发展中国家投资开发、建立供应链公司。预计 2013 年北美和欧洲全球市场份额将分别减少 2.2% 和 1.5%，而亚太地区将增加近 1.5% 的市场份额。智利、巴西等南美洲国家，以及中美洲和加勒比海岛屿国家的国际航班和远洋班轮航线在 2009 年均有不同程度的增加，将推动拉丁美洲物流市场 2010 年及以后几年加速发展。印度经济年均增长率继续保持在 6.5%，孟买和新德里等大都市的经济贸易市场繁荣，物流发展后劲大，步伐稳健。

然而，发达国家依然占据了全球物流优势地位。2007 年，世界银行会同国际运输代理协会等机构对全球 150 个国家和地区物流业进行分析评估，发达国家均排名全球物流业竞争力排名榜前列。2010 年，世界银行再次发布全球物流业竞争力排名榜，根

据清关效率、基础设施、国际海运、物流质量及竞争力、货物跟踪、交货及时性等指标进行排名，德国、新加坡、瑞典、荷兰仍占据前4甲的位置，只是顺序稍有变化。2010年中国排名第27位，比2007年上升3位。

近年来，全球物流外包市场呈现调整增长态势，年均增幅达17%左右，承接外包已经成为物流服务的主导方式。经营外包的企业遍布世界各地，而且其数量和规模不断增加和扩大，越来越多的外包商和第三方物流供应商建立全球化供应链合作关系。同时，由于第三方物流服务在整合资源等方面的局限性，基于联盟服务的第四方物流（4PL）服务商作用日益明显。4PL供应商实际上是一个供应链的集成商，整合和管理公司内部和具有互补性的服务供应商所拥有的不同资源、能力和技术，并提供一整套供应链解决方案。4PL正逐步显现出强大的生命力，将进一步推动物流现代化，并提升物流服务水平。第四方物流通常具备复合物流服务能力、信息技术能力、跨国服务能力、物流规划管理能力和供应链整合能力。未来第四方物流主导角色包括:第三方物流企业、信息技术企业、物流管理顾问公司等。第一方、第二方物流仍然会与新兴的物流服务模式长期并存，以满足社会的不同需求，但第三方、第四方物流在物流活动中的作用将越来越重要，而且从事第三方物流的企业可以同时从事第四方、第五方物流的业务，从事第四方物流的企业也可以同时介入第五方物流的业务。第四方物流及以上的新兴物流服务模式处于现代物流价值链的高端，也是当今各优势物流企业竞相发展和竞争的焦点。随着知识经济社会的到来，不仅出现了第四方物流，第五方物流、第六方物流、第七方物流等新的物流服务模式也不断出现。这些模式目前还没有形成完整而系统的认识，一般认为，第五方物流是指从事物流业务培训的一方，或是专门为其余四方提供信息支持的一方；第六方物流是以电子网络为服务平台，将产业链和第三方物流进行资源虚拟组合，通过数字化系统集成完成流程操作的现代综合物流服务方式。

（四）会展业：区域经济助推作用显现，规模化与专业化成为发展主流

会展业是经济的晴雨表，能够非常及时、敏感地反映出经济发展的现状及趋势。会展业推动区域经济发展主要体现在四个方面：首先是推动城市建设的发展，通过修建会议中心、会议酒店，以及配套的商业、餐饮、旅游、娱乐等设施，进而带动城市基础设施建设。其次是增加就业与税收，会展产业是一个劳动密集型的现代服务产业，需要大量的相关工作人员。其三是拉动产业增长，会议及展览活动对于举办地相关产业发展的推动作用是直接而有效的。其四是促进投资，会展是交流观点与探讨业界问题的高层次平台。城市通过举办特定类型的会展邀请到该领域或该产业内的高端人士，被证明是一种有效的增加投资的方法，如达沃斯论坛、博鳌论坛等。美国会议产业委

员会（CIC）在 2011 年 2 月发布的报告《会议对于美国经济的重要性》指出，美国会议产业直接支出为 2634 亿美元，其中，会议策划与会议组织相关花费为 1507 亿美元，占 57%，而与旅游相关的开支，包括住宿、餐饮、运输、零售、娱乐等费用达到 1127 亿美元，占 43%；会议产业提供直接工作岗位 165 万个，而间接工作岗位达到 216 万个；会议产业对 GDP 的直接贡献额为 1060 亿美元，间接贡献额更是达到了 1515 亿美元；给联邦和州与地方带来直接税收分别为 143 亿美元和 113 亿美元，而间接税收则分别为 213 亿美元和 133 亿美元。

在过去几年中，由于金融危机影响，全球会展业经受了一定冲击，但各国发展产业的推动力却没有减弱，目前市场已逐步进入复苏阶段。据国际协会联盟（UIA）的 2011 年报告显示，其数据库中统计的 2010 年国际会议共有 359673 次，同比增长了 5.0%。同时，会展行业内部整合力度不断加强，并逐步发展与相关行业之间的合作，不断创新会议和办展的模式，发挥新技术和网络平台的力量等。种种迹象表面，会展业正迎来新一轮的发展机遇。

另一方面，全球会展业格局正加速发生改变，随着产业、贸易和市场重心向亚太新兴经济体转移，会展发展的重心也随之转移到中国、巴西等新兴市场国家，特别是中国专业品牌展的异军突起。在 2010 年世界商展百强榜单中，中国共有 14 个展览入围，数量仅次于全球展览业排名第一的德国，多于意大利、美国、法国等传统展览业强国。

据国际会议协会（ICCA）最新报告显示，近 10 年来，全球会议市场基本保持稳定增长态势，从 2000 年至 2010 年累计增长近 4000 次，增幅达 75.9%，未来会议市场仍将长期看好。从 2010 年举办国际性大会的国家排名情况看，美国和德国分别占据排行榜的第 1 和第 2 的位置，中国自 2009 年首次进入前 10 名之后，2010 年位次再上升 1 位至第 8 名。从城市排名情况来看，维也纳已连续 5 年成为最受欢迎的国际会议举办地，随后第 2 至 5 名的依次是巴塞罗那、巴黎、柏林和新加坡，北京和中国香港特区也进入前 20 名，分别位列第 12 名和第 20 名。维也纳、巴塞罗那、巴黎等欧洲城市是众多国际协会和跨国企业总部的所在地、会议产业历史悠久、配套完善，仍是目前最受欢迎的国际会议举办地；而新加坡、北京、首尔等新兴国际会议中心城市得益于政府的大力扶持和快速崛起的氛围，近年来的发展势头不容小觑。

随着展览市场规模化走势增强，展览对场馆的室内外面积提出了刚性需求。另一方面，专业化也是全球展览发展的主流，德国、意大利、法国、美国、英国等会展强国一般不倾向举办综合性博览会，而崇尚行业特点鲜明的专业展和意图亲近终端消费者的混合展；专业化展览能最大限度地吸引生产商、采购商和消费者，带动专业供需信息的沟通交流、品牌的全球传播，进而引领专业领域和终端消费的最新发展潮流。

（五）创意产业：跨产业融合进程加速，产业集聚优势显现

创意产业作为经济全球化背景下崛起的新兴综合性产业，先天具备全球化的特征，国际合作成为发达国家创意产业实现全球拓展的重要途径。创意产业的国际合作方式主要有合作开发、生产（服务）外包、许可生产、品牌代理等。合作开发可以结合两个以上企业的优势资源，共同开发产品，实现双赢；产品外包、许可生产、品牌代理等方式是创意产业优势企业拓展海外市场的主要途径，是其他企业参与创意产业国际合作的重要模式；在这种国际合作中，发达国家掌握着产业关键技术和核心创意，而发展中国家则多处于产业链的中低端环节，主要从事生产加工以及部分非关键技术的研发。

同时，创意产业能助推众多产业融合发展，为关联产业创造出更高的附加值。如创意与工业结合，将优化工业产品外观设计；创意与农业结合，可以形成观光农业、体验农业、创意农业；创意与服务业相结合，可以推动消费模式变革、改善人居环境、提升城市形象。随着行业壁垒不断消融，跨产业融合进程加速，更多其他行业的公司开始进入创意产业。越来越多非传统意义的媒体公司，包括互联网技术公司、软件公司、网络游戏公司、户外广告公司等，都有进入数字化媒体公司的成功案例。

信息技术与创意产业深度融合，为创意产业开拓崭新平台，对创意产品的生产、传播和消费产生深刻影响。数字技术在创意产业中的广泛应用，使创意产品的形式不断更新，创作过程大大缩短，创作成本迅速降低，创作质量显著提高；使创意产品销售渠道和销售模式发生根本性变革；使消费者的消费心理和消费习惯产生深刻影响。如电子书、电子报刊和互联网的普及，拓展了人们的阅读形式，并产生数字阅读形态；与此同时，也颠覆了传统书刊的销售模式，导致实体书店的萎缩。

创意产业园区或孵化器作为创意产业集聚发展的重要载体，在推动创意产业发展、培育创意企业、打造产业集群，甚至推动就业等方面均有重要作用。以澳大利亚昆士兰创意产业集聚区（Creative Industries Precinct – CIP）为例，园区内汇聚印刷媒体、视觉表演艺术、音乐创作和出版、新媒体（如动画、游戏和互联网内容设计）、广播电子媒体和电影、传统艺术活动等创意产业集群，区内有一个创意产业学院、两个研究中心和两个企业服务中心，具备了教育培训研究及企业发展等功能。该园区从人才培养、创意产生、技术创新、产业孵化到最后产生经济效益，形成一系列完整的创意产业链。

（六）专业服务：亚太地区市场发展迅速，跨国公司继续垄断态势

在整个商务活动中，专业服务（Professional Service）作为知识密集型服务，涉及领域广泛，无论是国际贸易、国外直接投资、跨国并购，抑或是商贸、流通、会展等

商务服务的具体行业，都需要专业服务的支撑。我国也把专业服务业称为中介服务业，是指介于各类市场主体之间，提供专门服务，发挥鉴证、经纪、咨询、代理、监督、公证等功能的行业总称，具体包括经纪与代理，会计、审计及税务服务，法律、公证服务，评估服务，专业咨询服务，信用服务，知识产权服务，人力资源服务，市场研究服务，广告服务等。

据权威信息分析机构 Datamonitor 2010 年 4 月发布的报告，近几年世界商业服务和供应业（commercial services and supplies industry）（包括：商业印刷，人力资源和就业服务，环境和设施服务，办公用品供应和服务，以及会计、法律、管理咨询和仓储等多元化商业及专业服务）增长速度有所趋缓，受 2008 年以来全球金融危机影响，2009 年出现了近五年来的首次负增长；2010 年以来，全球经济缓慢复苏，商业服务和供应业发展将适度增长，之后几年发展速度有望加快，至 2014 年世界商业服务和供应业的总营业收入将达到 15145 亿美元，较 2009 年增长 20% 左右，2010–2014 年年均复合增长率有望达到 3.9%。

近年来，亚太地区是全球经济发展最快的地区，国际知名的专业服务公司纷纷在亚太地区扩展业务，亚太地区专业服务业发展迅速。2009 年亚太地区专业服务业营业收入占世界市场份额的 33.1%，首次超过欧洲地区的市场份额（27.3%），且接近美洲地区的市场份额（34.3%）。尽管欧美地区专业服务业市场份额整体较往年有所回落，但不能否认欧美地区专业服务业发展较成熟的事实。无论是营业收入、从业人数还是专业服务机构的数量和实力均远高于其他地区。

跨国大公司继续垄断世界专业服务业市场，以会计服务公司为例，普华永道、德勤、安永和毕马威国际等全球“四大”会计公司全球营收独占鳌头；管理与营销咨询服务市场被跨国大公司垄断的态势更为明显，据 Datamonitor 统计数据，2009 财政年度，IBM 全球服务公司、埃森哲、普华永道、德勤、安永和毕马威国际等六大管理与营销咨询服务大公司的收入之和约为 2127 亿美元，占 2009 年全球管理与营销咨询服务总市值的比例高达 78%。

四、世界商务发展趋势展望

与其他产业门类相类似，世界商务发展也受经济、技术、政治、社会和文化的发展所驱动。综合前述因素的一些基本发展态势，可以对世界商务发展趋势作一初步展望。

（一）商务全球化的程度将进一步加深

经济全球化由资本全球化和贸易全球化所驱动，由此形成相互促进的关系。贸易全球化将提高国家商品交易的份额，由此也带动其他相关商务活动的全球化。贸易全球化的结果是进出口贸易在 GDP 和全球经济中的份额将逐步上升。到 2015 年，所有贸易商品的一半将通过跨境贸易而实现。在未来的几年间，尽管如中国、印度、俄罗斯和巴西等新兴市场国家的国际贸易份额在稳步增加，但是全球贸易的主导力量依然是发达经济体，其份额将在 2/3 左右。在国际贸易中，商品贸易如制造品、矿石、能源和农产品等仍然占多数；而运输和旅游，以及通信、商务和文化服务的国际化贸易程度相对较小，其比例约为 1/3。

（二）商务服务业与制造业将深度融合

在大规模生产日渐普遍的今天，人们认识到单纯制造环节已不能产生更多的附加值，只有将更多的服务融入到生产过程才能获得竞争优势，如，技术成果交易以及企业的自主研发服务提高了制造业的技术创新能力，品牌营销服务有助于制造企业形成自主品牌，有效的金融服务为产业技术创新提供了稳定的资金来源，电子商务与电子贸易则为制造业形成新的利润增长点。因此，生产性服务与制造业的融合成为产业发展的重要趋势之一。在这一融合过程中，许多传统的制造业企业开始向商务服务业领域转型，甚至放弃或外包制造业务，专注于战略管理、研究开发、市场营销等商务活动。

（三）商务服务企业规模向两极化发展

随着网络应用的普及与信息技术的发展，商务服务的模式逐渐发生变革。在新环境下，手机、平板电脑等一系列移动终端设备高度普及，3G、4G 等移动通信技术不断升级，消费者的消费行为也顺应而变，为各种电子商务模式创造了巨大的需求基础。电子商务的交易低成本、交易高效率，特别是较低的进入门槛为众多创新型的小微型企业创造了条件，企业规模的小微型化将是未来商务服务发展的趋势之一。商务服务企业的小型化发展将强化市场竞争，这又将促发企业通过并购、重组、联盟等方式来增强实力，由此形成规模化经营。因此，未来商务服务企业规模将出现两极化发展的趋势。

（四）商务服务逐步形成区域集聚态势

经济全球化进程的加快以及信息技术的进步使得地理位置对于国际商务的参与者而言似乎越来越不重要了，然而，全球化具有两面性，一方面，对于诸如简单制造或服务等日常业务而言，其地理分布明显地变得越来越广；另一方面，高层次的经济活动如产品和技术的创新与设计、金融服务和新闻媒体等却呈现向某些地理区域高度集聚的态势，由此产生的显著结果是，企业组织结构出现了新的特征，即，企业总部与企业制造业务在空间上实现分离，总部向中心城市集聚，而产业制造加工基地向低成本区域集中，并分别出现专业化和集群化的趋势。大城市作为经济活动的控制中心、协调和指挥中心，资本和贸易活动频繁，必然成为金融服务、专业服务、商务服务、会展旅游等多项服务业活动集聚的地理节点。因此，商务服务尤其是高端商务服务将加快向世界城市或区域核心城市集聚的步伐，在较长的时期内，传统的世界城市如纽约、伦敦、东京将保持其固有的优势，继续成为世界商务服务业的集聚地；同时，随着新兴市场经济的崛起，世界各个地区的核心城市将逐步成为吸引商务服务集聚的场所，由此形成新的世界商务服务集聚区。

（五）商务服务业的国际产业转移加快

为应对经济危机，一些发达经济体采取了一定的贸易保护主义策略，由此保持其缺乏比较优势的产业，但是这些政策措施不具可持续性，产业的全球梯度转移趋势难以逆转，尤其是在微电子和计算机技术、通信和网络技术、软件和系统集成为代表的信息技术日新月异的条件下，传统工业化的生产方式开始向集工业化、信息化于一体的现代生产方式转化，各国产业结构升级步伐加速，国际产业转移速度进一步加快，产业成长周期进一步缩短。与制造业的国际转移相类似，商务服务业的国际转移也将呈现加快趋势，而且转移的方式也日渐多元化。由于跨国公司一般涉及多元化经营，其业务不仅涵盖制造业，也包括大量与制造相关的服务业务，因此，跨国公司在全球范围内的技术转移和扩散及其业务的全球布局将加快包括商务服务业在内的产业转移，跨国公司是商务服务国际产业转移的主要推动者。

主要参考文献

【1】IMF. Global Financial Stability Report（GFSR）: Grappling with Crisis Legacies【R】, 2011-09

【2】IMF. World Economic Outlook: slowing growth, rising risks【R】, 2011-09

【3】UNCTAD. Trade and Development Report 201【R】, 2011-09

【4】WTO. World Trade Report 201【R】, 2011-09

第二章 国际货物贸易发展动态

国际贸易分为货物贸易和服务贸易。其中货物贸易也称为有形(商品)贸易(Tangible Goods Trade)，其用于交换的商品主要是以实物形态表现的各种实物性商品。国际贸易中的货物种类繁多，联合国秘书处起草了1950年版的《联合国国际贸易标准分类》(United Nations Standard International Trade Classification，SITC)，在1960年和1974年进行了两次修订。在1974年的修订本里把国际货物贸易分为10大类、63章、233组、786个分组和1924个基本项目。这10类商品分别为：食品及主要供食用的活动物；(1)饮料及烟类；(2)燃料以外的非食用粗原料；(3)矿物燃料、润滑油及有关原料；(4)动植物油脂及油脂；(5)未列名化学品及有关产品；(6)主要按原料分类的制成品；(7)机械及运输设备；(8)杂项制品；(9)没有分类的其他商品。(10)在国际贸易统计中，一般把0～4类商品称为初级产品，把5～8类商品称为制成品。有形贸易是贸易国家国际收支经常项目的重要内容。

一、国际货物贸易总体发展态势

贸易活动是金融危机和经济衰退向全球扩散的一个主要渠道，同时也是带动经济复苏的重要因素。金融危机后期各国的贸易发展表明，贸易是很多国家快速摆脱金融和经济危机困扰的主要推动力，强劲的对外贸易增长成为部分国家经济发展的重要支柱。

(一)2010年世界贸易强劲复苏，有力促进全球经济恢复发展

2008年年底的全球金融危机重创了世界经济，导致2009年全球经济的衰退，也使全球贸易遭遇到过去70年以来最大程度的下滑。2009年的贸易增长率出现巨幅下降，其降幅达到12.2%。尽管如此，2010年世界贸易却表现出强势反弹的复苏迹象。世界贸易回升速度不仅超过预期，而且复苏力度比世界经济更为强劲。

据世界贸易组织统计，2010年，全球国内生产总值(以下简称GDP)增长了3.6%左右，而世界货物贸易出口的增长率则达全球GDP增速的4倍之多(见图2.1)。2010年，货物贸易出口量激增了14.5%，达到有史以来的最大增幅纪录，世界货物贸易出口总值达15.08万亿美元，较上年增长21.7%；进口总值15.30万亿美元，较上年增长20.9%。经济

危机后期，随着全球经济发展环境的好转，世界贸易也得以快速恢复到经济危机前的水平。

世界贸易呈现出的高增长率主要在于金融危机后期，世界经济开始逐步复苏、国际市场需求增长、大宗商品价格企稳等利好因素的影响带动，以及金融危机期间世界贸易急剧下降、大幅萎缩从而造成基数相对较低的原因。与此同时，2010 年世界贸易增长的迅速回升也进一步推动了全球经济的积极恢复与发展。

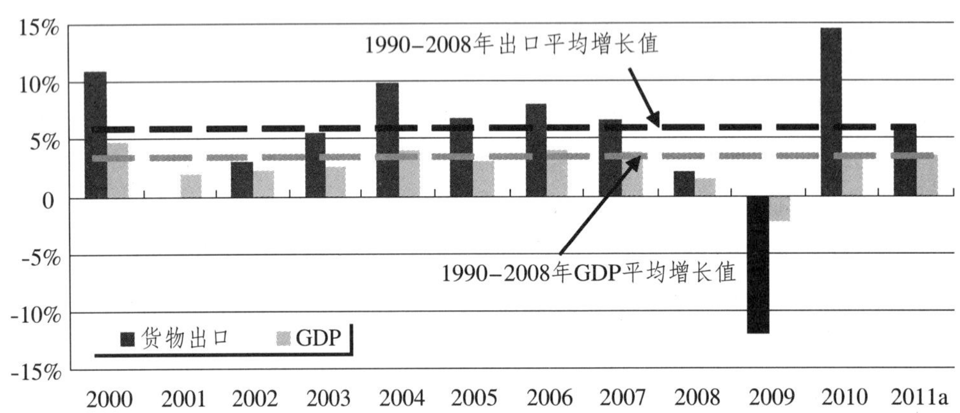

图 2.1　2000-2011 年世界货物贸易和 GDP 的增长情况

数据说明：其中 2011 年为预测值
资料来源：WTO 秘书处

（二）发达经济体贸易恢复缓慢，发展中经济体回升显著

2009 年，美国、欧盟和日本的贸易出口下降均超过了世界平均水平，分别为 13.9%，14.8% 和 24.9%。但中国的出口降幅较小，为 10.5%。总体而言，新兴工业化国家虽然无法克服其在经济危机时期出口依赖型的经济弱点，但相对于发达经济体仍然经历了相对较小的出口缩减。2010 年世界贸易出口总量在各地区呈现出的恢复程度则有所不同。其中，发达经济体增长了 12.9%，而来自发展中经济体和独联体的联合货物运载量则跃升了 16.7%。

发展中经济体的贸易增长和产量增长均快于发达经济体。按实值计算，发达经济体的贸易出口量增长了 13%，而发展中经济体的同类增长率则接近 17%。在进口方面，发达经济体和发展中经济体的差异更显著，其中，发达经济体的贸易进口增长了 11%，而世界其他地区的贸易进口则增长了 18%。

另据世界银行的数据显示，2010 年 1-10 月，高收入国家的出口量年增长率为 10.4%，而发展中国家则达到 15.5%。截至 2010 年 10 月，高收入国家的出口量只恢复到危机前（2008 年 8 月）水平的 98%；而截至 2010 年 11 月，发展中国家的出口量却比危机前水平提高了 16%，其中“金砖四国”（即中国、印度、俄罗斯和巴西）表现尤为突出，其贸易出口量比危机前水平提高了 21%。国际贸易呈现“双速”恢复的现象。

由于增长速度上的差异，新兴和发展中经济体在世界贸易中的地位有所提升，发展中经济体已成为全球贸易增长的重要来源。据世界贸易组织季度统计数据显示，2010 年第 1 和第 2 季度，世界出口贸易额比上年同期分别增长 27% 和 26%，其中超过一半的增长由发展中经济体所创造。世界银行预测，近 3 年（2010–2012 年）发展中经济体的经济增速将是发达经济体增速的 3 倍左右，全球需求增长的一半将来自发展中经济体，发展中经济体快速增长的进口将占全球出口增量的 40%。

（三）初级产品价格回归上涨趋势，大宗商品市场需求旺盛

经济危机爆发之后，传统的农产品、食物等与生活基本需求相关的货物品种因其刚性需求而受经济危机的波及较小，制造业、工业产品等与工业生产活动关联紧密的货物所受影响相对较大，贸易量下滑显著。化工产品的贸易量虽也有所削减，但部分为医药类产品的贸易量增长所抵消。初级产品价格方面，在 2008 年 7 月至 2009 年 1 月期间，食物、金属、能源等初级产品价格从之前持续上扬的涨势转而呈现出显著下跌的走向。

2010 年，随着全球经济环境的改善，消费者和投资者信心回稳，市场需求有所回暖，从而推动了国际商品价格的上扬。食物、金属、能源等初级产品价格在经济危机后期已走出价格下跌的低谷，其价格开始全面攀升上涨。据国际货币基金组织（IMF）编制的初级商品价格指数（Indices of Primary Commodity Prices）显示，与 2009 年相比，2010 年国际市场商品价格综合指数上涨 26.1%。其中，非能源类商品上涨 26.3%；能源类商品上涨 25.9%。在非能源类商品中，食品饮料上涨 11.8%，工业原材料上涨 43.0%。

与此同时，全球经济的持续复苏及新兴经济体工业化进程的不断深入，市场对大宗商品的需求也日益旺盛，大宗商品价格出现持续上涨。而美元汇率走弱，发达国家宽松的货币政策导致全球流动性过剩，也进一步助推了大宗商品价格的上扬。相关统计表明，2011 年 1 月，国际市场商品价格综合指数比 2010 年同期上涨 24.4%，比 2010 年 12 月上涨 4.0%。其中，非能源类商品分别上涨 31% 和 4.8%；能源类商品上涨 20.4% 和 3.5%。有关分析指出，2011 年全球大宗商品价格预计将继续存在上升的压力，同时也有可能出现大幅波动的情况。

（四）世界货物贸易摩擦频发，涉及金额量级有所提升

2009 年金融危机的肆虐不但增加了全球贸易摩擦发生的数量，而且还使案件的金额量级有所提升，进而也导致摩擦给部分国家带来更负面且深重的影响。2009 年的全

球贸易摩擦体现了三大特点，一是案件频发，2008 年对中国发起的反倾销案件有 210 起，而 2009 年达到 440 起；二是涉案金额巨大，单单美国轮胎特保案和美国对中国油管“双反”案涉案金额就分别高达 21 亿美元和 27 亿美元；三是杀伤力强，一些“双反”税率甚至超过 100%，如果真正征收，产品根本无法再进行出口。

作为新兴经济体的一员，中国近几年的飞速发展引人瞩目，但在国际贸易方面，由于政策、体制、意识形态等诸多因素影响，也不断被卷入贸易摩擦纠纷之中，而世界贸易的“双速”复苏则可能进一步使贸易摩擦的情况恶化，变得愈加错综复杂。2010 年以来，对中国发起的贸易调查继续呈高发态势，同时，以知识产权、技术性壁垒形式出现的摩擦也不断增多。产业不断升级的中国出口企业，也面临着日益升级的贸易摩擦，这些贸易摩擦，正从原来的中低端制造领域，上升到中高端制造领域——贸易摩擦涉及的产品正从传统的劳动密集行业向新兴产业扩展。具体内容将在第五章“国际贸易保护与贸易摩擦及其对策研究”章节中进一步加以研究论述。

（五）后危机时期贸易保护主义出现新的发展趋势

全球经济危机后期，为了促进本国经济的进一步快速恢复，不少发达国家不但强化了贸易保护主义举措的出台，同时这些举措还呈现出新的演变趋势，主要有以下 3 方面的特点：其一，以美国为首的欧美国家陆续推出了反对引进国外产品、劳动力，要求强制“采购本国货物”等的硬性规定，严重损害国际贸易的公平性；其二，发达国家通过货币贬值、提高关税、进口限制、补贴及技术贸易壁垒等方式保护本国产业，严重限制了世界贸易组织在应对贸易保护主义过程中的作用；其三，发达经济体以推动设立“碳关税”为名目，旨在对未承担约束性温室气体减排目标的主要发展中国家实施惩罚性关税贸易制裁。不难发现，上述贸易保护主义的举措是发达经济体保护并促进本国经济恢复发展的“排外性”表现，显然会对新兴经济体的出口造成较大影响，因而新兴经济体亟须对这些举措引起必要的关注与重视。

（六）受诸多不确定因素影响，2011 年世界贸易增速趋缓

世界贸易的发展仍然处于恢复之中，在 2010 年显著复苏的基础上，2011 年经济复苏会有所减缓，但仍将略高于平均增长率。根据当前的现状，世界银行预测，2011 年世界货物贸易量将增长 8.3%，低于 2010 年的 15.7%。世界贸易组织经济学家对 2011 年世界货物贸易的发展做了基本预测。预计货物贸易的出口将增长 6.5%，其中，发达国家的货物运载量将增长 4.5%，发展中国家和独联体国家的运载量则将增长 9.5%（见表 2.1，这一预测考虑了日本地震的影响）。

表 2.1 2008–2011 年世界货物贸易出口和 GDP 值年度百分比变化

主要指标	主要经济体	2008 年	2009 年	2010 年	2011 年
货物贸易出口量	世界	2.2	–12.0	14.5	6.5
	发达经济体	0.8	–15.1	12.9	4.5
	发展中经济体和独联体	4.2	–7.8	16.7	9.5
市场汇率浮动下 GDP 实值（2005）	世界	1.4	–2.4	3.6	3.1
	发达经济体	0.2	–3.7	2.6	2.2
	发展中经济体和独联体	5.7	2.1	7.0	5.8

数据说明：2011 年的数据为预测值

资料来源：WTO 秘书处对出口和 GDP 的估算值

此外，据世界贸易组织估计，日本地震对贸易可能产生如下影响：其一，使日本的贸易出口量有所下降，降幅在 0.5% 至 1.6% 之间，其二，也会使日本的贸易进口量有所增加，增幅在 0.4% 至 1.3% 之间。地震带来的经济影响还可能会通过全球供应链转移到其他国家上。比如日本在其他国家的汽车和电子配件产业受到显著的不利影响，由于减少了电力供应导致冷冻设施的缺乏，从而使日本无法卸载易变质的新鲜食物。

虽然 2010 年贸易量的迅猛增长使世界贸易恢复到了经济危机前的水平，但尚未恢复到世界贸易长期发展的轨道趋势上（如图 2.2 所示）。

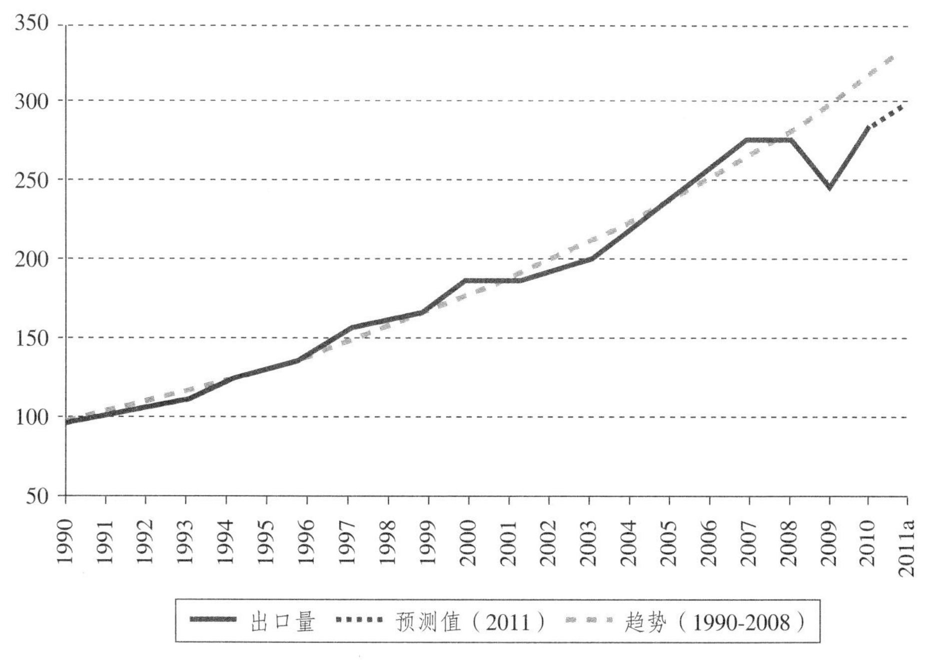

图 2.2 1990–2011 年世界货物出口量指数

数据说明：其中 2011 年为预测值；世界货物出口指数 1990=100

资料来源：WTO 秘书处

世界贸易组织的经济学家指出 2011 年年初以来世界范围内的一系列重大事件如日本大地震、利比亚战事以及拉美革命等为预测未来的贸易发展增添了诸多不确定因素，因此 2011 年世界贸易增长可能会出现 6.5% 的平缓增长。

二、主要地区和国家货物贸易发展动态

世界贸易的方式主要由地区与地区之间以及地区内部之间的贸易活动所构成。据世界贸易组织相关统计的图表显示，2009 年，欧洲和亚洲地区内部贸易活动相对频繁。其中，欧洲地区内部的贸易占据欧洲总体贸易的 72%，亚洲则有超过一半的贸易出口（52%）是在地区内部间进行的。位列第三的是北美洲的地区内部贸易，其内部各国间所进行的贸易出口活动占总体贸易活动的 48%。与此相对，中东地区、独联体国家以及非洲的贸易则以对外贸易为主。中东地区的贸易主要对象是亚洲，独联体国家和非洲的贸易主要对象均为欧洲。

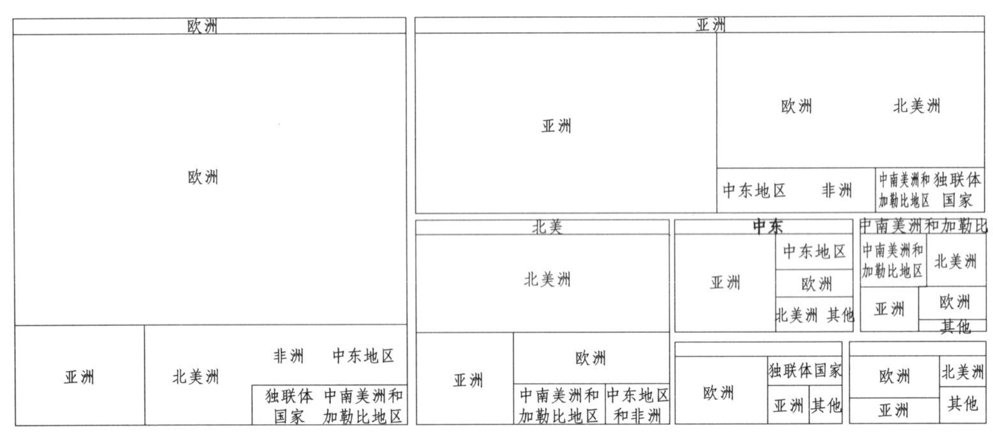

图 2.3　2009 年世界商品出口贸易地区和目的地情况

资料来源：World Trade Organization，International Trade Statistics 2010（世界贸易组织，2010 国际贸易统计）

在全球经济危机的阴影笼罩下，2009 年世界货物贸易量（不计价格和汇率浮动的影响）下跌了 12.2%（见表 2.2），低于 2008 年 2.1% 的增长，同时，也远低于 10 年以来 4.1% 的平均增幅。与此同时，贸易的下降幅度也大于 GDP2.3% 的降幅，这一现象主要是因为产值增速时，世界贸易的增长会快于 GDP 的增长，而产值减速时，世界贸易的缩减同样会超过 GDP 的缩减。

表 2.2　2007–2009 年世界各地区 GDP 和货物贸易年度的分比变化情况

国家或地区	GDP			出口			进口		
	2007	2008	2009	2007	2008	2009	2007	2008	2009
世界	3.8	1.6	−2.3	6.4	2.1	−12.2	6.1	2.2	−12.9
北美洲	2.2	0.5	−2.7	4.8	2.1	−14.4	20	−2.4	−16.3
美国	2.1	0.4	−2.4	6.7	5.8	−13.9	1.1	−3.7	−16.5
中南美洲(1)	6.4	5.0	−0.8	3.3	0.8	−5.7	17.6	13.3	−16.3
欧洲	2.9	0.8	−4.0	4.2	0.0	−14.4	4.4	−0.6	−14.5
欧盟 27 国	2.8	0.7	−4.2	4.0	−0.1	−14.8	4.1	−0.8	−14.5
独联体国家	8.3	5.3	−7.1	7.5	2.2	−9.5	19.9	16.3	−20.2
非洲	5.8	4.7	1.6	4.8	0.7	−5.6	13.8	14.1	−5.6
中东地区	5.5	5.4	1.0	4.5	2.3	−4.9	14.6	14.6	−10.6
亚洲	6.0	2.7	0.1	11.7	5.5	−11.1	8.2	4.7	−7.9
中国	13.0	9.0	8.5	19.8	8.6	−10.5	13.8	3.8	2.8
日本	2.3	−1.2	−5.0	9.4	2.3	−24.9	1.3	−1.3	−12.8
印度	9.4	7.3	5.4	14.4	14.4	−6.2	18.7	17.3	−4.4
新兴工业化经济体(2)	5.6	1.6	−0.8	9.0	4.9	−5.9	5.3	3.5	−11.4

数据说明：（1）中南美洲包括加勒比地区；（2）中国香港，韩国，新加坡和中国台湾。
资料来源：WTO 秘书处

2009 年，北美洲和欧洲地区的下降高于世界平均水平（两者的降幅均为 14.4%），而降幅最小的是石油出口地区如中东，降幅为 4.9%，非洲，降幅为 5.6%，以及中南美洲，降幅为 5.7%。亚洲和独联体的降幅也较大，分别达到 11.1% 和 9.5%，但仍显著低于世界平均降幅水平。

美国、欧盟以及日本的出口贸易降幅（分别为 13.9%，14.8% 和 24.9%）均超过了世界平均值，但中国的降幅却相对较小，仅为 10.5%。总体而言，虽然新兴工业化国家的出口依赖型经济使其不可避免遭受到危机带来的衰退影响，但其出口贸易缩减量仍然较小，仅为 5.9%。

进口方面，情况则正相反，2009 年世界进口贸易降幅最大的地区包括主要的石油和自然资源出口国——如独联体，进口贸易下降了 29%，中南美洲的进口贸易下降了 16.5%。国际贸易组织报告指出，产生这一现象的部分原因可能是 2009 年石油价格走低而导致出口额的降低。北美、欧洲以及中东的进口贸易下降显著，分别为 16%，14.5% 以及 10.6%，但非洲和亚洲的进口贸易仅出现个位数的降幅，分别为 5.6% 和 7.9%。

美国和欧洲的进口贸易下降幅度大于世界的平均值，而日本的进口贸易降幅则接近世界平均值。印度的进口贸易下降量相对较小，与此相对，中国从其他国家进口的货物量却出现了上涨。这一上涨现象可能是由于中国从国外大量买进储存矿产和其他自然资源，而此类货物的价格在2009年出现了临时性的下跌。

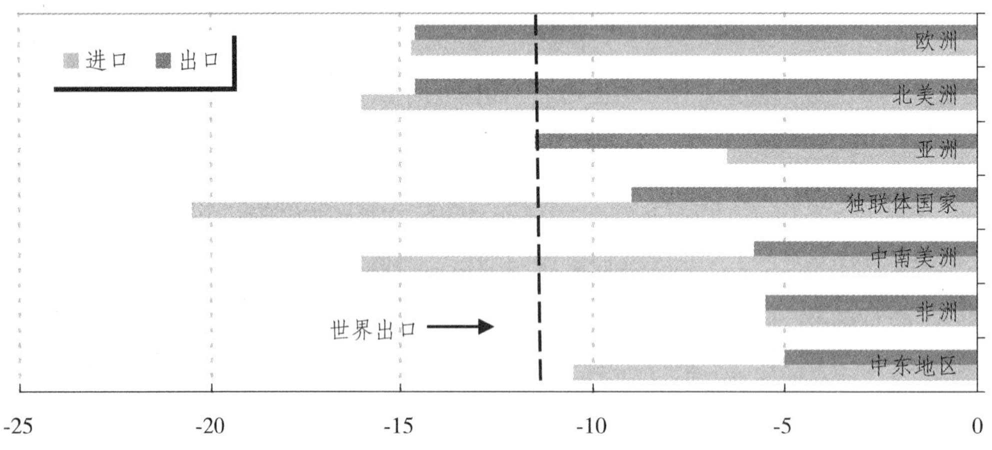

图 2.4　2009 年 各地货物贸易增长实值（年度百分比变化）

资料来源：WTO 秘书处

2009年世界几大主要经济体的贸易活动大多遭受了重创，而部分发展中新兴经济体所受的波及影响则相对较小，因而得以脱颖而出。例如，在货物贸易出口方面，中国取代了德国，成为世界最大的货物贸易出口主导国，美国则排在德国之后，位列第三（见图2.5）。

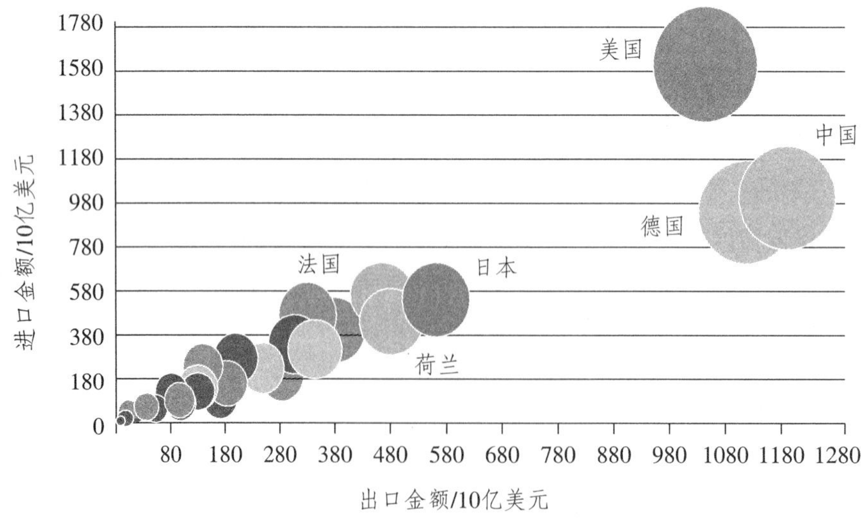

图 2.5　2009 年世界主要经济体货物贸易情况

资料来源：World Trade Organization，International Trade Statistics 2010

进入 2010 年，随着全球经济的逐步复苏，世界贸易活动也呈现出强劲反弹的迹象。各地区在货物贸易出口和进口方面都出现了 2 位数的百分比增长。究其原因，世界贸易组织指出，部分原因可能是燃料和其他商品价格等上涨所致。（见表 2.3）

表 2.3　2010 年世界部分地区和经济体货物贸易情况

百万美元，%

国家或地区	出口					进口				
	贸易值	年度百分比变化				贸易值	年度百分比变化			
	2010	2005-2010	2008	2009	2010	2010	2005-2010	2008	2009	2010
世界	14855	8	15	-23	22	15050	7	16	-23	21
北美洲	1964	6	11	-21	23	2681	3	8	-25	23
美国	1278	7	12	-18	21	1968	3	7	-26	23
加拿大 (1)	387	1	9	-31	22	402	4	7	-21	22
墨西哥	298	7	7	-21	30	311	6	10	-24	29
中南美洲 (2)	575	10	21	-24	25	576	14	30	-26	30
巴西	202	11	23	-23	32	191	20	44	-27	43
其他中南美国家 (2)	373	9	20	-25	22	385	12	25	-25	24
欧洲	5626	5	12	-22	12	5841	5	13	-25	13
欧盟 27 国	5147	5	11	-22	12	5337	5	12	-25	12
德国	1269	5	9	-23	13	1067	7	12	-22	15
法国	521	2	10	-21	7	606	4	13	-22	8
荷兰	572	7	16	-22	15	517	7	18	-24	17
英国	405	1	5	-23	15	558	2	2	-24	15
意大利	448	4	9	-25	10	484	5	10	-26	17
独联体国家	588	11	35	-36	30	414	14	32	-33	24
俄罗斯联邦 (1)	400	10	33	-36	32	248	15	31	-34	30
非洲	500	10	29	-30	28	463	13	28	-15	14
南非	82	10	16	-24	33	94	9	14	-27	29
南非以外地区	418	10	31	-31	28	369	14	33	-12	11
石油出口国 (3)	277	9	34	-38	31	138	14	39	-9	4
非石油出口国	141	12	24	-14	21	231	13	29	-14	15
中东地区	916	11	34	-31	30	572	11	28	-15	13
亚洲	4685	11	15	-18	31	4503	11	21	-20	32

（续表）

国家或地区	出口					进口				
	贸易值	年度百分比变化				贸易值	年度百分比变化			
	2010	2005–2010	2008	2009	2010	2010	2005–2010	2008	2009	2010
中国	1578	16	17	–16	31	1395	16	18	–11	39
日本	770	5	9	–26	33	693	6	23	–28	25
印度	216	17	30	–15	31	323	18	40	–20	25
新兴工业化经济体(4)	1111	9	10	–17	30	1103	9	17	–24	33
备忘录条目：										
南方共同体市场(5)	282	11	24	–22	30	267	19	41	–28	43
东盟(6)	1052	10	14	–18	29	950	10	21	–23	31
欧盟 27 国对外贸易	1787	6	13	–21	17	1977	6	17	–27	18
欠发达国家	164	15	32	–24	28	174	15	30	–5	13

数据说明：（1）进口离岸价；（2）包括加勒比地区；（3）阿尔及利亚，安哥拉，喀麦隆，乍得，刚果，赤道几内亚，加蓬，利比亚，尼日利亚，苏丹；（4）中国香港，韩国，新加坡，中国台湾；（5）南方共同体市场：阿根廷，巴西，巴拉圭，乌拉圭；（6）东南亚联盟国家包括：文莱，柬埔寨，印度尼西亚，老挝，马来西亚，缅甸，菲律宾，新加坡，泰国，越南。

资料来源：WTO 秘书处

2010 年，欧洲成为世界贸易出口量和进口量最大的地区，其出口额达到 5.63 万亿美元，而进口额则为 5.84 万亿美元，但两方面的增速均为最小。出口和进口增长率最大为亚洲地区，分别达到 23.1% 和 32%。其原因可能与欧洲地区主要是发达经济体的聚集区，而亚洲则有不少新兴的发展中经济体，在经济危机后期，后者表现出强于前者的复苏力。

从国家层面来看，据世界贸易组织的数据显示，在 2010 年世界货物贸易出口方面，中国以 1.58 万亿美元雄踞榜首，美国和德国分别以 1.28 万亿美元和 1.26 万亿美元位列第 2、第 3 位。日本、荷兰、法国、韩国、意大利、比利时、英国依次列于第 4 至第 10 位。进口方面，美国以 1.91 万亿美元居于桂冠，中国和德国分别以 1.39 万亿美元和 1.05 万亿美元位列第 2、第 3 位。日本、法国、英国、荷兰、意大利、中国香港、韩国则依次列于第 4 至第 10 位。由此可见，尽管欧美、日韩等发达经济体复苏缓慢，但其仍然占据着世界贸易活动前 10 的主导地位，成为推动世界贸易进出口活动全面恢复的主要驱动力（见表 2.4、表 2.5）。

表 2.4　2010 年世界货物贸易出口 100 强

排名	国家或地区	2009 年	2010 年	排名	国家或地区	2009 年	2010 年
1	中国	1201610	1577930	51	罗马尼亚	40674	49295
2	美国	1056043	1278139	52	葡萄牙	44357	48746
3	德国	1121034	1261047	53	哥伦比亚	32789	39819
4	日本	580719	769839	54	秘鲁	26885	35565
5	荷兰	498499	572008	55	新西兰	24931	31372
6	法国	484352	520433	56	斯洛文尼亚	26186	29404
7	韩国	363534	466383	57	埃及	23062	26438
8	意大利	406826	447429	58	白俄罗斯	21278	25258
9	比利时	369985	411269	59	巴基斯坦	17523	21517
10	英国	353309	404329	60	希腊	20463	20920
11	俄罗斯	303388	400020	61	立陶宛	16494	20794
12	中国香港	318758	390367	62	保加利亚	16371	20571
13	加拿大	316724	387155	63	卢森堡	21095	19664
14	新加坡	269833	351867	64	孟加拉国	15083	19195
15	墨西哥	229783	298361	65	摩洛哥	14054	17560
16	中国台湾	203675	274642	66	厄瓜多尔	13799	17369
17	沙特阿拉伯	192307	253514	67	突尼斯	14449	16427
18	西班牙	227456	244471	68	巴林	11800	15360
19	印度	164907	216162	69	爱沙尼亚	9056	11595
20	澳大利亚	154331	212325	70	克罗地亚	10474	11534
21	巴西	152995	201915	71	塞尔维亚	8344	9804
22	马来西亚	157433	198801	72	拉脱维亚	7725	9445
23	瑞士	172850	195386	73	哥斯达黎加	8784	9341
24	泰国	152422	195319	74	斯里兰卡	7345	8517
25	瑞典	131055	158313	75	危地马拉	7214	8466
26	印度尼西亚	119646	158200	76	约旦	6375	7023
27	波兰	136783	155794	77	乌拉圭	5405	6733
28	奥地利	137087	151664	78	多米尼加	5542	6306
29	捷克	113165	132998	79	玻利维亚	4918	6243
30	挪威	120880	131683	80	洪都拉斯	5090	5766
31	爱尔兰	115571	117258	81	肯尼亚	4421	5151
32	土耳其	102143	113899	82	黎巴嫩	4186	5022
33	伊朗	78830	100867	83	冰岛	4057	4601
34	丹麦	93962	97146	84	巴拉圭	3167	4534

（续表）

排名	国家或地区	2009 年	2010 年	排名	国家或地区	2009 年	2010 年
35	匈牙利	83195	95492	85	萨尔瓦多	3797	4472
36	南非	61677	81829	86	坦桑尼亚	2642	3687
37	尼日利亚	52900	78808	87	马其顿	2692	3302
38	越南	57096	71767	88	蒙古	1903	2899
39	智利	53735	69622	89	马耳他	2246	2529
40	芬兰	62892	69235	90	埃塞俄比亚	1538	2480
41	阿根廷	55668	68500	91	毛里求斯	1939	2172
42	科威特	51722	65959	92	尼加拉瓜	1394	1851
43	委内瑞拉	57595	65786	93	摩尔多瓦	1288	1582
44	斯洛伐克	56246	65131	94	阿尔巴尼亚	1091	1550
45	以色列	47935	58432	95	吉尔吉斯	1442	1488
46	哈萨克斯坦 1	43196	57243	96	塞浦路斯	1257	1416
47	阿尔及利亚	45193	55185	97	亚美尼亚	698	1011
48	伊拉克 2	41329	52212	98	中国澳门	961	870
49	乌克兰	39782	51479	99	斐济	630	717
50	菲律宾	38436	51432	100	巴拿马	806	709

数据说明：（1）哈萨克斯坦 7 月份以后数据不包括与俄罗斯的贸易数据；（2）伊拉克为石油出口数据。
资料来源：依据世界贸易组织季度贸易统计数据计算，中美德三国为官方最新数据

表 2.5　2010 年世界货物贸易进口 100 强

排名	地区	2009 年	2010 年	排名	地区	2009 年	2010 年
1	美国	1559625	1912041	51	阿尔及利亚	39293	40158
2	中国	1005920	1394830	52	巴基斯坦	31668	37811
3	德国	926460	1056763	53	尼日利亚	34105	37200
4	日本	551960	692624	54	摩洛哥	32881	35522
5	法国	559886	605705	55	白俄罗斯	28559	34825
6	英国	483176	557101	56	新西兰	25578	30628
7	荷兰	443549	516648	57	秘鲁	21865	30126
8	意大利	414864	483836	58	斯洛文尼亚	26528	29993
9	中国香港	347657	433505	59	孟加拉国	21833	27794
10	韩国	323085	425212	60	保加利亚	23541	25310
11	加拿大	321486	391177	61	卢森堡	24458	24065
12	比利时	351938	390243	62	哈萨克斯坦（1）	28409	24023
13	印度	257202	322702	63	立陶宛	18340	23253
14	西班牙	293555	312134	64	突尼斯	19241	22218

（续表）

排名	地区	2009 年	2010 年	排名	地区	2009 年	2010 年
15	新加坡	245785	310791	65	科威特	20341	21500
16	墨西哥	241515	310618	66	克罗地亚	21203	19975
17	中国台湾	174371	251395	67	厄瓜多尔	15093	19961
18	俄罗斯	191804	248399	68	黎巴嫩	16572	18460
19	澳大利亚	165464	201643	69	塞尔维亚	16056	16726
20	巴西	133673	191468	70	多米尼加	12469	15584
21	土耳其	140928	185497	71	约旦	14236	15262
22	泰国	133668	182400	72	危地马拉	11531	13836
23	瑞士	155706	176191	73	哥斯达黎加	11395	13570
24	波兰	149716	173722	74	斯里兰卡	10207	13561
25	马来西亚	123832	164733	75	爱沙尼亚	10146	12273
26	奥地利	143116	158448	76	肯尼亚	10207	12090
27	瑞典	120297	147814	77	拉脱维亚	9792	11471
28	印度尼西亚	89964	131690	78	巴林	7380	9790
29	捷克共和国	105245	126120	79	巴拉圭	6497	9400
30	沙特阿拉伯	95568	101193	80	巴拿马	7660	8964
31	匈牙利	77900	88123	81	埃塞俄比亚	7604	8666
32	丹麦	82559	84369	82	乌拉圭	6907	8622
33	越南	69949	83777	83	萨尔瓦多	7255	8548
34	南非	64476	80131	84	洪都拉斯	7560	8496
35	挪威	69292	76902	85	塞浦路斯	7835	8312
36	葡萄牙	71753	75221	86	坦桑尼亚	6387	7830
37	芬兰	60888	68063	87	中国澳门 (2)	4618	5527
38	斯洛伐克	55773	66134	88	马其顿	5043	5451
39	伊朗	50469	62671	89	玻利维亚	4434	5297
40	罗马尼亚	54464	61787	90	阿尔巴尼亚	4550	4601
41	以色列	49278	61248	91	毛里求斯	3733	4466
42	乌克兰	45487	60910	92	尼加拉瓜	3489	4185
43	爱尔兰	62494	59137	93	马耳他	4125	4170
44	菲律宾	45735	58248	94	冰岛	3604	3931
45	智利	42427	58241	95	摩尔多瓦	3278	3855
46	阿根廷	38780	56443	96	亚美尼亚	3304	3783
47	埃及	44946	52923	97	蒙古	2131	3278
48	希腊	67659	50781	98	吉尔吉斯	3040	3225
49	委内瑞拉	40597	40980	99	巴巴多斯	1449	1569

（续表）

排名	地区	2009年	2010年	排名	地区	2009年	2010年
50	哥伦比亚	32898	40683	100	斐济	1439	1508

数据说明：（1）哈萨克斯坦7月份以后数据不包括与俄罗斯的贸易数据；（2）不包括重复进口数据。
资料来源：依据世界贸易组织季度贸易统计数据计算，中美德三国为官方最新数据

（一）北美地区

北美和欧洲地区的贸易下降高于世界平均水平（14.4%）。北美的商品出口在2009年下降了21%，从2万亿美元下降至1.6万亿美元，进口下降了25%，从2.9万亿美元下降至2.2万亿美元。

2010年，北美洲的货物贸易出口增长了23%，达到1.96万亿美元，占世界货物贸易出口总额的13%。与此同时，该地区的货物贸易进口增长率与出口增长率相同，达到2.68万亿美元，占世界货物贸易进口总额的18%。其中，美国的进出口贸易增长仅为14.8%和15.4%。

2011年2月，美国贸易出口与去年同期相比增长了17%，进口则与去年一样增长了17%。过去两年，美国贸易出口稳定增长，进口则在2010年下半年趋于平缓，从而使得贸易平衡处于可控范围之内。2011年2月美国商品贸易的逆差为510亿美元，高于后经济危机时期320亿美元的较低值，但仍然低于2009年2月的940亿美元。尽管全球贸易不平衡现象在经济恢复时期已经再次浮现，但相比于经济危机前已经趋于缩小。

（二）欧洲地区

2009年，欧洲的货物出口贸易下跌了23%，降至5万亿美元，进口缩减了24%，降至5.1万亿美元。

2010年，欧洲的货物贸易出口总额为5.63万亿美元，占世界货物贸易出口总额的38%，进口总额则达到5.84万亿美元，占世界货物贸易进口总额的39%。与2009年相比，2010年欧洲货物贸易出口和进口分别增长了12%和13%。其中，欧盟27国出口总值5.15万亿美元，增长11.9%，占欧洲总出口的91.5%。成员国内部出口3.36万亿美元，增长9.7%，占欧盟出口总量的65.3%，较2009年下降1.3%；欧盟成员国外部出口1.78万亿美元，增长16.5%，占欧盟进口总量的34.7%，同比提高1.3%。进口方面，欧盟27国的进口总值达到5.34万亿美元，增长12.5%，占欧洲进口总量的91.3%，较上年下降0.3%。成员国内部进口3.36亿美元，增长9.7%，占欧盟出口总量的63.0%，较2009年下降1.6%；外部进口1.98万亿美元，增长17.6%，占欧盟进口总量的37.0%，同比提高1.6%。

比较2009年和2010年欧洲贸易活动情况，相对于2009年欧洲贸易出口更多集中

在地区内部间，2010 年，欧洲的贸易活动则明显转为外向型。世界贸易组织指出，产生这一现象的原因包括因欧洲地区相对较低的 GDP 增长而出现的疲软内需，以及之后德国对中国出口的大量激增。

（三）亚太地区

2009 年亚洲的货物贸易下降了 11.1%，虽然下降量较大，但仍然低于世界平均水平。其出口贸易下降了 19%，从 4.7 万亿美元降至 3.6 万亿美元，是所有地区中名义降幅最小的地区。亚洲的货物进口贸易下跌也小于世界平均值，为 21%，跌至 3.4 万亿美元。经济危机时期，亚洲在货物贸易进出口方面的坚实表现主要与中国为减小经济危机对贸易量影响所做的努力有关。

2010 年，亚洲成为世界上出口增长最快的地区，增长率达到 23.1%，亚洲货物贸易的出口额达到 4.69 万亿美元，占世界贸易出口总额的 32%，比 2009 年增长了 31%。该地区的进口总额达到 4.50 万亿美元，占世界贸易进口总额的 30%，比 2009 年增长了 32%。在该地区，中国和日本是两大主导国，两国各自向世界其他地区出口的货物运输量上升了 28% 左右。

日本 2011 年 3 月的贸易出口和进口比去年同期分别增长了 8% 和 24%。由于进口的激增，日本的贸易顺差从 2 月的 79 亿美元降至 3 月的 24 亿美元。但这一现象是否与早前的地震有关还很难下定论。就灾难对世界和地区性贸易流的深远影响而言，日本可能会在灾后的几个月内出现出口的巨幅下跌。因此 3 月日本的贸易出口略显疲软，但程度并不剧烈。尽管 3 月出口同比增长了 8%，但在地震发生之前的 2 月，出口增长了 19%，而地震前 6 个月的平均增长也达到了 19%。3 月日本的汽车类产品出口比 2 月下降了 12%，低于去年的平均水平。然而，办公和通信类的运载出口则有所增长，且与其过去 12 个月的平均增长持平。3 月，在日本汽车和电子产品中，配件类的出口情况好于制成品的出口情况。

2009 年，中国的货物贸易出口下降了 16%，降至 1.2 万亿美元，而进口则只下降了 11%，降至 1 万亿美元。与此同时，中国还取代德国，成为商品出口主导国，美国则位列第三。中国在世界商品贸易进口方面的份额从 2008 年的 6.9% 增长至 2009 年的 7.9%，从而使中国成为世界第二大进口国。中国、德国和美国三国仍将在进出口总量方面保持相对于其他国家的领先地位。中国 2011 年 4 月的出口比去年同期增长 30%，进口则同比增长 22%。过去 12 个月中国的月平均贸易顺差约为 150 亿美元。

（四）中东地区

2009 年贸易下降最少的是石油出口地区如中东（4.9%）、非洲（5.6%）、中南美洲

（5.7%）。但石油出产地区的出口下降却显著高于世界贸易的总体下降，包括独联体国家在内，其出口下降超过了其他地区（下降量为 36%，降至 4520 亿美元）。中东地区的出口下降了 33%，降至 6910 亿美元，而进口则下降了 18%，降至 4930 亿美元。

2010年，中东地区的出口增长了30%，达到9160亿美元，占世界贸易出口总额的6%，但进口仅增长了 13%，总额达到 5720 亿美元，占世界贸易进口总额的 4%。

（五）中南美洲

中南美洲 2009 年的货物贸易出口下跌了 24%，跌落至 4610 亿美元，而该地区的进口则下跌了 25%，跌落至 4440 亿美元。

2010 年，中南美洲的货物贸易出口增长了 25%，达到 5750 亿美元，占世界贸易出口总额的 4%，货物贸易进口则增长了 30%，达到 5760 亿美元，同样占世界货物贸易进口总额的 4%。对外出口大量自然资源的地区如非洲、独联体、中东以及南美地区等，其 2010 年的贸易出口增长相对较小，但其以美元计算的出口值却有强劲的增长。

三、主要货物品种贸易发展态势

在《国际贸易数据 2010 版》报告中所列举的主要货物包括农产品、食物、燃料、矿物、制造业产品、钢铁、汽车类产品、办公通信产品、化工医药、服饰类产品，传统的农产品、食物等与生活基本需求相关的货物品种所受影响较小，而工业制造等与经济活动关联较大的货物受到的影响较大。

2009 年，在各国经济刺激政策的作用下，国际商品市场需求逐步回暖。以石油和有色金属为主导的国际初级商品价格从第二季度开始反弹并持续走高。IMF 编制的初级产品价格指数显示，2009 年 12 月该指数比上年同期上涨 40.3%，其中食品饮料上涨 18.4%，工业用农业原材料上涨 26.5%，金属上涨 44.6%，能源上涨 49.5%。原油和有色金属成为主要领涨商品。

2010 年以来，国际商品市场在 2009 年下半年强劲反弹的基础上继续高位运行。IMF 编制的商品价格指数显示，2010 年 9 月底国际市场商品价格综合指数同比上涨 17.6%，比年初上涨 3.7%，其中非能源类商品价格指数分别上涨 23.5% 和 12.8%，从而成为推动价格上涨的主要因素；能源类商品同比上涨 13.9%，但比年初下降 1.2%。在非能源商品中，食品饮料价格指数分别比去年同期和今年初上涨 16.9% 和 10.6%，工业原材料分别上涨 31.1% 和 15.2%。然而，2010 年黄金、粮食、铁矿石等商品的价格波动幅度均超过原油，从而打破了原油在国际商品市场价格变动上“一枝独秀”的局面。

在包括钢铁、汽车产品、纺织服装、办公通信设备、其他机械产品等工业制成品方面，从 2007 年至 2010 年期间，世界出口贸易的指数变化起伏最大的为钢铁产品，所受影响较小的则是纺织服装类产品。上述所有副产品在 2009 年第 1 季度的变化指数达到最低值后，再度恢复到经济危机爆发前的上涨趋势，至 2010 年第 4 季度，除了钢铁产品之外，办公通信设备、其他机械产品、纺织服装等产品均超过了 2007 年第 1 季度的指数。

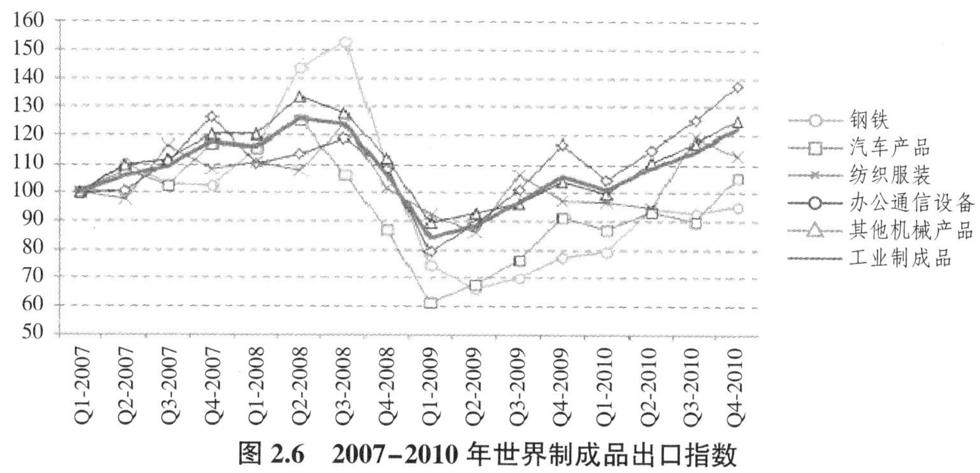

图 2.6　2007–2010 年世界制成品出口指数

数据说明：世界制成品出口数据 2007 年第一季度 =100

资料来源：WTO 秘书处依据镜像数据所做的估算

2011 年第 1 季度，由于市场需求旺盛、流动性充裕、供给偏紧，粮食、有色金属、贵金属等商品价格均涨势迅猛，西亚北非地区产油国局势不稳更进一步推动石油价格持续上涨。联合国粮农组织（FAO）编制的食品价格指数连续 8 个月上涨，2 月份升至有纪录以来的最高水平。至 2011 年一季度末，各类大宗商品价格水平均已达到或超过 2008 年中期金融危机爆发前的高点。

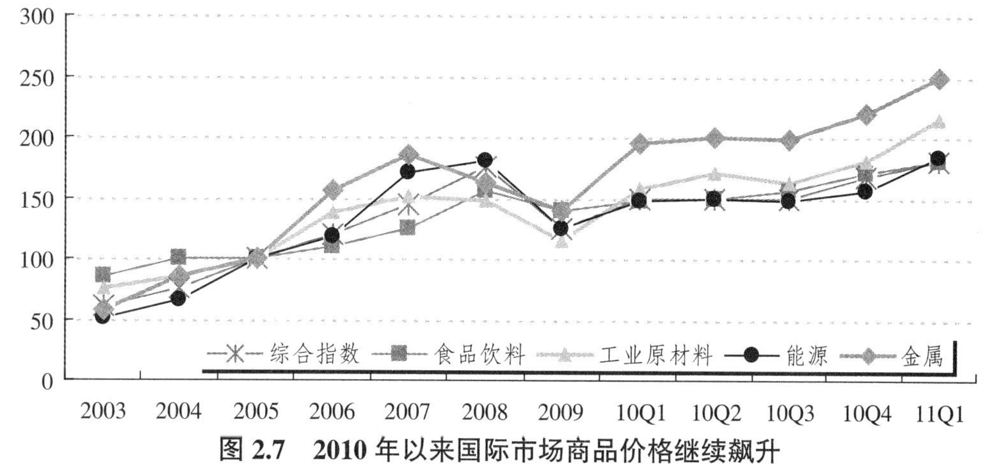

图 2.7　2010 年以来国际市场商品价格继续飙升

数据说明： IMF 初级产品价格指数，2005 年为 100。

资料来源：IMF，初级产品价格指数，2010 年 4 月。

（一）农业食品类产品

1．农业产品贸易受金融危机影响最小

2009 年欧盟和美国的农产品出口实际分别仅缩减 3% 和 5%。加拿大的农产品出口下降了 7%。而巴西向亚洲、中东和非洲的农产品出口则有所增长，贸易增长量达到 3%。

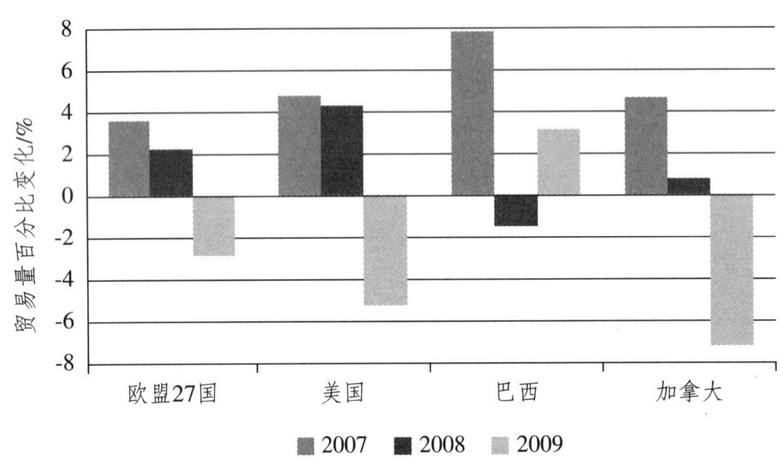

图 2.8　2007–2009 年部分地区和国家农业产品的出口情况

资料来源：WTO International Trade Statistics 2010

2．危机后期各类灾害因素导致粮价高涨

2010 年以来，由于主要粮食出口国俄罗斯、法德等欧盟国家、澳大利亚、加拿大等纷纷遭遇极端天气和重大自然灾害，粮食产量预期下调，导致全球出现整体减产格局。2010 年第 3 季度以来国际粮价一度出现暴涨，其中 7 月份美小麦价格一个月内涨幅达 50% 以上，带动其他农产品价格联动上涨。联合国粮农组织食品价格指数显示，9 月份粮食价格指数比 6 月份上涨 37.8%，受此影响，食品价格综合指数同比上涨 15.8%。另一方面，油价的快速上涨及全球谷物库存的急速下降，也助推了国际粮价屡创新高。

展望 2011 年，随着部分受灾国家的作物产量将有所恢复，2010/11 年度全球播种面积的增加，粮食供应趋紧的局面有望改善。据国际粮农组织预测，2011 年全球小麦产量将比 2010 年增长 3.4%，达到 6.76 亿吨，但仍低于 2008 年和 2009 年水平。鉴于人口增长、收入增加、油价上涨将导致对口粮、饲料、能源需求持续增加，而生产成本上升、库存水平低及流动性过剩等问题仍然存在，国际粮价还存在继续上涨的可能，总体将呈高位宽幅震荡走势。

（二）服装类产品

1．中国所占份额持续扩大，孟加拉国跻身主要出口国行列

对比 2005 年和 2009 年中国、欧盟 27 国、土耳其、印度、墨西哥、孟加拉国等服装类产品在世界贸易出口中的比重，可以发现，中国所占的份额从 2005 年的 27% 上升至 2009 年的 34%，在全球服装类出口市场中所占份额持续扩大，欧盟 27 国和土耳其所占比重维持不变，印度略有上升，所占份额从 3% 上升至 4%，取代墨西哥的国家是孟加拉国，其比重同样也为 3%，跻身全球服装类产品出口国前列。

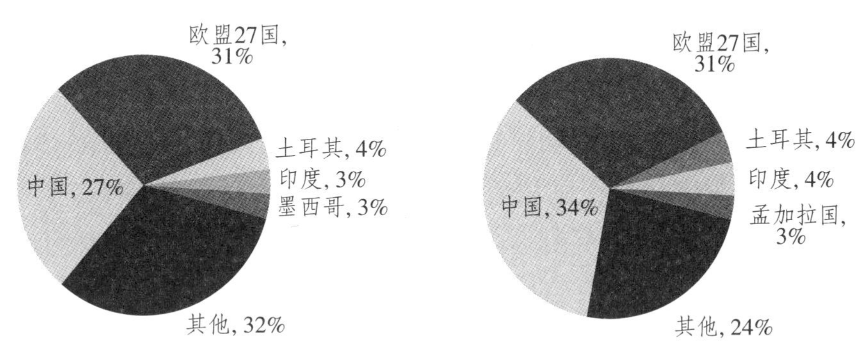

图 2.9　2005 年与 2009 年服装类产品的主要出口国出口占比

资料来源：WTO International Trade Statistics 2010

纺织服装类产品的世界贸易在 2009 年和 2010 年并没有出现像其他产品一样的显著波动，2010 年，世界纺织服装类产品的贸易出口呈现出 11% 的增长。

2．市场需求不断扩大促使棉花等纺织原料价格连续攀升

2010 年以来，全球经济复苏和消费增长极大地刺激了市场对棉花的需求，而棉花供应量连年下降，产需缺口不断扩大，加之库存减少、美元贬值等因素影响，在纺织市场出现原料危机和投资资金追捧的情况下，国际棉价持续走高，创近 10 年高点。纽约商业交易所棉价全年上涨 92%。

据美国农业部预计，2010/11 年度全球棉花产量为 2544.2 万吨，消费量为 2631.7 万吨，棉花库存下降，库存消费比降至 38%，为 1994/95 年度以来的最小值。受中国、印度、巴基斯坦、土耳其等主要纺织生产国需求增加影响，全球棉花仍将继续呈现供不应求的格局。此外，由于印度、巴基斯坦频频出台振兴纺织业的政策和限制棉花、棉纱出口的配套政策，短期内国际棉花市场供应依然偏紧，棉花后市

将持续看涨。而纺织服装行业中下游企业成本负担加重，也可能引起新一轮涨价。2011 年全球纺织纤维市场规模预计将达到 9300 万吨，随着产业发展和消费水平提高，市场对各种功能性纺织纤维的需求也迅速增长，合成纤维的重要性日益突出，市场份额将进一步扩大。

（三）燃料矿物类产品

1．燃料矿产类产品贸易受经济衰退影响深重

2009 年世界燃料和矿产出口值下跌了 36%，从而导致燃料和矿产在世界贸易中的份额下降了近 4%。进口的大幅缩减和价格的明显下跌严重影响了燃料和矿产出口的地区。尽管如此，来自于中东的燃料和矿产进口仍然高于 2007 年的水平。

2．独联体国家的燃料矿产出口情况起伏最大

自 2000 年至 2008 年，独联体国家、非洲、中东地区以及中南美洲的燃料矿产出口值逐年上升，并在 2008 年达到峰值，其中，独联体国家的出口值最高，此后受经济危机影响，上述地区的燃料矿产出口值普遍下滑，下降幅度较大的是独联体国家和非洲，降幅相对较小的则是中东地区。

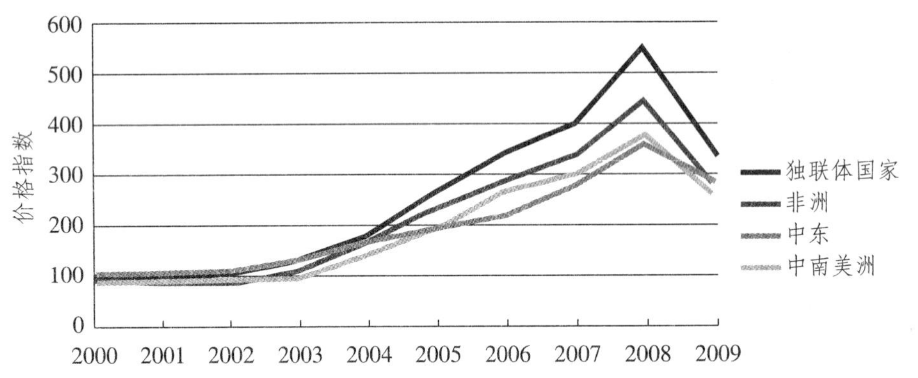

图 2.10　2000–2009 年燃料矿产出口值指标

数据说明：价格指数 2000=100

资料来源：WTO International Trade Statistics 2010

3．新兴工业化国家燃料矿产进口值普遍下跌

2009 年，欧盟、美国和日本削减了 40%~44% 的本国进口燃料和其他矿产量。在新兴经济体中，三大燃料和矿产主要进口国——中国、韩国和印度分别削减了 19%，35% 以及 32% 的进口量。

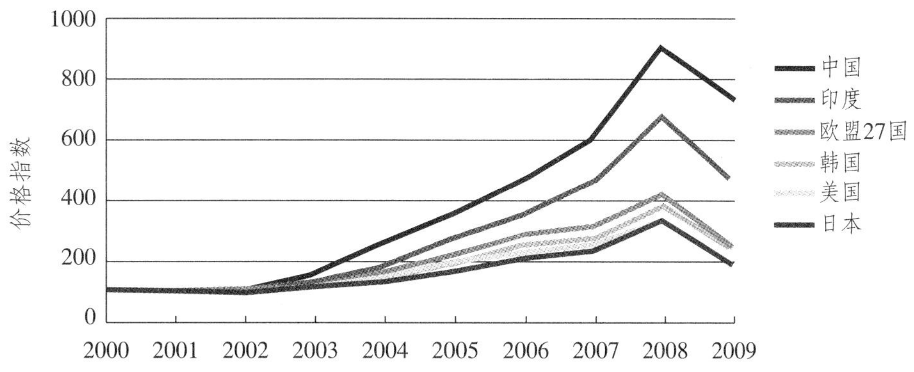

图 2.11 2000–2009 年燃料矿产进口值指标

数据说明：价格指数 2000=100

资料来源：WTO International Trade Statistics 2010

4．铁矿石价格高涨可能引发产能过剩风险

2010 年，新兴经济体和发展中国家钢铁行业强劲增长，发达国家回升速度较慢，新兴市场和发展中国家成为推动全球钢材市场发展的主要力量。随着钢材市场复苏，市场对铁矿石的需求也日益旺盛，不仅价格大幅上涨，定价机制亦发生重大变革。2010 年 4 月，铁矿石现货价格一度超过 180 美元 / 吨，创两年来新高。由于巨大的利润诱惑，导致矿山新建产能快速扩张，从而可能埋下铁矿石产能过剩的潜在隐患。

5．地区动荡致使国家油价飙升，天然气和煤炭所占能源市场比重增加

在全球重要产油区，西亚北非地区的一些国家自 2011 年新年伊始即出现了动荡不安的局势，导致国际油价大幅飙升。石油输出国组织（OPEC）产量近期则因西亚北非局势不稳而略有下降，但其剩余产能及非 OPEC 成员国的产量增加足以满足缺口，供需可以实现基本平衡。据国际能源机构（IEA）报告，2011 年全球石油日均需求量将达到 8940 万桶，比上年增长 3.4%，为 2004 年来最高增长水平。日本核泄漏事件促使不少国家暂缓了近期核能发展计划，在此背景下，传统能源的替代作用日趋凸显。天然气和煤炭在能源市场的比重上升，对价格低廉、供应充足、使用安全的煤炭需求将快速增长，未来煤炭价格与油价的联动性可能将进一步增强。

（四）化工类产品

1．化工产品贸易的下滑部分为医药类产品贸易的增长所抵消

医药类产品是唯一经受住经济危机打击的部门，其需求未受经济危机的影响。经济危机时期，医药类产品出口值仍然出现了 3% 左右的增长，因而在一定程度上，弥补了其他化工产品接近 20% 的贸易负增长。2009 年美国的医药类产品出口值比 2008 年

增长了 15.4%。其他主要依赖于汽车、建筑产业的化工产品贸易均下降了 19%。占据其他化工产品贸易 57% 份额的欧盟出口下降了 18.5%，进口则下降了 21.7%。

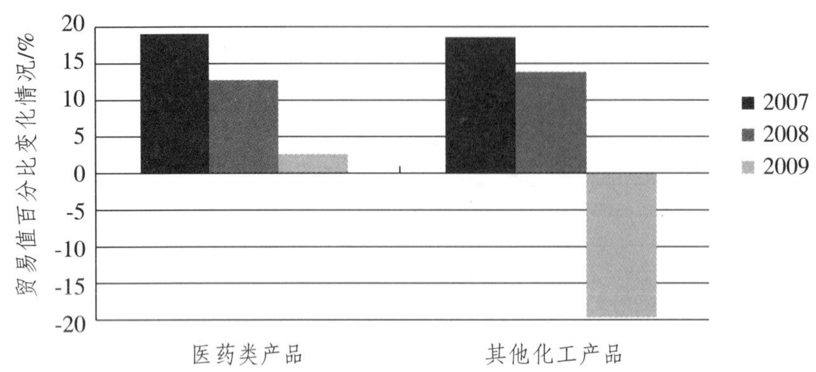

图 2.12　2007–2009 年化工类产品的出口情况

资料来源：WTO International Trade Statistics 2010

2．石化行业产能超过需求额度，市场盈利面临一定风险

2011 年，全球乙烯需求将比上年增长 5%，达到 1.15 亿吨，同期新增项目陆续投产，产能将增至约 1.4 亿吨，远大于实际需求，石化行业的盈利问题面临较大风险。塑料市场亦有相似表现，产能增速将超过需求增速，导致全球聚烯烃装置开工率下降。2011 年油漆、涂料等全球专用化学品市场将继续增长，但增速明显低于 2010 年，行业发展也受到原材料价格和生产成本上涨的制约。作为石油炼化下游行业和精细化工多个领域的全球领先者和主要供应来源地之一，日本因大地震导致生产中断，令部分化工产品出现阶段性供应趋紧，短期内也可能会推升全球同类产品的价格。此外，新兴市场的需求增长是带动全球化学工业复苏的主要动力。未来数年，主要石化建设项目也将集中在需求旺盛的亚洲和拉丁美洲地区。

（五）机械制造业产品

1．制造业产品：欧盟 27 国的对外出口和中国的出口差距正日渐缩小

2009 年全球制造业贸易量缩减了 15.5%，超出燃料矿产缩减量的 3 倍之多。其贸易值同样缩减了 20%，反映出市场消费和投资两方面的低迷。然而，制造业产品价格却比其他行业部门更具弹性。其在世界贸易总额值的比重方面增长了 2 个百分点。最大的降幅来自于日本（降低了 26.8%）和欧盟（降低了 20%）。中国的出口则缩减了 15.5%。2000–2009 年期间，中国制造业产品的出口以每年平均 20% 的速率增长，而欧盟 27 国对外出口（欧盟和世界其他地区的外部贸易）的年增长率则为 7.2%。在制造业产品出口贸易方面，两者之间的差距正在迅速缩小。

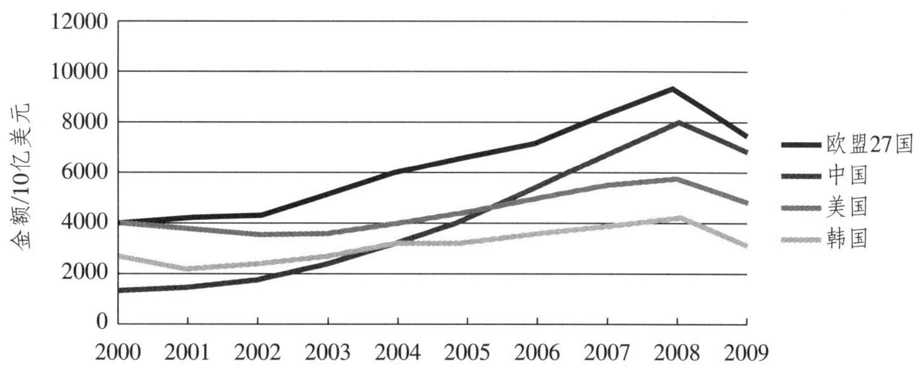

图 2.13　200–2009 年制造业产品的主要出口国情况

资料来源：WTO International Trade Statistics 2010

2．钢铁业受危机打击影响最大，危机后期钢材产量恢复强势增长

经济危机爆发前，制造业产品中的钢铁贸易值在所有制造业产品中达到最高值，但此后受危机影响，钢铁贸易值的降幅也最显著。2009 年，除中国之外，世界其他地区主要市场的钢铁进口量下降均超过了 40%。欧盟和美国各自分别削减了 52% 和 56% 的进口量。由于国家经济刺激政策带来了国内市场的需求扩大，中国钢铁的进口量仅出现小幅下降，降幅为 2%，成为继欧盟之后排名第二的进口大国（2008 年时，中国是世界排名第四的钢铁进口国）。

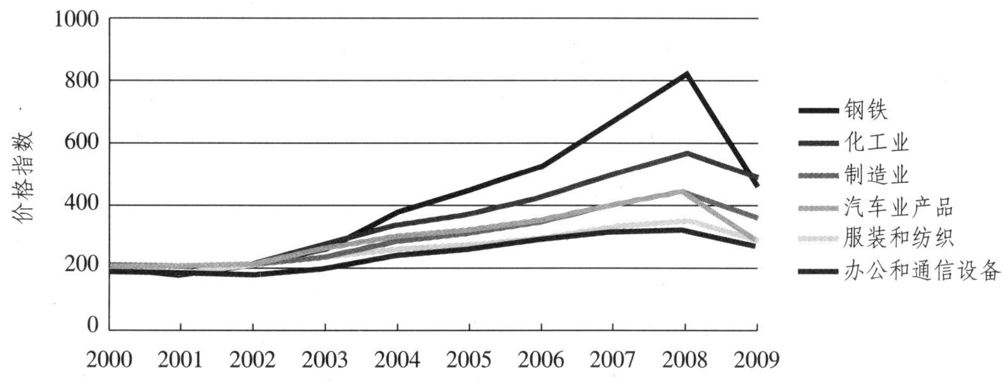

图 2.14　2000–2009 年制造业产品的世界贸易发展情况

数据说明：价格指数 2000=100

资料来源：WTO International Trade Statistics 2010

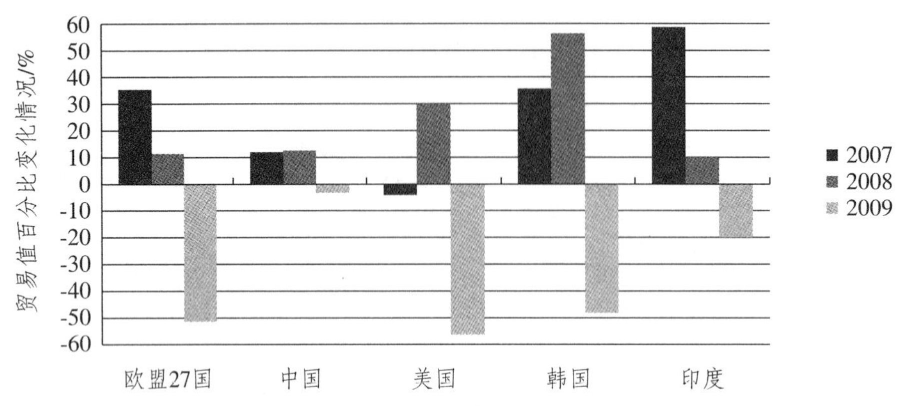

图 2.15　2007-2009 年钢铁业的出口情况

资料来源：WTO International Trade Statistics 2010

2010 年全球粗钢产量 14.14 亿吨，同比增长 15%，为 1955 年以来最大增幅，主要产钢国产量均呈 2 位数增长。预计 2011 年全球钢产量将增长 6.2%，达 15 亿吨。受铁矿石、焦炭等原材料价格持续上涨、下游需求旺盛、库存较低等影响，钢材价格稳步上涨，至 2011 年 3 月末，CRU 钢材价格指数比去年同期上涨 19.8%。预计 2011 年上述因素将继续推高全球钢价。

3．机械设备市场呈现稳步回升趋势

在以中国为首的亚洲市场带动下，2010 年全球制造业转暖，以机床为代表的机械设备制造业强劲复苏，各国下游产业的投资意向增强，未来机械设备市场有望整体回升。2010 年德国机械设备制造业产值增长 8.8%；日本机械订单金额比 2009 年增长 15%，两年来首次实现增长，其中外需订单比上年增长 41%。世界 28 个主要机床生产国家和地区产值达 663 亿美元，同比增长 21%。德国机床订单增长了 85%，日本机床订单增长了 140%。市场增量主要来自中国、韩国、印度等亚洲国家，中国在世界机床产业的复苏过程中起着主导作用，已连续多年成为世界最大机床消费国和进口国。预计 2011 年全球机械设备市场将继续保持旺盛势头，机床产销稳定增长。

4．汽车业产品在新兴市场和发展中国家销量首次超过发达国家

经济危机期间，汽车产品的出口下降显著，达到了 51%。2009 年，来自德国、日本和美国的汽车业产品出口值分别缩减了 32%，39% 和 35%。由于向亚洲市场出口增长了 8%，韩国汽车业产品出口的下降率低于其同类竞争者，降幅仅为 24%。出口到欧盟和美国的汽车业产品分别缩减了 30% 和 33%。至 2010 年底，汽车产品的出口量仅比 2007 年的年初值水平高了 5%。

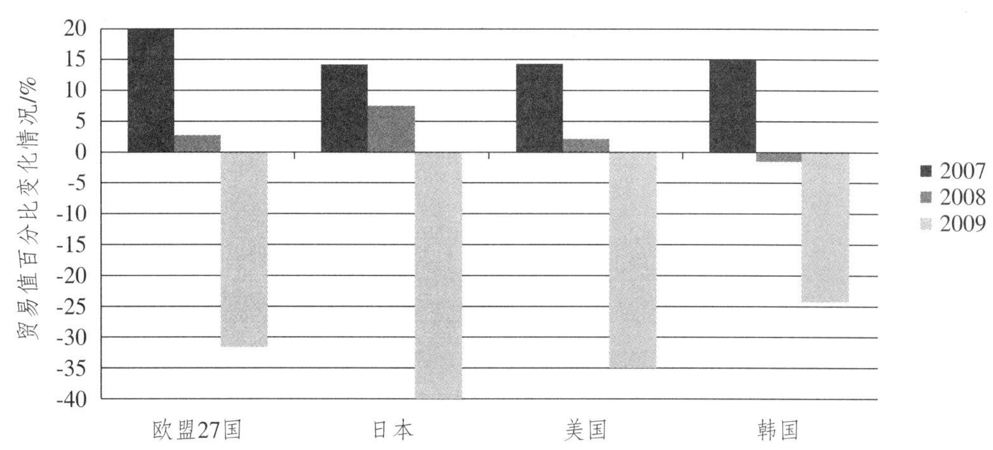

图 2.16 2007–2009 年汽车业产品出口情况

资料来源：WTO International Trade Statistics 2010

表 2.6 显示的是对北美、欧洲以及亚洲地区 2008 年至 2010 年汽车产品出口的初步估计情况，其中包括地区内部间和该地区与外部的贸易流量。在亚洲和北美洲，汽车产品的出口在 2008 年和 2010 年期间持续增长，北美地区内部贸易的份额从 72% 上升到 76%，亚洲地区则从 24% 上升到 32%。德国汽车产品的出口总值从 2009 年的 1597 亿美元增长了 25%，达到了 2010 年的 1996 亿美元。其中，德国对中国的出口在同一时期内增长了一倍之多，从 87 亿美元上升到 176 亿美元。2009 年德国向世界其他地区的贸易出口降低了 34%，而对中国的出口则增长了 12%。其结果使中国成为继美国和英国之后德国汽车出口的第三大市场。

表 2.6 2008–2010 年汽车类产品主要出口地区出口情况

10 亿美元，%

主要地区	主要产品	地区内部出口贸易值	地区对外出口贸易值	内部出口占总出口额比重			对世界各地出口年度百分比变化情况		地区内部出口年度百分比变化情况		地区对外出口年度百分比变化情况	
		2010	2010	2008	2009	2010	2009	2010	2009	2010	2009	2010
北美洲	汽车类产品	156.6	48.7	72.2	75.6	76.3	−32	43	−28	45	−40	39
	汽车	94.2	38.1	66.4	70.7	71.2	−33	45	−29	46	−42	42
	零部件	62.4	10.6	83.1	84.4	85.5	−29	41	−28	43	−34	31

（续表）

主要地区	主要产品	地区内部出口贸易值	地区对外出口贸易值	内部出口占总出口额比重			对世界各地出口年度百分比变化情况		地区内部出口年度百分比变化情况		地区对外出口年度百分比变化情况	
		2010	2010	2008	2009	2010	2009	2010	2009	2010	2009	2010
欧洲	汽车类产品	385.9	153.0	75.2	77.1	71.6	–31	18	–29	10	–36	46
	汽车	247.3	103.7	73.5	76.5	70.5	–32	16	–29	7	–39	46
	零部件	138.5	49.2	78.6	78.3	73.8	–29	22	–29	15	–28	47
亚洲	汽车类产品	89.8	186.7	24.5	31.8	32.5	–34	45	–14	48	–40	43
	汽车	43.9	126.8	17.6	24.0	25.7	–41	45	–19	55	–45	42
	零部件	45.9	59.9	39.5	44.2	43.4	–19	44	–10	42	–26	46

资料来源：WTO 秘书处基于对全球贸易地图数据库中贸易信息月度数据值的估算

2010 年，北美和欧洲地区的汽车和配件出口情况相似，但在亚洲情况则略有不同，亚洲地区的汽车出口越来越趋向内部化，而配件和组件的贸易则日益朝外向型的趋势发展。此外，2010 年全球汽车总产量 7760 万辆，比上年增长 25%，汽车业出现强劲反弹，新兴市场继续作为领头羊，领跑全球汽车市场。其中，中国已连续两年成为第一大汽车制造国。2010 年全球乘用车销量比上一年增长 12%，新兴市场和发展中国家销售总量首次超过发达国家，占全球市场的 51.1%。巴西汽车销量首次超过德国，成为全球第四大汽车消费市场，俄罗斯、印度乘用车销量增幅均在 30% 以上。预计 2011 年新兴国家汽车市场将继续保持高速增长。日本是全球重要的汽车电子产品、关键零部件供应国，大地震及随后的次生灾害对日本工业生产以至全球汽车产业链造成严重冲击，生产供应格局或将因此发生变化，新兴经济体有机会获得更多投资和更大的市场份额。

（六）办公通信类产品

1．办公和通信设备的缩减反映出网络泡沫破裂的余波影响

2009 年，所有配件的出口值（电子数据处理、办公和通信设备以及集成电路）同等下降了 16%。占据办公和通信设备全球贸易市场 59% 份额的亚洲地区下降了 13.6%。集成电路和电子配件方面 16% 的缩减略低于 2001 年网络泡沫破裂后 22% 的降幅。集成电路和电子配件的贸易主要集中在亚洲地区。亚洲地区内部的交易占据了全球贸易 58% 的比重。作为集成电路的主要市场，占据世界进口 33% 份额的中国减少了 7.4% 的进口。

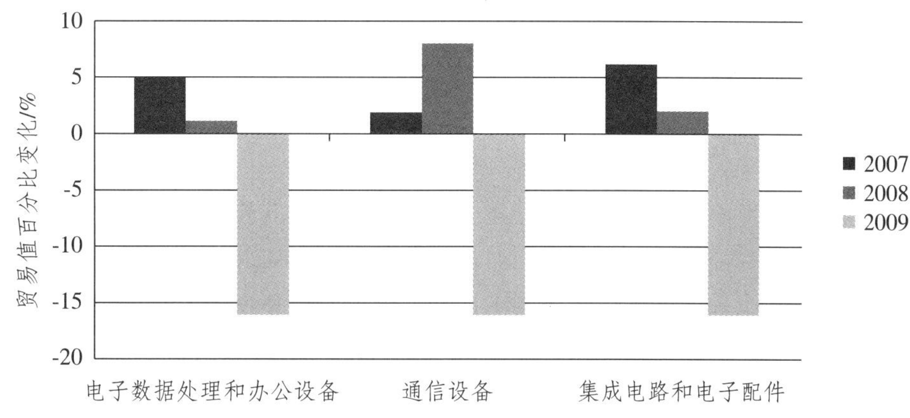

图 2.17　2007-2009 年办公和通信设备的世界出口情况

资料来源：WTO International Trade Statistics 2010

发展中经济体的办公通信设备出口在世界贸易中所占份额大于发达经济体的所占份额（2008 年时前者所占份额为 15%，后者所占份额为 7%）。经济危机期间，世界办公通信设备的贸易出口下降了 30%，小于其他产品的下降量，但此后开始快速增长。从 2009 年第一季度到 2010 年第四季度期间，办公通信设备的贸易出口增长了近 73%。从 2007 年年初到 2010 年底，办公通信设备的贸易出口总体增长了 37%。

2．新兴电子产品销量一路上扬，传统电子产品市场份额逐步缩减

金融危机后期，新兴电子类产品的频繁升级换代有力激发了市场的消费需求，智能手机、平板电脑、网络电视、3D 电视等不断侵蚀传统消费电子产品市场。消费电子产品的市场需求快速复苏，以及主要电子产品的平均半导体含量增加，推动了 2010 年半导体需求的大幅增长，同时受库存重建、供需失衡导致的价格上涨影响，全球半导体销售额达到创纪录的 3040 亿美元，比上年增长 32.5%。美国咨询公司埃森哲（Accenture）预计，2011 年全球个人电脑（PC）销量将减少 39%，非智能手机销量将下滑 56%，而 3D 电视销量有望增长 5 倍，平板电脑销量增长 1.6 倍，电子书阅读器销量增长 1.33 倍，智能手机增长 26%。预计 2011 年全球半导体产业增速趋缓，全年销售额将增长 9%。

四、后危机时期国际贸易政策的调整变化

随着各国政府实施的经济刺激计划效果初显，世界经济开始趋于好转，不少国家已经实现了经济的正增长。但众多迹象表明世界经济仍未完全走出危机的阴影，以贸

易保护主义的抬头为代表的世界经济新问题不断涌现，世界经济复苏依然十分脆弱。目前，国内学者普遍将当前这段相对稳定的时期称为后危机时代。

后危机时代，从国外看，国际分工体系的变化、全球低碳经济潮流化、贸易摩擦常态化等多种因素对我国经济发展外部环境将会产生重大影响；国内方面，我国对外贸易中仍然存在一些深层次的矛盾和问题，这些内外因素互相交错影响，使中国的对外贸易环境面临着日益恶化的危险，同时也对我国现有的对外贸易发展战略提出了严峻挑战。在后危机时期，世界各国相继出台了很多具有贸易保护主义色彩的经济刺激计划，贸易保护主义在世界范围内有抬头的趋势，而且不断呈现出新的特点。

（一）以“购买国货”为特征的“排外性”贸易保护主义措施层出不穷

2009 年 2 月 13 日，美国国会通过了 7870 亿美元的振兴经济方案，其第 1640 条是“购买美国货”条款，规定经济刺激计划支持的工程项目必须使用美国国产的钢铁及其他制成品，除非联邦政府认为使用国产钢材和其他制成品成本过高，会损害公众的利益。此后不久，又出台了购买美国货的歧视性政府采购政策，包括限制中国禽肉产品对美出口；以及提出了禁止墨西哥卡车上美国公路、受益于政府援助的汽车企业必须在美国生产汽车等贸易保护措施。

随后，欧盟、巴西、土耳其、印尼、印度和俄罗斯等国纷纷效仿美国实行的这一贸易保护主义措施。部分欧盟国家推出优先雇佣本国工人、禁止工厂外迁等变相的贸易保护举措。甚至部分发展中国家，如越南等，也实行了关于国家资金投资项目招投标中使用国产物资及商品的贸易保护措施。其规定国内劳动者能满足要求时，严禁项目业主、招标方使用外籍劳工，严禁对国内企业可以提供多数服务、商品及建筑安全的工程项目进行国际招标。

从短期来看，以美国为首的部分国家所采取的“购买国货”措施可能会有利于提高国内的就业率，改善国家对外贸易逆差，但在长期发展上，必将助长世界各国贸易保护主义的横行扩张，最终导致资源无法实现优化配置。由于美国是当今世界国际贸易的主导国，其实行的贸易政策具有很大的潜在导向性效应，其他国家会紧随其后制定类似政策，形成“多米诺骨牌”效应。而此类政策的受害国也会采取相应的极端报复措施，尽全力减少贸易保护政策变化给本国带来的损害。最终很可能使世界贸易陷入“恶性循环”的困境之中。

（二）世界贸易组织应对发达经济体贸易保护举措中的协调作用有限

世界贸易组织 2009 年 7 月 1 日发布的报告显示，在过去的 3 个月内，24 个国家和地区共出台了83项限制贸易的措施，是同期贸易自由化措施的2倍多。

经济危机时，各国出台的减税、降息、补贴、扩大出口、限制进口等政策目的虽是为增加就业、维持国际收支平衡，但此类政策却对外国产品的进入设置了不公平的限制。而遭受此类限制政策影响的国家一旦向世界贸易组织提出诉求，往往会面临着复杂而漫长的争端解决机制程序，即使最终胜诉，也仅仅是原则性获胜。当一国政策没有违背世界贸易组织相关原则时，利用反倾销、反补贴和特殊保障措施等新形式的贸易保护主义限制自由贸易的情况出现时，由于世界贸易组织只能约束与其负责实施管理的贸易协议相关的方面，因而对此也无力干预。此外，世界贸易组织的部分协议签约国主要为欧洲北美和东亚工业化国家，后加入的国家并没能同时加入此类协议，因而无法受到世界贸易组织的保护。因此，尽管世界贸易组织以各种形式揭露贸易保护主义的弊端，在一定程度上约束了贸易保护主义的蔓延，但其作用仍显不足。世界贸易组织在应对发达经济体针对发展中经济体订立的贸易保护举措中所起到的呼吁、协调作用十分有限。

（三）发达经济体推进“碳关税”，一定程度上将限制新兴经济体贸易发展

近年来，随着环保问题在全球引起的广泛关注，国际环境和温室气体减排也开始成为新的贸易摩擦焦点。气候变化等“绿色”问题日益转变成发达经济体和新兴经济体之间的关于经济、贸易发展权的斗争。发达经济体试图利用在“碳排放”这一热点问题上与新兴经济体之间存在的争议订立相关关税，从而加强对新兴经济体的制约，钳制其经济贸易的发展。

始于2008年，由欧美和日本等发达国家联合提出的“碳关税”旨在对高耗能、高排放国家的进口产品征收特别的二氧化碳排放关税。该提议最早源于欧盟，原意是希望欧盟国家针对未遵守《京都议定书》的国家课征商品进口税，以消除欧盟碳排放交易机制运行后欧盟国家的碳密集型产品可能遭受的不公平竞争。随后美国等发达经济体也出台了相应的政策：2009年6月，美国国会通过《美国清洁能源安全法案》。法案提出将从2020年开始实施此项“碳关税”政策。其意图在于借此对中国、印度等未承担约束性温室气体减排目标的发展中国家实施惩罚性关税，进而达到贸易制裁的目的。

对欧美发达国家而言，“碳关税”法案一方面通过征收相关关税，使政府收入增加，缓解政府财政的赤字压力；另一方面关税的征收也可以使得进口产品的价格升高，从而削弱外国产品的竞争力，有利于阻止一部分国外产品的进入，为本国相关产业赢得巨大的恢复发展空间。由于此类法案措施会给发达经济体带来收效显著的利益，因此，发达国家正不遗余力地积极促进世界贸易组织审核通过此类法案。

五、中国货物贸易发展现状及发展对策思考

全球金融危机爆发后，尽管 2009 年中国的对外贸易面临艰难的发展环境，但中国政府仍然通过完善出口退税政策，改善贸易融资环境，扩大出口信用保险覆盖面等一系列政策，稳定外需，扩大内需，积极促进各类贸易活动的开展，不断增加进口。随着世界经济和国际市场的逐步回稳，各项政策措施成效显著，进出口大幅下滑的态势得到扭转。根据世界贸易组织（WTO）公布的数据显示，2009 年中国出口占全球出口比重由上年 8.9% 提高到 9.6%，成功赶超德国，成为世界第一出口大国。

2010 年，随着世界经济的逐步复苏、国际商品市场各类需求回暖、国内宏观经济发展情况的好转以及政府应对措施成效的显现等多种因素的推动下，中国对外贸易实现了恢复性的快速增长，进出口已经恢复到危机前水平并再创历史新高，贸易结构进一步优化，外贸顺差与国内生产总值之比由 2007 年最高点时的 7.6% 回落至 2010 年的 3.1%。贸易平衡状况有所改善，质量效益进一步提高，并顺利实现“十一五”外贸发展的规划目标。

（一）中国货物贸易发展现状

1. 进出口迅速恢复增长，外贸顺差持续下降

2010 年，中国进出口 29727.6 亿美元，同比增长 34.7%。其中，出口 15779.3 亿美元，增长 31.3%；进口 13948.3 亿美元，增长 38.7%。进出口、出口、进口比 2008 年分别增长 16%、10.3% 和 23.2%。由于进口增速快于出口增速，进出口趋向于平衡。2010 年全年贸易顺差 1831.0 亿美元，比 2009 年下降 6.4%，比 2008 年下降 38.6%。这是继 2008 年外贸顺差达到历史高点后连续第二年下降，外贸顺差过大的矛盾得到进一步缓解。

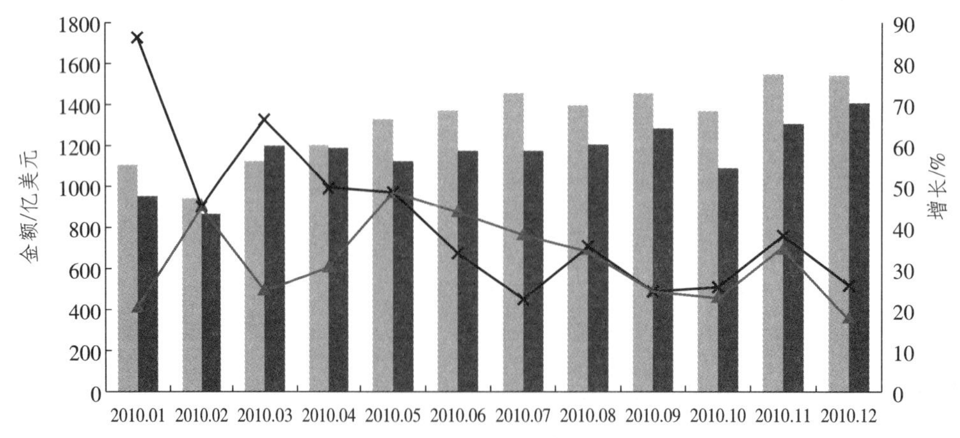

图 2.18　2010 年中国外贸月度进出口增长情况

资料来源：中国海关统计

2011 年第 1 季度，中国进出口总额达到 8003.1 亿美元，同比增长 29.5%。出口 3996.4 亿美元，增长 26.5%，其中出口量增长 15.5%，出口金额增长 9.5%；进口 4006.6 亿美元，创季度规模历史新高，增长 32.6%，其中进口量增长 16.1%，进口金额增长 14.2%。

2．机电汽配产品出口较快增长，纺织服装产品稳中略升

2010 年，机电产品出口 9334.3 亿美元，同比增长 30.9%；高新技术产品出口 4924.1 亿美元，增长 30.7%。汽车零部件出口增长 44.1%，保持了较快增长。纺织、服装、鞋类等合计出口 3032.4 亿美元，增长 25.9%。其中，纺织品出口 770.5 亿美元，同比增长 28.4%；服装出口 1294.8 亿美元，增长 20.9%；鞋类出口 356.3 亿美元，增长 27.1%。

3．大宗商品进口价格大幅上涨，能源产品进口量增速减缓

大宗商品进口大多表现出量价齐升的发展特点，成为推动进口增长的主要力量。铁矿砂进口量增长 14.4%，价格上涨 59.5%；原油进口量增长 11.9%，价格上涨 24.3%；成品油进口量增长 27.7%，价格上涨 18.8%。这三类产品进口额合计比去年同期增加 275 亿美元，其中因价格上涨直接导致进口增加 177 亿美元。

表 2.7　2011 年第 1 季度中国出口重点商品量值

商品名称	单位	出口数量	出口金额 / 亿美元	比上年同期 /%	
				出口数量	出口金额
煤	万吨	578	9.9	1.3	100.7
原油	万吨	69	4.6	10.2	31.3
成品油	万吨	658	46.0	–5.2	4.5
塑料制品	万吨	170	45.6	8.0	23.1
纺织纱线、织物及制品			201.7		32.7
箱包及类似容器			42.7		40.9
服装及衣着附件			284.6		18.4
鞋类			88.3		21.6
钢材	万吨	1051	104.3	20.7	55.1
玩具			18.3		16.3
家具及其零件			84.3		19.3
灯具、照明装置及零件			22.3		24.3
机电产品			2320.3		22.8
高新技术产品			1186.3		19.8

数据说明：商品名称栏中机电产品和高新技术产品包括部分相互重合的商品。

资料来源：中国海关统计。

此外，尽管国内投资趋势的放缓导致能源资源产品进口量的增长出现回落迹象，但进口额因国际市场价格的持续攀升而继续扩大。2010 年全年铁矿砂进口量下降 1.4%，进口额增长 58.4%；原油进口量增长 17.5%，进口额增长 51.4%；初级形状的塑料进口量增长 0.4%，进口额增长 25.2%；大豆进口量增长 28.8%，进口额增长 33.5%。随着国际市场需求的回升，还进一步带动了加工贸易进口的平稳增长。

4．对外贸易伙伴仍以欧美为主，与新兴市场国家贸易逐步加强

2010 年，中国对外贸易的三大主要伙伴仍然是欧盟、美国和日本。中欧贸易额达到 4797.1 亿美元，增长 31.8%；中美贸易额 3853.4 亿美元，增长 29.2%；中日贸易额 2977.7 亿美元，增长 30.2%。与此同时，中国与新兴经济体和发展中国家的贸易也呈现出大幅增长的发展趋势。2010 年，中国对东盟的进出口额达到 2927.8 亿美元，同比增长 37.5%；对巴西的进出口额达到 625.5 亿美元，增长 47.5%；对印度的进出口额达到 617.6 亿美元，增长 42.4%；对俄罗斯的进出口额达到 554.5 亿美元，增长 43.1%。

表 2.8　2010 年中国与主要贸易伙伴贸易情况

国家（地区）	金额 / 亿美元			同比 /%		
	进出口	出口	进口	进出口	出口	进口
全球	29727.6	15779.3	13948.3	34.7	31.3	38.7
欧盟	4797.1	3112.4	1684.8	31.8	31.8	31.9
美国	3853.4	2833.0	1020.4	29.2	28.3	31.7
日本	2977.7	1210.6	1767.1	30.2	23.7	35.0
东盟	2927.8	1382.1	1545.7	37.5	30.1	44.8
中国香港	2305.8	2183.2	122.6	31.8	31.3	40.9
韩国	2071.7	687.7	1384.0	32.6	28.1	35.0
中国台湾	1453.7	296.8	1156.9	36.9	44.8	35.0
澳大利亚	880.9	272.3	608.7	46.5	31.9	54.1
巴西	625.5	244.6	380.9	47.5	73.3	34.7
印度	617.6	409.2	208.4	42.4	38.0	51.8

资料来源：中国海关统计

2011 年第 1 季度，中国与新兴市场和发展中国家的贸易依然显现出较大的增长潜力。其中，对东盟的进出口额为 793.4 亿美元，增长 26.1%；对印度的进出口额为 614.2 亿美元，增长 24.6%；对巴西、俄罗斯和南非进出口额则分别增长了 57.7%、34.2% 和 107.1%。

表 2.9　2011 年第 1 季度中国与主要贸易伙伴贸易情况

国家（地区）	出口		进口		贸易差额 / 亿美元
	金额 / 亿美元	同比 /%	金额 / 亿美元	同比 /%	
全球	3996.4	26.5	4006.6	32.6	−10.2
欧盟	765.9	17.2	471.1	30.6	294.8
美国	661.0	21.4	315.5	33.3	345.5
日本	328.9	28.1	478.9	26.4	−150.0
东盟	363.7	24.5	429.7	27.4	−66.0
中国香港	576.2	40.6	38.0	41.9	538.2
韩国	193.0	32.5	370.7	20.7	−177.7
中国台湾	80.7	34.4	295.5	16.2	−214.8
澳大利亚	71.5	28.0	176.0	45.3	−104.5
印度	105.4	26.4	70.9	21.9	34.5
巴西	60.7	38.7	100.5	71.9	−39.8

资料来源：中国海关统计

（二）我国货物贸易发展对策思考

1．通过加强与其他新兴经济体国家等合作，努力规避贸易壁垒的影响

各国加强合作是应对并摆脱金融危机影响的有效途径。中国应积极努力，联合世界各国恢复多哈谈判，改进多边贸易规则，着力减小贸易保护主义对世界经济正常运行的阻碍，加快贸易自由化进程，从而为中国和世界其他各国经济的早日恢复创造有利条件。

一方面，中国可以与发达经济体增强贸易互动，主动提供各种贸易便利，营造全球自由贸易的氛围。另一方面，可以转换贸易对象，逐步加强与俄罗斯及中亚等独联体所在地区的经济联系，并促进与亚洲、拉丁美洲、中东地区和非洲地区新兴经济体的贸易往来。实施出口产品市场多元化的战略，降低对欧美市场的高度依赖性。此外，还应加快自由贸易区的建设，推动区域一体化进程，建立自由贸易区，从而规避区域性贸易壁垒，抑制贸易保护主义在全球范围内的肆意扩张与程度加剧。

2．主动积极参与贸易条约规则的多边谈判，推动全球贸易体系不断开放

面对后危机时代国际上日益严峻的对华贸易保护主义形势，作为新加入世界贸易组织不久的成员国，我国应该积极谋求参与贸易规则会议的商议探讨，尽可能多地利用世贸组织的贸易争端解决机制，力争实现在国际贸易纠纷中从应诉者到申诉者的角色转变。虽然世界贸易组织的条约规章有待修改完善，但目前，现行的世界贸易组织

规则对当前 100 多个成员国贸易保护主义行为仍具有一定的约束效力。因此，可以在世界贸易组织订立的规则下寻求解决争端的方案，提出建议成立相关专家组对对方的贸易救济措施进行审查，或是通过双边磋商机制谋求解决。

此外，在国际贸易纠纷中，还应在自由贸易原则和世界贸易组织的框架下，积极搜集有关证据，利用世界贸易组织规则积极向世界贸易组织提起反诉，遵循“先双边磋商，后仲裁，再反制”的应对举措，主动开展针对国外不同类型、不同行业出口企业不符合世界贸易组织规则的调查工作，从而逆转我国在国家贸易纠纷中被动应诉的局面。在继续积极维护世贸组织的多边框架体制、参与贸易救济规则的多边谈判的过程中，始终坚决明确反对多边规则中拟新增的不利条款，从而尽最大努力维持并推动多边规则下的自由贸易，最大限度地争取和维护我国产业朝向国际市场发展过程中的核心利益。

3．大力扶持绿色经济发展，推动产业“低碳化”结构转型

尽管发达国家推动的碳减排协议和“低碳经济”与我国建设资源节约型、环境友好型社会，促进可持续发展目标的本质相似，但在国际气候变化及减排问题上，我国应根据自身国情的实际发展现状，明确立场，坚决抵制违反世界贸易组织规则的任何形式条例如“碳关税”条例的出台。针对欧美国家提出的碳关税议题，坚持世界贸易组织的“自由贸易”原则和“最惠国待遇”原则以及《京都议定书》“共同而有区别的责任”等有关原则，积极联合独联体国家、中东石油供应国等发展中经济体，提高与欧美等发达国家的谈判能力。

通过主动参与全球气候变化谈判，参与有利于发达国家技术转让和资金支持的各类碳交易、清洁发展机制和碳汇贸易，以及研究“边境碳税”的应对策略等，加快扶持绿色经济发展，部署实施相应的绿色贸易增长战略，同时培育面向出口的低碳产业，实现有效降低出口的碳密度。在此基础上，广泛开展低碳技术国际合作，积极推动低碳技术引进和外销，鼓励低碳经济技术国际直接投资与合作交流。逐步调整能源结构和产业结构，推动产业的“低碳化”转型，出台优惠政策吸引、集聚和培养全球性技术创新人才。加快节能减排、环保和低碳技术的研发与产业化应用。开发新能源和可再生能源，实施提升产业竞争力的对外贸易政策。优化出口商品结构，支持高技术产品、机电产品和高附加值劳动密集型产品出口。严格执行安全、环境标准，控制高耗能、高污染和资源性产品出口。完善加工贸易政策，进而形成优势核心竞争力以有效抗衡贸易保护主义壁垒所形成的“封锁”。

4．政府应加强贸易预警和贸易调查职能，健全应对贸易纠纷的快速反应机制

作为商务外交的中心和主体，政府在促进经贸合作和应对贸易摩擦工作中发挥着举

足轻重的作用。后危机时期贸易保护主义的抬头也正是源于各国政府主导的经济刺激计划。种种层出不穷的保护措施无疑会严重遏制新兴经济体的贸易出口，因此，政府部门应加强贸易预警和贸易调查的职能，尽快建立并健全应对国际贸易纠纷的快速反应机制，切实发挥贸易预警和调查制度的作用，时时关注国外贸易保护主义发展趋势及中国主要贸易伙伴贸易政策、措施的调整和变化，及时研究新兴的贸易保护问题与案例，分析评估其对中国的影响，积极筹备应变预案，坚决遏制贸易保护主义。同时还要加强预警信息通报和出口风险发布，尽可能免受和减少贸易保护主义行为带来的损害。

在应对明显不公平的贸易保护主义时，首先应与相关国家进行及时有效的对话、磋商与交涉，尽量避免使贸易摩擦复杂化、政治化；与此同时，积极参与世贸组织对各国经济政策的审议，对针对我国的贸易歧视迅速开出贸易报复清单，果断启用反倾销、反补贴、保障措施等工具，增强时效性和威慑力。

5．鼓励企业实施海外并购战略，大力开拓新市场

我国应着力引导出口企业提高出口产品的技术含量和附加值，有计划地出台并完善鼓励性政策，鼓励企业朝着外向型投资建厂的方向发展，努力建立具有国际竞争力的自主品牌，并以品牌为核心，改变产品原产地，拓展利用国外产地资源，力争获得生产国的国民待遇，大力开拓新市场，从而跨越贸易保护壁垒。通过采取市场多元化战略改善自身所面临的国际贸易条件，进而获得持续的贸易利益，规避贸易风险。

主要参考文献

【1】中华人民共和国商务部 http://www.mofcom.gov.cn/

【2】世界贸易组织（World Trade Organization）http://www.wto.org/

【3】世界银行（The World Bank）http://www.worldbank.org/

【4】国际货币基金组织（International Monetary Fund）http://www.imf.org/external/index.htm

【5】经济合作与发展组织（Organisation for Economic Co-operation and Development）http://www.oecd.org/home/0，2987，en_2649_201185_1_1_1_1_1，00.html

【6】World Trade Organization．International Trade Statistics 2010[R]．WTO，2010.

【7】World Trade Organization．World Trade Report 2010：Trade in natural resources[R]．WTO，2010.

【8】World Trade Organization．World Trade Report 2011 The WTO and preferential trade agreements：From co-existence to coherence[R]．WTO，2011.

【9】陆燕，商务部国际贸易经济合作研究院．对 2011 年世界经济大势的分析与展望 [N].

2011–02–22.

【10】姜文学. 2010 年世界经济贸易发展与 2011 年趋势 [N]. 中国经济时报，2011–04–28.

【11】中国制造如何应对国际挑战 [N]. 光明日报，2011–04–12.

【12】李国祥. 简论金融危机对农产品国际贸易的影响 [D]. 中国社会科学院农村发展研究所研究员，100732.

【13】李金桀. 后危机时期我国贸易政策的调整 [N]. 经济导报（济南），2010–10–18.

【14】韩景华，任维. 后危机时代贸易保护主义新趋势及应对策略 [J]. 国际经济合作，2011（2）：15–19.

第三章 世界服务贸易产业发展动态

2010 年世界服务进出口出现恢复性增长，运输服务受益于货物贸易的强劲反弹，增速最快，同比增长 14%，旅游服务和其他商务服务也分别以 8% 和 6% 的增幅增长，服务贸易成为后金融危机时期推动世界经济复苏的重要动力之一。服务外包依然是服务贸易的重要表现形式，世界领先外包供应商以提供在岸、近岸和离岸相结合的“灵活的外包交付模式”提升全球交付能力，基于云计算的新兴商务模式预计将引导服务贸易未来的发展趋势。

一、世界服务贸易产业发展综述

（一）2010 年世界服务贸易开始恢复增长

据世界贸易组织（WTO）统计，因受金融危机影响，2009 年，世界服务贸易总额为 64261 亿美元，下降了 12.4%，其中服务出口 33116 亿美元，同比下降 12.0%，服务进口 31145 亿美元，同比下降 11.9%。在服务贸易三大主要行业中，运输服务下降幅度最大，出口额较前一年下降 21%，其次为旅游和其他商务服务，下降幅度分别为 11% 和 10%。

随着全球经济的复苏，2010 年世界服务进出口出现恢复性增长，总额为 71666 亿美元，其中出口 36638 亿美元，进口 35027 亿美元，服务顺差 1612 亿美元。2010 年世界服务出口增长了 8%，相当于 2005 年至 2010 年间的平均增速。2005 年至 2010 年世界货物出口和服务出口的年均增长率均是 8%，但 2010 年服务出口增速低于货物贸易，主要是因为 2009 年服务出口的降幅 12% 低于货物出口的降幅 22%。

运输服务受益于货物贸易的强劲反弹，2010 年出口同比增长 14%，达到 7828 亿美元，增长率超过旅游和其他商务服务出口。旅游和其他商务服务出口增幅分别为 8% 和 6%，分别达到 9357 亿美元和 19453 亿美元（见表 3.1）。

表 3.1　2005-2010 年世界出口分项目统计

出口项目	金额 /10 亿美元	年增长 /%			
	2010	2008	2009	2010	2005-2010 年均增长
货物出口	15237.6	15	−22	22	8
服务出口	3663.8	13	−12	8	8

（续表）

出口项目	金额 /10 亿美元	年增长 /%			
	2010	2008	2009	2010	2005–2010 年均增长
运输服务	782.8	16	–21	14	7
旅游服务	935.7	10	–11	8	6
其他商务服务	1945.3	13	–10	6	9

资料来源：WTO：2011 PRESS RELEASES，WORLD TRADE 2010，PROSPECTS FOR 2011，2011–04–07；上海科学技术情报研究所（ISTIS）整理

（二）服务贸易总体格局不变，亚太地区增长迅猛

2010 年，美国、德国、英国继续保持世界服务进出口前 3、4 位的地位。服务出口世界排名前 5 位的国家依次为美国、德国、英国、中国和法国，其出口额分别为 5150 亿美元、2300 亿美元、2270 亿美元、1702 亿美元和 1400 亿美元，占世界服务出口总额的比重依次为 14.1%、6.3%、6.2%、4.6% 和 3.8%。服务进口世界排名前 5 位的国家依次为美国、德国、中国、英国和日本，其进口额分别为 3580 亿美元、2560 亿美元、1922 亿美元、1560 亿美元和 1550 亿美元，占世界服务进口总额的比重依次为 10.2%、7.3%、5.5%、4.5% 和 4.4%（见表 3.2）。

欧盟（27 国）作为全球服务贸易最重要的地区之一，扣除其成员国间贸易金额后，2010 年在世界服务进出口总额中的占比为 23.3%，实现服务出口 6840 亿美元，同比增长 5%；进口 5980 亿美元，同比增长 6%，进出口增幅均低于世界平均水平，主要原因在于受到运输服务持续低迷的拖累（进出口同比增幅低于 3%）。德国服务出口和进口均居世界第二位；英国服务出口仅与上年持平，进口同比下降 1%；法国服务出口较上年有所下降，进口与上年持平；西班牙服务进出口同比均下降 1%。

北美地区服务出口和进口同比均增长 9%。美国是主要发达国家中服务进出口复苏最快的国家，2010 年，实现服务贸易总额 8730 亿美元，其中出口 5150 亿美元，同比增长 8%；进口 3580 亿美元，同比增长 7%，顺差 1570.56 亿美元，继续成为全球最大的服务出口国和进口国。

中南美洲、独联体国家、非洲服务贸易进出口增幅均高于世界平均水平，出口增幅分别为 11%、10%、11%，进口增幅分别为 23%、14%、12%。其中巴西的进出口增幅分别达到 15% 和 35%，进口增幅世界最快；南非的进出口增幅分别达到 21% 和 25%，进口增幅排名世界第二。

表 3.2 2010 年世界服务贸易进出口前 20 位国家和地区排名

位次	出口国或地区	出口额/10 亿美元	占比/%	年增长率/%	位次	进口国或地区	出口额/10 亿美元	占比/%	年增长率/%
1	美国	515	14.1	8	1	美国	358	10.2	7
2	德国	230	6.3	2	2	德国	256	7.3	1
3	英国	227	6.2	0	3	中国	192	5.5	22
4	中国	170	4.6	32	4	英国	156	4.5	–1
5	法国	140	3.8	–1	5	日本	155	4.4	6
6	日本	138	3.8	9	6	法国	126	3.6	0
7	西班牙	121	3.3	–1	7	印度	117	3.3	
8	新加坡	112	3.0	20	8	荷兰	109	3.1	1
9	荷兰	111	3.0	0	9	意大利	108	3.1	1
10	印度	110	3.0		10	爱尔兰	106	3.0	2
11	中国香港	108	2.9	25	11	新加坡	96	2.7	21
12	意大利	97	2.6	3	12	韩国	93	2.7	17
13	爱尔兰	95	2.6	3	13	加拿大	89	2.6	15
14	韩国	82	2.2	13	14	西班牙	86	2.4	–1
15	比利时	81	2.2	2	15	比利时	76	2.2	4
16	瑞士	76	2.1	6	16	俄罗斯	70	2.0	18
17	卢森堡	68	1.9	13	17	巴西	60	1.7	35
18	加拿大	66	1.8	15	18	中国香港	51	1.5	15
19	瑞典	64	1.7	9	19	澳大利亚	50	1.4	22
20	丹麦	58	1.6	7	20	沙特阿拉伯	49	1.4	

资料来源：WTO：2011 PRESS RELEASES，WORLD TRADE 2010，PROSPECTS FOR 2011，2011-04-07

亚太地区服务进出口增长最为迅猛，2010 年服务出口 9630 亿美元，同比增长 21%，进口 9610 亿美元，同比增长 20%。其中中国服务出口、进口分居世界第四位和第三位，进出口增幅分别达到 32% 和 22%，出口增幅世界最快；新加坡、韩国、中国香港、澳大利亚进出口也分别达到 2 位数的增长，均高于世界平均水平。亚太地区一些技术、经济实力较强的发展中国家已经开始发展技术层次较高的服务贸易，在国际服务贸易中的地位将不断提升。

2010 年世界服务出口和进口分地区情况见表 3.3。

表 3.3　2010 年世界服务出口和进口分地区情况

10 亿美元

主要国家或地区	出口					进口				
	金额	增长率 /%				金额	增长率 /%			
	2010	2005–2010	2008	2009	2010	2010	2005–2010	2008	2009	2010
世界	3312	8	13	–12	8	3505	8	14	–11	9
北美洲	599	7	9	–8	9	471	6	9	–9	9
美国	515	8	10	–7	8	358	6	9	–8	7
中南美洲	111	10	15	–8	11	135	14	21	–9	23
巴西	30	15	27	–9	15	60	22	28	–1	35
欧洲	1724	6	12	–14	2	1504	6	12	–13	1
欧盟（27）	1553	6	11	–15	2	1394	5	12	–13	1
德国	230	7	15	–12	2	256	4	11	–12	1
英国	227	2	0	–19	0	156	0	–1	–19	–1
法国	140	3	12	–14	–1	126	3	9	–10	0
荷兰	111	4	13	–9	0	109	5	14	–3	1
西班牙	121	5	12	–14	–1	85	5	9	–17	–1
独联体	78	14	27	–17	10	105	12	26	–19	14
俄罗斯	44	12	30	–19	6	70	13	30	–20	18
乌克兰	16	12	27	–23	20	11	10	43	–30	0
非洲	86	9	14	–9	11	141	14	30	–12	12
埃及	24	10	25	–14	12	13	6	25	–22	–1
南非	14	5	–8	–6	21	18	9	2	–13	25
摩洛哥	12	10	12	–7	1	6	14	24	–6	15
中东	103			–3	9	185			–8	9
以色列	24	7	15	–10	11	17	5	13	–14	3
亚太地区	963	12	16	–11	21	961	11	16	–10	20
中国	170	18	20	–12	32	192	18	22	0	22
日本	138	6	15	–14	9	155	5	13	–12	6
印度	110		20	–13		117		25	–9	
新加坡	112	15	17	–6	20	96	12	17	–9	21
韩国	82	11	25	–19	13	93	10	14	–17	17
中国香港	108	11	9	–6	25	51	9	11	–5	15

（续表）

主要国家或地区	出口					进口				
	金额	增长率 /%				金额	增长率 /%			
	2010	2005-2010	2008	2009	2010	2010	2005-2010	2008	2009	2010
澳大利亚	48	9	12	-8	17	50	11	21	-15	22
备忘项目										
欧盟（27）外部贸易	684	7	12	-14	5	598	7	16	-13	6

资料来源：WTO：2011 PRESS RELEASES，WORLD TRADE 2010，PROSPECTS FOR 2011，2011-04-07

（三）服务贸易成为推动世界经济复苏的重要动力之一

从 2000 年到 2009 年，全球范围服务贸易出口年均增长 9.4%，高于货物贸易出口平均 7.6% 的增长率（见图 3.1），全球贸易的竞争将更多地体现于服务贸易的竞争。尽管金融危机对世界服务贸易产生了很大的影响，出现了较大的下滑，但服务贸易因外部资金依赖少、贸易壁垒较少而率先走出金融危机，比货物贸易显示出更强的抵御危机能力，成为引领世界经济复苏的新动力。

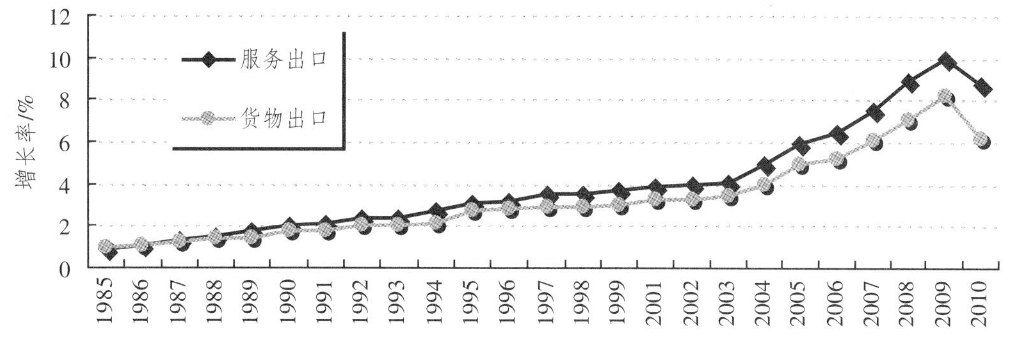

图 3.1　1985–2009 年服务出口和货物出口趋势

资料来源：商务部服务贸易司胡景岩. 后危机时代服务贸易的发展趋势［N］，2010-10

后危机时代各国的经济发展将更加依赖技术创新，而技术与知识的交流势必推动服务贸易的发展。未来世界服务贸易将进一步表现出结构优化的趋势，向新兴服务贸易部门倾斜，服务产品、种类、方式等都将大幅增加，通信、计算机和信息服务、金融、咨询等现代服务贸易行业加速发展，传统服务贸易行业不断调整升级，对新兴服务贸易领域的扶持政策将成为各国服务贸易促进政策的主流。

但服务贸易发展仍有许多障碍，特别是在金融危机的背景下，贸易保护主义开始向服务贸易领域蔓延，且更具隐蔽性和非数量性。例如有些国家出台“购买本地服务”、限制外国服务提供者进入本国市场和对本国服务出口实行隐蔽性补贴等等。对于在服务贸易领域出现保护主义倾向，各国正共同努力打造自由、便利、公平有序的国际服务贸易发展环境，建立开放的全球服务贸易体系，国际服务贸易规则将进一步深化和完善，同时服务贸易国际竞争也将日益加剧。

（四）服务外包成为促进世界服务贸易增长的重要力量

服务外包行业已经逐步摆脱金融危机的影响，正处于产业恢复和快速发展时期，发展潜力巨大。2011 年全球信息技术外包（ITO）和业务流程外包（BPO）市场规模将分别达 3190 亿美元和 2350 亿美元，预计 2012 年全球服务外包市场规模可达 9750 亿美元，离岸服务外包市场未来几年将保持 20% 以上的增长速度。

信息技术外包仍是服务外包产业的主流，占据了 60% 以上的全球服务外包市场份额，但业务流程外包和知识流程外包（KPO）将在未来迅速扩张，TPI　指数显示，2011 年第一季度业务流程外包合同总额同比增长 111%，尤其是涉及知识密集型产业的知识流程外包可望成为行业发展新的增长点，年均增长率有望达到 30% ~ 40%，并进一步推动服务外包行业向高端扩展。

离岸服务外包是服务贸易的重要形式，离岸外包的快速发展促进了服务贸易额迅速增长，同时，服务贸易的急剧发展带动更多服务进入离岸外包。越来越多的跨国公司和金融机构倾向于把更多业务外包给其他国家和地区，预计到 2020 年全球离岸服务外包市场将达到 1.65 万亿 ~ 1.8 万亿美元。作为推动全球产业结构转型和经济增长的重要力量，服务外包已经成为一些国家扩大服务贸易出口的重要途径，对形成新的贸易格局具有重大作用。服务外包离岸化将给世界经济注入崭新的活力，成为推动全球服务贸易增长的重要力量之一。

二、服务贸易主要行业发展动态

运输、旅游和其他商务服务是服务贸易的三大类别。2009 年，所有服务贸易都不同程度地受到金融危机影响，其中运输和金融服务受到的打击最为严重，2008 年最有活力的建筑服务增长也急剧下降，相对而言，计算机和信息服务、专有权利使用和特许所受影响较小（图 3.2）。

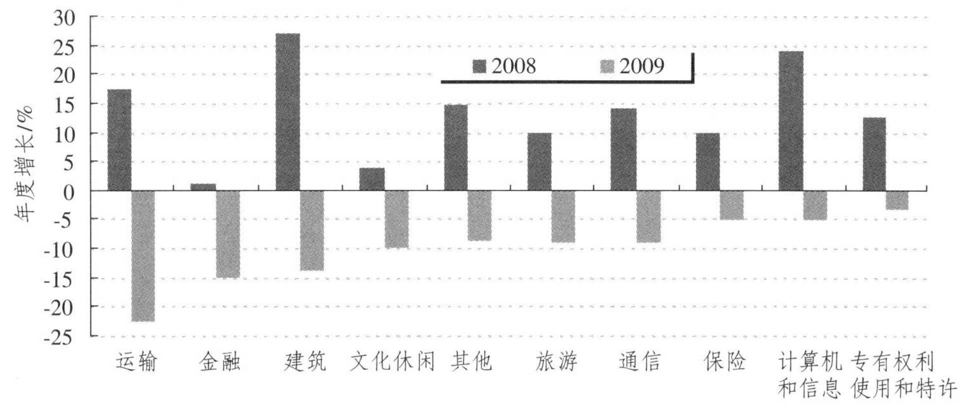

图 3.2 2008–2009 年世界服务贸易主要行业年度增长

资料来源：International Trade Statistics 2010，WTO

2010 年，世界服务贸易随着全球经济复苏出现恢复性增长，运输、旅游和其他商务服务出口增幅分别为 14%、8% 和 6%，占世界服务出口总额的比重分别为 21.4%、25.5% 和 53.1%，占世界服务进口总额的比重分别为 27.4%、24.0% 和 48.6%。从 2000 年至 2010 年，运输和旅游在世界服务贸易中所占比重呈不断下降趋势，而包含金融、计算机和信息服务、专有权利使用和特许等在内的其他商务服务的比重则不断提高，其中 2007 年至 2010 年出口已占到整个服务贸易的一半多,进口也占近一半（见表 3.4）。

表 3.4　2000–2010 年全球服务贸易分项目统计

服务贸易项目	金额/10 亿美元	比重 /%					
	2010	2000	2005	2007	2008	2009	2010
出口总计	3663.8	100.0	100.0	100.0	100.0	100.0	100.0
运输服务	782.8	23.4	23.3	22.9	23.7	20.9	21.4
旅游服务	935.7	32.1	27.7	25.7	25.1	26.0	25.5
其他商务服务	1945.3	44.5	49.0	51.4	51.1	53.1	53.1
进口总计	3502.7	100.0	100.0	100.0	100.0	100.0	100.0
运输服务	959.7	28.7	29.1	29.0	30.0	26.6	27.4
旅游服务	839.2	29.8	27.1	25.6	24.4	25.1	24.0
其他商务服务	1703.8	41.5	43.8	45.4	45.5	48.3	48.6

资料来源：International Trade Statistics 2010，WTO；上海科学技术情报研究所（ISTIS）整理

因世界贸易组织的报告《国际贸易统计（International Trade Statistics）》每年在 10

月份以后出版，服务贸易各主要地区以及领先国家和地区的统计数据出自 2010 年度的报告，其中数据以 2009 年为主。

（一）运输服务：增速最快，发达国家市场占有率高

1．运输服务受金融危机影响最为严重，2010 年增速最快

根据世界贸易组织的统计，2008 年，全球国际运输服务贸易出口额为 8900 亿美元，进口额为 10450 亿美元。运输服务贸易随着世界货物贸易量的增长而增长，但受金融危机影响，在所有服务贸易中，运输也是受影响最深的行业。2009 年，全球运输服务贸易出口额下降为 7000 亿美元，下降幅度 21.3%；进口额下降为 8350 亿美元，下降幅度 20.1%。亚洲出口锐减 26%，其中包括一些最有活力的出口商。2010 年全球运输市场回暖，运输服务贸易恢复较快增长，世界运输服务出口达到 7828 亿美元，由上年的下降 21.3% 转为增长 14%，超过旅游和其他商务服务。但运输服务在世界服务贸易中所占比重不断下降，其中 2009 年出口比重下降为 20.9%。2008 年至 2009 年世界货物运输出口和运输服务出口季度增减情况见图 3.3。

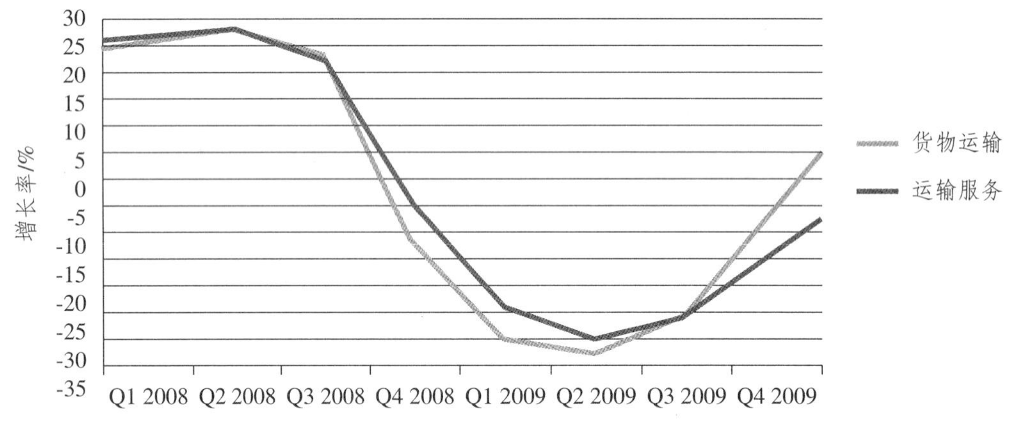

图 3.3　2008-2009 年世界货物运输出口和运输服务出口季度增长

资料来源：International Trade Statistics 2010，WTO

从 2009 年世界运输服务贸易分地区情况看，2009 年所有地区运输服务进出口都急剧下降，其中独联体国家运输进口下降幅度最大，同比下降 31%，与 2008 年时增速最快形成了鲜明的对比；北美洲、欧洲、亚洲进出口下降幅度都在 20% 以上。2009 年，欧洲运输服务出口额达 3510 亿美元，占全球份额的 50.1%，进口额达 3070 亿美元，占全球份额的 36.7%，在全球所占的份额仍最多。亚洲出口额达到 1820 亿美元，占全球份额的 26.0%，进口额达 2630 亿美元，占全球份额的 31.6%，在全球排名第 2。北美

洲进出口额分别为1010亿美元和820亿美元，占全球份额分别为12.1%和11.7%，排名世界第3位（见表3.5）。

表3.5　2009年世界运输服务贸易分地区情况

主要地区	金额/10亿美元	比重/%		增长率/%			
	2009	2000	2009	2000-2009	2007	2008	2009
出口							
世界	700	100.0	100.0	8	20	17	-23
北美洲	82	17.1	11.7	4	12	16	-21
中南美洲	21	2.9	3.0	8	16	20	-18
欧洲	351	47.8	50.1	9	21	16	-22
欧盟（27）	318	42.5	45.4	9	21	16	-23
独联体国家	26	2.5	3.7	13	20	26	-17
非洲	20	2.2	2.9		12	19	-14
中东	19	2.1	2.7		9	17	-20
亚洲	182	25.4	26.0	8	24	18	-26
进口							
世界	835	100.0	100.0	8	18	17	-22
北美洲	101	18.4	12.1	3	5	10	-22
中南美洲	35	4.8	4.2	6	24	21	-24
欧洲	307	38.8	36.7	7	18	13	-24
欧盟（27）	279	35.5	33.5	7	17	13	-24
独联体国家	18	1.0	2.2	18	32	41	-31
非洲	49	3.5	5.8		27	26	-16
中东	62	4.5	7.4	14	33	36	-15
亚洲	263	29.1	31.6	9	19	19	-20

资料来源：International Trade Statistics 2010， WTO

2010年，受益于货物贸易的强劲反弹，运输服务进出口总额达17425亿美元，其中出口同比增长14%，达到7828亿美元，增长率超过旅游和其他商务服务。另据国际航空运输协会公布的结果显示，2010年航空运输服务量呈现增长趋势，但增长幅度逐渐趋缓，航空运输服务业正进入复苏循环，即增长速度减缓至过去的一般水平，年增长率接近5%～6%。海运是国际货物贸易最主要的运输方式，约占货物贸易总运量80%。据联合国贸易发展委员会发表的《2010海运回顾》报告显示，虽然海运业和海运服务贸易已出现复苏迹象，但由于全球经济的不确定性以及海运市场供需失衡，全球海运业前景依然有待观察。

2. 发达国家市场占有率高，中国运输出口占比较低

2009 年排名世界运输服务贸易出口前 15 位的国家和地区分别是欧盟 27 国、美国、日本、新加坡、韩国、中国香港、中国、挪威、俄罗斯联邦、印度、加拿大、土耳其、埃及、乌克兰和泰国。其中泰国进入 15 强，而 2008 年排名第 12 位的澳大利亚被挤出 15 强。2009 年这 15 个国家的运输服务进出口都呈现下跌趋势，其中中国出口跌幅达 39%，为各国之最，韩国进口跌幅最多，达 36%（见表 3.6）。

表 3.6　2009 年世界运输服务贸易领先国家和地区

主要国家或地区	金额 /10 亿美元	占比 /%		年增长率 /%			
	2009	2000	2009	2000–2009	2007	2008	2009
出口							
欧盟（27）	318.0	42.5	45.4	9	21	16	–23
其中欧盟 27 国以外出口	153.2		21.9		18	18	–23
美国	71.8	14.5	10.2	4	13	17	–21
日本	31.6	7.4	4.5	2	12	11	–32
新加坡	30.7	3.4	4.4	11	28	23	–14
韩国	28.9	3.9	4.1	9	30	33	–35
中国香港	25.0	3.7	3.6	8	14	13	–13
中国	23.6	1.1	3.4	23	49	23	–39
挪威	15.9	2.8	2.3	6	19	13	–27
俄罗斯联邦	12.4	1.0	1.8	15	17	27	–18
印度	10.8	0.6	1.5	21	19	25	–5
加拿大	8.9	2.2	1.3	2	6	3	–22
土耳其	7.6	0.8	1.1	11	32	19	–3
埃及	6.7	0.8	1.0	11	27	17	–18
乌克兰	6.3	0.8	0.9	9	14	25	–18
泰国	5.8	0.9	0.8	7	18	14	–20
上述 15 国和地区总计	605.0	86.4	86.2				
进口							
欧盟（27）	279.5	35.5	33.5	7	17	13	–24
其中欧盟 27 国以外出口	123.6		14.8		13	17	–25
美国	80.7	15.7	9.7	2	3	10	–23
中国	46.6	2.5	5.6	18	26	16	–7

（续表）

主要国家或地区	金额/10亿美元	占比/%		年增长率/%			
	2009	2000	2009	2000–2009	2007	2008	2009
日本	40.6	8.0	4.9	2	14	10	–25
印度	34.7	2.1	4.2	17	24	36	–17
新加坡	26.4	3.0	3.2	9	17	10	–14
韩国	23.4	2.6	2.8	9	26	26	–36
阿联酋	23.0	1.1	2.8	20	42	33	–10
加拿大	17.3	2.2	2.1	7	14	13	–18
泰国	17.3	1.6	2.1	11	11	26	–25
中国香港	13.6	1.5	1.6	9	20	14	–14
印度尼西亚	12.0	1.0	1.4	13	16	46	–13
沙特阿拉伯	11.5	0.5	1.4	20	63	71	–27
澳大利亚	10.5	1.5	1.3	6	15	13	–29
挪威	9.9	1.2	1.2	8	33	10	–32
上述15国和地区总计	645.0	80.0	77.5				

资料来源：International Trade Statistics 2010，WTO

发达国家在世界运输市场上占有举足轻重的地位。从运输服务出口看，美国在世界市场的占有率始终在10%以上，高于其他国家，显示其强劲的国际竞争力；德国仅次于美国，其市场占有率大多在6%~7%之间；英国、法国运输服务贸易市场占有率保持在5%以上；日本市场占有率均在4%以上；丹麦、新加坡、韩国的市场占有率也逐步达到4%以上；我国的市场占有率一直在3.5%以下，虽然总体上表现为稳步上升的趋势，但与我国货物贸易快速增长的速度极不相符。

（二）旅游服务：快速恢复，新兴经济体成为复苏的主要推动力

1. 旅游服务快速恢复，新兴经济体是复苏的主要推动力

旅游业受全球金融危机影响严重，联合国世界旅游组织（UNWTO）的数据显示，2008年全球国际入境人数增幅仅为2.1%，2009年全年国际旅游出游人数为8.8亿人次，比上年减少了4%，全年国际旅游收入减少6%左右。2009年全世界除非洲与全球趋势相反外，其他地区都表现为负增长（见图3.4）。欧洲下降6%；美洲地区下降5%；中东地区下降6%；亚太地区下降2%；非洲地区增长5%，表现稳健，其中撒哈拉以南非洲表现特别突出。2010年全世界所有地区旅游人数都呈现增长趋势（见图3.4）。

图 3.4　2009 年和 2010 年世界主要地区旅游人数同比变化

资料来源：World Tourism Barometer， by World Tourism Organization （UNWTO），2011–06

根据世界贸易组织 2010 年《国际贸易统计（International Trade Statistics）》报告，从 2009 年世界主要地区旅游服务贸易分析，欧洲出口额达 3950 亿美元，占全球份额的 45.3%，进口额达 3660 亿美元，占全球份额的 46.4%，继续成为全球最大的旅游市场。亚洲出口额达到 1990 亿美元，占全球份额的 22.8%，进口额达到 1750 亿美元，占全球份额的 22.2%。北美洲进出口分别为 1110 亿美元和 1450 亿美元，排名世界第 3 位。2009 年，除中东地区进出口旅游服务贸易分别增长 1% 和 2%，亚洲旅游进口与 2008 年持平外，世界其他地区旅游进出口均出现下降，其中独联体国家旅游出口下降幅度最大，达 22%，北美洲和欧洲旅游出口也都呈现 2 位数的跌幅，中南美洲、非洲和亚洲跌幅相对较小（见表 3.7）。

根据以往的经验，每次危机后在经济状况改善的推动下，旅游业都是最先复苏的行业。据世界旅游组织统计，从 2009 年第四季度开始，国际旅游业已开始恢复增长，该季度增长幅度达到 2%。此外，2009 年一些国家的国内旅游逆势上扬，包括中国、巴西、西班牙等在内的一些国家采取经济刺激措施，使国内旅游业有相当程度的增长。2010 年，国际旅游人数达到 9.4 亿人次，国际旅游收入 9190 亿美元，分别比 2009 年增长 6.6% 和 4.7%。2010 年国际旅游收入的增速在某种程度上要落后于游客数量的增长速度，这也是复苏时期表现出的趋势。

虽然全球所有地区国际游客人次都出现增长，但新兴经济体仍然是旅游业复苏的主要推动力。2010 年，新兴经济体的旅游人数平均增幅达 8%，超过发达经济体（5%），尤其是中东和亚太地区增幅达 2 位数，分别为 14% 和 13%，引领全球旅游业快速增长。2010 年，亚洲成为全球首个旅游业复苏的地区，也是旅游业增长最为强劲的地区，接待的国际游客数量达到创纪录的 2.04 亿人次，高于 2009 年的 1.81 亿人次。中国、俄罗斯、沙特、巴西等国的公民出境旅游消费分别增长了 17%、26%、28% 和 52%。发达经济体中，澳大利亚、加拿大、日本和法国公民出境旅游消费增幅分别达到 9%、8%、7% 和 4%，美国、德国和意大利的增幅只有 2%，而英国人的海外旅游花费在 2010 年则减少了 4%。

表 3.7　2009 年世界旅游服务贸易分地区情况

主要地区	金额 /10 亿美元	占比 /%		年增长率 /%			
	2009	2000	2009	2000–2009	2007	2008	2009
出口							
世界总计	870	100.0	100.0	7	15	10	–9
北美洲	145	24.6	16.7	2	11	11	–11
中南美洲	40	4.9	4.6	6	12	9	–6
欧洲	395	46.2	45.3	7	14	9	–13
欧盟（27）	341	42.0	39.2	6	14	8	–13
独联体国家	17	1.0	1.9	15	27	23	–22
非洲	40	3.1	4.5	12	17	9	–5
中东	37	2.8	4.2		21	16	2
亚洲	199	17.5	22.8	10	20	13	–3
进口							
世界总计	790	100.0	100.0	7	16	8	–9
北美洲	110	19.6	14.0	3	9	6	–9
中南美洲	27	3.5	3.5	7	26	16	–1
欧洲	366	48.3	46.4	6	15	9	–14
欧盟（27）	334	45.3	42.3	6	15	9	–15
独联体国家	28	2.4	3.5	11	18	13	–12
非洲	21	1.9	2.7		24	16	–9
中东	61	3.4	7.8		33	2	1
亚洲	175	20.9	22.2	8	14	7	0

资料来源：International Trade Statistics 2010， WTO

预计未来几年全球旅游业将持续增长，但风险依然存在。据世界旅游组织的报告显示，2011 年头 4 个月，全球国际旅游人数达 2.68 亿人次，同比增长 4.5%，除中东和北非以外的全球地区旅游人数都出现增长，新兴经济体持续以 6% 的增长率增长，发达地区的增长率为 3%，其中增幅位居前三名的是南美洲、南亚和东南亚地区，分别为 17%、14% 和 10%（图 3.5）。但由于金融危机和造成的一些问题尚未解决，尤其是失业率居高不下，而一些国家为了增加财政和其他目的增加的税负也将对旅游业的发展产生影响，因此世界旅游组织对 2011 年全球旅游发展的估计并不十分乐观，认为增长速度将在 4%~5% 之间，低于 2010 年的水平。2008 年至 2011 年 4 月国际旅游人数和旅游收入每月变化情况如图 3.6、图 3.7 所示。

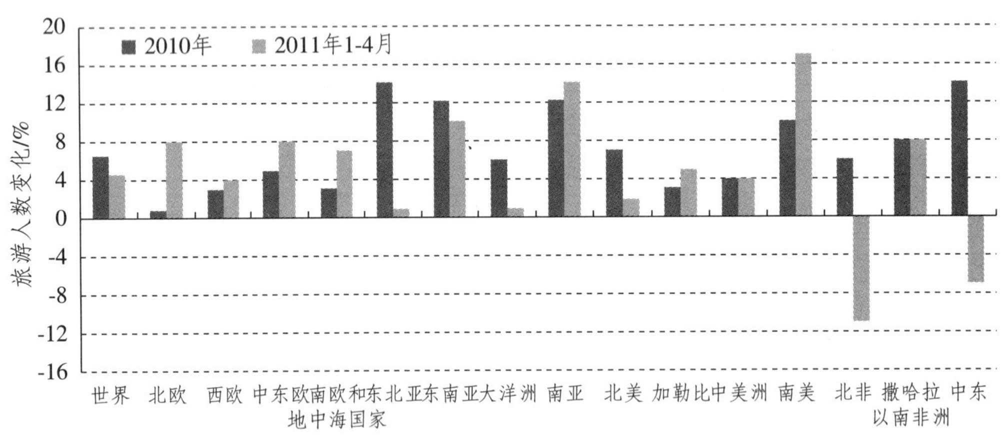

图 3.5　2010 年和 2011 年 1–4 月世界主要地区旅游人数同比变化（%）

资料来源：World Tourism Organization（UNWTO）. World Tourism Barometer，2011–06

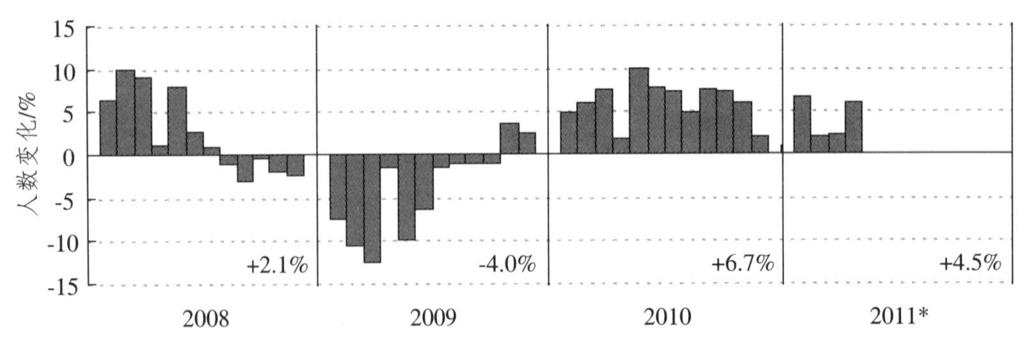

图 3.6　2008 年至 2011 年 4 月国际旅游人数月度变化

数据说明：2011 年为预估值

资料来源：World Tourism Organization（UNWTO）. World Tourism Barometer，2011–06

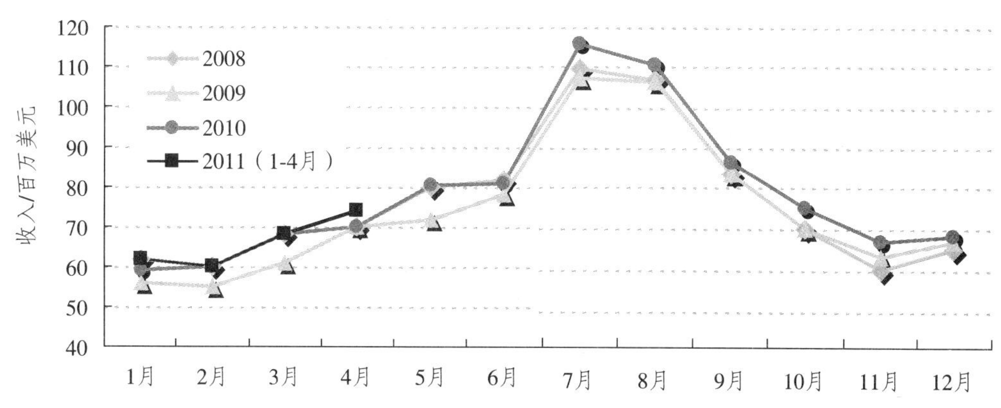

图 3.7　2008 年至 2011 年 4 月国际旅游收入月度变化

资料来源：World Tourism Organization（UNWTO）. World Tourism Barometer，2011-06

2．发达国家虽保持优势，但欧、亚、美三足鼎立格局已形成

据世界贸易组织统计，2009 年世界旅游服务贸易出口排名前 15 位的国家和地区分别是欧盟 27 国、美国、中国、澳大利亚、土耳其、中国澳门、中国香港、泰国、马来西亚、瑞典、加拿大、墨西哥、埃及、印度和日本。与 2008 年相比，俄罗斯联邦和克罗地亚跌出 15 强，而埃及和日本则进入 15 强，其余 13 个国家和地区仍在 15 强中，仅位次稍有变化。上述 15 强中，除亚太地区的澳大利亚、中国澳门、中国香港和马来西亚 2009 年旅游出口仍然呈现增长外，其余国家和地区因金融危机影响都出现下跌。从旅游进口看，韩国、挪威、阿联酋等国下跌幅度超过 20%，而中国和沙特阿拉伯因采取经济刺激措施，旅游进口则分别有 21% 和 24% 的增长（表 3.8）。

表 3.8　2009 年世界旅游服务贸易领先国家和地区

主要国家或地区	金额 /10 亿美元	占比 /%		年增长率 /%			
	2009	2000	2009	2000-2009	2007	2008	2009
出口							
欧盟（27）	341.4	42.0	39.2	6	14	8	-13
其中欧盟 27 国以外出口	95.4		10.9		15	6	-14
美国	120.3	20.6	13.8	2	12	13	-11
中国	39.7	3.4	4.6	10	10	10	-3
澳大利亚	25.9	2.0	3.0	12	26	12	3
土耳其	21.3	1.6	2.4	12	10	19	-3

（续表）

主要国家或地区	金额/10亿美元	占比/%		年增长率/%			
	2009	2000	2009	2000–2009	2007	2008	2009
中国澳门	17.9	0.6	2.1	22	38	28	7
中国香港	16.4	1.2	1.9	12	18	11	7
泰国	15.9	1.6	1.8	9	24	9	–12
马来西亚	15.4	1.1	1.8	13	35	9	1
瑞士	14.0	1.4	1.6	9	13	19	–3
加拿大	13.7	2.3	1.6	3	7	1	–13
墨西哥	11.3	1.7	1.3	3	6	3	–15
埃及	10.8	0.9	1.2	11	23	18	–2
印度	10.6	0.7	1.2	13	24	10	–10
日本	10.3	0.9	1.2	10	10	17	–5
上述15国和地区总计	685.0	82.0	78.6				
进口							
欧盟（27）	334.2	45.3	42.3	6	15	9	–15
其中欧盟27国以外进口	120.5		15.3		17	8	–14
美国	79.1	15.4	10.0	2	6	5	–8
中国	43.7	3.0	5.5	14	22	21	21
日本	25.2		3.2		–1		6
加拿大	24.2	2.9	3.1	8	20	10	–11
俄罗斯联邦	20.8	2.0	2.6	10	17	12	–13
沙特阿拉伯	18.8		2.4		55	–25	24
澳大利亚	18.2	1.5	2.3	12	27	26	–3
中国香港	16.0	2.9	2.0	3	7	7	–1
新加坡	15.8	1.0	2.0	15	18	15	4
韩国	13.3	1.6	1.7	7	17	–13	–30
挪威	12.3	1.1	1.6	11	21	13	–23
巴西	10.9	0.9	1.4	12	42	34	–1
瑞士	10.9	1.2	1.4	8	9	8	–1
阿联酋	10.3	0.7	1.3	15	28	18	–22
上述15国和地区总计	655.0	85.2	82.8				

资料来源：International Trade Statistics 2010， WTO

发达国家在旅游市场上占有优势地位。从 1998 到 2009 年，美国的旅游服务业具有绝对优势，其国际市场占有率指标均保持在 13.8% 以上，具有很强的国际竞争力。根据美国经济分析局的统计，2003 年至 2008 年美国旅游服务出口年均增长 11.3%，进口年均增长 6.8%，但受金融危机影响，2009 年美国旅游服务出口和进口分别同比减少 14.6 和 9.0%。1992 年至 2009 年美国旅游服务进出口额见图 3.8。西班牙、法国和意大利旅游服务在国际市场占有率基本在 5%~7%，德国和英国的市场占有率基本在 4% 左右。中国旅游服务国际市场占有率处于 5% 左右，在国际上处于中游水平。

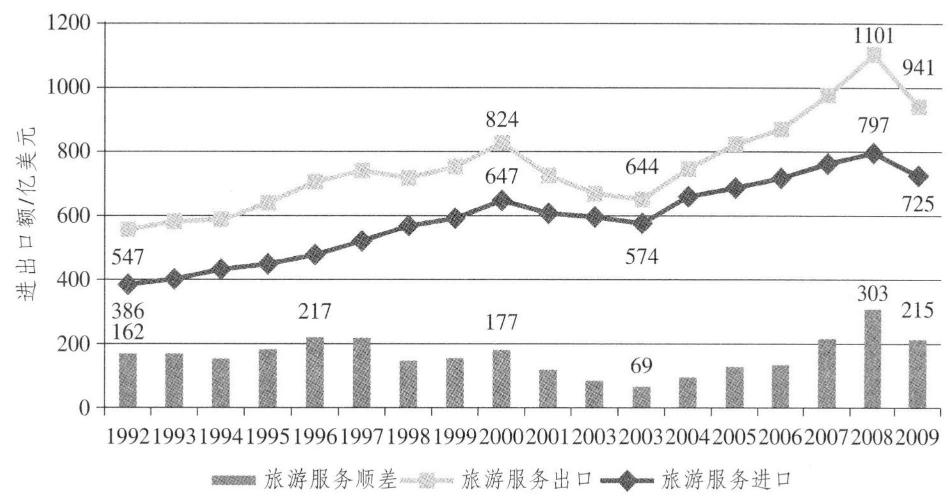

图 3.8　1992 年至 2009 年美国旅游服务进出口额

资料来源：tradeinservices.mofcom.gov. 美国旅游业 [N]，2010-11-25

经济全球化和区域经济一体化加速了区域旅游的发展，世界各大洲区域性旅游成为国际旅游的主体，欧、美主宰世界旅游市场的局面已被打破，全球旅游市场已形成欧、亚、美三足鼎立的新格局。亚洲是金融危机后全球首个旅游业复苏的地区，旅游业持续保持增长势头。尤其是旅游业在东南亚国家的经济发展中一直占据支柱产业的重要地位，2011 年 1 月，东盟 10 国旅游部长共同签署了《2011 年至 2015 年东盟旅游发展战略计划》，争取在 2015 年前把东盟建成世界一流旅游目的地，以吸引更多游客。据世界旅游组织预测，2011 年亚太地区旅游增长率为 7%~9%，中东地区为 7%~10%，均将超过世界 4%~5% 的水平（见表 3.9）。东亚太地区（包括东北亚、东南亚和太平洋地区）接待国际旅游人数占世界的份额将从 1995 年的 14.2% 上升为 2020 年的 27.3%，超过美洲（2020 年为 17.8%），位居世界第二。

表 3.9　2010 年至 2011 年国际旅游人数增长及预测

主要地区	2010 年 /%	2011 年预计 /%
世界	6.7	4~5
欧洲	3.2	2~4
亚太地区	12.6	7~9
美洲	7.7	4~6
非洲	6.4	4~7
中东	13.9	7~10

资料来源：World Tourism Organization（UNWTO）. World Tourism Barometer，2011-06

（三）其他商务服务：增速虽减缓，贸易额仍最大

其他商务服务是服务贸易中范围最广、贸易额最大、增长最快的类别，随着以金融、信息和通信等为代表的技术知识密集型新兴服务业的兴起，其他商务服务在世界服务贸易总额的比重不断提高，目前出口已占到整个服务贸易的一半多。金融危机对其他商务服务的影响比运输和旅游稍弱，2009 年出口下降 9%，进口下降 6%。2010 年，其他商务服务出口增幅为 6%，虽然增速有所减缓，且低于运输和旅游服务的增速，但仍是贸易额最大的项目。

从 2009 年世界其他商务服务分地区情况看，各主要地区增速有不同程度下降，绝大多数地区进出口额都是负增长。欧洲在全球所占份额仍最多，其中出口额达 9450 亿美元，占全球份额的 53.2%，进口额达 7590 亿美元，占全球份额的 50%；亚洲其他商务服务贸易出口额达到 3890 亿美元，占全球份额的 21.9%，进口额达到 3570 亿美元，占全球份额的 23.5%，在全球排名第 2；北美洲其他商务服务贸易进出口分别为 2180 亿美元和 3190 亿美元，分别占全球份额的 14.4% 和 18%，排名世界第 3 位（表 3.10）。2009 年独联体国家其他商务服务贸易进出口分别下降 19% 和 15%，在全球下降幅度最大，而 2008 年该地区其他商务服务增长幅度则全球最大。

表 3.10　2009 年世界其他商务服务贸易分地区情况

主要地区	金额 /10 亿美元	占比 /%		年增长率 /%			
	2009	2000	2009	2000-2009	2007	2008	2009
出口							
世界	1780	100.0	100.0	12	23	12	-9
北美洲	319	23.4	18.0	8	18	7	-5
中南美洲	40	2.0	2.2	13	27	21	-4

（续表）

主要地区	金额 /10 亿美元	占比 /%		年增长率 /%			
	2009	2000	2009	2000-2009	2007	2008	2009
欧洲	945	50.3	53.2	12	24	13	−11
欧盟（27）	868	45.1	48.8	13	24	12	−12
独联体国家	27	0.6	1.5	23	36	34	−15
非洲	19	1.4	1.1		30	29	−11
中东	39	2.0	2.2				0
亚洲	389	20.2	21.9	13	22	16	−8
进口							
世界	1520	100.0	100.0	11	20	14	−6
北美洲	218	17.5	14.4	8	11	7	−4
中南美洲	48	3.2	3.2	11	19	23	3
欧洲	759	48.3	50.0	11	21	12	−7
欧盟（27）	715	46.0	47.1	11	21	12	−7
独联体国家	45	1.5	3.0	19	36	28	−19
非洲	44	2.6	2.9		30	33	−20
中东	47	2.5	3.1				−12
亚洲	357	24.4	23.5	10	19	17	−3

资料来源：International Trade Statistics 2010， WTO

2009 年世界其他商务服务贸易出口排名前 15 位的国家和地区分别是欧盟 27 国、美国、日本、印度、中国、瑞士、新加坡、中国香港、加拿大、俄罗斯联邦、韩国、中国台湾、挪威、巴西和以色列，与 2008 年时的排名基本相同，变化的仅是新加坡与中国香港位次互换。除了以色列实现 1% 的增长外，其他国家和地区都是负增长，其中俄罗斯联邦和印度分别下降 18% 和 17%。2009 年世界其他服务贸易进口排名前 15 位的国家和地区分别是欧盟 27 国、美国、日本、中国、新加坡、韩国、加拿大、印度、俄罗斯联邦、巴西、瑞士、泰国、挪威、沙特阿拉伯和中国香港，其中挪威实现 14% 的增长，进入进口 15 强，而澳大利亚则跌出 15 强（见表 3.11）。

表 3.11　2009 年世界其他商务服务贸易领先国家和地区

主要国家或地区	金额 /10 亿美元	占比 /%		年增长率 /%			
	2009	2000	2009	2000–2009	2007	2008	2009
出口							
欧盟（27）	868.2	45.1	48.8	13	24	12	−12

（续表）

主要国家或地区	金额 /10 亿美元	占比 /%		年增长率 /%			
	2009	2000	2009	2000–2009	2007	2008	2009
其中欧盟 27 国以外出口	403.1		22.7		26	11	–9
美国	281.8	19.6	15.9	9	20	7	–4
日本	83.9	6.0	4.7	9	10	17	–6
印度	66.1		3.7		26	19	–17
中国	65.3	1.6	3.7	23	46	27	–3
瑞士	49.2	2.8	2.8	12	22	19	–11
新加坡	47.9	1.7	2.7	18	28	18	–6
中国香港	44.8	3.3	2.5	8	17	6	–6
加拿大	34.9	3.2	2.0	6	10	6	–11
俄罗斯联邦	19.5	0.4	1.1	25	34	34	–18
韩国	18.9	1.4	1.1	8	31	–3	–12
中国台湾地区	18.2	1.8	1.0	5	9	13	–15
挪威	18.1	0.9	1.0	13	27	13	–7
巴西	16.9	0.9	1.0	13	33	30	–4
以色列	15.1	1.3	0.8	6	6	10	1
上述 15 国和地区总计	1650.0	91.5	92.7				
进口							
欧盟（27）	715.5	46.0	47.1	11	21	12	–7
其中欧盟 27 国以外进口	298.8		19.7		22	15	–6
美国	170.8	12.4	11.2	10	12	8	–2
日本	81.2	8.0	5.3	6	14	17	–5
中国	67.9	2.0	4.5	21	35	27	–5
新加坡	39.1	2.0	2.6	14	11	23	–3
韩国	38.3	2.4	2.5	11	19	19	3
加拿大	36.1	3.6	2.4	6	10	3	–9
印度	35.9		2.4		17	15	0
俄罗斯联邦	29.1	0.8	1.9	21	39	41	–21
巴西	25.2	1.2	1.7	15	21	28	9
瑞士	17.3	0.6	1.1	18	28	18	2
泰国	16.4	1.0	1.1	12	24	22	–9
挪威	15.4	0.8	1.0	13	21	15	14

（续表）

主要国家或地区	金额 /10 亿美元	占比 /%		年增长率 /%			
	2009	2000	2009	2000–2009	2007	2008	2009
沙特阿拉伯	15.3		1.0				–19
中国香港	14.8	1.0	1.0	11	20	11	–1
上述 15 国和地区总计	1320.0	84.3	86.8				

资料来源：International Trade Statistics 2010， WTO

1．金融服务

金融服务贸易发展状况是衡量一个国家金融业国际竞争力的重要标志之一。其他商务服务出口的减少主要是由于金融部门的动荡。2007 年金融服务出口增长最快，达 32%；2008 年下半年开始的金融市场动荡导致世界金融服务出口下降，2008 年世界金融服务出口增长仅有 1%，到 2008 年最后一个季度则急剧下降 19%；2009 年上半年世界金融服务出口下降超过 20%，2009 年全年下降 15%，在 2009 年后半年开始慢慢恢复，到 2009 年第四季度，世界金融服务出口已增长 3%（图 3.9）。

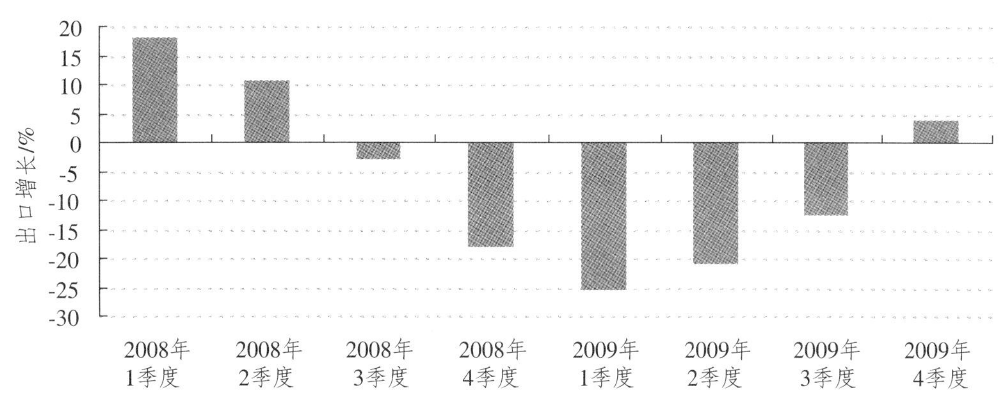

图 3.9　2008–2009 年世界金融服务出口季度增长

资料来源：International Trade Statistics 2010， WTO

欧洲金融服务受金融危机影响最为严重，2009 年，欧盟金融服务出口锐减 19%，为 133 亿美元，比 2008 年减少约 300 亿美元，其中瑞士金融服务出口下降 16%。作为金融服务第二大出口地的美国，以及中国香港地区，金融服务出口跌幅均达 7%（图 3.10）。2010 年开始，金融服务出口呈现上升的趋势，在所有国家都出现复苏迹象。

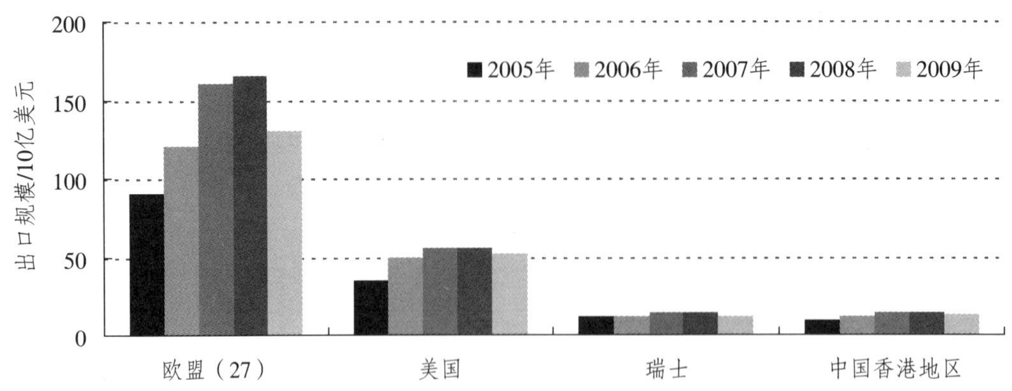

图 3.10　2005-2009 年部分国家金融服务出口规模

资料来源：International Trade Statistics 2010， WTO

表 3.12 是 2008 年和 2009 年世界主要地区金融服务贸易出口情况，欧洲这两年的出口总额分别达 1850 亿美元和 1520 亿美元，2009 年下降 19%，占世界份额的 60.7%；北美洲 2009 年出口金额为 580 亿美元，下降 8%，占世界份额的 23.2%；亚洲 2009 年出口金额为 310 亿美元，下降 14%，占世界份额的 12.3%；独联体国家 2008 年增长 22%，2009 年则下降 24%。

表 3.12　2008 年和 2009 年世界金融服务贸易分地区出口情况

主要地区	金额 /10 亿美元		占比 /%		年增长率 /%		
	2008	2009	2000	2009	2000-2009	2008	2009
世界	295	250	100.0	100.0	11	1	-15
北美洲	63	58	23.2	23.2	11	-2	-8
中南美洲	3	3	0.9	1.1	13	18	2
欧洲	185	152	61.5	60.7	11	3	-18
欧盟（27）	164	133		53.3		2	-19
独联体国家	2	2	0.2	0.6	29	22	-24
亚洲	36	31	11.9	12.3	11	-3	-14

资料来源：International Trade Statistics 2010， WTO

2．计算机和信息服务

计算机和信息服务相比其他行业更有弹性。在 2008 年出现创纪录的 23% 增长后，2009 年世界计算机和信息服务出口下降 6%，但从第四季度开始已恢复增长 6%（图

3.11)。2009 年欧洲下降 9%，独联体国家下降 14%，北美的出口处于停滞状态，亚洲出口略微减少了 2%（表 3.13）。

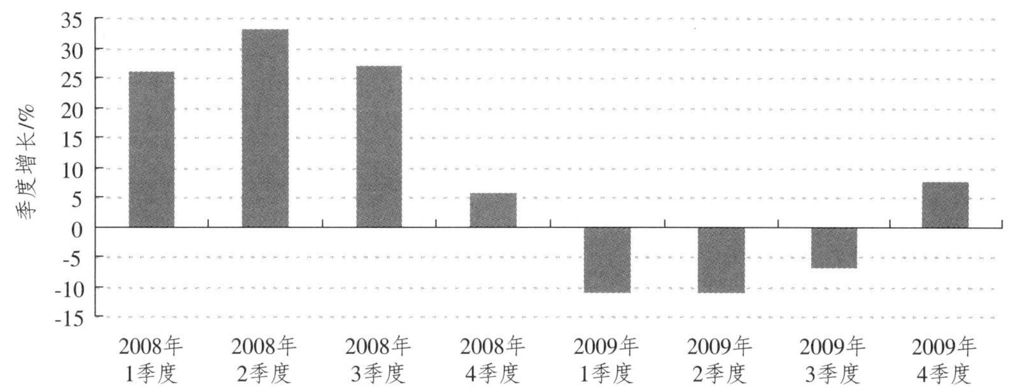

图 3.11 2008-2009 年世界计算机和信息服务出口季度增长

资料来源：International Trade Statistics 2010，WTO

表 3.13 2008 年和 2009 年世界计算机和信息服务贸易分地区出口情况

主要地区	金额 /10 亿美元		占比 /%		年增长率 /%		
	2008	2009	2000	2009	2000–2009	2008	2009
世界	195	185	100.0	100.0	16	23	–6
北美洲	17	18	19.4	9.5	7	8	0
中南美洲	3	3	0.9	1.6	24	28	10
欧洲	114	103	54.2	55.7	16	21	–9
欧盟（27）	108	98		52.8		20	–10
独联体国家	2	2	0.2	1.1	41	52	–14
亚洲	51	50	15.3	27.0	24	33	–2

资料来源：International Trade Statistics 2010， WTO

得益于经济的快速增长，亚洲计算机和信息服务出口世界份额从 2000 年的 16% 增长到 2009 年的 27%，在全球增速最快，增长约一倍，印度是世界排名第二的计算机和信息服务出口国；北美地区从 2000 年的 20% 下降到 2009 年的 10%；欧洲仍然是世界上最大的计算机和信息服务出口地区，世界份额从 2000 年的 54% 上升到 2009 年的 56%；独联体国家，以及南美洲和中美洲也增加了其在世界贸易中的份额，但仅增长一成，2009 年的世界份额分别为 1% 和 2%（图 3.12）。

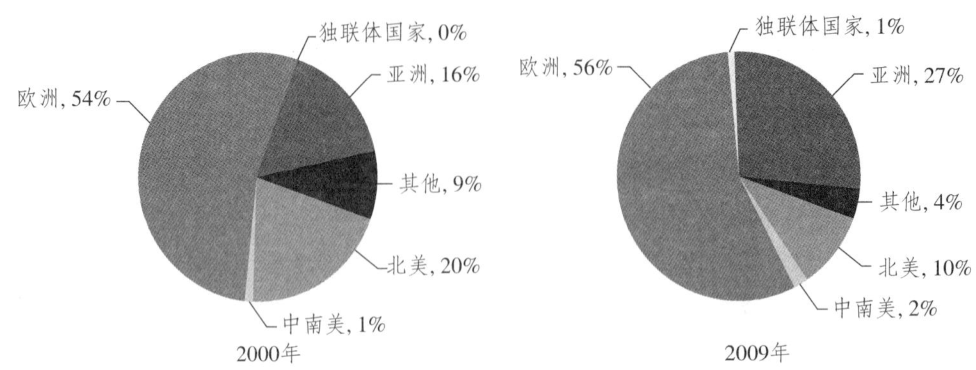

图 3.12　2000 年和 2009 年世界主要地区计算机和信息服务出口所占比例

资料来源：International Trade Statistics 2010， WTO

三、世界服务外包产业发展动向

服务外包产业是现代高端服务业的重要组成部分，国际金融危机进一步加剧了全球服务外包市场多元化的趋势，服务外包交付模式在新技术支持下不断得到创新。

（一）世界服务外包业发展概况

受欧洲债务危机、美元持续贬值和全球性通货膨胀的影响，全球服务外包行业尚未恢复到金融危机以前的发展水平。TPI 指数显示，2010 年全球服务外包市场合同金额同比下降 11%，信息技术外包（ITO）和业务流程外包（BTO）合同金额同比分别下降 3.7% 和 31%。但服务外包业正逐步摆脱金融危机的消极影响，处于产业恢复期。据高德纳咨询公司（Gartner）和国际数据公司（IDC）统计，2011 年全球信息技术外包和业务流程外包市场规模将分别达 3190 亿美元和 2350 亿美元，从 2005 年至 2011 年的年复合增长率将分别为 10.2% 和 7.4%（图 3.13）。

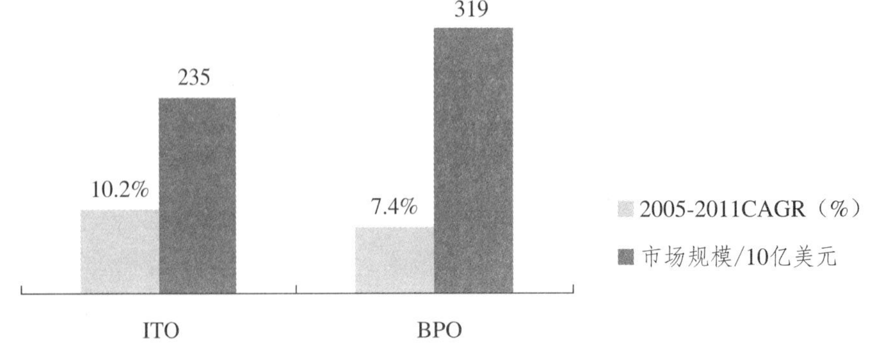

图 3.13　2011 年全球 ITO 和 BPO 市场规模及近 7 年年复合增长率

资料来源：Gartner，IDC

信息技术外包仍是服务外包产业的主流，占据了60%以上的全球服务外包市场份额。服务外包产业作为未来全球经济发展重要推动力量之一，其发展潜力巨大，市场规模将得到进一步扩展。据Gartner预测，到2012年全球服务外包市场规模可达9750亿美元，离岸服务外包市场未来几年将保持20%以上的增长速度。

美日欧等发达国家和地区仍是主要的发包方，主导整个产业的发展，发展中国家是全球服务外包重要承接方。美国、日本、欧洲提供了全球服务外包业务的绝大多数份额，美国占全球市场的64%，欧洲占18%，日本占10%，其他国家不到10%。Gartner预测到2012年，美国仍将是世界最大的外包服务客户，将占全球信息技术外包服务需求的近三分之一，业务流程外包需求总量的一半以上。服务外包承接国发展层次不同，发达国家如澳大利亚、新西兰、爱尔兰、加拿大等服务外包行业成熟，形成一定的产业规模和发展优势，但不具成本和人力资源优势；拉美、亚太地区等发展中国家拥有大量廉价而优质劳动力，已经成为全球服务外包市场上重要承接方。2010年拉美国家服务外包信息技术市场规模达2300多亿美元，2011年增长率将达9.2%；中国、印度、菲律宾承接了全球服务外包60%以上的份额，2009年印度占据全球离岸外包市场13%的份额，中国占据8%（见图3.15）。全球管理咨询公司科尔尼2011年2月发布的外包目的地吸引力指数显示，印度和中国居吸引力最高国家的前2位，其后依次为马来西亚、印尼、墨西哥、越南、美国、俄罗斯等国（图3.14）。印度连续多年在科尔尼全球离岸服务目的地指数排名中名列榜首，但近几年印度的优势正在逐步丧失。中国因为成本低、基础设施投资大，正在离岸信息技术外包服务领域逐渐显现强劲的竞争实力，预计到2015年有望成为全球外包目的地吸引力指数排名第一的国家。

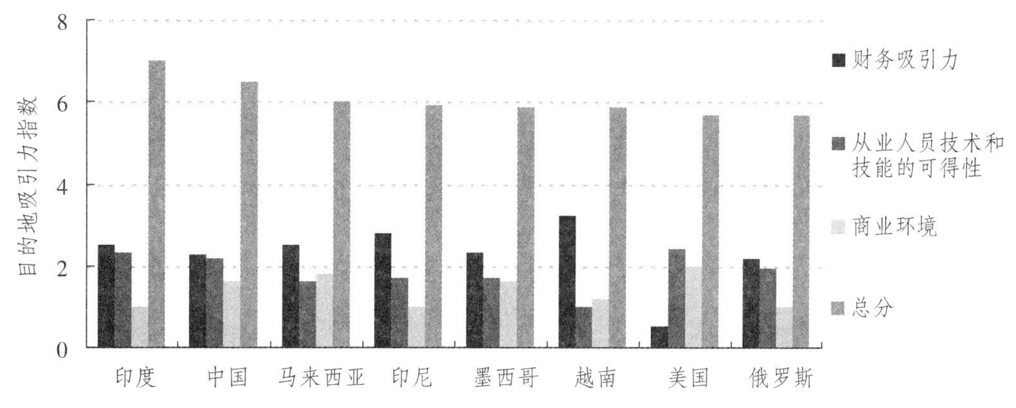

图3.14　2011年全球服务外包目的地吸引力指数排名

资料来源：科尔尼公司

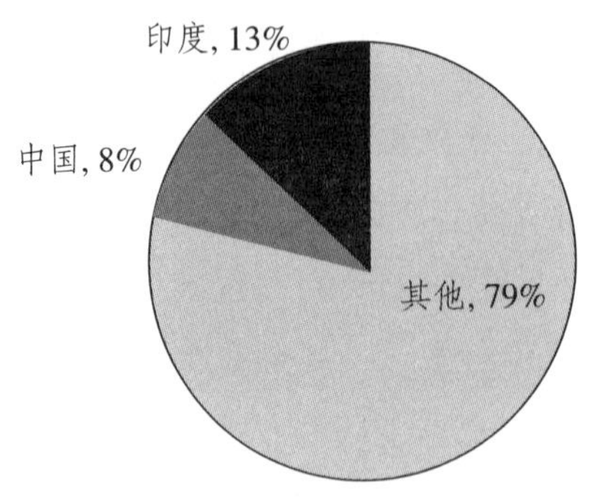

图 3.15　2009 年印度和中国离岸外包市场份额所占比例

资料来源：India vs. China – The Outsourcing War, by Flexsin Technologies（P）Limited

虽然目前信息技术外包仍占有优势，但业务流程外包和知识流程外包将在未来迅速扩张，尤其是知识流程外包可望成为行业发展新的增长点，进一步推动服务外包行业向高端扩展。TPI 指数显示，2010 年业务流程外包合同总额仅 170 亿美元，同比下降 31%，但 2010 年第二季度业务流程外包合同总额达 59 亿美元，同比增长 60%，2011 年第一季度更是达到了 66 亿美元，同比增长 111%。知识流程外包作为服务外包业务新出现的发展方式，目前正处于发展初期，产业规模已经从最初的 12 亿美元发展到 100~120 亿美元，年均增长率有望达到 30% ~ 40%。知识流程外包涉及知识产权、金融、保险、人力资源等核心业务流程，是目前服务外包中的知识密集型产业，将推动服务外包行业进一步向高附加值、高科技方向发展。

（二）服务外包交付模式

用户需求和新技术引领服务外包交付模式不断创新，从过去分散式交付模式，即服务交付人员与最终客户一对一，提供端对端服务，到目前分散交付与集中交付结合，即离岸交付，人员派遣，结合全球交付中心模式，未来云技术和云平台将在服务外包业得到更多应用。

1. 全球交付模式

从外包服务的交付模式看，目前市场对“混合岸”解决方案（指从多个地点交付服务）的需求增加，单纯的离岸模式已不能适应客户的更高要求。世界领先外包供应商已能提供“灵活的外包交付模式”，即提供在岸、近岸和离岸相结合的多层全球交付模式。

（1）塔塔全球网络交付模式

塔塔咨询服务有限公司（TCS）成立于 1968 年，是塔塔集团旗下一家全球领先的信息技术服务、业务解决方案和外包服务供应商，2009 年营收达 60.1 亿美元，在 47 个国家有超过 14 万个员工，公司已申请 380 项专利，并成功获得 64 项专利认证。

TCS 率先构想并倡导采用灵活的全球网络交付模式，被誉为软件行业发展的卓越基准。全球网络交付模式通过三类交付中心完成：近岸交付中心，主要在美国、英国、加拿大等；区域交付中心，主要在匈牙利、乌拉圭、阿根廷、墨西哥等；全球交付中心，主要在印度、巴西、中国（图 3.16）。全球网络交付模式三类交付中心比较见表 3.14。

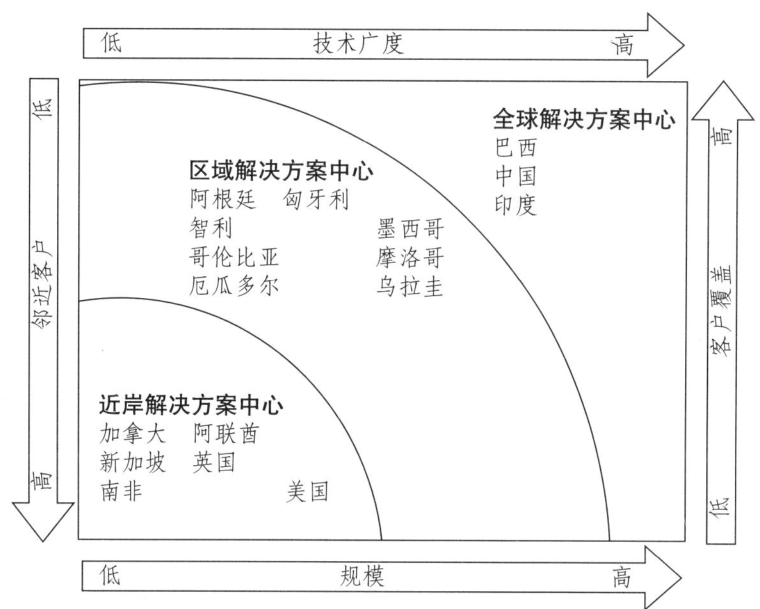

图 3.16 TCS 全球网络交付模式

资料来源：塔塔信息技术（中国）股份有限公司

表 3.14 全球网络交付模式三类交付中心比较

比较指标	全球解决方案中心	区域解决方案中心	近岸解决方案中心
整体规模	规模大	中等规模	规模较小
目标客户	服务大客户	服务本地客户	客户地域和时间区
技术要求	技术深度高和广度大	选择功能	
服务提供	过程成熟	解决语言和文化的挑战	有助于建立客户舒适度

资料来源：Tata：Journeying through the TCS Promenade；上海科学技术情报研究所（ISTIS）分析整理

TCS 在以下主体领域不断推进和完善全球网络交付模式：① 全球劳动力，高效和可扩展的人才管理，包括招聘、人员配备、培训和预存；② 综合进程，包括 CMMI 5 级的质量管理流程、世界级的安全程序、项目管理流程和工具（如 IQMS 等）；③ 多层次的基础设施，包括多大陆和相互联系的全球研发中心网络（地方、区域、全球的模型），以便更好地进行风险管理和后续覆盖；④ 国家先进的电信网络；⑤ 全球协作工具。

全球网络交付模式使 TCS 能够提供可靠的、可扩展的和成本效益的服务和解决方案的交付，使客户选择一个最适合的商业考虑，如成本优化、文化和地理位置接近、语言能力和减轻风险的采购策略，无论在服务、技术还是位置的组合上保证得到高质量的服务，通过管理在统一交付框架下的诸如咨询、信息技术、信息技术基础设施等不同服务流，帮助客户降低信息技术总成本。据统计，全球网络交付模式帮助 TCS 实现了 89% 的客户满意度。

（2）埃森哲全球交付模式

埃森哲（Accenture）是全球领先的管理咨询、技术服务和外包机构，为遍布 120 多个国家的客户提供服务，全球员工近 223000 个，截至 2010 年 8 月 31 日结束的财政年度，公司净收入达 216 亿美元。

埃森哲全球交付模式可以为一个或多个地点的客户提供支持，满足客户在岸、近岸或离岸服务需求，实现信息技术和业务流程标准化。交付中心提供的服务主要有三个：针对特定行业的解决方案；外包服务管理和交付；系统集成和技术服务。该交付模式以三个关键要素为基础：①交付套件，是已被验证的标准框架，用于构建和交付可靠的解决方案与服务；②全球交付网络，有 50 多个交付网点遍布全球各地，应用交付套件中指明的通用流程或行业标准；③全球外包专家，全球交付网络拥有超过 8 万名专家的核心执行力量，能够与埃森哲全球 120 余个国家和地区的约 20 多万个员工进行协同。通过采用上述通用的方法、架构和指标，埃森哲全球交付网络将全球 50 多个交付中心以及 8 万多个专家变成一台强大的引擎，帮助客户通过交付高性价比的优质解决方案成就卓越绩效。

埃森哲近年又推出了“服务交付平台 2.0”（图 3.17），以开放式标准为基础，同时提供“扩展坞”供客户选择，消除了传统服务交付平台上的种种限制，使企业能够在 Web 2.0 时代提供品种更为丰富、更加以客户为中心的服务。

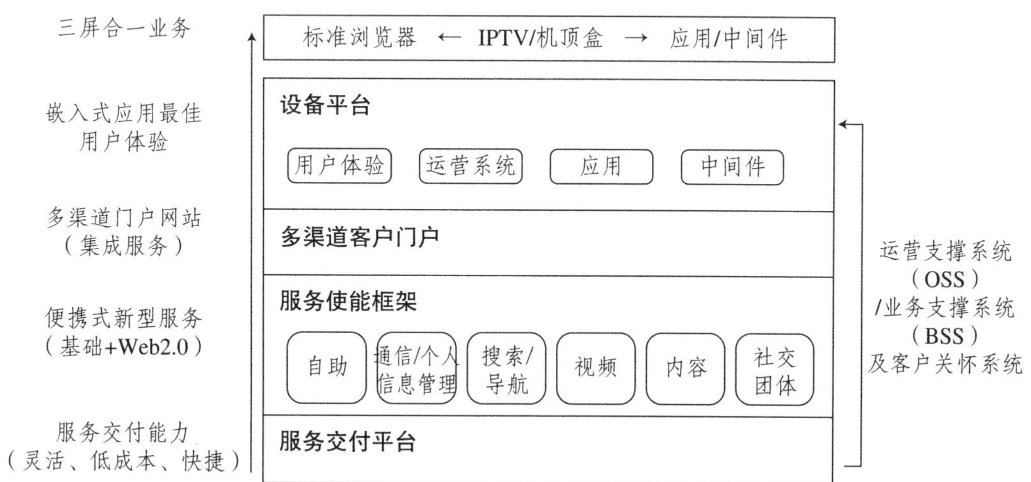

图 3.17　埃森哲“服务交付平台 2.0”框架

资料来源：埃森哲“服务交付平台 2.0”实现下一代卓越绩效

（3）EDS“Best Shore”多层提交模式

EDS 作为惠普公司的业务团队之一，为全球 60 多个国家和地区客户提供全方位的信息技术与业务流程外包服务，其全球服务中心遍布印度、匈牙利、阿根廷、中国等 20 多个国家，客户遍及制造、金融、保健、通信、能源、运输、零售产业和政府机构。

EDS 的“Best Shore”多层提交模式根据客户需求选择最佳外包地点，第一层是客户所在地的 EDS 团队；第二层是区域服务中心；第三层在 20 多个国家的全球服务中心。建立全球交付枢纽的目的是通过提供深度产业及专业技术服务，为客户量身定制高级解决方案以满足特定客户的需求,改善客户体验。它们也为高性价比服务提供更多选择。所有 Best Shore 交付团队会与境内大客户管理团队及支持团队密切合作，同时利用惠普技术、最佳实践及知识产权为客户提供一致、无缝的服务并助其降低风险。EDS 通过灵活企业平台服务，结合新一代的全球交付系统和 EDS Best Shore® 策略，保证利用境内外和近岸不同地点结合的最佳组合，提供高质量、成本竞争的服务，让客户快速响应市场的改变以增加竞争力。

2010 年 12 月，惠普企业服务事业部宣布拓展其 Best Shore 全球服务交付模式，指定 6 个国家作为全球交付枢纽，以更好地支持客户日益增长的对高性价比及可拓展服务的需求，从而有效地满足业务需要。保加利亚、中国、哥斯达黎加、印度、马来西亚及菲律宾被指定为全球交付枢纽。这些枢纽将在各区域内为客户提供各种高拓展性的服务，包括应用服务、基础设施技术和业务流程外包服务。此外，每个枢纽都能提供多种服务，以降低交付的复杂性。

2．云计算模式

据 IDC 预测，云计算将开创外包服务新时代，全球交付市场将朝着外包服务 3.0 方向发展，这一发展趋势综合了离岸 / 在岸 / 近岸解决方案、平台、最佳实践、风险分散以及包括云技术在内的新技术。外包 1.0 时代是“以更低的成本完成你不愿意做的事情”，外包 2.0 时代是“战略性 / 选择性外包”，云计算为“最高形式的外包服务”，即服务外包发展的 3.0 时代，是“云计算基础的按需服务”。

云计算新模式将提供 SaaS（软件即服务）外包服务，利用统一的云平台，针对客户提供标准化或定制化的服务，即通过客户和外包企业之间模块化、标准化的流程对接，形成基于云外包基础上的全流程一体化服务模式，因此云计算被评为 2010 年和 2011 年全球服务外包十大技术之首。

全球领先的外包企业已逐渐开始云转型。Infosys 发布混合云—业务流程外包（BPO）服务模式，标志着大型跨国外包企业开始了云外包的实践；HCL 美国分公司预言云计算将会成为他们的主要业务，拟开拓 5 个云外包领域：提供云计算基础设施服务、出售云管理工具、助力 SaaS、迁移到私有云、构建一个定制的产品；美国 Verizon 公司是通信技术外包和专业服务外包领域的领军者，该公司计划将所有业务都建立在云计算基础上。云外包也吸引了越来越多企业的关注，英国 73% 的商务公司和 63% 的信息技术公司计划为云计算活动投入预算，许多中小型企业开始应用云外包服务。

IDC 预测 2014 年全球 SaaS 服务收入将达 405 亿美元，占软件市场新增额的 26%。随着基于云的解决方案的增长及其在外包市场的重要性的显现，对云数据的安全性和数据隐私性也引起高度重视。客户要求安全性内置到云服务，希望出现市场推动型高度安全和值得信赖的云服务，这就迫切需要有全方位的安全解决方案和确实可信的云计算管理。

四、中国服务贸易发展现状及发展对策思考

我国服务贸易保持快速增长的态势，高于世界平均水平，在世界服务贸易领域的地位不断提升，服务出口、进口分居世界第 4 位和第 3 位。

（一）中国服务贸易发展现状

2010 年我国服务贸易实现恢复性增长，总额达到 3624 亿美元，比上年增长

26.4%，超过世界服务进出口平均增幅 18 个百分点；出口居世界第 4 位，进口居世界第 3 位，均比上年上升 1 位，其中服务出口 1702.5 亿美元，增幅从 2009 年的 –12.2% 转为 32.4%，服务进口 1921.7 亿美元，增幅由 2009 年的 0.1% 提升至 21.5 %；服务贸易逆差由上年的 295.1 亿美元缩小至 219.3 亿美元，同比下降 25.7%，逆差主要集中于运输服务、保险服务、专有权利使用和特许费及旅游等服务类别。总体来看，我国服务贸易呈现以下特点：

服务贸易国际市场结构稳定。服务进出口仍集中于中国香港、欧盟、美国、日本、东盟等国家和地区。2010 年中国与上述国家和地区服务进出口总额超过 2000 亿美元，占中国服务进出口总额的比重达 60%。中国香港依然是中国最大的服务出口目的地、进口来源地和顺差来源地，双边服务进出口总额占中国服务进出口总额的四分之一。

传统服务是拉动增长的主要动力。运输服务和旅游服务在中国服务贸易进出口总额中的占比超过 50%。2010 年，运输服务进出口总额为 974.7 亿美元，由上年的下降 21% 转为增长 39%，在服务进出口总额中的占比由上年的 24.5% 上升到 26.9%；旅游进出口总额达 1006.9 亿美元，居各项服务进出口总额之首，同比增长 20.8%。

服务贸易结构趋于优化。2010 年，咨询出口总额为 227.7 亿美元，同比增长 22.3%，占中国服务出口总额的 13.4%；计算机和信息服务出口 92.6 亿美元，同比增长 42.1%，占比为 5.4%；专有权利使用和特许费、金融服务占比虽小，但出口增幅显著，出口额分别同比增长 93.4%、204.6%（见表 3.15）。

表 3.15　2010 年中国服务贸易发展状况

亿美元

类别	进出口		出口		进口		贸易差额
	金额	同比增长（%）	金额	同比增长（%）	金额	同比增长（%）	
总计	3624.2	26.4	1702.5	32.4	1921.7	21.5	–219.3
运输	974.7	39.0	342.1	45.2	632.6	35.8	–290.5
旅游	1006.9	20.8	458.1	15.5	548.8	25.6	–90.7
通信	23.6	–2.1	12.2	1.8	11.4	–6.0	0.8
建筑	195.7	27.6	144.9	53.2	50.7	–13.6	94.2
保险	174.8	35.5	17.3	8.2	157.5	9.3	–140.3
金融	27.2	133.8	13.3	204.6	13.9	91.2	–0.6
计算机和信息	122.2	25.4	92.6	42.1	29.7	–8.3	62.9
专有权利使用费和特许费	138.7	20.7	8.3	93.4	130.4	17.8	–122.1

（续表）

类别	进出口		出口		进口		贸易差额
	金额	同比增长（%）	金额	同比增长（%）	金额	同比增长（%）	
咨询	378.6	18.2	227.7	22.3	150.9	12.5	76.8
广告、宣传	49.3	15.4	28.9	24.8	20.4	4.4	8.4
电影、音像	4.9	31.4	1.2	26.4	3.7	33.2	–2.5
其他商务服务	527.6	21.4	355.9	44.1	171.8	–8.5	184.1

资料来源：商务部综合司．中国服务贸易状况 [R]，2011–05

服务外包方面，2010 年，我国出台近 30 项政策支持服务外包发展，全年外包企业承接服务外包合同金额和执行金额分别达到 274 亿美元和 198 亿美元，同比分别增长了 37% 和 43.1%；离岸服务外包合同额 198.3 美元，合同执行额 144.5 亿美元，同比分别增长 34.3% 和 43.1%；服务外包企业突破 1 万家，从业人员超过 200 万。据统计，2011 年中国信息技术外包和业务流程外包市场规模将分别达 69 亿美元和 27 亿美元，从 2006 年至 2011 年的年复合增长率将分别为 37.9% 和 25.9%（图 3.18）。据 2010 年毕马威的报告预计，未来 5 年中国服务外包市场将保持约 26% 的年复合增长率，未来 3~5 年或将赶超印度成为新的全球外包中心。

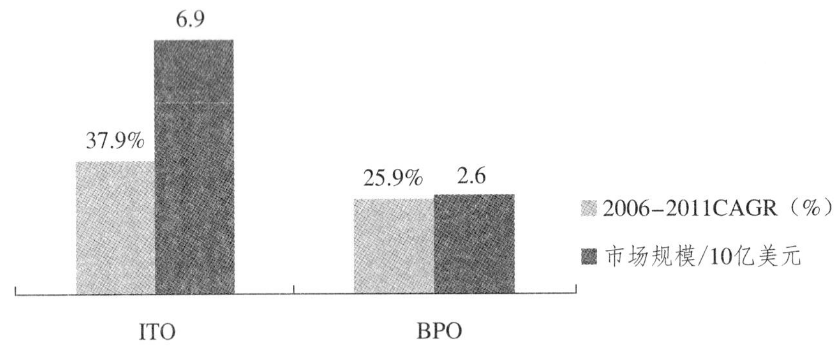

图 3.18　2011 年中国 ITO 和 BPO 市场规模及近 6 年年复合增长率

资料来源：Gartner，IDC

我国服务贸易虽然发展较快，但也存在着一些影响和制约发展的潜在问题，具体表现为：

在对外贸易中的地位不高。2010 年中国服务贸易在对外贸易总额中占比仅为 10.9%，而全球服务贸易在对外贸易总额中占比 19%，世界前 3 位服务贸易大国中，服务贸易在本国贸易总额中的占比分别是21%、17%和28%，此外，2010年中国服务出口占全球服务出口总额的比重仅为3.5%左右（图3.19），说明中国服务贸易在对外贸易中的地位大大低于世界水平。

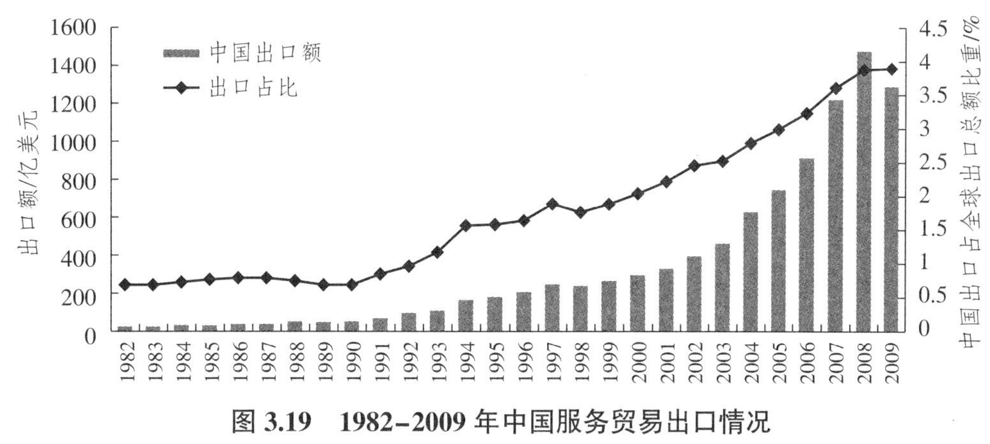

图3.19　1982–2009年中国服务贸易出口情况

资料来源：商务部服务贸易司胡景岩《后危机时代服务贸易的发展趋势》，2010，10

服务进出口对象过于集中。我国服务贸易的贸易伙伴主要集中于发达国家和地区，主要行业也集中于发达国家和地区，运输业是中国香港和美国，旅游出口市场主要集中于中国香港和台湾，韩国、日本等亚洲国家和地区，计算机和信息服务是美国和欧盟。

传统服务业仍占主导。我国的服务贸易仍主要集中于运输、旅游、建筑等传统服务业上，而在全球贸易量最大的金融、保险、通信服务等技术密集和知识密集的服务行业，仍比较落后。

服务贸易长期处于逆差状态。2010年逆差达219亿美元，主要逆差行业为运输、专有权利使用费和特许费、保险服务和旅游等。

服务贸易管理滞后。主要表现在：管理制度不够完善，如存在有关管理部门职责不明确，多头、交叉管理等现象；相关法律法规不够健全，尚没有一个关于服务业的一般性法律，现有的规章和内部文件法律层次低且缺乏可操作性；服务贸易统计不够规范，有关服务贸易的统计指标、口径、数据库及信息平台都亟待建立及完善。

服务外包行业也存在很多障碍。包括：整体规模有限，2010年中国服务外包产业刚刚超越100亿美元，和印度的500多亿美元相比差距明显；缺乏大型服务外包企业，2010年中国软件出口20强企业服务外包业务总额为19.6亿美元，还达不到印度塔塔公司一年的业务量；高端人才严重缺乏，国内真正达到语言要求、技能精湛的高端人员很少；语言障碍、知识产权问题、国内各省份之间的激烈竞争也是外包客户首选离岸外包地的阻碍（表3.16）。

表 3.16 亚洲四个国家信息技术外包优劣势比较

主要国家	优势	劣势
中国	成本低； 进入中国市场门槛低； 强大的基础设施投入。	知识产权问题； 语言障碍； 国内竞争激烈。
印度	大量劳动力资源； 运营透明度高； 全国范围的同事关系； 现行汇率。	一些美国公司对金融丑闻的担忧； 基础设施薄弱； 缺乏隐私和安全法律。
菲律宾	语言； 文化兼容； 成本低。	距离远； 政局不稳定。
越南	劳动力成本低； 年轻人多。	缺少可选择的厂商； 缺乏政府指导。

资料来源：上海科学技术情报研究所（ISTIS）分析整理

（二）我国服务贸易发展对策思考

服务贸易是现代经济中最具增长潜力的行业之一，已经成为推动全球经济持续增长的重要动力。“十二五”时期，中国将加快发展服务贸易，实现由贸易大国向贸易强国转化。在分析世界服务贸易发展态势的基础上，结合我国服务贸易发展现状，可考虑从以下几个方面着手，提高我国服务贸易的国际竞争力。

1. 完善管理体制和促进政策，健全法律法规体系

近年来，各国为了提升本国在世界服务贸易中的地位，普遍加强了各种政策支持力度，如对本国服务出口实行隐蔽性补贴、减免税等，全力支持本国服务业的发展，美国等国家还设立了专门机构以增强服务企业的国际竞争力。相比较而言，我国服务贸易管理制度不够完善、相关法律法规不够健全、服务贸易统计不够规范，一些服务部门尚未完全打破政企合一、政府垄断经营的管理体制。

应加快建立支持服务贸易发展的政策体系，包括财政资金和税收优惠等，健全法律法规体系，规范服务贸易的税收体制，采取有步骤、分层次、分地区的渐进式策略扩大服务业开放；大力培育服务贸易出口企业主体，建立促进服务贸易出口的中介组织，推进服务贸易交易平台建设。

2. 重点培育资本和知识密集型服务，优化服务贸易结构

全球服务贸易领域正逐渐扩大，传统服务贸易行业不断调整升级，包括通信、金融、保险、专业服务、计算机和信息服务等在内的其他商务服务的百分比不断趋于增长，未来世界服务贸易还将进一步表现出结构优化的趋势。但现阶段我国服务贸易仍

以旅游、运输等传统性行业为主，在资本密集型、知识密集型服务方面较为薄弱。

为改变当前传统服务贸易为主的格局，提高我国服务贸易的国际竞争力，应重点培育通信、金融、出版、传媒、咨询等行业的服务贸易，出台有关扶持政策，使我国服务贸易逐渐向知识、技术、资本密集型转变，由资源优势向竞争优势转变。

3. 创新外包服务模式，迎接云计算时代的机遇和挑战

高新技术扩展了服务交易模式和范围，推进了服务经济在全球范围内更广泛更便捷的交易，全球交付市场正朝着外包服务 3.0 方向发展，全球领先的外包企业如 Infosys 等已逐渐开始云外包。而对于中国大多外包企业而言，技术没有跟上规模的发展，没有一套标准化的系统平台，企业仅提供一对一的服务。

标准化是外包企业持续发展的技术保障，云外包的关键特征就是将外包服务从成本—套利模式向效率—规模模式转型。要创新和完善服务交付模式，加强云计算、物联网等对服务贸易发展促进作用的研究，鼓励外包企业运用云计算节约成本、创新服务模式。有条件的外包提供商可建造基于云计算的多客户数据中心，将云服务嵌入到外包产品中，提高服务配置速度，打造核心竞争力。

主要参考文献

【1】WTO. International Trade Statistics 2010[R]，2010-10

【2】WTO. 2011 PRESS RELEASES WORLD TRADE 2010，PROSPECTS FOR 2011，2011-04-07

【3】UNWTO. World Tourism Barometer[R]，2011-06

【4】UNWTO. 2010 International Tourism Results and Prospects for 2011，2011-01

【5】商务部综合司. 中国服务贸易状况 [EB/OL]. [2011-07-05] http://zhs.mofcom.gov.cn/aarticle/Nocategory/201105/20110507535474.html

【6】胡景岩. 后危机时代服务贸易的发展趋势 [EB/OL]. [2011-08-10] http://www.oecd.org/dataoecd/57/9/46200326.pdf

【7】张莉. “十二五”时期国际服务贸易发展趋势及我国的对策 [J]. 国际贸易,2011(1): 24-28.

【8】2011 全球服务外包发展报告 [EB/OL]. [2011-07-15] http://www.ccsip.net/html/4028810216cd78b80116cda896ea001c/2011060108392740.html

【9】鼎韬. 服务在云端——“云外包”概念白皮书 [R]，2010-10.

第四章 国际贸易中心与国际会展中心

第一节 国际贸易中心

国际贸易中心是国际间开展实体或虚拟贸易的中心场所和集散地，在地理上多依托于国际大都市。其基本功能是实现大宗商品交易，并为之提供相关服务；其内涵是物流汇聚、服务集中、交易便利和成本低廉，在一定地理范围内形成了资源优化配置的强大集聚力和辐射力。

一、国际贸易中心的基本特征

国际贸易中心的内涵和特质因经济发展的内涵和特质的变化而变化，表现在贸易标的、贸易形式、贸易主体、功能设施等方面的区别，在时间轴上可以区分为传统国际贸易中心和现代国际贸易中心。

传统的国际贸易中心主要以货物贸易等有形贸易为主，具有城市功能健全、地理位置优越、交通便利、跨国公司云集等特征。而随着20世纪中叶服务经济时代的来临，国际贸易中心中的无形贸易和离岸贸易地位凸显，跨国公司总部和重要的地区总部集聚，城市的功能更加完备和多样化，同时逐渐发展为国际金融中心、国际航运中心等，地理位置、自然条件等要素的重要性相对下降，而制度环境等成为关键因素之一，信息化成为现代国际贸易中心的技术基础，国际贸易中心的发展呈现区位优势和功能优势叠加强化的形态。因此，服务经济的发展推动了国际贸易中心从“基本模式”演变为能提供现代化的运输、金融、商业、服务、现代通信和市场信息服务，能提供必要的技术转让、资本运作以及相关的科技、旅游、文化、教育、培训等国际商务服务，兼具贸易和服务功能的“现代模式”。当今，国际贸易中心具备以下一些基本特征：

（一）服务经济有力支撑，外向型经济高度发达

国际贸易中心首先是一个具有外向型经济结构的城市，其经济总量在国内和国际上具有重要地位，人均GDP处于中等发达国家水平以上。现代服务业发达，第三产业

产值在 GDP 中的比重超过 50%，其中服务贸易进出口总额在 GDP 中占有较高的比重，具备完善的现代服务业体系。服务经济的外向型发展，使得国际贸易中心城市都具有发达的外向型国际性服务市场，特别是交通运输、通信、信息、第三方物流、贸易支援、会计、律师、公证、评估咨询、中介服务、广告、会议展览等服务业的发达，能够为贸易提供范围广泛的各类服务。

（二）服务贸易比重提升，贸易内涵趋向高级化

现代国际贸易中心城市无一不是现代服务业高度发达的城市，其贸易的内涵已经从早先的纯商品贸易过渡到商品和服务贸易，并且服务化趋势越来越强。服务贸易化的具体内容包括三方面：其一是源于实物商品流通，而又提升内涵扩展外延的一种新型多元贸易产生，包括衍生出来的许多新的贸易产品和品种，如展贸、博览、研发、离岸贸易、电子商务等等。其二是围绕着国际贸易的服务体系的建设。其三是服务贸易和技术贸易及其所依托的相关产业的发展，如金融业、航运业、交通业、会展业、信息业、加工业、房地产业、中介咨询业等等。

（三）与国际金融中心相生相伴，方便贸易结算与支付

国际金融中心的金融活动呈现国际化，其资金融通、外汇交易、保险业务以及证券市场的作用和影响远远超过本国范围。作为国际金融中心的特征，具有高度开放和国际化的金融制度安排，是众多的境内外金融机构集聚地，外国银行个数一般超过 200 家，特别是汇聚世界上著名的金融机构，大量资金通过这些机构流动，为银行、跨国公司、贸易机构提供各种国际性短中长期信贷，发达而结构合理的金融市场体系，为全球经济和贸易提供各种融资、贴现、结算、担保等金融服务，而且流动速度快，金融创新层出不穷，为国际贸易中心的生存和发展提供强有力的金融支持。国际金融中心不建立，国际贸易中心中的离岸贸易就无法实行。目前，世界上几个主要的国际贸易中心城市，都同时是著名的国际金融中心。

（四）与国际航运中心相生相伴，贸易的物流运输有保障

所有国际贸易中心都有一个鲜明特征，就是与航海贸易和港口城市密切相关，因此国际贸易中心都具有巨大的港口货物吞吐量，口岸货物吞吐量和集装箱量都分别位居世界前 10 位。尤其是转口型的国际贸易中心城市（如新加坡），其所要具备的充要条件之一是在国际贸易中所处的地理位置优越，交通基础设施条件优良，即城市地理位置一般处于大洋岸线的中部，具有深水良港的天然条件。同时，港口设施高度现代化，

港区管理高度电子化，运输集装箱化程度很高，港口与经济腹地间已建成完善便捷的集疏运网络，航线和航运市场发达，空运发达并具有方便快捷的城市交通体系。

（五）现代贸易制度高度开放化与国际化

国际贸易中心的本质是影响国际商品交易和价格形成的国际机制和制度安排。随着国际贸易中心城市间竞争日趋激烈，贸易制度的自由度、开放度、透明度和国际化法制的健全和规范程度、政府的管理方式和工作效率等正式和非正式的制度安排已经成为吸引国际贸易商的关键因素，自由贸易制度安排涉及创业、经营、投资、商品流通、资金流通、人员流通这些相辅相成的6个方面。此外，较低的税率和简明的税制，完备的保税自由贸易区功能，较高的知识产权保护程度，良好的社会诚信体系，较低的通关成本和较高的通关效率，较少的政府行政许可，已经成为建设国际贸易中心重要的竞争性条件。

（六）跨国公司集聚，是全球商业的控制中心

国际贸易中心都是跨国公司总部和重要的地区总部云集，国际贸易主体和主要国际采购商云集。商贸流通企业达到20万家以上，其中跨国公司占有较大比重，依托跨国公司的全球网络成为全球经济的控制中枢。跨国公司作为当今国际贸易最直接的经营者，它从资源最佳配置的角度出发，将产销网络遍及全球，其内部贸易和外部贸易都极大地推动了国际贸易规模的扩大。而作为跨国公司总部的城市就形成了全球商业网络的控制节点，并相应地成为全球城市体系中的顶级城市。当今世界的几个国际贸易中心正是跨国公司最为密集的地区。

二、世界主要国际贸易中心发展现状

历史上，国际贸易中心伴随着地理大发现、工业革命、服务经济转型而形成，在这个过程中，其城市功能发生巨大变化，贸易业的内容和形式也随之出现一些新的发展态势。目前，公认的国际贸易中心城市有伦敦、巴黎、纽约、东京、法兰克福、米兰、马德里、鹿特丹、洛杉矶、布鲁塞尔、哥本哈根、莫斯科、墨尔本、多伦多、香港等。

本节选取纽约、伦敦、东京、新加坡、香港作为研究对象，从贸易模式构成上看，前三者恰恰属于“腹地型”国际贸易中心，后两者属于“转口型”国际贸易中心[1]。

[1] 鉴于考量国际贸易中心城市的几个硬性指标，将对以下每个城市的指标性数据进行基本反映，包括：经济总量（GDP及人均GDP）与服务经济规模、贸易规模、港口货物吞吐量、贸易主体结构（总部）、金融业与电子商务发展情况。

(一)纽约

纽约是世界最著名的贸易中心与金融中心之一。从纽约的发展历程来看，纽约经历了一个从交通枢纽而具有的贸易功能为主的城市，转为生产和贸易型城市，继而又成为一个以信息集聚、专业服务集聚的服务功能为主的现代国际大都市的过程。纽约是服务经济高度发达的标志性城市，无论是从服务主体还是服务对象来看，纽约的服务业具有国际化、全球化的突出特点；同时，各种服务主体和对象互相交织，金融、贸易、物流、展览、科研等各项功能互相支持，促成纽约成就一张紧密联系的较为完整的服务网络。因此，其国际贸易中心城市的地位伴随着金融、航运、信息、流通、展览等服务业的高度发达，城市综合服务功能突出。

1．经济总量(Gross City Product)与服务经济规模

纽约市所在的纽约州是美国第三大经济体，其经济总产值占全美 GDP 的 4% 左右，2010 年全美 GDP 为 145107 亿美元，基于此估算纽约市的 GCP 在 5800 亿美元上下。2009 年纽约市的人口数为 8391881，当年人均 GDP 估算为 63406 美元[1]。

纽约的服务经济高度发达，以 2009 年的就业结构为例，当年制造业和建筑、采矿业的就业比重只有 7%，而此外的各类服务业的就业比重高达 93%(见图 4.1)。其中纽约 FIRE(金融、保险与房地产)产业创造的附加值占 GDP 的比重，从 1947 年的 10.4%，1997 年上升到 19.2%，2007 年为 20.36%。

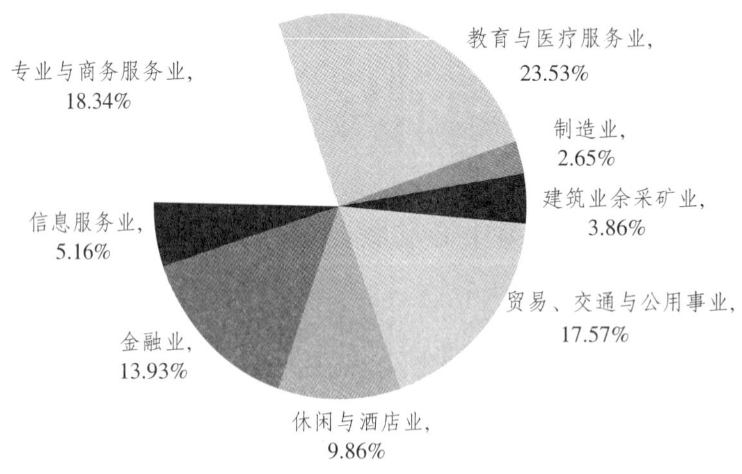

图 4.1　纽约市产业结构(2009 年就业人数数据)

资料来源：NYS Department of Labor；上海科学技术情报研究所(ISTIS)整理、编制

[1] 近年来纽约市的 GCP 数据不再公开，着重以就业率与失业率来反映经济良性发展情况，目前能够获知的最近年份的数据是 2004 年的 4151 亿美元，这里根据其在全美的比重估算经济总量的大致规模。

从发展趋势来看，依然有服务业在经济总量中的地位继续扩充的趋向，制造业的就业人数2009年比2008年下降了13.6%，建筑与采矿业就业人数下降了9.2%。在整体就业形势欠佳的大前提下，这两个非服务经济部门的就业下降比重是最大的（见表4.1）。另外，从表4.1中还可以发现，在本轮经济危机之前，纽约各产业就业总数逐年递增的情况下，非服务经济吸收的就业人数逐年减少，进一步佐证了服务经济在经济结构中比重高企的事实。

表4.1　2000–2009年纽约市各产业部门就业人数及变化

人，%

各产业部门	2000	2001	2002	2003	2004	2005	2006	2007	2008	2009	增幅（2008–2009）
制造业	176.8	155.5	139.4	126.6	120.8	113.9	106.1	101.0	95.6	82.6	–13.60
建筑业与采矿业	120.5	122.1	115.8	112.7	111.8	113.3	118.5	127.3	132.7	120.5	–9.20
贸易、交通与公用事业	569.6	557.4	536.5	533.6	539.3	547.5	558.3	569.7	573.7	548.6	–4.40
休闲与酒店业	256.7	260.1	255.3	260.3	270.1	276.7	284.9	297.8	310.2	307.9	–0.70
金融业	488.8	473.6	445.1	433.6	435.5	445.1	458.3	467.6	465.0	434.9	–6.50
信息服务业	187.3	200.4	176.9	163.9	160.2	162.8	164.6	165.5	167.1	161.1	–3.60
专业与商务服务业	586.5	581.9	550.4	536.6	541.6	555.6	571.8	593.2	605.4	572.6	–5.40
教育与医疗服务业	615.2	627.1	646.0	658.2	665.3	678.8	694.7	705.1	719.0	734.6	2.20
其他服务业	147.4	148.7	149.7	149.1	150.5	153.2	154.3	157.7	160.8	159.7	–0.70
私营部门合计	3148.8	3126.7	3015.0	2974.5	2995.0	3046.9	3111.4	3184.8	3229.5	3122.5	–3.30

资料来源：NYS Department of Labor；上海科学技术情报研究所（ISTIS）整理、编制

2．贸易规模

从纽约的发展历程来看，纽约经历了一个从交通枢纽到具有的贸易功能为主的城市，转为生产和贸易型城市，继而又成为一个以信息集聚、专业服务集聚的服务功能为主的现代国际大都市的过程。

美国国际贸易管理署（ITA，International Trade Administration）的数据显示，2010年包含纽约市的纽约大都市区（New York–Northern New Jersey–Long Island，包括纽约市、西部的北新泽西州和北宾州、北部的纽约州和康涅狄格州一部分及东部的长岛）的商

品出口额为 399 亿美元，是全美出口价值最大的都市圈，在全美出口总额中占比为 6.5%（见表 4.2）出口地主要有加拿大、瑞士、以色列、英国、中国香港。

表 4.2　2010 年美国各大都市圈出口额及在全美的比重

大都市圈名称	出口额 / 美元	全美比重
New York–Northern New Jersey–Long Island, NY–NJ–PA	39854771074	6.5 %
Houston–Sugar Land–Baytown, TX	37455249723	6.1 %
Los Angeles–Long Beach–Santa Ana, CA	29733228522	4.9 %
Detroit–Warren–Livonia, MI	21741275943	3.6 %
Miami–Fort Lauderdale–Pompano Beach, FL	16879536626	2.8%

资料来源：International Trade Administration

3．港口及货物吞吐量

纽约具有规模巨大、功能完善的集疏运系统。纽约的公路网、铁路网、内河航道网和航空运输网四通八达。港口与河运、铁路、公路和航空构成一个综合运输系统——这个系统是由 200 条水运航线、14 条铁路线、4 个现代化航空港以及稠密的公路网构成。值得一提的是，美国港口的海铁联运相当发达，铁路线都是直接延伸到码头前沿。纽约是仅次于伦敦的国际性航运交易市场。

航运方面，这里的纽约—新泽西港（NY–NJ Containers）是国际航运中心的重要组成部分。纽约—新泽西港位于纽约州东南与新泽西州交界的海湾内，全港深水码头线总长近 70 公里，是世界海港中码头岸线最长的港口。港口有深水泊位 150 多个，可以供 400 多艘远洋船舶同时作业，是美国最大的海港，也是世界最大海港之一。2010 年纽约—新泽西港完成集装箱吞吐量 5292020 TEUs，比 2009 年的 4561527 TEUs 增长 16%。以纽约港为标志的纽约国际航运中心，大力拓展国际航运中心服务功能，发展国际航运的延伸产业，包括金融业、交通运输业、物流服务业等，也逐步形成了多元化的港口产业结构，港口发展注重质量型提升，体现现代港口对城市经济发展的重要作用。

空运方面，纽约市是美国唯一一个拥有三个大国际航线飞机场的城市，这三大机场分别是：肯尼迪机场（John Kennedy International Airport, 简称 JFK）、纽瓦克自由国际机场（Newark Liberty International Airport,ERW）和拉瓜地机场（La guardia Airport, LGA）（见表 4.3）。

表 4.3　纽约三大机场基本情况汇总

机场名	地理位置	基本参数	货运	客运	运输地位
肯尼迪国际机场（JFK）	纽约市皇后区的东南部，距离曼哈顿 24 公里	占地 20 平方公里； 4 条跑道； 9 个航站楼； 9 英里跑道； 25 英里滑翔道；	货运量：全美 50% 以上； 货运空间：机场有两个货运设施，共计 3.99 万平方米（43 万平方英尺）的货运和办公面积	国际客运量占全美国 30% 以上	纽约市和新泽西地区最大的飞机场，也是美国东海岸最重要的国际机场
拉瓜地机场（LGA）	曼哈顿以东 13 公里，长岛北部的皇后区	占地面积 2.7 平方公里； 2 条跑道；	主要起降国内航线的飞机，以国内商务旅行的乘客为主		最接近曼哈顿； 拉瓜地机场国际旅客在三大机场中的比例为 5.8%。
纽瓦克自由国际机场（ERW）	位于新泽西州，距离曼哈顿西南方 26 公里	占地 2027 英亩； 2 条跑道；		国际客运量占三大机场总量的 17.5%	纽约的第二大国际机场； 联邦快递的货物转运中心； 纽瓦克自由国际机场铁路连接站可使乘客快速到达地区的大众轨道交通线路网

数据说明：3 个机场同时归纽约与新泽西州港务局管辖，管辖权行使至 2050 年

资料来源：上海科学技术情报研究所（ISTIS）整理、编制

肯尼迪机场始建于 1942 年，1948 年首次投入使用。2010 年，肯尼迪机场起降航班 397633 次，运送旅客 46514154 名，货运量 1379733 吨，航空邮政量 102215 吨。从图 4.2 的运输量变化趋势看，肯尼迪机场的货物运输量自 2000 年以来呈衰减趋势。

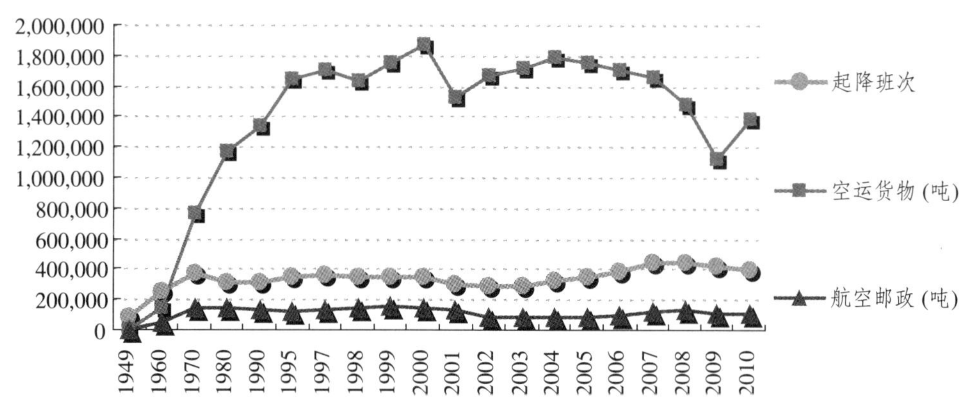

图 4.2　1949–2010 年肯尼迪国际机场基本运输量变化趋势

资料来源：JFK 官网，上海科学技术情报研究所（ISTIS）整理、编制

4．贸易主体结构（总部经济情况）

纽约是目前举世公认的国际城市，也是全球总部经济的成功典范。在财富 500 强中有 46 家公司总部选在纽约，而美国其他任何大城市都不能与其相比。纽约制造业总部云集，并形成了配套的新型服务业。在纽约，有法律服务机构 5346 个，管理和公关机构 4297 个，计算机数据加工机构 3120 个，财会机构 1874 个，广告服务机构 1351 个，研究机构 757 个。

5．金融业与电子商务

纽约是美国和世界的金融中心。全球最大的 25 家大型国际银行中，有 20 家的分支机构和总部设在纽约，全球前 10 大保险公司中的 8 家总部设在纽约，另有 219 家外国银行在此开展国际性的金融业务。纽约证券交易所是世界上最大的证券交易所。保险业方面，全美 10 家最大的保险公司中的 5 家设在纽约，纽约也是全美再保险产业最大的集聚地。

纽约是国际金融中心，其外汇交易量约占全球的 16%，衍生金融工具的成交量约占全球的 14%，外国债券发行量的市场份额约为 34%。2006 年纽约市金融和保险业的产值达 1696 亿美元，占私有部门服务业总产值的 24.13%；金融服务业也是纽约就业规模最大的行业之一，在 2007 年纽约市的金融从业人员达到 326200 人，占纽约市总就业的 24.7%。

（二）伦敦

英国首都伦敦位于英国东南部的平原上，距离泰晤士河入海口 88 公里。伦敦不仅是英国最大的城市，也是全英政治、经济、文化、旅游中心和交通枢纽。市长管辖的大伦敦地区面积达 1584 平方公里，由伦敦金融城、内伦敦（含 12 个区）和外伦敦（含 20 个区）三大部分组成。伦敦是世界上最早和最大的金融和贸易中心之一。

1．经济总量及服务经济

2010 年大伦敦地区的总增加值（GVA）[1] 为 2491 亿英镑左右（2006 年不变价），约占全英国的 20%。伦敦 GVA 增长率变化及预测情况见图 4.3，从图中可以看出从 2002 年起，伦敦的经济再次走入上升通道，到 2007 年伦敦 GVA 年增长率达到 5.2%，此后由于全球金融危机的冲击，增长速度开始放缓，到 2009 年甚至出现了 4% 以上的衰退，2010 年随着全球经济的回暖，伦敦也随之强劲反弹，但仍难恢复到危机前的速度增长，据预测未来几年，伦敦经济将维持稳步的增长，增长率在 2% 到 4% 之间。伦敦是英国最富裕的城市之一，2009 年伦敦人均增加值达 34200 英镑，比全英国的人均值（20357 英镑）高出近 68%。

[1] 总增加值（Gross Value Added, GVA）是衡量一个地区经济规模的指标，和 GDP 相似，英联邦国家使用较多。

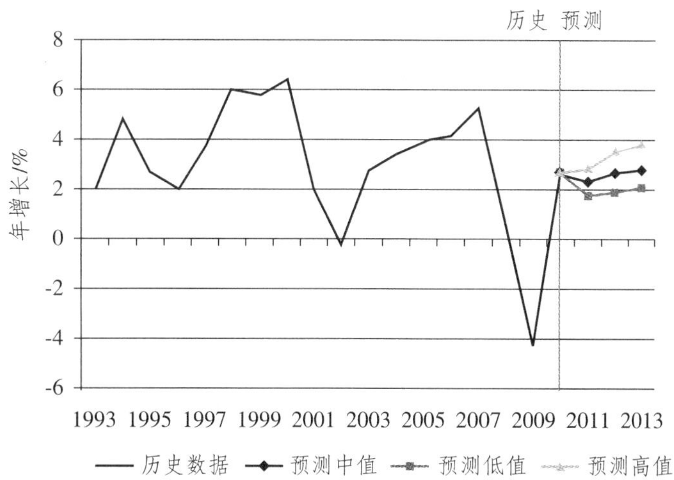

图 4.3　伦敦 GVA 增长率变化与预测图

资料来源：London's Economic Outlook: Spring 2011, 2011.4

伦敦服务业高度发达，比重超过 90%，目前已形成了金融与商务服务业为主导，文化、创意、休闲、教育等产业崛起的服务业多元化发展格局。伦敦近 20 年来各主要产业比重变化趋势如图 4.4 所示，从图 4.4 中可以看出金融保险业和房地产业是伦敦最主要的产业，两者产业增加值之和约占到伦敦产业增加值的一半以上，其中金融保险的比重还有进一步增加的趋势。其他一些产业如制造业、建筑业等比重都相对较低，而农林牧渔业的占比更是接近于零，还有一些产业如批发零售业等的比重有下降的趋势。

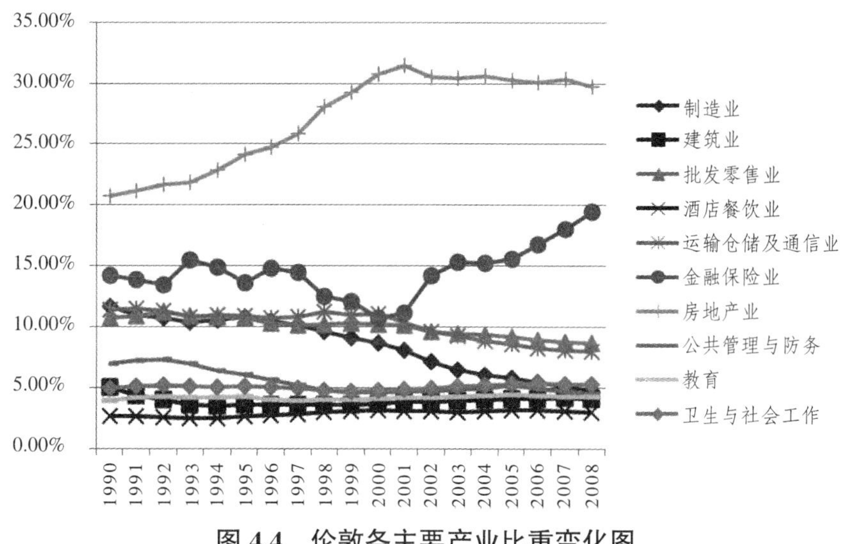

图 4.4　伦敦各主要产业比重变化图

资料来源：伦敦统计局，上海科学技术情报研究所（ISTIS）整理、编制

2．贸易规模

伦敦是全球贸易中心，其对外贸易额非常巨大，占英国总对外贸易额的 15% 左右。受到 2008 年全球金融危机的影响，2009 年的对外贸易总额受到一定影响有所回落，自 2010 年来随着全球经济的复苏，伦敦的贸易情况也有所好转，2010 年贸易总额约 896 亿英镑，较上年增长 27%，其中出口额 285 亿英镑，进口额 611 亿英镑，出现一定贸易逆差(见表 4.4)。从最新 2011 年第一季度的数据来看，对外贸易复苏的情况仍将延续，2011 年第一季度实现贸易总额 254 亿英镑，较上年同期增长 18%。

表 4.4　2005-2010 年伦敦进出口额

百万英镑

进出口	2005 年	2006 年	2007 年	2008 年	2009 年	2010 年
欧盟进口金额	16812	19462	19345	20540	17421	19647
非欧盟进口金额	26529	29448	29776	32272	31483	41486
进口小计	43342	48909	49121	52813	48904	61133
欧盟出口金额	9835	14266	8264	10053	10197	12719
非欧盟出口金额	16535	15069	13921	14180	11699	15725
出口小计	26371	29336	22544	24233	21896	28445

数据说明：贸易地区按欧盟与非欧盟区分

资料来源：历年 UK Regional Trade in Goods Statistics，上海科学技术情报研究所（ISTIS）整理、编制

从伦敦近年的进出口的产品分类来看，不论是进口还是出口情况大体类似，主要集中在制成品、矿物燃料、杂项制品和食品及活禽上，2008 至 2010 年伦敦进出口按产品分类的情况见图 4.5。

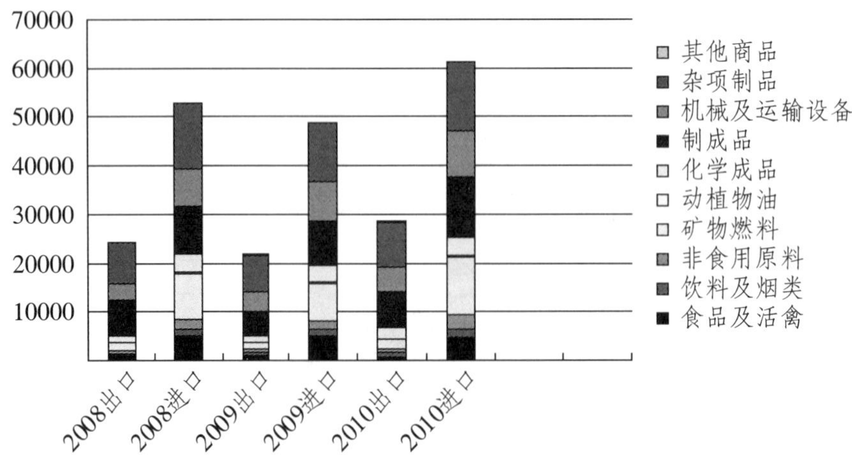

图 4.5　2008-2010 年伦敦进口按产品分类情况图（单位：百万英镑）

资料来源：历年 UK Regional Trade in Goods Statistics，上海科学技术情报研究所（ISTIS）整理、编制

从伦敦对外贸易的地域来看，伦敦最主要的贸易地区是欧盟各国，2010 年的贸易总额达到 324 亿英镑。排名第二的是亚洲及大洋洲地区，但贸易总额仅为欧盟的一半左右。其后依次为西欧（非欧盟）和北美等地区（见图 4.6）。

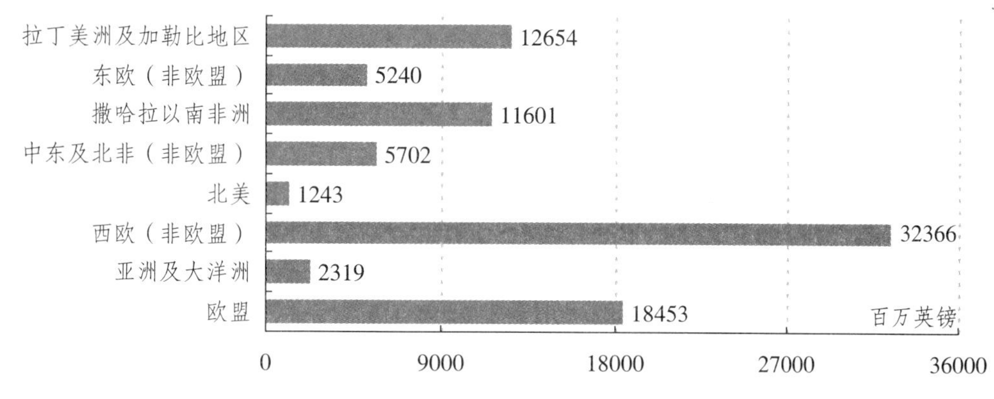

图 4.6　2010 年伦敦重要贸易区域图

资料来源：历年 UK Regional Trade in Goods Statistics；上海科学技术情报研究所（ISTIS）整理、编制

3．港口及货物吞吐量

伦敦被公认为世界顶级航运中心，提供世界上最权威的航运服务。这里聚集着国际海事组织（IMO）总部、国际海运联合会（ISF）、国际货物装卸协调协会（ICHCA）、波罗的海航运交易所（BE）、波罗的海和国际海事公会（BIMCO）等多家国际航运组织。还有强大、完善的船舶的买卖、租赁、融资、保险、中介及其相关的法律服务等发达的服务业，使世界航运各业的公司总部在此集集。其中，由波罗的海航运交易所每天发布的干散货运价指数（BFI）（该所经营世界干散货运输量的 75%），是世界上最有权威的，被称为航运市场的“晴雨表”。伦敦还设有世界级的海上保险机构，能提供享有国际声誉的航运法律服务。已有 300 多年历史的伦敦劳埃德保险行（Lloyd's）是世界最大的保险行，如今它在交换航运信息、接洽各类航运保险业务，在保险规模、能力范围、专业化程度和创新性方面，是海上保险的领先者，被称为国际海上保险中心。

伦敦港凭借其优越的地理位置，一直以来都是英国乃至世界最重要的航运中心，与 70 多个国家的港口建立了联系，并可提供全球种类最齐全的专业化航运服务，包括船舶经纪、法律服务、金融、保险、仲裁与出版等。从 2010 年的数据来看，伦敦的港口运输正从金融危机的影响中逐步走出，货物吞吐量排名英国第二，仅次于格利斯比—伊明汉姆港，达到 4810 万吨，增长 6%（见图 4.7）。

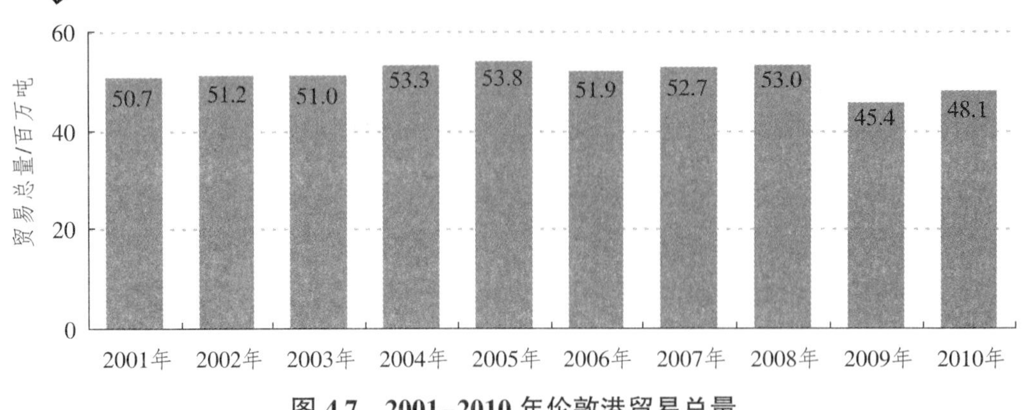

图 4.7　2001–2010 年伦敦港贸易总量

资料来源：Annual Report & Accounts 2010，上海科学技术情报研究所（ISTIS）整理、编制

伦敦港的集装箱吞吐量也十分巨大，排名英国第三，仅次于南安普敦港和费利克斯托港，2010 年达到 189.7 万（见图 4.8）标箱，增长 13%。近年伦敦货物和集装箱吞吐变化如图 4.8 所示。此外，近年伦敦正花费 15 亿在泰晤士河北岸兴建一个新的港区（London Gateway Port），建成后将拥有一个长 2700 米的集装箱码头，每年集装箱吞吐量预计将达到 350 万标箱，将成为欧洲乃至世界最大的多功能的物流商业园区之一。

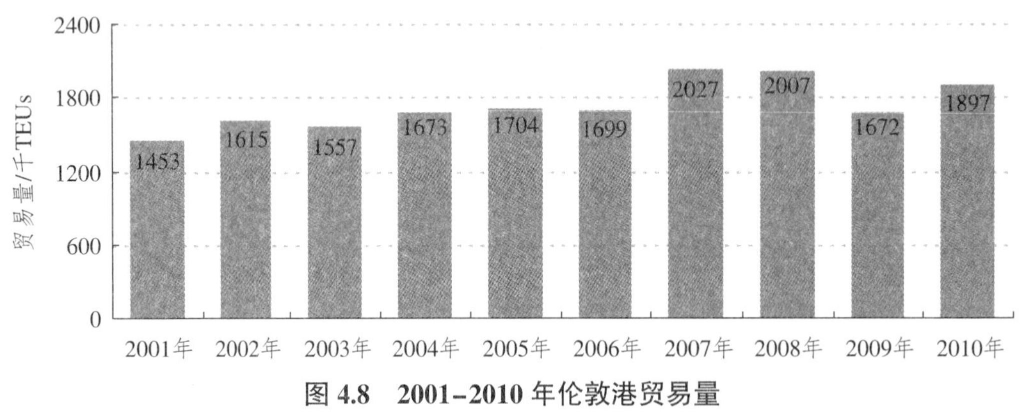

图 4.8　2001–2010 年伦敦港贸易量

资料来源：Annual Report & Accounts 2010；上海科学技术情报研究所（ISTIS）整理、编制

伦敦的航空运输十分发达，拥有世界最繁忙的也是最复杂的航空系统。包括希思罗机场和盖茨维克机场在内，伦敦共有 5 个主要的机场 6 条跑道，除此之外还有一批二线小型机场满足一些短途的乘客。希思罗机场位于伦敦西郊，是欧洲客运量最大的机场，也是世界四大繁忙机场之一，共有五个民用航站楼和一个货运航站楼，有超过

90 个航班，每天起降近千架次的飞机，飞往世界各国 170 个目的地。据国际机场委员会（Airports Council International）的统计，2010 年希思罗机场搭载乘客超过 6588 万人，排名世界第 4，而国际乘客搭载数更是排名世界第 1，超过 5639 万人。

4．贸易主体结构（总部经济情况）

英国本身就是一个跨国公司云集的国家，据联合国贸易和发展会议（UNCTAD）的统计，2002~2003 年之间，在英国建立或重置跨国公司全球总部或地区总部的有 181 家，领先世界其他的国家。而伦敦作为英国首都，更由于其具有深厚的历史底蕴、良好的城市发展规划、发达的现代服务业集群和充足的人才储备，伦敦也发展成为世界最大跨国公司总部集聚城市之一，据 R.Zenblat 和 Pumain（1993）研究表明，在欧洲的 300 家最大的跨国公司总部或地区总部，设在伦敦的有 83 家。另据《财富》杂志 1999 年全球财富 500 强的统计，1999 年全球 500 强公司总部和地区总部数量为 29 家，而据 Sassen（2005）撰写的《全球城市纽约伦敦东京》中的统计数字，2005 年达到了 35 家。

5．金融业与电子商务

几个世纪来，伦敦一直是全球最重要的国际金融中心之一，近年在全球金融中心排名（Global Financial Centres Index）中更是超越纽约成为国际金融中心之首，其金融城（City of London）位于泰晤士河畔，是一座“城中城”，面积 1.4 平方英里，约合 11 平方公里。金融城中拥有近 2000 家金融机构，以及 30 万左右的金融人士。全球超过三分之一的货币交易发生在这里。

伦敦是银行最多的一个城市，仅国外银行就超过 500 家；每年在这里的外汇交易量达到 3 万亿英镑之多，占全球外汇市场的 30% 以上，是世界最大的国际外汇交易市场; 在保险业务方面，伦敦是世界最大的保险市场之一，尤其是国际保险和再保险业务，其国际保险收入近 3000 亿英镑，占世界总国际保险收入的五分之一，拥有超过 800 家保险公司，其中国外保险公司超过 170 家，而且伦敦是唯一集聚前 20 大保险和再保险公司的金融中心。伦敦航运融资放贷的总额每年约为 200 亿英镑，约占世界市场份额的 20%；航运保险费收入，在伦敦进行油轮租船、散货船、船舶融资等业务，在世界上占有很大的份额。伦敦还是最国际化的股票和债券交易市场，在伦敦证券交易所上市的国外企业 692 家，居世界主要证交所之首，伦敦的国际债券交易占全球国际债券市场的 70%；伦敦还是世界上最重要的黄金交易市场，拥有全球最大的金属交易所，伦敦还有各种其他专业交易所（羊毛、橡胶、茶叶、咖啡、可可等），是欧洲最大的商品交易市场，占全球商品交易的 15%。伦敦金融业各子市场在国际金融市场的份额，具体见表 4.5。

表 4.5 伦敦在国际金融市场的份额

%

主要市场	1992	1995	1998	1999	2000	2001	2002	2003	2004	2005	2009
跨国银行拆借	16	17	20	19	19	19	19	19	20	20	18
国外股票交易额	64	61	65	56	48	56	56	45	44	43	19
外汇交易	27	30	33			31			31		37
金融衍生物交易额											
—交易所买卖	12	12	11	8	8	7	6	6	7		
—场外交易		27	36			36			43		46
保险净保费收入											
—海上保险	24	21	14	15	17	18	16	21	15		21
—航空保险	45	31	31	39							
国际债券											
—一级市场	60			60	60	60	60	60	60	60	
—二级市场	70	70	70	70	70	70	70	70	70	70	70
对冲基金											19

资料来源：www.ifsl.org.uk, www.cityoflondon.gov.uk；上海科学技术情报研究所（ISTIS）整理、编制

虽然伦敦的电子商务资料不够全面，但是我们可以从整个英国的电子商务情况来作分析。英国一直以来十分重视利用信息技术提升其国际竞争力，采取一系列措施促进电子商务的发展，近年来在电子商务的应用范围和规模方面都有了较大发展，在欧盟国家中位居前列。

据英国统计部门的调查报告，2009 年 91% 的企业连上互联网，87.4% 的企业接入了宽带，而 3G 移动连接网络的企业也有 36.8%。此外，大多数企业都拥有自己的网站，超过 1000 人的大型企业 99% 拥有自己的网站，而 50 到 249 人的中小企业这一比例也高达 92%。从电子商务销售和采购额的情况看，2009 年英国非金融产品网上销售额达到 4083 亿英镑，较上年增长 24.9%，占英国非金融产品总销售额的 16.7%。有 51.9% 的企业通过网络与供应商联系下单，订单总额达到 4663 亿英镑，较上年增长 33.7%。从行业看，批发业是英国网上销售和采购的最主要行业。

（三）东京

东京贸易中心地位的加强和物流业的发达、贸易会展的活跃以及国际化程度有着极大的关系。东京是日本最大的客运和货运中心，羽田机场是国内空港中心，东京港

有 15 个集装箱泊位，新的深水码头正在建造，东京都的周围还形成了三条由铁路、地铁等组成的环状和放射状的高速交通网络，打造了全球和日本境内的发达的物流业。此外，东京都政府网站上的数据[1]显示，东京每年的贸易展览有 221 个，远超过其他亚洲城市，这为东京的 50 万家中小企业提供了极大的商业机会。

1. 经济总量与服务经济规模

东京都是日本经济中心城市。根据东京都政府 Bureau of industrial and labor affairs 最新发布的调研报告“Industry and Employment in Tokyo: A Graphic Overview 2011”公布的数据，2007 年，东京都 GDP 为 923005 亿日元，占当年全日本（5202493 亿日元）的比重为 17.74%，这反映了东京都在日本的经济地位。2010 年，东京人口 13161751 人。图 4.9 为多个年份东京都的人口、地方国民生产总值、企业数和就业人数在日本所占的比重，彰显了东京的日本经济中心地位。

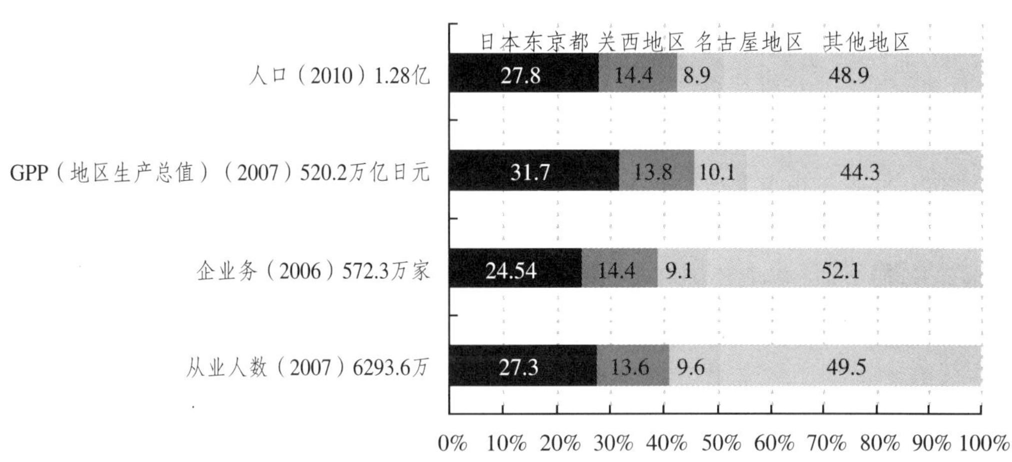

图 4.9　东京都在日本的经济地位

数据说明：（1）GPP gross prefectural product – 都道府县的产品总值；（2）以各指标可获得的最新、最完备数据标示。

资料来源：Industry and Employment in Tokyo – A Graphic Overview 2011

东京也是典型的服务经济发达城市，服务业的从业人数占整体的 81% 以上。第三产业无论是生产总值还是增长幅度都遥遥领先于一、二产业，图 4.10 为 2008 年东京的产业机构分布情况。

[1] 出于数据可获得性的考虑，本小节中的数据主要为东京都地区的数据。

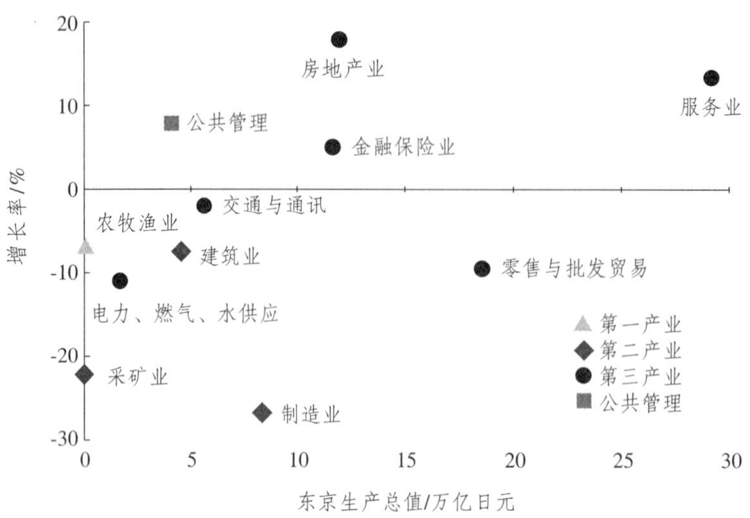

图 4.10 2008 年东京都一、二、三各产业产值及增长率

资料来源：Industry and Employment in Tokyo: A Graphic Overview 2011

具体而言，生产性服务业是东京的主导产业，日本国内信息服务业的 65.2%、工程技术服务业的 91.5% 和设计服务业的 57.4% 都集中在东京。以具体行业为例，东京广告业的从业人员相当于日本全国同行业从业人员的 44.3%，占整个首都圈同行业从业人员的 84.6%；东京为企业或各种生产性服务提供的注册会计师、税理师、土木建筑服务等专门性服务业，约占全国同行业的 26.7%，占首都圈的 69.3%；东京的物资租赁业，占全国同行业的 18.1%，占首都圈的 55.7%。

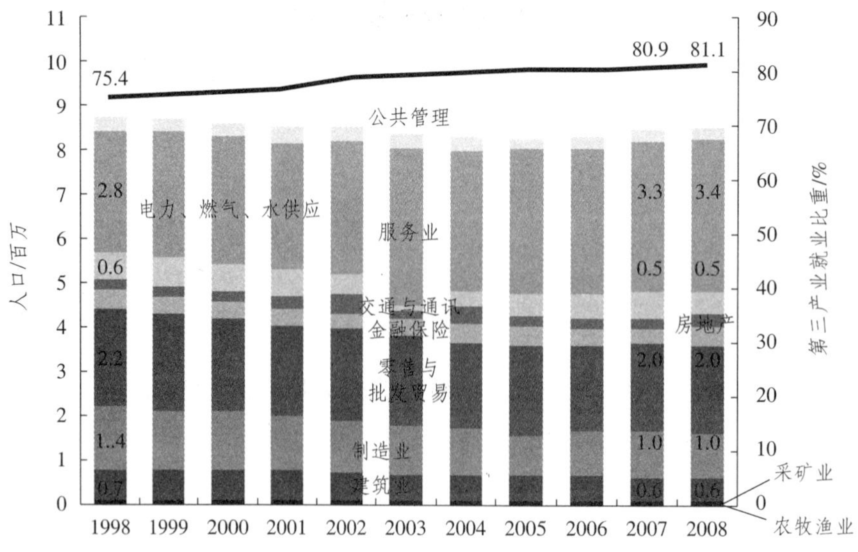

图 4.11 1998-2008 年东京各主要产业的就业结构情况

资料来源：Industry and Employment in Tokyo - A Graphic Overview 2011

总体而言，东京生产性服务业的就业人数与传统生活服务业的就业人数大致已形成3 ：1的格局，东京的生产性服务业已占到整个首都圈的68.4%，而且服务的对象也已远远超出东京都的范围，向首都圈、全日本乃至全世界辐射。

2．贸易规模

东京是日本最大的批发贸易市场，也是亚洲重要的国际贸易中心之一。根据2011年3月修订完成的最新统计报告“Tokyo statistical yearbook 2009”所公布的数据，2009年东京都的进口总额为15228402百万日元，出口总额为12042964百万日元。其中，通过航空实现的贸易量在出口和进口比重中分别占69.73%和56.33%，通过海运实现的出口和进口则分别占30.27%和43.67%。（见表4.6）

表4.6　2005–2009年东京对外贸易分类细节情况

百万日元

年份	总数		海运		航空	
	出口	进口	出口	进口	出口	进口
2005年	15327437	17148859	4686817	6129297	10640620	11019563
2006年	17006694	19226437	5027171	6985769	11979523	12240667
2007年	18514225	20335887	5578841	7668414	12935385	12667474
2008年	16647653	19475495	5369281	8009108	11278372	11466387
2009年	12042964	15228402	3645548	6649965	8397416	8578438

资料来源：Tokyo statistical yearbook 2009

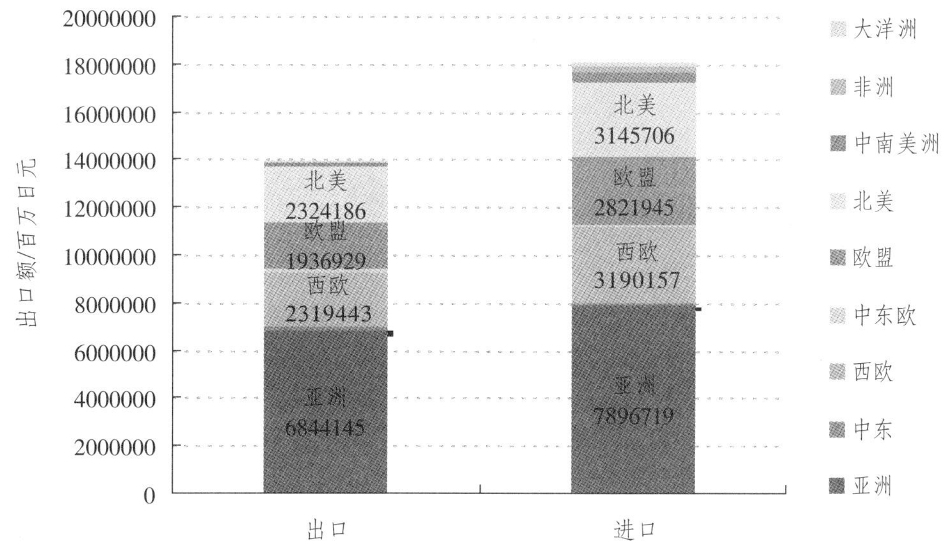

图4.12　2009年日本主要贸易对象的贸易额及结构

数据说明：图中的欧盟是指除西欧、中东欧以外的欧盟国家

资料来源：Tokyo statistical yearbook 2009，上海科学技术情报研究所（ISTIS）整理、编制

贸易伙伴方面，亚洲是东京最大的贸易伙伴，2009 年对亚洲的出口总额达 12042964 百万日元，进口总额达 15228402 百万日元。第二大地区贸易伙伴为欧洲，其次是美洲，而美洲的主要贸易伙伴是北美洲（见图 4.12）。可以说，东京的国际贸易具有非常鲜明的区域贸易特色。

亚洲方面，中国大陆是日本的最大进口国，2009 年进口总额 4255963 百万日元，在亚洲的比重高达 53.98%，进口排在第二位的亚洲地区是中国台湾，比重为 10.71%，其后是韩国，进口比重为 7.65%。出口方面，中国大陆占 29.76%，2009 年出口额为 2034568 百万日元，其次是中国香港，占 16.89%，第三位为中国台湾，占 13.49%，排在第四的是韩国，出口比重在亚洲占 11.96%。图 4.13 为东京对亚洲各国（地区）的进出口比重结构，日本和柬埔寨是亚洲各国各地区中与东京贸易平衡度最差的国家。

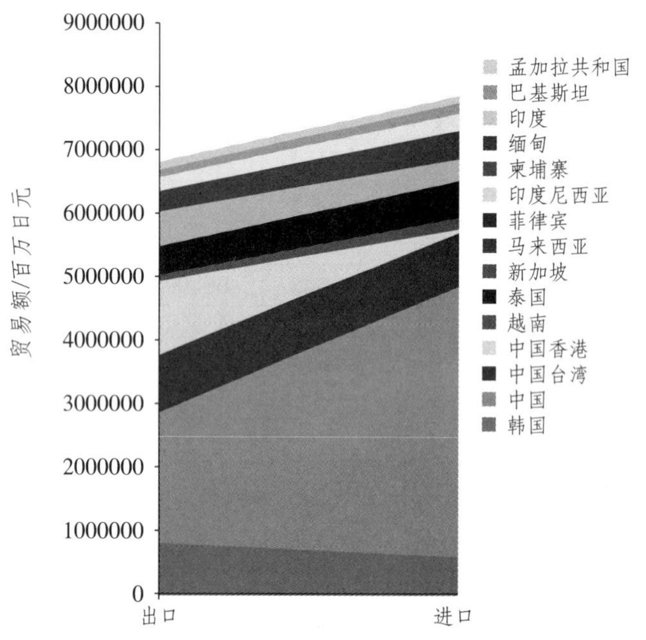

图 4.13　东京对亚洲各国（地区）的进出口平衡程度结构图

资料来源：Tokyo statistical yearbook 2009；上海科学技术情报研究所（ISTIS）整理、编制

3．港口及货物吞吐量

东京物流业在世界范围内处于领先水平。包括高速公路、新干线铁路运输、沿海港湾设施、航空枢纽港以及流通聚集地在内的基础设施建设网络，遍布日本全国，为其扩大物流市场与投资物流运营提供了坚实的保证。同时，通过建立和完善各项物流相关领域的法律和政策，物流产业的快速和良性发展也获得了较大程度的保障。早在

1965 年，日本政府就开始着手规划，在东京近郊的东西南北分别建立了葛西、和平岛、板桥和足力 4 个现代化的物流基地。

东京港是西太平洋和远东的国际集装箱枢纽港之一，位于日本荒川河口和多摩尔河口之间。港湾区水域面积 5453 万平方米，临港地区面积（陆域）1080 万平方米，防波堤长 7070 米。包括栈桥在内的港口码头线总长 23783 米，各种型号船舶的泊位总数 181 个；其中集装箱船泊位 14 个，集装箱码头线长 4278 米。东京港每周有 350 余艘次的国际集装箱班轮，把东京港与世界各地的港口紧密联系起来。它也是日本首都圈最大的国内海上货物枢纽，与北部的北海道，南部的四国、九州、冲绳等都有定期航线，尤其是最近几年海陆联运得到迅速发展。从 2009 年 4 月起，东京、横滨以及川崎等日本京滨地区 3 大港口码头，无论是公共还是私营，费率标准一律统一。

鉴于日本是典型的贸易进口国,所以东京港是典型的输入港。东京港共有 4 个码头，分别是大井、青海、品川和台场，其中前 3 个为集装箱码头（见表 4.7、表 4.8）。大井码头与青海码头 2007 年合并吞吐量为 410 万 TEU，预计 2010 年为 460 万 TEU，2012 年为 520 万 TEU。

东京港提供充实的集装箱航线服务，除了有连接北美和欧洲的基干航线，还集聚了近几年经济增长发展显著的亚洲—中国—韩国的航线，提供着满足用户需求的多种多样的航线服务。东京港航线的特色是每天都有基干航线的北美航线和利用需求较高的中国航线、亚洲航线等，航线服务方便灵活。

表 4.7　东京港三大集装箱码头国际航线情况

码头名	运航航线	服务航线数
大井集装箱码头	北美 · 欧洲 · 新西兰 · 南美 · 亚洲 · 中国	39
青海集装箱码头	北美 · 欧洲 · 亚洲 · 中国 · 韩国	31
品川集装箱码头	亚洲 · 中国 · 韩国	14

资料来源：东京港埠头株式会社

表 4.8　东京港外贸集装箱主要服务航线数量情况（每月平均）

码头名	北美	欧洲	新西兰	南美	亚洲	中国	韩国	合计
大井集装箱码头	56	8	2	4	62	56	0	188
青海集装箱码头	24	8	0	0	46	60	4	142
品川集装箱码头	0	0	0	0	4	16	40	60

资料来源：东京港埠头株式会社

东京港的发展一直遵循 2005 年制定的东京港第七总体规划，力创东亚地区港口市场竞争价值，其核心目标任务是：① 确保港口功能不断扩大到可以与东亚地区其他同行港口竞争的更高水平。② 满足东京都地区约 4000 万人居民区，以及东京周边工业园区，乃至日本全国的生活、产业、交通、运输和国防需求。③ 把东京港提升为最安全、最环保、最完整的世界一流物流服务和客货运交通运输枢纽。

机场方面，东京有两大国际机场，成田国际机场（Narita International Airport）和羽田机场（东京国际机场）。其中成田机场主要负责国际航班，是日本两大国际航空枢纽之一，而羽田机场主要负责国内航班，也肩负少量亚洲区内航线的国际航班。2008 年成田机场的客运量达 35478146 人次，货运量达到 2099349 吨，羽田机场的客运量达到 66735587 人次，货运量为 849378 吨。

成田机场位于日本关东地区距东京市区 68 公里之遥的千叶县成田市，是日本最大的国际航空港。年客流量居日本第二位（第一位羽田机场），货运吞吐量居日本第一、国际第三。成田机场是日本航空、全日空、美国联合航空公司、美国西北航空公司的亚洲枢纽港。根据日本机场分类法，成田机场与东京羽田机场、大阪国际机场、关西国际机场和中部国际机场统一划分为一类机场。羽田机场位于东京南部，距离东京市中心 16 公里，是日本最大规模的机场，共有 4 条跑道，也是日本少数可以作 24 小时航班起降的机场之一。

4．贸易主体结构（总部经济情况）

东京是全球 500 强总部之都，集聚了一批日本及全球大型知名企业总部，对周边城市和地区的辐射带动作用非常强劲。2009 年全球 500 强中日本企业有 68 家，其中总部位于东京的就有 51 家，占日本入选企业总数的 75%，是全球拥有世界 500 强企业总部最多的城市。东京也是日本国内大型企业总部的重要集聚地，全日本 30% 以上的银行总部、50% 销售额超过 100 亿日元的大公司总部也都设在东京。东京还是世界第六大汽车城，著名的汽车公司日产、本田、三菱、五十铃等公司总部均设在此地。位于东京都心—千代田区、中央区、港区的中央商务区，是日本著名的金融中心，集聚了多家著名日本银行和活跃于世界股票市场的东京股票交易所。东京总部经济在经济特别是产业高端化发展中具有重要地位，据统计，2005 年东京总部经济实现增加值比重为 20.81%，比 2000 年提高了 4.21 个百分点。

5．金融业与电子商务

东京是亚洲第一金融中心。“Industry and Employment in Tokyo: A Graphic Overview 2011”的分析数据显示，东京的金融业与保险业在日本处于绝对统领地位，这两大产业的产出占全日本的 37.6%，而排在第二位的大阪只有 7.1%，东京的金融强势地位可见一斑（见图 4.14）。

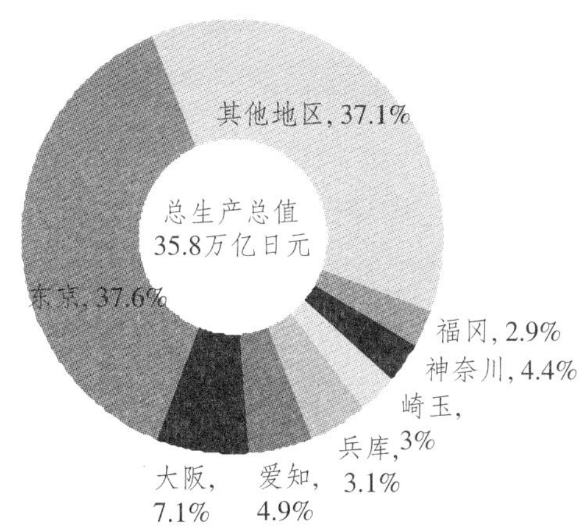

图 4.14　日本主要大都市金融保险业产值的比重结构（FY2007 年数据）

资料来源：Industry and Employment in Tokyo: A Graphic Overview 2011

具体到一些指征性的金融指标，2010 年的统计分析数据显示，存款方面东京占全日本的 31.1%，贷款占 40.6%，票据兑换占 72.7%，而股票交易则占全日本的 95.7%（见图4.15）。

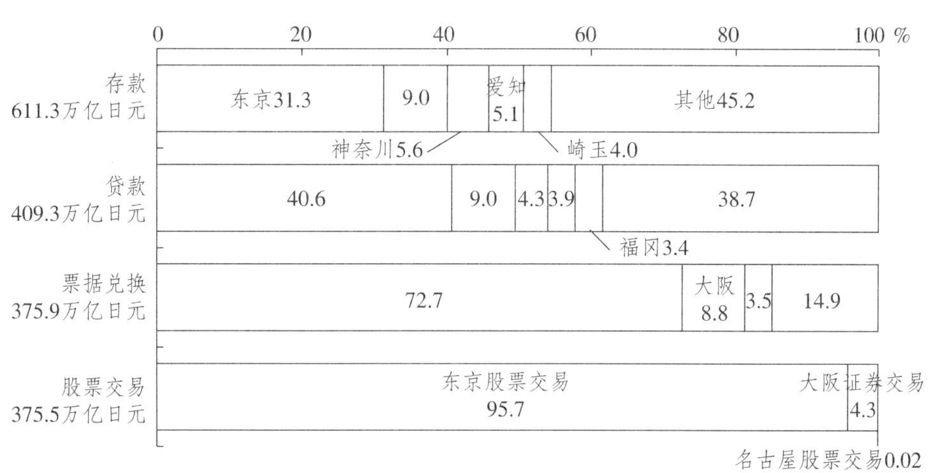

图 4.15　2010 年日本金融业各指标在不同地区的分布比重

资料来源：BOJ "Deposits and loans market". JBA materials, TSE "monthly statistics report"

从东京在全球的地位看，上世纪 90 年代东南亚金融危机以后，东京的亚洲金融中心地位一度受到了新加坡等新兴金融中心的撼动，为扭转这一局面，1998 年 4 月，日本财务省实施了以金融自由化、国际化为核心内容的金融改革，即日本版的“金融大震”。这项改革框架指出：扩大投资者和融资者的品种选择范围，提高中介机构的服务质量，建立便利的交易市场，以及制定可信赖的、高度透明、公正的框架和规则等。2001 年，东京外汇交易额重新回到了亚洲第一的位置。股票交易市场地位也是一路攀升，2010 年，东京股票交易市场的总交易量达到 38300 亿美元，仅排在纽约证券交易所和纳斯达克之后，超过了伦敦的 36100 亿美元（见图 4.16）。

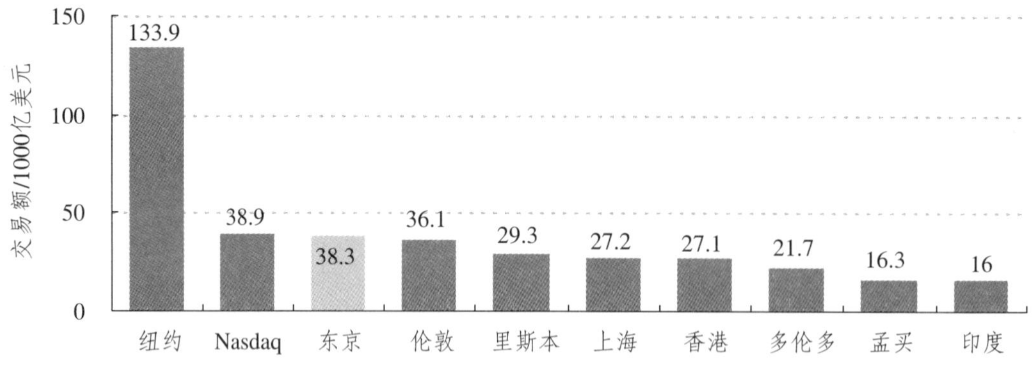

图 4.16　2010 年全球前 10 大股票交易市场

资料来源：WFE “Focus”；上海科学技术情报研究所（ISTIS）整理、编制

东京集中了日本最多的软件与 IT 服务类企业，从涩谷区到港区的“BitValley”地区，集聚了相当多的网络相关服务企业，每个区的企业数量皆超过这两区所有软件与 IT 服务类企业数量总和的 20%。2004 年，东京山手线周边地区进行再开发，大型商务楼不断兴起，环境整备与规划更新等一系列措施实施，吸引了许多软件与 IT 服务类企业前来开展业务，使得山手线周边地区逐渐成为日本最大的软件与 IT 服务类产业集聚地。

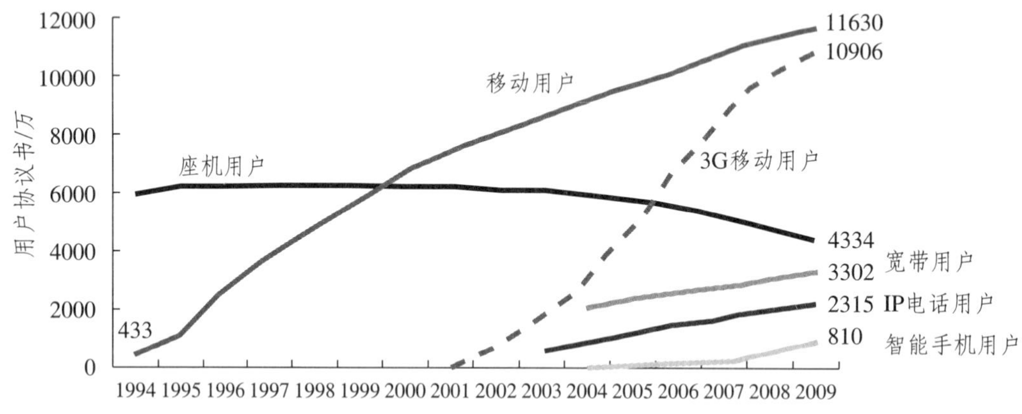

图 4.17　1994–2009 年日本通信服务业各类用户数量及增长情况

资料来源：Industry and Employment in Tokyo: A Graphic Overview 2011

（四）新加坡

作为东南亚最大的海港和重要的商业城市，新加坡拥有悠久的贸易历史，贸易一直是其经济的支柱之一。1959 年新加坡独立后，政府在保持其转口贸易优势的同时大力发展国际贸易。目前，新加坡是重要的区域性国际贸易中心。

1. 经济总量与服务经济规模

2010 年新加坡国内生产总值（GDP）达 2227 亿美元，人均 GDP 达 43867 美元，处于发达国家的水平。近年新加坡国内生产总值和人均 GDP 的变化情况见图 4.18。从图中可见，除了 2009 年受全球金融危机影响略有回落外，国内生产总值和人均 GDP 的总体趋势均呈现上升趋势，表现出新加坡良好的经济发展势头。

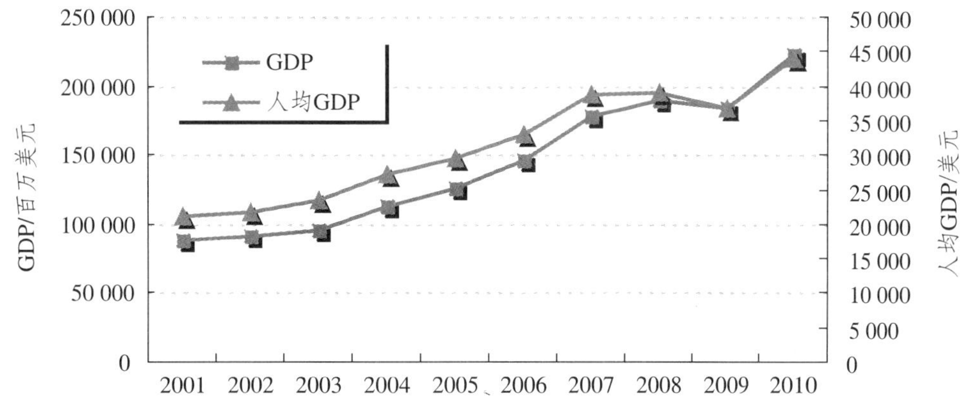

图 4.18　2001–2010 年新加坡 GDP 及人均 GDP 增长情况

资料来源：Singapore Department of Statistics，，上海科学技术情报研究所（ISTIS）整理、编制

服务经济发展方面，按新加坡统计年鉴对服务经济的划分，包括批发零售贸易（Wholesale & Retail Trade）、运输仓储服务（Transport & Storage）、金融服务（Financial Services）和商业服务（Business Services）等。2010 年服务经济的规模约占新加坡经济总规模的 64%。分析 2000~2010 年新加坡的产业结构可见（见图 4.19），其制造业和建筑业的比重呈明显下降趋势，而由批发零售业、金融服务业和运输仓储服务业构成的服务经济的比重都呈逐步上升趋势。

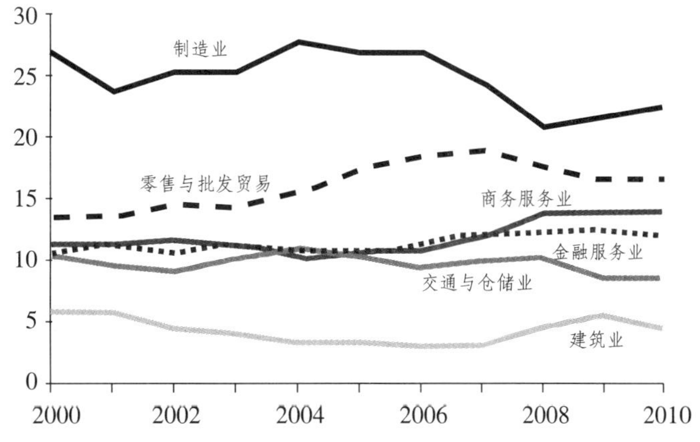

图 4.19　2000–2010 年新加坡产业结构变迁图（以产出比重计）

资料来源：Singapore Department of Statistics；上海科学技术情报研究所（ISTIS）整理、编制

2．贸易规模

2010 年，新加坡的对外贸易依存度为 297%，即对外贸易总额（9020.63 亿新元）与其 GDP（3036.52 亿新元）之比（2005 年这一比值为 368%），人均外贸量 17.769 万新元。根据世界贸易组织的 2007 年年报，新加坡离岸贸易比重在 40% 以上，2009 年新加坡离岸现货贸易额超过 2000 亿美元，占 5280 亿美元对外现货贸易总额的 38%。

据最新的统计数据，新加坡 2011 年第一季度对外贸易总额达 2347 亿新元，比 2010 年同期增长近 12%，其中非石油出口 437 亿新元。国际企业发展局近日还重新上调了对新加坡 2011 年对外贸易增长的预测，认为 2011 年全年对外贸易总额将增长 8% 至 10%，非石油国内出口也将达到同样的增长率，均高于此前 6% 至 8% 增长率的预测。近年新加坡对外贸易具体数据详见表 4.9 所示。

表 4.9　2000-2010 年新加坡对外贸易额

百万新元

贸易类别	2000 年	2005 年	2006 年	2007 年	2008 年	2009 年	2010 年
总贸易额	470001.4	715722.8	810483.3	846607.4	927654.8	747417.3	902062.6
出口	237826.3	382532.0	431559.2	450627.7	476762.2	391118.1	478840.7
石油	23061.5	57414.5	70552.6	79723.8	115478.5	78398.0	103511.0
非石油	214764.9	325117.5	361006.6	370903.9	361283.6	312720.1	375329.7
国内出口	135938.0	207447.7	227378.0	234903.1	247618.0	200003.1	248609.8
石油	22866.6	52798.2	59604.4	63271.1	89526.2	58655.0	75011.1
非石油	113071.5	154649.5	167773.4	171632.0	158091.8	141348.2	173598.8
转口	101888.3	175084.3	204181.2	215724.7	229114.2	191115.0	230230.9
进口	232175.1	333190.8	378924.1	395979.7	450892.6	356299.3	423221.8
石油	27987.3	59145.2	74644.6	83366.9	128791.8	89000.6	115591.6
非石油	204187.8	274045.6	304279.5	312612.8	322100.8	267298.6	307630.2

数据说明：数据为现价

资料来源：Singapore Department of Statistics

从主要对外贸易伙伴的地域划分看，亚洲是新加坡的主要贸易对象。2010 年与亚洲的贸易额占总贸易额的 70.33%，欧洲占比 12.88%，北美占 12.16%，大洋洲和非洲分别只占 3.3% 和 1.33%。从单一国家看，马来西亚重新成为新加坡第一贸易伙伴，双边贸易额达 1066.04 亿新元，占 11.82%，其后依次是欧盟（994.09 亿新元，11.02%）、中国（953.12 亿新元，10.57%）、美国（783.87 亿新元，8.69%）（见图 4.20）。

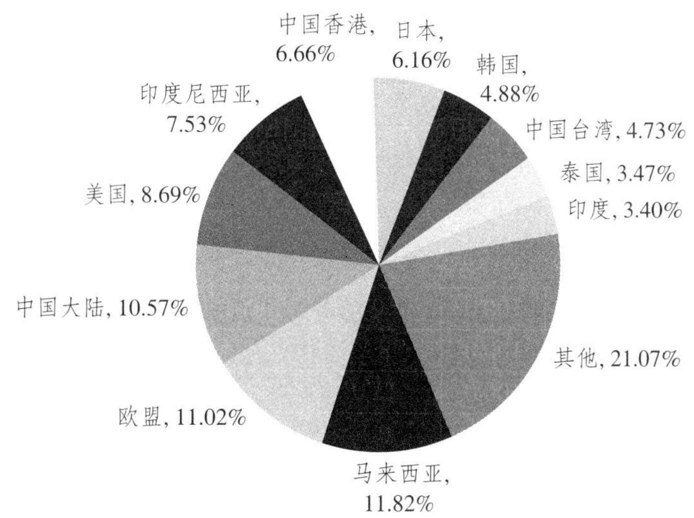

图 4.20　2010 年新加坡对外贸易伙伴

资料来源：Singapore Department of Statistics，ISTIS 制图

将新加坡进出口贸易的商品进行细分，可以分为食品、饮料及烟草、原材料、矿物燃料、动植物油、化学品、制成品、机械装备和杂项制品等。从近年各细分商品的进出口贸易总额来看，机械装备所占份额最大，其中电子类的机械装备又占多数。排在机械装备之后的是矿物燃料、化学品，两者也占较大份额（见表 4.10、表 4.11）。2010 年新加坡非石油出口强劲回升，增长了 23%，电子和非电子产品的出口皆有大幅度增加，如果欧盟不算在内的话，事实上中国大陆现在已经正式成为新加坡非石油国内出口的最大单一市场。据新加坡方面的统计，新加坡对中国大陆的非石油国内出口额在 2010 年达到了 193 亿新元，占新加坡非石油国内出口总额的 11.1%，这其中还不包括通过香港地区转口到中国大陆的出口。

表 4.10　2005–2010 年新加坡对外贸易进口产品结构

百万美元

主要产品	2005 年	2009 年	2010 年
食品	6680	8083	9291
饮料和烟草	2190	2714	3068
原材料	2190	3593	115592
矿物燃料	59145	89001	843
动植物油	438	705	28630
化学与化学制品	20817	21444	26492
制成品	25033	26079	3004
机械与设备	186268	170767	196902

（续表）

主要产品	2005 年	2009 年	2010 年
电子产品	128803	100152	123251
非电子产品	57465	70615	73651
其他制成品	26214	54810	29634

资料来源：Singapore in figures 2011

表 4.11 2005-2010 年新加坡对外贸易出口产品结构

百万美元

主要产品	2005 年	2009 年	2010 年
食品	3865	4718	5455
饮料和烟草	2053	2825	3257
原材料	2257	2266	2820
矿物燃料	57415	78398	103511
动植物油	405	593	611
化学与化学制品	43702	46598	56644
制成品	17491	16836	18905
机械与设备	225031	203295	244933
电子产品	174159	142755	176025
非电子产品	50872	60540	68908
其他制成品	25932	27502	33410

资料来源：Singapore in figures 2011

3．港口及货物吞吐量

作为世界主要贸易路线和货船路线上的枢纽站，新加坡被称为国际海运中心（International Maritime Centre，IMC），船只管理、船只中介、船只代理、运营、金融服务、海事保险以及 P&I 俱乐部、海事法律服务等各类机构为过往的船只和各国、各大公司的货运提供了全方位的服务。除了货物装运转运、装船燃料、石油精炼、造船和船只维修，新加坡港在其他一些海事服务领域也颇具知名度，如在领港、拖船、离岸支持、超重货物服务、海上救捞、淡水供应、船员调配、船只供应和废油处理等方面均提供一流的服务。

海上运输方面，新加坡的地理位置及其转口贸易业的发展，使得新加坡港成为世界上最繁忙的港口之一。新加坡是世界港口航运界著名的大港，在世界大港的排行榜中一直名列前茅。从 2003 年以来的进港货物来看，新加坡港的集装箱业务发展突出，是绝对主营的业务，而传统的常规运输则比重极小。2010 年新加坡港完成集装箱吞吐量高达 2840 万标箱，比上年增长 10%，继续位居世界第一，其中中转货物占到了吞吐量的 80%。新加坡港也因此成为当今世界上规模最大的集装箱枢纽港。近年新加坡港集装箱吞吐量情况如图 4.21 所示。

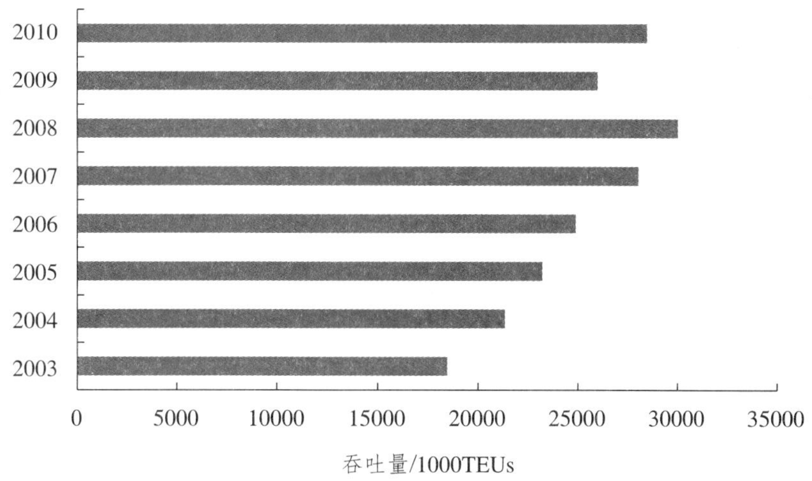

图 4.21　2003–2010 年新加坡港集装箱吞吐量

资料来源：Singapore in figures 2011，ISTIS 制图

空中运输方面，新加坡的樟宜机场（Changi Airport）为 69 家航空公司提供服务，是进出东南亚的门户，仅 2009 年其荣获的国际级奖誉就达到 27 个，包括 “全球最佳机场” 等称号。樟宜机场目前有 4 个航站楼，包括 1 个廉价航站楼，有 80 多家国际航空公司的超过 100 个国际航班飞往 60 个国家的 200 个城市，每周有 5000 个班次进出机场，每年运送乘客超过 4200 万。

4．贸易主体结构（总部经济情况）

新加坡已成为东南亚乃至全球最为著名的总部集聚地之一。最新统计显示，全球有 6000 多家跨国公司的区域总部设在新加坡，仅中国就有超过 230 家企业在此投资，美国和欧洲投资的企业分别超过了 2000 家，日本企业 1800 家，印度企业 800 家，澳大利亚和新西兰企业 800 家。新加坡成为亚太地区当前极具实力的“总部基地”。

5．金融业与电子商务

新加坡是国际金融中心和亚洲美元市场中心之一，超过 600 家金融机构在新加坡设立分支机构和总部，其中银行就有超过 400 家。金融服务业对新加坡经济社会贡献巨大，占 GDP 比重超过 13%，提供的就业岗位占总就业岗位的 5.4%。2010 年金融服务保持快速增长势头，较上年增长 12.2%。近年金融机构构成与数量情况见表 4.12。

表 4.12　2005-2011 年新加坡金融机构构成与数量情况

个

主要金融机构	20 05	2006	2007	2008	2009	2010	2011
银行	111	108	108	113	114	120	120
本土银行	5	5	5	6	6	7	6
国外银行	106	103	103	107	108	113	114
保险公司	140	149	153	151	158	158	157
保险经纪公司	61	63	62	65	66	63	64
金融顾问公司	56	61	67	69	73	71	67
资本市场服务公司	168	171	183	215	221	224	251
基金管理公司	91	92	97	110	113	107	118
信托公司			31	35	38	40	48

资料来源：Yearbook of statistics Singapore

新加坡还是世界重要的外汇交易中心，据国际结算银行（Bank for International Settlements）最近的统计，新加坡的外汇交易量年均增长约 10%，从 2007 年 4 月的 2420 亿美元增加到 2010 年 4 月的 2660 亿美元，使新加坡成为亚洲仅次于日本的第二大、世界第四大的外汇交易中心。此外，新加坡还是世界领先的资产管理中心，管理的资产现已超过 1.2 万亿新元。如图 4.22 所示。

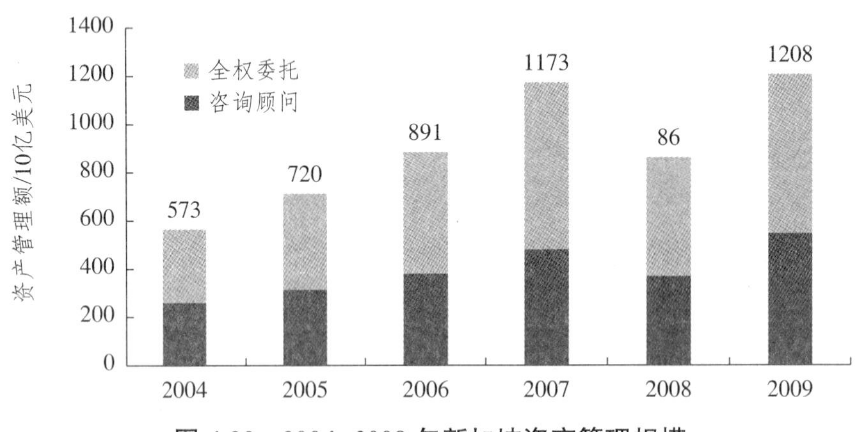

图 4.22　2004-2009 年新加坡资产管理规模

资料来源：Monetary Authority of Singapore, annual report 2010/2011

电子商务方面，新加坡是世界上信息化程度较高的国家，也是世界上最早发展电子商务的国家之一。早在 1986 年，新加坡就宣布国家贸易网络开发计划，大力开发

EDI（Electronic Data Interchange）电子数据交换系统，并于1989年推出全国性EDI贸易网（TradeNet），这是世界上第一个用于贸易文件综合处理的全国性EDI网络。此后在1996年和1998年，新加坡政府又推出了“电子商务温床计划”（The Electronic Commerce Hotbed Program）和更加综合的“电子商务总规划”（Electronic Commerce Master Plan），进一步加快电子商务的发展。新加坡电子商务的主要发展战略是：发展与国际一致的电子商务基础设施；迅速将新加坡发展成为一个电子商务中心；战略上对企业采用电子商务给予鼓励和支持；促进公共和商业领域的电子商务活动；在促进国际贸易发展方面，制订了适宜跨国交易的电子商务法律和政策。

新加坡作为国际航运中心，打造了以TRADENET和PORTNET两个电子信息系统支撑而成的新加坡国际航运中心信息平台。PORTNET所提供的服务，主要可分为4大项：数据库查询服务，包括船舶靠港时程、集装箱/货物清单、集装箱/货物追踪及化学危险品数据库等；提供海运相关信息，船舶动态数据；电子文件交换，集装箱舱单、危险品申报、靠港申请及出港时程预报等通关自动化，通过贸易网络（TRADENET）、关贸网络网网相连，可与政府国贸及签审机关作数据交换。目前PORTNET的7000家用户，包括船公司/代理行、承揽业、集装箱拖车业等，每年处理70万笔以上的交易。在与其他网络相联上，除了TRADENET外，并可通过国际网络与世界其他港口、国外航商等作信息交换。

（五）香港

香港的经济素以自由贸易、低税率和最少政府干预著称，是亚太区最重要的国际金融、贸易、航运、信息服务枢纽之一。

1. 经济总量与服务经济规模

根据香港特区政府统计处最新公布的修正统计数据，2010年香港经济在经受国际金融危机打击后触底回升，香港GDP达到17438.58亿港元（合2244.57亿美元），同比实际增长7.5%。截至2010年底，香港人口710.23万人，当年香港的人均GDP达到31603万美元。

香港是以服务业为主的经济体系，被视为香港经济引擎的“四个主要行业”都是现代服务业——金融服务、贸易及物流、旅游和工商业支援及专业服务（包括法律服务、会计服务、核数服务、建筑及工程活动、技术测试及分析、科学研究及发展、管理及管理顾问活动、资讯科技相关服务、广告、专门设计及相关服务等）是香港经济的4个主要行业。这4个主要行业带动其他行业的发展，是香港经济动力之所在。

2009年，4个主要行业的增加值合计达到8626亿港元，占当年香港本地生产总值的 55.62%。从图 4.23 中可见，贸易及物流又是 4 个行业中体量最大的一个，2009 年产业增加值占当年香港本地生产总值的 24.08%。

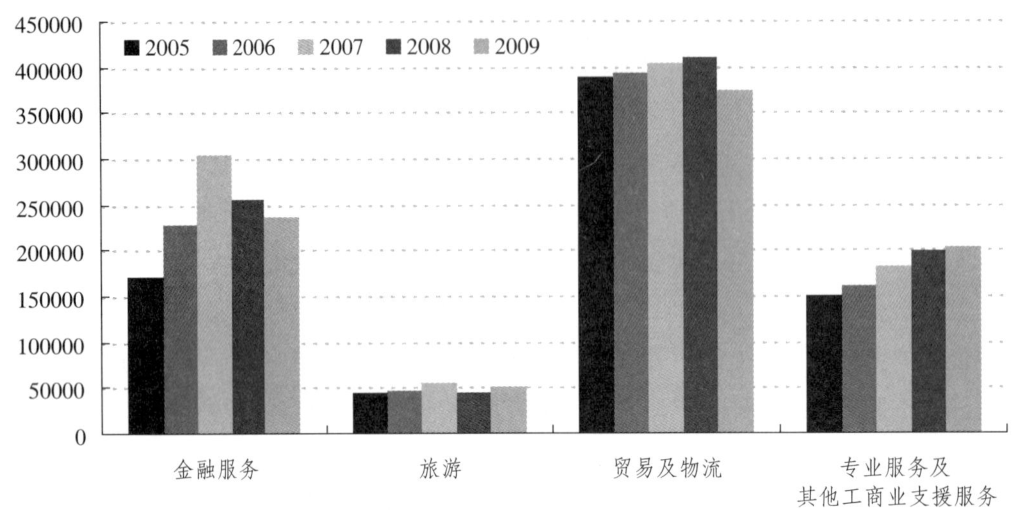

图 4.23　2005-2009 年香港四个主要行业的增加价值

数据说明：增加值按时价计
资料来源：香港特区政府统计处，ISTIS 制图

表 4.13　2005-2009 年香港四个主要行业增加值占本地生产总值百分比

行业	2005 年	2006 年	2007 年	2008 年	2009 年
金融服务	12.7	15.7	19.3	16.0	15.2
旅游	3.3	3.3	3.4	2.8	3.3
贸易及物流	28.6	27.1	25.6	25.7	24.1
专业服务及其他工商业支援服务	11.1	11.0	11.6	12.5	13.1

资料来源：香港特区政府统计处

2. 贸易规模

香港一直实行自由经济政策，作为一个自由港，除了烟、烈酒和动力用的燃油（汽油、柴油等）之外，香港不对其他进口物品征收关税。由于其贸易的快速发展，香港成为了亚太区乃至国际地区贸易中心。

商品贸易方面，2010 年香港的商品整体出口货值为 30310 亿港元，较 2009 年上升 22.8%，其中转口货值上升 22.8% 至 29620 亿港元，港产品出口货值也上升 20.4% 至 700 亿港元。同时，商品进口货值上升 25.0% 至 33650 亿港元。由于整体出口货值少于进口货值，香港在 2010 年取得 3340 亿港元的商品贸易逆差。与 2009 年相比，2010 年香港转口货量取得 18.1% 的升幅，港产品出口货量也上升了 15.5%。同时，整体出口及进口货量分别上升 18.1% 及 18.6%。

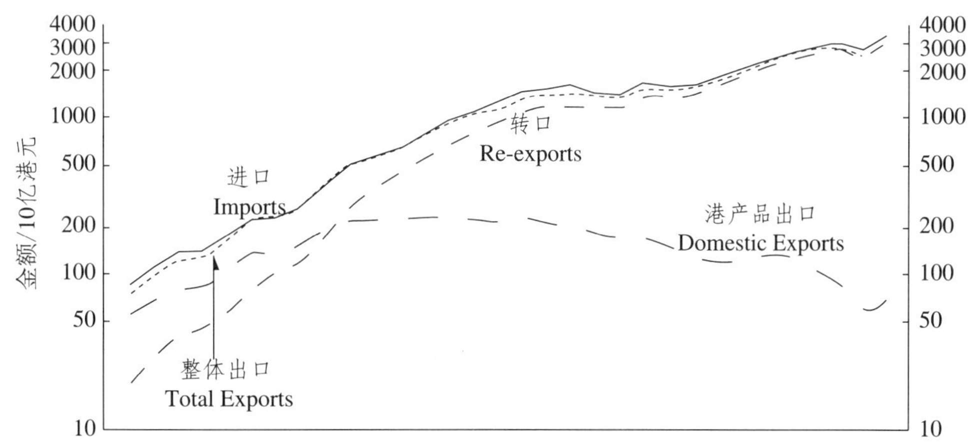

图 4.24 1979–2010 年香港整体商品贸易货值的变动趋势

资料来源：《二零一零年香港对外商品贸易回顾》

鉴于服务经济的高度发达，香港的服务贸易也相当发达。2009 年香港服务输出及输入总额分别为 6702 亿港元及 3406 亿港元，但比 2008 年有所下降，分别下跌 6.7%、7.1%。

在服务输出当中，商贸服务及其他与贸易相关的服务与运输服务是两个最大的组别，输出总额分别为 2068 亿港元及 1836 亿港元。其次是旅游服务、金融服务以及保险服务。在商贸服务及其他与贸易相关的服务输出当中，亚洲是 2009 年的最主要目的地区域，占 35.4%。其次是北美洲（31.0%）、西欧（25.9%）、中美洲及南美洲（1.9%），以及澳大利亚及大洋洲（1.8%）。

2009 年服务输入当中，旅游服务是最大的组别，输入总额为 1215 亿港元。其次是运输服务、商贸服务及其他与贸易相关的服务、金融服务以及保险服务。中国内地及美国是服务输出的最主要目的地，服务输出总额分别为 1773 亿港元（占 26.9%）及 1400 亿港元（21.3%）。其次是英国、日本及中国台湾，服务输出总额分别为 511 亿港元（7.8%）、423 亿港元（6.4%）及 298 亿港元（4.5%）。

在服务输入方面，中国内地及美国亦是最主要来源地，服务输入总额分别为 901 亿港元（占 26.8%）及 507 亿港元（15.1%）。接着是日本、英国及新加坡，服务输入总额分别为 265 亿港元（7.9%）、248 亿港元（7.4%）及 198 亿港元（5.9%）。

表 4.14　2007–2009 年香港服务贸易按主要行业组别的进出口情况

%

主要服务组别	年份	服务输出			服务输入			服务输出净额
		百万港元	比重	按年变动	百万港元	比重	按年变动	百万港元
运输服务	2007	199651	30.2	14.6	108627	32.7	20.4	90934
	2008	224953	31.3	12.7	123289	33.6	13.5	101664
	2009	2183618	27.4	–18.4	94930	27.9	–23.0	88688
旅游服务	2007	107304	16.2	18.7	117346	35.3	7.6	–10042
	2008	119171	16.6	11.1	125326	34.2	6.8	–6155
	2009	127514	19.0	7.0	121462	35.7	–3.1	6052
保险服务	2007	3648	0.6	12.6	5543	1.7	16.4	–1895
	2008	4262	0.6	16.8	5651	1.5	1.9	–1389
	2009	3847	0.6	–9.7	5270	1.5	–6.7	–1423
金融服务	2007	97049	14.7	34.8	21895	6.6	39.7	75154
	2008	93425	13.0	–3.7	24426	6.7	11.6	68999
	2009	97484	13.1	–6.4	25619	7.5	4.9	61865
商贸服务及其他与贸易相关的服务	2007	198976	30.1	11.6	24298	7.3	15.9	174678
	2008	215939	30.0	8.5	26866	7.3	10.6	189073
	2009	206755	30.9	–4.3	27005	7.9	0.5	179750
其他服务	2007	54310	8.2	15.6	54530	16.4	15.6	–220
	2008	60879	8.5	12.1	60925	16.6	11.7	–46
	2009	60931	9.1	0.1	66315	19.5	8.8	–5384
所有服务	2007	660847	100.0	17.0	332240	100.0	15.4	328607
	2008	718630	100.0	8.7	366484	100.0	10.3	352146
	2009	670150	100.0	–6.7	340601	100.0	–7.1	329549

资料来源：《二零零九年香港服务贸易统计报告》

3．港口及货物吞吐量

香港位于太平洋与印度洋航道要冲，是中国内地连接世界各国理想的货物转运枢纽。得天独厚的地理位置，使香港成为世界航运中心。香港是亚洲的物流枢纽，也是世界第 7 大国际航运中心。香港拥有世界级的基础设施、高效的信息流通系统、卓越的供应链管理、一站式的物流服务，以及海陆空运输的多式联运系统。

香港拥有优良的天然深水港，是全球最繁忙的集装箱港口之一。截至 2010 年底，香港注册船舶总数为 1735 艘，注册吨位为 5651 万吨，香港船舶注册在全球排名前 5

位之内。而在2009年12月31日，香港船舶注册的船只数为1496只，吨位共4490万吨。目前约有700家企业在香港运作有关业务，为各地顾客提供优良的航运服务。此外，香港早已被公认为海事法律中心，本地的专业仲裁机构深得各界人士信赖。香港航运业的另一项优势来自《内地与香港关于建立更紧密经贸关系的安排》，因为"安排"给予香港航运公司在中国内地市场经营的优惠条件。

香港的维多利亚港，港区面积5000万平方米，港区内最宽处达96公里，最窄处也有1.2公里。港区海水具有独特的自净能力，每一天半就自动换新海水一次。港内建有集海关联检、商业、贸易、饮食业于一体的"中港城"，以及港澳客运码头大楼及轮渡码头，还建有葵涌集装箱码头，堆场面积达125万平方米，12个泊位，总长4375米，码头可停靠300米长、吃水14.6米的大型海轮。港区内设有观塘、油麻地两个避风塘，装置135个浮筒，供远洋船舶系泊装卸及抗热带风暴之用。维多利亚港内航道、货仓、过驳转运装卸、通信导航设施齐备，管理先进，效率高。每天监督、调度、引航5000艘船舶进出港口。每年全球有25000艘各类船舶到达香港，其中20000艘远洋轮进港。

表4.15　2010年按装运种类及海运／河运划分的港口载货货柜吞吐量

1000TEUs

装运种类		海运	河运	合计
抵港	进口	2574	805	3379
	占比	(36.5%)	(28.1%)	(34.1%)
	抵港转运	4484	2060	6544
	占比	(63.5%)	(71.9%)	(65.9%)
	总计	7059	2865	9923
	占比	(100.0%)	(100.0%)	(100.0%)
离港	出口	2468	933	3401
	占比	(32.8%)	(36.6%)	(33.7%)
	离港转运	5059	1619	6678
	占比	(67.2%)	(63.4%)	(66.3%)
	总计	7527	2552	10078
	占比	(100.0%)	(100.0%)	(100.0%)

资料来源：香港港口统计年报，2010

航空方面，1998年启用的香港国际机场设施先进，机场面积1255万平方米，有2条跑道共计3800米，86个客运停机位，34个货运停机位。香港国际机场一直是全球最繁忙的国际航空货运中心。超级一号货站是全球规模最大的单一航空货运设施，提供一站式货运服务，包括文件处理、停机坪飞机服务，以及进口货物预先清关。目前有逾 95 家航空公司提供航班前往全球约 160 个航点，其中约 45 个位于中国内地。2010 年客运量 5090 万人次，货运量 410 万吨。

在陆路运输方面，现时每日平均有 26500 辆次货车往来内地与香港，320 艘内河货船驶达香港，与 60 多个城市之间有列车往返。香港与内地现有 4 条跨界陆路通道，即落马洲、文锦渡、沙头角和第 4 条陆路跨界通道，其中落马洲管制站是世界上最繁忙的口岸管制站，过境货车平均每日达 18800 辆次，过境旅客超过 12 万人次。

香港作为物流枢纽，供应链内支持物流服务的信息联通也非常重要。2005 年底香港推出了“数码贸易运输网络系统”，提供中立而开放的电子平台，有助业界减少文书工作量及处理时间，从而节省大量资源，降低成本以及人为错误出现的机会，业界的整体效益和效率得以进一步提升。

4．贸易主体结构（总部经济情况）

香港大力吸引数千家跨国公司在港设立亚太总部、地区总部。香港岛的中环区是总部集聚的区域。目前，这一地区集中了大量的金融、保险、地产及商用服务行、中国银行新总部等，已发展为成熟而标准的 CBD，成为香港经济的“心脏”。

《香港特区驻港公司按年统计调查报告》最新版显示，截至 2010 年 6 月 1 日，驻香港的跨国公司区域总部[1] 计 1285 家，比 2009 年的 1252 家有所回升。这 1285 家区域总部的就业总人数约 14.2 万人，平均每家总部 110 人。

按香港境外母公司所在国家 / 地区划分，美国驻港的地区总部数目最多（288 个），其次是日本（224）、英国（113）、中国内地（99）和德国（72）（见表 4.16）。

按地区总部主要业务范围分析，624 家公司从事进出口贸易、批发零售业，其次是专业和商务服务业（211）、金融服务业（135）、运输、仓库及物流服务业（132）、制造业（66）。如分析香港境外母公司的主要业务范围，454 家区域总部的母公司从事制造业，其他业务范围包括进出口贸易、批发零售业（449）、金融服务业（172）、运输仓库及物流业（133）、专业与商务服务业（128）。

[1] 香港特区政府的统计调查中只涵盖那些为香港境外母公司管理在香港或区内业务的公司，并不包括：①母公司也在香港；②控股公司虽然在香港境外地区，实际上无经营业务的公司；③接受从香港境外地方投入资本的公司，独立管理区内业务，但并非为其境外投资者管理业务等三种情况。因此，驻港地区总部及地区办事处的总数，并不等于所有涉及香港境外资本运作的公司。

表 4.16　按母公司所在国家 / 地区划分的驻港地区总部总数

国家和地区	2006 年	2007 年	2008 年	2009 年	2010 年
驻港地区区域总部总数	1228	1246	1298	1252	1285
美国	295	298	311	289	288
日本	212	232	238	224	224
英国	114	124	119	115	113
中国内地	112	93	95	96	99
德国	76	76	77	74	72
法国	55	56	59	66	62
荷兰	48	50	50	54	52
瑞士	42	47	53	46	47
意大利	23	27	32	40	43
新加坡	44	43	46	43	41
中国台湾	28	28	26	19	30
瑞典	19	20	18	21	26
澳大利亚	21	21	19	22	24
韩国	16	16	19	18	19
丹麦	14	11	15	15	16

资料来源：香港特区政府统计处，上海科学技术情报研究所（ISTIS）分析整理

总部经济使得香港的国际商贸、运输中心地位得以加强。企业总部在借助香港贸易中心之便利的同时，也强化了其贸易中心的地位。作为总部母体的跨国公司的活动范围也超越了地区、国家的限制，这些公司在国际、洲际间进行大规模的、全球性的商业贸易、投资生产活动，并带来了以企业总部为中心的人员、货物流动，提高了贸易活跃程度。

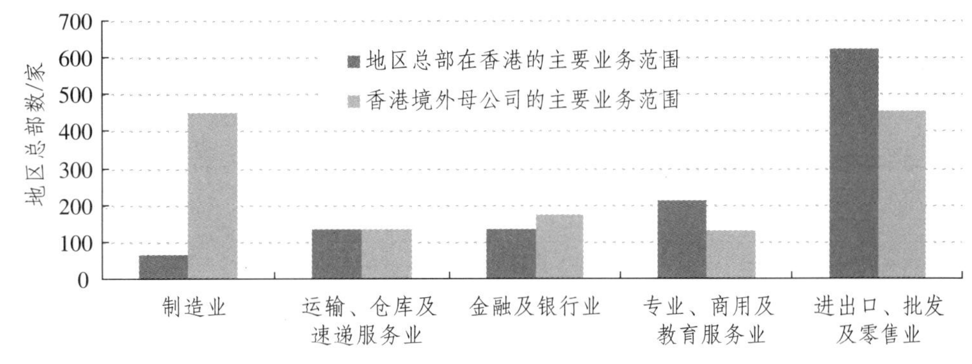

图 4.25　按主要业务范围划分地区总部数目

资料来源：香港特区政府统计处

5. 金融业与电子商务

金融服务业是香港经济的主要支柱之一，其产业增加值占本地生产总值的比例为15.2%，行业就业人数达 21.2 万人（见表 4.18）。

2009 年香港拥有认可机构数量为 199 家，其中包括 145 家持牌银行、26 家有限制持牌银行及 28 家接受存款公司。这里既有世界著名的商业银行如汇丰银行、花旗银行、渣打银行、巴克莱银行等，也有摩根大通、高盛、瑞银这样的大型国际投行，还有黑石集团、KKR 等顶级私募基金。全球 500 强银行中有 153 家在香港设行，100 强银行中则有 70 家在香港设行。香港银行服务遍及全球，其中以亚洲地区为主，其业务包括存贷款、贸易融资、公司财务、财资及证券经纪等多种业务。

此外，香港是投资股票、单位信托和互惠基金的区域中心。香港交易及结算所有限公司在亚洲仅次于东京证券交易所及上海证券交易所排名第三。香港股票市场亦是中国内地企业单一最大的外资来源。香港是全球第七大股票市场。2009 年香港首次公开招股的集资额激增 276% 至 2482 亿排名全球第一。在香港交易所上市的 H 股共有 156 家，总市值达 4.7 亿元。此外还有 97 家红筹公司及 271 家民营企业在港交所上市。

香港是亚洲主要的保险中心之一。在 2009 年底，香港共有 8189 家保险机构，有 171 名授权保险人。金融衍生业务方面，期货和期权是香港金融服务业中发展最快的业务。2009 年期货和期权平均日成交量达到 398134 笔（合约张数），是 10 年前的 11.7 倍。香港还是亚洲主要的资产管理中心。截至 2009 年底，受认可基金公司管理的认可基金有 1968 种。

表 4.17　2009 年香港金融服务业增加值及就业人数

行业	以当时价格计算的增加价值 / 百万港元	占本地生产总值 1 百分比	行业	就业人数	占总就业法人数百分比
金融服务	235600	15.2	金融服务	212000	6.1
银行	150900	9.7	银行	92700	2.7
保险	21400	1.4	保险	45700	1.3
其他金融服务（例如：证券经纪、资产管理、融资租赁公司和投资及控股公司）	63300	4.1	其他金融服务（例如：证券经纪、资产管理、融资租赁公司和投资及控股公司）	73700	2.1

资料来源：《香港统计数字》（2009），香港特区政府统计处

电子商务方面，香港拥有亚洲最先进的电信基础设施之一。Google 的一份研究报告对香港利用互联网改造经济的成就给予很高评价，把香港在宽带速度、覆盖率、功能等方面的综合力量，评为世界第三。

香港能够发展成为领先的国际商业和金融中心，其中一项必备条件，是香港的电信市场为全球最先进、最蓬勃的电信市场之一。电讯业在2009年的总产值为534亿港元，聘有雇员约17 000人。香港各类电信服务的市场均已开放。政府旨在提供公平竞争的电信市场环境，确保消费者获得市场可提供的最具效率、最优质和最物有所值的服务。2011年5月发表的一份顾问研究报告指出，香港政府鼓励竞争的政策与市场主导的方针行之有效，令消费者得到最大利益。香港消费者和企业用户所支付的电信费用，低至与之比较的其他6个城市用户所付费用的十分之一。

表 4.18　香港主要电信业最新统计数字

服务类别	主要指标	数 量
电信服务	移动网络营办商（2011年9月）	5
	本地固定网络营办商（2011年9月）	17
	用作分送本地免费电视节目的固定电信网络服务商营办商(2011年9月）	2
	对外固定电信服务营办商（2011年9月） –设施为本的对外固定网络营办商（2011年9月） –服务为本的对外电信服务营办商（2011年9月）	307 42 265
	住户固定电话线普及率（2011年7月）	102.3%
	按人口计算的移动电话服务用户普及率（2011年7月）	200.6%
	移动电话服务用户（2011年7月）	14256416
	2.5G及3G移动服务用户（2011年7月）	7458803
互联网服务	互联网服务提供商（2011年9月）	187
	已登记的拨号上网用户账户（估计）(2011年7月）	772076
	已登记的宽带上网用户账户（估计）(2011年7月）	2204581
	住户宽带普及率（2011年7月）	85.1%
	公共Wi-Fi用户（2011年9月）	9159

资料来源：香港特别行政区政府电讯管理局

说明：由于部分营办商获准提供多于一种的服务，因此上表所显示的服务营办商的总数可能多于持牌商总数。

第二节 国际会展中心

一、国际会展业总体发展态势

（一）世界会展业正处于逐步复苏阶段，发展重心转向新兴市场国家

在过去几年中，由于金融危机影响，全球会展业经受了一定冲击，但各国发展产

业的推动力却没有减弱，目前市场已逐步进入复苏阶段。据国际协会联盟（UIA）的2011年报告显示，其数据库中统计的2010年国际会议共有359673次，较上一年增长了5.0%。同时，会展行业内部整合力度不断加强，并逐步发展与相关行业之间的合作，不断创新会议和办展的模式，发挥新技术和网络平台的力量。种种迹象表明，会展业正迎来新一轮的发展机遇。

另一方面，全球会展业格局正加速发生改变，随着产业、贸易和市场重心向亚太新兴经济体转移，会展发展的重心也随之转移到中国、巴西等新兴市场国家，特别是中国专业品牌展的异军突起。在2010年世界商展百强榜单中，中国共有14个展览入围，数量仅次于全球展览业排名第一的德国，多于意大利、美国、法国等传统展览业强国。而据国际会议协会（ICCA）2011年5月最新发布的报告显示，2010年中国和巴西共举办国际会议282次和275次，分列全球的第8位和第9位，较之前也有很大程度的提升。

（二）会议市场长期看好，发生地较为集中

据国际会议协会（ICCA）最新报告显示，2010年全球符合其标准的国际会议共举办了9120次，较上一年增加了826次。10年来，全球会议市场基本保持稳定增长态势，从2000年至2010年累计增长近4000次，增幅达75.9%，未来会议市场仍将长期看好。从2010年举办国际性大会的国家排名情况看，美国和德国分别占据排行榜的第1和第2的位置，西班牙、英国、法国、意大利等国紧随其后，中国自2009年首次进入前10名之后，2010年位次再上升一位至第8名（见表4.19）。从城市排名情况来看，维也纳已连续5年成为最受欢迎的国际会议举办地，随后第2至5名的依次是巴塞罗那、巴黎、柏林和新加坡，北京和中国香港特区也进入前20名，分别位列第12名和第20名（见表4.20）。

从统计数据中还透露出会议市场的一个重要特征，即国际会议的发生地具有较高的集中度。从国际会议协会的数据来看，2010年排名前20名的国家和城市共举办会议5800次和2176次，占会议总数的63.6%和23.9%。而据国际协会联盟（UIA）报告数据显示，2010年排名前10名国家和城市举办会议数占全球会议总数的比重也达到了51.9%和26.5%。会议主办方往往需要考虑与会者参加会议的时间和交通成本，因此就近是选择举办地的原则之一。维也纳、巴塞罗那、巴黎等欧洲城市是众多国际协会和跨国企业总部的所在地，会议产业历史悠久、配套完善，仍是目前最受欢迎的国际会议举办地；而新加坡、北京、首尔等新兴国际会议中心城市得益于政府的大力扶持和快速崛起的氛围，近年来的发展势头不容小觑。

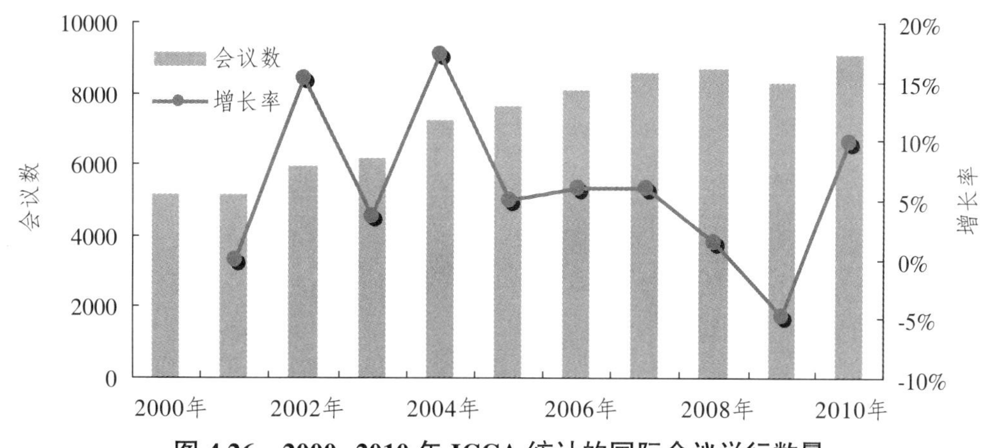

图 4.26　2000–2010 年 ICCA 统计的国际会议举行数量

资料来源：国际会议协会（ICCA）；上海科学技术情报研究所（ISTIS）分析整理

表 4.19　国际会议协会（ICCA）2010 年全球国家（地区）排名前 20 位

排名	国家或地区	会议数量	排名	国家或地区	会议数量
1	美国	623	11	澳大利亚	239
2	德国	542	12	加拿大	229
3	西班牙	451	13	荷兰	219
4	英国	399	14	奥地利	212
5	法国	371	15	葡萄牙	194
6	意大利	341	16	瑞典	192
7	日本	305	17	韩国	186
8	中国	282	18	阿根廷	172
9	巴西	275	19	比利时	164
10	瑞士	244	20	土耳其	160

资料来源：国际会议协会（ICCA）

表 4.20　国际会议协会（ICCA）2010 年全球城市排名前 20 位

排名	城市	会议数量	排名	城市	会议数量
1	维也纳	154	11	中国台北	99
2	巴塞罗那	148	12	北京	98
3	巴黎	147	12	布宜诺斯艾利斯	98
4	柏林	138	14	伦敦	97
5	新加坡	136	15	哥本哈根	92
6	马德里	114	16	首尔	91
7	伊斯坦布尔	109	17	斯德哥尔摩	89

（续表）

排名	城市	会议数量	排名	城市	会议数量
8	里斯本	106	18	布达佩斯	87
9	阿姆斯特丹	104	19	布拉格	85
10	悉尼	102	20	中国香港特区	82

资料来源：国际会议协会（ICCA）

（三）展览市场日趋规模化、专业化，中心城市地位凸显

在如今的展览市场发展中，规模化走势强劲，展览对场馆的室内外面积提出了刚性需求。从《进出口经理人》2010 年 7 月发布的“世界商展 100 强排行榜”统计来看，入围百强的展览面积均达到 10 万平方米及以上。2010 年排名居首的德国慕尼黑国际工程机械博览会（bauma）的展览面积更是达到了 65.1 万平方米，此外，排名靠前的汉诺威工业博览会（Hannover Messe）、汉诺威国际农业机械展览会（AGRITECHNICA）、米兰国际家具展览会（ISaloni）、拉斯维加斯工程机械展（CONEXPO-CON/AGG）等展览面积也较上一年有了明显的提高。另一方面，专业化也是全球展览发展的主流，德国、意大利、法国、美国、英国等会展强国一般不倾向举办综合性博览会，而崇尚行业特点鲜明的专业展和意图亲近终端消费者的混合展。专业化展览能最大限度地吸引生产商、采购商和消费者，带动专业供需信息的沟通交流、品牌的全球传播，进而引领专业领域和终端消费的最新发展潮流。

在百强商展中，作为展览王国的德国以占据 58 席稳居第一，随后是中国、意大利、美国、法国等。而从城市来看，法兰克福、科隆、汉诺威、杜塞尔多夫、慕尼黑、柏林、上海、北京、米兰、拉斯维加斯、巴黎等展览中心城市的地位凸显。科隆展览占 12 席，处于领先的地位，科隆展览公司每年举办 60 场大型展览，平均 60% 的参展商和 40% 的观众来自海外；同样占有 12 席的法兰克福则擅长纺织品、消费品、汽车以及遍布全球的品牌展会；汉诺威占有 10 席，以工业博览会闻名于世；杜塞尔多夫占 9 席，知名的有世界医疗论坛国际展览会（MEDICA）和德鲁巴展览会（drupa）等；慕尼黑占 7 席，世界排名第 1 的“宝马”展（bauma）是慕尼黑展览公司的力作；柏林占 5 席，柏林国际消费类电子产品展览会（IFA）在另两大国际电子展缩水的情况下，发展依然强劲；米兰和巴黎是欧洲另外两大传统的国际展览中心，以风格时尚和引领潮流而著称；拉斯维加斯是美国新崛起的国际展览中心，场馆设备先进，展览内容多样；中国的两大展览中心城市上海和北京则是以工程机械、汽车和纺织服装类的展览胜出（见表 4.21）。

表 4.21　主要国家和城市入围百强商业展览名单

国家（数量）	城市（数量）	入围的百强商业展览（排名）
德国（58）	法兰克福（12）	国际消费品博览会（5）、国际汽车零配件展（11）、国际卫生取暖空调博览会（16）、国际化工工程与生物技术展（19）、国际家用纺织品展（20）、国际灯光照明展（22）、国际汽车展（31）、国际图书展览会（43）、秋季消费品博览会（48）、国际文具办公用品展（69）、国际肉类食品加工设备展（92）、国际乐器展（95）
	科隆（12）	世界食品博览会(9)、国际体育用品博览会(12)、国际家具展(18)、国际五金工具展(30)、国际摩托车展(34)、世界影像博览会(46)、国际家具生产木工展（61)、国际牙科展（68)、国际游戏展（81)、国际食品技术展（83）、国际办公家具及管理设施展（86）、国际糖果及零食展（87）
	汉诺威（10）	工业博览会（2）、国际农业机械展（4）、消费电子博览会（7）、商用汽车博览会（10）、国际林业木工展（21）、地毯及地面铺装展（44）、欧洲畜牧业展（45）、欧洲机床展（52）、国际金属板材加工技术展（65）、国际物流展（72）
	杜塞尔多夫（10）	国际塑料展览会（13）、世界医疗论坛国际展览会（14）、德鲁巴展览会（15）、国际包装机械展（17）、国际船艇展（25）、国际零售业展（28）、国际电子元器件和组件博览会（53）、国际房车展（70）、国际玻璃技术展（73）、国际烘培展（74）
	慕尼黑（6）	国际工程机械展（1）、国际环保能源博览会（29）、国际建材博览会（40）、冬季国际体育用品博览会（42）、国际饮料及液体食品技术展（71）、太阳能展（94）
	柏林（5）	国际消费类电子展(38)、国际航空航天展(59)、国际旅游展(60)、国际轨道交通技术展（75）、国际绿色周（82）
	纽伦堡（2）	国际玩具展览会（55）、国际门窗及技术展（66）
	莱比锡（1）	国际消防装备展览会（56）
中国（14）	上海（4）	国际工程机械展（26）、国际汽车工业展（47）、国际纺织机械展（78）、国际纺织面料及辅料博览会（84）
	北京（4）	国际汽车展（39）、国际印刷技术展（91）、国际服装服饰博览会（93）、国际机床展（97）
	广州（3）	国际汽车展（64）、国际塑料橡胶工业展（67）、国际中小企业博览会（79）
	沈阳（1）	国际医疗器械博览会（90）
	深圳（1）	国际高新技术成果交易会（98）
	香港特区（1）	珠宝首饰展览会（80）
意大利（8）	米兰（4）	供暖空调展（3）、国际家具展览会（6）、国际酒店餐饮展（35）、马契夫国际商品博览会（41）
	博洛尼亚（2）	国际建筑业博览会（33）、国际农机展（37）
	维罗纳（1）	国际石材展览会（57）
	里米尼（1）	里米尼健康方式展（62）

（续表）

国家（数量）	城市（数量）	入围的百强商业展览（排名）
美国（7）	拉斯维加斯（5）	工程机械展（8）、美国消费类电子展（54）、汽配展（89）、服装展（96）、国际五金工具及花园用品博览会（100）
	芝加哥（2）	国际包装工业展（76）、国际制造技术展（85）
法国（7）	巴黎（7）	国际工程机械展（23）、国际农牧设备展（24）、国际食品展（27）、国际航空及航天展（32）、国际建材设备展（36）、家具装饰博览会（49）、巴黎博览会（58）
西班牙（3）	巴塞罗那（3）	国际纺机机械展（52）、国际食品博览会（77）、国际建材展（99）
瑞士（1）	巴塞尔（1）	巴赛尔世界（50）
俄罗斯（1）	莫斯科（1）	国际建材展览会（63）
英国（1）	范保罗（1）	航空航天展览会（88）

资料来源：《2010 世界商业 100 强排行榜》；上海科学技术情报研究所（ISTIS）分析整理

二、世界主要会展国家和中心城市

（一）德国

德国是世界上会展业最发达的国家，经历了 2009 年的低落之后，2010 年迅速进入复苏轨道。据德国展览业协会（AUMA）2011 年发布的报告显示，2010 年德国共举办大型贸易展 157 次，较 2009 年的 135 次，增长了 16.3%，其中投资产品贸易展 86 次，面向贸易商的消费品展 46 次，面向公众的消费品展 19 次，以及服务贸易展 6 次；参展商 173421 家，其中境外参展商 92254 家；观展人数逾千万，其中境外观展人数达到 250 万；场馆面积为 683 万平方米。从规模上看，德国会展业仍遥遥领先于其他国家。

目前德国拥有会展城市 70 多个，其中 10 个城市的展览面积超过 10 万平方米。法兰克福、汉诺威、科隆、慕尼黑、杜塞尔多夫、柏林、斯图加特、莱比锡等城市凭借其强大的会展综合实力是全球公认的会展中心城市。德国不仅抢占了会展业发展先机，政府还一直将展览业作为支柱产业加以扶持，兴建大规模展馆，出台一系列鼓励措施和优惠政策。德国会展业特别注重品牌打造和规模经营，有一批实力雄厚的展览公司和享誉全球的名牌展会，在会展服务、渠道拓展及国际化等方面一直走在世界的前列。同时，德国会展业还重视结合城市产业基础，比如汉诺威侧重于工业品，而法兰克福倾向于消费品。在德国展览业协会（AUMA）的统一协调下，各会展的目标非常明确，即使同属电子行业，汉诺威信息技术展和柏林消费电子展的观众群也有明显区分，前者以采购商等专业客户为主，后者则以终端消费者为主要对象。此外，德国虽有约 100

家会展公司，但重要会展城市的世界级品牌展会都是由1~2家顶尖专业会展公司着力打造的。以下主要介绍汉诺威和法兰克福两大会展中心城市：

1．汉诺威

汉诺威是德国下萨克森州的首府，面积204平方公里，人口51.4万。汉诺威是德国北部文化、经济和科技中心，不仅拥有发达的汽车、机械、电子等制造业，且从事第三产业的人口占比已超过总人口的三分之二，其中以会展业最为著称，被誉为“国际会展之都”。汉诺威拥有全球最大的汉诺威展览中心，其中室内展览面积49.5万平方米，室外展览面积5.8万平方米，拥有27个展馆和35个功能厅的会议中心，是2000年世博会和汉诺威通信与信息技术博览会（CeBIT）、汉诺威工业博览会（HANNOVER MESSE）的举办地。而承办这些展览的德国汉诺威展览公司（Deutsche Messe）也是排名全球前10大的展览公司，2009年的销售额达到2.2亿欧元。据德国展览协会下设的统计自愿审核协会（FKM）报告显示，2010年汉诺威举办的21项大型展览累计展出面积超过80万平方米，参展商21542家，观展人次逾168万。

汉诺威以会展为特色，形成了自身的城市主题文化，并带来了巨大的经济效益。经过多年的发展，汉诺威会展产业已经相当成熟，上至各级政府、行业协会的管理，下到展览公司、参展商、观众之间的多方协调以及专业会展人才教育、媒体合作、国际交流等外部支持，都已形成了一整套功能完备、核心突出、配套齐全的会展产业体系。汉诺威展览公司的管理者曾说过，其他公司销售产品，而他们则将汉诺威作为一个市场来出售。汉诺威会展企业积极研究行业的价值链，紧抓行业利润最丰厚的环节，大力发展增值服务，最大限度地发掘会展经济的盈利空间。除了有令人称道的硬件设施外，汉诺威会展业在软件服务上也下足工夫，为参展商和观众提供专门的册子，内容不仅包括历年展会的情况回顾，还介绍整个欧洲和全球的行业发展趋势和动态，同时涉及参展费用、装修费用、酒店优惠等信息。

工业博览会是汉诺威众多品牌展览中最杰出的代表，也是全球会展业的成功典范，被业界看作是世界经济和未来潮流的风向标、技术交流的平台、发明与创新的论坛，更是促进工业合作的助推器。从发展历程来看，1947年为从二战中恢复，英国军政府决定在汉诺威举办首届工业博览会，用以展出适合出口的“德国制造”产品，并一举大获成功；1948年，工博会展示了世界上第一次越洋电话通信；1950年，工博会迎来了第一家国外参展商；1961年，官方正式采用“汉诺威工业博览会”这一名称。1986年，汉诺威通信与信息技术博览会（CeBIT）从汉诺威工业博览会中分离。经过半个多世纪的演变，如今每年4月举办的汉诺威工业博览会反映了全球工业各领域最前沿的科技突破和发展趋势。2011年汉诺威工业博览会展出面积达到22万平方米，有来自全球65个国家的参展商 6500 家，推出了 5000 多项创新工业产品和技术，同期召开 60 场专业会议和论坛，吸引了 23 万观众前来参观和洽谈。汉诺威工业博览会成功的要诀之一就是选取顺应市场、定位精准的主题，2011 年主题即为"智能效率"，并使其贯穿以完整的工业产业链为依托的能源、风能技术、工业自动化、空压与真空技术、新能源车辆、线圈技术、微系统技术等 13 大主题分展，而 2012 年该博览会的主题则将聚焦"绿色智能"。

2．法兰克福

法兰克福是欧洲中部最重要的商业、贸易、交通和旅游中心，常住人口 552 万，劳动力人口 288 万，全年国民生产总值 2005 亿欧元。法兰克福是世界上最古老的会展城市之一，其会展业发展已有 700 多年的历史，早在 1240 年，弗里德里希皇帝就把"集市权"授予这座城市。而自 20 世纪 50 年代以来，法兰克福一直是世界上会展业绩最好的城市之一。2010 年法兰克福在百强商展中占有 12 席，拥有全球最大的消费品博览会（春秋两季，分别名为 Ambiente 和 tendence）、世界一流的国际汽车及零配件展览会和法兰克福图书博览会等知名品牌。其中，每年的消费品博览会就有来自约 90 个国家的 4500 家展商和 14 万名专业观众参展，展出面积达 19 万平方米。据德国展览协会下设的统计自愿审核协会（FKM）报告显示，2010 年法兰克福举办的 14 项大型展览的累计展出面积超过 90 万平方米，参展商数 22544 人，观展人次逾 88 万。

法兰克福展览公司（Messe Frankfurt）可以说是当地政府扶持会展产业的重要举措之一。该公司由法兰克福市和黑森州（Hesse）分别控股 60% 和 40%，政府从中不收取任何费用，赢利全部用于再投资，政府只从不断增加的税收中得到回报，这种做法既可以帮助展览公司迅速完成原始积累，也实现了国有资产保值增值的目标。目前，法兰克福展览公司已成为德国规模最大的会展企业，2010 年的营业额为 4.48 亿欧元，在全球会展业中营业额排名第 3，仅次于励展博览（Reed Exhibitions）和智奥会展（GL events）。该集团在世界各地聘用超过 1600 名员工，设有 28 个子公司、5 个办事处及 52 个国际销售伙伴，业务覆盖 150 多个国家及地区。2010 年法兰克福展览有限公司在全球 30 多个城市举办 80 多个展览会，其中一半以上在德国以外地区。集团拥有的法兰克福展览中心展览面积达 57.8 万平方米，目前共有 10 个展馆和 1 个会议中心（见表 4.22）。公司多个旗舰展会在市场上具领导地位，主要擅长的有消费品类、纺织类、汽车零配件类、通信休闲展等。

表 4.22　法兰克福展览公司近 5 年基本情况

百万欧元 / 平方米

项目	2006 年	2007 年	2008 年	2009 年	2010 年
营业额	406	424	440	424	448
净收入	27	28	36	23	24

（续表）

项目	2006 年	2007 年	2008 年	2009 年	2010 年
总资产	800	778	876	869	875
员工数量	1328	1395	1463	1589	1629
拥有场馆面积	578000	578000	578000	578000	578000
境内展览数量	46	44	42	37	36
境外展览数量	64	68	60	54	51
总参展人数	68109	64090	68830	63417	68582
总展览面积	2000721	2030450	1974140	1921926	1832753
总观众人数	2698876	3556969	2562989	3162882	2395484

资料来源：法兰克福展览公司 2010 年年报

（二）美国

美国相对欧洲的会展业传统国家，起步较晚，但在强大的经济基础和需求推动下，以及在人力资源的保障支持下，发展迅速，目前已成为全球数一数二的会展强国。据国际协会联盟（UIA）统计，美国 2010 年共举办国际会议 936 次，占国际会议总数的 8.1%，居全球第一。美国会展业一大特色就是与其他产业紧密结合，特别是旅游业、运输业、贸易等。根据美国会议产业委员会 2011 年 2 月发布的最新报告《会议对于美国经济的重要性》显示，美国 2009 年举行各类会议和贸易展共计 179 万次，参加者达到 2 亿多人（见表 4.23）。美国会展行业内最有影响的专业协会有美国国际展览管理协会（IAEM）、美国专业会议管理者协会（PCMA）、国际会议专家协会（MPI）和国际特殊事件协会（ISES）等。拉斯维加斯、奥兰多、芝加哥等是美国最著名的会展中心城市，以下以拉斯维加斯为例作介绍：

表 4.23　美国 2009 年各类会议与参加者数量

会议种类	会议数量	参加者数量	参加者比例
公司 / 商务会议	1266200	107187000	52%
正式会议 / 例行会议 / 代表大会	269800	51104000	25%
贸易展	10700	24800000	12%
激励会议	66000	8154000	4%
其他会议	178100	13479000	7%
合计	1790800	204724000	100%

资料来源：美国会议产业委员会《会议对于美国经济的重要性》

拉斯维加斯地处美国西部内华达州南部的荒漠之中，面积 340 平方公里，人口

58.4 万，近几十年来以博彩业闻名于世。得益于交通便利，离旧金山和洛杉矶都较近，以及旅游和博彩业带来的巨大人流，近年来拉斯维加斯会展业迅速发展。据 Barnes 公司 2011 年发布的《2011 年会议与贸易展产业报告》预测显示，拉斯维加斯 2011 年会展业营业额达到 9.8 亿美元，在全美各城市中排名第一，并带来 6000 多个工作岗位（见表 4.24）。而据贸易展新闻网（TSNN）发布的"2010 年美国贸易展"名单，拉斯维加斯已连续 17 年被评为全美贸易展首选地，全年举办 60 场大型展会，展出面积累计达到 20.7 万平方英尺（约合 1.983 万平方米）。

拉斯维加斯举办的展览中有拉斯维加斯工程机械展、拉斯维加斯国际消费类电子展（CES）、拉斯维加斯汽配展（SEMA）、拉斯维加斯服装展（MAGIC）、美国国际五金工具及花园用品博览会（NHS）等 5 项入围世界商展百强排名，此外还有国际鞋业订货会、国际美容美发展、国际消费品及礼品博览会等大型展览。拉斯维加斯的会展业以专业化、规模大且精致度高而著称。以每年春秋两季举办的国际服饰展（MAGIC）为例，该展览是全球最具影响力的时尚品牌服饰交易会，其中设有完全面向专业订单采购商及品牌经销商的特色展区。世界上众多著名品牌都将该展会作为其精品长期定位的销售平台，展区布置精巧别致，富有吸引力。在该展会上，有 81% 的参展商扩大了销售范围，增加销售网点，48% 的参展意向得到当场成交。

如今，拉斯维加斯正在实现从赌城向世界会展之都的蜕变，城市经济支柱已经从博彩业向会展旅游业转移，到访的商务客人占到游客总数的五分之一。美国商业部曾表示，拉斯维加斯以赌博带动其他产业吸引国际游客的市场策略，可以作为未来美国吸引外国游客的一个样板来宣传和推广。在硬件条件上，拉斯维加斯优势突出，目前拥有 1050 多万平方英尺（约合 97.55 万平方米）的会议和展览空间，大型会议中心有拉斯维加斯会议中心（200 万平方英尺，约合 18.58 万平方米）、金沙（Sands）展览与会议中心（190 万平方英尺，约合 17.65 万平方米）和曼德拉海湾会议中心（170 万平方英尺，约合 15.79 万平方米）等，有约 14.8 万间酒店客房，提供各种服务和便利设施。在软件上，注重服务效率和细节也是拉斯维加斯会展业的另一个重要特色，在会展前和会展期间设有服务中心，提供招展、预约、登记、广告、咨询、翻译等各项服务，各个环节和程序均有专人负责，安排细致。

在管理上，拉斯维加斯的会展业完全是市场化、开放式运作，依靠民间协会和企业自身办展，而拉斯维加斯会议与旅游局负责协调和推广。任何企业需要参展，只要按手续预订，缴纳费用，就可以得到展位。展览公司也通过自由竞争，依靠自身实力发展。与其他会展中心城市相比，拉斯维加斯还有其独特的业态创新，即在同一建筑中融合了会展、餐饮、宾馆、娱乐、商场、旅游观光于一体，减少了场馆空置的浪费，提高了综合效率，并缓解了展会期间的交通压力和住宿紧张问题。

表 4.24　拉斯维加斯会展业基本情况预测

年份	企业数量 / 个	产业营业额 / 百万美元	员工数量 / 人
2011 年	123	981.8	6646
2012 年	125	1034.7	6741

资料来源：Barnes 公司《2011 年会议与贸易展产业报告》

（三）新加坡

新加坡地处东南亚的中心，面积 694 平方公里，人口 508 万。新加坡具有便捷的交通和完善的配套设施，目前有 64 家国际航空公司的航线，可直飞 50 个国家的 154 个城市，举办国际会展的地理位置十分优越，且多元文化交融，是优质娱乐和休闲的理想选择，在过去 26 年连续被国际协会联盟（UIA）评为“亚洲最佳会议城市”，2008 年至 2010 年连续 3 年成为全球国际会议召开最多的城市。此外，新加坡举办的展览中有许多也是亚洲规模最大的，反响最热烈的有新加坡国际家具展、亚洲食品与餐饮业展、亚洲通信与亚洲广播展，以及亚洲航空展等。

从发展历程来看，新加坡的会展旅游业主要经历了三个阶段：第一阶段，上世纪 70 年代至 80 年代为起步期，1974 年新加坡成立了展览与会展局，确立了会展旅游的发展方向，优势定位为区域性会议；第二阶段，上世纪 80 年代中期至 90 年代为黄金期，会议数量和接待人数年均递增达 17.7% 和 13.4%，并持续不断地提高服务品质，在整体营销上也不遗余力，系列政府旅游会展推广活动取得了非常显著的成绩；第三阶段，21 世纪初为持续发展期，面对泰国、日本、韩国、中国香港等周边国家和地区的挑战，新加坡充分挖掘该地区经济增长机会来推动商务旅游和会展业，吸引大量的会议展览来新加坡举行。同时还着眼于吸引更多的国际组织和国际协会把亚太区域总部设立在新加坡，以服务和设施取胜。

早在上世纪 70 年代初，新加坡政府就意识到了发展会展奖励旅游的重要性。1988 年，新加坡旅游局就开始实施奖励旅游开发计划，使商务和会奖旅游业步入快速发展轨道。以国土面积来看，新加坡的会奖旅游资源算不上丰富，但是政府清晰的战略远见使得会奖资源被挖掘到了极致。2009 年 2 月，新加坡加强了“新加坡商务活动”计划的力度，从更多角度向商务活动和会议组织者提供协助和支持。比如，新加坡旅游局出资为会议和活动邀请国际一流演讲人，诸如第 77 届国际展览联盟大会、2012 年国际商务仲裁委员会大会、2015 年世界心脏起搏与心电生理大会等国际会议都获得了该计划的支持。2009 年新加坡旅游局还推出了"会奖新加坡的 2009 个理由"促销活动，联合 20 余家酒店、6 所保健场所和各种休闲娱乐中心，推出了系列优惠，并特别推出了"城市惊喜汇"手册，便于游客获得各种活动的信息。

为增强会展业国际竞争力和会展产品吸引力，新加坡政府一直把扩大会展场地面积和提高会展档次与接待能力作为一项重要发展战略，不断投入巨资建造一流会展场馆。目前，新加坡会展场馆面积已具有相当规模（见表 4.25）。以位于城市核心区的新加坡博览中心为例，其特色在于拥有充足的面积和无柱空间，并且以积极的态度开发市场。从 2006 年起，该中心便启动了"新行业展会计划"，满足其甄选资格的展会活动主办方可以得到诸如免费公关宣传、免费网站广告、奖励积分等支持。而后又还向市场推出"简单会展"的打包服务，从半天的会议到大型活动，向组织者提供 5 种包括基本服务的优惠打包。最近，该博览中心又推出了"信任伙伴计划"，联合 9 家高端酒店，为会议展览客户提供超值的住宿价格。

表 4.25　新加坡主要的会展场馆

场馆名称	最大报告厅 / 平方米 · 层 $^{-1}$	最大宴会空间 / 平方米	会议桌数	最大展览空间 / 平方米
新加坡博览中心（10 个会议厅）	19000	60000	36000	100000
滨海湾金沙会展中心	11000	8140	6600	18570
新加坡国际会议与展览中心（新达城）	12000	12000	5000	12000
圣陶沙名胜世界	7300	6500	5520	6500
来福士城会议中心	3200	225	2000	225
新加坡香格里拉酒店	1500	1357	1300	1357
新加坡丽思卡尔顿千年酒店	1400	1085	1000	1085
新加坡乌节大酒店	1250	1234	1000	1234
新加坡文华大酒店	1200	1020	1000	1020
海滨会议中心	900	850	600	850

资料来源：全球最佳会议局联盟（BestCities Global Alliance）

（四）中国

近年来我国会展业以年均 20% 的增速蓬勃发展，各地纷纷把会展业作为调整产业结构的重要产业来培育，已有 152 个地级及以上城市建有会展场馆，并每年举办会展活动。据国际大会及会议协会（ICCA）统计，2010 年中国举办了 282 次国际会议，在全球排名第 8 位。在全球百强商展中，中国有 14 个商展入围，数量上全球排名第 2 位。

1．上海

上海作为国际经济、金融、贸易中心城市，区位优势明显，基础设施日益完善，服务业在GDP中占据半壁江山，已率先在国内建立了地方性会展业协会。2010年，上海共举办国内国际展览项目448个，共展出面积达800多万平方米。时下上海已有一批品牌展跻身世界有影响力的展览行列，在2010年世界百强商展排名中，上海有4个展览入围，包括中国国际工程机械博览会、上海国际汽车工业展览会、中国国际纺织机械展览会以及中国国际纺织面料博览会。随着全球会展业格局新一轮的调整，多家国家展览巨头，如汉诺威工业博览会等，开始与上海合作。未来上海会展业将以每年15%~20%的速度增长，到2015年，总展出面积将超过1500万平方米。

从硬件上看，目前上海已建成和在建展馆11所，可供展出总面积37万平方米。新上海国际博览中心经改造，室内面积达20万平方米，室外面积13万平方米；8万平方米的上海世博会主题馆经过转型改造也以新形象登场。2011年1月商务部与上海市政府签订了共建国家会展项目合作框架协议，将在上海虹桥商务区内建立由展览场馆、综合配套设施和后勤保障设施构成的会展综合体，建设用地面积约104万平方米，规划面积在全国首屈一指。

2．香港特区

作为全球第11大贸易地区，香港地处亚洲中心位置，总面积1104平方公里，户籍人口超过700万。香港对外航空联系十分完善，长期以来被全球公认为最佳的会议、展览及奖励旅游以及商务旅游城市之一，重要的展览有香港珠宝首饰展览会（JGF）、香港秋季电子展等。2009年香港共举办了逾320项会议及展览，吸引超过110万名会议、展览及奖励旅游（MICE）过夜旅客。香港有超过50个大小不同的会展场地，其中香港会议展览中心于2009年4月完成第二期扩建工程，展览面积增加了42%，达6.6万平方米。截至2010年，香港共有169家酒店，提供近6万个房间。展览业给香港多个相关行业提供相当于6.1万个全职岗位，受惠最多的是餐饮、零售及酒店业，约占岗位数的66%，剩余34%分布于展台搭建、广告、物流及货代等。

香港会展业的迅速发展离不开政府的大力扶持，官方旅游机构设立了庞大的会展旅游促销部门，如香港贸易发展局有50个海外办事处，协助推广营销，提供参展商所需要的各种旅游信息。香港会议和奖励旅游局在香港、芝加哥、伦敦和悉尼都设有专门机构，方便游客获得信息。展会还鼓励买家偕同家庭成员赴港，享受旅游购物的乐趣，并提供多项内容丰富的香港旅游产品，通过城市整体形象的营销，达到宣传会展旅游的目的。香港旅游发展局于2008年11月成立香港会议及展览拓展部，为选择在香港举办会议和展览活动的机构提供一站式专业支援服务，包括宣传推广、旅客宣传、为主要决策人协调场地考察安排、协助邀请嘉宾及与政府部门协商等。香港政府在 2008 至 2009 年度财政预算案中预留了 1.5 亿港元，用于未来 5 年促进香港的会议、展览及奖励旅游业发展。

另一方面，香港对会展知识产权保护也较具特色。作为专门的会展主办机构香港贸发局制定了《展览会保护知识产权措施——参展商须知》，明确参展商的义务和责任，以及处理投诉的程序。此外，众多行业协会和香港发明家协会、香港科技协会、香港科学会、香港科大技术转移中心等非官方知识产权中介组织在香港会展知识产权保护中也发挥了积极作用。

三、会展业对经济的促进作用

（一）会展业对整体经济的贡献

会展业是经济的晴雨表，能够非常及时地、敏感地反映出经济发展的现状及趋势。会展业是为经济发展服务的，本身也是经济产业的重要组成部分，它和其他产业的不同之处在于其对各产业的运行能起到一个推波助澜的作用。

会展业推动区域经济发展主要体现在如下 4 个方面：首先是推动城市建设的发展，通过修建会议中心、会议酒店，以及配套的商业、餐饮、旅游、娱乐等设施，进而带动城市基础设施建设；其次是增加就业与税收，会展产业是一个劳动密集型的现代服务产业，需要大量的相关工作人员；其三是拉动产业增长，会议及展览活动对于举办地相关产业发展的推动作用是直接而有效的；其四是促进投资，会展是交流观点与探讨业界问题的高层次平台，城市通过举办特定类型的会展邀请到该领域或该产业内的高端人士，被证明是一种有效的增加投资的方法，如达沃斯论坛、博鳌论坛等。

美国会展业的具体统计数据可以成为最好的例证，美国会议产业委员会（CIC）在 2011 年 2 月发布的最新报告《会议对于美国经济的重要性》中指出，美国会议产业直接支出为 2634 亿美元，其中，会议策划与会议组织相关花费为 1507 亿美元，占 57%，而与旅游相关的开支，包括住宿、餐饮、运输、零售、娱乐等费用达到 1127 亿美元，占 43%；会议产业提供直接工作岗位 165 万个，而间接工作岗位达到 216 万个；会议产业对 GDP 的直接贡献额为 1060 亿美元，间接贡献额更是达到了 1515 亿美元；给联邦和州与地方带来直接税收分别为 143 亿美元和 113 亿美元，而间接税收则分别为 213 亿美元和 133 亿美元。除了间接效应之外，报告还指出会议产业还带来了更为巨大的诱导效应。从中可见会议产业对经济具有明显的拉动作用（见表 4.26、表 4.27）。

表 4.26　2009 年美国旅游与会议产业的各类支出

支出类别	直接支出 / 百万美元	比例
旅游业商品		
住宿	34896	13%
食品与饮料	26389	10%
航空运输	17814	7%
零售	7223	3%
汽油	6645	3%
娱乐	6192	2%
汽车租赁	5512	2%
游客服务与其他旅游商品	3359	1%
其他运输	2441	1%
城市转运	1751	1%
火车与水路运输	554	<1%
小计	112776	43%
会议业商品		
会议筹划与制备	108968	41%
场地租赁	10565	4%
其他会议相关商品	31135	12%
小计	150668	57%
合计	263444	100%

资料来源：美国会议产业委员会《会议对于美国经济的重要性》

表 4.27　美国会展业对经济的各类贡献

百万美元

经济贡献	产业产出	对 GDP 贡献	员工数量	劳动力收入	联邦政府税收	州和地方政府税收
直接效应	263443	106096	1650000	59512	14340	11270
间接效应	283251	151507	2164000	92848	21349	13398
诱导效应	369279	200308	2483000	118649	28172	21231
总体经济贡献	907243	457911	6297000	271009	63861	45899

资料来源：美国会议产业委员会《会议对于美国经济的重要性》

（二）会展的贸易功能不断提升

会展业是集商务活动、产品展示、对外宣传为一体的现代服务业。参展是一种高效的营销方式，现代贸易中的“展览”已被公认为最杰出的市场手段之一， 它促使来自各方的同行、买（卖）主、投资者相聚一堂，彼此交流，在短暂的会展期间不仅促成生意，还调查了市场，得到新启发并获取新信息。因此，展会被看作是国内外贸易的平台、衔接上下游产业链和国内外供应链的纽带、展示科技创新成果和品牌建设的窗口，随着品牌展会的影响力不断扩大，会展的贸易功能也不断提升。依托城市产业基础，以展会促进贸易已成为大势所趋。

以我国对外贸易最大平台的中国进出口商品交易会（广交会）为例，该展会是中方企业扩大产品出口的重要渠道， 也是走向国际市场的一条捷径。广交会创办于 1957 年，每年春秋两季举办，是国内历史最长、规模最大的综合性国际贸易盛会。历经 50 多年的发展，每次展会的采购商数量已从最初的 19 个国家近 2000 人，发展到 2011 年第 109 届来自全球 209 个国家的 20.7 万人，成交额也从 1800 万美元上升到 368 亿美元。目前，广交会已推出外贸的电子商务平台，第 109 届的网上累计意向成交额到达 5319 万美元。此外，为了响应优化对外贸易结构的政策导向，广交会启动了产品设计与贸易促进中心（PDC），加强国际先进设计资源与中国外贸企业实现有效对接。国内类似的以促进贸易为导向的大型展会还有上海全国消费品交易会（上交会）、中国国际投资贸易洽谈会（厦门）、天津投资贸易洽谈会等，这些展会也显现了对贸易的重要拉动作用。

主要参考文献：

【1】伦敦统计局 .UK Regional Trade in Goods Statistics［R］.2011

【2】Industry and Employment in Tokyo: A Graphic Overview 2011

【3】新加坡统计局 Singapore in figures 2011［R］.2011

【4】香港特区政府统计处 . 二零一零年香港对外商品贸易回顾 .2011

【5】国际协会联盟（UIA）.2010 年国际会议统计 [R]，2011.

【6】国际会议协会（ICCA）.2010 年国际协会会议市场统计报告 [R]，2011.

【7】李璐 .2010 年世界商展 100 强排行榜 [J]. 进出口经理人，2010（7）：31–25.

【8】德国展览业协会（AUMA）. 德国贸易展产业 2010 年重要数据回顾 [R]，2011.

【9】德国展览协会统计自愿审核协会（FKM）.2010 年贸易展览审计数据 [R]，2011.

【10】法兰克福展览公司 . 法兰克福展览公司 2010 年年报 [R]，2011.

【11】美国会议产业委员会（CIC）. 会议对于美国经济的重要性 [R],2011.

【12】Barnes 公司 .2011 年会议与贸易展产业报告 [R],2011.

【13】胡明婕 . 新加坡会展业发展动因及其发展阶段初探 [J]. 中国经济评论 .2009（6）：59–61.

第五章 国际贸易保护与贸易摩擦及其对策研究

一、贸易保护主义的演进及当前主要表现形式

（一）贸易保护主义的演进

贸易保护主义的历史由来已久，一般是指各国政府以本国产业利益操纵国际间贸易条件的行为。传统贸易保护主义主要通过关税、进口配额等政策手段来限制进口商品以达到保护本国产业的目的。不过，在世界贸易组织（World Trade Organization）的全球经济贸易架构的规范下，使用传统贸易壁垒如关税、许可证与配额等手段限制其他国家的产品进口，不仅容易招致国际舆论的批评且会遭到同样的报复，传统贸易保护的形式已越来越难使用。

自 1970 年后，由于国际贸易结构的变化，所谓新贸易保护主义（New Trade Protectionism）渐渐兴起[1]。传统贸易保护主义主要是注重保护本国的幼稚工业或弱小的新兴工业，而新贸易保护主义则更关注那些可能陷入结构性危机的行业。此外，除了单纯的行业生产保护外，也更把保护范围扩展至领先技术等领域。保护手段多采取非关税措施，以环保壁垒、技术壁垒、反倾销和知识产权保护等非关税壁垒措施为主要表现形式。其主要目的是想规避多边贸易制度的约束，通过贸易保护，以保护本国就业，维持在国际分工和国际交换中的支配地位。它们常以维护国家利益、保护资源与环境的名义，在诸如世界贸易组织等既有框架下，采取较为隐蔽、间接的方式来推行贸易保护。总之，新保护主义一方面是顺应环境保护和尊重社会福利的发展潮流，为经济生产方式进步提供了动力；但另一方面也常以保护消费者、劳工与环境的名义，行贸易保护之实，使得推动国际间的公平贸易和自由贸易困难重重。（见表 5.1）。

[1] 新贸易保护主义在研究文献上并无严格或一致的定义。一般而言，若采取关税、配额以外措施来限制外国商品进口均可视为新贸易保护主义的表现形式。

表 5.1 新贸易保护主义与传统贸易保护主义差异的比较

主要差异	新贸易保护主义	传统贸易保护主义
目的差异	发达国家为保护昔日的产业经济优势地位，试图影响现行国际贸易规则的走向。	更多是被用来保护本国有待发展的产业。
产业差异	所保护的对象主要是陷入结构性危机的产业。	多保护诸如农业之类的特殊产业，而现今则针对特定工业产品进行保护。
范围差异	保护领域扩展到服务贸易和技术贸易领域。	主要针对农业及工业产品。
措施差异	主要采取隐性的、非关税壁垒的保护措施，如知识产权限制、劳工环境要求、严苛的技术质量标准、较高的环保绿色标准、歧视性的政府采购与差异性的消费政策、内容庞杂的商品包装和标识规定等。	主要采取显性贸易保护措施，如提高关税、影响汇率变动、进口配额限制、反倾销与反补贴调查等。
区域差异	主要进行的是区域性贸易保护，在区域范围内，国家（地区）之间实行自由贸易，而对区域外国家则实行公共的关税等贸易壁垒，例如各类区域性的自由贸易区。	主要是以单一国家或地区为主题，缺乏多边或区域之间的贸易保护措施。

资料来源：SUBSIDIES TO SERVICES SECTORS：A NEO-PROTECTIONIST DISTORTION OR A USEFUL DEVELOPMENT TOOL（UNITED NATIONS CONFERENCE ON TRADE AND DEVELOPMENT）；上海科学技术情报研究所（ISTIS）分析整理

随着经济全球化的发展，各国产业之间的市场竞争也日趋激烈。即便是市场开放程度较高的国家，一旦遭遇外国企业或进口产品危及本国利益时，仍会采取进口关税或出口补贴等直接干预手段，试图暂时改善本国企业的状况。当然，应该意识到此类干预往往只能带来暂时性的收效，从经济发展角度来看未必能带来长久的稳定与繁荣。近年来，在围绕贸易保护主义的讨论中，也不难发现相关经济问题政治化的倾向同样相当明显。进一步观察全球经济贸易体系，许多国家和地区的新贸易保护主义的兴起也时常伴随着所谓“经济民族主义”（Economic Nationalism）的抬头。

（二）当前贸易保护的主要表现形式

近年来随着世界贸易组织的发展，世界各主要经济体皆已陆续被纳入世界贸易组织所构建的全球贸易体系中。由于该体系的规则设定等因素，单纯以关税、配额为主要手段的显性贸易保护方式已越来越少被使用。以各类隐形措施作为贸易保护手段的新贸易保护主义开始在国际商贸领域兴起。

目前，新贸易保护主义所能采取的非关税限制措施种类繁多，覆盖面也很广。此类限制措施多以间接的非关税手段来实现。目前国际间较为流行的实施方式大致包括反倾销措施和贸易壁垒：

1. 世贸组织框架下的反倾销措施

所谓“倾销”一般是指外国厂商以不合理价格将产品销往本国市场。故反倾销关税是各国政府为避免国外厂商对其国内市场大量倾销，造成国内外厂商不公平竞争的情形而采取的一种贸易救济措施，也是世界贸易组织架构下少数允许的差别关税（Discriminatory Tariff）之一[1]。因此该措施现在已成为世界贸易组织框架下，最常被滥用的一种贸易保护主义方式。

基于自由贸易的精神，《关税与贸易总协定》虽然一贯要求各会员国取消所有差别关税障碍，但各国政府却能够通过反倾销法，在不违背《关税与贸易总协定》和世界贸易组织要求的原则下，针对特定产业提供贸易保护措施。反倾销法原意是避免国内外厂商之间发生不公平竞争，但近年来该措施则成为各国贸易保护主义的新手段，而新兴市场国家更通过反倾销法，限制国外厂商进口产品至国内市场，以减轻国内所面临的外来竞争的压力，进而对国内特定产业形成保护。1994 乌拉圭回合谈判落幕之后，各会员国开始逐步取消关税及进口限额等传统贸易障碍，由于此类传统贸易保护手段的减少，所以反倾销措施开始成为各国实行贸易保护主义的手段之一。

2. 常见的贸易壁垒

（1）技术贸易壁垒

一般是指一国以维护生产、消费安全为理由，制定某些苛刻繁杂的技术标准，使外国产品难以达到其要求，继而限制其进口。目前，技术贸易壁垒是被广泛运用的一种贸易保护形式，主要包括工业产品的技术标准，农副产品的卫生检疫标准以及商品包装和商品标签的规定。一般而言，技术标准主要用于工业成品，发达国家已普遍制定了严格复杂的技术标准，不符合其标准的产品均不得进口。这些技术标准不仅在条文上限制了外国产品的进口销售，而且在实施过程中也为外国产品的进口设置了障碍。卫生检疫标准则主要适用于农副产品及其制品。发达国家同样广泛利用卫生检疫来限制相关商品的进口。以趋势而言，各国在这方面的规定将越来越严格，对要求卫生检疫的商品也会越来越多。

（2）环境贸易壁垒

也称为绿色贸易壁垒，是指在国际贸易中，一国以保护环境、维护人类身体健康为由，通过立法和制订强制性的技术法规，对国外商品进利准入限制的贸易措施。其

[1] 一般而言，贸易救济措施包括：防止产业损害措施（safeguard measures）、反倾销措施（anti-dumping measures）以及平衡措施（countervailing measures）。

内容涉及产品研制、开发、生产、包装、运输、使用、循环再利用等整个过程有无采取有效的环境保护措施。环境贸易壁垒是近来在国际贸易中被频频使用的贸易保护措施。其根源可以追溯到上世纪70年代。由于全球产业迅速工业化的结果，造成大气污染、温室效应、有毒有害废物排放，继而导致物种灭绝、资源枯竭等生态环境方面的问题日益严重，引起全球的关切。部分发达国家以生态环保为理由，制定一系列的严格的环保措施，以此作为市场的基本准入条件，而实际上这些规定限制了外国商品的进口。

（3）劳工权益壁垒

又称“社会贸易壁垒”。目前，部分国家常以保护本国受冲击产业、维护自身经济安全、树立社会责任的旗号，阻挠其他国家特别是劳动密集型产业集中的新兴经济体产品出口，也成为广大发展中国家出口遭遇的一种新的贸易保护壁垒。

（4）知识产权壁垒

近年来，知识产权等法律形式产生的争端和纠纷也越来越多地被发达国家及其跨国公司所借助。贸易保护乃至于摩擦使世界经济贸易关系呈现“发展中摩擦，摩擦中求发展”的局面，摩擦强度也在增大，数量居高不下且呈增长之势。贸易保护从传统市场扩散到新兴市场，贸易摩擦也从单个产品逐渐扩散到产业，最后直抵政策和制度层面。相关的贸易保护信号备受关注，新兴优势行业将成为发展中国家与发达国家贸易摩擦的新热点。

（5）歧视性采购壁垒

一般是指各国政府为主导的采购活动，对他国产品采取歧视性政策。使外国产品与本国产品面对差别性待遇，继而造成不公平竞争，造成事实上的贸易壁垒。为避免类似情况，世界贸易组织已制定出台《世界贸易组织政府采购协议》。但在新一轮经济危机后，部分国家则通过国内立法的方式重拾歧视性的政府采购政策。

（三）贸易保护、贸易摩擦与世界贸易组织

世界贸易组织是目前全球最重要的国际经贸组织。其所规范的领域除传统的商品贸易外，也包括服务业和知识产权等重要领域。前身是1948年开始实施的“关税及贸易总协定”的秘书处，其总部位于瑞士日内瓦。

截至2009年，世界贸易组织共拥有153个成员国（或独立关税区），另有30个国家（或独立关税区）正申请加入。其成员国（地区）拥有的人口数占全球总人口数的97%。现今各主要经济体之间的贸易往来基本都是在世界贸易组织的既有框架下进行的。而世界贸易组织的各会员可将任何与世界贸易组织协议相关的贸易争端诉诸具有准司法性质的贸易争端解决机制，且其裁决对于各会员具有一定约束力。此外，世界贸易组织也通过与联合国及各个专业性国际组织如国际货币基金、世界银行、世界海关组织、

世界知识产权组织等的密切合作，已成为实际上的国际经贸交往体系的中心。

综上所述，当前世界各主要经济体之间因贸易保护、贸易摩擦而引起的争端，都可以在世界贸易组织的平台，通过申诉、协商、裁决的方式予以解决。与此同时，各主要经济体即便是有意实施贸易保护措施，也需要顾及世界贸易组织的既有框架，努力回避其既有规则。于是，以非关税手段作为保护方式的新贸易保护主义便在此背景下，逐步成为越来越多国家（地区）制定贸易保护政策时的指导思想。

二、金融危机后国际贸易保护与摩擦的新动态

（一）萧条阴影下的贸易保护主义回潮

1. 金融危机引发贸易保护主义回潮

自 2000 年以来，全球范围内的贸易发展一直呈现高速增长的态势，直到 2008 年全球经济危机。此次全球金融危机爆发后，全球经济增长陷入停滞乃至倒退的状态，全球进出口贸易量几乎下降到 2000 年的水平（见图 5.1、图 5.2）。类似上世纪 30 年代经济危机的情形，经济衰退之际也往往是贸易保护主义卷土重来之时。众所周知，由美国次贷危机所引发的全球金融危机，对世界各国经济造成了巨大影响，导致贸易保护主义抬头，引起各国纷纷对其外贸政策进行调整，通过关税和非关税壁垒政策，或是世界贸易组织所允许的贸易救济措施进行贸易保护。在危机爆发后的最初阶段，国际贸易已然成为全球经济危机的另一个受害者。需求的下滑和贸易金融的困境使全球贸易严重收缩。

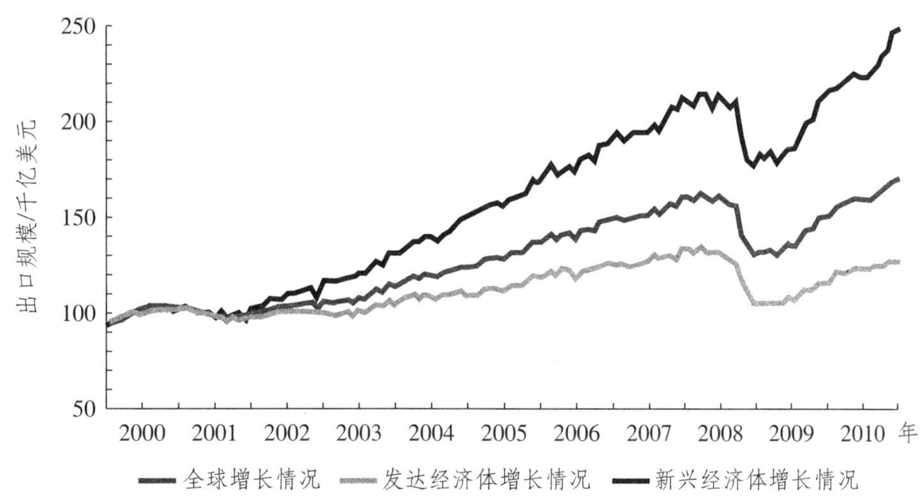

图 5.1　2000 年 1 月至 2011 年 2 月全球出口增长月度态势图

资料来源：Reports on G20 Trade and Investment Measures（Mid-October 2010 to April 2011）

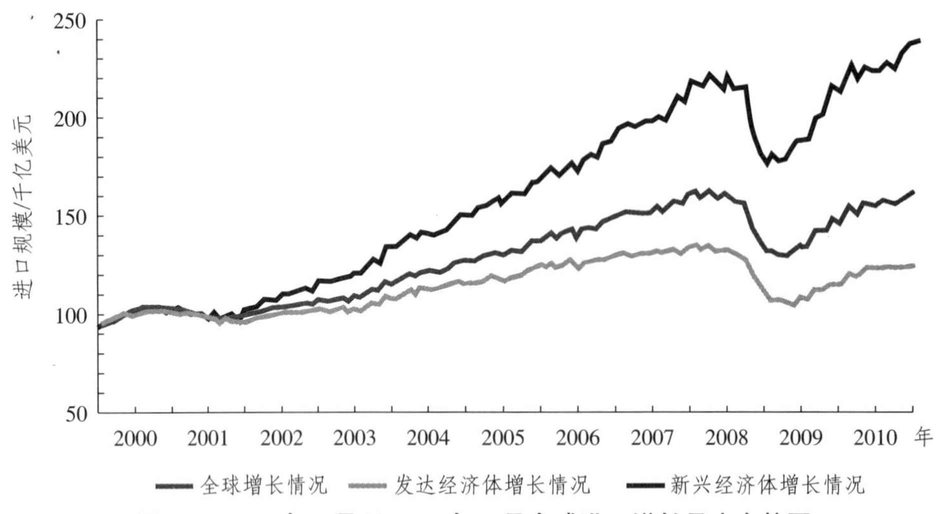

图 5.2　2000 年 1 月至 2011 年 2 月全球进口增长月度态势图

资料来源：Reports on G20 Trade and Investment Measures（Mid-October 2010 to April 2011）

此次经济危机爆发后，全世界范围并没有爆发大规模的贸易战，而且在“二十国集体领导人峰会”等多边协商中，各国领导人都明确表示反对贸易保护主义的滥用。2008 年的金融危机中，为了防止贸易保护主义的出现，2008 年 11 月，在华盛顿金融峰会上，来自世界各地 20 个发展中国家和发达国家以及欧盟的领导人达成协议，一致采取行动，抗击经济减速，抵制贸易保护主义，保持市场开放。

20 国集团的经济产量加起来，占世界经济总产量的 80% 以上。可见 20 国集团峰会召开对全球经济复苏有着重大意义。不过，贸易保护主义的回潮则是不容回避的现实，各国也纷纷推出不同的贸易限制措施以期保护本国的产业。世界银行发布的监测数据中指出：从 2008 年 11 月至 2009 年 2 月，20 国集团中已有 17 个国家采取了旨在限制他国贸易流动的政策手段，金融危机以来，在各国提出的 78 项贸易措施中，有 66 项涉及贸易保护。根据世界贸易组织的统计，经济危机爆发后近两年的时间内，全球各国出台的贸易限制措施超过 700 条。

2．各国贸易限制措施相继出台

通过对各国各类型贸易限制措施的分析，便能推测出各国实施贸易保护的强度，继而也就能够了解各国贸易摩擦的严重程度。根据欧盟贸易委员会的调查发现，俄罗斯是自 2008 年 10 月以来出台最多贸易限制措施的国家（达 73 条），阿根廷（达 70 条）与印度尼西亚（53 条）紧随其后。美国（25 条）、中国（22 条）、印度（21 条）、韩国（19 条）、越南（17 条）以及巴西（11 条）都是较多采取贸易保护措施的国家（见图 5.3、表 5.2）。

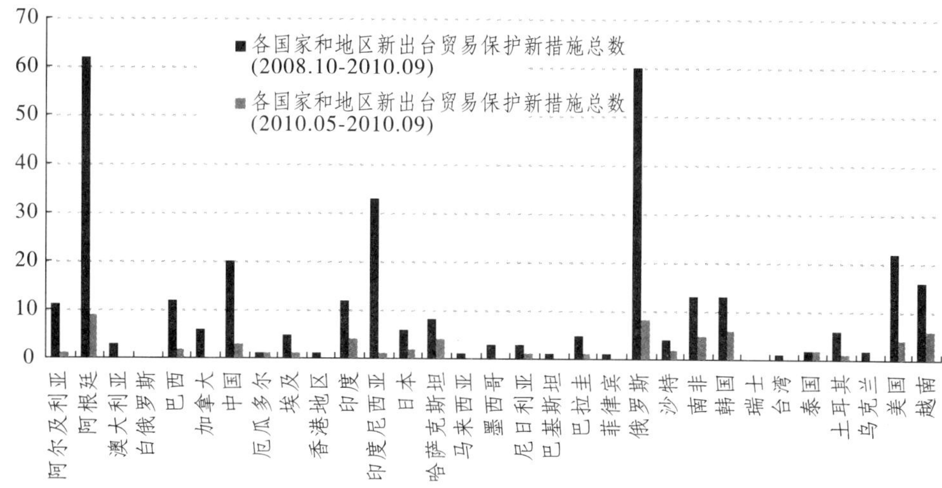

图 5.3 主要国家（地区）贸易限制措施数量（2008 年 10 月至 2010 年 9 月）

资料来源：The Seventh Report on Potentially Trade Restrictive Measures（2010.10）

表 5.2 各主要国家（地区）贸易限制措施产业分布情况表（2008 年 10 月至 2010 年 9 月）

国家（地区）	纺织与服装	玩具	电信	农产品	原材料	钢铁及其他金属	设备	汽车	服务业	造船	其他	各国地区总数
阿尔及利亚				1					3		3	7
阿根廷	15	1		4		9		10			31	70
澳大利亚									2		1	3
巴西						1		1			8	11
加拿大				3						1	3	7
中国	1		1		1	2		3	2	1	11	22
厄瓜多尔	1											1
埃及	1			2		1	1	1	2		2	10
中国香港地区											1	1
印度	4	2	1	2	1	3		2			6	21
印度尼西亚	3	1	4	13	5	4	3	2	9		9	53
日本				1				2	1		3	7
哈萨克斯坦				1	1	1			1		4	8
马来西亚						1		1				2

（续表）

国家（地区）	纺织与服装	玩具	电信	农产品	原材料	钢铁及其他金属	设备	汽车	服务业	造船	其他	各国地区总数
墨西哥				1							6	7
尼日利亚				1	1						2	4
巴拉圭	1			1							4	6
菲律宾											1	1
俄罗斯	1			14	6	10		8	5		29	73
沙特阿拉伯						1		1			2	4
南非	5			2		1	1	4			7	20
韩国	1					1	1	1	2	1	12	19
中国台湾地区											1	1
泰国			1						2			3
土耳其					1		1	1			5	8
乌克兰				1				1	1			3
美国	2			2	1	3		4	5		8	25
越南				5	2	1					9	17

资料来源：The Seventh Report on Potentially Trade Restrictive Measures（2010.10）

在众多商品中，农产品遭遇贸易限制最多占 13%，其余依次为汽车（10%）、钢铁及其他金属（9%）、纺织与服装（8%）、服务业（8%）、原材料（5%）、设备（2%）等（见图 5.4）。

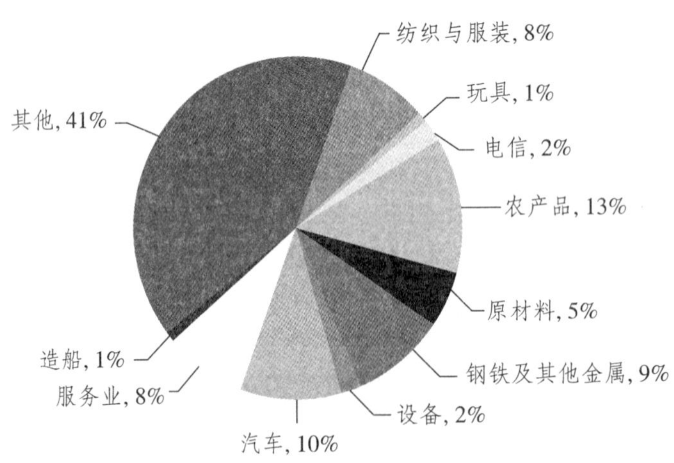

图 5.4　贸易限制措施的产业分布情况

资料来源：The Seventh Report on Potentially Trade Restrictive Measures（2010.10）

（二）贸易摩擦加剧，反倾销调查愈加频繁

1. 反倾销措施在贸易保护领域的运用

随着贸易保护主义的抬头，各国间贸易摩擦发生的频率也愈加频繁。而在后经济危机时代，贸易摩擦已成为各国进一步融入世界经济过程中的一个难以回避而又需要谨慎处理的重要问题。由于全球绝大部分国家或经济体业已加入世界贸易组织，所以在世贸框架下传统显性贸易保护已无法经常使用。所以，近年来各国间的贸易摩擦主要以反倾销调查与其他保护措施为最主要的表现形式。

一般而言，反倾销措施的贸易效应主要可分为三种：贸易限制效应（Trade Destruction）、贸易分散效应（Trade Diversion）及贸易移转效应（Trade Deflection）。贸易限制效应指申诉国通过反倾销调查影响涉案国厂商的出口行为，而对申诉国与涉案国间贸易产生的效果。当申诉国的反倾销主管单位应国内受害产业的要求，展开反倾销调查后，涉案国厂商将被要求配合相关调查，而此举将干扰涉案国厂商的出口行为。而且确定的调查判决亦会干扰涉案国厂商的出口行为，故涉案国厂商可能通过改变对申诉国的出口以期能降低反倾销税课征的命运，形成反倾销调查的干扰效果，造成涉案国厂商对申诉国出口大幅度减少。

贸易移转效应则涉及涉案国与非涉案国之间的贸易关系。反倾销多针对涉案产品的主要出口国提出申诉，故在反倾销案件中，仅对一至三个国家提出控告，而非针对所有出口国，故当涉案国厂商受到反倾销调查时，其他出口国并未受到反倾销调查的影响。当涉案国厂商遭受到反倾销调查及后续反倾销税课征时，其对申诉国国内进口将会减少，而申诉国国内需求并未因此减少，因此当地消费者将转向国内其他生产者或出口国取得其所需产品，其他非涉案出口国将因涉案国遭受反倾销调查，而造成对申诉国国内之出口提高，此种现象为反倾销的贸易分散效应。

2. 近年来反倾销措施实施情况

2008 年经济危机爆发后的最初一段时期内，各国发起的反倾销调查曾一度呈现大幅度增长的态势。但各国很快便意识到反倾销措施的滥用，非但无法缓解危机的恶化，相反会对经济的长期恢复带来负面影响。所以，自 2009 年下半年后，由于各国为避免贸易保护主义兴起，对于发起反倾销调查较以往谨慎，提出的相关调查数量有所下降。

根据世界贸易组织的报告，2009 年 7 月 1 日至 2010 年 6 月 30 日期间，由 25 个会员展开之新调查案件数为 181 件，与相对应之前期相较，该期间新展开的调查案件数为 217 件，已明显下降 17%。除新展开调查案件数大幅下降外，最终真正实

施反倾销措施的案件数亦由 143 件下降至 138 件，降幅为 3.5%。另根据世界贸易组织、联合国贸易和发展会议以及经济合作与发展组织联合发布数据，以“20 国集团”主要成员国为例，2010 年至 2011 年 4 月所发起的反倾销调查同比呈现下降的趋势（见表 5.3）。

表 5.3　近期“20 国集团”成员国（地区）发起“反倾销调查”次数

发起调查的成员国家	2009 年 10 月至 2010 年 4 月	2010 年 10 月至 2011 年 4 月
阿根廷	12	11
澳大利亚	7	2
巴西	9	25
加拿大	2	0
中国	6	4
欧盟	9	8
印度	20	15
印度尼西亚	3	0
韩国	2	0
墨西哥	1	2
俄罗斯	0	1
南非	1	0
土耳其	1	1
美国	10	9
小计	83	78

资料来源：Reports on G20 Trade and Investment Measures（Mid-October 2010 to April 2011）

虽然调查案件及采取最终措施的案件数均较上期减少，但实际上各国考虑进行贸易反倾销调查时，所考虑之因素已较金融海啸前来得更多。例如 2010 年美国国会通过的《汇率改革促进公平贸易法案》，其法案内容便授权美国政府，当某一向美国出口的国家，其货币对美元汇率被认为低估时，政府相关部门有权对该国输美商品征收反倾销税或反补贴。由该法案可知，现阶段各国政府在施行贸易救济措施时，考虑因素不单仅有产品及产业等个别的行业领域，甚至已延伸至汇率制度、产业政策等总体范围。

而在反倾销调查涉及的产品种类方面，金属类、化工类、塑料类、机械类是最大多数反倾销调查所集中的领域。具体情况变化参见图 5.5。

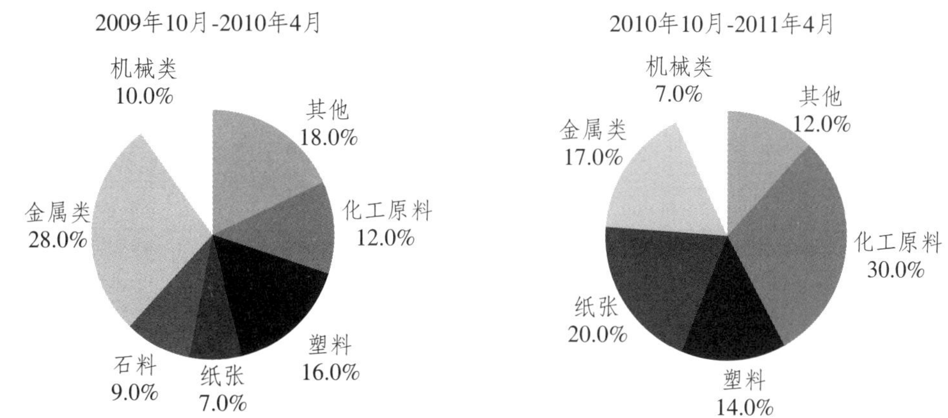

图 5.5　反倾销调查涉及产品种类分类情况

资料来源：世界贸易组织秘书处统计

除了反倾销措施外，反补贴税与产业保护也都是世界贸易组织所认可的贸易救济措施，不过应用领域较为有限，使用次数也较少。近年来的情况参见表 5.4、表 5.5。

表 5.4　各国（地区）发起反补贴税（Countervailing Duty）的调查情况

国家或地区	2009 年 10 月至 2010 年 4 月	2010 年 10 月至 2011 年 4 月
中国	1	0
欧盟	3	1
墨西哥	0	1
美国	7	4

资料来源：Reports on G20 Trade and Investment Measures（Mid–October 2010 to April 2011）

表 5.5　各国（地区）发起产业保护（Safeguards）调查的情况

国家或地区	2009 年 10 月至 2010 年 4 月	2010 年 10 月至 2011 年 4 月
中国	1	0
欧盟	3	1
墨西哥	0	1
美国	7	4

资料来源：Reports on G20 Trade and Investment Measures（Mid–October 2010 to April 2011）

（三）贸易保护从传统措施转向隐性非关税贸易壁垒

如前所述，当今各国或经济在实施贸易保护主义措施时，已经越来越多地采取隐性的非关税措施。除了通过世界贸易组织发起“反倾销调查”外，各类依据自身商贸情况设定的非关税贸易壁垒已成为阻碍各国商贸交流的重要因素。纵观近年来各主要经济体所出台的贸易保护措施，便可从中观察到这种转向的趋势（见表 5.6）。

表 5.6　各国（地区）近年出台的主要贸易保护措施情况表

国家（地区）	相关措施
阿根廷	●采取非自动输入许可（Non-Automatic Import Licensing），适用产品范围包括纺织类、钢铁、冶金产品与轮胎 ●实施进口货品参考定价，包含约 1000 项敏感性进口商品（如汽车零件、纺织品、电视、玩具、鞋与皮革制品等） ●对自中国进口拖车与半拖车轮胎展开反倾销调查 ●铜制品强制出口定价 ●删除 35 项日用产品出口税（原 2006 年 8 月出口税为 5%）
巴西	●倾销税金终判：苯酚（欧盟、美国）；玻璃纸（芬兰，美国）；硝酸铵（俄罗斯，乌克兰） ●增加出口业者申请政府出口金融援助方案的公司数量，但不增加原方案总预算
加拿大	●对中国进口电热容器反倾销与平衡税金终判执行 ●对中国进口防水鞋等展开反倾销调查 ●对中国进口挤铝制品反倾销与平衡税金终判执行 ●删除 214 项机械设备进口关税 ●修正投资加拿大法案，降低国外投资障碍 ●修正加拿大运输业法，提高国外投资加拿大航空公司限额
中国	●提高出口退税金：纺织品、成衣、陶瓷、塑料品、家具、药品、家用制品、书、橡胶、模具、玻璃制品、包箱、皮包、鞋、手表、化学品、机械与电子产品 ●删除包含钢板等 102 项产品出口关税 ●削减包含黄磷等 23 项产品出口关税 ●提高包括磷灰石、硅胶等五项产品出口关税 ●禁止爱尔兰猪肉进口 ●原黄豆油饼、猪肉等产品的暂时性低进口关税措施，恢复为最惠国税率取消丝茧与丝制品出口的行政许可证申请措施 ●对韩国与泰国进口对苯二甲酸等展开反倾销调查 ●特定高耗能、高污染与高消耗资源产品限制出口
欧盟	●恢复谷类加工品进口关税 ●暂时变更欧盟会员援助法案，提高短期出口信用弹性 ●以多种措施提高对欧洲出口业者贸易金额度 ●恢复奶油、起司、全脂与脱脂牛奶出口退税 ●恢复采购奶油与脱脂奶粉的市场干预措施 ●对自中国进口特定钢铁螺丝螺帽课征反倾销税 ●对中国与摩尔多瓦生产的铁条、块、钢板卷、合金或非合金不锈钢，课征临时反倾销税 ●对中国生产硅胶产品反倾销措施展开落日复查 ●对自中国进口手推车与必要零件，完成部分期中反倾销复查 ●对自中国、泰国与马来西亚进口塑料麻袋、塑料袋完成反倾销终判，倾销税金为 4.8% 至 14.3%

（续表）

国家（地区）	相关措施
欧盟	●对自中国与印尼进口环己基氨基磺酸钠（甜蜜素）展开调查 ●对自美国进口生质柴油课征临时反倾销税，最长为期六个月 ●对产自于美国的生质柴油课征临时平衡税，最长为期六个月
厄瓜多尔	●提高 630 项产品进口关税
中国香港地区	●建立公营香港出口信用保险公司（ECIC），提供出口商坏账风险保障
印度	●提高钢铁产品进口关税从 0% 至 5% ●删减钢制品出口关税 ●特定钢制品与汽车零件进口许可申请措施 ●删除供应能源所需使用的挥发性油类产品进口关税与铁矿砂出口关税，删减糖出口关税 ●针对 17 项钢制品强制实施质量认证措施 ●取消出口税与降低印度优良稻米最低出口价格（Basmati rice） ●提议对来自中国、泰国与越南的丝织品课征临时反倾销税 ●暂时禁止中国玩具进口（实施六个月，但是符合特定标准认证的中国玩具则允许进口） ●预计展开相关产品防卫措施的有：邻苯二甲酐 （Phthalic Anhydride）；烷基苯磺酸（linear alkyl-benzene）、铝平板卷与铝箔、苏打粉、有机磷杀虫剂（Dimethoate Technical）等。 ●修改外国直接投资法（FDI），开放部分敏感性产业外国直接投资比ā限额 ●提高棉花最低支持定价（Minimum Support Price） ●实施黄豆油进口税（20%） ●对不同出口业者的出口鼓励措施与针对纺织与皮革业者出口鼓励措施 ●贸易促进措施
印尼	●健康局法规关于药品进口与登记规范，区分制造商与批发商以保护消费者。药品进口登记需要由当地制造商申请登记完成后，外国公司才能销售登记药品给批发商 ●影片进口规范加强。规定进口赛璐格(celluloid)影片仅能以负片(negative film）母片或母片副本之负片等形式进口，但其中可包括一份成品之复制版本 ●新矿业法，促进当地原物料加工，未禁止相关产品出口 ●超过 500 项产品的限制进口须申请许可,登记与运输前检验（食品、饮料、玩具、电子产品、鞋与成衣），以上产品限制在六个港口与国际机场才能进口 ●钢品强制标准化措施 ●提高 17 项进口产品关税，包括石化、钢品与电子产品，同时削减 18 项进口产品关税 ●新原物易出口规范，棕榈油、橡胶与可可出口价值超过 100 万美元，需要该国内银行开立信用状
日本	●对食用面粉、淀粉等采取特别保护措施
哈萨克斯坦	●针对当地未生产的设备与原物料削减进口关税，同时提高与国内生产业者竞争的食品关税
韩国	●恢复原油进口关税 3%（2004 年降为 1%）

（续表）

国家（地区）	相关措施
马来西亚	●7 项钢品新技术规范，要求提供符合马来西亚标准之认证证明 ●延长自印尼进口新闻用纸反倾销税（税ā范围 5.39% 到 33.14%）
墨西哥	●暂停 89 项美国产品优惠关税
新西兰	●暂时变更远“新西兰出口信用办公室 NZECO”规范，依照场利率提供短期信用保险
巴拉圭	●对抗经济危机机，包括“买巴拉圭”计划，提供国内企业 70% 利润的政府采购方案
菲律宾	●对矿砂运输业采取“新矿砂出口许可”措施 ●小麦、杂麦、水泥与水泥渣实施暂时关税措施 ●对进口角钢实施 200 天临时保护措施
中国台湾地区	●对进口“干金针”实施特别防卫措施 ●对进口“其他液态乳”实施特别保护措施 ●鼓励学校购买台湾产品 ●政府公共建设项目以聘用本地劳工为优先并在原料上，优先使用台湾货，但不可套用在世界贸易组织的政府采购协议适用范围的项目
土耳其	●对进口棉纱采取保护措施 ●提高产品进口关税，如热轧钢铁板、冷轧钢铁板、电镀钢铁板、小麦与杂麦、荞麦、裸麦、大麦与燕麦、粗麦秆与麦壳，干燥杏仁、梅子与苹果 ●展开 3 项产品反倾销调查
俄罗斯	●削减小麦进口关税配额，对猪肉及家禽提高非配额关税 ●暂时提高产品进口关税，如汽车、卡车、巴士、特定形式金属板，特定形式含铁金属输送管奶油与特定日用品，牛奶与乳脂，米与谷粉 ●降低客机、含铁废金属、机车与机车零件、天然橡胶、水泥与水泥制品进口关税 ●实施木材产品出口税 ●取消铜镍出口税 ●削减原油出口税 ●禁止美国部分不符合技术要求的猪肉进口
乌克兰	●除特定进口产品外，为收支平衡目的课征 13% 进口规费，为期六个月
美国	●经济振兴法案（ARRA）“买美国货”条款，强调相关条款不得违反美国参与国际协议义务，并且不适用低度发展程度国家 ●总统提案对年营业额超过 50 万美金的农民，逐步淘汰直接给付 ●对中国进口焊接不锈钢管实施反倾销与平衡税 ●综合拨款法案（Omnibus Appropriations Act of 2009），该法所提供的拨款，不得用于制订或执行任何允许美国进口中国禽肉产品的规则
越南	●提高非合金钢、铁半成品与非合金钢或铁条块进口关税 ●提高砂石出口关税，矿物、木炭与木材原料出口关税 ●提高新闻纸与非涂布纸进口关税至 29%

资料来源：Report to the TPRB From the Director-General on the Financial and Economic Crisis and Trade-Related Developments（14 June 2010）

目前，各国的贸易保护措施基本上都会采取非关税新贸易保护主义的方式。诸如前文提及的技术贸易壁垒、环保贸易壁垒、劳工权益壁垒、知识产权壁垒皆是较多见的常用贸易保护措施。

（1）技术贸易壁垒

如美国便是世界上食品标签要求最严格的国家之一，食品标签多达 22 种，且逐步修订补充。美国要求所有包装食品应有食品标签，强化食品还要有营养标签，必须标明至少 14 种营养成分的含量。美国还规定其他国家或地区输往美国的食品、饮料、药品及化妆品必须符合《联邦食品、药品及化妆品法》（The Federal Food， Drug & Cosmetic Act）的规定，若发现与规定不符的商品，海关有权扣留销毁。又如法国也规定所有进口商品的标签、说明书、广告传单、使用手册、保修单和其他产品的资料都要强制性地使用法语。

商品标签和标签规定是要求进口商品必须在包装和卷标上说明相关信息，否则准进口或禁止在市场上销售，所以许多出口商为了符合这些规定，不得不按照其规定重新包装和改换标签，费时又费工，增加了商品的成本，削弱了商品的竞争力，也影响了商品的市场销售情况。除此之外，在保险、运输、广告等方面，不少国家也有各种行政规定，阻碍或限制了商品的进口。

（2）环保贸易壁垒

较常用具体手段例如“绿色标识认证制度”，主要是指国际间有资格的认证机构依据有关所谓绿色标准对商品进口认证并颁发标识和证书制度。凡没有取得绿色标识的进口商品将受到数量和价格上的限制，而加贴了绿色标识的则被认为是一种“通过环保检测”的“绿色产品”。这当中所涉及的认证标准是对包括资源利用、生产技术及处理技术和产品循环利用、使用后的处理等全过程的环境行为进行监管。涉及的产品大多为节能低耗品、清洁产品等。绿色标识制度的实施尽管在一定程度上是有利于人们环保意识的提高、但是部分发展中国家在技术水准、价值观念和行政管理等方面的暂时落后，使得该国产品因未能符合绿色表示的要求，而无法进入该国市场。虽然此规定似乎符合世界贸易组织的不歧视原则，但是这些措施与规定，则是利用发达国家的经济发展程度及技术标准而制定，明显高于广大发展中国家的技术发展水平的环保标准，因此环境贸易壁垒显然对发达国家的市场和产业形成了事实上的保护。

此外，近年来部分国家也开始搭建宏观层面的环保贸易保护壁垒。美国国会众议院于 2009 年 6 月通过“美国清洁能源安全法案”授权美国政府今后对因拒绝减排而获得竞争优势国家的出口产品征收碳关税。2010 年 1 月法国总统萨科齐也表示，他将努力推动在欧盟边境征收碳关税，以免受到所谓“环境倾销”的不利影响。

（3）劳工权益保护壁垒

近年来，社会责任标准（Social Accountability，SA8000）作为一个新的国际贸易标准越来越多地出现在许多国外采购商品订单的附加条件中。社会责任标准以改善劳动环境和条件、保障劳动者权利等作为重要目标。该标准的制定促进了生产制造企业进一步加强对劳动者权益的保护，但这种以保障劳动者生存权利和劳动环境的标准也常被作为一种的保护措施，使得贸易保护主义表现形式愈加隐蔽。

目前中国参与国际贸易的主体是众多中小企业，且贸易方式以加工贸易为主，出口劳动密集型产品为主。所以，针对劳动力的生活环境、生活标准而提出的标准直接影响我国的出口部门，尤其是对中国的服装、鞋袜、小家电、玩具、家具等产业将带来严重影响。

（4）知识产权贸易壁垒

以美国 337 条款（Section 337）调查为例，它以进口产品侵犯美国知识产权以及进口贸易的其他不公平竞争为由进行调查。它主要针对专利、商标侵权行为，少数调查还涉及版权、工业设计、集成电路布图设计侵权行为等。此外，假冒经营、侵犯商业秘密、违反垄断法、虚假广告也是其关注的重点。以目前情况看，美国 337 条款调查已成为美国遏制其他国家技术密集型产品和高附加值产品对美出口的重要手段。

过去 10 中，美国对中国出口发起的“337 条款调查”案件数量逐年增加，中国已连续 6 年位居“337 调查”涉案国家（地区）的首位。中国自 1986 年第一次被“337 条款调查”立案调查来，至 2010 年底，累计涉案 133 起。近年来针对国过发起的“337 条款调查”越来越多，其频繁程度超过了以往任何涉案国家。

（5）歧视性采购壁垒

在新一轮经济危机后，部分也通过调整政府采购政策等方式，事实上遏制外国货物的进口输入。以美国为例，2009 年后便提出所谓“购买美国货法案”（Buy American Act）。欧盟便曾在其《Trade and Investment Barriers Report 20011》报告中批评美国作为《世界贸易组织政府采购协定》签署国，其相关市场开放承诺却相当有限，有碍于外国厂商进入美国政府采购市场。同时，该报告还指出“购买美国货法案”尽管不违反美国在世贸框架下市场开放的承诺，但此类歧视性规定不仅增加了国外经营者的不确定，也使很多国外厂商无法参加某些美国经营项目的投标。更糟糕的是美国这类歧视性采购政策很可能会引发其他国家起而效仿。

三、世贸组织架构下的争端解决机制及个案研究

（一）相关争端解决机制简述

1．争端解决原则

众所周知，世界贸易组织已成为全球范围内最重要的国际贸易协商解决平台。包括中国在内的全球主要经济体大多纳入其中。国际贸易中最重大的贸易争端也几乎都发生在世贸组织成员国（地区）之间。因此这类贸易摩擦的解决在很大程度上取决于世贸组织架构下既有的争端解决机制，而该机制新近运作情况尤其值得注意与研究。

在各类型之国际争端解决过程中，目前国际经贸争端解决的相关规范可谓最具有执行规范效果，因为其牵涉到各国之国际收入和进出口规范等直接商务利益，因此在国家利益之基本考虑下，各国较愿意遵守相关国际经贸规范。依国际的经贸商务争议，若以主体来区分，可以有政府与政府间之争端、政府与私人间之争端以及私人与私人间之争端三种，而世界贸易组织的争端解决机制即为处理政府和政府间之争端。

在世界贸易组织的现行框架下，主要依靠争端解决机制（The Solution Mechanism for Disputes in WTO）来解决。世界贸易组织争端解决机制是在《关贸总协定》（GATT）争端解决机制的基础上产生和发展的，其中最重要的是乌拉圭回合（Uruguay Round）通过的《关于争端解决的规则和程序的谅解协议》（Understanding on Rules and Procedures the Governing Settlement of Disputes，以下简称 DSU）。而各会员国以《关于争端解决的规则和程序的谅解协议》所定程序作为唯一的争端解决程序；此体系之适用范围涉及世界贸易组织及其附件的所有协议，包括世界贸易组织的协议、多边贸易协定（反倾销协议、与贸易有关之知识产权协议、服务贸易总协议）等。而世贸组织争端解决机制遵循的主要原则可归纳如下：

（1）继续遵守 1947 年关贸总协定管理争端解决活动的各项原则；

（2）解决争端而非通过争端解决过程制定新的法律规则；

（3）谨慎、善意地使用争端解决机制；

（4）尊重世界贸易组织争端解决机制的排他性。

2．相关机构与程序

世界贸易组织的争端解决机制的产生解决了在《关贸总协定》时代各缔约国间缺少一个细致且具规则导向的争端解决方式的制度缺陷。世界贸易组织框架下争端解决机制并不像其他国际组织总和国际关系的妥协相关联，而是更多地处理技术性较强的

争端纠纷，所以它的争端解决机制亦较其他组织来有效。为此，世界贸易组织专成立了“世贸组织争端解决机构”(Dispute Settlement Body)。该机构有权设立小组、认可小组及上诉机构的报告、监督相关裁决及建议的执行情况，并可经授权暂停涉及协议的相关行为及其他义务等(见图 5.6)。

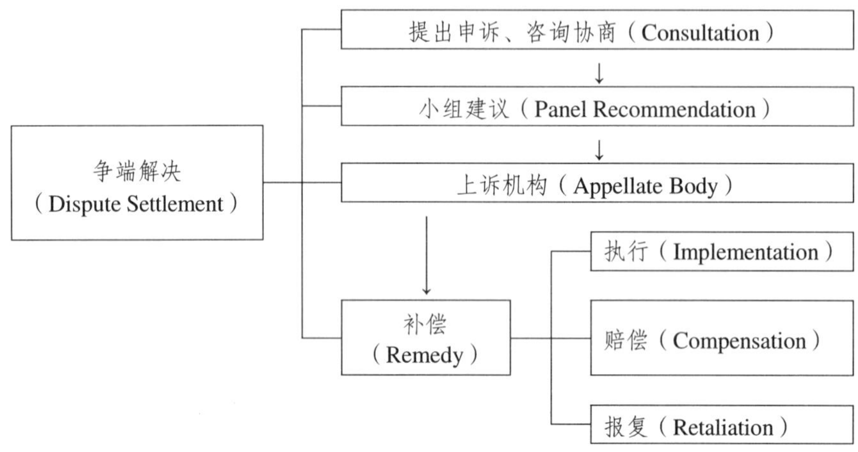

图 5.6 世界贸易组织争端解决主要内容示意图

资料来源：Alan V. Deardorff, “An Economist’s Overview of the World Trade Organization”, The Emerging WTO System and Perspectives from East Asia, Joint U.S-Korea Academic Studies, Volume 7, 1997.

当争端案件正式进入诉讼程序后，首先应由争端解决小组(Panel)负责审理。小组成员原则上应由三人组成，由秘书处储备的合格之官方或非官方人士名单中挑选。小组自成立后至提交小组报告之期间原则上不得超过六个月，若有延长之情形，其期间不得超过九个月，遇有紧急案件时则应尽量于三个月内完成报告。

上诉机构(The Appellate Body)则负责处理不服小组裁决或建议的上诉案件，由争端解决机构任命七位成员所组成，广泛地代表世界贸易组织所有会员。上诉机构成员四年一任，可连任一次，每两年更换其中三人，须为在法律以及国际贸易领域中具有公认权威之自然人，为求独立、公正与客观地执行任务，其必须与各国政府组织无关。上诉机构成员采取轮流方式处理案件，每一上诉案件应由其中三人处理。若提起上诉，根据小组报告的法律争议及小组的法律解释争议，上诉机构得维持、修改或撤销小组之裁决或建议。上诉机构的报告原则上应于争端当事国通知上诉之决定时起 60 日内完成，最长不得超过 90 日。若经争端解决机构采认，则此上诉报告具有最终性，应为争端当事国无条件所遵守(见表 5.7)。

表 5.7 世贸组织申诉程序与耗费时间情况

程序内容	所需时间
提出申诉、进行协调等	60 天
成立小组并选择小组成员	45 天
完成小组报告并呈交争端国	6 个月
完成小组报告并呈交世界贸易组织成员国	3 个星期
世贸组织争端解决机构审议、通过报告	60 天
（若未上诉）	总计约一年
完成上诉报告	60–90 天
世贸组织争端解决机构审议、通过上诉报告	30 天
（若上诉）	总计约 15 个月

资料来源：Alan V. Deardorff, "An Economist's Overview of the World Trade Organization", The Emerging WTO System and Perspectives from East Asia, Joint U.S–Korea Academic Studies, Volume 7, 1997.

（二）近期贸易争端动态分析

自 1995 年世界贸易组织正式成立以来，成员国之间便开始通过其世贸组织框架下的贸易争端解决机制来应对出现的贸易摩擦。随着近年来国际贸易关系日渐紧密，国际经贸争端必然随之增加，世界贸易组织则是目前少数拥有争端解决机制的国际组织。实事求是地说，世贸组织的争端解决机制是促进国际贸易合作的关键架构，并且能以组织集体的力量协助各国的经贸政策改革，使各成员国认识到遵守世界贸易组织的重要性，若违反则可能会损及国家利益及形象。所以，通过对近期世界贸易组织内各类贸易争端情况的分析，便能在此基础上察知全球贸易保护与贸易摩擦的总体动向。

通过表 5.8 我们可以发现近年来贸易争端主要集中于几个主要国家与经济体，如美国、欧盟、中国、日本、加拿大、巴西、俄罗斯等。这在一定程度上也反映出当前全球贸易的主要趋势，即主要国家、经济体之间的贸易主导和带动着区域乃至全球的贸易总量，所以其所产生的贸易争端也往往是最多的。

表 5.8 世界贸易组织主要成员国贸易争端诉讼情况表（1995.1 至 2011.6）

国家（地区）	原告次数	被诉次数	作为第三国地区次数
安提瓜和巴布达	1		
阿根廷	15	17	29
亚美尼亚		1	
澳大利亚	7	10	53

（续表）

国家（地区）	原告次数	被诉次数	作为第三国地区次数
孟加拉	1		1
巴巴多斯			4
比利时		3	
伯利兹			4
贝宁			1
玻利维亚			1
巴西	25	14	60
喀麦隆			1
加拿大	33	17	70
乍得			1
智利	10	13	26
中国	8	22	75
哥伦比亚	5	3	29
克罗地亚		1	
古巴			13
捷克	1	2	
丹麦		1	
多米尼克			3
多米尼加		7	4
厄瓜多尔	3	3	13
埃及		4	4
萨尔瓦多	1		12
欧盟	81	68	76
斐济			3
法国		2	
加纳			1
希腊		2	
格林纳达			1
危地马拉	8	2	19
圭亚那			3
洪都拉斯	7		15
中国香港地区	1		10
匈牙利	5	2	2
冰岛			6
印度	19	20	62

（续表）

国家（地区）	原告次数	被诉次数	作为第三国地区次数
印度尼西亚	5	4	4
爱尔兰		3	
以色列			4
牙买加			8
日本	14	15	101
肯尼亚			3
韩国	15	14	40
马达加斯加			4
马拉维			3
马来西亚	1	1	2
毛里求斯			5
墨西哥	21	14	54
摩尔多瓦	1	1	
荷兰		1	
新西兰	7		30
尼加拉瓜	1	2	10
阿尔及利亚			1
挪威	4		32
巴基斯坦	3	2	9
巴拿马	5	1	6
巴拉圭			15
秘鲁	3	4	10
菲律宾	5	6	5
波兰	3	1	1
葡萄牙		1	
罗马尼亚		2	
塞内加尔			2
新加坡	1		4
南非		3	
斯里兰卡	1		3
苏里南			1
斯威士兰			3
瑞典		1	
瑞士	4		8
中国台湾地区	3		34

（续表）

国家（地区）	原告次数	被诉次数	作为第三国地区次数
坦桑尼亚			3
泰国	13	3	43
特立尼达和多巴哥		2	3
土耳其	2	8	30
乌克兰	2	1	
英国		1	
美国	97	113	67
乌拉圭	1	1	5
委内瑞拉	1	2	14
越南	1		5
津巴布韦			1
圣卢西亚			3
圣文森特			1
沙特阿拉伯			3
斯洛伐克		3	

资料来源：世界贸易组织

自世贸组织成立以来，通过贸易争端解决机制来处理贸易保护、贸易摩擦的国家（地区）涵盖面极广，截至 2011 年 8 月所提交的申诉要求已达 426 件。而世界贸易组织也能在大多数情况下发挥实际的规范效果，让所有成员国能够在较为平等的法理基础上，谋求贸易纷争的解决之道。不过，新近全球经济危机爆发后，各类滥用贸易救济方式的贸易保护主义又有上升的态势。不同国家或经济体之间，也时常将世贸组织的贸易争端机制作为彼此贸易报复的工具，而包括中国在内的发展中国家更成为最大的牺牲者（见表 5.9）。所以，如何健全争端解决机制，继而使各国贸易法规与政策的审查更具透明性，真正推动国际间贸易自由化，将是世贸组织日后主要的努力和发展方向。

表 5.9　近期世界贸易组织申诉案件情况（2009 年 8 月至 2011 年 8 月）

编号	申诉争端案件	日期
DS426	欧盟就加拿大绿色能源规则提出申诉	2011 年 8 月 11 日
DS425	欧盟就中国对产自欧盟的 X 射线安检设备征收反倾销税提出申诉	2011 年 7 月 25 日
DS424	欧盟就美国对产自意大利的不锈钢带、线圈采取反倾销措施提出申诉	2011 年 4 月 1 日
DS423	摩尔多瓦就乌克兰对蒸馏酒进口征税提出申诉	2011 年 3 月 3 日
DS422	中国就美国对产自中国的暖水虾与金刚石锯片采取反倾销措施提出申诉	2011 年 2 月 28 日

（续表）

编号	申诉争端案件	日期
D421	乌克兰就摩尔多瓦对进口内销货物的相关措施提出申诉	2011年2月12日
D420	韩国就美国对产自韩国的锈碳素扁钢产品采取反倾销措施提出申诉	2011年1月31日
D419	美国就中国对风能设备的补贴措施提出申诉	2010年12月22日
D418	厄瓜多尔就多米尼加对聚丙烯塑料袋及管状织物采取行业保障措施提出申诉	2010年10月19日
D417	洪都拉斯就多米尼加对聚丙烯塑料袋及管状织物采取行业保障措施提出申诉	2010年10月18日
D416	危地马拉就多米尼加对聚丙烯塑料袋及管状织物采取行业保障措施提出申诉	2010年10月15日
D415	哥斯达黎加就多米尼加对聚丙烯塑料袋及管状织物采取行业保障措施提出申诉	2010年10月15日
D414	美国就中国对产自美国的取向电工钢产品征收反补贴和反倾销税提出申诉	2010年9月15日
D413	美国就中国对产自美国的电子支付系统采取限制措施提出申诉	2010年9月15日
D412	日本就加拿大绿色能源规则提出申诉	2010年9月13日
D411	乌克兰就美国限制进口销售香烟与酒精饮料提出申诉	2010年7月20日
D410	秘鲁就阿根廷对产自秘鲁的螺丝、链条征收反倾销税提出申诉	2010年5月19日
D409	巴西就欧盟（荷兰）扣押无商标药品提出申诉	2010年5月12日
D408	印度就欧盟（荷兰）扣押无商标药品提出申诉	2010年5月11日
D407	欧盟就中国对产自欧盟的进口碳钢紧固件征收反倾销税提出申诉	2010年5月7日
D406	印度尼西亚就美国限制生产销售丁香香烟的措施提出申诉	2010年4月7日
D405	中国就欧盟对自中国进口的皮鞋采取反倾销措施提出申诉	2010年2月4日
D404	越南就美国对产自越南的鼓虾采取反倾销措施提出申诉	2010年2月1日
D403	美国就菲律宾征收蒸馏酒消费税提出申诉	2010年1月14日
D402	韩国就美国对韩国相关产品采取反倾销措施提出申诉	2009年11月24日
D401	挪威就欧盟禁止进口海豹制品提出申诉	2009年11月5日
D400	加拿大就欧盟禁止进口海豹制品提出申诉	2009年11月2日
D399	中国就美国对产自中国的中国进口乘用车及轻卡车轮胎采取限制措施提出申诉	2009年9月14日
D398	墨西哥就中国限制稀土矿出口提出申诉	2009年8月21日

资料来源：世界贸易组织

（三）争端解决案例分析

1．中欧紧固件贸易争端案

早在 2007 年 11 月，欧盟便对原产于中国的钢铁紧固件发起反倾销调查，并于 2009 年初决定，对来自中国的螺丝和螺栓加征最高税率为 85% 的反倾销税，征收期限长达 5 年。中国方面则认为，欧盟在该案的立案、调查和裁决过程中存在诸多与世界贸易组织规则不符之处，裁决结果同样缺乏公正性和透明度，严重损害中国 1700 余家钢铁紧固件企业的正当贸易利益。所以中国政府和业界对此曾陆续表达强烈不满。但是，中国与欧盟之间始终缺乏有效的对话渠道来解决此问题。中国最终于 2009 年 7 月 31 日宣布，将启动争端解决机制，与欧盟进行磋商，这也是中国首次诉诸世界贸易组织解决与欧盟的贸易纷争。

2010 年 12 月 3 日，世贸组织专家小组发布裁决报告，宣布支持中国在单独税率问题上的全部主张以及紧固件反倾销措施方面的部分主张。世界贸易组织贸易争端解决机构还在此基础上认定欧盟征收高额关税不仅不合理，而且有悖于世贸组织的基本规则。不过，欧盟对于世贸组织的认定表示不服，并于 2011 年 3 月 25 日对世界贸易组织的裁决提出上诉。3 月 30 日，中方就未获专家组支持的余下问题也另行提出上诉。

2011 年 7 月 15 日，世界贸易组织公布最新的裁决报告，该报告是世贸组织贸易争端机制所属上诉机构就上述案件发布的最终裁定结果。其认定欧盟为限制中国碳钢紧固件进入欧洲市场所采取的措施“调查证据不足”，并指出欧盟《反倾销基本条例》关于单独税率的法律规定也违反世贸的相关规则，所以最终裁定中 国与欧盟关于紧固件的贸易争端中国胜诉，同时还进一步要求欧盟修改其与世贸组织规则相违背的法规。

在此案例中，世界贸易组织的相关机构裁定中方胜诉不仅是中国相关外贸产业的胜利，也是世界贸易组织主要贸易规则在公平、公正原则下获得重新规范的有力实践，也势必会增强其他世贸成员对世界贸易组织规则和多边贸易体制的信心，为国际贸易在后危机时代尽快恢复树立一个良好的样板。

2．中美禽肉贸易争端案

2010 年 6 月 16 日中国政府宣布其在世界贸易组织美国禽肉争端案（DS392）中取得胜利，世贸组织争端解决机构设立的小组报告表示支持中国大陆绝大部分的论点，认为美国对中国的禽肉进口禁止措施违反现行的世贸规则。

该案背景起因于 2004 年禽流感爆发，中美双方对彼此的禽肉产品均采取进口限制措施，其后虽于同年双方同意解除禁令，但最后仅中国单方面重新开放进口，而美国却未解除相关禁令。2009 年 3 月，美国甚至还在《2009 美国综合拨款法案》（The

Omnibus Appropriations Act of 2009）的第 727 条款中规定:“根据本法所提供的任何拨款，农业部不得用于制定或执行任何允许美国进口中国禽肉产品之规定”。这等于是通过对美国政府经费用途的限制，间接禁止从中国进口任何禽肉产品。因此，本案从 2009 年 4 月 17 日中国大陆向美国正式提出协商开始，后在长达 14 个月的时间中，《2009 美国综合拨款法案》的 727 条款即成为双方争议的焦点。

2009 年 7 月 31 日，世界贸易组织争端解决机构决定受理对于美国影响中国禽肉进口的措施争端一案，随后成立《美国——若干影响中国禽肉的进口措施》（DS392）争端解决小组。与此同时，欧盟、危地马拉、韩国以及土耳其先保留其第三方权利，巴西以及中国台湾其后亦保留第三方权利。

根据专家小组的报告，其最终裁定美国对中国大陆禽肉进口限制不但违反世界贸易组织的《食品安全检验与动植物防疫检疫措施协议》（Agreement on the Application of Sanitary and Phytosanitary Measures）的相关规定，并且违反世界贸易组织架构下最惠国待遇及取消数量限制的规定。

与许多贸易争端相同，本起争议案源自目标产品可能造成的环境与健康卫生忧虑，而此类情形也越来越多地成为发动贸易保护措施的借口。在本案例中，美国国会便以担忧中国大陆家禽类产品会受到禽流感疫病感染为由，于 2009 年通过拨款法案，明文禁止美国农业部采取协助或允许中国大陆禽肉产品出口至美国销售的措施，禁止放宽合格鸡肉产品进口的范围限制等。美国此举不仅引起中国大陆反弹，也引起其他国家在此问题上的不安。

中国方面曾表示，中国大陆的禽肉产品在卫生标准上已完全符合相关国际标准，亦可出口至欧洲和日本等先进国家贩卖；美国以卫生安全为由禁止进口中国家禽肉的举动，实质上造成保护主义和贸易歧视行为，同时亦违反了世界贸易组织的最惠国待遇和取消数量限制等贸易规定。美国则宣称，该项具争议的拨款法案将于 9 月 30 日失效，而替代的新法案将移除所有造成中国方面所质疑的条款。然而，即使美国似乎已释出善意，知悉该案裁定的中国方面仍强调，世界贸易组织于上月所做之裁决有利于中国大陆，同时在该决议生效后，美国将开放中国大陆鸡胸肉及其产品进口。

根据美国农业部统计，中国大陆目前是美国养殖肉品的第三大出口市场。近年由美国出口至中国大陆的鸡肉数量，已从 2004 年时的 1600 公斤，猛增至 2008 年的 32000 公斤。然而反观由中国大陆进口至美国的鸡肉数量却几近为零。中国大陆因此指控美国对中国大陆倾销其家禽肉及相关产品，或质疑美国对出口至中国大陆之禽肉产品提供不合理的出口补贴等，并对由美国进口之相关产品进行课税。

根据过去数据显示，美国所公告和执行的贸易法规经常受到其他世界贸易组织成员的质疑和挑战，但送交至世界贸易争端解决小组后所获得的裁决，几乎都是对美国有利。所以，中国大陆在本次争议案中取得胜诉裁决，除了是中国大陆因《食品安全及动植物防疫检疫措施》(Sanitary and Phytosanitary Measures) 起诉美国贸易争端案的首次胜利外，也成为世界贸易组织会员国对美国提出申诉的少数成功案例之一。尽管目前中国输往美国禽肉制品极少，但此次胜诉为日后类似产品进入美国市场打下政策与法理基础，也为中国积累了宝贵的世贸组织争端解决经验。

3. 美国菲律宾蒸馏酒消费税争端案

美国于 2010 年 1 月 14 日宣布将就与菲律宾间关于酒类进口税争端提请世界贸易组织争端解决机构审理。美国贸易代表署 (United States Trade Representative) 在声明中指控菲律宾针对部分进口蒸馏酒 (Distilled Spirits)，包括威士忌、白兰地、琴酒及其他酒类，征收高于其国产蒸馏酒税率 10 至 40 倍的进口关税。

除此之外，欧盟其实也曾在 2009 年 7 月针对菲律宾酒类进口关税课征争议请求世界贸易组织争端解决机构开启协商程序，当时美国亦加入协商程序并参加欧盟与菲律宾在 2009 年 10 月召开的相关会议。根据美国贸易代表署的统计资料，2006 年至 2008 年间，美国出口至全球蒸馏酒的价值，每年平均超过 10 亿美元，使美国成为世界最大的蒸馏酒出口国。所以，美国对此问题自然有着极高的关注度。

实际上，菲律宾早在 1997 年便开始实施此消费税制度。其国产酒精饮料适用较低的消费税率，对进口同类商品则课征高达数十倍的消费税率。从 2004 年至 2007 年，欧盟出口至菲律宾的酒精饮料数额从大约 3700 万欧元下降至 1800 万欧元。欧盟认为该消费税制度对进口蒸馏酒征收远高于国内蒸馏酒之税率，造成对进口蒸馏酒的贸易歧视。欧盟认为菲律宾的此消费税制有违世界贸易组织的相关规定。

自 2009 年起，欧盟与美国先后对菲律宾提起协商未果，即提出成立世界贸易组织争端解决小组之请求（案件编号：DS396、DS403）。2010 年 1 月 19 日，世贸争端解决机构通过正式成立争端解决小组。澳大利亚、中国、墨西哥、泰国与台湾地区均表达第三方参与本案的意愿。由于涉及多个申诉方，根据《争端解决规则与了解书》(Understanding on Rules and Procedures Governing the Settlement of Disputes) 的相关规定，欧盟与美国关于此问题的争端解决小组应予以合并，于是世贸总理事会在同年 7 月 5 日合并争端解决小组审理此案。

本案例的关键点在于按菲律宾政府规定，凡利用本国甘蔗和棕榈糖所酿制的蒸馏酒产品，可享有较低的消费税率。因此菲律宾政府于本案中主张其税率是基于不同酿酒原料来课征不同的消费税率，而非特别针对外国商品，所以应属合理。然而，争端解决小组最终采纳美国和欧盟所提出的主张，认定菲律宾生产者使用指定原料所制造之酒精饮料，包括威士忌、杜松子酒、伏特加和龙舌兰酒等蒸馏酒，该等酒精饮料与进口之威士忌等产品，具有相互竞争之关系。依据菲律宾规定，以指定之本国原料所制造的蒸馏酒，概可适用单一低税率制，但其他大多数进口蒸馏酒产品并未使用指定原料制造，因而须适用高于前者税率 10 至 40 倍不等之较高税率。争端解决小组认定菲律宾的消费税制，构成对进口相同产品或直接竞争替代产品，课征较高税率的效果，属于歧视性待遇。

2011 年 8 月 15 日世界贸易组织争端解决小组针对菲律宾蒸馏酒案件公布其裁决报告，认定菲律宾针对蒸馏酒所实施的消费税制违反《关贸总协定》的相关规定，因其税制对进口蒸馏酒产品构成歧视性税赋措施，所以裁决菲律宾败诉。即便菲律宾消费税制措施表面上似乎保持中立性，但争端解决小组认定，该措施不当地对进口酒精饮料课征较本国同类产品为多的税额，构成歧视性待遇，因此菲律宾违反世贸组织有关国民待遇的成员义务。同时，根据世贸组织贸易争端解决机制的规定，世贸争端解决机构要求菲律宾修正其国内施行的相关消费税制，以符合相关国际规定的要求。

该诉讼可被视为欧美发达国家通过世界贸易组织的贸易争端解决机制来要求发展中国家开放市场的典型案例。在此案例中，菲律宾为保护和发展本国特色的酿酒制造业，在事实上提高了进口酒类的税率，而这恰恰是传统贸易保护主义的做法。而针对外国商品单纯提高进口税率的做法在今日的世贸组织架构下是极易招致他国申诉的，且行为意图明显，基于自由贸易的基本原则，一般专家小组也会做出有利于申诉方的判断。但若菲律宾针对此问题提出反倾销调查，或是提高技术准入标准，以及利用东盟自由贸易区的独特身份来加以处理，或许能在类似贸易争端中取得更有利的局面。

四、基于中国贸易实态的对策研究

（一）逐步强化对外贸易调查、预警机制

中国作为国际贸易大国，近年随着进出口贸易量的快速增长，在与美国、欧盟、日本等发达国家之间贸易摩擦与争端增加的同时，与一些发展中国家例如墨西哥、韩国的贸易摩擦和冲突也时有发生。中国已经成为各国新贸易保护主义的主要针对国家之一，同时也成为个别国家转嫁国内经济问题的牺牲品。2007 年以来，中国成为世界贸易组织内遭遇最多贸易争端申诉的国家，而在 2008 年经济危机后此趋势表现得愈加明显。

根据中国商务部公平贸易局数据，以 2009 年第一季为例，全球新增反倾销、反补贴调查 18.8%，其中超过三分之二涉中国产品。在 2011 年 1 月至 6 月，已有 15 个国家和地区向中国提起 60 件贸易救济调查，涉案金额高达 82.76 亿美元（2008 年中国涉案

金额仅为 62 亿美元）。实际上，自 2008 年起，中国面临的贸易摩擦数量已呈现加速递增状态。据世界贸易组织秘书处今年 5 月发布的最新数据显示，2008 年全球新提起反倾销调查 208 起、反补贴调查 14 件，中国分别遭遇 73 件和 10 件，占总数的 35% 和 71%。对中国实施反倾销的国家不仅有欧美、澳大利亚、加拿大、日本等国家，也包括土耳其、印度等发展中国家，案件涉及钢铁、鞋、玩具、轮胎、铝制品、日用品、机电、矿产、养殖品等中国在出口方面具有优势的行业。金融危机导致外需锐减的情况下，部分中国出口企业为争夺市场，竞相削价致使出口价格偏低，容易招致国外对中国企业实施反倾销调查。

基于此种情况，中国理应在密切注意新近经济危机扩散趋势的同时，对于各国的贸易政策，特别是重点出口国贸易政策及隐蔽性贸易壁垒动向给予充分的关注，保持信息的高度敏感，定期或不定期发布预警信息，建立预警指标体系。以日本为例，同样作为外贸出口大国，日本很早便开始注重建立以监控贸易摩擦为主，政府、社会团体及企业参与的预警体系，主要包括信息预警机制、法律预警机制、体制预警机制。日本的经验表明，贸易摩擦预警机制能够防患于未然，减少和避免贸易摩擦，维护本国贸易利益。

当然，中国在近些年已逐步开始着手建立类似的外贸预警机制，但与日本、中国台湾地区等的相关机制比较，还存在预警主体间分工不清、职责不明的问题，也存在政府缺位、越位现象，在提供理论指导、收集信息、发布预警和提高预警时效性以及人才支持方面有待加强。此外，现阶段预警网络建设仍以各级、各地、各部委及企业独立建设为主，缺乏一个有效的跨行业、跨区域、跨机构的全国性网络将各类预警信息汇总共享，使其能在尽可能短的时间内发挥最大功效。同时，若从国家层面出发，还应适时调整贸易政策，根据当前形势酌情制定几套相关的应变预案，防止出口贸易增长出现过度下滑，积极推动出口贸易的相对平稳发展。

（二）充分利用既有国际体系解决贸易争端

1．熟悉各类既有国际经济合作体系的游戏规则与运作模式

在贸易全球化程度日益加深的当下，自然也更容易引发国际的贸易摩擦。面对此种现实，作为世界上最大的发展中国家，中国应充分利用世界贸易组织争端解决机制以及对发展中国家的特殊条款，来化解贸易摩擦和维护自身的正当权益。在经济全球化、贸易区域一体化的时代背景下，使用共同的经贸技术语言来维持全球经济的共同发展乃是必然的选择。只有熟悉世贸组织架构下的游戏规则与技术语言才能在最大程度上保障自身的利益。

以往，一旦发生对外贸易摩擦，中国企业若不积极应诉，那就会导致在遭遇国外

反倾销调查等国际诉讼的时候显得非常被动，并引发连锁反应，进一步加剧中国对外贸易摩擦。因此，企业应熟悉相关的游戏规则，并做到积极应诉。此外，相关政府部门应根据世界贸易组织规则，进一步完善政府实施反倾销、反补贴、保障措施以及技术性贸易壁垒等方面的法律法规体系，加快与贸易摩擦相关的产业损害预警机制的建设，健全应对贸易摩擦的快速反应预案。同时，也应引进并组织一批法律等专业领域的专业性人才，运用贸易救济手段维护自身的合法权益。

2．融入相关体系，继而扩大中国自身的话语权

中国一方面可以利用在世界贸易体系中的发言权来维护中国的合法权益，另一方面要积极利用世界贸易组织争端解决机制来努力消除这些贸易歧视政策。基于此，中国应加大对欧美等国在反倾销投诉方面的法律法规以及对中国的歧视政策放在世界贸易组织规则中加以评判与研究的力度，以便尽早通过世界贸易组织架构下的各类法规和渠道来维护中国应得的正常待遇。入世后，行业标准、产品质量标准、检验标准、环保要求、价格协调规则等非关税手段将在各国贸易交往中占有极其主要的地位，然而中国在这方面才刚刚起步。中国政府、行业协会、企业都要逐步融入世界贸易组织体系，利用相关规则来保护本国行业的正当利益。

此外，也应按照世界贸易组织规则和规范市场经济体制的要求，转变政府职能，加快国有企业改革，使企业实现自主经营和自我发展，成为真正的市场主体和法人实体。在中国融入世界贸易组织多边贸易体制和区域经济一体化的过程中，进一步加快制度的调整和创新，不断推进国内市场开放，消除国内市场上存在的区域壁垒和行业垄断，建立公平、开放的市场竞争体制，推进贸易自由化，提高政策的透明度，尽快建立符合世界贸易组织规则的、完善的国内市场经济体制，继而扩大中国自身的话语权。

（三）参与多边协商机制，加快区域经济整合与自由贸易区建设

近年，随着各类区域贸易协议签署生效，使得在各区域贸易协议范围内的国家可以实行自由贸易，而对区域外国家则实行共同的关税障碍。中国应积极加入各主要自由贸易区建设，或洽签新的自由贸易协议，以规避可能遭遇的贸易壁垒，另外，虽然目前世界贸易组织多边谈判进展有限，难以建立新的多边贸易规则以彻底遏止贸易障碍的出现，但是中国仍可借助世界贸易组织的贸易争端解决机制，迫使外国取消其贸易壁垒，同时还可以联合其他国家共同争取有利的立场。2008 年末发生全球金融危机及经济风暴，全球国际贸易遭受严重打击，世界贸易组织成员国大多认为应该强化多边贸易体制以避免区域范围内的贸易保护主义泛滥。

中国周边地区和国家深入开放市场，建立经济共同体和自由贸易区，进一步扩大

同发展中国家的经济贸易往来，加强对其市场的经济研究，积极拓展中国在中东地区、非洲地区和拉美各个国家的进出口市场份额，加快区域经济一体化的步伐。区域经济整合在某种程度上可能会造成区域性的贸易保护情况。若在自由贸易区之类的进程中被边缘化，则可能遭遇事实上的贸易壁垒和区别对待，所以中国理应加快与其他经济体进行相关谈判。

从目前全球各地自由贸易区建设与区域经济整合的情况来看，实行区域经济主义的贸易保护可以充分利用该国或地区的经济资源，增加就业量，推动传统产业的科技创新，减少过度竞争，促进本国或地区的经济成长。同时，这还有利于改变发展中国家以最低和最有竞争性的价格出口本国资源性或低附加价值的产品，进一步导致低效益出口的状况，促进对资源的本国利用和生产加工，改善发展中国家的经济结构，提高经济实力，缩小与发达国家之间的经济差距。

除此之外，除非在全球化的趋势下往全球主义方向发展，否则经济区域主义与区域合作的架构下国家，也可以追求原本单一国家所 能独自实现的目标，甚至排斥区域外的国家竞争以追求国家利益。可以发现，随着上世纪 80 年代中期以来欧洲一体化的进展及其带来的经济利益，美国的政策倾向也开始从传统的多边经济主义转向地区主义。美国于 1994 年推动北美自由贸易区的建立，以及积极参与亚太地区的经贸合作，如亚太经济合作会议，在某种程度上也可以视为一种亚太地区国家面对欧盟的因应。

面对层出不穷的贸易保护与贸易摩擦，中国在短期上应完善国内的贸易救济体系，减少企业的实际损失，同时在长期上则应加速发展和生产方式转变，由依靠外贸转变为依靠内需推动经济增长，发展高技术、高附加值的关键产品，掌握核心技术和知识产权，并善用世界贸易组织的争端解决机制以及区域经济整合等方式作为因应。

（四）推进服务贸易发展，加速贸易方式及结构转型

1．服务贸易将成为新的国际贸易增长点

服务贸易是指跨国家（地区）进行服务交易的商贸活动，包括服务进出口、商业存在与自然人移动等贸易形式。随着商贸交往的愈发频密与多样化，服务贸易已逐渐与货物贸易一并成为国家贸易的重要组成部分。1980 年至 2008 年，全球服务贸易出口额从 3650 亿美元增长至 37300 亿美元。服务贸易出口额占全球国际贸易出口总额的比重也从 1980 年的 15.7% 升至 23.7%[1]。

较之传统的货物贸易，服务贸易所可能遭遇的贸易壁垒较少。另一方面，随着全球科技的高速发展，传统产业价值也在不断向服务业转移，继而使得服务贸易规模继

[1] 根据 WTO International Trade Statistics 2008 和 2009 的报告《2008 年全球贸易情况与 2009 年展望》计算。

续扩大，重要性也不断增强。未来数年中，随着全球产业结构的进一步调整，全球服务贸易结构也将进一步提升，服务贸易占国际贸易比重将进一步提高。经历新近经济危机后，全球经济一体化程度将进一步深化，以服务业为主导的新一轮国际产业转移将成为各国的重要历史机遇。事实上，目前广大发达国家在全球服务贸易中占主导地位，而其他发展中国家难以通过普通贸易壁垒方式来抵制服务贸易的输入。

所以对中国而言，如何大力发展附加值较高的服务贸易领域，在这些领域的全球竞争中占据重要位置，将是极为迫切的任务与挑战。中国在加入世贸组织后，已与全球主要国家（地区）建立服务贸易往来，尤其是金融、运输、分销、旅游、高新技术领域都有重大的发展。另以上海为例，2000 年香港服务贸易总量是上海 8.2 倍，时至 2008 年香港服务贸易总量已下降到上海的 2.3 倍。据预测，2012 年上海服务贸易总量有望达到 692.33 亿美元，2015 年达到 1241.16 亿美元，2020 年达到 3294.81 亿美元。

2．鼓励对外直接投资

中国国内企业前往外国进行产业投资将是有效规避贸易保护措施的重要方式。2000 年以后，中国对外直接投资额度大幅度上升。2010 年中国的对外直接投资首次超过日本，达到创纪录的 680 亿美元，位居世界第五，吸收外资和对外投资比例上升至接近 2：1。不过，中国目前的对外投资虽然增量极快，但仍以能源、资源行业投资为主，对制造业、服务业投资比例与量都较小。另据联合国贸发组织估计，2010 年全球外国直接投资增长 5%，达到 1.24 万亿美元，但仍比金融危机前的平均值低 15%。所以，此次全球经济的动荡，也为中国企业创造了难得的对外直接投资机遇。鼓励广大中国企业提升对外投资的质量，扩展投资产业的领域与类型，尤其是扩大在服务业的投资，将可能是刺激中国外贸增长的重要因素。

在支持重点企业展开对外直接投资的同时，还要逐步建立面向所有对外投资企业的国别市场信息、投资保障和人才培训服务体系。要从根本上解决上述挑战对中国企业开展海外投资的不利影响，都需要相关主管部门在政策和管理服务体系上做出进一步完善和创新。可能采取的具体措施例如一诸如：建立和完善符合国际标准的中国产品质量和安全标准体系；放宽中国企业海外投资国内融资及外汇信贷条件，出台企业对外投资税收支持政策，继而建立独立的对外投资担保机构；建立并不断完善中国企业对外投资及市场信息发布体系；继续推进国内重点企业“国际化”战略；建立由政府支持、市场化运作的国际化经管人才培训体系。

3．产业结构的配套升级势在必行

长久以来，中国企业多从事资源高消耗、环境高污染、资本技术密集程度低、附加值较低的产品加工、装配与制造。而这类人力密集型的产业却又非常容易遭遇外国贸易壁垒，成为各国众矢之的。所以若无法有效改变此状况，那么势必会严重影响中国企业在国际分工进一步深化进程中的全球要素资源配置能力和市场竞争力以及中国整体外贸水平。所以，中国企业的产业结构升级势在必行，唯有如此才能在国际上建立多层次、全方位的外贸市场，并在最大程度上规避可能遭遇的贸易保护措施。

从国际贸易的整体环境而言，产业结构若无法向高附加值产业升级转移，则会使生存空间愈加狭小。若能将产业结构升级过程与对外直接投资的过程相结合，则可能达到事半功倍的效果。例如通过对外投资，取得外国公司的品牌或市场渠道，并将其与中国本土企业的生产能力结合起来。这类升级方式将会成为中国企业开辟拓展全球市场，并在此基础上提升产业整体的国际分工地位和国际竞争力。

主要参考文献

【1】WTO，OECD，UNCTAD. The Reports on G20 Trade and Investment Measures（Mid-October 2010 to April 2011）[R]. Geneva：WTO，OECD，UNCTAD，2011.

【2】WTO，OECD，UNCTAD. The Reports on G20 Trade and Investment Measures（September 2009 to February 2010）[R]. Geneva：WTO，OECD，UNCTAD，2010.

【3】European Trade Policy Committee. The Seventh Report on Potentially Trade Restrictive Measures[R]，Brussels：European Trade Policy Committee，2010.

【4】European Trade Policy Committee. The Sixth Report on Potentially Trade Restrictive Measures[R]，Brussels：European Trade Policy Committee，2009.

【5】European Trade Policy Committee. The Fifth Report on Potentially Trade Restrictive Measures[R]，Brussels：European Trade Policy Committee，2008.

【6】World Trade Organization. The Report to the TPRB From the Director-General on the Financial and Economic Crisis and Trade-Related Developments[R]，Geneva：WTO，2010.

【7】World Bank. Trade Protection：Incipient but Worrisome Trends[R]，Geneva：World Bank，2010.

【8】龚柏华主编. WTO 争端解决与中国（第二卷）[M]. 上海：上海人民出版社，2010

【9】龚柏华主编. WTO 争端解决与中国（第一卷）[M]. 上海：上海人民出版社，2009.

【10】朱榄叶. 世界贸易组织国际贸易纠纷案例评，2003-2006[M]. 上海：法律出版社，2008.

第六章 国外直接投资发展动态

自 20 世纪 80 年代起，随着经济全球化进程的发展，外国直接投资（FDI）规模持续扩大，成为驱动世界经济增长的主要力量之一。2010 年受金融危机后续效应的影响，全球外商直接投资的趋势和格局出现新变化。一方面外商直接投资经历短期波动后，开始逐步恢复；另一方面新兴市场国家的地位显著提升；此外，随着绿色、可持续发展理念逐渐被重视，低碳经济成为外商直接投资的新热点。

一、2010 年全球外商直接投资总体发展态势

（一）2010 年全球外商直接投资止降回升

1. 全球外商直接投资初现缓慢复苏态势

受金融危机影响，全球外商直接投资（FDI）流入量 2008 年、2009 年连续两年呈现下滑，降幅分别达到 11.5%、32.1%，2010 年全球外国直接投资流入量小幅回升 5%，达到 1.24 万亿美元。目前，全球工业生产和贸易已恢复至危机前水平，但直接外资流量仍比危机前的均值低 15% 左右，是 2007 年高峰时的 63% 左右（图 6.1）。

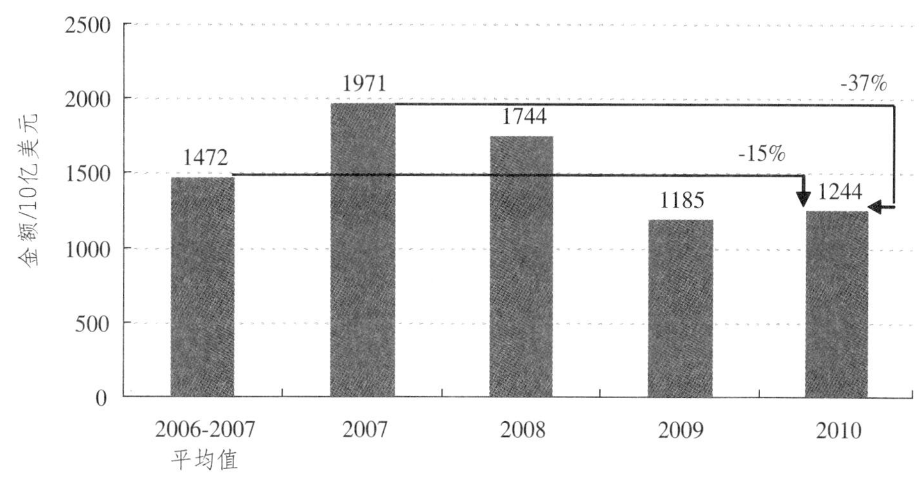

图 6.1 2007–2010 年全球 FDI 流入量情况

资料来源：联合国贸发会议（UNCTAD），WIR–2011

2010 年以后，全球 FDI 的外部环境明显改善。如：全球范围内利率处于历史低点，跨国公司流动资金状况明显好转；全球股市估值回升；政府逐渐撤出危机期间对金融和非金融公司的控股，为企业创造了新的投资机会；以及危机过后跨国公司积极进行业务重组，加大了并购活动的规模等。联合国贸发会议（UNCTAD）的《世界投资报告 2011》乐观预计，当前全球 FDI 已走出底部区间，未来将呈现持续回升的趋势。预计 2011 年全球 FDI 流入量将恢复到 1.4 万亿 –1.6 万亿美元的水平，2012 年将进一步增长至 1.7 万亿美元，并于 2013 年重返危机前 2007 年的峰值——1.9 万亿美元。

不过，世界 FDI 前景仍然存在不确定性。全球经济和金融复苏基础仍然薄弱，欧元区主权债务危机可能进一步蔓延，主要新兴经济体出现通货膨胀上升和经济过热的迹象，股票、大宗商品及外汇市场波动加剧，一些发达国家失业率居高不下等。上述因素都可能直接影响全球 FDI 的恢复进程。在科尔尼公司 2010 年对全球外商投资信心指数的调查中，48% 的受访企业选择会推迟投资项目，其中推迟 1 ~ 2 年的企业占比最大（图 6.2）。未来市场的不确定是导致投资搁置的主要原因，三分之二的受访企业对此表示认同；资金来源问题也是原因之一，包括银行信贷不足（认同的受访企业占比 29%）、公司资金流动性有问题（占比 28%）以及很难从银行之外的渠道获得信贷（占比 23%）。而寻找新市场机会、为经济复苏做准备、并购标的价格较低、削减成本等是受访企业当前进行海外投资的主要驱动力，分别有 63%、36%、32%、24% 的受访企业回应上述观点。

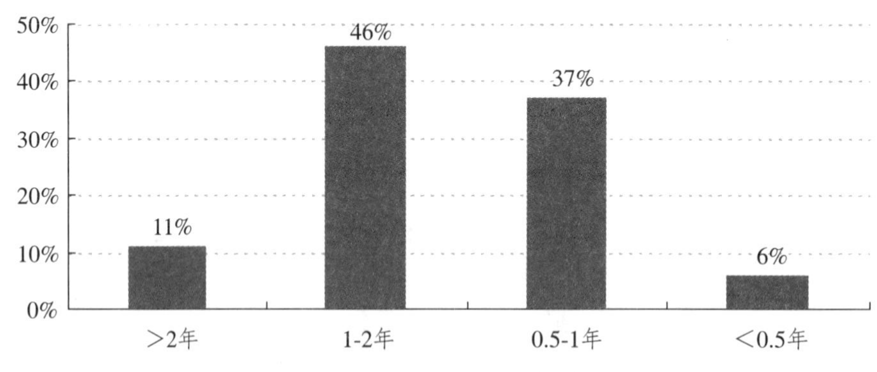

图 6.2　投资项目推迟的时间

资料来源：科尔尼. 2010 年科尔尼外商直接投资信心指数

2. 发展中国家和转型经济体首次吸引全球过半数的 FDI 流入

2010 年全球外商直接投资的回升主要受发展中国家和转型经济体带动。在发达国家，本轮经济危机的影响仍在持续，2010 年流入发达国家的外商直接投资进一步减少；

发展中国家和转型经济体经济复苏的步伐相对较快，国际生产、消费向发展中和转型期经济体转移的进程进一步加快，其作为全球外商直接投资目的地和来源地的重要性不断提升。2010 年，发展中和转型经济体首次吸引了全球过半数的外商直接投资流入，占全球外资流入量比重达 51.6%；并在 2010 年直接外资东道国前 20 排名中占据了半数席位。同时，发展中国家和转型经济体投资流出也呈现强势增长态势，2010 年合计对外投资达 3881.4 亿美元，同比增长 21%；其占到全球直接外资流出量的比重也从危机前 2007 年的 15%，升至 29.3%；在 2010 年前 20 大外商直接投资母国中占据 6 席。

从资金流入的地区分布来看，欧洲吸收的外商直接投资在发达国家中降幅最大。2010 年欧盟的外资流入量为 3046.9 亿美元，与 2009 年相比下降了 12.1%。政府为削减财政赤字实施的紧缩措施使欧洲的经济前景黯淡，再加上未来可能进一步激化的主权债务危机等问题，都阻碍了欧洲直接外资的恢复。日本的直接外资流入量也出现下跌，由于外国跨国公司大量撤资，2010 年日本外资净流入量转为负值，为 –12.5 亿美元。与此同时，由于资金的避险需求增加以及跨国公司美国子公司的利润再投资强劲复苏，2010 年美国的外资流入量出现大幅上涨，达到 2282.5 亿美元，同比增长 49.3%，但即便如此，美国吸收的外商直接投资量也仅为 2007 年峰值的一半。发展中国家中，2010 年南亚、东亚、东南亚地区及拉美地区吸引外资表现突出。2010 年南亚、东亚、东南亚地区的外资流入量上升 24%，达到 3000 亿美元。其中东盟外资流入量翻了一番以上，东亚的流入量增长了 17%，中国大陆的流入量增长 11%（表 6.1）。

从 FDI 资金流出的地区分布来看，美国仍然是全球最大的外商直接投资母国，2010 年美国的海外投资占全球对外直接投资流出量的比重 24.9%，比 2008 年提高了 5.9 个百分点。与此同时，亚洲发展中国家直接外资流出增长迅猛，2010 年南亚、东亚、东南亚地区的直接外资流出增长 20%，达到 2320 亿美元，占全球外资流出量的比重 17.5%（表 6.1）。从对外投资的特点来看，亚洲发展中国家的直接外资流出呈现出产业多样化的格局。对海外资源类项目的投资依然是亚洲发展中国家海外投资的最主要内容；同时在制造业方面，亚洲企业也在积极并购发达国家大型公司的资产；而服务业方面，来自亚洲的直接外资投资总量虽然有所下降，但是针对电信等行业的并购活动却一直在增加。

表 6.1　主要国家外商直接投资流入金额

亿美元

主要国家 / 地区	FDI 流入量			FDI 流出量		
	2008 年	2009 年	2010 年	2008 年	2009 年	2010 年
全球	17441.0	11850.3	12436.7	19105.1	11705.3	13233.4
发达经济体	9651.1	6028.3	6019.1	15412.3	8509.8	9351.9

（续表）

主要国家 / 地区	FDI 流入量			FDI 流出量		
	2008 年	2009 年	2010 年	2008 年	2009 年	2010 年
美国	3063.7	1528.9	2282.5	3083.0	2826.9	3289.1
加拿大	571.8	214.1	234.1	797.9	416.6	385.9
欧盟	4879.7	3465.3	3046.9	9062.0	3700.2	4072.5
法国	641.8	340.3	339.1	1550.5	1029.5	841.1
德国	42.2	376.3	461.3	771.4	782.0	1048.6
英国	914.9	711.4	459.1	1610.6	443.8	110.2
比利时	1420.4	236.0	617.1	1643.1	−216.7	377.4
澳大利亚	468.4	257.2	324.7	336.0	161.6	264.3
日本	244.3	119.4	−12.5	1280.2	747.0	562.6
发展中国家	6580.0	5105.8	5735.7	3088.9	2707.5	3275.6
中国	1083.1	950.0	1057.4	521.5	565.3	680.0
巴西	450.6	259.5	484.4	204.6	−100.8	115.2
印度	425.5	356.5	246.4	194.0	159.3	146.3
东南亚	469.5	379.8	794.1	251.8	338.5	422.2
新加坡	85.9	152.8	386.4	−2.6	184.6	197.4
东南欧 / 独联体	1209.9	716.2	682.0	603.9	488.0	605.8
俄罗斯	750.0	365.0	411.9	555.9	436.7	517.0
占全球直接外资流量的比例 /%						
发达经济体	55.3	50.9	48.4	80.7	72.7	70.7
发展中国家	37.7	43.1	46.1	16.2	23.1	24.8
东南欧 / 独联体	6.9	6.0	5.5	3.2	4.2	4.6

资料来源：UNCTAD，2011 World Investment Report.

3．服务业 FDI 放缓，低碳经济成为 FDI 新热点

在本次危机中，FDI 受影响最大的是服务业相关行业。流入制造业部门的直接外资已开始回升，2010 年，制造业跨界并购同比增长 218.5%，绿地投资同比增长 14.0%；制造业在全球跨国并购项目中的份额升至 35.4%，在绿地投资中的份额更是达到 52.7%，超过危机前的水平。制造业中金属和电子等经济周期敏感型产业的投资有所减少，化工业（包括制药业）继续保持了活力，而食品、饮料、烟草、纺织品、服装及汽车等行业在 2010 年有所复苏。2010 年服务业直接外资流量继续下滑。以当年价格计服务业跨界并购、绿地投资分别同比下降 9.3%、24.2%；服务业在全球跨国并购项目中的份额降至 49.0%，在绿地投资中的份额更缩水至 25.0%。主要服务业部门公用事

业、商业服务、金融、交通运输、仓储、通信业的外商投资都在下降，其中公用事业、房地产业直接外资跌幅最大（见表 6.2）。2010 年，针对初级部门的跨国并购有所增加，但绿地投资继续放缓。不过未来随着大宗商品市场的缓慢恢复，初级部门中长期 FDI 增长的趋势仍不会改变。

表 6.2　2008–2010 年全球 FDI 分行业流入量

亿美元

主要产业部门	M&A			绿地投资		
	2008 年	2009 年	2010 年	2008 年	2009 年	2010 年
全球	7065.4	2497.3	3388.4	14617.8	9522.0	8069.7
初级产品部门	531.3	291.0	529.7	4532.1	3130.8	1801.3
矿产、石油开采业	488.9	276.2	523.0	3595.6	2327.5	1394.1
制造业	2446.7	376.3	1198.6	5015.4	3728.9	4249.5
食品、饮料、烟草业	546.7	–8.0	350.1	422.4	517.3	324.0
化学、化学产品业	712.9	288.6	430.8	538.3	512.3	437.9
机械设备业	78.7	26.3	58.0	321.5	206.5	249.5
电气电子设备	324.0	18.8	64.0	517.2	468.2	635.8
汽车、交通运输设备业	102.5	–4.8	66.4	810.2	629.4	809.2
服务业	4087.5	1830.0	1660.1	5070.3	2662.3	2018.8
交通运输、仓储、通信业	3114.1	1105.5	1256.7	803.6	738.8	736.8
金融业	570.9	176.5	270.3	270.2	203.8	202.3
商业服务业	–463.4	–82.0	–44.2	96.2	93.1	83.0
占比 /%						
初级产品部门	7.5	11.7	15.6	31.0	32.9	22.3
制造业	34.6	15.1	35.4	34.3	39.2	52.7
服务业	57.9	73.3	49.0	34.7	28.0	25.0

资料来源：UNCTAD，2011 World Investment Report.

随着全球对绿色、环保、可持续发展的重视，低碳经济成为外商投资的热点领域。据联合国贸发会议估计，2008 年、2009 年、2010 年仅流入替代能源 / 可再生能源产业的绿地投资分别达到 936.44、803.31、407.21 亿美元，如果考虑到循环利用、低碳制造等其他低碳经济领域投资，以及跨国并购、非股权形式等其他外商直接投资形式，投入此领域的外商直接投资的规模会更大。未来，绿色、环保相关的投资增长空间依然很大。据一项研究，要实现《哥本哈根协议》所描述的全球气温上升的幅度不超过工业化前水平 2℃的目标，在 2010–2015 年间，全球需要每年额外投资 4400 亿美元；2015 到 2030 年，每年投资更需高达 1.2 万亿美元。

（二）区域间投资合作关系进一步加强

世界贸易组织（WTO）多哈回合谈判自 2001 年启动以来，尽管取得了一些阶段性成果，但由于其涉及议题广泛，各成员国之间利益协调困难，近来一直停滞不前。在全球范围内贸易、投资自由化难以取得新进展的情况下，通过签署自由贸易协定（FTA）、经济一体化协定（EIA）、关税共同体（Customs Union）、局部自由贸易协定（Partial Scope Agreement）等地区贸易协议（RTA），加强区域间的贸易、投资合作成为当前全球多边贸易合作体系的发展重点。据 WTO 报告，截至 2011 年 7 月，全球范围内已经实施的地区贸易协定已经达到 213 项，其中 2000 年以后生效的自由贸易协定 147 项，占 69%。另据日本贸易振兴会（JRTRO）统计，自由贸易协定对外贸活动的覆盖率，欧盟达到 73.8%、美国 34.4%、加拿大 68.4%、东盟国家在 50% ~ 60% 之间、日本 16.5%、中国 11.2%；目前全球已经形成欧盟、北美自由贸易区、东盟等 3 个主要区域经济合作组织，其中欧盟成员国对外贸易 65.1% 是在成员国之间进行，加拿大 66.4% 贸易活动（进出口）是在与北美自由贸易区成员国之间进行的（见表 6.3）。

表 6.3 主要国家 / 地区自由贸易协定对贸易活动的覆盖率

%

国家或地区		自由贸易协定覆盖率			主要贸易伙伴（出口 + 进口）	
		出口 + 进口	出口	进口	第一	第二
日本		16.5	16.3	16.6	东盟（14.0）	瑞士（1.1）
美国		34.4	40.1	30.5	北美自由贸易区（28.1）	新加坡（1.5）
加拿大		68.4	77.7	59.2	北美自由贸易区（66.4）	欧洲自由贸易区（1.4）
墨西哥		81.5	93.0	70.2	北美自由贸易区（67.6）	欧盟（8.4）
智利		90.0	88.6	91.9	中国（18.8）	欧盟（17.8）
秘鲁		57.6	51.8	64.6	美国（18.3）	中国（15.1）
欧盟	总计	73.8	75.6	72.0	欧盟（65.1）	欧洲自由贸易区（4.1）
	额外区域贸易	25.0	27.3	22.9	欧洲自由贸易区（11.9）	土耳其（3.5）
韩国		14.4	14.6	14.2	东盟（10.9）	印度（1.8）
中国		11.2	10.1	12.6	东盟（9.6）	智利（0.8）
新加坡		65.9	66.3	65.4	东盟（27.3）	中国（10.1）
泰国		55.8	52.2	59.8	东盟（20.7）	日本（14.3）
印度尼西亚		63.9	63.4	64.6	东盟（24.5）	日本（13.3）
马来西亚		60.2	59.5	61.1	东盟（25.6）	中国（13.0）
菲律宾		51.5	45.2	57.2	东盟（20.6）	日本（14.2）

（续表）

国家或地区	自由贸易协定覆盖率			主要贸易伙伴（出口 + 进口）	
	出口 + 进口	出口	进口	第一	第二
澳大利亚	28.0	20.1	35.7	东盟 （14.9）	日本 （8.0）
新西兰	45.0	43.2	46.8	澳大利亚 （20.9）	中国 （12.2）

资料来源：JETRO. 2010 JETRO Global Trade and Investment Report

此外，区域间的投资合作关系还呈现进一步加强的态势。例如：《里斯本条约》在2009年底实行之后，欧盟范围内对外商直接投资的管辖权也被从各个成员国转移至欧委会。科尔尼公司2010年对外商直接投资信心指数的调查也验证了上述趋势。在科尔尼对亚太、欧洲及北美企业投资偏好地区的调查中，除了可以看到在三地投资者投资偏好地区的前4位排名中均列入了中国、印度和美国之外，也可以发现三地投资者均更偏好对近岸地点的投资，而这一点在亚洲公司尤为明显。在亚洲公司的前10大海外投资目的地中，属本地区的有7个，分别为中国、越南、印度、香港、印尼、澳大利亚、泰国；欧洲公司的前10大海外投资目的地中，本地区占6个，除了德国、意大利、法国等老牌工业化国家外，还包括东欧的罗马尼亚、波兰以及俄罗斯等；北美公司的前10大海外投资目的地中，属北美自由贸易区的有美国、加拿大、墨西哥3家，（见图6.3）。

亚洲投资者	欧洲投资者	北美投资者
1.中国	1.中国	1.美国
2.越南	2.美国	2.中国
3.美国	3.印度	3.印度
4.印度	4.德国	4.巴西
5.中国香港	5.巴西	5.墨西哥
6.印度尼西亚	6.罗马尼亚	6.波兰
7.巴西	7.意大利	7.英国
8.澳大利亚	8.法国	8.加拿大
9.泰国	9.波兰	9.澳大利亚
10.阿联酋	10.俄罗斯	10.德国

图 6.3 投资者偏好的前 10 大地区

数据说明：下划线表示这些国家在同一个地区

资料来源：科尔尼. 2010年科尔尼外商直接投资信心指数

（三）跨国公司国际化进程进一步推进

在过去的 20 年中，全球经济环境发生了一系列变化。如：越来越多的市场、行业对外资开放，跨国间经济合作进一步加强，通信、物流等基础设施逐步完善，以及全球金融市场的发展为外商直接投资拓宽了融资渠道、融资手段。在此背景下，跨国公司的海外布局、扩张处于持续推进中。尽管 2008 年底爆发的经济危机影响了全球外商直接投资的流量，但它并未阻碍跨国公司生产经营日益国际化的进程。进入 2010 年后，随着全球经济条件的好转，跨国公司海外投资、产出均呈上升趋势。据联合国贸发会议数据，2010 年跨国公司海外子公司的销售、价值增值（Value Added）、资产、出口、雇员分别达到 32.96 万亿美元、6.64 万亿美元、57.00 万亿美元、6.24 万亿美元、6821.8 万人，同比增长 9.1%、8.3%、6.3%、18.6%、2.3%。其中跨国公司海外分支贡献的价值增值（Value Added）已经占到跨国公司整个价值链比重的 40%，比 2005 年提高了 5 个百分点，占全球 GDP 的 1/10；出口更是达到全球的 1/3。衡量跨国公司国际化程度的 3 个指标，跨国公司海外资产、海外雇员、海外销售的比重在过去几年保持持续增长。2010 年全球最大 100 家非金融跨国公司海外资产、海外雇员、海外销售的比重分别为 62%、64%、56%，比 1999 年提高 21、18、12 个百分点（见表 6.4）。

本轮的跨国公司国际化进程加快主要受以下 3 个因素推动：一是金融危机促使跨国公司结构重组，包括关闭或者出售位于母国的资产，将业务重新布局在具有成本竞争力的地区；二是新兴经济体摆脱危机，快速复苏，与之相对发达国家经济仍保持弱势，促使跨国公司开拓新兴市场，以保证盈利及业务增长；三是新兴经济体的跨国公司（包括国有跨国公司）实力增长，开始实施国际化战略，积极开拓海外市场。

表 6.4　全球最大 100 家非金融跨国公司跨国指数变化

比较指标	1994 年	1999 年	2008 年	2010 年
海外资产比例（%）	41	42	57	62
海外销售比例（%）	46	49	62	64
海外雇员比例（%）	44	46	58	56

资料来源：UNCTAD. 2011 World Investment Report

（四）跨国并购领先绿地投资率先恢复

在外商直接投资的两种主要方式中，由于跨国并购的投资周期通常短于绿地投资周期，因而其对外部经济环境的变化更为敏感，其变化总是领先于绿地投资，且波动的幅度也相对较大。在本次金融危机爆发的最初两年，由于资产价格下滑、交易机会增多，全球跨国并购曾出现过大幅的增长，2007 年全球并购规模达到 10227.25 亿美元，比此前 2000 年的历史峰值还增长了 12.98%。之后由于全球经济前景不明朗，跨国并购又出现大幅衰退。2009 年，全球跨国并购项目数量下降了 34%（交易价值收缩了 65%）。2010 年，跨国并购先于绿地投资出现反弹。2010 年全球跨国并购规模增长了 36.7%，达到 3414 亿美元，而绿地投资无论是项目数和投资金额都仍是下降状态（图 6.4）。而进入 2011 年后，受金融政策收紧、地区冲突加剧、部分欧洲国家主权债务危机加剧等影响，全球跨国并购下滑，而绿地投资恢复增长，新投资活动主要集中在自然资源及服务业等市场前景看好的行业领域。

比较 2003-2010 年期间的外商直接投资数据，绿地投资仍然是外商直接投资最常采用的方式。特别是在发展中国家市场上，据联合国贸发会议统计，2010 年发展中国家和转型经济体吸引了全球 2/3 的绿地投资流入量，而同期仅有 25% 跨国并购发生在上述国家和地区。

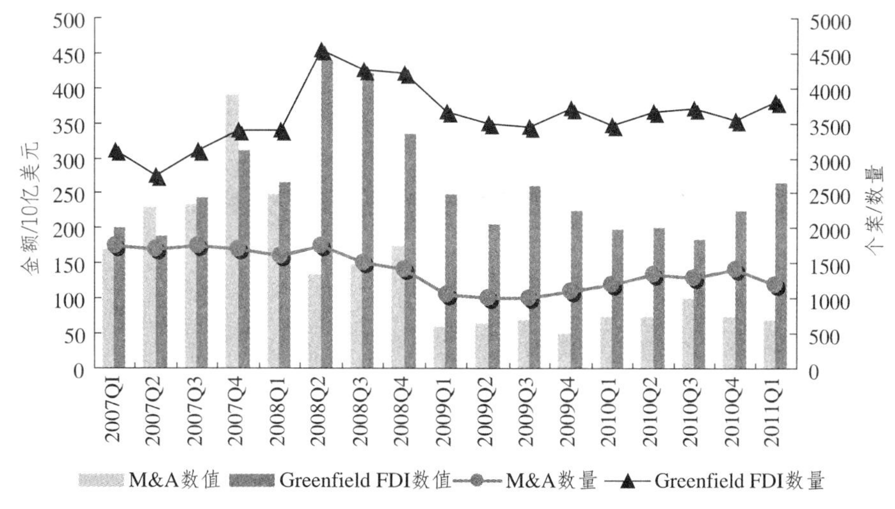

图 6.4　2007-2010 年全球跨国并购和绿地投资情况

资料来源：UNCTAD. 2011 World Investment Report

二、国内外商直接投资的总体发展态势

（一）2010 年国内 FDI 步入全面恢复阶段

1992 年以来，随着我国对外开放程度不断提高和投资环境日趋完善，外商在华直

接投资规模持续扩大（图 6.5）。整个“十一五”期间，我国外商直接投资累计达到 4260 亿美元，年均增长 11.9%，是“十五”期间的 1.6 倍，全球排名由“十五”期末的第四位上升至第二位，并已连续 18 年成为吸收外商直接投资最多的发展中国家。尽管受金融危机影响，2009 年我国外商直接投资出现短暂下滑（实际利用外资下降 2.6%），但进入 2010 年国内外商直接投资就已经步入全面恢复阶段。据商务部的数据，2010 年全国非金融领域新批设立外商投资企业 27406 家，同比增长 16.9%；实际利用外资金额 1057.4 亿美元，同比增长 17.4%，创历史最高水平。此轮外资增长的动因与以往不同，主要是受国内消费升级驱动。汽车、医疗保健等成为当前最热门的外商投资领域。如：瑞士制药巨头诺华近期宣布计划未来 5 年投资 10 亿美元，在中国建立最大的医药研发机构。

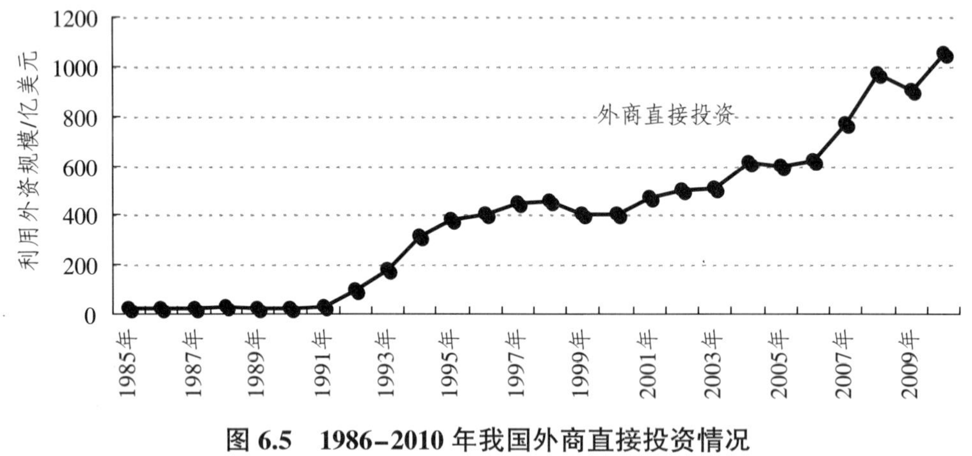

图 6.5　1986–2010 年我国外商直接投资情况

资料来源：国家统计局、商务部

外资对国民经济的贡献也持续提升。2009 年，外商投资企业的工业产值、税收、出口额、吸纳就业人数分别占全国总量的 28%、22.7%、55.9% 和 6.9%（表 6.5）。

表 6.5　2009 年外商直接投资企业对当年经济的贡献

指标属性	工业产值 / 亿元	税收 / 亿元	货物出口 / 亿美元	就业 / 万人
总量	179780	13510	6720.74	4500
比重 /%	28	22.7	55.9	6.9

资料来源：2010 年中国统计年鉴

尽管短期内中国外商投资的前景十分光明，中国依然是全球外资企业投资信心指数最高的国家，但是未来中国吸引外资仍存在不确定性，如：持续攀升的中国劳动力成本、正在进行中的产业结构升级调整等，这些均会动摇中国作为全球低成本制造基地的地位。根据近期德国工程师协会的一项调查，在中国的1600家德国企业中，目前20%正因为成本考虑而计划撤出。

（二）服务业成为当前外商投资的重点

一直以来，进入我国的外商直接投资主要流向了第二产业，其次为第三产业。不过，在我国加入WTO以后，随着服务业对外开放水平的进一步提高，我国服务业已逐渐取代制造业，成为外资投资的新热点。入世后，我国相继完成《对外贸易法》（修订）、《海商法》、《商业银行法》、《保险法》、《民用航空法》等一系列法律法规的编制和修订，为服务贸易、服务业招商引资的加快发展提供了法律基础；我国累计建立了163个双边经贸合作机制，签订129个双边投资协定，并与东盟、巴基斯坦、智利、新加坡、新西兰、秘鲁、哥斯达黎加、我国香港和澳门及台湾地区等10个国家或地区签订了自由贸易协定，对法律、公用事业、电信、视听、银行、证券、旅游等服务领域采取了具有较大开放力度的措施。2010年，国内服务业新设立外商投资企业13905家，同比增长21.3%，实际使用外资金额487.1亿美元，同比增长28.6%；同期制造业新设立企业11047家，同比增长13.1%，实际使用外资金额495.9亿美元，同比增长6%；三次产业占实际利用外资金额比重已经从“十一五”初期0.95：67.4：31.6逐步提高至2010年的1.81：50.94：47.24（表6.6）。

但相比发达国家，我国服务业外商投资依然主要集中在低端环节。国内第三产业的外商直接投资主要进入了房地产行业，近年来房地产业占全国实际利用外资的比重约为20%，占第三产业吸引外资的比重超过40%；其次是租赁商务服务业、批发和零售业等，占全国实际利用外资的比重也超过6%，而金融业和科学研究、技术服务占比则仅有1%～2%。尽管如此，金融危机以后外资对房地产业的投资力度明显下降，而对批发和零售业，以及科学研究、技术服务等领域的投资有所增加。

表6.6　2006-2010年分行业外商直接投资比重分布

%

三次产业类型	2006年	2007年	2008年	2009年	2010年
第一产业	0.95	1.24	1.29	1.59	1.81
第二产业	67.44	57.33	57.64	54.86	50.94
其中：制造业	63.59	54.66	54	51.95	46.9
第三产业	31.6	41.43	41.09	42.81	47.24
其中：交通运输仓储和运输业	3.15	2.68	3.09	2.81	2.12
信息传输、计算机服务和软件业	1.7	1.99	3	2.5	2.35

（续表）

三次产业类型	2006 年	2007 年	2008 年	2009 年	2010 年
批发零售业	2.84	3.58	4.8	5.99	6.24
住宿餐饮业	1.31	1.39	1.02	0.94	0.88
金融业	0.47	0.34	0.62	0.51	1.06
房地产业	13.06	22.86	20.12	18.66	22.68
租赁商务服务业	6.7	5.38	5.48	6.75	6.74
科学研究、技术服务	0.8	1.23	1.63	1.86	1.86

资料来源：中国统计信息咨询中心、国家统计局. 中国月度经济统计

（三）中西部地区吸收外资的比重持续提高

由于我国对外开放的渐进性，以及各地区区位环境、资源禀赋等条件的不同，跨国公司在华投资战略表现出明显的区域性特征，总体上呈现“东高西低”的格局。东部地区凭借其区位优势、工业基础、完备的基础设施和先行改革的体制优势，吸引了国内大部分的外商投资，而其中又以广东、江苏、浙江、上海、山东、福建和天津等省市外资投资的集中度最高。进入 2000 年以后，伴随着西部大开发、中部崛起和振兴东北老工业基地等国家战略的相继实施，外商直接投资在空间上出现由东向西逐步推进的态势，但整体进程仍相对缓慢。“十一五”期间有 22 个中西部省级开发区成功升级为国家级经济技术开发区；2010 年，我国东、中、西部地区实际利用外商直接投资金额分别为 898.5 亿美元、68.6 亿美元和 90.2 亿美元，增长 15.8%、28.6% 和 26.9%；东、中、西部地区吸收外资占全国的比重 85%、6.5% 和 8.5%，分别比“十一五”初期降低 5.3 个百分点、增加 0.3 个和 5 个百分点（表 6.7）。

表 6.7　2006–2010 年我国东中西部地区实际利用外资比重

%

地区	2006 年	2007 年	2008 年	2009 年	2010 年
东部地区	90.3	87.2	84.8	86.2	85.0
中部地区	6.2	7.9	8.0	7.1	6.5
西部地区	3.5	4.9	7.2	9.1	8.5

资料来源：商务部、国家统计局

（四）亚洲周边国家 / 地区是我国外资主要来源地

我国的外商直接投资来源地高度集中。2006–2010 年期间，我国实际利用外资前十位的国家和地区分别为中国香港、维尔京群岛、日本、新加坡、韩国、美国、开曼群岛、中国台湾地区、萨摩亚、德国，来自上述 10 个国家和地区的外商投资总额占同

期中国吸引外资总额的 83.2%（见表 6.8）。另外，从表 8.6 还可以发现，我国吸收的外商直接投资主要来源于亚洲周边国家和地区。在 2006–2010 年期间对华投资额排名前 5 的国家及地区中，亚洲国家地区占据 4 席，分别是中国香港、日本、韩国、新加坡，四者占同期中国吸引外资总额的 56.5%，其中中国香港 79.61%、新加坡 27.5%、韩国 14%、日本 7.26% 的对外直接投资都流入了中国内地。与此同时，欧美的重要外资流出国对华投资规模均相对较小。美国、德国、荷兰、英国、法国等均是对外投资大国，2006–2010 年期间占来华外商直接投资的比重仅为 3.16%、1.29%、0.9%、0.87%、0.75%，其中美国、德国对华投资只占本国外资流出量的 0.92%、0.85%。

外资来源地的不均衡，也在一定程度上反映了当前国内外商投资的产业结构亟待优化升级。例如：来自亚洲国家和地区的资本偏重于劳动密集型加工项目的投资；来自欧美发达国家的资本对资金和技术密集型的项目投资较多。一直以来，我国引进的外资以亚洲国家和地区以及维尔京群岛等自由港为主，尽管上述资本对我国制造业发展和经济增长起了很大的作用，但是对国内企业技术和管理等的溢出效应相对有限。

表 6.8　2006–2010 年在华直接投资前 10 位国家 / 地区的投资情况

亿美元

主要国家 / 地区	2006 年	2007 年	2008 年	2009 年	2010 年	占 2006–2010 年来华 FDI 比重（%）	占 2010 年本国 / 地区 FDI 流出比重（%）
中国香港	202.33	277.03	410.36	460.75	605.67	44.11	79.61
英属维尔京群岛	112.48	165.52	159.54	112.99	104.47	14.77	
日本	45.98	35.89	36.52	41.05	40.84	4.52	7.26
新加坡	22.60	31.85	44.35	36.05	54.28	4.26	27.50
韩国	38.95	36.78	31.35	27.00	26.92	3.63	14.00
美国	28.65	26.16	29.44	25.55	30.17	3.16	0.92
开曼群岛	20.95	25.71	31.45	25.82	24.99	2.91	
中国台湾地区	21.36	17.74	18.99	18.81	24.76	2.29	22.14
萨摩亚	15.38	21.70	25.50	20.20	17.73	2.27	
德国	19.79	7.34	9.00	12.17	8.88	1.29	0.85

资料来源：中国统计信息咨询中心、国家统计局、中国月度经济统计

（五）跨国公司高端业务在国内投资快速增加

本次金融危机发生以来，跨国公司积极推动投资、管理等高端业务向中国转移，

加快将国内的管理性公司、投资性公司升级为跨国公司的地区总部。仅以国内跨国公司地区总部最集中的北京、上海两地为例，截至 2010 年底，上海累计吸引跨国公司地区总部 305 家（其中财富 500 强企业地区总部 74 家）、投资性公司 213 家；北京累计吸引世界 500 强企业总部 41 家、跨国公司地区总部 94 家（其中世界 500 强 66 家）、外商投资性公司 190 家。根据 2011 年罗兰贝格公司联合中国欧盟商会进行的一项《欧盟企业在中国亚太地区总部调查》，在对欧盟企业设立亚太地区总部城市吸引力排行榜上，中国内地有 4 座城市排名进入前 10，分别是上海、北京、广州、深圳，其中上海更成为欧盟企业设立亚太地区总部的首选。而在上海与排名第 2 的新加坡、排名第 3 的中国香港的指标比较中，上海在接近“客户和市场”、“生产设施”配套完善、“分销渠道”、相对较低的“运营成本”等方面领先；但是在的“法律和监管环境”完善、“政治环境”稳定、“税收”负担[1]、“透明度”等方面仍落后新加坡、中国香港；而三地在“人力资本”、“商业环境”等方面已经差别不大（见图 6.6、图 6.7）。

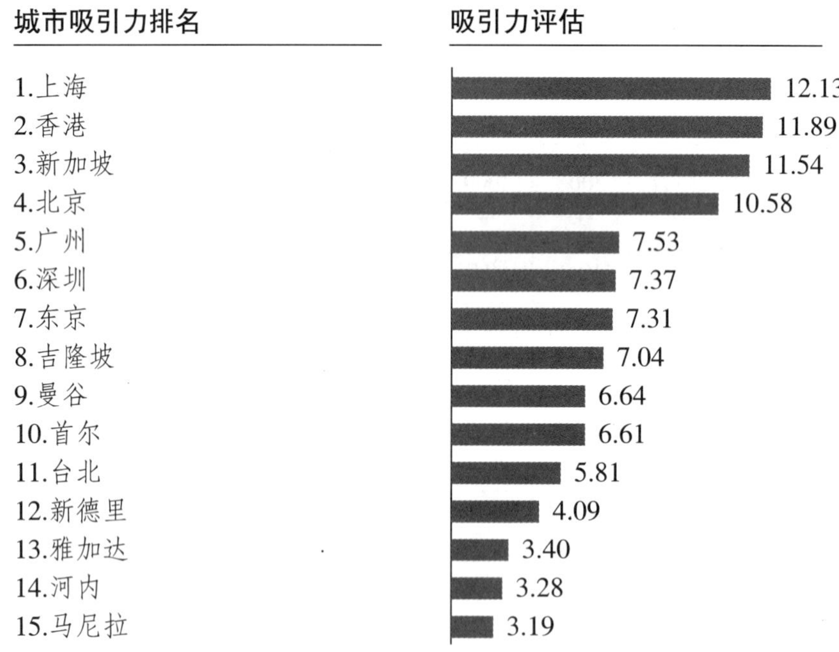

图 6.6　对设置亚太地区总部城市吸引力排行榜

资料来源：中国欧盟商会、罗兰贝格. 欧盟企业在中国亚太地区总部调查

[1] 以企业和个人所得税为例，上海对外资企业征收最高 30% 的企业所得税，大大高于新加坡（最高 17%）和中国香港（最高 16.5%）的税率水平；上海的个人所得税税率最高达 45%，也明显高于新加坡（最高 20%）和中国香港（最高 17%）。

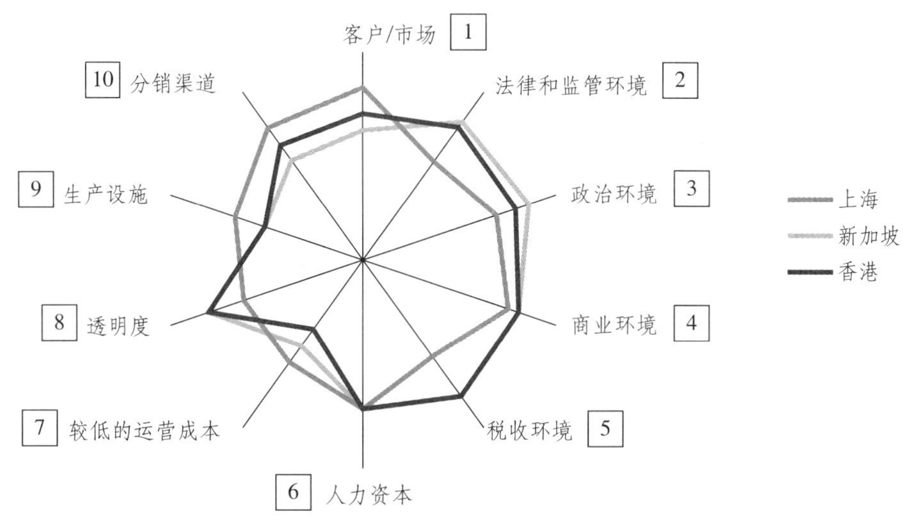

图 6.7　上海、新加坡、香港三城外资环境指标的比较

资料来源：中国欧盟商会、罗兰贝格. 欧盟企业在中国亚太地区总部调查

与此同时，跨国公司对中国业务转移，也开始从低成本制造向上游的研发业务环节升级。截至 2010 年底，跨国公司在华设立的研发中心已超过 1400 家，比“十五”末增长近一倍，成为吸引外资研发机构最多的发展中国家之一；在外资研发机构中，从事先导技术研究的比重接近 50%，已超过从事市场调研机构的比重，且超过 60% 的外资研发中心已将全球市场作为其主要服务目标。国内正在逐步形成以北京、上海、广州、深圳、苏州等为中心，专注于不同行业，辐射周边产业的外资研发机构聚集地。如：北京的跨国公司研发中心以 IT 业为主，其中以美国公司居多；上海跨国公司研发中心以化学、汽车、医药行业为主，比重超过了 50%，且母国来自欧洲的公司超过了一半；广州、深圳则以通信产业为主。

（六）外商投资的政策环境进一步改善

改革开放以来，我国逐步形成外向型的经济发展模式，经济发展对外资依赖程度较高。为应对全球金融危机爆发后国内外商投资持续下降的局面，国务院及相关部委相继出台了一系列鼓励外商投资的政策措施，我国外商投资政策环境进一步改善。

2010 年 4 月，国务院下发了《关于进一步做好外资工作的若干意见》，提出积极利用外资的一系列重要政策措施，涉及“优化利用外资结构”、“引导外资向中西部地区转移和增加投资”、“促进利用外资方式多样化”、“深化外商投资管理体制改革”、“营造良好的投资环境”等。

在 2011 年初温家宝总理所作的政府工作报告中，将“进一步提高对外开放水平”

作为今年政府工作的十大任务之一，此后相关部委相继制定了一系列具体措施。

2011年3月9日，商务部发布《关于外商投资管理工作有关问题的通知》，提出进一步深化外商投资管理体制改革。通知明确，总投资3亿美元以下的《外资投资产业指导目录》鼓励类、允许类项目，除《政府核准的投资项目目录》规定需要由国务院有关部门核准之外，都由地方政府有关部门核准；加快建立规范化的外资并购安全审查制度，在继续鼓励外资以参股、并购方式参与国内企业改组改造、兼并重组的同时，对外资依法实施反垄断审查。

4月底，新修订的《外商投资产业指导目录》完成公众意见征求，计划在年内经国务院常务会议审议通过后正式公布，新外商投资产业指导目录扩大了开放领域，鼓励外资对高端制造业、高新技术产业、现代服务业、新能源和节能环保产业等投资，同时严格限制"两高一资"和低水平、过剩产能扩张类项目。

2011年6月21日，央行营业管理部下发《关于明确跨境人民币业务相关问题的通知》，首次明晰了外商直接投资人民币结算业务（人民币FDI）试点计划的相关规定。《通知》提出，外商投资者可使用在境外获得的人民币来华投资，包括用于新设立企业出资、并购境内企业、提供股东贷款等；不过，外商直接投资人民币结算业务目前仍处于个案试点阶段，人民币外商直接投资业务试点对国家限制类和重点调控类项目暂不受理，包括金融业和房地产业。

三、日本的在华投资及震后影响

上世纪90年代，日本曾经与美国、欧盟一道被列为主导全球外商直接投资的三极，尽管近年来日本在全球外资格局中的地位有所下降，但仍是亚太乃至全球重要的外资输出国。2009年日本政府出台"新经济增长战略"，提出成为亚洲增长"桥梁国家"的发展战略，希望借助于推动亚洲市场一体化，为日本经济实现持续增长创造机会。受此政策带动，近年来日本对亚洲周边地区的产业转移再次活跃，但是其对核心基础零部件、材料、精密机械及信息制造等尖端产业集群的转移依然相对保守。2011年3月，日本东北部地区发生了里氏9.0级的大地震，地震短期内会对日本经济增长和对外投资产生负面影响，中长期来看则有助于日本产业转移的结构调整。本次地震中，日本的材料、电子信息、汽车等产业受影响较大，长期以来核心生产环节过分集中在日本本土的弊端充分显现，日本企业界开始考虑重新对产业链进行优化布局，以往被视为日本制造业核心竞争力的环节有望对外加快转移。本节通过对日本海外投资的现状及震后日本海外投资新趋势进行分析，希望对国内承接此轮日本产业转移有所裨益。

（一）日本的海外投资概况

1．日本产业输出和对外投资总体仍呈现扩张的趋势

日本的产业输出和对外投资有过 3 次高峰，分别发生在上世纪 80 年代末，主要是日元升值期间，2001 年网络泡沫破灭前后，以及2008 年全球金融危机爆发后。在2008 年，由于对美国公司金融资产等的大规模收购，使得日本对外投资达到创纪录的 1308.01 亿美元（图 6.8）。主要收购活动有：日本野村控股收购破产倒闭的雷曼兄弟公司在亚太地区的资产；日本商业银行三菱 UFJ 金融集团收购美国投资银行摩根斯坦利 21% 的股权等。进入 2009 年以后，由于海外资产回报下降，日本对外投资出现大幅回落，但总体看仍高于危机前的水平。2009 年、2010 年日本海外投资额分别为 746.5 亿美元、572.23 亿美元，分别下降 42.9%、23.3%。

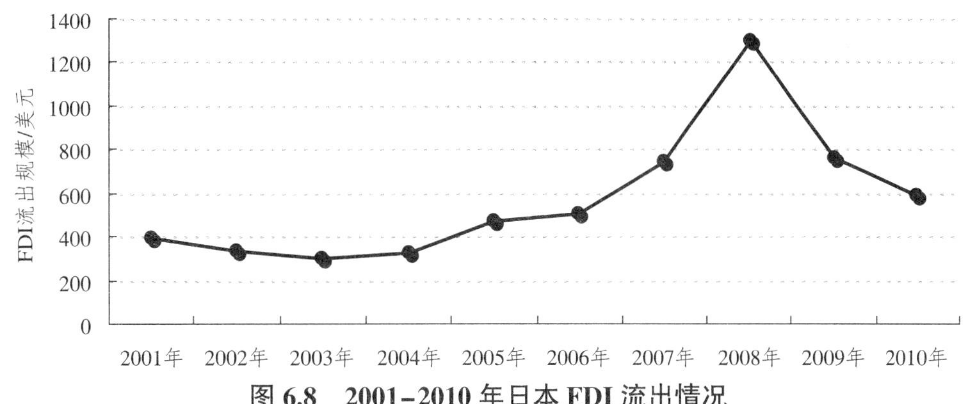

图 6.8　2001-2010 年日本 FDI 流出情况

资料来源：JETRO

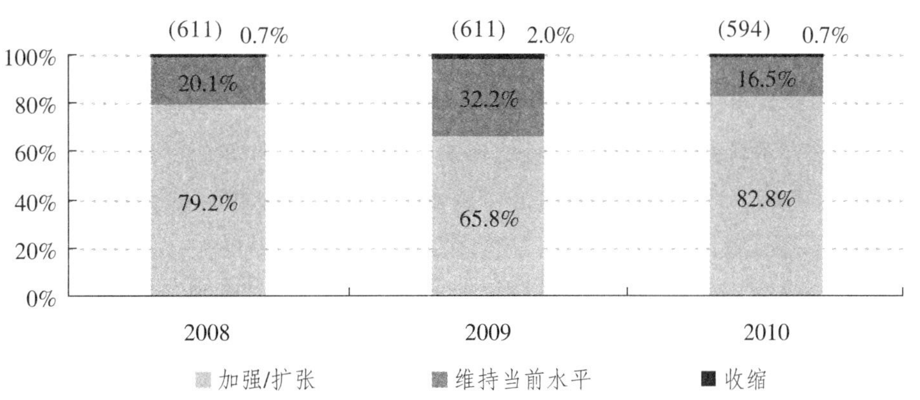

图 6.9　日本制造企业中期（未来三年）海外运营规划

数据说明：括号内为受调查公司数

资料来源：JBIC. 2010 年日本制造企业海外投资调查

与此同时，日本企业对外扩张的意愿却更加强烈。随着日本国内劳动力、资源等生产成本的逐年提升，国际上经济全球化步伐的加速和新兴经济体国家的崛起，“到海外赚钱”已经成为日本企业的普遍经营战略，根据日本国际合作银行（JBIC）2010 年对日本制造企业海外投资的调查，82.8% 的受调查企业表示未来 3 年要加强、扩大海外投资、经营，比 2009 年提高 17 个百分点，也高于本次金融危机发生前 2008 年的 79.2%（图 6.9）。

2．对外直接投资结构出现深度调整

产业结构高级化是当前一轮日本对外直接投资的重要特征，主要表现在以下几点：一是海外投资由劳动密集型向资本技术密集型转变。当前，日本在继续向外转移本国已失去竞争优势的劳动密集型产业的同时，也开始转移资本、技术密集型产业。在经济全球化深入发展的背景下，已有越来越多的日本企业开始倾向于与当地企业联手生产高端产品，并销往包括东道国在内的全球市场。据日本国际合作银行的调查，2010 年电气电子设备、汽车行业海外生产的比重已经达到 44.7%、34%（表 6.9）。

表 6.9　日本制造业主要行业海外生产比重

%

主要行业	2007 年	2008 年	2009 年	2010 年	中期（2013 年）
整体行业	30.6	30.8	31.0	31.8	35.2
化学工业	22.3	22.0	20.1	20.1	23.5
通用机械	18.7	19.7	22.5	22.8	25.7
电子电气设备	43.6	43.4	44.3	44.7	47.6
汽车	35.0	36.1	32.6	34.0	37.6

资料来源：JBIC. 2010 年日本制造企业海外投资调查

二是服务业成为日本对外投资的新增长点。从日本企业海外投资行业分布的趋势来看，传统制造行业如汽车、电子、化学等在全球的布局基本完成，近年来日本企业制造类海外投资比重正在逐渐减少，而服务业比重则显著增加。2008–2010 年间，制造业占日本海外投资比重的 36.55%，相对 1999–2001 年下降 9.38 个百分点；非制造业投资比重则由 53.58% 上升至 63.45%。其中金融保险业、批发零售类服务业、通信业占比已经超过 45%（表 6.10）。

表 6.10　分行业日本 FDI 流出量的比重

%

主要行业	1990–1992 年	1999–2001 年	2008–2010 年
制造业	28.54	45.93	36.55
食品业	1.48	10.74	5.55
纺织业	1.39	0.48	0.60

（续表）

主要行业	1990–1992 年	1999–2001 年	2008–2010 年
化工业	4.46	3.47	10.26（1）
金属业	2.09	1.92	4.10
机械设备业	2.90	2.44	9.01（2）
电气电子行业	7.39	15.64	
运输设备业	3.81	8.24	3.01
非制造业	70.23	53.58	63.45
采矿业	2.71	1.41	9.92
贸易业	11.39	7.06	
金融保险业	13.27	19.55	30.11
服务业	17.52	5.33	2.47
交通运输业	4.81	17.61	2.84
房地产业	18.96	2.15	0.53
通信业			5.88
批发零售业			9.02

数据说明：2008–2010 年相对之前统计口径有调整：（1）为化工医药行业，（2）包括通用机械、电子机械设备、精密机械 3 个行业；据 JETRO 统计口径，服务业主要包括餐饮住宿、医疗卫生和教育等综合性服务业。

资料来源：JETRO

三是海外投资由一般加工制造业向新能源产业、节能环保产业、智慧城市等高端制造业和解决方案输出转移。日本是世界上能源利用效率最高的国家之一，在新能源、节能环保等产业拥有明显的技术优势，而近年来世界范围对于环境保护、绿色可持续发展的关注，也为相关日本企业走向海外提供了广阔的市场空间。同时，推动节能环保等高新技术产业的输出也是日本的国家战略，在日本政府 2009 年出台的新经济增长战略中，明确提出向海外输出节能环保等日本领先技术，为经济增长提供新动力。目前，日本企业已经与印度及东南亚一些国家达成协议，在后者的城市建设中引入日本先进的节能和环保技术、城市和社区管理经验以及智慧城市开发设计的先进理念。

3．海外投资转向亚洲等新兴市场国家

金融危机爆发之前，日本对外投资主要集中于欧盟、美国、亚洲三大区域，其中欧盟、美国合计占日本海外投资的 1/2，亚洲地区占约 1/3（表 6.11）。金融危机爆发以后日本对外投资和产业转移的地区格局发生新的变化。对美国的投资基本维持在危机前的水平，针对欧盟的投资则大幅减少，与此同时海外投资加速流向市场潜力巨大的新兴市场国家地区，包括：中国、新加坡、印度、巴西及澳大利亚等。根据日本国际合作银行的调查，日本制造企业长期看好中国、印度、巴西、越南、俄罗斯等市场，希望借助上述国家的持续快速发展带来对日贸易和投资的极大需求，从而给日本经济注入活力。

表 6.11　2006-2010 年日本 FDI 海外投资的地区分布

百万美元

主要国家 / 地区	2006 年	2007 年	2008 年	2009 年	2010 年
中国	6169	6218	6496	6899	7252
亚洲四小龙	3893	6039	5842	5907	6902
中国台湾地区	491	1373	1082	339	-113
韩国	1517	1302	2369	1077	1085
新加坡	375	2233	1089	2881	3845
东盟	6923	7790	6309	7002	8930
泰国	1984	2608	2016	1632	2248
越南	467	475	1098	563	748
印度	512	1506	5551	3664	2864
美国	9297	15672	44674	10660	9193
巴西	1423	1244	5371	3753	4316
澳大利亚	466	4140	5232	7136	6371
欧盟	17925	19934	22939	17039	8359
俄罗斯	160	99	306	391	350
合计	50165	73483	130801	74650	57223

资料来源：JETRO

（二）日本的对华投资

1．对华投资进入稳定增长阶段

自中国改革开放以来，日本企业对华投资出现过三次高峰。分别是 1984-1985 年，中国设立经济特区和沿海开放城市以后，引发的第一次投资高潮；1992-1997 年，邓小平南行讲话之后，对沿海及经济特区的第二次投资高潮，以及 2002-2005 年由中国入世所推动的最近一轮的投资高潮。此后，日本对华投资进入稳定增长阶段。2010 年日本流入中国外商直接投资达 72.52 亿美元，成为中国第 4 大外资投资国。

在日本对中国的第三次投资高峰期，对中国的投资曾一度占日本对亚洲投资一半以上，占其全部海外投资的近 20%。近年来，日本在亚洲投资开始转向印度、东南亚等国家，中国在日本海外投资国中的地位有了一定程度的下降。2010 年，日本流入中国 FDI 占其在亚洲 FDI 的比重已从 2004 年的 55.67% 大幅下降至 32.77%，同期印度、东盟占日本在亚洲 FDI 的比重由 1.32%、38.11% 升至 13.94%、40.35%（图 6.10）。但目前为止，中国依然是日本在亚洲的最大投资对象国。

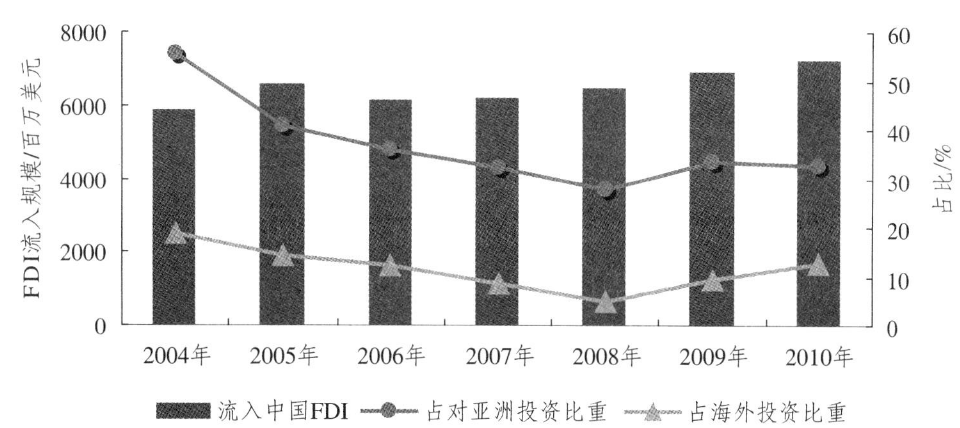

图 6.10　2004–2010 年日本对中国投资规模及比重

资料来源：JETRO

2．对华投资行业分布广泛，结构逐步升级

20 世纪 80 年代，日本企业对华直接投资主要集中在商业、服务业等非制造业部门，以及纺织、食品、木材、纸浆等制造业劳动密集型行业；自 20 世纪 90 年代起，日本对华直接投资开始逐步转向制造业；近几年随着中国国内产业结构升级及劳动力成本上升，日本对华投资产业结构也逐步高端化，先进制造业和金融保险业等现代服务业成为日本对华投资的增长点。目前，制造业占日本对华投资的比重基本在 65%–80% 的水平。制造业中机械制造（包括通用机械、电气机械和运输机械等）是日本对我国投资最为集中的部门，占日本对华制造业投资的比重约在 50% 左右；与此同时，近年来食品业日本投资呈逐年增长态势，成为日本对华制造业投资的新亮点。非制造业方面，当前日本对华投资主要集中在零售批发和金融保险两个部门。其中零售批发部门是受日本企业长期青睐的投资部门，2009 年占日本对华非制造业投资的 42.89%；金融保险业是日本对华投资增长最快的部门，2009 年占日本对华非制造业投资的 49.97%（表 6.12）。

表 6.12　按行业分日本对中国 FDI 净流入量

亿日元

主要行业	1990 年	2000 年	2005 年	2006 年	2007 年	2008 年	2009 年
制造业	237	856	5634	5670	4926	5017	4615
食品业	13	25	249	216	207	397	827
医药化学	17	72	688	551	371	467	444
金属业	20	49	417	309	601	589	337
通用机械设备业	74	95	507	594	667	741	617

（续表）

主要行业	1990 年	2000 年	2005 年	2006 年	2007 年	2008 年	2009 年
电气机械设备业	33	358	950	1487	940	1085	583
运输设备业	2	101	1137	1330	889	1019	907
非制造业	270	256	1628	1502	2378	1683	1877
运输业	1	5	46	110	95	107	59
批发零售业	4	62	534	734	642	794	805
金融保险业	4	4	597	275	1098	80	938
房地产业	14	15	141	38	202	319	71
服务业	199	167	109	115	184	137	90

资料来源：日本财务省

（三）中国吸引日资面临的挑战：与印度的比较

1．日本在华及印度投资的现况

中国和印度同为亚洲的发展中大国，在相当长的一段时间内，由于印度发展滞后于中国，日本与中国的经贸关系一直遥遥领先于与印度的经贸关系。但是，随着印度经济的快速发展和国内投资环境的改善，日本对印度外商直接投资的实际发生额与未来期望值均在逐步攀升。2005 年起日本对印度的 FDI 直线上升，2008 年达到 55.51 亿美元，与当年日本对中国 64.96 亿美元的 FDI 几乎持平。尽管金融危机以后（2009 年、2010 年）日本对印度的 FDI 有所回落，但是仍然远高于历史平均水平。与之相对应的是，2005 年以来日本对中国的 FDI 增速明显放缓。据 JETRO 数据，不考虑年度价格因素，2006–2010 年期间日本对中国的 FDI 年均复合增长率为 4.1%，同期日本对印度投资的年均增速则高达 303.3%（见图 6.11）。

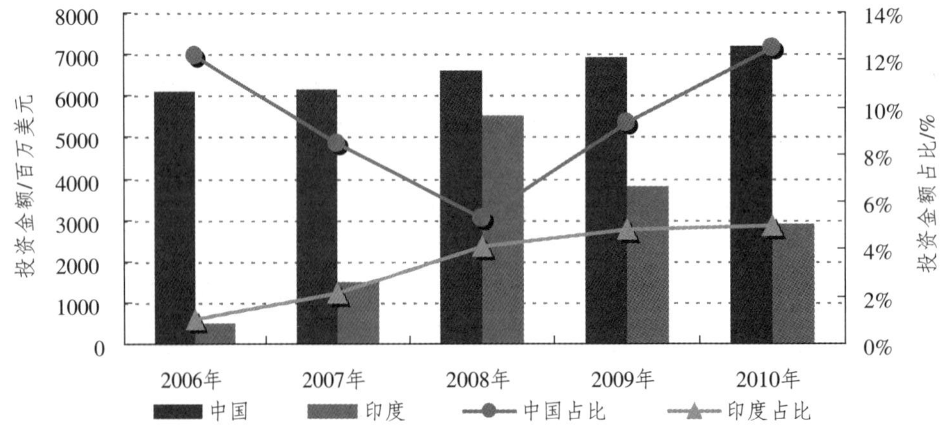

图 6.11　2006-2010 年日本对中印两国的投资比较

资料来源：JETRO

2．日本在华及印度投资的趋势

据日本国际合作银行2010年对日本制造企业海外投资国别意愿的调查，中期（未来3年）中国仍是日本企业对外直接投资的首选国，77.3%的受访日本企业将中国列为最佳投资目的地，高于排名第2的印度16.8个百分点；分行业看，多数制造行业如化工、电子零部件、通用设备等中国都被看作是最佳投资目的地，但是在汽车行业印度对日本企业的吸引力已经超过中国。而长期（未来10年）来看，日本企业认为印度将取代中国成为最具前途的海外投资目的地（见图6.12、表6.13）。

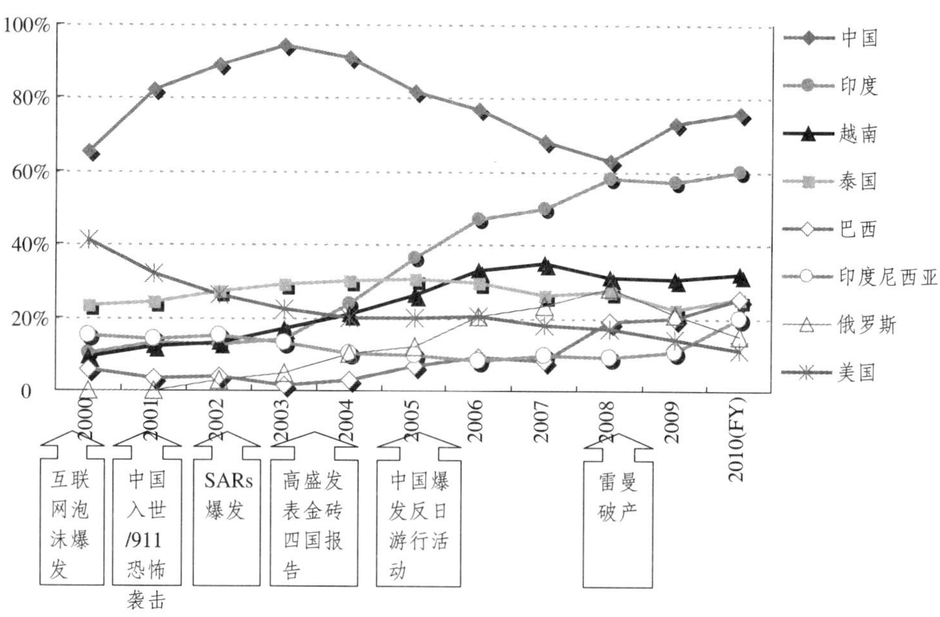

图6.12　2000–2010年度调查中日本制造企业中期最佳海外投资目的地变动情况

资料来源：JBIC. 2010年日本制造企业海外投资调查

投资动机方面，从日本国际合作银行2010年对日本制造企业海外投资的调查可以看出，日本企业对中国的直接投资主要由潜在市场增长、当前市场规模、廉价劳动力、供应链基础以及零部件、原材料成本等因素驱动。其中潜在市场增长是日本企业对中国直接投资的首要原因，2010年调查报告中有84.8%的受访企业对此表示认同，而且这一比重还呈现逐年递增趋势（2005年为80.2%）；同时中国市场的劳动力和原材料等成本优势则在逐渐衰退，认同企业比重已由2005年的62.8%、23.7%降至2010年的35.3%、18.5%。潜在市场增长和劳动力成本是日本企业投资印度的最主要原因，印度在这方面的优势已经超过中国；此外，高质量的人力资本也是印度吸引日本FDI的一

表 6.13　中长期日本制造企业最佳海外投资目的地排名

中期	长期	国家	中期	长期
1	2	中国	77.3	71.7
2	1	印度	60.5	74.9
3	4	越南	32.2	30.6
4	7	泰国	26.2	19.2
5	3	巴西	24.6	34.5
6	6	印度尼西亚	20.7	21.2
7	5	俄罗斯	14.5	24.7
8	8	美国	11.2	8.7
9		韩国	5.8	
10	9	马来西亚	5.6	4.6

资料来源：JBIC．2010 年日本制造企业海外投资调查

个重要原因，有近 20% 的日本投资者选择该选项。印度拥有的工程类技术人才总数居世界第三位，且拥有数量众多熟悉现代企业管理和国际贸易规则的管理人才。在投资障碍方面，中国目前的最大问题是不断上升的劳动力成本，此外执法体系不透明、市场竞争过度、知识产权保护等也相对欠缺；对印度投资的障碍则主要是基础设施落后，此外复杂的税收体系、缺乏投资相关信息等也存在问题（见图 6.13）。

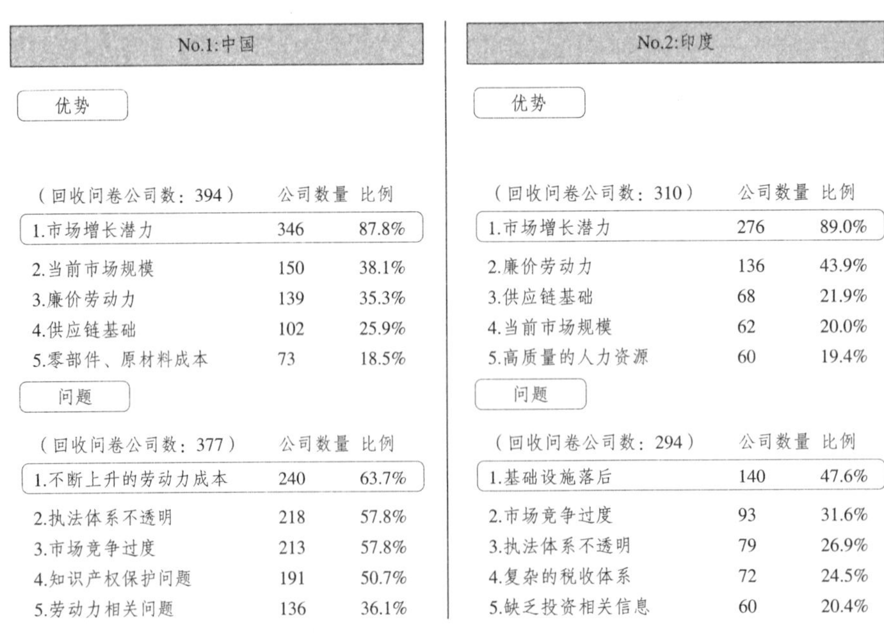

图 6.13　中国、印度吸引外资的优势和存在问题

资料来源：JBIC．2010 年日本制造企业海外投资调查

近期，日本、印度间经济合作有进一步加强的趋势。2011 年 8 月 1 日印度和日本全面经济伙伴协议（CEPA）正式生效。根据这一协议，在未来 10 年内日本将免除自印度进口的 97% 商品的关税，包括纺织品、咖喱、茶叶、木材、水产品和农产品等；印度将免除自日本进口的 90% 商品的关税；此外，印度同意给予日本投资以国民待遇，日本成为继新加坡后第二个享受该待遇的国家。

（四）大地震对于日本对中国投资的影响

1. 短期影响相对有限，中长期日本可能增加海外投资

短期，日本灾后重建需耗费大量资金，其在中国的投资可能会出现部分撤资现象，也将对国内日资及涉日企业的经营带来一定影响，但整体影响有限。一方面，2010 年日本对中国投资为 42.42 亿美元[1]，在对华投资前 10 经济体中位居第 4，占中国实际使用外资金额的 4.33%。相比较而言，日本对中国的投资占比并不大，即使日本因地震减少对华投资，其对中国外商投资的直接影响也有限。此外，日本对华投资绝大多数为优良资产，进一步下降的余地不大。JERTRO 今年 8 月公布的对震后日本企业的调查也表明，80% 左右的受访企业（包括制造企业和服务企业）表示大地震不会影响公司 2011 年的投资计划；另有 12% 的制造企业表示 2011 年将增加厂房和设备的投资，仅有 7% 的制造企业和 20% 服务企业表示要缩减投资规模，好于业界此前的预期。

另一方面，从中长期来看，地震后日本有望把更多的生产和工厂外移，中国可能会承接更多的日本产业转移。2011 年 5 月，日本经济产业省开展了“关于恢复振兴东日本大地震后的产业供应链以及产业‘空洞化’实际情况的紧急问卷调查”，对于“考虑到地震带来的直接或间接性影响，今后是否有可能加速产业供应链的海外转移”的提问，回答有可能的企业占到了 69%。索尼等领先的日本企业也表示日本企业几乎不可能继续在国内保持当前的生产水平，更多业务将被转移到海外（见图 6.14）。日本扩大海外投资的迹象已经开始显现，亚洲包括中国在内成为承接本轮日本产业转移的重要目的地。根据汤姆森路透公司的调查，2011 年上半年，日本企业海外并购项目数为 308 件，同比增长 27%；并购金额达 29495 亿日元，同比增长 59%，创历史最高纪录。从并购对象国来看，亚洲国家居多；从并购企业的业务类型来看，制造业占约 70%。

---

[1] 为商务部数据，与 JETRO 口径有所不同。

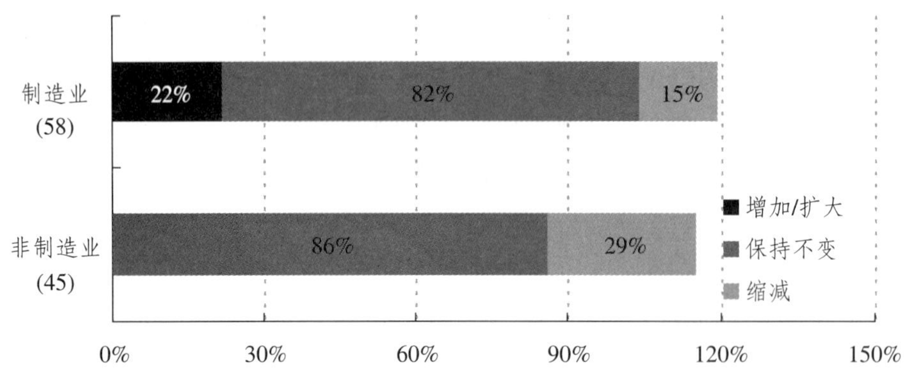

图 6.14 震后日本企业 2011 年投资计划的变动情况

数据说明：表示回应公司数

资料来源：JBIC，2010 年日本制造企业海外投资调查

2．加大核心零部件、研发等产业链高端环节海外转移

过去，日本多是采取“外延式”的产业转移方式。对外转移主要集中在高污染、低附加值的劳动力密集制造环节，一般是出于利用当地优惠政策、接近市场、降低生产成本等目的,产业链上游的关键零部件和核心技术极少向别国转移。日本长期坚持“技术立国”战略，拥有全球领先的基础零部件、材料及机械制造等的尖端产业集群，海外工厂严重依赖日本本部的关键零部件和核心技术。

在此次地震中，汽车、半导体、液晶面板、光学器材等产品全球供应链因为日本的关键零部件缺货而受到影响。企业开始逐步认识到生产过分集中在日本本国的经营风险。为了确保产业链安全、优化产能布局、降低海外工厂对日本本部的依赖性、避免竞争对手的产品替代，一些日本企业开始重新考虑生产技术的布局，加大核心零部件对外转移的力度，甚至研发总部、供应链总部、制造总部等也考虑进行转移；同时海外工厂也将向上下游延伸，逐步提高生产经营的独立性。如：震后松下电器宣布投资 100 亿日元，将智能手机关键零部件的生产转移到中国台湾省的桃园地区；日本瑞萨电子有意将车用微控制芯片生产外包给全球晶圆公司（Global Foundries）的新加坡工厂；佳能公司、尼康公司有意将高端单反相机生产线转移到中国台湾地区的台中和马来西亚；日本中小汽车零部件制造企业有意集体落户江苏丹阳[1]。

3．汽车、电子等有望成为未来日本产业转移的重点

在本次地震受到影响的几个行业中，汽车、半导体、面板等行业由于在国际市场

[1] 在日本贸易振兴机构（JETRO）协助下，计划投入 15 亿日元，兴建日本汽车零部件产业园，5 年吸引 400 家日本零部件生产企业入驻。

上日本企业不具备绝对的竞争力，震后其市场份额受到来自中国、韩国、中国台湾地区等竞争对手侵蚀的威胁最大，有望成为日本未来产业转移的重点（见表 6.14）。

表 6.14 地震对日本主要产业影响及震后产业转移情况

产业	说明	受影响程度	震后转移情况
电子元件产业	日本是全球电子元件，特别是高端元件的主要生产国。2010年，日本企业在全球芯片电感、固态电容、陶瓷电容等的产值份额都在 50% 以上。	接近一半左右的日本本土电子元件产能处于地震影响地区，缺电影响产能恢复。	
液晶面板产业	日本液晶面板的产能约占全球的 15% 左右；但玻璃基板、彩色滤光片、偏光片、液晶材料等上游关键材料占据绝对主导地位。其中玻璃基板产量约占全球的 60%，拥有旭硝子、电气硝子、板硝子等企业；滤光片产量约占全球的 65% 左右，拥有凸版印刷和大日本印刷两家全球最大滤光片企业；偏光片产量占全球的近 50%，拥有日东电工（全球最大的偏光片厂）、住友化学等企业；高档液晶材料产量占全球的近 40%，拥有 Chisso 和 Rodic 两大企业。	日本 LCD 产业主要分布在日本中南部东、西沿海，受地震影响相对较小。	日立显示器公司向台湾奇美电子外包面板生产；松下洽谈向上海转让等离子生产线。
半导体产业	日本是全球第二大半导体生产国；拥有全球最大的半导体硅片生产产能，信越、SUMCO 两家公司合计占全球市场份额的 60% 以上。	受地震影响地区的芯片制造产能约占日本半导体总产能的 20%，占全球总产能的 4% 左右，主要是逻辑 IC、模拟 IC；半导体硅片生产受影响较大。	瑞萨电子公司计划在 2013 年前将芯片生产外包率由之前的 8% 升至 25%。
汽车及汽车电子产业	日本是继美国之后，全球第二大汽车及零部件生产国。2010年日本汽车电子产业规模占全球的 30% 以上，电装和爱信精机分别是全球第二和第五大汽车电子企业。	受地震影响最大的东北地区是日本重要的汽车出口基地，其中汽车电子产能约占本土总产能的 18% 左右。	在日本贸易振兴机构（JETRO）协助下，日本中小汽车零部件制造企业有意集体落户江苏丹阳；日产计划 2013 年还要把跨界休旅车 Rogue 的生产从九州转移至美国密西西比州的坎顿。

（续表）

产业	说明	受影响程度	震后转移情况
电子材料产业	日本拥有领先的电子材料生产技术，全球市场的占有率超过七成，许多电子材料皆由日本厂商所主导。	多数电子材料生产集中在关西、九州岛、四国等地区，受本次地震影响较小；但部分材料生产集中在震区，受影响较大。如：日立化成的异方性导电胶（全球占有率超 50%）、锂电池负极材料；JX 日矿的压延铜箔（全球占有率达 75%）；三菱化学的电池用电解原料 EC 等。	松下计划关闭兵库县电池生产工厂，将生产设备转至中国。计划投资 100 亿日元在苏州三洋厂附近建新厂，并追加 50 亿日元更新北京三洋厂设备，到 2015 年将中国内地产能提高到全球的 50%。
精密机械	日本是全球领先的机械设备生产国，并是全球机械设备关键零部件重要来源。	半导体光刻设备、人工肾脏透析设备（全球第二）等生产集中在震区，受影响较大。	
石化产业	东北部是日本重要的重化工基地。	东北部千叶区域约有 273.5 万吨的乙烯产能受影响，占日本总产能的 35%。	

资料来源：上海科学技术情报研究所（ISTIS）分析整理

主要参考文献

{1} 联合国贸发会议．World Investment Report 2011[R]，2011-09

[2] 罗兰贝格，中国欧盟商会．2011 年欧盟企业在中国亚太地区总部调查 [R]，2011-04.

[3] 科尔尼．2010 年科尔尼外商直接投资信心指数 [R]，2011.

[4] JETRO．2010 JETRO Global Trade and Investment Report[R]，2011.

[5] 中国统计信息咨询中心．中国月度经济统计 [EB/OL].

[6] 日本国际合作银行．2010 年日本制造企业海外投资调查 [R]，2011.

第七章 国际投资环境现状及趋势研究

国际投资环境是指外国投资者在一国进行投资活动整个过程中各种条件的综合。广义国际投资环境包含自然资源、经济状况、政治法律和社会文化4大因素，狭义的投资环境特指投资的经济环境，包括经济发展水平、经济政策、基础设施、汇率及外汇制度、商业环境、投资政策等。2010年，在全球经济复苏的同时，日本核电事故、北非政治动荡、发达国家债务危机及新兴国家通货膨胀交替上演，给长期乐观、方才回暖的投资环境带来很大的不确定因素及区域不平衡性。本章首先介绍全球国际投资环境的总体现状与发展态势；其次，选择具一定代表性的三个国家，围绕影响国际投资环境主要因素进行比较研究。

一、国际投资环境总体态势

（一）国际投资环境改善，未来仍充满挑战

随着世界经济复苏，国际投资环境逐渐改善。2010年全球国内生产总值（GDP）增长5%，外国直接投资（FDI）同比略微提高了5%；国际货币基金组织（IMF）预计2011–2012年全球国内生产总值增长在4.5%左右，联合国贸易和发展会议（UNCTAD）估计2011年外国直接投资将恢复至危机前水平，如果现存的若干风险不会引发全球经济的意外震荡，2013年全球外国直接投资接近2007年时最高值。从各国促进外资投资自由化与便利化政策面而言，2010年全球已报告的投资政策措施中三分之二利于外国直接投资自由化和便捷化，特别是亚洲，放宽了外国投资者入驻条件；2011年1–4月统计数据显示，全球共有32个经济体，主要是亚洲国家，推出41项与外国投资有关的政策措施中的29项致力于改善投资环境，内容涉及准入规则、投资促进及便利化，其他相对限制外国投资的政策措施主要是加强了对金融服务领域的限制。

尽管外国直接投资同比增长，但仍比危机前（2005–2007年）均值低了15%。发达国家市场经济复苏存在不确定性，其经济体增长依然疲软，财政和金融部门失衡风险不减，美国经济活动弱于预期，标准普尔首次将其主权信用评级下调至AA+；尽管德国和法国投资增强使欧元区增长好于预期，但欧元仍然笼罩在主权债务危机阴霾中；日本核电危机对其复苏中的经济造成了重创；此外，许多新兴经济体的过热迹象日益

明显，通胀风险仍然企高；2010 年已报告的投资政策措施中有三分之一属于投资监管和限制措施，集中于自然资源为基础的产业及金融服务业，此外，美国等加强了部分行业直接外资进入审查程序，增加了投资保护主义的风险，均使国际投资环境充满挑战。

（二）发展中与转型经济体投资环境渐优

从 2010 年外国直接投资流向来看，发展中及转型经济体吸引外国直接投资总量首次超过全球半数，流出量也达到历史最高值，且大部分面向其他发展中国家；最不发达国家、内陆发展小国等直接外资流入持续下降；发达国家直接外资流入量仍远低于危机前水平[1]。这在一定程度上表明，发展中及转型经济体的国际投资环境逐步得到改善。一些对国际投资具有指导性的排名也较为一致地指出，全球范围内，尽管先进经济体投资环境仍然整体占优，但是发展中与转型经济体投资环境改善明显。

从实际应用指标化的角度，主要有三类评测一国国际投资环境的排名，包括投资环境风险度、全球竞争力及商业环境排名。美国商业环境风险情报公司（Business Environment Risk Intelligence，BERI），世界经济论坛（World Economy Forum，WEF），瑞士洛桑国际管理与发展研究院（International Management and Development，IMD），经济学人研究中心（Economics Intelligence Unit，EIU）及美国传统基金（The Heritage Foundation）等给出的投资环境、竞争力及商业环境排名均显示，瑞士、美国、德国、瑞典等发达经济体基本占据了排名的前 10 位（见表 7.1），同时 5 个排名中未列出的部分加数号总体也显示出发展中与转型经济体的投资环境在不断改善，在风险因素、竞争力及商业环境各方面逐步提高。

表 7.1　2011 年投资环境风险度、竞争力、商业环境排名

排名大类	风险度	竞争力		商业环境	
投资环境评价体系 / 排名	投资环境(1)（2011 年，对 50 个经济体投资环境排名）	全球竞争力（2010–2011 年，对 139 个经济体）	世界竞争力(2)（2011 年，对 50 个经济体）	商业环境预测（2011–2015 年，对 82 个经济体）	经济自由度（2011 年，对 183 个经济体）
1	新加坡	瑞士	中国香港、美国	新加坡	中国香港
2	瑞士	瑞典		瑞士	新加坡
3	挪威	新加坡	新加坡	中国香港	澳大利亚

[1] 具体数据可以参见第六章“国外直接投资（FDI）发展动态”。

（续表）

排名大类	风险度	竞争力		商业环境	
4	中国台湾	美国	瑞典	加拿大	新西兰
5	荷兰	德国	瑞士	瑞典、芬兰	瑞士
6	奥地利	日本	中国台湾		加拿大
7	德国	芬兰	加拿大	澳大利亚	爱尔兰
8	日本	荷兰	卡塔尔	丹麦	丹麦
9	芬兰	丹麦	澳大利亚	新西兰	美国
10	瑞典	加拿大	德国	荷兰、中国台湾	巴林
中国大陆排序[3]	13（15）	29（27）	19（18）	45	135（140）
备注：（该排名涉及因素）	运营风险；政治风险；兑换风险；	基础设施；经济表现；商业能效；政府能效；	制度；基础设施；宏观经济；健康及初级教育；高等教育与培训；商品市场效率；劳动力市场效率；金融市场效率；技术装备；商业成熟度；创新；	政治环境；总体环境；市场机会；民间企业及竞争政策；外国人投资政策；外贸及外汇政策；租税政策；金融政策；劳动市场；基础建设；	商业自由度；贸易自由度；投资自由度；货币自由度；金融自由度；关税；腐败；劳动力自由度；个人所得税；企业所得税；知识产权；政府开支；

数据说明：（1）美国商业环境风险情报公司投资环境排名每年 4 月、8 月、12 月共 3 次；（2）瑞士洛桑国际管理与发展研究院排名跨年；（3）表示，在此排名中，中国大陆上一年的排序。

资料来源：上海科学技术情报研究所（ISTIS）分析整理

（三）不同行业领域的国际投资环境发展不平衡

随着 2009 年下半年全球投资复苏及跨国企业全球优化部署战略的进一步推进，在不同的产业及行业领域，各国投资环境表现不平衡。2010 年国际商用机器有限公司（International Business Machine，IBM）公布了不同领域各经济体国际投资环境排名（见图 7.1）。该排名根据国际投资在目的国所创造的就业岗位数量，在不同产业及行业中，对各国家投资环境吸引力进行排名。在商业支持服务领域，各经济体整体投资活跃度上升，2009 年菲律宾以更低的劳动力成本与同质的商业环境，在诸如人力资源及决策支持等企业共享服务中心竞争中，首次取代一贯领先的印度；中国在该领域排名迅速上升 8 位，南非、斯里兰卡等国也表现得非常活跃。在制造生产领域，各经济体整体活跃度在下降，尤其是传统制造业投资目标国金砖四国及中东地区；另一方面，美国以其投资安全性、墨西哥以其市场规模，受到了制造业投资的青睐。在研发领域，受经济恢复前景不明朗的影响，印度、中国合作研发项目在减少。

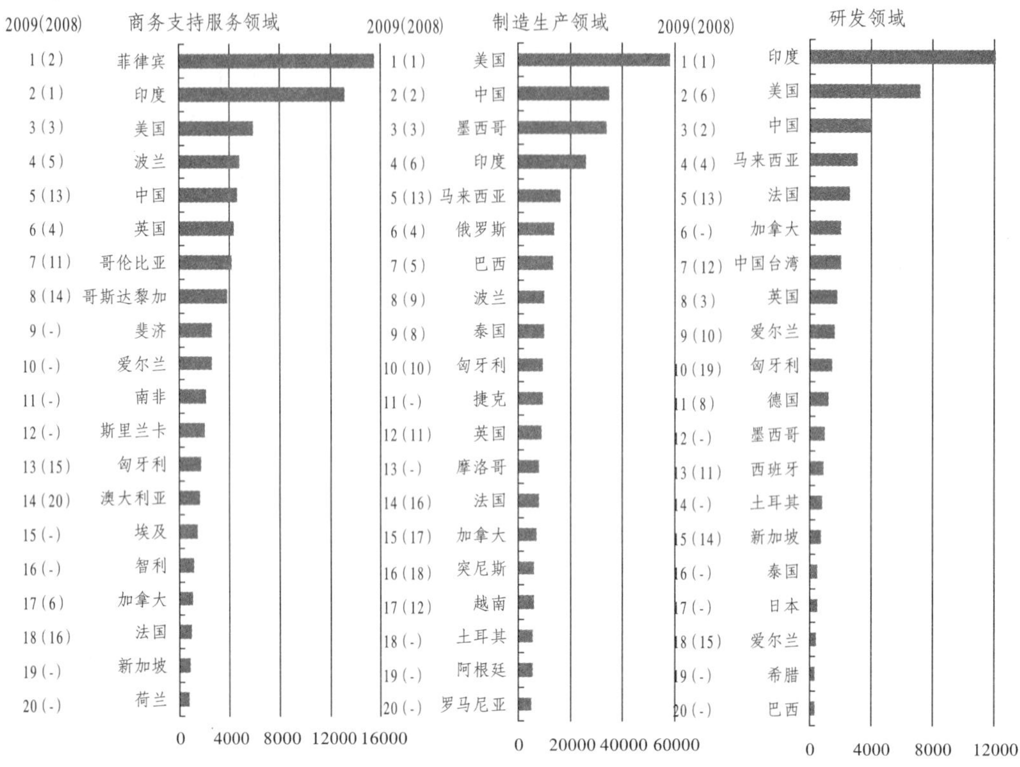

图 7.1 各领域目的国所创造就业岗位数排名

资料来源：国际商用机器有限公司（IBM）；上海科学技术情报研究所（ISTIS）分析整理

（四）各国调整产业政策，平衡吸引投资需求与国家长远利益

随着经济复苏，各国也在不断战略性调整自身的投资环境，以平衡吸引投资需求与国家长远利益，强调投资者的义务和东道国权利的平衡，包括企业的社会责任、公司治理。一方面，一些以国内资源优势吸引国际投资的国家，开始强调保护资源及自身产业，非洲和拉美一些发展中国家与国外资源开采企业重新谈判，争取收益分配利益，其中如委内瑞拉实行重新将资源收归国有，2011 年正式将国内金矿收归国有“将黄金开采、管理行政复议法，还有其他相关活动收归国有的自然法”，以强化国家独立和经济独立，防止国家自然资源非法开采。另一方面，一些发达及新兴经济体开始重新强调产业政策，加大扶持本国企业和保护重要产业，以免重蹈金融危机覆辙。瑞士国际管理与发展研究院给出的 2011 年世界竞争力指数（World Competitive Index，WCI），通过 59 个国家经济表现、政府能效、商业能效及基础设施的综合分析，认为随着新兴国家商品、货运价格、劳动力成本的上升，各国正在加大对本国内需的拉动，越来越强

调重新调整产业及对外出口，对于产业转移去本地化更为慎重。

二、不同经济体的国际投资环境

不同经济体的国际投资环境存在一定的差异，本节选择美国作为发达经济体的代表、新加坡作为新兴市场国家的代表，巴西作为转型经济体的代表，分别进行个案国别分析。

（一）美国的国际投资环境

美国是全球最发达的经济体，也是吸引外资最多的国家，相比其他经济体，其国际投资环境优势在于更大的市场规模、更强的创新能力及高效的商业环境。

1．美国的国际投资发展简况

2010 年外国直接投资总量超过先进经济体平均水平，宏观经济面也有所改善；目前为刺激经济复苏，美国正致力于振兴其制造业、加大出口及拉大内需，对外国直接投资带来一定程度的限制，同时其与投资环境有关的投资风险有所增加，国际竞争力及经济自由度方面略有下降。

与先进经济体外国直接投资总量微跌不同，2010 年美国吸引外国直接投资同比增长 49.3%，而与金融危机前水平相比，总量仍有一定差距，低于 2008 年危机时最高水平 25.5 个百分点；2010 年美国通货膨胀率保持在 1.6% 低位水平，国内生产总值止跌回升，同比增加 2.9%，超过了危机前水平，国际货币基金会预计 2011、2012 年其国内生产总值增长率分别在 2.5%、2.7% 左右。

2．美国的国际投资环境总体评价

美国经济复苏仍存在不确定性，与投资环境相关的投资风险、竞争力及经济自由度方面的排名，略有下降。由于政府开支不断增加，国家债务缺乏有效控制措施，贸易保护主义政策倾向有所抬头，进口限制增加等，美国传统基金会对其经济自由度总评分有所下降（见表 7.2），商业自由度、贸易自由度及政府支出项目评分降低，投资自由度持平；在世界经济论坛全球竞争力排名从 2009-2010 年的第 2 跌至 2010/2011 年的第 4 位，除宏观经济面有所改观、市场规模及创新保持全球第一外，其他 9 项指标均不同程度下降，从与发达经济体横向各因素（见图 7.2）比较来看，其在市场规模与创新方面具有更大的优势，利于吸引外国直接投资及拉动内需，以促进经济发展；鉴于其兑换风险与运营风险有所增加，美国商业情报公司在 2011 年第一次投资环境排名中将其排名下调了一位，名列第 13 位；美国仅在瑞士洛桑世界竞争力指数中，凭借其在商业效率中的优势排名提升 2 位至第 1。

表 7.2　2011 年美国与投资环境有关经济自由度、竞争力及投资环境细分排名一览

经济自由度	2010	2011	全球竞争力（GCI）	2009–2010	2010–2011	投资环境	2010 年 4 日	2011 年 4 日
评分（第 9）	78.0	77.8	总排名	2	4	总排名	12	13
商业自由度	91.3	91.0	制度	34	40	营运风险	12	10
贸易自由度	86.9	86.4	基础设施	8	15	政治风险	8	8
财务自由度	67.5	68.3	宏观经济	93	87	汇兑风险	20	21
政府支出	58.0	54.6	健康及初级教育	36	42			
货币自由度	78.1	77.4	高等教育及培训	7	9			
投资自由度	75.0	75.0	商品市场效率	12	26			
金融自由度	70.0	70.0	劳动力市场效率	3	4			
知识产权保护	85.0	85.0	金融市场发展	20	31			
腐败透明度	73.0	75.0	技术储备	13	17			
劳动力自由度	94.8	95.7	市场规模	1	1			
			商业成熟度	5	8			
			创新	1	1			

资料来源：上海科学技术情报研究所（ISTIS）分析整理

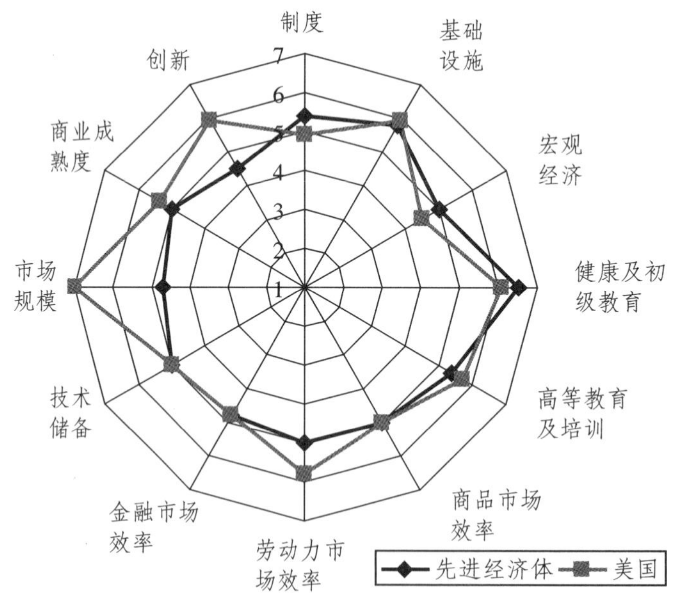

图 7.2　2010–2011 年美国全球竞争力（GCI）12 因素与全球先进经济体平均水平比较

3．美国的国际投资环境：非经济因素

（1）自然及文化因素

美国是一个地域广阔、自然资源丰富、文化多元的移民背景国家。其本土位于北美洲中部，东西分别与大西洋、太平洋相邻，南北分别与加拿大、墨西哥及墨西哥湾相接壤；除本土外，阿拉斯加州位于北美大陆西北方，东接加拿大，西隔白令海峡与俄罗斯隔海相望，夏威夷州是太平洋中部的群岛；此外，美国在加勒比海及太平洋海域拥有多个自治联邦及海外属地自治联邦，包括波多黎各、北马里亚纳群岛、关岛、萨摩亚及美属维尔京；美国气候类型多样，大部分地区属于大陆性气候，南部属亚热带气候；美国农业、矿产及林业资源丰富，主要农畜产品如小麦、玉米、大豆、棉花、肉类等产量居世界第一位，能源类煤炭储量第二，石油资源世界第七，矿藏丰富，部分战略性矿藏如钛、锰、锡、钴、铬、镍等主要依赖进口，森林覆盖率全球第三，植物与动物种类丰富。

美国国土总面积985.5318万平方公里，是人口总数第三大的多人种移民国家，通用语言为英语。2010年普查结果显示其人口总数达3.087亿，主要是英国移民、拉美移民、非洲移民及法国移民后代；移民背景及多人种的人口结构形成了多元、开放、包容的美国文化；绝大多数美国人具有宗教信仰，超过半数美国人信奉基督教新教，其次是天主教和犹太教。美国教育普及率非常高，2009年美国中学阶段净入学率为88%，高等教育总入学率为83%。

（2）政治因素

美国是由50个州和一个联邦特区组成的联邦共和立宪制国家，国内有两大主要党派：民主党与共和党，实行行政、司法、立法三权分立制度。美国国内政治较为稳定，在美国商业环境风险情报公司投资环境排名中，其政治风险评估始终保持全球第8位的水平；其政府廉洁程度位列《2010廉洁度指数》中第22位，较为廉洁，相比新加坡、瑞典、芬兰仍有差距；在瑞士洛桑国际管理与发展研究院的世界竞争力排名中指出，在拉动经济发展方面，其政府能效低于商业能效。美国政府在外交政策上采取制衡态度，与北约等盟国外交关系紧密，国际立场在相当程度上保持一致。

4．美国的国际投资环境：经济因素

美国整体经济基础雄厚，投资环境自由，基础设施建设完善，商业环境高效。从第二次工业革命开始，美国形成了以重工业为主体的工业结构及巨型企业依靠技术设备及资金优势对市场的控制，同时也开启了政府干预经济控制市场垄断，此后，伴随着每一轮经济滞涨与危机，美国政府不断调整其对经济“干预”及“放任”程度。为加快走出此轮金融危机所带来的经济困局，奥巴马政府采取了较强的经济干预措施，在产业结构及投资相关政策方面做了调整，以振兴国内制造业，增加对外出口，拉动国内需求，刺激经济恢复，这一举措给美国国际投资环境带来了一定影响。

（1）产业及投资结构

美国经济以服务业为主导，相比服务业，制造业走精简高端路线，农业出口量大，但所占比例很小，市场规模较大。1998–2010 年美国服务业增加值总体稳步增长，占国内生产总值从约 66% 增长至 68% 左右，而制造业增加值从近 22% 不断下降至 18% 左右（见表 7.5）。2009–2010 年美国推出了一系列振兴制造业政策措施，以加快经济复苏、降低失业率、保持清洁能源经济领先地位，包括 2009 年 1 月经济恢复和再投资报告将能源、教育、健康和基础设施建设列为最重要的领域，设立“只买美国制造”（Buy American）条款，规定或鼓励购买美国制造产品；2010 年 3 月，美国总统签署《国家出口倡议》，正式推出出口振兴计划，力争在未来五年时间内使出口增长一倍，并在美国创造 200 万个就业机会；2010 年 8 月总统签署的《美国制造业提升法案》，加强制造业产品竞争力，促进创新及出口；支持高端清洁能源技术研发及商业化制造，并鼓励使用本土零配件及雇员等等。在经历 2009 年宏观经济指标探底后，2010 年美国国内生产总值、制造业、服务业增长纷纷提速（见图 7.3），制造业复苏势头强劲，超过服务业达到3.2%,其2010年私人消费支出占到国内生产总值的70.6%,出口增长了13%以上，制造业产品出口占到 86.1%，同比增长 20%。

表7.3　1998-2010年美国制造业与服务业占GDP百分比

年份	制造业	服务业
1998	21.51%	65.99%
1999	21.08%	66.59%
2000	20.98%	66.81%
2001	19.95%	67.65%
2002	19.30%	67.99%
2003	19.21%	67.91%
2004	19.71%	67.59%
2005	19.77%	67.68%
2006	19.81%	67.74%
2007	19.59%	67.89%
2008	19.13%	67.96%
2009	17.68%	68.70%
2010	18.13%	68.47%

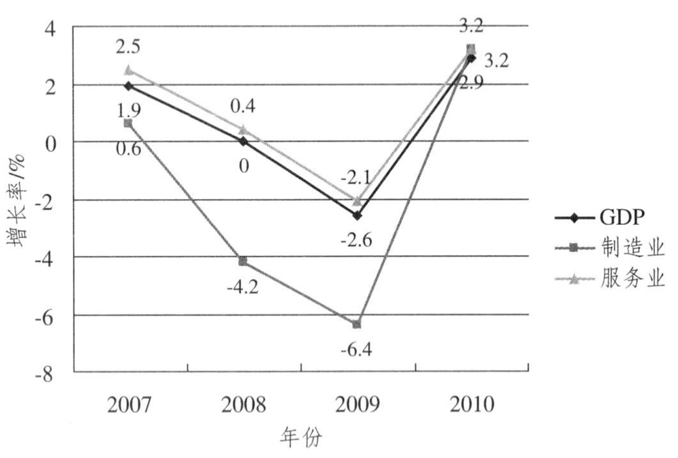

图7.3　2007-2010美国GDP、制造业、服务业增长率

2003–2010 年美国吸引外国直接投资基本流向制造业及服务业中的批发贸易、零售贸易、信息、储蓄机构、金融（不包括储蓄机构）和保险、房地产和租售、专业 / 科技服务及其他产业（见表 7.4）；总量与占比和美国产业结构基本保持一致（见图 7.4），整体上服务业所吸引外资比例高于制造业；2008-2010 年，制造业吸引外国直接投资比例上升，服务业下降。

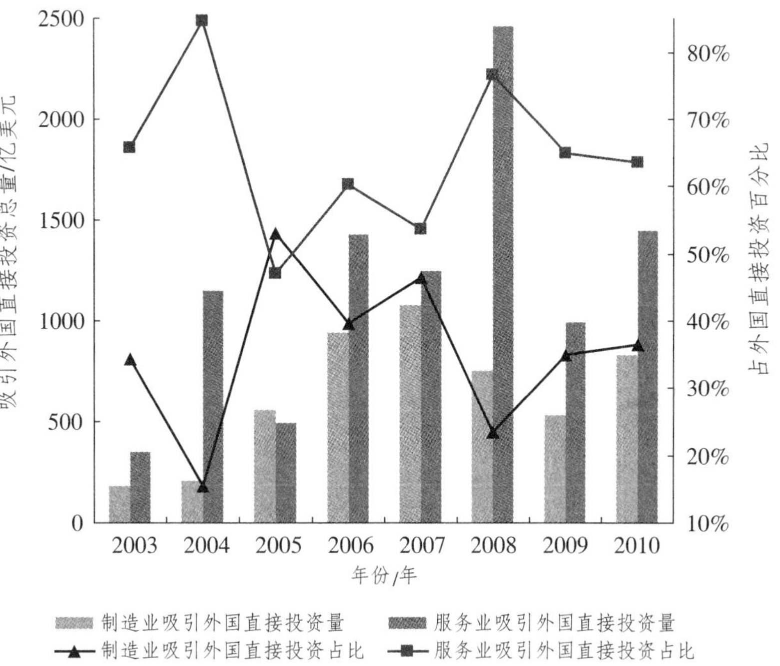

图 7.4 2003-2010 美国吸引外国直接投资制造业、服务业总量及占比

资料来源：上海科学技术情报研究所（ISTIS）分析整理

表 7.4 2003-2010 年美国分行业外国直接投资总量一览

百万美元

行业 / 年	2003	2004	2005	2006	2007	2008	2009	2010
总计	53146	135826	104773	236701	232839	320948	152892	228249
制造业	18236	21005	55530	93911	108113	75033	53513	83224
批发贸易	-5339	26613	19905	20443	28314	51573	17081	45292
零售贸易	3957	579	53	3017	-30	6546	3801	1384
信息	1380	15478	-11929	27930	12224	6402	-8680	7341
储蓄机构	4168	17902	9355	15295	-9913	23476	15318	7466
金融（不包括储蓄机构）和保险	19460	31602	3925	37761	5197	68635	30203	42029
房地产和租售	-3561	2580	1119	3204	11165	3066	2301	-1080
专业、科技服务	1974	5850	7757	6469	7650	6484	-196	5202
其他产业	12873	14208	19057	28672	70118	79733	39550	37391

备注："-" 表示输出外国直接投资

资料来源：美国经济分析局 上海科学技术情报研究所（ISTIS）分析整理

(2)基础设施

美国具有发达便捷的交通及网络通信系统，其铁路总长约 54 万公里；公路总长约 650 万公里；2010 年 5 月 -2011 年 5 月空运载客量为 6.35 亿人次，同比增长 2.4%；2009 年其港口吞吐量达到 3430 万个集装箱；2009 年其移动电话网络覆盖率 100%，电话主线接入每 100 人 50 条，2010 年无线网络覆盖率达 96%。美国的科研基础设施实力雄厚，全国共有 85 个国家实验室及科研设施，其产业研一体化水平在瑞士世界经济论坛全球竞争力排名中位列第一。

（3）汇率及外汇制度

美国实行的是由外汇市场供求决定的汇率制度，根据美国相关法律规定，必要时美国政府，主要是财政部与联邦储备局，可以对外汇市场进行干预。美国外汇制度中经常项目和资本项目开放，美元汇率由市场决定。

（4）商业环境

美国具有高效的商业环境；劳动力管理制度相当灵活；知识产权受到法律制度充分保护；私营企业权益得以发展，不仅是世界 500 强企业的主导力量，也是对经济活力及技术创新具有重要贡献的中小企业成长热土。在瑞士洛桑 2011 世界竞争力分析中指出，美国的商业效率高于政府管理效率，是使其保持竞争力的主要原因。随着其经济复苏、促进本国制造业发展及出口的需要，其营商环境略有趋紧，在 2008-2011 年世界银行营商环境排名中名次持续下跌（见表 7.5），2011 年位列第 5，在美开办企业、申请建筑许可、获取信贷及跨境门槛提高；其新出台的监管法规，给企业扩张及雇员带来了不确定因素。2011 年美国企业进入财富 500 强企业数量由 2008 年 158 家减少为 133 家。此外，美国是目前唯一采用“发明在先原则”来确定专利的国家知识产权保护制度；在专利公开制度方面，对于未向其他国家申请的专利有一项特殊规定，即可以不公开；其他国家的发明人到美国申请专利只有一年的优先权，而美国人即使申请在后，其发明日仍可以追溯到若干年前。

外国投资限制鼓励：美国对于外国投资的管理执行投资报告制度及投资审查制度，联邦政府对外国直接投资长期奉行自由政策，联邦政府既不反对、歧视外国资本流入美国，也不以任何方式对外资进入美国实行倾斜和优惠政策，给予其创设的权利及国民待遇。

目前，对外国投资的安全审查由美国外国投资委员会负责，委员有 12 个成员，包括美国国务院、财政部、国防部、国土安全部、商务部、美国贸易代表办公室等。在少数情况下，美国法律会限制外国投资者拥有某些公司的所有权，美国总统也可以以国家安全为由阻止外国投资者进入航运、航空、采矿、能源、土地、通信、银行及实施政府合同的公司。对外国投资的限制性措施主要有四类：一是出于国家安全明确禁止外国投资的介入的部门；二是严格限制外直接投资介入的部门；三是有选择地限制外国投资介入的部门；第四是特殊限制部门。其《国际投资和服务贸易普查法》确定了投资领域的报告制度，规定了不同类型的外国投资要向美国商务部、农业部等不同的政府部门进行报告的义务。

表 7.5　2008–2011 美国在世界银行营商环境排名一览

年度	2008 年	2009 年	2010 年	2011 年
营商总排名	3	3	4	5
开办企业	4	6	8	9
申请建筑许可	26	26	25	27
雇用员工	1	1	1	
注册财产	9	12	12	12
获得信贷	5	5	4	6
投资者保护	5	5	5	5
缴纳税款	79	46	61	62
跨境贸易	15	15	18	20
合同执行	8	6	8	8
企业破产	18	15	15	14

资料来源：世界银行. 2008–2011 年度营商环境报告；上海科学技术情报研究所（ISTIS）分析整理

除了以上对外国的限制外，美国联邦政府的外资政策是相对较为开放的，近年来，州和地方政府外资政策在美国整个外资政策中所占分量有明显提高的趋势，主要集中在投资鼓励方面，主要形式包括：税收减免、发行工业债券及提高基础设施和特殊服务。各州根据情况相应有各自的税收项目，在发展清洁能源与拉动本国制造业发展的政策指导下，在该方面有多项税收抵免等投资鼓励措施，包括新墨西哥州的制造业投资税收抵免、亚利桑那州小企业资本投资课税抵扣计划、佛罗里达州对清洁能源技术、生化技术等的资本项目投资抵免计划等等。

（二）新加坡的国际投资环境

在全球投资环境排名中，一部分国土资源少，依靠稳定、廉洁、高效的政府管理，成熟开放的商业环境，以及高附加值的发展路线的国家始终处于领先，新加坡就是其中之一，类似的还有瑞士、瑞典、芬兰等。新加坡充分挖掘自身地理优势，通过良好的投资服务，将自身打造为企业进入亚洲市场及走向国际市场的平台及品牌，吸引外国直接投资，促进自身发展及竞争力的提高。

1．新加坡的国际投资现状

随着全球经济恢复、东南亚地区的新兴国家所获投资不断增加以及中国制造成本上升等因素，2010 年新加坡外国直接投资达到了历史最高水平，总量为 386.38 亿美元，同比上升了 152.8%，且超过 2007 年 370.33 亿美元峰值，其吸纳外国直接投资水平已走出金融危机低谷。主要受其制造业强劲扩张拉动，2010 年其国内生产总值增长也创下历史新高，同比上升 14.5%，并位列全球第二。

2．新加坡的国际投资环境总体评价

新加坡拥有成熟的国际投资环境，其与投资环境相关的投资风险、竞争力及经济自由度方面排名，在 2010 年均位列三甲，2011 年继续提升（见表 7.6）。其中，美国商业环境风险情报公司年度第一次“投资环境”及瑞士洛桑国际管理与发展研究院的世界竞争力排名同时将新加坡位列榜首；美国传统基金会上调了新加坡经济自由度评分，由于近年来其逐步降低了外资投资银行门槛，相关保险、基金管理与风险投资领域活跃度高，竞争激烈，并且政府在金融危机时期保障了个人及非银行客户在注册银行机构中的安全，其金融自由度评分获得大幅提升，恢复到全球中等金融自由度水平，货币自由度、财务自由度评分也有所增加，而由于政府开支增速较快，此项评分下降明显；此外，世界经济论坛全球竞争力排名中，其成绩与上年持平仍居探花，健康教育方面排名大幅上升 10 位，而技术储备、创新排名略有下降。

表 7.6　2011 年新加坡与投资环境有关的经济自由度、竞争力及投资环境细分排名一览

经济自由度	2010	2011	全球竞争力（GCI）	2009–2010	2010–2011	投资环境	2010 年 4 日	2011 年 4 日
评分（第 2）	86.1	87.2	总排名	3	3	总排名	2	1
商业自由度	98.2	98.2	制度	1	1	营运风险	1	1
贸易自由度	90.0	90.0	基础设施	4	5	政治风险	1	1
财务自由度	90.7	91.1	宏观经济	35	33	汇兑风险	4	2
政府支出	95.3	91.3	健康及初级教育	13	3			
货币自由度	80.9	86.2	高等教育及培训	5	5			
投资自由度	75.0	75.0	商品市场效率	1	1			
金融自由度	50.0	60.0	劳动力市场效率	1	1			
知识产权保护	90.0	90.0	金融市场发展	2	2			
腐败透明度	92.0	92.0	技术储备	6	11			
劳动力自由度	99.8	98.9	市场规模	39	41			

（续表）

经济自由度	2010	2011	全球竞争力（GCI）	2009–2010	2010–2011	投资环境	2010 年 4 日	2011 年 4 日
			商业成熟度	14	15			
			创新	8	9			

资料来源：上海科学技术情报研究所（ISTIS）分析整理

3．新加坡的国际投资环境：非经济因素

（1）自然及文化因素

新加坡是一个地理位置优越、资源缺乏、环境优美的小国，享有“花园城市”的美称。作为一个东南亚岛国，位处马来半岛南端、马六甲海峡东南口，是联通太平洋与大西洋、贯穿欧、亚、澳三洲海路交通要塞，东北毗邻马来西亚，东南毗邻印尼。拥有天然深水港，地理位置优越；属热带海洋性气候，全年温度变化不大；地区自然资源缺乏，包括粮食、淡水等进口依赖度大。2010 年普查显示，其领土面积为 712.4 平方千米，拥有 50 多个大小岛屿，约 20% 领土面积填海而成；其人口总数为 507.67 万，由亚裔为主多元种族移民构成，其中华裔占到 61.4%，15 岁以上教育普及率达到 95.9%，致力于精英人才培养；官方语言为英语、汉语、马来西亚语及印度语也是通用语言；对各种宗教兼容并蓄。

（2）政治因素

新加坡国内政治较为稳定，其政体为议会制，实行行政、司法、立法三权分立，法律体制属英美法系，新加坡国内有 3 大政党，在多数公民支持下，自 1959 年至今长期由人民行动党执政，对内奉行富民政策，作风强硬，在美国商业环境风险情报公司 2011 年第一次投资环境排名中，政治风险评估全球最低；其政府廉洁程度在德国独立组织透明国际公布的年度报告《2010 廉洁度指数》排名中与丹麦、新西兰并列第一；其政府运营效能较高，在瑞士洛桑国际管理与发展研究院的世界竞争力排名中指出，其政府效能恰能满足商业需求。新加坡政府对外秉持和平、中立、不结盟的外交政策，以加强东盟安全与团结为基本前提，与世界所有国家发展友好关系，政府对于发展、投资等政策连续性强，新加坡是标准普尔 AAA 信贷评级国家，政府信用度较高。

4．新加坡的国际投资环境：经济因素

鉴于地理位置优越而资源匮乏，新加坡将自身定位为亚洲之心与世界的跳板，吸引全球的人才及资源，发展高附加值制造业及服务业。其产业及投资结构、基础设施建设、汇率及外汇制度、投资相关限制及鼓励政策及投资服务等方面纷纷围绕这一核心，相对经商成本较高，劳动密集型及附加值低的企业难以生存。

（1）产业及投资结构

新加坡经济崛起速度较快。自 1965 年独立后，在 40 余年内迅速转变成为富裕的亚洲四小龙之一，属于较发达的发展中国家，全球最国际化的国家之一，是伦敦，纽约和香港之后全球第四大金融中心，也是亚洲重要的金融、服务和航运中心之一。新加坡政府鼓励发展的产业包括工程、化工、电子及生物医药四大产业；2009 年国会成立的经济战略委员会于 2010 年 2 月提出七大经济战略，包括：① 提高技能与创新精神；② 成为全球—亚洲枢纽；③ 建立有活力的多元企业生态；④ 加强研发成果商品化；⑤ 巧用能源；⑥ 提高土地效益；⑦ 打造独特环球都市。至 2015 年的长期战略性产业规划智慧国 2015（iN2015，Intelligent Nation 2015）加大了以信息通信技术为支撑的金融平台、物流平台、商业平台、生物医药产业、娱乐产业及人才吸引方面推进力度，强化其亚洲之心与世界跳板业的功能，吸引全球的人才及资源，发展高附加值产业。

新加坡主要以制造业与服务业拉动经济发展，服务业比例较大，金融危机之后，制造业发展增长迅速，尤其是电子制造发展更快，对外国投资依赖程度较大。2010 年，新加坡国内生产总值同比增加 14.7%，人均 43867 美元，其中制造业占比 26.7%，服务业占比 63.6%；拉动经济的主要产业：包括电子、化工、医药制品、精细工程、交通工程及普通制造在内的制造业、零售贸易、商业服务、金融服务及其他服务业，分别占到国内生产总值的 20.9%、15.5%、13.2%、11.2%、10.1%；包括电子、化工、医药制品、精细工程、交通工程及普通制造在内的制造业增长速度最快，同比增长 17.2%，高于国内生产总值增速 2.5 个百分点，其中又以电子制造与生物医药领跑，分别增长 31.4% 及 19.4%。此外，新加坡通胀水平一直相对平稳，但有上升趋势，2010 年新加坡通货膨胀平均水平在 2.8% 左右，受输入性通胀及亚洲整体通货膨胀压力，2011 年 7 月约近 5%。

（2）基础设施

新加坡拥有便捷的交通运输及先进的通信基础设施，为其连通国际市场及推进其以网络通信技术为支撑的优势发展提供保障。在航运方面，新加坡位于交通要塞马六甲海峡，占据优越的地理位置和天然的深水港，拥有世界上最繁忙的港口之一，2010 年吞吐量达 5033 亿吨。在空运方面，新加坡是东南亚航空转运中心，拥有樟宜、实里达两大民航机场，2010 年樟宜机场载客量为 4200 万人次，同比增长 16.3%；2010 年新加坡航空货物总吞吐量 181.38 万吨。在通信设施方面，处于世界上先进水平，宽带接入普及率为 80%，2010 年 9 月网速达 1000 兆的新一代宽带网络正式开通，实现了超高速的光纤服务，覆盖35%的房屋和建筑，并将于2012年实现95%的覆盖率，新一代宽带网络将作为下一代经济增长的主要产业数字多媒体、生物医药科学等的重要支持。

（3）汇率及外汇制度

新加坡实行参考一篮子主要贸易伙伴和竞争对手货币的汇率水平、有管理的浮动汇率制度，汇率政策区间定期调整，以保证政策区间与经济基本面保持一致，并将汇率作为货币政策中介目标，放弃对国内利率水平和货币供应量的控制。新加坡没有汇兑管制，非居民可借入新元用于新加坡境内的贸易和投资活动，但用于境外时必须将新元换成外汇。新加坡的汇率及外汇政策维持了新元名义有效汇率的基本稳定，为新加坡实现低通胀及经济增长提供了稳定的货币环境。

（4）外国投资限制与鼓励

新加坡对国外投资限制较少，依赖程度也较大。2010年投资于新加坡制造业及服务业的资金中，外国直接投资增加了88亿美元，而新加坡国内投资仅增加了18亿；投资承诺中国外资金占到83.9%。

新加坡投资主管部门是经济发展局，采取企业自由与门户开放政策。在行业进入限制方面，除了对危害国家社会安全、高污染、劳动密集、附加价值低的行业设有限制或禁止进入，新加坡对外资进入其他行业限制较少；为进一步发展高附加值制造业及服务业，对需要主管机关投资许可并限制出资比例的新闻广播业、金融及部分制造业也在逐步扩大开放中；此外，外国投资人可拥有100%股权，根据产业发展的需要，配套资金补助及税收优免计划（见表7.7），包括对相关跨国公司总部有抵税优惠，以吸引跨国公司及其所带来的科技和国际市场营销网络。目前共有2 6000家国际公司立足新加坡，三分之一的“财富500强”公司选择在新加坡设立亚洲总部，新加坡签署了50个避免双重征税协定和30项投资保证协议，使选择在新加坡进行跨国业务的总部公司，享有税务优势。现有两个特区：裕廊特区与肯特岗科技园区，鼓励外国投资者研发新技术、新工艺及新产品。

在人员、资金、货物进出方面，几乎是完全自由。外国人在境内设立的公司，雇用外籍员工须先经批准，外劳政策非常宽松，但从2010年7月起三年内将逐步分行业提高外国劳工税收；外商在新加坡贷款渠道多样化并顺畅，可向新加坡本国银行、其他外商银行及金融财务公司办理，企业盈余和资本汇回都不加限制；新加坡为自由港，因其集散贸易需求，货物可以自由进入，除烟草、糖制品等一些特殊产品外，只征收保护性关税，无海关附加费用，仅征收货物与服务进口税；对少数受许可约束的国家征收到岸价格税。

表 7.7　新加坡赋税奖励基本类型

计划	所获利益	优惠或奖励对象
先锋计划（制造业）	合格的制造业务收入一律免税	制造业
先锋计划（服务业）（也可用于国际总部奖励）	合格的服务业务收入一律免税	服务业全球总部
业务扩展奖励计划（可用于国际总部奖励）	合格业务的新增收入可获 5% 或 10% 的减低税率	制造业服务业区域总部 / 国际总部知识产权中心
投资加计扣除计划	固定资本开支的 30% 或 50% 的额外加计扣除	制造业
金融与资金管理中心税收优惠	合格的服务及业务所获的费用、利息及其他收益可获 5% 或 10% 的减低税率，金融与资金管理业务所偿还银行或关联公司的贷款利息可免预扣税	FTC
特许权使用费奖励计划	获取先进科技和知识所缴的特许权使用费可减免预扣税至 0% 或 5%	制造业知识产权中心
批准的外国贷款	购买生产设备的贷款利息可减免预扣税至 0%，5% 或 10%	制造业
S19B 收购知识产权的资产减值税计划	如果收购法律和经济类知识产权，可直接获得为期 5 年的资产减值税；如果只收购经济类知识产权，须经经济发展局批准	知识产权中心
S19C 研发费用分摊的资产减值税计划	为期 1 年的研发费用分摊资产减值税	制造业；知识产权中心
新技能资助计划	共同资助，以支持在应用新技术、产业研发和专门知识过程中的人力资源发展	引进或开发新技能的新加坡注册商业实体
企业研究奖励计划	共同资助，以支持成立研发中心、发展新科技方面的内部研发能力；可资助下列项目费用：人力、设备和材料、专业服务、知识产权	进行研发活动的新加坡注册商业实体

资料来源：新加坡经济发展局

在改善投资环境与保护投资者利益方面，新加坡法律环境以完备、严厉、透明和紧密联系实际著称。新加坡是《保护工业产权巴黎公约》和《与贸易有关的知识产权协定》签署国，为企业投资知识产权保护法、专利权保护法以及国际商务往来等方面提供法律保障，并经常调整其经济法规，尤其是与外商投资有关的法律，以不断适应国内和国际形势，改善投资环境并保护投资者利益。

5．新加坡商业环境及投资平台打造

新加坡良好的投资服务由两部分组成，一是其已有的地理优势及丰富的商务关系，二是其对打造良好投资服务的政策计划支持。

新加坡长期享有良好的商业环境声誉，长期位居世界银行营商环境排名第一位（见表 7.10），英国经济学人信息中心在 2006–2010 年商业环境排名及 2011–2015 年商业环境预测两个项目中都将新加坡排列第一；新加坡本地拥有多元化的资本市场，500 多家本地或外国金融机构提供的优质金融服务，超过 4500 家公司提供各类专业服务，如审计、会计和管理咨询、市场调研、广告和公共关系、人力资本服务及法律服务；此外，新加坡与 50 多个国家签订了 50 个避免双重征税协定和 30 项投资保证协议。基于新加坡良好的商务环境声誉及多国投资的贸易便利条件，众多企业以此为平台进军亚洲市场及开拓国际市场。

另一方面，新加坡也通过政策计划把握这一优势，提供更好更便利的投资服务，以吸引国际投资。政府 iN2015 规划推出了：①本地信息通信企业国际化计划，通过向本地企业提供市场情报、建立海外网络等方式，协助其走向海外市场；②适应性供应链计划，帮助企业在新加坡以外，建立与管理具有适应性的供应链等，以吸引高附加值企业，加强国际品牌集聚效应。政府为提高投资便捷度，推出了一系列投资平台服务，包括①政企经济信息交流的整合贸易、物流平台 TradeXchange，以帮助于整合贸易物流价值链中商业与监管信息，以及公共服务及私企金融保险服务等信息，简化贸易许可申请，积累并提供经验；②新加坡政府企业构架（Singapore Government Enterprise Architecture，GEA），使政府进一步了解不同商业领域需要哪些政府部门联合提供信息服务，进一步提高商业效率。

（三）巴西的国际投资环境

“金砖四国”之一巴西是拉丁美洲最大的经济体，也是发展中与转型经济体之一，其所代表的发展中与转型经济体国际投资环境在相当程度上并不成熟，主要以资源及相对较低的劳动力成本为优势，吸引外国直接投资总量快速提升，国际投资环境整体处于不断改善阶段。

1. 巴西的国际投资概况

2010 年巴西吸引外国直接投资增长快速，宏观经济恢复增长，未来增速预期放缓；经历了过去几年，在与国际投资环境相关的竞争力、营商环境等排名中排名快速上升，各主要机构对其 2011 年国际投资环境的相关评价小幅调整。

与 2010 年发展中与转型经济体吸引外国直接投资总量超过全球半数趋势一致，巴西吸引外国直接投资总量大幅增长，同比增加 86.7%，较危机影响效果显现前 2008 年最高水平提高了 7.50%，超过了发展中国家平均 12.3% 及加勒比与拉丁美洲地区 12.9%

增长均值。与此同时，作为全球第八大经济体，巴西2010年国内生产总值止跌回升，同比增长7.5%，年平均通胀水平小幅提高到了5.04%，2010年底通货膨胀近6%，未来经济增长预测放缓，货币基金会预计其为来GDP增加值4.1%和3.6%，相比金砖四国其他三国发展有所放缓（见表7.8）。

表 7.8　2009–2012 年金砖四国国内生产总值增长率一览

年份	发展中与转型经济体平均水平	拉丁美洲与加勒比地区平均水平	巴西	俄罗斯	印度	中国
2009 年	2.8%	–1.7%	–0.6%	–7.8%	6.8%	9.2%
2010 年	7.4%	6.1%	7.5%	4.0%	10.4%	10.3%
2011 年	6.6%	4.6%	4.1%	4.8%	8.2%	9.6%
2012 年	6.4%	4.1%	3.6%	4.5%	7.8%	9.5%

资料来源：国际货币基金会．世界经济展望——最新预测，2011–07；上海科学技术情报研究所（ISTIS）分析整理

2．巴西的国际投资环境总体评价

巴西在美国商业情报公司2011年第一次投资环境排名中保持2010年同期相同水平，随着其2010年大选落幕，其政治风险降低，同时汇兑风险也有所减少；其在世界经济论坛公布的全球竞争力排名中，经过2007/2008年（第72位）、2008/2009年（第64位）、2009/2010年（第56位）连续快速上升后，2010/2011年小幅下滑至第58位，其中，受益于2014年世界杯及2016年奥运会举办权的获得，该国基础设施有较大进展，得分上升较快；其在华尔街日报2011年经济自由度排名中得分小幅上升，其对外汇兑换及资金抽回限制较少（见表7.9）。此外，其在瑞士洛桑国际管理与发展研究院2011年世界竞争力排名及世界银行的营商环境排名中排名也有所提高，分别从44位上升至38位及从129位上升至127位。

表 7.9　2011 年巴西与投资环境有关的经济自由度、竞争力及投资环境细分排名一览

投资环境	2010 年 4 日	2011 年 4 日	全球竞争力（GCI）	2009–2010	2010–2011	经济自由度	2010	2011
总排名	37	37	总排名	56	58	评分（第 113）	55.6	56.3
营运风险	40	40	制度	93	93	商业自由度	54.5	54.3
政治风险	29	27	基础设施	74	62	贸易自由度	69.2	69.8
汇兑风险	38	37	宏观经济	109	111	财务自由度	65.4	69.0
			健康及初级教育	79	87	政府支出	50.3	49.6

（续表）

投资环境	2010 年 4 日	2011 年 4 日	全球竞争力（GCI）	2009–2010	2010–2011	经济自由度	2010	2011
			高等教育及培训	58	58	货币自由度	75.8	75.9
			商品市场效率	99	114	投资自由度	45.0	50.0
			劳动力市场效率	80	96	金融自由度	50.0	50.0
			金融市场发展	51	50	知识产权保护	50.0	50.0
			技术储备	46	54	腐败透明度	35.0	37.0
			市场规模	10	10	劳动力自由度	57.5	57.8
			商业成熟度	32	31			
			创新	43	42			

资料来源：上海科学技术情报研究所分析整理

3．巴西的国际投资环境：非经济因素

（1）自然及文化因素

巴西地域广阔，资源丰富，具有热情奔放拉丁文化及殖民背景。巴西位于南美洲中东部，是南美大陆最大的国家，总面积 854.7 万平方公里，约占南美洲面积的 48%，居世界第 5 位；除厄瓜多尔和智利外，巴西西南到西北同所有南美洲国家接壤，东面大西洋，北部拥有亚马逊盆地，森林茂密，东北部沿海是半干旱地区，西南部主要是山地、丘陵及平原，中西部是大草原，南部主要是热带及亚热带。巴西自然资源极其丰富，是国际上矿业开发最具吸引力的国家之一，具有丰富的铁、锰、镍、铀等矿石资源；是全球燃料乙醇继美国之后的第二生产及出口大国，也是石油储备及生产大国之一；并且拥有全球 14% 的淡水资源。此外，巴西还是重要的热带经济作物咖啡、甘蔗、香蕉、剑麻等出口国。

2010 年巴西人口普查结果显示全国人口总数为 1.90 亿，是以白人和混血人种为主的多民族殖民背景国家，人口中 74% 信仰罗马天主教；葡萄牙语是官方语言，2009 年 WDI 数据显示其中学阶段净入学率为 52%，高等教育总入学率为 38%；民众能够接受不同习俗的外国人，并能友好相处，排外性小。

（2）政治因素

巴西是由 26 个州和一个联邦特区组成的联邦共和立宪制国家，实行行政、司法、立法三权分立制度，共有 19 个政党，执政党劳工党是主要党派。巴西政治较为稳定，但廉洁度与效率不高。随着 2010 年巴西选举尘埃落定，执政党劳工党候选人罗塞夫当选新一届总统，巴西政治稳定程度提高，其在美国商业环境风险情报公司投资环境政治风险项的排名有所提高，政治风险降低；其政府廉洁程度位列《2010 廉洁度指数》中第 69 位，属于中等偏下水平，但在金砖四国中排名第一，中国、印度、俄罗斯分列 78、87 和 154 位；其政府效率不高，瑞士洛桑国际管理与发展研究院 2011 年世界竞争力排名指出，其政府效率与商业效率之差位列 59 个国家之最。巴西在外交上，重视南美关系及南美地区一体化进程；与美欧继续保持重要的密切伙伴国家关系；并积极与亚洲国家开拓新的合作关系，及进行互惠投资。

4．巴西的国际投资环境：经济因素

巴西在持续促进出口、拉动经济增长和社会发展计划指导下，大多数人口已成为中产阶级，内需为该国经济增长的主要驱动力。经济基础稳固，政策成熟连贯，市场较大，投资环境自由度不断提高，基础设施建设正值发展良机，商业环境效率有待提高。

（1）产业及投资结构

2009 年，巴西农业、制造业及服务业分别约占国内生产总值的 6%、28% 及 66%，其中农业是拉动巴西经济及吸引外汇的主要产业，包括与农业相关的商业在内，占国内生产总值的 25%，占到出口比重的 36%，是世界最大的咖啡、蔗糖、热带水果及冷冻浓缩橙汁及牛群出口国；其制造业规模占南美洲三分之一，主要以汽车及零部件、仪器装备、纺织品、商用飞机、石油化工品等为主，在生物燃料、农业研究、深海石油勘探生产及远程遥感技术方面较为领先；其服务业发展较为成熟，包括电信、能源、商业、计算机及金融等，2011 年其贸易顺差达到 200 亿美元，主要出口市场：中国占 15%、美国 10%、阿根廷 9%，主要进口市场：美国 15%、中国 14%、阿根廷 8%。巴西 2010 年外资投资金额大幅递增，达到 484.62 亿美元的历史新高

新总统罗塞夫上任后，将继续执行稳健的财政政策、控制通货膨胀，维持浮动汇率政策。为保持经济持续增长，巴西将在 2011–2014 年期间实施第二期加速经济增长计划，预计投资总额高达约合 1 万亿美元，建设能源、住房和交通等重点项目，促进经济增长，资金需求量大。此外，2014 年世界杯和 2016 年奥运会在巴西举办，两项赛事中巴西政府将投入 150 亿美元的公共财政，主要用于场馆建设、交通建设、机场改造以及住宅建设，将为基建、重型机械、原材料相关的行业带来大量投资机会，并促进巴西较为薄弱基础设施发展。

（2）基础设施

2008 年巴西发电总量达 4610 亿千瓦时。2008 年其铁路总长约 2.9 万公里；公路总长约 175 万公里；2009 年其空运载客量为 6795 万人次，货物吞吐量为 17.8 亿吨；其

港口吞吐量达到625万个集装箱。2009年其移动电话网络覆盖率91%，电话主线接入每100人21条。

（3）汇率及外汇制度

巴西1999年正式实行自由浮动汇率机制，其中央银行可在银行间结算市场间接干预最终汇率。对于经常性项目的外汇管理，近来巴西逐步简化并放开其进出口外汇管理，2006年，从商品装运或在国外提供服务开始，到出口收入回流的最长期限增加到了360天，并允许巴西出口商将最高达30%的出口收益留存在国外，而无须经中央银行的预先授权，其中的出口收入可用于偿付债务或进行海外投资；对于资本项目的外汇管理，包括外资和对外投资两部分，规定所有外资必须在进入巴西30天内向巴西中央银行登记，享有与本国资本相同的司法地位，但进入特定金融机构、核能、新闻出版传媒等行业应遵守相关规定；对外投资资本不受限制，但必须由金融机构进行相关的金融转移支付，并遵守有关规定。

（4）商业环境

巴西商业环境效率有待提高。在瑞士洛桑2011世界竞争力排名总共58个国家中，将巴西商业环境排名列于第29名；在2010/2011年全球竞争力指数中商业市场效率从99位下滑到114；同时，华尔街日报的经济自由度排名中也将其商业自由度评分略微下调。2008-2011年世界银行营商环境排名从第122位连续小幅下跌至第127位，除了执行力在增强外，在巴西开办企业、申请建筑许可、获取信贷等门槛均相对提高（见表7.10）。

表7.10　2008-2011巴西在世界银行营商环境中排名一览

项目	2008年	2009年	2010年	2011年
营商总排名	122	125	126	127
开办企业	122	127	126	128
申请建筑许可	107	108	113	112
雇用公认	129	121	138	
注册财产	110	111	120	122
获得信贷	84	84	87	89
投资者保护	64	70	73	74
缴纳税款	137	145	150	152
跨境贸易	93	92	100	114
合同执行	106	100	100	98
企业破产	131	127	131	132

资料来源：世界银行2008-2011年营商环境报告　上海科学技术情报研究所（ISTIS）分析整理

（5）外国投资限制与鼓

巴西出口投资促进局通过“巴西引资计划”以促进巴西吸引外资及对外出口，不同行业的外资政策一般由负责该行业的政府部委具体负责。

巴西对外资在巴境内投资限制较少。巴西允许外国企业参与新闻媒体、海关保税仓库、近海航运、高速公路等领域的融资和服务；并通过修宪逐步放松了国家对石油、天然气和矿产开采等领域的垄断及对电信、电力行业实行私营化，规定外资通过参与巴企业私有化进入巴西市场，至少 6 年之后才能撤资。

巴西政府积极鼓励外国企业到巴进行投资。巴西对所有在境内的外国独资或合资企业实行国民待遇；巴西各州、市均有不同的税收优惠措施，包括以优惠条件提供生产所需基础设施、减免商品流通服务税、提供低息贷款等；外资企业在巴西境内生产的产品，如向第三国出口，可向巴政府申请出口信贷和保险；对外资企业的利润支配及汇出限制较少。2010 年巴西 9857 个 8 位税号的简单平均关税为 11.45%。

巴西保护知识产权的法律法规主要有《工业产权法典》、《著作权法》、《计算机程序著作权保护法》、《生物安全法》、《种子法》、《工业产权法》等法律法规。2010 年 6 月，巴西国家知识产权局、经济保护管理委员会和司法部经济法司达成协议，三个政府部门将联合制定规则，同时对知识产权及市场自由竞争进行保护，特别是防止外国制药企业利用不断向法院申请延长专利期限的手段，长期垄断巴西国内药品市场。

尽管 2014 年世界杯和 2016 年奥运会在巴西举办，将给巴西基础设施建设带来巨大机遇及投资吸引力，但世界银行认为，在基础设施投资领域，巴西缺乏对投资相关方面可靠的法律保证，其在电信、能源和交通市场因尚未制订明确的法律法规，将减少其在基础设施领域的投资吸引力。

（四）比较分析及其经验启示

以上所介绍美国、新加坡及巴西的国际投资环境概况，分别代表了发达、较发达、发展中及转型三类处于不同发展阶段的经济体，尽管三者所努力营造的国际投资环境存在客观差异，然而，其打造目标与方式上仍有某些共同特性，可资参考。

首先，各经济体所致力于营造的国际投资环境具有较为明确的针对性，将国际资本与人才吸引到所需发展或薄弱的领域，提高本国竞争力。从三个国家的外资投资限制及鼓励政策来看，存在较为明确的信号，如美国制造业方面外商直接投资的增长及其吸引投资清洁能源技术等鼓励政策，新加坡吸引高附加值制造业及服务业的税收、服务等优惠政策，以及巴西吸引投资相对薄弱的基础建设等鼓励措施。

其次，在营造良好国际投资环境时所应减小的三大投资风险因素中，从较发达的美国、新加坡与转型经济体巴西的比较来看，巴西除拥有较为稳定的政治环境外，其相关法律法规保障与汇兑宽松程度方面仍有提高空间，尤其是明确的法律法规保障。相比而言，较为宽松的汇兑制度的确是其优势，但缺乏相关方面明确的法律法规对于国际投资将带来更大的不确定因素，巴西在投资保障、电信、能源及交通方面缺乏明确的法律法规，是其目前在基础设施投资方面吸引力不足的一大原因。

此外，从三个国家及三类经济体在世界竞争力排名及营商环境排名中的结果显示，与较为发达的经济体相比，对于构建一个良好的国家投资环境，巴西等中等发展中及转型经济体的商业效率及政府廉洁程度仍需提高。

基于上述比较，可得出以下经验启示：

1．在吸引外资的同时，提高本国产业竞争力，打造国际投资平台

随着全球国际投资环境不断成熟，一过去以资源、劳动力为优势的国家日益强调保护自身产业、资源，以平衡吸引投资需求与国家长远利益；过去制造业转移快速、更为注重金融等服务业发展的发达经济体，吸取金融危机经验，产业政策转向振兴并扶持本土重要产业的发展；另一方面，本国资源少、致力于发展高附加值产业的小国，在继续吸引高品质制造业及服务业外国直接投资的同时，注重集聚品牌效应的国际投资环境平台的打造，以促进本国制造业及服务业竞争力形成良性循环效应。目前，我国处于经济转型时期，从粗放式发展与廉价劳动力时代，转向环境可持续及产业附加价值更高的发展模式，从外国投资限制与鼓励政策着手，有选择地吸引外国直接投资，提高我国的制造业及服务业品质；同时以国内市场为基础，形成品牌效应的良性循环，吸引更多有品质的外国直接投资。

2．完善外国投资者保护法律法规，明确并保障投资者利益

各国对于吸引和管理外国直接投资都具有相关的法律法规，包括外国投资的管理、执行的投资报告制度及投资审查制度，各行业领域如电信、能源和交通市场等相应明确的法律法规，以及相关知识产权法规等，不仅利于国家调控外国直接投资，同时给予外国投资者明确的信息及相应的投资保证，提高其对目的国的投资信心，增加目的国对外国投资的吸引力。

3．提高政府行政廉洁度及管理效率，营造更具吸引力的投资环境

在全球各大与投资环境有关的排名中，政府廉洁度及行政管理效率是一项重要的考虑因素，包括华尔街日报的经济自由度排名中涉及的腐败透明度指标，及瑞士洛桑国际发展与管理研究院世界竞争力排名中涉及的政府效率指标，后者同时将其与该国的商业效率进行了比较，此外德国独立组织透明国际公布年的度廉洁度指数在投资环境考量中经常被涉及。在这些排名中，发达经济体名列前茅。尤其是本国缺乏资源、

外国直接投资依赖度较大的国家，包括新加坡、芬兰、丹麦等，表现尤其出色，政府行政的透明与高效提高了外国投资者的投资信心与意愿，减小其投资风险，同时利于提高有限国家资源的利用和分配。

主要参考文献

【1】联合国贸易和发展会议（UNCTAD）. Global Investment Report 2011 [R]，2011-07-26.

【2】联合国贸易和发展会议（UNCTAD）. Investment Policy Monitor No.5 [R]，2011-05-05.

【3】联合国开发计划署（UNDP）. Human Development Report 2010 [R]，2010-11.

【4】世界货币基金会（IMF）. World Economic Outlook update [R]，2011-06-17.

【5】世界银行（World Bank）. World Development Indicators 2011 [R]，2011-04-14.

【6】世界银行与国际金融公司（World Bank & The International Finance Corporation）. Doing Business 2011 [R]，2011-11-04.

【7】张斐斐. 詹晓宁：中国对外投资将于下一个十年出现质的飞跃 [N]. 经济观察网，2010-03-07.

【8】透明国际（Transparency International）. Transparency International Annual Report 2010 [R]，2011.

【9】国际管理与发展研究院（IMD）. IMD announces the 2011 World Competitiveness Rankings and the results of the Government Efficiency Gap [N]，2011-05-17.

【10】世界经济论坛（WEF）. Global Competitiveness Report 2010-2011[N]，2010.

【11】美国传统基金会. http://www.heritage.org/. 登陆时间 2011-08.

【12】国际商用机器公司（IBM）. Global Location Trend 2010 [R]，2010-10.

【13】中国商务部. 国别贸易投资环境报告 2011[R]. 2011-04-19.

【14】中华人民共和国驻巴西联邦共和国大使馆经济商务参赞处. 巴西的投资环境 [N]. 2011-07-27.

【15】中华人民共和国驻巴西联邦共和国大使馆经济商务参赞处. 巴西政府公布第二期加速经济增长计划（PAC2）[N]，2010-03-30.

【16】人民网. 巴西总统罗塞夫阐述新政府外交政策，愿与各国开展互惠互利多样型的合作 [N]，2011-04-21.

【17】新加坡经济发展局（EDB）. http://www.sedb.com/. 登录时间 2011-08.

【18】新加坡统计局. http://www.singstat.gov.sg/. 登录时间 2011-08.

【19】彭涟漪. 前进的动力：用借来的产业扩张竞争力 [N]. 远见杂志，2010-12.

【20】中国国际贸易促进委员会驻美国代表处．美国投资环境及相关政策 [N]. 2007-07-03.

【21】美国普查局（United States Census Bureau）. http://www.census.gov/．登录时间 2011-08.

【22】美国经济分析局（BEA）. http://www.bea.gov/．登录时间 2011-08.

第八章　国际投资合作与跨国并购动态

跨国并购（Cross-border merger and acquisition，Cross-Border M&A）指东道国境外企业为了达到某种目的，通过一定的渠道和支付手段兼并与收购东道国境内企业的资产或股权，或通过其已在东道国境内设立的企业兼并与收购东道国其他企业的股权或资产的行为。跨国并购为企业的成长和扩展提供了一种低风险的海外市场进入通道，随着经济全球化和产业加速转移，跨国并购亦成为国际投资合作的一个重要途径。

一、国际投资合作与跨国并购总体发展态势

（一）跨国并购总体规模 2009 年低位徘徊，2010 年重拾升势

自 20 世纪 90 年代至金融危机前，世界范围的跨国并购活动高潮迭起，跨国并购的规模和数量呈现快速增长态势，但全球金融危机导致 2009 年跨国并购整体规模急剧萎缩，2010 年虽然重拾升势，但仍在低位徘徊（见图 8.1）。

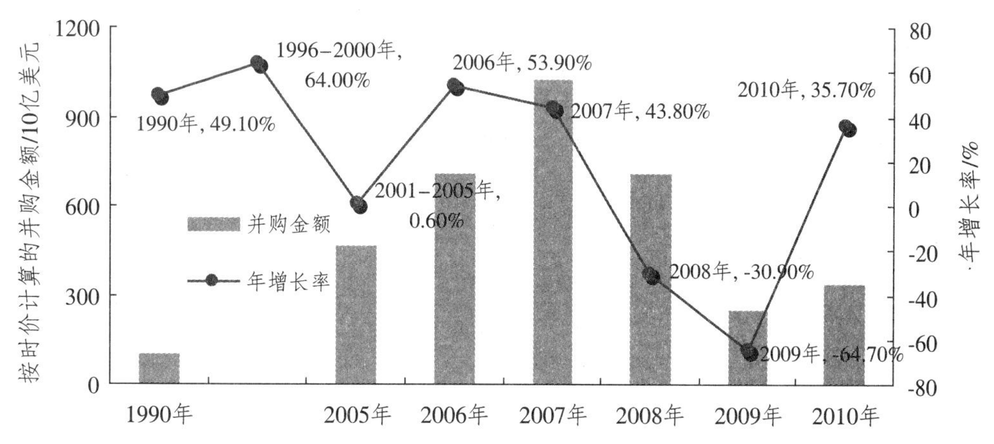

图 8.1　1990-2010 年跨国并购规模及其增减情况

资料来源：联合国贸发会议．2011 年世界投资报告 [R]，2011-07；上海科学技术情报研究所（ISTIS）分析整理

追溯跨国并购的历史，上个世纪的 5 次全球性并购浪潮基本都发生在西方国家。

从过去几十年间 FDI 的流向数据可以看出，虽然在最近一些年间，FDI 在发展中国家或地区有了充分的发展，可是占据 FDI 和跨国并购活动的主体仍然来自发达国家。迄今为止，仍有约 80% 的跨国并购发生在发达国家经济体。

2009 年，跨国并购总体规模处在 2500 亿美元的低位，跨国并购的衰退成为 2009 年 FDI 下滑的主要原因。国外收购压缩了 34%（价值收缩了 65%），而绿地投资项目数降幅仅为 15%。与绿地项目相比，并购通常对资金条件更为敏感，这一方面是由于股票市场的波动干扰了并购所依赖的价格信号，另一方面也缘于并购的投资周期通常短于绿地投资周期。全球金融危机压缩了可用于直接外资的资金，减少了收购数量，尽管股票价格缩水降低了交易值，但它加上全球重组，也为仍有能力获得资金的跨国公司创造了机会。因此两种进入模式的直接外资流量在 2010 年都显示出回升迹象，但是并购回弹更快。

2010 年跨境并购交易值回升至 3390 亿美元，同比上升 35.7%，但仍然只有 2007 年最高值的三分之一左右。其中，私募股权支持的跨国并购金额在经历了连续两年的下降后，2010 年恢复性增长了 14%，达 1220 亿美元。同时，2010 年主权财富基金（Sovereign wealth funds，以下简称 SWFs）支持下的跨国并购仅 100 亿美元，相对于 2009 年的 265 亿美元的金额下降显著，全球最大的几宗 SWF 参与的并购投资涉及澳大利亚、加拿大、英国和美国的基础设施、零售、交通运输、自然资源和公用事业等行业领域（见表 8.1）。

表 8.1　2010 年主权财富基金参与交易金额居前列的投资项目

收购公司	收购国家	交易金额（百万美元）	目标公司	目标国家	收购公司所属行业
Canada Pension Plan Investment Board	加拿大	3 090	Intoll Group	澳大利亚	金融业
Qatar Holding LLC	卡塔尔	2 227	Harrods	英国	零售业
China Investment Corp	中国	1 581	AES Corp	美国	电力、燃气及水
Canada Pension Plan Investment Board	加拿大	881	407 ETR Concession Co	加拿大	运输、仓储、通信
China Investment Corp	中国	800	Penn West Energy Trust	加拿大	采矿、采石和石油
Ontario Teachers Pension Plan	加拿大	576	Camelot Group PLC	英国	社区、社会及个人服务活动
Temasek Holdings（Pte）Ltd	新加坡	400	Odebrecht Oleo & Gas SA	巴西	采矿、采石和石油

（续表）

收购公司	收购国家	交易金额（百万美元）	目标公司	目标国家	收购公司所属行业
Caisse de Depot & Placement du Quebec	加拿大	259	HDF（UK）Holdings Ltd	英国	金融业
GIC Real Estate Pte Ltd	新加坡	194	Salta Properties-Industrial Property Portfolio	澳大利亚	商务服务业
Temasek Holdings（Pte）Ltd	新加坡	100	Platmin Ltd	南非	采矿、采石和石油
Canada Pension Plan Investment Board	加拿大	91	Vornado Realty Trust	美国	商务服务业
Oman Investment Fund	阿曼	43	Petrovietnam Insurance Joint Stock Corp	越南	金融业

资料来源：UNCTAD，cross-border M&A database（www.unctad.org/fdistatistics）. 联合国贸发会议. 2011年世界投资报告 [R]，2011-07；上海科学技术情报研究所（ISTIS）分析整理

另外，值得注意的是，许多国家在救市行动后，由于继续执行紧急措施导致政府手中持有相当多的资产，据估计，截至 2011 年 4 月各国政府拥有价值 2 万亿美元以上的金融和非金融公司的原有资产和负债。随着金融危机的缓解，政府财政赤字居高不下，使得各国政府开始着手削减因产业支持计划或紧急措施造成的资产及负债，虽然这一进程相对缓慢，但可以预期今后几年将可能再次出现私有化浪潮，资产、负债的私有化将为跨国并购提供大量的目标公司。

（二）制造部门并购规模企稳回升，服务部门并购规模恢复乏力

金融危机以来，初级部门的跨国并购规模，经历了 2009 年的下跌后，2010 年回升至 750 亿美元，与金融危机前水平相当；制造部门的并购规模，在 2009 年遭遇滑铁卢，下跌幅度高达 76.7%，2010 年企稳，恢复至危机前近 40% 的水平；由于金融与商务服务领域跨国并购回升乏力，2009-2010 年度，服务部门的跨国并购仍在低位徘徊，其交易规模仅为 2007 年的 2 成（见表 8.2）。

就各细分领域而言，制造部门的食品、饮料和烟草行业、机械设备行业恢复势头强劲；电气和电子设备行业、汽车和其他交通运输设备行业在金融危机中并购活跃，但呈现出先扬后抑态势。服务部门金融业和商务服务业相生相伴，并购规模在 2009 年见底，2010 年回升显著，但仍不足 2008 年的一半；批发贸易业基本回复至 2008 年水平；健康及社会服务业、个人服务业等领域虽然整体并购规模所占比重较小，但呈现逆势增长。

表 8.2 2007-2010 年三大部门跨国并购规模

10 亿美元

行业	2007 年	2008 年	2009 年	2010 年
初级部门	74	90	48	75
其中：农业、狩猎、林业和渔业	2	3	1	6
采矿、采石和石油	72	87	47	69
制造部门	337	326	76	129
其中：食品、饮料和烟草行业	50	132	10	39
化学和化学制品行业	117	74	33	32
非金属矿物制品行业	38	29	0	3
金属和金属制品行业	70	14	–3	2
机械设备行业	20	15	2	8
电气和电子设备行业	24	14	18	13
汽车和其他交通运输设备行业	3	12	9	7
服务部门(2)	612	290	126	138
其中：建筑业		2	10	6
批发贸易业		17	4	14
酒店餐饮业		0.2	1.4	5.4
运输、仓储和通信业		34	16	17
金融业		76	9	32
商务服务业		101	17	46
健康及社会服务业		0.2	1.1	9.0
社区、社会、个人服务业		0.8	3.2	4.2
总计	1023	707	250	342(1)

数据说明：（1）2010 年数据为分区域分产业售出数据汇总值，大于报告中公布的跨国并购规模总计数；
（2）服务部门历年细分产业并购规模数据皆为分区域分产业售出数据汇总值。

资料来源：联合国贸发会议. 2010 年世界投资报告 [R]，2010；联合国贸发会议. 2011 年世界投资报告 [R]，2011-07；上海科学技术情报研究所（ISTIS）分析整理

（三）发展中和转型经济体跨国并购交易母国份额提升

数据显示，近年来跨国并购交易的三分之二以上仍涉及发达国家；同时，发展中和转型经济体作为跨国并购交易母国的份额则持续提升，其中南亚、东亚及东南亚国家，作为并购母国，并购规模占比从 2008 年的 10.4% 上升至 28.9%（见表 8.3）。

表 8.3 2008–2010 年主要地区或经济体并购规模

百万美元

主要经济体及地区		2008 年		2009 年		2010 年	
		卖出	买入	卖出	买入	卖出	买入
发展中国家	非洲	21193	8216	5140	2702	7608	3184
	南亚、东亚及东南亚	52622	72298	34748	40467	32089	93521
	西亚	16287	22099	3543	26843	4617	–15560
	拉丁美洲和加勒比	15452	2466	–4358	3740	29481	15710
东南欧及独联体国家		20337	20167	7125	7432	4321	9698
发达经济体国家		581394	568041	203530	160785	251705	215654
最不发达国家		–2549	–261	–774	16	2201	354
内陆发展中国家		144	2676	1708	–8	639	518
小型岛屿发展中国家		1824	1803	31	393	9735	161
总计		706704	697505	250693	242370	342396	323240

数据说明：根据历年分区域分产业售出数据汇总，与报告中公布的跨国并购金额总计数存在一定偏差，但不存在数量级差异。

资料来源：联合国贸发会议. 2010 年世界投资报告 [R]，2010；联合国贸发会议. 2011 年世界投资报告 [R]，2011–07；上海科学技术情报研究所（ISTIS）分析整理

发达经济体国家跨国并购规模整体呈现企稳回升态势，制造领域是发达经济体跨国并购的主要领域，其中又以化学和化学制品行业居主导地位。服务部门仍以金融及商务服务业的并购为主，2010 年，发达经济体作为并购东道国在金融领域和商务服务领域内的并购规模分别达 265 亿美元和 350 亿美元，分别比 2009 年增长 2.1 倍和 1.6 倍，可见金融危机在重创发达经济体国家金融机构的同时，也为以亚洲为代表的发展中国家提供了并购机遇。

作为并购东道国，南亚、东亚及东南亚国家的跨国并购多集中于制造与服务部门，2010 年与 2009 年相比，并购规模持平且略有下降。但是作为并购母国，则以获取矿产、石油资源为目的初级部门并购和以金融领域居主导的服务部门并购为主，且总体规模保持强劲增长，已经超过 2008 年金融危机初期水平。

近年来，拉丁美洲和加勒比地区，成为继亚洲之后又一发展势头强劲的新兴地区。为摆脱金融危机，跨国公司纷纷将该地区作为海外市场开拓的新目标，2010 年拉丁美洲和加勒比地区的跨国并购规模呈现爆发式增长，作为东道国的并购金额达 295 亿美元，其中矿产、石油资源领域的并购金额居首位，其并购金额占总规模的 40%；作为母国

的并购金额亦达到 157 亿美元，同比增长 3.2 倍，并购领域分布面较广，包括金融、食品饮料烟草加工、公用事业、商务服务等领域。

东南欧及独联体国家跨国并购规模受金融危机持续影响，自 2008 年以来一直呈现下降趋势，随着欧债危机逐步升级，发展前景堪忧。

非洲的跨国并购交易多集中于以矿产、石油为主的初级部门和运输仓储通信业为主的服务部门，更多作为并购东道国获得外来投资。

（四）国有跨国公司[1] 积极立足采掘业、公用事业和电信业并购

近 30 年来，国有跨国公司逐渐成为重要的国际投资者之一，国有跨国公司参与跨国并购主要可以分为两个阶段：第一阶段从 20 世纪 80 年代早期至 90 年代末，当时来自发达国家的国有跨国公司在外国直接投资流入中占主导；第二阶段从本世纪初至今，发展中国家的国有跨国公司开始在国际并购市场中频频出击，成为积极购买方（见图 8.2）。

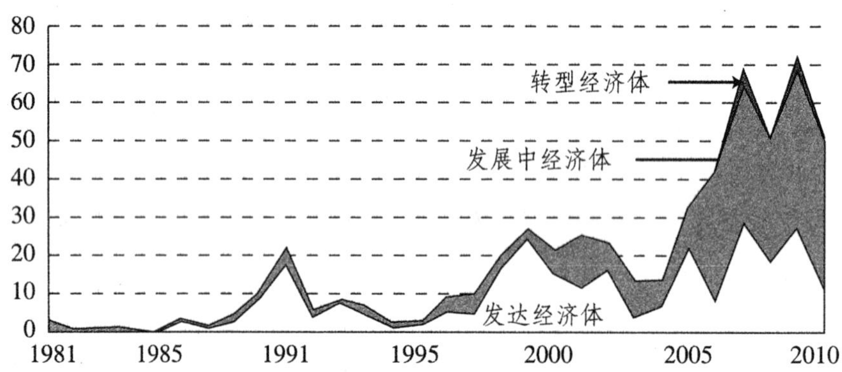

图 8.2　1981–2010 年按并购母国经济体类型划分的国有跨国公司并购规模情况

资料来源：联合国贸发会议. 2011 年世界投资报告 [R]，2010–07.

从 1981 到 2010 年，国有控股的跨国公司开展的跨国并购主要针对采掘业、公用事业和电信业。相对而言，发达经济体的国有跨国公司主要关注诸如电力、燃气及水处理等公用事业领域，并购金额占比达 33%；电信领域内的并购规模占比达 19%。而发展或转型经济体国家的国有跨国公司则更多针对采掘业（37%）和电信业（20%）开展跨国并购交易（见图 8.3）。

[1] 国有跨国公司（State–owned TNC）是指国家持有 50% 或以上股权的跨国公司。

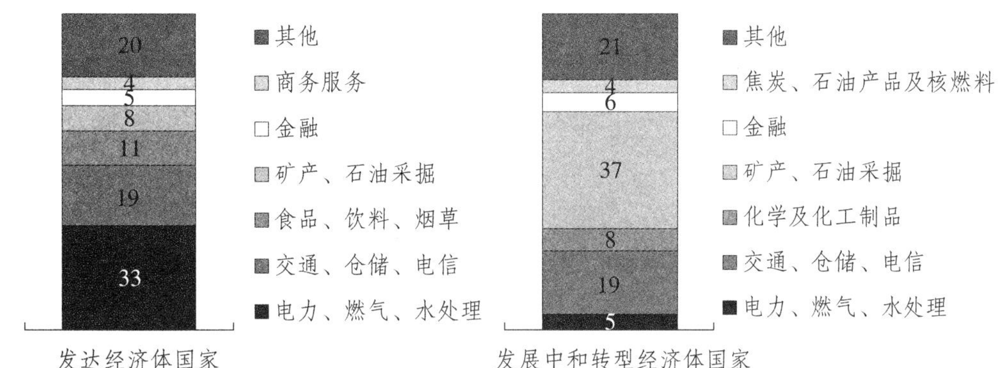

图 8.3 1981–2010 年国有跨国公司作为并购母国公司分领域累计并购金额占比

资料来源：联合国贸发会议. 2011 年世界投资报告 [R]，2011–07

（五）金融危机促使中国跨国并购逆势而发

金融危机为中国企业进行海外并购提供了重要机遇，2008 年全年中国企业海外并购金额高达 368.61 亿美元；2009 年，和总体趋势相反，中国在非金融部门的外向投资持续扩张，寻求矿产资源和全球产业重组并购成为中国外向投资扩张的驱动因素；2010 年中国完成海外并购交易 57 起，披露并购金额达 131.95 亿美元，较之 2009 年 38 起并购案，同比增长 50%。

然而，我国海外并购的成功率却不容乐观：一项权威统计显示，我国近年来企业海外并购的整体成功率不足三成。导致中国企业海外并购成功率低的原因是多方面的，不可否认的是，与实务界对海外并购的热衷程度相比，国内学者对海外并购的理论研究较为滞后。中国企业在海外并购过程中出现了诸如法律、财务、人才等诸多问题，亟待理论界加强有关研究。

二、部分行业跨国并购动态及特征分析

近年来各细分行业跨国并购动向表明，制造领域的并购与服务领域内的并购存在显著差异：制造领域内的跨国并购明显带有技术导向性，即产业领域内的领先企业纷纷通过并购技术型公司，积极布局新兴领域，试图在保持原先市场竞争格局的同时，获得新的增长引擎；如传统电气公司布局智能电网领域、医药公司积极收购生物技术类公司等。而服务领域内的并购，则带有较强的市场开拓特征，如电信巨头通过跨国并购开拓新兴市场国家，信息服务领域则呈现出跨界业务融合的趋势。

（一）传统电气企业积极并购技术型公司，布局智能电网等新兴领域

智能电网作为下一代电力系统发展方向，包括的技术非常广泛。以瑞士 ABB 为代表的、传统跨国电气公司为抢占智能电网技术制高点，跟进新一代电力系统的技术发展步伐，纷纷并购技术型公司，布局智能电网市场。同时，以 Cisco 为代表的、实力雄厚的国际大型科技公司为尽快在智能电网市场上占得一席之地，纷纷开展适用于智能电网的传感技术、通信平台、智能计量设备等新技术、新产品的研发，并购小型技术公司，补充其技术空白与不足。表 8.4 是 2007 年至 2010 年，智能电网行业陆续推进的 20 项收购案例。

表 8.4 2007-2010 年智能电网行业收购案例

收购执行公司	被收购公司	价格 / 时间	收购内容简介
ABB	Ventyx	近 10 亿美元 2010.03	瑞士电气设备公司 ABB 通过收购 Ventyx 公司，获得其智能电网软件技术。
Black & Veatch	Enspiria	2010.03	咨询与工程公司 Black & Veatch 通过此项并购计划，增强其智能电网技术整合能力。
Cisco	Richards-Zeta Building Intelligence	2009.01	Cisco 通过收购技术，买入被收购企业的建筑和 IT 网络系统。
	Grid Net	2009.09	Cisco 收购全球第一家生产出基于 WiMAX 智能电表的制造商 Grid Net。
Cooper Industries	Eka Systems	2010.05	Cooper 欲将 Eka 的无线网络产品置入其自动化系统。
EnerNOC	Cogent Energy	2009.12	需求响应技术公司 EnerNOC 以此项收购计划，转入能源效率相关商业。
	SmallFoot	2010.03	需求响应技术公司 EnerNOC 通过收购计划，获得小型商业建筑无线技术。
	eQuilibrium Solutions	2009.06	EnerNOC 此项收购的目的在于补充能源与碳计量软件。
	MDEnergy	790 万美元 / 2007.09	EnerNOC 收购能源采购服务供应商 MDEnergy。
	South River Consulting	475 万美元 / 2008.05	EnerNOC 此项收购目的在于增加更多的能源采购和风险管理业务。
GridPoint	V2Green	2008.09	智能电网公司 GridPoint 此项收购计划的目的在于补充电动汽车智能充电技术。
	Lixar SRS	2009.06	GridPoint 由此项收购，转入家庭能源管理业务。
	ADMMicro	2009.11	/

（续表）

收购执行公司	被收购公司	价格 / 时间	收购内容简介
Honeywell	Akuacom	2010.05	楼宇自动化巨头 Honeywell 购入开放式能源需求响应技术企业 Akuacom。
	E-Mon		Honeywell 此项收购计划目的在于获得 E-Mon 的辅助计量设备和软件。
Siemens	Energy4U	60% 股份 2009.08	电气设备公司 Siemens 目的在于获得 Energy4U 的智能计量与收费软件。
SilverSpring Networks	Greenbox	2009.09	智能电网公司 Silver Spring Networks 开始涉足家庭能源管理技术。
SmartSynch	AppliedMesh Technologies	2008.11	智能电网公司 SmartSynch 买下竞争对手 Applied Mesh Technologies。
Trilliant	SyPilot	2009.05	智能电网公司 Trilliant 收购无线网络技术供应商 SyPilot。

资料来源：上海科学技术情报研究所（ISTIS）分析整理

2010 年 5 月，ABB 宣布以逾 10 亿美元收购总部位于亚特兰大的 Ventyx 公司。ABB 此次收购使其有可能成为最好用、最独立的能源行业应用软件的供应商，在电力设备与能源企业软件千亿美元增量市场中占据更大份额。Ventyx 近年通过自然增长与并购小型能源应用软件领域细分市场领先企业相结合的方式得以迅速发展。在这方面，Ventyx 拥有许多耳熟能详的品牌——MDSI、Indus、Global Energy、New Energy Associates（曾是西门子能源的一部分），还有近期从波士顿 The Structure Group（该公司以供应 nMarket 而闻名）收购的能源贸易软件，现在这些曾经的细分市场领先品牌都已归 ABB 所有。ABB 通过收购 Ventyx，现已成为全球 ETRM（能源贸易与风险管理）领域的领导品牌，这可使其波士顿的能源管理系统业务在与传统竞争对手的博弈中更具竞争力。ABB 能源市场的总体规模是有迹可寻的，从输配电到自动化，再到如今的企业 IT，其产值一直在增长。此次收购可使公司全球现有的能源市场增长 7%~10%，每年产值可超过 2000 亿美元。

（二）医药及生物农业巨头掀起并购热潮，加速生物技术资源整合

随着医药行业尤其是生物医药领域中新技术的快速发展，反观寻找一类化合物却越来越难，国际医药巨头纷纷将战略目光转向在生物医药领域具有创新优势的公司，相应的购并计划蓄势待发。

2009 年，以辉瑞、罗氏为首的国际大型生物医药企业掀起了并购重组热潮，这是当年业界最令人印象深刻的事件，也昭示着世界生物医药格局将发生重大变化的趋势。当今的并购不仅仅是追求规模效应，同时也出于降低成本、构建更强的新产品线、

谋求畅销药专利过期后的新增长点、发展多元化策略等多种目的（见表 8.5）。例如，2009 年全球最大的生物医药行业并购案——辉瑞以 680 亿美元收购惠氏公司，辉瑞除了加强其生物制剂领域和进入儿童奶粉行业外，同时也看重两家公司抗生素领域合并后的协同效应。此外，2009 年并购交易价格超过百亿美元的还有罗氏斥资 468 亿美元将基因泰克剩下的股份全部收入囊中，默沙东投入 411 亿美元与先灵葆雅强强联手，以及诺华花费 281 亿美元收购眼部护理公司爱尔康 52% 的股份等。针对生物技术药的并购案还包括百时美施贵宝投入 24 亿收购生物科技公司 Medarex，借此获得其抗癌药物等。随着经济的复苏，2010 年医药并购开始呈现出市场扩张态势，规模较大的几项并购多以拓展市场份额为目的。

表 8.5　2009–2010 年全球主要医药并购交易案

收购者	被收购者	交易价格（亿美元）	交易摘要
辉瑞（Pfizer）	惠氏（Wyeth）	680	为缓解新产品青黄不接的尴尬局面，寻找新增长点，辉瑞收购惠氏以坚实产品线，并巩固了全球第一大霸主位置。
罗氏（Roche）	基因泰克（Genentech）	468	持有基因泰克全部股权将有助于罗氏制药削减成本，并且基因泰克畅销的抗癌药物将大幅提高其营业收入。
默沙东（Merck & Co）	先灵葆雅（Schering–Plough）	411	这两家公司的合并交易与许多并购交易不同，并非出于削减成本目的发起的，而是水到渠成。
诺华（Novartis）	爱尔康（Alcon）	281	2009 年，诺华制药向雀巢收购眼部护理公司爱尔康 52% 股份，获取了控股股权，距离实现成为全球卫生保健集团的目标更近一步。
赛诺菲 – 安万特（Sanofi–Aventis）	默沙东梅里亚（Merial）	40	此次收购加强了赛诺菲 – 安万特公司在充满吸引力的动物保健市场中的地位，也折射出其发展多元化业务的策略。
葛兰素史克（GSK）	Stiefel 实验室	36	此次收购将使葛兰素的护肤品业务增加至原有的 3 倍，使其占有全球处方药妆市场 8% 的份额。
华纳奇考特（Warner Chil–cott）	宝洁（P&G）旗下制药部	31	由于盈利有限，宝洁卸载了专注于妇女健康、肠胃不适、肌肉骨骼疾病领域的制药部门，华纳奇考特的收购对于宝洁来说是个喜讯。

（续表）

收购者	被收购者	交易价格（亿美元）	交易摘要
百时美施贵宝（BMS）	Medarex	24	施贵宝收购生物科技公司 Medarex，借此获得其抗癌药物，以抵消其最畅销药物氯吡格雷（Plavix）2012 年专利到期后面临的窘境。
葛兰素史克（GSK）	巴西药业	22	签订关于共同开发并生产登革热疫苗的协议，还将向基金会提供疫苗 Synflorix 的相关技术，以解决巴西迫在眉睫的公共健康问题。
罗氏（Roche）	PTC Therapeutics	20	2009 年度研发类最大的协议，PTC 同意利用 GEMS 技术构建基因表达平台，帮助罗氏发现中枢神经系统疾病的 4 个新药物。
诺华（Novartis）	爱尔康（Alcon）	129	诺华以 129 亿美元从爱尔康少数股东手中收购该公司 23% 股份，完成了对爱尔康医药有限公司收购的最后一步，诺华最终以 516 亿美元收购了爱尔康全部的股份。合并完成后，爱尔康将成为诺华旗下第二大部门。
梯瓦	Ratiopharm	36.3	该举推动了这家以色列制药商成为欧洲排名第一的仿制药公司。这个由价值 36.3 亿欧元的协议购买到的德国第二大仿制药厂意味着 Teva 公司目前在 10 个国家保持领先的市场地位，在 7 家公司中名列第 3。此外，该交易将显著增加梯瓦在加拿大的销售量。
雅培	印度皮拉马尔	37.2	2010 年 5 月 21 日，雅培公司表示将以 37.2 亿美元收购印度药商 Piramal Healthcare 公司旗下的品牌仿制药部门。
赛默飞世尔科技	戴安公司	21	此项交易将扩大赛默飞世尔在亚太地区的业务，并帮助增加其在环境分析、水测试以及食品安全等行业的业务机会。

资料来源：生物谷、Fiercebiotech 等；上海科学技术情报研究所（ISTIS）分析整理

在生物农业领域，以跨国农业生物技术公司为代表的生物技术企业已成为了市场主体，对转基因产品的研发推广、生产、贸易做出巨大贡献，然而它们对农业生物技术和转基因农产品生产贸易的垄断对发展中国家的农业也带来了一定负面影响。20 世纪 90 年代以来，随着转基因技术的发展，为了实现普及销售的目的，种业公司等出现了大规模并购趋势，行业集中度迅速提高，涌现了多家农业生物技术领先公司。转基因种子产业的跨国公司与生物农药跨国公司进行强强联手，通过控股并购等方式，形

成农业化学界与生物科技界以及种子产业界的结合，目前世界前 6 强农化产品制造商分别是巴斯夫（BASF）、孟山都、拜耳、先正达、杜邦和陶氏（Dow）

作为技术创新驱动型的公司，孟山都的成功离不开巨额的研发投入和全球化的研发网络布局。据公司 2010 年年报披露,2008 年至 2010 年的年研发投入额分别达到了 9.8 亿美元、10.98 亿美元和 12.05 美元。除了美国总部之外，孟山都在欧洲、巴西、印度设有研究中心，2009 年还在北京成立了生物技术研究中心，开展生物信息学和基因组学的初期研究，为其全球研发网络与中国研究人员的合作提供平台。而专利可以说是该公司的核心竞争力，目前孟山都在生物技术方面共拥有 600 多项专利，在同行中也是首屈一指的。2006 年公司占全球专利种子市场份额的 1/5,2007 年则上升到近 1/3。2009 年，孟山都 65%~70% 的收入来自转基因种子和转基因技术的专利授权。此外，并购也是孟山都开拓市场的重要战略，早在 1995–1998 年期间，公司就果断地剥离了原有主打的化工业务，向生物技术转型，投入 80 多亿美元在全球范围收购了至少 10 家大型种子公司，从而控制了美国一大半农业种子市场，跻身全球农业公司 10 强之列。近年来公司并购的步伐仍在不断前进，在 2008 年和 2009 年分别投入 1.64 亿美元和 1.63 亿美元收购处于研发阶段的初期成果。尽管在持续的转基因作物争论中，处在风口浪尖的孟山都公司总是不断遭到质疑，但就公司本身的经营战略而言，无疑是非常成功的。

杜邦集团是享誉全球、以科技为导向的多元化生产制造商。根据集团 2009 年年报披露信息，下属的农业与营养部门已连续 3 年成为集团内销售额最高，并保持快速增长的子行业，超过了包括电子通信、表面化学、表面涂层、表面材料、安全防护等传统优势领域，2009 年农业与营养部门销售额达到近 83 亿美元，税前营业收入为 12 亿美元。并购也是杜邦开拓新市场善于应用的策略。最成功的案例即杜邦集团进军种子市场主要是通过并购先锋（Pioneer）良种来实现的。先锋公司成立于 1926 年，总部设在美国依阿华州。杜邦通过此次并购，成为世界上杂交玉米品种和改良大豆品种最主要的开发者和提供者，并且还经营如向日葵、苜蓿、油菜、水稻等其他作物，成为位列全球第 2 大的种业公司。

（三）航空工业通过并购重组实现供应链结构的调整和优化

近年来，随着航空工业全球化发展不断深化，航空工业供应链也在进一步调整和优化。美欧航空制造商采取剥离与并购双管齐下的方式，努力增强企业自身的系统总成优势，扩大企业的业务范围和综合能力。主要表现为大幅减少一级供应商的数量，提高自身的系统及结构部件集成度。通过剥离原有在产业链下游的结构部件设计和生产领域的业务，集中精力朝着位于供应链顶层，且技术含量更高、经济利益更大的系统总成方向发展。如波音公司剥离了其结构件设计和生产业务，相继出售了商用飞机集团旗下的威奇塔、塔尔萨和麦卡里斯特分部以及位于加拿大的结构件工程，完成从飞机制造商向系统集成商的转型。由于波音公司的大部件供应商全球航空工业公司，生产进度一直落后于其他供应商，迫使波音对供应链结构做出调整，决定收购全球航空工业公司中沃特飞机所持的 50% 的股份，旨在解决资金链和供应链管理问题，从而保证 787 飞机的结构件生产进度。

这次航空产业链的调整，不仅限于主承包商，还引发了全球一二级系统和结构件供应商的调整，重塑结构部件市场竞争格局。GE 公司在与霍尼韦尔公司的合并案失败之后，以 48 亿美元兼并了史密斯航宇公司，继续致力于更全面地发展航空发动机和飞机系统业务。霍尼韦尔公司在过去 5 年收购的 10 家公司，整合了环境与安全控制、飞行与飞机管理、光学系统等业务，从而能够为主承包商提供更加丰富和全面的机载系统。结构件供应商也努力提升在供应链中的地位。迪尔宇航公司买下了空客生产客舱内组件的德国工厂，进一步提升了公司在机舱组件方面的实力，并成为该领域重要的供应商。法国 Daher 公司收购了 EADS 索卡塔公司 70% 的股份，整合两家结构件公司的力量并力图成为一级供应商。世界主要的复合材料结构件供应商 GKN 在 2009 年 1 月接收了负责空客公司机翼组件生产的英国菲尔顿工厂，将其非空客业务份额增加到 40%，力争进入大部件供应商的行列。

（四）信息技术企业间强强并购，用以实现业务领域跨界整合

前几年发生在信息技术产业中的企业并购主要是大型软件企业为巩固自身的领先优势，获得产品、技术和市场，收购相关的中小企业；而近期全球信息技术服务企业发生在大型企业间的并购有所增多，企业竞争格局有所变化。大型企业间的强强并购折射出企业更加注重完善自己的产业链条、更加注重拥有完整的产品体系，以提升国际竞争力。

2009 年全球 352 起软件行业并购案例中，发生在美国的有 222 起，占 63.4%。从并购企业类型来看，软件开发企业仍为主要并购对象，软件技术服务、服务外包企业开始有所升温。从产品结构看，在基础软件领域，包括操作系统、数据库和开发工具上，跨国公司仍旧处于强势地位，在中间件和信息安全系统方面，市场相对集中，数十家大型厂商形成的竞争相对需求增长来说还不是很激烈。在应用软件领域，行业应用市场经过多年的发展，市场竞争结构趋于稳定，兼并重组慢慢开始出现。

2011 年 8 月 15 日，谷歌宣布以 125 亿美元现金（每股 40 美元，溢价 63%）收购摩托罗拉移动公司（Motorola Mobility），该交易需得到美国、欧洲和其他地区监管部门的批准，预计将于 2011 年底至 2012 年初完成。收购有助于谷歌对抗苹果、微软、甲骨文等竞争对手的专利战攻击，并将会对移动智能终端市场竞争格局产生深远影响。通过这次收购可能产生两方面的影响：首先，谷歌借助于摩托罗拉的移动技术和手机设计制造能力，将完成“硬件 + 软件 + 服务”三位一体的垂直一体化整合，形成与苹

果对等的竞争架构；同时，扭转 Android 专利问题上的被动局面，摩托罗拉移动拥有 14600 项已授权专利和 6700 项受理专利，收购后将为谷歌在专利上反击苹果、微软、甲骨文等提供有力的支撑；第三，通过整合摩托罗拉移动公司的家庭宽带产品业务，提升谷歌在互联网电视领域的竞争力。业界普遍认为，通过并购全球手机 OS 操作系统将呈现苹果 iOS、谷歌 Android、微软 Windows Mobile 三足鼎立的态势，智能手机呈现摩托罗拉（谷歌）、苹果、三星、诺基亚（微软）四强竞争格局。

（五）电信运营商通过并购扩展市场规模，加速开拓新兴市场

为了面对现时的经济低迷和未来的挑战，电信运营商们以降低成本作为应对策略，除了削减营运成本外，电信运营商 还力求降低资本支出，延缓或取消某些投资计划。同时为了维护自身的竞争力，越来越多的电信运营商采取并购或合作的方式，一方面能够弥补关键技术落差，另一方面通过业务合并共享资源，扩大市场份额。

虽然 2009 年全球电信业的并购交易额降为 804 亿美元，与 2005 年时的峰值 2847 亿美元相比，差距甚远。然而，进入 2010 年，全球电信业并购交易数在增加，整个并购交易市场将呈现约 50% 的增长。

截至 2010 年 3 月，全球电信并购额已达 312 亿美元，其中最大的并购交易出现在新兴市场，拉美地区的 Am érica Móvil、Carso Global、Telmex Internacional 三家电信公司被墨西哥电信大亨 Carlos Slim Helú 收购，交易额为 238 亿美元。之后印度运营商 Bharti Airtel 并购科威特运营商 Zain 在中东的网络，交易额为 107 亿美元。

在电信市场已经成熟的欧美地区，德国电信 T-Mobile 和丹麦运营商 TDC 分别收购法国电信属下的 Orange 在英国和瑞士的移动业务，很显然在成熟市场的并购是以扩大网络和市场规模为主要目的。

在亚洲，韩国三家移动电信运营商将合作领域由网络共建扩大到服务、终端领域。目前，合作已为三家运营商带来减少预算以及服务升级的效果，而且预计这种效果将逐渐扩大。

据 M&A 公司数据显示，2010 年，通信行业兼并和收购比较活跃的地区是非洲、巴西和亚洲。全球巨头公司都在出售少数股东的权益或者投资组合的利益，例如，沃达丰出售自己在中国移动和日本软银的股权，Millicom 也曾出售过自己的股权。更值得一提的是，2010 年，发展中国家兼并和收购的交易数量也逐渐上升。比较典型的有 Bharti 公司购买 Zain 在非洲的股份、利比亚的 Lap Green 购买南非 MTN 的股份、Turk Telecom 购买掌握数据传输渠道的欧洲公司 Invitel 的股份、俄罗斯的 VimpelCom 购买 Weather Investments 的资产。

虽然新兴市场国家对外国投资的限制和反垄断的监管阻碍了外国公司对地方公司的管理权，如在众多运营商聚集的印度，对外资的限制、复杂的许可证办理手续以及对在任何两家公司拥有超过 10% 股份的股东的限制，都使得在印度实现兼并和收购是

不太容易的一件事。2011 年，新兴市场国家的巨头公司们都将继续不断积极发展：亚洲公司，如华为、中兴、中国电信和富士通在欧洲和美洲市场的参与度将会明显增加。一些运营商，如 Telefonica 和沃达丰公司都强调将致力于业务收入的增长。沃达丰公司公开表示，扩大数据传输服务将成为公司发展的主营业务之一，并收购了从事降低成本解决方案的研发公司 Quickcomm 和 T&T。因为数据传输正成为一个越来越重要的领域，频段拍卖在全世界积极开展，而频谱也将成为未来最重要的资源，2011 年，掌握频谱将成为重要的增长驱动力。

三、主要经济体投资政策发展动态

（一）规制跨国并购的主要形式

跨国公司并购涉及的法律适用范围相当广泛，除了各国制订的国内法律规范之外，区域性国家组织的法律规范也对跨国公司并购有很大的影响。从现有规制跨国并购的形式来看，主要包括单边管制、双边合作与多边协调。

单边管制主要是指各国通过国内立法，在反垄断法中对企业合并进行控制。如作为世界上并购活动最活跃的地区美国，通过联邦反托拉斯法、联邦证券法、州一级的并购法律以及每隔若干年发布一次的并购准则对并购活动加以管制。不过美国并购法律体系并未对外国人和美国人进行区别对待，而且美国没有独立的外国投资法律体系；因此，对跨国公司并购进行直接管制的法律法规并不存在，美国的并购法律体系适用于任何企业并购。英国对于并购的规制主要依靠 1973 年设立的《公平交易法》为主体，其对并购活动的约束，主要看并购是否符合英国的公共利益，是否妨碍有效竞争，是否影响就业率以及效率和支付的平衡。日本《外资法》中将日本的产业大体上分为两大类：第一类产业是指在各方面的综合竞争力与外国企业相比还有一定距离的产业，在这类产业中，外国投资可占 50%；第二类产业是指各方面的综合竞争力与外国企业相当的产业，外国投资可占 100%。根据日本综合组织《资本移动自由化法典》的规定，对于农业、林业、渔业、石油提炼以及皮革等行业仍然需要经过个别审批，才能进行包括并购在内的投资。日本政府不仅明确禁止外资进入日本的盐业和烟草业，在空运、海运许多部门也有“国家安全”方面的限制，对于采矿业、农业、林业、石油和天然气等产业，外资进入也受到政府严格限制。

在单边管制制度下，与一个跨国并购相关的国家如果都根据效果原则主张其管辖权，势必会产生管辖权的冲突和法律冲突；此外，各个国家的合并申报制度也会加重并购企业的负担，使合并处于一种很不稳定的状态。鉴于此，双边管制和多边协调应运而生，进而成为当今国际社会试图谋求在 WTO 框架下建立国际性并购管制制度的一种主要途径。

双边合作管制是指跨国并购活动产生的问题通过两个国家反垄断机构的合作得以解决。例如美欧、美加、美澳、德法等国缔结的行政协定就将相互通告和协商作为避免冲突的措施。美国和欧共体 1991 年 9 月订立的反垄断合作协议是迄今最引人注目的双边协议。美国和欧盟、加拿大、以色列等国缔结的协定即属此类。

虽然以双边协议来管制跨国并购不失为一种有效的方式，但是仍存在着很大的局限性，如果世界上各个国家之间都订立双边合作协议的话，那将需要不知多少个双边协定，这不仅是社会成本的极大浪费，而且在实践中也是不可能的。因此有学者提出以多边协议的方式管制跨国并购，即区域性多边合作。在各自的区域范围内，北美自由贸易区（NAFTA）、亚太经合组织（APEC）和美洲自由贸易区（FTAA）成员国之间在不同层面上开展了反垄断合作。经合组织（OECD）和联合国贸易与发展委员会（UNCTAD）是两个长期热衷于在国际反垄断领域发展国际合作的国际组织。

（二）发展中经济体投资限制有所松动，但投资监管和限制措施总体占比逐年上升

2010 年已报告的投资政策措施有三分之二以上属于直接外资自由化和促进领域。特别是在亚洲，措施相对较多，放宽了外国投资进入和立足的条件。大多数促进和便利化措施由非洲和亚洲各国政府实行，这些措施包括精简批准程序及开放新经济特区或扩大现有的经济特区。

另一方面，2010 年的新措施中有近三分之一属于与投资相关的监管和限制措施，保持了 2003 年以来的上升趋势（图 8.4）。最近的限制措施主要集中于几个产业，特别是以自然资源为基础的产业和金融服务业。近年来积累的限制措施及其持续上升的趋势，再加上更严格的直接外资进入审查程序，都增加了投资保护主义的风险。

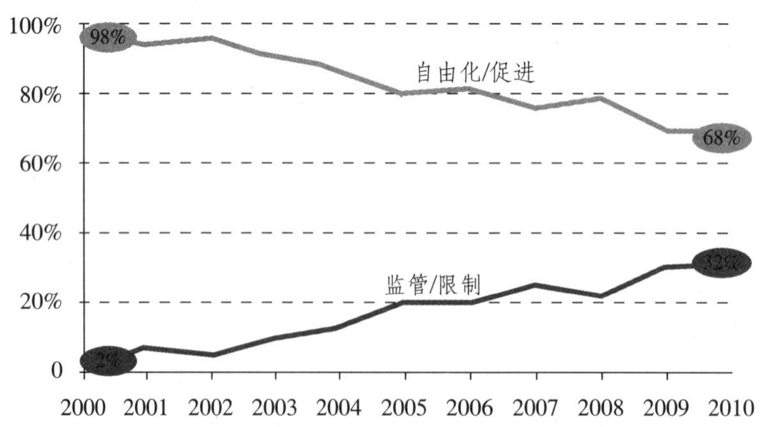

图 8.4　2000-2010 年国家监管变化

资料来源：联合国贸发会议. 2011 年世界投资报告 [R]，2011-07，

（三）国际投资协议日益庞杂，但对直接外资存量的保护范围有限

2010 年共有 178 项新的国际投资协议，年末国际投资协议的总数达到了 6092 项（见图 8.5）。预计 2011 年，条约不断增多的趋势仍会继续，2011 年前 5 个月共产生 48 项新的国际投资协议，还有 100 余项国际投资协议正在谈判中。目前共有数千项条约，多项正在进行的谈判，再加上多种争端解决机制，当今的国际投资协议制度日益庞大和复杂，其程度令各国政府和投资者都难以应对；然而它仅仅为全球三分之二的直接外资存量提供保护，只涵盖了五分之一可能出现的双边投资关系，如果要全面涵盖所有的投资关系，则需要再缔结 14100 项双边条约。

目前，特别在双边或多边国际投资协议制定过程中，发达国家通常居主导地位。2010 年至少有 25 起依据条约提交仲裁的投资者与国家间争端解决案件，绝大多数案件由发达国家的投资者提交仲裁，发展中国家通常为应诉方。目前欧盟成员国与非欧盟国家之间共有 1300 多项双边投资条约，随着与直接外资相关的管辖权由欧盟成员国转移至欧洲层面，这将如何影响整个国际投资协议制度，有待进一步观察。

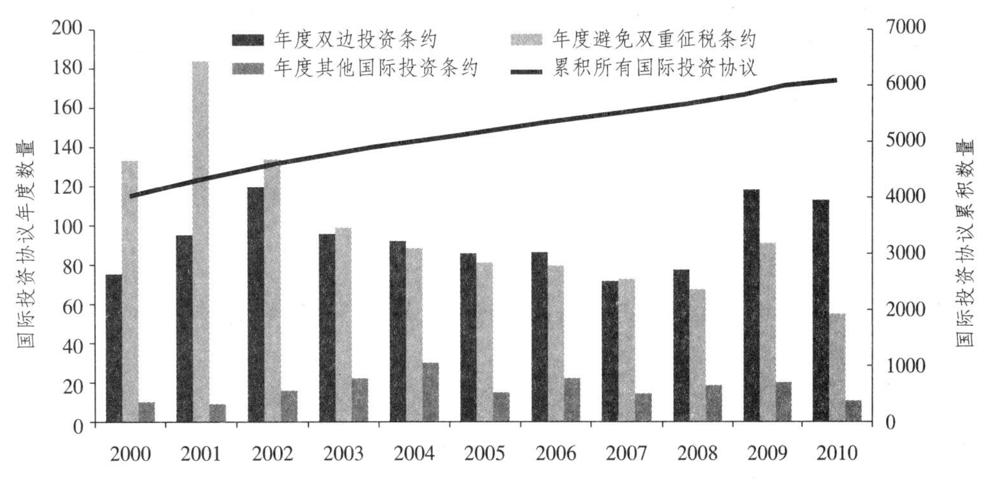

图 8.5　2000–2010 年新双边投资条约、避免双重征税条约、其他国际投资协议的年度和累积数量

资料来源：联合国贸发会议．2011 年世界投资报告 [R]，2011–07，

（四）直接外资政策和产业政策之间的相互作用不断增强

在国家和国际两个层面，直接外资政策和产业政策之间的相互作用不断增强。在国家层面，这种作用体现为具体的国家投资准则：出于产业发展的目的锁定投资类型或特定类别的外国投资者；与某些产业、活动或区域相关的投资刺激措施；根据产业发展战

略推动投资便利化；各国还出于在危机时刻保护幼稚工业、国家龙头企业、战略性企业或境况不佳的国内产业等产业政策方面的目的，运用选择性的直接外资限制措施。

在国际层面，通过国际投资协议，直接外资促进工作支持了产业政策，特别是当有关国际投资协议具有针对具体部门的内容时。与此同时，国际投资协议条款也可以限制产业政策的监管空间。为了避免不必要的政策限制，国际投资协议中已经制定了一些灵活机制，例如将某些行业排除在外或制定保留条款、一般例外或国家安全例外。根据贸发会议对国际投资协议中保留条款进行的案例研究，与初级部门和制造业部门相比，国家更倾向于为服务业保留政策空间。服务业中大部分保留条款存在于运输、金融和通信行业。

（五）企业社会责任标准对投资政策的影响日益增强

过去数年来，企业社会责任标准已经成为一种独特的“软法律”。这些标准通常聚焦于跨国公司的运作，因而随着重新平衡国家和投资者之间权利和义务的努力不断加强，它们对国际投资的影响日益加深。反过来，跨国公司可以通过其对外投资和全球价值链，影响全球工商业的社会和环境活动。

企业社会责任标准目前的格局是多层次、多方面且相互关联的。如联合国、劳工组织和经合组织的标准，其作用在于界定基本的企业社会责任并提供指导。此外，部分政府尝试在监管举措中采用企业社会责任标准，将企业社会责任标准纳入国际投资协议，在一定程度上将监管工具和自愿规定结合起来。虽然企业社会责任标准的目的通常在于促进可持续发展目标，但是在国际生产的背景下，也可能成为新的贸易和投资壁垒。

四、中国与印度企业海外跨国并购比较分析及启示[1]

自改革开放以来，中国经济的高速发展得到了全世界的关注；与此同时，中国的邻居印度也不甘落后，如今印度被称作是世界的办公室，而中国被称作是世界工厂。作为世界上经济增长速度最快而且采用不同发展模式的两个发展中国家，中国经济和印度经济不可避免地成为世人对比研究的热点。印度的经济起步落后于中国大约 10 年，从上世纪 80 年代开始出现经济自由化的潮流，并在 1991 年开始正式实行经济改革。80 年代以后，印度经济增长率达到了 5% 至 6%。而独立后至实行经济改革之前的 30 多年中，印度经济增长率为 3.5% 左右。1991 年实施的经济改革对现行的混合经济体制

[1] 为保证国家间数据的可比性，本节原始个案数据皆来自 Deal Watch 全球并购数据库，数据经由上海科学技术情报研究所（ISTIS）统计分析整理，在历年并购个案数、并购金额等规模数据方面会与国家公布的数据存在因统计口径的不同而形成的偏差。

框架进行了大幅度修改，从而使印度经济能够更好地面对全球化潮流。

在海外跨国并购方面，近年来，中、印两国都不约而同将目标投向北美、欧洲等发达经济体，其原因是发达经济体拥有其他地区所无法比拟的投资优势，如完善的公共和基础设施，相对稳定、开放的政治和社会环境，拥有先进技术的企业以及高质量的员工队伍等。虽然印度在并购的绝对金额上与中国还存在距离，但是印度在海外跨国并购的力度、广度、深度等方面均超过中国。

2004 年以来，虽然历经金融危机的洗礼，中国和印度企业海外跨国并购[1] 仍呈现出强劲的发展势头（见图 8.6）。从海外跨国并购的绝对数量而言，2004 年至 2011 年 10 月上旬，中国和印度的海外并购数分别为 560 个和 1254 个，并购金额累计达 3002.1[2] 亿美元和 2141.1[3] 亿美元。

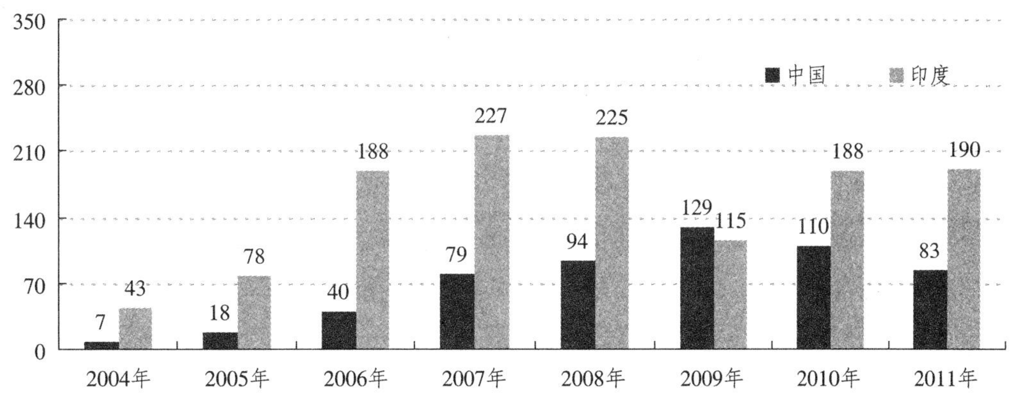

图 8.6　中、印海外跨国并购个案数（2004-2011 年）

数据说明：2011 年数据截至 2011 年 10 月 12 日

资料来源：Deal Watch 全球并购数据库；上海科学技术情报研究所（ISTIS）统计分析整理

（一）中、印海外跨国并购比较分析

1．海外跨国并购目标国家选择

表 8.6 显示，2004 年以来，中国和印度的海外并购多集中于美洲、欧洲与亚洲地区。印度企业在美国的并购个案数达 387 个，数量远高于其他国家或地区；在欧洲，印度企业也显示出积极的并购态势，其并购的发生地涵盖了欧盟的主要国家，如英国、德国、法国、意大利、荷兰、瑞士、西班牙、比利时、瑞典、芬兰等 31 个国家；在亚洲，印度企业在东南亚地区的并购活动相当活跃，在西亚地区也具有一定优势。

[1] 本节涉及的海外跨国并购是指跨国并购案中，并购东道国不包括中国和印度的并购案例。

[2] 中国海外跨国并购累计金额统计范围 399 个。

[3] 印度海外跨国并购累计金额统计范围 557 个。

同期，美国同样也是中国企业实施海外并购的重要目标国家之一，但就并购数量而言并非一枝独秀；在欧洲，中国企业跨国并购的目标国家比较有限，仅局限于德国、英国、法国、意大利等少数几个国家；在亚洲，中国企业东亚地区的并购活动与印度相比具有一定优势，但在西亚的并购数量明显低于印度企业。

表 8.6 中、印海外跨国并购目标地区及国家（2004–2011 年）

目标地区		中国			印度		
		并购个案数	涉及国家 / 地区数	主要目标国 / 地区（涉及个案数）	并购个案数	涉及国家 / 地区数	主要目标国 / 地区（涉及个案数）
全球	全球	9			1		
大洋洲	大洋洲	67	3	澳大利亚居主导（63）	64	2	澳大利亚（61）
非洲	东非	2	2		13	4	肯尼亚（9）
	南非	15	8	南非（5）	63	8	南非（34）、毛里求斯（12）、莫桑比克（9）
	西非	7	5	尼日利亚（3）	17	6	埃及（9）
	中非	1	1		0	0	
	小计	25	16		93	18	
美洲	北美	124	2	美国（87）、加拿大（37）	418	2	美国（387）、加拿大（32）
	海外属地	4	3		5	5	百慕大（4）
	南美	38	8	巴西（11）、阿根廷（10）、秘鲁（6）厄、瓜多尔（4）	32	8	巴西（14）、阿根廷（7）、哥伦比亚（4）
	中美洲	5	5		8	4	墨西哥（4）
	小计	171	18		463	19	
欧洲	北欧	6	4		22	4	瑞典（8）、芬兰（7）
	东欧	1	1		0	0	
	南欧	9	3	意大利（7）	60	12	意大利（28）、西班牙（12）、保加利亚（6）、罗马尼亚（5）

（续表）

目标地区		中国			印度		
		并购个案数	涉及国家/地区数	主要目标国/地区（涉及个案数）	并购个案数	涉及国家/地区数	主要目标国/地区（涉及个案数）
欧洲	西欧	52	5	英国（21）、荷兰（10）、法国（15）、比利时（5）	212	10	英国（146）、法国（28）、荷兰（19）、比利时（12）
	中欧	30	5	德国（19）	103	5	德国（56）、瑞士（18）、捷克共和国（14）、波兰（8）、匈牙利（7）
	小计	98	18		397	31	
亚洲	东南亚	38	6	新加坡（24）、越南（6）、印度尼西亚（5）	107	7	新加坡（47）、印度尼西亚（21）、马来西亚（16）、泰国（10）
	东亚	108	5	中国香港（66）、日本（19）、中国台湾省（16）、韩国（6）	29	3	日本（14）、中国香港（10）、韩国（4）
	南亚	2	1		20	3	斯里兰卡（11）、孟加拉国（5）
	西亚	6	3	土耳其（3）	62	13	阿拉伯联合酋长国（16）、沙特阿拉伯（10）、土耳其（10）、以色列（9）、阿曼（5）
	小计	154	15		218	26	
独联体		36	7	俄罗斯（16）、哈萨克斯坦（10）	19	4	俄罗斯（10）、哈萨克斯坦（6）

数据说明：2011 年数据截至 2011 年 10 月 12 日

资料来源：Deal Watch 全球并购数据库；上海科学技术情报研究所（ISTIS）统计分析整理

2．海外跨国并购部门行业分布

比较 2004 年以来中、印两国企业海外跨国并购案涉及的产业部门，中国的海外并购初级部门、服务部门、制造部门三分天下，分别占个案总数的 33.3%、35.7% 和 31%；2009 年资源类初级部门的并购占比达到峰值，2009 年之后，制造领域的并购占比呈现增长趋势。

印度则显现出侧重服务部门并购的趋势，在 1252 个海外并购个案中，50.2% 的个案涉及服务部门，制造部门占 39.9%，初级部门的并购仅占 9.9%。2007 年之前，印度的海外并购偏重于制造领域；金融危机之后服务部门的并购一直呈现稳中有升的发展态势，同期初级部门领域的并购则呈现快速增长态势（见图 8.7）。

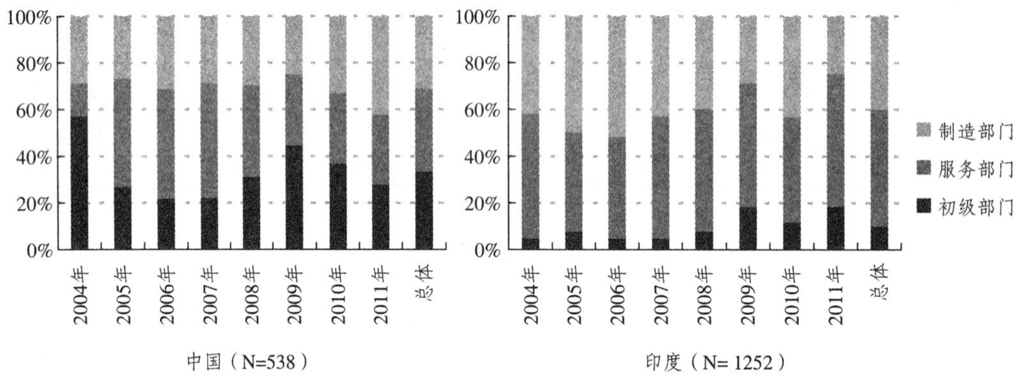

图 8.7　中、印海外跨国并购涉及产业门类（2004–2011 年）

数据说明：2011 年数据截至 2011 年 10 月 12 日；各门类并购个案数占比
资料来源：Deal Watch 全球并购数据库；上海科学技术情报研究所（ISTIS）统计分析整理

从并购规模来看，中国企业在资源领域相关的采掘行业投入大量资金，该行业已知的并购总金额达 1568.7 亿美元、并购个案数达 172 个，两指标均居各行业首位；单个并购案的平均收购价格居第二位，接近 10 亿美元。制造业并购个案数仅次于采掘业；其后依次为服务领域的金融保险业、零售业和公用事业相关的电力、燃气及自来水行业，前述行业的已知并购金额总体规模皆超过 100 亿美元。

与中国企业的海外并购相比，印度的海外并购明显呈现出个案数量多，但金额相对有限的特点。其并购金额居首位的制造业，单个并购案的平均并购金额仅 2.79 亿美元，不足中国制造业海外并购平均 6 亿并购金额的一半。与印度本土优势产业相对应，印度企业在信息技术领域内的海外并购优势明显，仅次于制造业，已知并购金额总规模居第二位。其后依次为采掘业、金融保险业和电力、燃气及自来水等公用事业。此外，印度企业在专业、科学和技术服务领域以及行政支持和废弃物管理领域海外并购活跃，虽然并购金额总体规模位居 7 ~ 8 位，但其并购个案数分别达到 99 和 60 个，位居前五甲，显示出印度企业正在积极通过并购活动获取现代服务业高端知识技能。

表 8.7 中、印海外跨国并购交易规模居前的行业领域（2004-2011[1]年）

国家	排序	NAICS 行业代码		个案数（N）[2]/个		并购金额/百万美元	平均并购金额/百万美元
中国	1	21	采掘业	172	（158）	156871.2	992.9
	2	31-33	制造业	167	（114）	69234.9	607.3
	3	52	金融保险业	42	（35）	33479.8	956.6
	4	44-45	零售业	13	（7）	17907.2	2558.2
	5	22	电力、燃气及自来水	20	（15）	13612.2	907.5
	6	51	信息技术业	52	（36）	8623.8	239.5
	7	48-49	运输、仓储业	15	（15）	5470.0	364.7
	8	53	房地产业、租赁和出租服务	9	（8）	3115.1	389.4
	9	55	控股及公司、企业管理	7	（6）	2113.9	352.3
	10	11	农、林、牧、渔业	7	（7）	922.0	131.7
印度	1	31-33	制造业	500	（295）	82388.4	279.3
	2	51	信息技术业	252	（158）	61910.9	391.8
	3	21	采掘业	109	（70）	45292.6	647.0
	4	52	金融保险业	60	（40）	4444.6	111.1
	5	22	电力、燃气及自来水	28	（18）	3735.9	207.5
	6	48-49	运输、仓储业	10	（5）	3009.7	601.9
	7	56	行政支持及废弃物管理业	66	（48）	2810.6	58.6
	8	54	专业、科学和技术服务	99	（55）	2605.5	47.4
	9	62	医疗及健康服务业	18	（13）	2236.1	172.0
	10	72	酒店及餐饮业	9	（7）	1988.5	284.1

数据说明：（1）2011 年数据截至 2011 年 10 月 12 日；（2）N 表示并购金额计算涉及的有效个案数

资料来源：Deal Watch 全球并购数据库；上海科学技术情报研究所（ISTIS）统计分析整理

3．海外跨国并购 TOP10 交易特征

对比中、印两国交易金额居前 10 位的海外并购个案，中国 10 大海外并购个案中有 8 个涉及初级部门的资源领域，制造部门 1 项也与石油化工产品制造有关，仅 1 项属于服务部门的金融保险业，所以参与并购的中国公司都属于国有控股公司。10 大并购案中有 8 项完成于近三年，其中 4 项完成于 2009 年，分别有 2 项完成于 2010 年与 2011 年。从目标国家分析，3 项位于加拿大，3 项位于南美洲诸国，另外分别有 2 项并购位于非洲和大洋洲的澳大利亚，皆属于矿产资源相对丰富的国家。就并购规模而言，中国企业的前 10 位海外跨国并购皆超过 50 亿美元。在并购方式方面，除居第 2、第 4 位的铝业并购采用了购买少数股权（Minority stake purchase）的方式推进外，其他并购项目均采用收购方式（Acquisition）完成（见表 8.8）。

表 8.8　中国海外跨国并购交易金额前 10 位交易（2004-2011 年）

序号	并购日期	并购东道国	目标公司	并购者	并购金额/百万美元	所属行业	股权比例/%
1	2009 年 9 月	纳米比亚	Weatherly International PLC	华东矿产勘查开发局	26437.38	铜矿开采及冶炼	50.1
2	2009 年 2 月	澳大利亚	Rio Tinto Limited; Rio Tinto Limited	中国铝业有限公司	19500	采掘业	N/A
3	2009 年 7 月	阿根廷	YPF S.A.	中国海洋石油总公司；中国石油天然气集团公司（CNPC）	17000	原油和天然气开采业；加油站与便利店	84
4	2008 年 2 月	澳大利亚	Rio Tinto Limited	美国铝业公司（中国）有限公司	14050	铁矿石开采	12
5	2009 年 6 月	加拿大瑞士	Addax Petroleum Corp	中国石油化工集团公司（Sinopec）	7200	石油和天然气开采	100
6	2010 年 10 月	巴西	Repsol Ypf Brasil S.A.	中国石油化工集团公司（Sinopec）	7100	石化生产	40
7	2010 年 6 月	阿根廷	Pan American Energy Llc.	Bridas 公司，中国海洋石油总公司	7059.25	原油和天然气开采业；液态天然气提取制备	60
8	2011 年 4 月	加拿大	Equinox Minerals Ltd.	五矿资源有限公司	6500	铜矿开采	
9	2007 年 10 月	南非	Standard Bank Group	工商银行（中国）有限公司	5568.37	金融保险业	20
10	2011 年 2 月	加拿大	Encana's Cutbank Ridge business assets in British Columbia and Alberta	中国石油天然气股份有限公司	5371.92	原油和天然气开采业	50

数据说明：2011 年数据截至 2011 年 10 月 12 日

资料来源：Deal Watch 全球并购数据库；上海科学技术情报研究所（ISTIS）统计分析整理

2004年以来，印度企业10大海外并购案行业分布较为分散，初级部门、制造部门和服务部门都有涉猎，其中4项涉及电信业务。2009年5月，印度 Bharti Airtel Ltd. 收购南非 MTN GROUP LIMITED，并购金额达230亿美元，居10大并购个案之首；2项为资源领域并购项目；制造部门涉及2项钢铁冶炼业务，1项航空航天产品制造业务；另有1项属于信息技术产业，即2010年 Infosys Ltd 公司收购英国 Logica。与中国海外并购类似，10大并购案中有8项完成于近三年，2009年与2010年是出现大手笔并购的高峰时点。从目标国家分析，很明显可以看出，印度电信运营商正在积极开拓以非洲和西亚为主的海外电信市场；在制造领域，印度企业的并购目标国家锁定于发达经济体，包括法国、英国、美国；资源领域的并购则显而易见出现在大洋洲的澳大利亚和南美洲的阿根廷。就并购规模而言，印度企业的单项并购金额比中国低，与购买主体大多为私营企业有关。在交易形式方面，印度前10位海外并购涉及4种方式，分别为收购方式（Acquisition）、合并（Merger）、购买少数股权（Minority stake purchase）和经由一个持有人重组（Restructuring within one holding），（见表8.9）。

表8.9 印度海外跨国并购交易金额前十位交易（2004–2011年）

序号	并购日期	并购东道国	目标公司	并购者	并购金额百万美元	所属行业	股权比例（%）
1	2009年5月	南非	MTN GROUP LIMITED	Bharti Airtel Ltd.	23000	电信业	49
2	2009年8月	阿根廷	YPF S.A.	Gazprom ; LukOil ; ONGC Videsh Ltd ; Rosneft	17000	原油和天然气开采业；加油站与便利店；液态天然气提取；炼油	N/A
3	2011年6月	法国	A320neo and A320 Planes of Airbus	IndiGo	16000	航空航天产品和零部件制造	N/A
4	2006年10月	英国	Corus Group Plc	Tata Steel Ltd	14700	钢铁冶炼	100
5	2009年9月	科威特	Zain	Malaysian Investor ; Vavasi Group	13740	无线电信运营（除卫星业务）	46
6	2010年2月	赞比亚	Zain Africa BV	Bharti Airtel Ltd.	10700	电信业	100
7	2011年4月	澳大利亚	Hancock Coal Pty Ltd	GVK Power and Infrastructure Ltd	8000	煤矿开采	100

（续表）

序号	并购日期	并购东道国	目标公司	并购者	并购金额百万美元	所属行业	股权比例（%）
8	2010 年 5 月	英国	Logica	Infosys Ltd	4142.94	信息技术业	100
9	2007 年 2 月	美国	Novelis	Hindalco Industries Ltd	3500	钢铁厂和铁合金制造	100
10	2010 年 9 月	巴林	‘African mobile towers’ of Bharti Airtel	Bharti Infratel Ltd	2926.19	电信业	

数据说明：2011 年数据截至 2011 年 10 月 12 日

资料来源：Deal Watch 全球并购数据库；上海科学技术情报研究所（ISTIS）统计分析整理

（二）经验与启示

1. 消除“国有”烙印，鼓励更多行业参与海外并购

由于中、印企业的发展模式不同，中国国有控股的跨国企业，更易获得优势资源，在海外并购的推进过程中，这一优势被充分挖掘，从中国位居前 10 的海外并购个案分析，国有企业占据绝对主导地位。但是也正是由于过多的“国有”烙印，使得中国的对外并购活动经常会被目标国家视为“带有政治目的”，中国企业海外并购中的“政治因素”，无形中增加了并购的风险和成本。

反观印度，印度的经济改革比中国滞后了近 10 年，没有捕捉到中国所获得的在加工制造业方面的发展机会，但是在没有政府资助的情况下，一些 IT、软件和医药类的高科技企业迅速成长，并取得在国际市场的竞争地位，成为促进印度国内经济发展的动力，所以印度企业的海外并购更多是围绕自身的优势展开，行业领域涉及钢铁、机械、汽车、制药、IT 等更广阔的行业和领域。

在金融危机余波未尽之际，海外会有大量资产等待处理，为了避免目标国家在审核并购项目时带入政治考量因素，应适当消除“国有”烙印，更多鼓励民间机构或者更多行业参与海外并购，为进一步发展寻求外部动力。

2. 拓展海外投融资渠道，完善政策保障及评估机制

相关研究显示，中、印两国政府都鼓励企业“走出去”，鼓励企业积极参与国际市场竞争，但是印度政府扶持方式相对更市场化、更为有效；如 2007 年，印度 Tata 钢铁公司是通过银行贷款融到并购 Corus 所需的巨额资金，而印度著名的风能设备生产商 Suzlon Energy Ltd，主要是通过发行企业可转换债券募集到用于并购德国 Repower 所需的 12 亿欧元资金。与中国政府对国内企业的海外投融资较为严格的限制不同，自 2002

年起随着印度经济的快速发展和企业资产质量的改善，印度政府放松了对企业海外投资方面的管制，为本国企业的海外投资提供外汇、税收、信贷和技术支持，允许海外企业在国际市场上融资，同时给予印度公司每年可向海外投资5000万美元的额度。这些政策上的支持使得印度企业在海外并购机会的把握方面显得更游刃有余，最终结果就是印度企业单个并购金额可能不是最大，但在并购的个案数及并购行业的广度上得到保证。

在我国，国有企业海外并购的融资虽然需要历经多重审核，但在鼓励“走出去”的大环境下，融资渠道相对较为顺畅，但并购之后的效益评估及问责机制相对缺失，导致海外并购失败案例频现；此外，在政策制定方面应该更具普惠意义，为更多的民营企业的海外拓展提供保障。

3．实现并购目的多元化，提升并购专业化程度

中国企业赴海外投资，通常目的比较单一，关注市场的企业更多会以设立海外销售分公司的方式寻求市场开拓；制造领域内的并购则更多仅关注技术和品牌转让，所以导致出现并购海外工厂后将设备拆解回国内的现象；初级部门的并购则目的更明显，即在全球范围内获得更多的矿产资源。

而印度企业的并购目的则多建立在长期战略的基础上，不仅要求技术的转让，同时关注销售渠道和未来市场整体布局。在一项2008年年底完成的针对印度企业在德国投资动机的调研显示（见图8.8），印度企业投资德国的最主要动机是接近德国及欧洲客户、获得高素质的员工和技术力量以及创新能力、供应网络和生产条件。进一步的分析，还可以发现印度IT企业投资欧洲的主要战略目标是获得市场和渠道，制造业企业则看重欧洲的技术和研发资源。

除了并购目的多元化以外，印度企业在海外并购中会与专业的法律、管理、融资等方面咨询机构积极合作；这一特点与印度企业积极并购海外专业商务服务公司的现象不谋而合。尽管中国企业在跨国并购的过程中注重交易价格，但是所使用的定价方法却很单一，大多基于国际并购市场较少使用的净资产估值法，这极有可能是受到了国内并购市场通行的估值方法的影响。印度企业在这方面要比中国企业更显老练，他们在跨国并购中通常利用收入倍数和EBIT倍数进行估值，将收入倍数限定在0.8 ~ 1.2之间，EBIT倍数控制在6 ~ 10倍之间。

因此，中国企业的海外并购应更多基于长期战略发展的要求，实现并购目的多元化；同时提升并购专业化程度，在目标国家寻求法律、管理、融资等方面咨询机构的参与，进而有助于深入了解目标企业的商业环境，帮助企业在并购初期就对目标企业的价值

和潜在风险做客观的评价，并做好化解风险的前期准备工作。

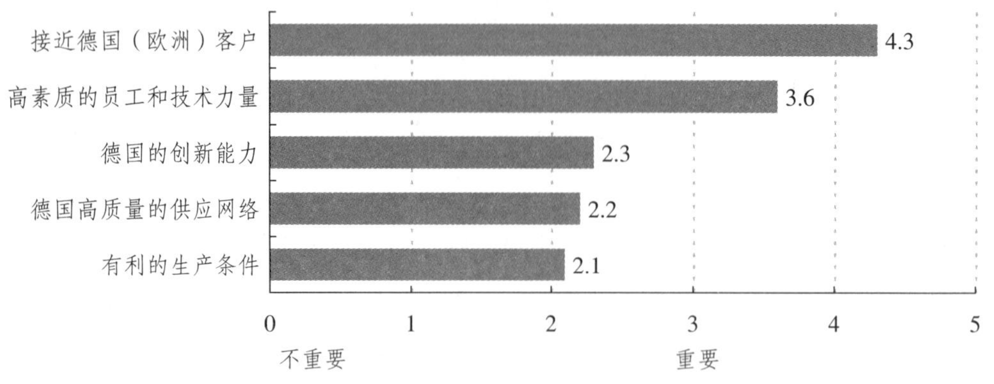

图 8.8　印度公司在德国投资动机调研

资料来源：KPMG 数据，2008 年

4．强化跨文化人才储备，建设包容性管理文化

与印度企业相比，中国企业更缺乏跨国管理人才以及相应的人才储备机制。尽管中印两国同为文明古国，但是在长期英国殖民的影响下，印度人对于西方语言、政治、商业、文化等方面的理解和管理能力超过中国人。根据麦肯锡对中国大型企业的调查显示，尽管 80% 的中国企业将全球化作为未来发展的战略重点，但是 88% 的中企高层管理人员认为缺少跨文化的经营管理人才是其全球化战略的主要障碍。56% 的受访中企高层管理人员称从未接受过跨文化的管理培训，50% 的人不会接受管理海外企业的任务。而在发达国家、甚至在印度企业中，管理海外企业的从业经历是企业管理人员晋升的重要参考指标。由于人才的缺乏，中国企业开拓海外市场的思路和方式大多比较单一，将精力基本放在发展进出口贸易上，以最小的风险获取有限的利益。其结果是中国大陆企业在海外的市场销售、海外资产以及海外员工的数量等方面不但低于印度企业，更远落后于中国台湾和韩国企业。

事实上，完成跨国收购谈判与协议并不是项目终结，而是一个新的起点。跨国收购后的整合涉及政治、经济、法律、文化、经营管理等各方面，对企业的跨文化管理水平和技巧提出极高的要求，稍有不慎就会导致整个收购项目的失败。波士顿咨询（Boston Consulting Group）在调查中（见图 8.9）发现导致并购失败的因素来自三个方面：战略、价格和并购后整合，其中并购后的整合和战略上的失误是导致企业并购失败的主要诱因。

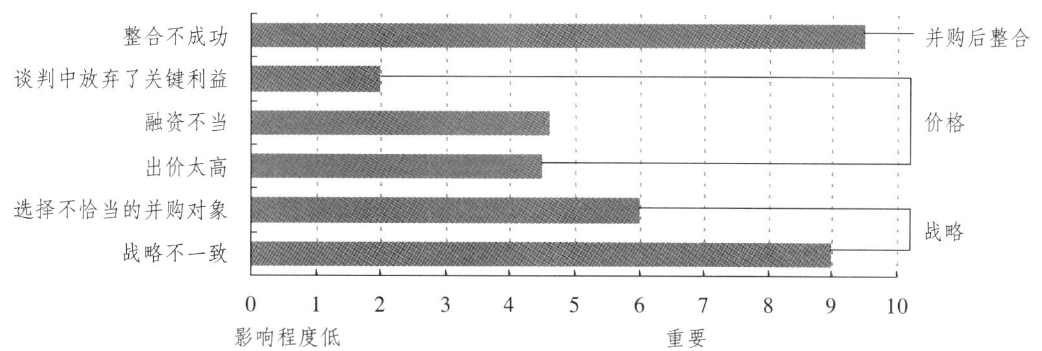

图 8.9　导致并购失败的三个普遍因素：战略、价格与整合

资料来源：BCG 客户调查

以德国为例，中国在德企业的员工人数远低于印度在德企业人数。在德国的 167 家印度企业中有 2 万名当地员工，另有 1000 名学徒工；而 600 家在德中国企业中只有约 1 万名当地员工。说明中国企业在德国的规模和实力小于印度企业。究其深层原因，这应该与中国企业缺乏跨国管理的经验和信心有关。

中国企业要发展成为真正意义上的跨国公司，需要确立开放、包容的跨文化管理理念。跨文化管理属于软技能，是管理人员在企业的经营过程中的授权、指导和处理复杂问题时的沟通技巧，这些管理中的软技能一般会随着企业经营和组织结构的全球化而变得越来越重要。但是这些软技能往往在中国的企业文化中被忽视，因为在中国的企业文化强调服从和一致性，如下级对上级的服从，个人对企业的服从，主张对权力的集中和相互制约，所以中国式的企业管理与西方跨国公司扁平化、权力分散的管理模式差异巨大，因此建立强化跨文化人才储备、建设包容性管理文化将成为海外跨国并购成功的关键因素之一。

主要参考文献

【1】吴南．中国与印度企业在欧洲跨国并购的比较及中国企业的应对之策 [J]．宏观经济研究，2010（7）：74–79.

【2】McKinsey．Meagan C. Dietz， Gordon Orr， and Jade Xing． How Chinese companies can succeed abroad[N]． The McKinsey Quarterly，2008–05.

【3】邱询、于菁、杨敏．印度对外投资的战略选择与成效分析 [J]．贵州财经学院学报，2009（1）：53–68.

【4】Gordon Orr. Why China is behind in global M&A[N]. Business Week，2008-7-29.

【5】McKinsey. Competition from China：Two Mckinsey Survey [N]. The McKinseyQuarterly，2008-04.

【6】Gone shopping，Indian firms’ foreign purchases[N]. The Economist，2009-05-28.

【7】丹尼尔 ·F· 史普博著，余晖等译：管制与市场 [M]. 上海：上海三联书店，1999

【8】干春晖：并购经济学 [M]. 北京：清华大学出版社，2004.

【9】清科研究中心. 2010 中国并购报告 [J]. 新理财，2011（4）：92-93.

【10】张冬杨译. 俄罗斯电信未来将如何发展（上）[N]. 俄罗斯 CNEWS，2011-08-21.

【11】娄莉莉. 建立 WTO 竞争规则与跨国并购管制制度 [J]. 现代企业，2007（10）：26-27.

【12】杨文生，李娅. 国外经济安全的跨国并购管制经验及启示 [J]. 经济纵横，2007（3）：11-14.

【13】范磊. 中印经济发展模式比较分析 [N]. 中国贸易促进网，2010-03-30.

第九章　商业批发业发展态势

一、商业批发业发展总体态势

（一）世界批发贸易逐步摆脱危机影响，整体呈现上升趋势

根据各国统计局数据显示，受金融危机影响，2008、2009年批发贸易大幅下滑，伴随经济的复苏，2010年起全球批发贸易逐渐恢复，总体呈上升态势。美国2011年7月批发商销售额较2010年7月上涨15.4%，库存销售比率恢复到与上年同期持平。日本2011年第一季度批发贸易销售额较上年同期增长4.1%，第二季度较上年同期增长1.4%。欧盟27国2011年第一季度批发营业额指数较上年同期增加9.3%，其中德国2011年上半年批发贸易营业额较2010年上半年名义上涨11%，实质上涨3.1%。法国2011年第二季度较第一季度营业额上涨0.6%，2011年第二季度较上年同期上涨9.1%。英国2011年上半年批发贸易销售额（除机动车）较2010年上半年上涨8.1%，2011年第二季度销售额较2010年同期上涨10.7%。而各国2011年起批发贸易的增速纷纷放缓。

（二）信息技术渗透批发业各环节，助力服务效率提升

信息技术几乎渗透批发业的各个环节，世界各国的批发业电子商务销售比重呈现扩大趋势，2009年美国批发业电子商务销售额较2004年增加近2000亿美元，日本2010年批发贸易电子商务B2B市场销售规模较2009年增加131%。传统实体批发依托电子商务平台，补充了传统批发业务上的不足，通过压缩中间环节降低了成本。电子商务的出现解除了批发企业的束缚，凭借网络实现了快速信息传播，实现了网上虚拟市场和网上采购及结算。信息技术在供应链中的应用进一步使批发企业能够更有效地应对需求变化。在电子网络环境下，随着生产商生产流通的一体化以及零售商经营的连锁化，上下游企业的统一采购与配送一定程度上危及到部分传统批发商的业务开展；但是，通过信息技术的批发销售短期内不会取代传统批发方式，在一段时期内两者将处于互为依赖、互为促进的共存状态。

（三）供应链管理成为批发商核心竞争力，企业向综合化方向发展

供应链管理成为批发企业的核心竞争力，现代批发业的发展进一步要求企业对供

应链进行资源优化配置及有效运作。现代批发企业不仅要承担采购和批量销售的任务，同时还要发挥物流和融资的功能。各批发企业纷纷建立自己的配送中心和供应链网络平台，以期通过其强大的物流和区域配送中心，突破职能界限，实现无缝对接，最终实现供应链整体效益的最大化，推动企业的发展。如美国麦克森公司在全美拥有 28 个分销中心，拥有一整套"企业资源管理解决方案（ERP）"的供应链管理系统，为上下游关键业务提供无缝集成，提供采购、配送、库存、自动化订单、跟踪、财务等一系列服务，是企业的核心竞争力之一。

同时，批发企业正向大型化、综合化逐步发展，为上下游提供多样和综合化服务。批发商的供应链管理以顾客为导向，批发商通过整合供应链，与上下游形成合作，除贸易功能外，同时提供物流服务、技术支持、市场开拓等相关服务，从而在市场竞争中赢得主动权。此外，为更好满足消费终端的需求，批发商正着力向上下游渗透，形成生产—批发—零售的完整产业链，从而进一步扩大市场份额，降低经营成本，向规模化发展。

（四）新兴经济体驱动行业增长，跨国企业积极布局新兴市场

随着经济区域化与全球化发展加速，包括中国、巴西、南非在内的新兴经济体强劲发展，很大程度上抵消了美国经济增长放缓的不利影响，不仅自身得以发展，其对整个世界经济的整体影响也越来越大。各跨国批发企业纷纷拓展新兴国家市场，通过大量建设大型卖场，以期获得更多的市场份额和利润。如沃尔玛超市特别注重在新兴经济体国家的业务扩张，进军印度批发市场的同时，计划以 23 亿美元收购南非最大批发、零售连锁店 Massmart。麦德龙集团也将其业务重点放在拓展亚洲等新兴市场的批发业务，在中国、印度、越南、俄罗斯、埃及、波兰、土耳其等新兴国家都设有卖场。2011 年 8 月麦德龙在埃及开设 2 家现购自运卖场，并计划增至 20 家。以日本和韩国为主的综合商社纷纷参与扩大其在新兴国家的能源开发事业，日本三菱商事在其"中期经营计划 2012"中提出将中国、印度、巴西作为该公司未来战略发展的核心地区；韩国三星物产在中国、墨西哥等国家也都设有能源、资源类相关项目。

二、典型国家和地区批发业发展态势

（一）美国

美国的批发业主要包括非制造商批发商 Merchant Wholesalers， Except Manufacturers' Sales Branches and Offices）和制造商销售部门（MSBOs， Manufacturers' Sales Branches and Offices）。自 1958 年以来，非制造商批发商销售额在批发销售总额中的比重逐步提高，其比重从 1958 年的 42.7% 上升到 2009 年的 71.8% 。非制造商批发商通过自身的改革和创新，实现了连锁化和一体化发展，产业地位逐步上升，在美国批发业中发挥了主导作用。

1. 批发业务销售量及库存量持续增长

2002 年至 2008 年，美国批发业的销售额及库存量稳步逐年增长，2009 年出现明显下降，2010 年企稳反弹。自 2010 年 1 月起，美国非制造商批发业的库存量连续 16 个月增长，2011 年 4 月创 2008 年 11 月以来批发库存量最高纪录。2011 年 4 月批发业销售额自 2008 年 7 月以来最高，为 3945.49 亿美元（见表 9.1，图 9.1）。

表 9.1　2002–2009 年美国批发业销售额及库存额情况

百万美元

项目	2002	2003	2004	2005	2006	2007	2008	2009
总销售额	4162169	4373356	4851241	5262720	5612133	5888989	6162159	5165629
非制造商	2835528	2973573	3320014	3615355	3904006	4174286	4435208	3706945
制造商	1326641	1399783	1531227	1647365	1708127	1714703	1726951	1458684
总库存额	379348	393950	434295	474447	512414	543146	562869	500543
非制造商	302773	310066	341290	368761	399292	425031	439740	389160
制造商	76575	83884	93005	105686	113122	118115	123129	111383

数据说明：这里的批发业是指 merchant wholesale trade

资料来源：美国统计局. 2009 Annual Wholesale Trade Report[R]，2011-02-28.

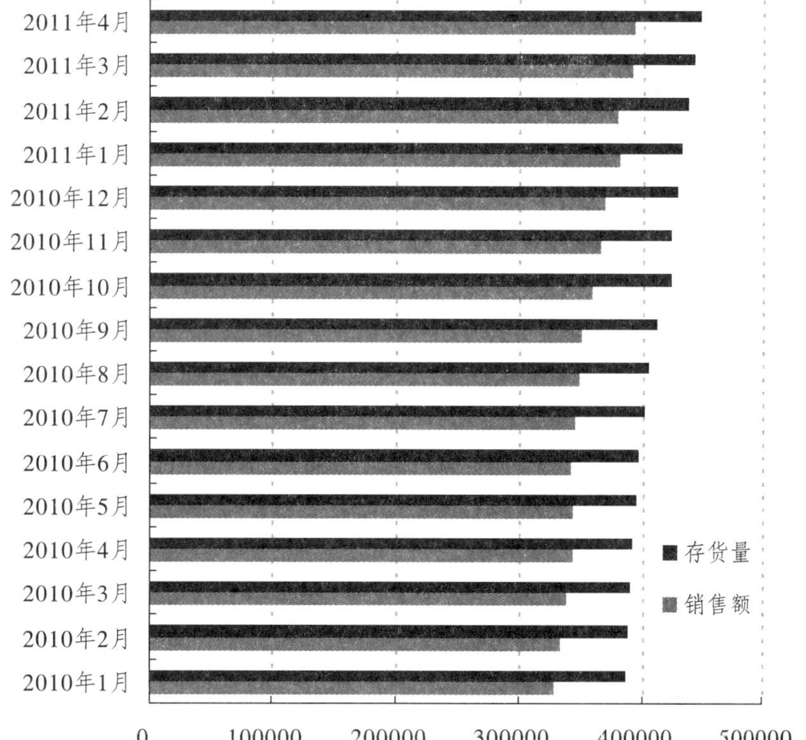

图 9.1　2010 年 1 月至 2011 年 4 月美国非制造商销售额及库存量变化情况

资料来源：美国统计局. Latest Monthly Wholesale Trade Report[R]，2011-08-10.

2．批发业务呈现电子化、网络化趋势

美国电子商务应用比例最高的是制造业，其次是批发业，零售业相对应用比例较小。自 2004 年起，批发业电子商务应用比重基本稳定在 20% 以上（见表 9.2）。

表 9.2　2004-2009 年美国批发业中电子商务销售情况变化

年份	电子商务销售额 / 百万美元	电子商务销售所占比例 /%
2004	1020854	21.0
2005	1173757	22.3
2006	1242098	22.1
2007	1297751	22.0
2008	1311496	21.3
2009	1211219	23.4

数据说明：这里的批发业销售额包括制造商和非制造商批发业务销售额

资料来源：美国统计局. 2009 E-commerce multi-sector "E-Stats" report[R]，2011-05-26；上海科学技术情报研究所（ISTIS）分析整理

美国统计局 2011 年 5 月的报告显示，2009 年美国批发业务中电子商务销售占 23.4%，为 12112.19 亿美元，虽销售额较 2008 年下降 7.6%，但电子商务销售额比重上升 2.1%（见表 9.3）。分产品数据显示，美国药品类批发销售额中电子商务销售比例最高，达 64.5%，美国药品类批发中有 70% 的业务已电子化。2009 年在获得数据的美国 15 个批发子领域中有 13 类产品的电子商务销售额占相应产品批发总额的比例在 10% 以上（见表 9.3）。

表 9.3　2008-2009 年美国批发业电子商务销售情况

百万美元

行业	销售额				比例变化（%）		电子商务所占总销售额的比例（%）	
	2009		2008					
	总销售额	电子商务	总销售额	电子商务	总销售额	电子商务	2009	2008
总体批发业	5165629	1211219	6162159	1311496	-16.2	-7.6	23.4	21.3
耐用品	2322227	495814	2850202	585468	-18.5	-15.3	21.4	20.5
汽车及汽车设备	458340	221170	577518	280135	-20.6	-21.0	48.3	48.5
家具及家具摆设	69757	11182	85738	12746	-18.6	-12.3	16.0	14.9
木材及其他建筑材料	124660	9440	157316	11667	-20.8	-19.1	7.6	7.4

（续表）

行业	销售额				比例变化（%）		电子商务所占总销售额的比例（%）	
	2009		2008					
	总销售额	电子商务	总销售额	电子商务	总销售额	电子商务	2009	2008
专业、商业设备及用品	476375	123729	502774	123512	-5.3	0.2	26.0	24.6
金属及矿物，不包括石油	144052	14420	242175	23348	-40.5	-38.2	10.0	9.6
电器	406041	56624	454009	64909	-10.6	-12.8	13.9	14.3
五金，配管及加热设备	105809	12633	127773	13824	-17.2	-8.6	11.9	10.8
机械装备，设备及用品	361415	24100	455562	32216	-20.7	-25.2	6.7	7.1
耐用品杂货	175778	22516	247337	23111	-28.9	-2.6	12.8	9.3
非耐用品	2843402	715405	3311957	726028	-14.1	-1.5	25.2	21.9
纸及纸制品	121466	20672	136808	22050	-11.2	-6.2	17.0	16.1
药品类	577528	372647	581080	355320	-0.6	4.9	64.5	61.1
服装，布匹及缝纫用杂货	129737	33474	144958	35384	-10.5	-5.4	25.8	24.4
食品及相关产品	677499	126331	690414	111528	-1.9	13.3	18.6	16.2
农产品原料	164757	（S）	197385	（S）	-16.5	（S）	（S）	（S）
化学品及相关制品	160200	（D）	200744	（D）	-20.2	（D）	（D）	（D）
石油及石油产品	617678	66621	945471	104132	-34.7	-36.0	10.8	11.0
啤酒、葡萄酒及蒸馏饮料	119268	（D）	119167	（D）	0.1	（D）	（D）	（D）
非耐用品杂货	275269	62130	295930	61477	-7.0	1.1	22.6	20.8

数据说明：（1）这里的批发业是指 merchant wholesale trade，批发业销售额包括制造商和非制造商批发业 务销售额；（2）D 表示隐藏数据，防止披露个别企业的数据；（3）S 表示由于采样变异（变异超过 30%）不符合标准或反映质量不佳。

资料来源：美国统计局．2009 E-commerce multi-sector "E-Stats" report[R]，2011-05-26.

3．制造商批发运营成本占销售额比重呈逐年递增态势

2006 年至 2009 年美国批发业运营成本所占销售额比重分别为 11.9%，12.3%，12.0% 和 13.0%，其中非制造商批发商运营成本占销售额比重分别为 13.1%，13，4%，12.9%，13.7%，制造商批发运营成本占销售额比重分别为 9.2%，9.6%，9.9%，11%，呈逐年递增趋势，非制造商批发商批发运营成本所占销售额比重明显高于制造商批发商（见图 9.2）。

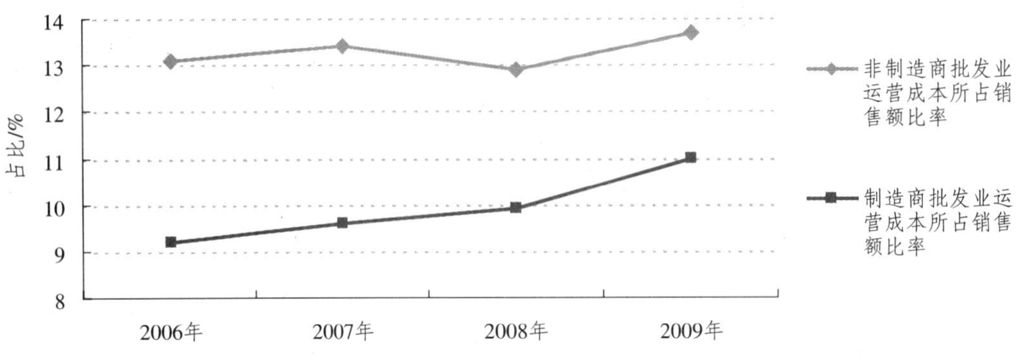

图 9.2　2006–2009 年美国批发业运营成本占销售额比率情况

资料来源：美国统计局. 2009 Annual Wholesale Report[R]，2011–02–28.

4. 批发业呈现出较强的经济危机防御性

2010 年美国各行业普遍复苏，批发业增加值除 2008 年有 0.1% 的小幅下滑以外，相对其他产业浮动较小，呈现较为稳定的危机防御态势。2009 年和 2010 年分别较上年上涨 2.8% 和 4.2%（见表 9.4）。

表 9.4　美国产业增加值增减率趋势

%

主要指标	2007 年	2008 年	2009 年	2010 年
GDP	1.9	0.0	–2.6	2.9
制造业	3.3	–4.8	–8.6	5.8
批发业	5.6	–0.1	2.8	4.2
零售业	1.3	–6.9	–1.9	5.2

资料来源：美国商务部经济分析局. 2010 Recovery Widespread Across Industries Advance GDP by Industry Statistics for 2010[R]，2011–04–26.

（二）欧洲

1. 行业总体规模发展态势

（1）欧洲批发业整体呈现恢复性增长

2008 年至 2009 年全球经济受到 1930 年代以来最大一次重创，2008 年第四季度至 2009 年第二季度欧盟 27 国批发业普遍下滑，但总体降幅环比减小。2009 年第三季度开始欧盟地区经济有所好转，欧盟 27 国批发业营业额指数至 2010 年第四季度连续 6 个季度环比增长，2010 年第二季度增幅有所放缓，2011 年第一季度欧盟 27 国批发业营业额指数已接近 2008 年第三季度水平，呈整体上升的态势。（见图 9.3）

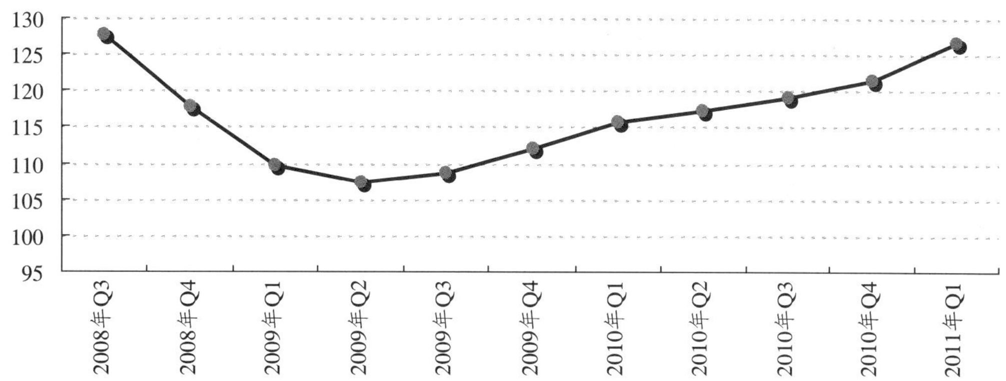

图 9.3　2008 年第三季度至 2011 年第一季度欧盟 27 国批发业营业额指数变化（除机动车类）

数据说明：以上指数为欧盟统计局预估数值；2005 年 =100

资料来源：欧盟统计局. Short-term business statistics-trade and service-Other services　turnover index-Wholesale trade，except of motor vehicles and motorcycles[R]，2011-08-09.

（2）批发业劳动力投入仍低位徘徊

从批发业劳动力投入情况来看，2000 年至 2008 年欧盟 27 国批发业劳动力投入普遍上升，2009 年开始欧洲大部分国家批发业劳动力投入有明显降幅（见图 9.4），除保加利亚、罗马尼亚等少数几个国家以外，欧洲主要国家批发业劳动力投入仍低位徘徊。

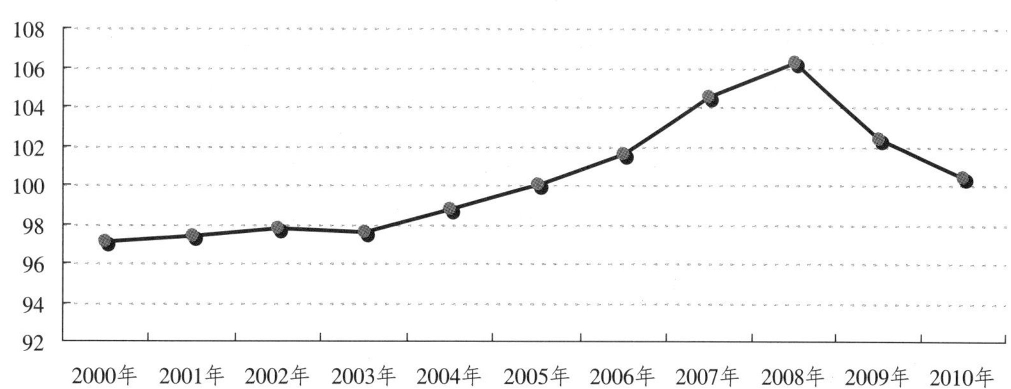

图 9.4　2000-2010 年欧盟 27 国批发业劳动力投入指数变化（除机动车类）

数据说明：2005 年 =100

资料来源：欧盟统计局，Wholesale and retail trade labour input index - annual data[R]，2011-09-22.

（3）发达经济体批发产业集中度较高

在批发业增加值方面，2007 年前 5 位国家较 2006 年没有改变，说明一定程度上批发业在这 5 个国家的发展较为稳定，占到欧盟 27 国中总体批发业增加值的 67%，2007 年德国批发业增加值占欧盟 27 国的 17%。而在就业人数方面，前 5 位国家已经占到了非金融部门就业人数的一半以上，也相对集中。

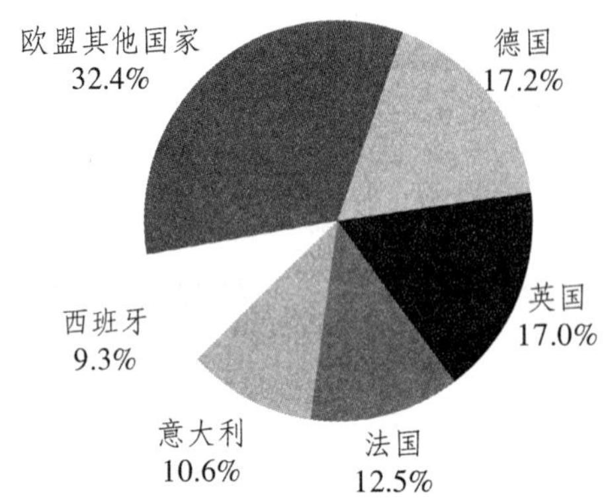

图 9.5　2007 年欧盟主要经济体国家批发业增加值占欧盟 27 国整体比重

资料来源：欧盟统计局. Key figures on European business[R]，2010-08-13.

2. 主要国家发展态势

（1）英国

英国统计局最新统计数据显示，1995 年至 2003 年英国批发业营业额小幅波动，自 2003 年起连续 6 年递增，2009 年英国批发业营业额和增加值都几乎达到 1995 年的 2 倍，但批发企业数量减少，2009 年批发企业数量较 1995 年减少 11.7%（见表 9.5）。2009 年，英国批发业整体下滑，相比 2008 年企业数量减少 3.4%，营业额减少 9.9%，增加值减少 9.8%，但农业类、食品及烟草类，以及家居用品类等消费品营业额却有所增加（见表 9.5，表 9.6）。

表 9.5　1997–2009 年 英国批发业总体情况（除机动车）

年份	企业数 / 家	营业额 / 百万英镑	增加值 / 百万英镑	就业人数 / 千人
1995	118611	342207	32166	
1996	113854	352889	36194	
1997	119712	348434	47596	
1998	120101	331949	46998	1221
1999	119972	346175	50375	1244
2000	117753	382864	48301	1247
2001	115893	392491	53130	1229
2002	113812	383969	50993	1229

（续表）

年份	企业数 / 家	营业额 / 百万英镑	增加值 / 百万英镑	就业人数 / 千人
2003	112329	424461	53120	1198
2004	110917	451387	58909	1201
2005	110589	504589	61076	1214
2006	109621	552722	62920	1189
2007	108212	648221	69862	1202
2008	108502	777154	71714	1187
2009	104734	700062	64677	1177

数据说明：英国统计局 1995 年至 2007 年批发业统计与 2008 年、2009 年批发业统计分类分别使用 SIC（2003）与 SCI（2007）两个分类标准。

资料来源：英国统计局. Annual Business Inquiry – Division 51：Wholesale trade， except of motor vehicles and motorcycles[R]，2010–07–29；Annual Business Survey 2009R–Division 46：Wholesale Trade except of Motor Vehicles and Mototcycles[R]，2011–06–14.

从类别来看，英国批发业主要分为委托式批发、农业材料及动物批发、食品及烟草批发、家庭用品类批发、通信设备类批发、其他器械及设备、专业批发及非专业批发等。2008 年至 2009 年，其他专业批发的营业额分别占到当年批发业总营业额的 61.2% 和 57.4%（见表 9.6）。

表 9.6　2008–2009 年英国批发业各类别情况

项目	年份	企业数 / 个	营业额 / 百万欧元	增加值 / 百万欧元
批发业（除机动车）	2008	108502	777154	71714
	2009	104734	700062	64677
委托式	2008	17053	21048	4200
	2009	16734	16831	3811
农业材料及动物	2008	2759	8786	1124
	2009	2638	9058	1324
食品、饮料及烟草	2008	14673	77385	8439
	2009	14157	81063	8982
家庭用品	2008	23556	86673	16949
	2009	22254	89259	15303
信息及通信设备	2008	4955	37408	5668
	2009	4886	34742	5325
其他器械、设备	2008	12054	44661	10370
	2009	12113	41875	9893
其他专业批发	2008	16663	475629	20696
	2009	16166	401847	15136

（续表）

项目	年份	企业数 / 个	营业额 / 百万欧元	增加值 / 百万欧元
非专业批发贸易	2008	16789	25563	4268
	2009	15786	25388	4903

数据说明：委托式批发指 Wholesale on a fee or contract basis

资料来源：英国统计局. Annual Business Survey 2009R–Division 46：Wholesale Trade except of Motor Vehicles and Mototcycles[R]，2011–06–14.

2009 年，英国电子商务销售额达 4083 亿英镑，同比增长 24.9%，占到英国非金融部门销售的 16.7%。通过网站开展贸易的销售额为 1150 亿英镑，比 2008 年增加 23.6%，批发业的网站销售额最大，共 482 亿英镑，占到 41%。同时，2009 年英国通过网络进行的采购占到了 51.9%，共 4663 亿英镑，比 2008 年增加 33.7%，其中批发业网络采购额为 1770 亿英镑，所占比重最高（见图 9.6）。

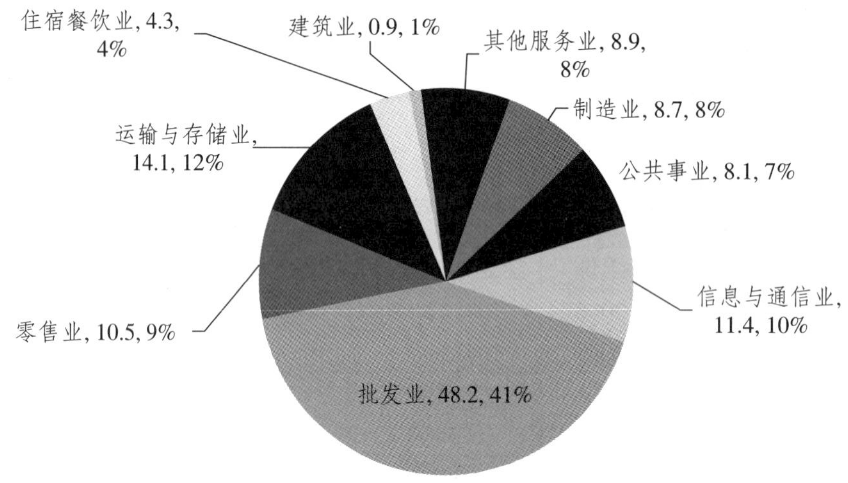

图 9.6　2009 年英国分产业通过互联网销售情况

数据说明：单位为 10 亿英镑

资料来源：英国统计局. ICT Activity of UK Businesses 2009[R]，2010–11–26.

（2）法国

法国批发业主要分为委托式批发，农业材料及动物批发，食品、饮料和烟草类批发，专业器材批发及其他专业批发。根据法国统计局发布的数据显示，2008 年批发业急剧下滑，2009 年下半年开始逐渐复苏，2011 年 5 月指数回升至 117.9，基本恢复到金融危机前的景气水平（见图 9.7）。

图 9.7　1992 年至 2011 年 7 月法国批发业经济景气指数变化

资料来源：法国统计局．Bi-montly survey of wholesaling[R]，2011-07-22.

2010 年 5 月至 2011 年 5 月，法国批发业整体呈小幅波动。其中农业材料及动物批发的增长幅度最大，涨幅为 26.2%，涨幅最小的是家庭用品，为 3.7%。信息与通信设备的波动较大，2011 年 5 月较上年同比增长 3.9%，但 2010 年 8 月和 2011 年 2 月营业额指数环比大幅下跌，跌幅分别为 5.8% 和 8.8%（见表 9.7）。

表 9.7　法国批发业营业额指数环比变化情况（除机动车）

%

分类	2010 年								2011 年				
	5	6	7	8	9	10	11	12	1	2	3	4	5
批发业	0.7	0.3	1.3	–0.5	1.6	0.5	2.2	–0.5	2.7	0.8	–0.1	0.3	0.4
委托式批发	–0.4	1.3	0.4	0.4	–0.1	2.5	1.7	–1.2	–0.2	1.4	–0.8	0.9	0.7
农业材料及动物	1.1	3.0	3.9	–1.8	7.3	–0.2	5.4	–0.6	6.0	2.2	–0.1	0.7	2.3
食物、饮料及烟草	1.6	–1.1	2.1	–1.4	1.4	0.8	1.4	–0.9	2.1	1.1	–0.3	1.2	–0.8
家庭用品	1.1	0.0	–0.6	0.4	–0.2	1.5	1.3	–1.8	–0.5	1.0	1.1	–0.8	1.2
信息与通信设备	1.8	–0.6	4.4	–5.8	2.5	0.5	–1.6	1.9	8.3	–8.8	3.2	2.9	–4.8
其他机械、设备	0.3	1.5	1.4	0.7	2.1	0.8	1.2	1.8	3.5	–0.6	–1.3	1.8	1.1
其他专业批发	0.2	–0.5	1.2	0.7	1.7	–2.1	5.4	–1.3	4.9	3.5	–0.6	–2.0	0.9

资料来源：法国统计局．Turnover in the wholesale trade and business services – May 2011[R]，2011-08-01.

（3）德国

2003 年至今，德国批发业总体处于稳步上升通道，但在金融危机冲击下批发业未能独善其身，经历了多年以来最严重的衰退。得益于经济总体发展水平的恢复，自 2010 年下半年以来，德国批发业营业额重拾升势，2011 年 6 月批发业营业额指数较 2003 年 1 月上涨近 44%，基本恢复到危机前水平（见图 9.8）。

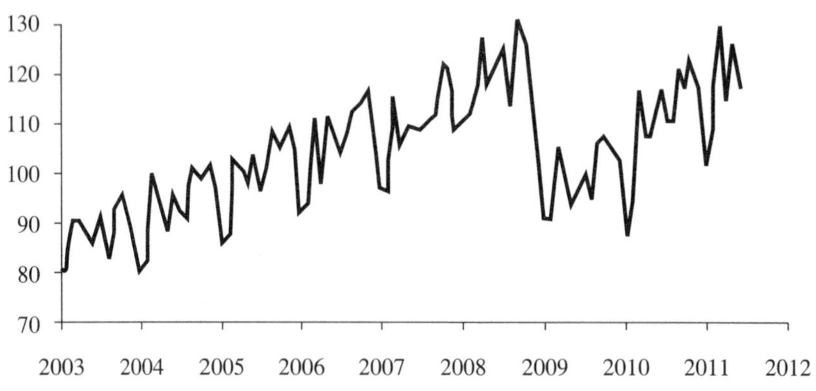

图 9.8　2003-2011 年德国批发业营业额指数变化情况

数据说明：2005 年 =100

资料来源：德国统计局. short-term indicators-wholesale trade-Turnover in wholesale trade at current prices[R], 2011-07-29.

根据德国统计局发布的数据，德国批发贸易销售价格指数自 2009 年 7 月起连续 21 个月增长，2011 年 7 月达到 2003 年 1 月以来的历史最高点，较 2003 年 1 月增长近 28%，较 2010 年 7 月同比增长 8.2%（见图 9.9）。

图 9.9　2007 年 1 月至 2011 年 7 月德国批发贸易销售价格指数趋势（经季节调整值）

数据说明：2005 年 =100

资料来源：德国统计局，short-term indicators-wholesale trade-Index of selling prices in wholesale trade[R], 2011-08-11.

从批发类别来看，基本都呈上升趋势，其中其他机械设备类的营业额指数涨幅最大，2011 年 6 月较上年同期上涨近 8%，较 2000 年以来最低点上涨 89.3%。除信息及通信设备批发和家居用品批发，2011 第一、第二季度其他各类别批发营业额指数均高于上年同期水平。

表 9.8　2010 年 1 月至 2011 年 6 月德国批发业各类别营业额指数变化情况

年	月	食品、饮料和烟草	家居用品	信息及通信设备	其他机械、设备	其他专业批发	非专业批发
2011	6 月	109.5	98.3	107.8	125.7	124.3	128.8
	5 月	112.7	105.1	101.7	128.7	138.9	140.6
	4 月	109.5	97.2	98.4	110.6	126.9	133.3
	3 月	111.9	117.7	125.5	128.2	140.9	141.1
	2 月	94.1	102.6	104.2	99.8	116.0	115.0
	1 月	89.2	100.2	113.7	87.5	109.6	100.4
2010	12 月	116.1	108.3	137.3	125.1	104.3	143.8
	11 月	107.7	117.7	138.1	116.1	124.1	135.6
	10 月	101.7	114.5	124.5	104.8	123.9	128.2
	9 月	104.6	118.4	135.7	110.6	125.7	129.7
	8 月	101.4	101.4	111.3	98.4	115.9	119.5
	7 月	107.3	99.0	106.9	104.2	117.4	119.0
	6 月	108.4	103.8	124.9	116.7	122.1	124.9
	5 月	103.7	94.5	110.1	98.1	114.4	118.5
	4 月	100.1	97.3	103.8	95.0	115.2	117.0
	3 月	111.7	113.9	127.3	108.4	117.6	127.2
	2 月	88.5	95.4	107.3	77.9	90.3	95.2
	1 月	86.8	94.2	105.2	66.4	84.8	88.1

数据说明：2005 年 =100

资料来源：德国统计局．short-term indicators-wholesale trade-Turnover in wholesale trade at current prices[R], 2011-07-29.

在德国，除了传统的分销手段以外，利用网络和计算机技术手段的企业急速增加，几乎每 4 个企业中就有 1 个企业利用网络进行分销。2009 年德国企业中在线采购的企业比例占到 43%，高于欧盟 27 国平均 28% 的水平，根据德国统计局的数据，2008 年德国批发业企业广泛利用电子通信技术（ICT），银行及商业服务中有 74% 的业务利用电子通信技术（见表 9.9）。

表 9.9　2008 年德国电子通信技术（ICT）在企业中的应用

经济部门	银行及商业服务	培训	与公共部门沟通
总体	74%	11%	51%
批发及零售业，汽车修理，机动车，个人及家庭用品	71%	15%	39%
批发及零售业	76%	22%	40%
批发业（除机动车）	74%	10%	48%

资料来源：德国统计局. Use of information and communication technology in enterprises[R]，2011.

（三）日本

1．地震海啸令批发业回暖趋势受阻

日本批发业销售额自 2003 年起连续 5 年保持增长，2009 年下挫，2010 年有所回升，2011 年受日本海啸影响再次下滑。根据日本经济产业省 2011 年 7 月发布的数据显示，2010 年日本批发业销售额增加，特别是大型批发销售额上涨幅度较大，增长 10.2%。2010 年第二季度至第四季度批发业销售额递增，2011 年批发销售额回落，但第一季度和第二季度批发业销售额都较上年有所增长，同比增幅分别为 4.1% 和 1.3%（见表 9.10、表 9.11）。

表 9.10　2001-2010 年日本批发业销售额及较上年增减情况

10 亿日元

年份	总体商业销售额	总体商业销售额较上年增减率（%）	批发业销售额	批发业销售额较上年增减率（%）	大型批发销售额	大型批发业销售额较上年增减率（%）
2001	560805	-4.6	423996	-5.4	108553	-5.9
2002	531758	-5.2	400346	-5.6	115128	-6.5
2003	528123	-0.7	399252	-0.3	125702	-2.4
2004	554979	3.7	421267	4.6	119666	2.4
2005	569133	2.6	434079	3.0	114091	3.1
2006	594368	4.4	459112	5.8	121126	6.2
2007	613675	3.2	478594	4.2	126116	3.3
2008	621081	1.2	485604	1.5	128538	1.1
2009	493796	-20.5	361468	-25.6	92440	-28.1
2010	501092	1.5	365426	1.1	105324	10.2

数据说明：季节调整，2005 年 =100

资料来源：日本经济产业省. Preliminary Report on the Current Survey of Commerce[R]，2011-07-28；Yearbook of the Current Survey of Commerce[R]，2010-6-30.

表 9.11　2010 年第一季度至 2011 年第二季度日本批发业销售额情况

10 亿日元

年 / 季度		总体商业销售额	批发业销售额	批发业销售额较上年同期增减率
2010 年	第一季度	122997	89182	–2.2%
	第二季度	122075	88604	1.5%
	第三季度	124725	91073	0.9%
	第四季度	131295	96567	4.2%
2011 年	第一季度	125685	92871	4.1%
	第二季度	122702	89796	1.3%

资料来源：日本经济产业省. Preliminary Report on the Current Survey of Commerce[R]，2011–07–28.

从日本批发零售业经济指数变化来看，2011 年 3 月受海啸影响，批发业和零售业均有大幅下挫，之后开始有所回升，批发业增幅较零售业略微缓慢。2011 年 6 月日本批发业指数为 86.1，高于 2010 年同期水平（见图 9.10）。

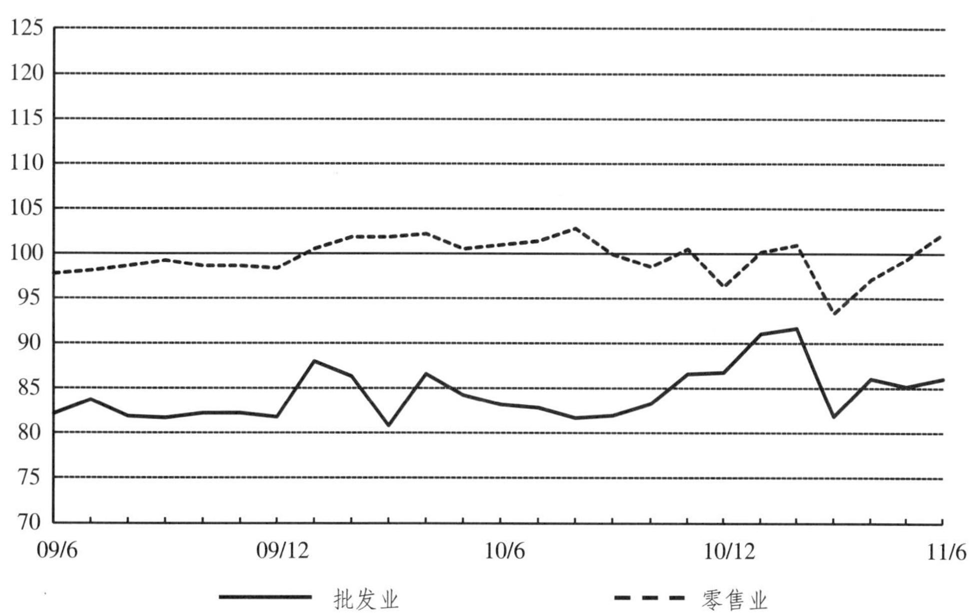

图 9.10　2009 年 6 月至 2011 年 6 月 日本经济指数趋势

数据说明：季节调整，2005 年 =100

资料来源：日本经济产业省. Preliminary Report on the Current Survey of Commerce[R]，2011–07–28.

2．批发业经营机构数及就业人数呈递减趋势

根据日本总务省统计局数据，1999 年、2002 年、2004 年和 2007 年日本批发业经营机构数分别为 426000 家、380000 家、375269 家和 334799 家，从业人数分别为

4496000 人、4002000 人、3804000 人和 3526000 人，呈递减趋势。2007 年平均每个批发营业机构的就业人数较 2004 年有小幅增长，各类别批发业机构平均就业人数浮动基本稳定在 10% 左右（见表 9.12）。

表 9.12　2004 年与 2007 年日本批发业经营机构数及从业人数比较

分类	2004 年			2007 年		
	经营机构数	从业者数 / 千人	平均每个机构的就业人数 / 人	经营机构数	从业者数 / 千人	平均每个机构的就业人数 / 人
批发业总体	375269	3804	10	334799	3526	11
一般商品	1245	38	31	1200	33	28
纺织品和服装	30317	306	10	25061	269	11
食品和饮料	84539	887	11	76058	820	11
建筑材料，矿物、金属	84049	712	8	79036	704	9
建筑材料	42176	317	8	38131	293	8
化学制品	15190	151	10	15261	155	10
矿物，金属材料	17058	185	11	16440	192	12
再生资源	9625	60	6	9204	65	7
机械器具	89897	1018	11	77929	924	12
一般机械器具	33071	307	9	28923	283	10
汽车	18081	180	10	17890	190	11
电器	24494	377	15	18809	307	16
其他	85222	842	10	75515	777	10

数据说明：1. 这里的从业者是指日常从业者。

资料来源：日本总务省统计局. Japan Statistical Yearbook 2011[R]，2011；上海科学技术情报研究所（ISTIS）分析整理

3．批发业中电子商务销售比例明显提高

2010 年日本 B2B 电子商务市场规模扩大，电子商务化比率也有所上升，2010 年电子商务化比例较 2009 年增长 2.2%。几乎所有类别的 B2B 电子商务市场规模都较上年有所增加，特别是制造业和批发业。

表 9.13　日本广义 B2B 电子商务市场规模变化

商贸领域	2010 年			2009 年		
	电子市场规模 / 亿日元	较上年增加比率 /%	电子商务化比率 /%	电子市场规模 / 亿日元	较上年增加比率 /%	电子商务化比率 /%
批发	826140	31%	21.7%	630600	–18.5%	20.1%

（续表）

商贸领域	2010 年			2009 年		
	电子市场规模/亿日元	较上年增加比率/%	电子商务化比率/%	电子市场规模/亿日元	较上年增加比率/%	电子商务化比率/%
总体	2551150	25.3%	23.7%	2036620	18%	21.5%

资料来源：日本统计局. Results of "FY 2010 Research on Infrastructure Development in Japan's Information-based Economy Society （E-Commerce Market Survey）"[R]，2011-06-02.

三、批发业典型业态发展态势

本次研究选取现购自运、配送中心和综合商社三大批发业典型业态进行分析。现购自运由德国麦德龙集团首创，是兼有零售特征的新型批发业态，主要针对专业批发商，是近年来许多大型批发商和零售商业务拓展的重点方向；配送中心作为供应链的中心环节，是企业拓展市场的关键，是连锁经营企业的核心，同时电子信息技术的应用大大提高了配送中心的价值，使上下游衔接更为紧密和高效；综合商社是日本和韩国所特有的业态，是以贸易为主体的多功能跨国公司组织形式，涉及业务广泛，在市场流通领域发挥着重要的作用。

（一）现购自运

1．现购自运的双赢性概念

现购自运（Cash & Carry）是一种基于自我服务的批发贸易形式，意为“现金购买，自行运回”，是指客户亲自在仓储式卖场内选择商品或通过电脑订购，以现金方式结算并自行取走货品，这有些类似于传统的零售概念。最早是德国麦德龙集团于 1964 年率先提出这个区别于传统批发的独特理念和营运方式。现购自运的销售方式主要是针对专业客户而非大众消费客户，专业客户包括零售商、专业用户、专业供应商、专业买家、餐饮商、大型机构等。而德国麦德隆集团提出该运营理念也正是希望通过为专业客户提供批量多样的货品以取代向多个供应商下单的繁复，从而实现双赢。

现购自运是通过零售实现批发的商业模式，其仓储式卖场既是商店也是批发中心。与传统批发相比，现购自运的优势在于拥有更多的货物供客户选择，特别是针对需要大量采购的专业客户来说，现购自运的产品分类更清晰，陈列更合理，货物品种更丰富，仓储式卖场货品的性价比也相对要高，实现了商品的一站式采购优势。

2．麦德龙现购自运

（1）麦德龙现购自运的独特运营模式

1964 年，德国麦德龙集团成立了世界上第一家针对专业客户的现购自运公司，经过 40 多年的经营，麦德龙现购自运公司从一个西欧地区的批发企业发展成为全球范围的自助批发贸易的领军者，也成为整个麦德龙集团的企业支柱，2010 财年的销售额占到麦德龙集团总销售额的 46% 以上。麦德龙在欧洲、亚洲和非洲等 30 个国家和地区现拥有麦德龙（Metro）和万客隆（Makro）两个品牌旗下运营的现购自运卖场 706 个（截至 2011 年 6 月 30 日）。麦德龙现购自运公司的客户多为专业客户，主要以餐饮业客户为主，有多达 20000 种食品及 30000 种非食品类货物可供选择，不仅销售知名品牌产品，也销售旗下 6 个自主品牌的产品，即 Aro，Fine Food，Horeca Select，H-Line，Rioba and Sigma。

麦德龙现购自运卖场区别于普通卖场，具有较为鲜明的特点，首先现购自运卖场主要针对专业批发，因此其规模大于普通卖场，又其本身类似于一个大型仓库从而省却了专用货仓，可直接在卖场内放置大量货物，从而保证了货物的快速补给及高效运作，卖场的超大空间也同时方便叉车的作业。针对不同的需求，麦德龙现购自运卖场的规模主要分为三种大小，即主要在西欧地区的 10000~16000m^2 的经典规模卖场，主要在东欧和亚洲的 7000~9000m^2 的初级规模的卖场，以及主要在法国、日本、欧洲南部地区的专业经营新鲜食物的 2500~4000m^2 大小规模的卖场。其次，麦德龙现购自运卖场主要建在交通便利、停车方便的区域，同时营业时间主要根据客户的时间进行调整，为专业客户的采购提供了便利。第三，麦德龙的货物超过 50000 种，可满足大部分的需求，其中餐饮业是其主要的目标客户。货品摆放合理，并有明显的标识方便客户找到所需的物品。最后，麦德龙现购自运卖场重视各卖场所在地区的本地市场需求，力求与本地的制造商和供应商合作，各卖场内约有 90% 的货品采购于本地。

（2）稳定的经营状况

2010 年财年，麦德龙现购自运卖场的销售额为 310 亿欧元，全球有超过 10 万名员工，截至 2010 年底在全球拥有 687 个卖场，其中德国 117 家，西欧 259 家，东欧 228 家，亚洲和非洲共 83 家，全球卖场的销售面积共 540 万平方米。2010 财年的销售额较 2009 年上涨 1.6%，息税前利润上涨 17.9%，为 11 亿欧元，说明现购自运在持续的经济挑战环境下仍然保持着强劲的增长势头。同时国际销售额所占总销售额的比重也从 2009 年的 82.2% 上升到 2010 年的 82.9%，其中西欧（除德国）所含销售额比例最高，为 38.3%，其次为东欧和德国，分别占 36.6% 和 17.1%。亚洲和非洲所占比重相对较小仅为 8%，但涨幅近 20%，是销售额涨幅最快的地区；其中亚洲的增长最为强劲，是麦德龙在海外市场扩张的重点区域（见表 9.14）。

表 9.14 2009 财年至 2010 财年麦德龙现购自运公司经营状况

主要指标		2010 财年	2009 财年	增长率
麦德龙集团销售额 / 百万欧元		67258	65529	2.6%
现购自运	销售额 / 百万欧元	31095	30613	1.6%
	德国	5302	5454	–2.8%
	西欧	11912	12072	–1.3%
	东欧	11407	11020	3.5%
	亚洲、非洲	2474	2067	19.7%
	息税前利润 / 百万欧元	1104	936	17.9%
	卖场数 / 个	687	668	0.28%
	销售面积 /1000 平方米	5355	5297	1.2%
Real 大型超市		11499	11298	1.8%
Media Markt 和 Saturn 电器专卖店		20794	19693	5.6%
Galeria Kaufhof 百货商场		3584	3539	1.3%
其他		286	386	–26.0%

资料来源：麦德龙集团. Annual Report 2010[R]，2011

（3）客户导向的战略定位

作为现购自运的创始者，麦德龙现购自运公司一直秉承其以客户需求为导向的文化，并提出了明确的战略定位。

首先，以顾客为中心，实现创新的存储模式。麦德龙现购自运公司的成功除了其多样的品种和较高的质量以外，最主要的是其灵活的销售理念，无论从产品的来源还是卖场的规模及地理位置都力求满足不同国家、不同顾客的需求。2009 年，法国的麦德龙现购自运卖场提出了“Metro Drive”的概念，以吸引附近没有批发市场的潜在客户。该服务是通过将客户订购的货物运送到当地的“drive in”商店从而缩短客户提货距离的一种方式。截至 2010 财年，法国已新建了 11 家“Metro Drive”商店，预计将增加到 14 家。

其次，拓展商业模式，增加送货服务。麦德龙现购自运公司也开始推出送货服务，并已在欧洲和亚洲等 27 个国家针对专业客户提供该项增值服务，受到客户的广泛欢迎。麦德龙集团认为送货服务是其自助商业模式的补充，是营业额增长的助推剂，2009 年帮助公司吸引了 30000 多新的专业客户，并预计将增至 50000 家。全球现有送货服务的员工 3600 名，平均每个卖场有 6 到 8 名员工，每个国家的总部有 3 名专员专职负责协调和优化工作，至 2010 年末平均每个卖场拥有 2 辆卡车。2010 财年，该项增值服务产生同比销售额超过 8 亿欧元。2010 年 11 月，位于德国的麦德龙现购自运公司在威特斯塔开设了其第一个为本地顾客服务的区域交付仓库，专用于为其 4 个批发卖场的顾客提供送货服务。

第三，建立高效物流体系，优化路线和程序。2010 年，麦德龙现购自运公司建立了自己专业配送海鲜鱼类的物流公司，可以在被捕捉后的 48 小时内运送到各卖场。

第四，持续国际扩张，实现区别化经营。麦德龙现购自运在全球三大洲 30 多个国家拥有自己的业务，并持续扩大其国际业务的比重，将目光瞄准亚洲、东欧、中东和北非等高经济增长区域，麦德龙现购自运卖场所在区域的人口超过 30 亿。2010 财年，全球共开设了 38 家批发卖场，其中 16 家在亚洲和非洲。

第五，建立新结构，奠定未来增长基础。麦德隆集团计划对现购自运公司推行分散经营模式，将原有业务分为欧洲 / 中东和北非地区业务以及亚洲 / 独立国家联合体 / 新市场业务。前者将继续针对专业客户发展配送业务，加强销售。后者则是实现其在国际市场上的扩张。

3．现购自运模式的未来

麦德龙现购自运的概念创新了批发商业模式，增加了企业扩大市场份额的机会，未来预计将继续向好发展。2009 年 1 月，麦德龙现购自运公司提出综合效益和增值计划——“Shape 2012”计划，旨在通过减少成本和增加生产力来确保长期的收益。其中提出了以建立和加强客户关系为导向的业务目标，计划继续发展和扩大现购自运业务经营，特别是拓展海外市场，截至 2011 年，计划将在全球新建 40 个卖场。除此之外，法国零售商家乐福也拥有 152 家现购自运商店，其中法国 137 家，意大利 14 家，印度 1 家，也主要为专业客户提供批发服务，旗下有 Atacadão，Promocash，Docks Market，Gross IPer 四个品牌。Promocash 专为餐饮业客户提供服务，服务客户近 30 万，2011 年将计划新增 20 个点。Atacadão 则是针对所有客户，结合了零售和超级卖场的优势，利润颇丰。2010 年西班牙 Atacadão 销售额上涨 25.8%，并新增了 11 家现购自运商店。2010 年，家乐福在亚洲开设第一家现购自运商店，位于印度新德里，计划通过现购自运模式扩大其在亚洲市场的份额。零售巨头沃尔玛也曾于 2008 年宣布计划在未来 7 至 10 年内在印度开设多家大型现购自运批发店，截至 2011 年 2 月已开出了 5 家名为“Best Price Modern Wholesale”的现购自运商店，计划至 2012 年 3 月共开设 10 至 12 家，雇佣 8000 至 9000 名员工。

（二）配送中心

1．配送中心

配送中心是批发供应链环节中为上下游提供配送服务的物流节点，是供应网络的基础，集采购、保管、配货、分拣、分装、集散等为一体，通过有效的组织和路线设计，从而实现令客户满意的销售和供应的现代流通设施。

配送中心是现代企业发展的必然成果，是贸易向服务转型过程中信息化和现代化的产物。配送中心强化了商品流通环节的协调能力，是生产营销系统的延伸，并能同时满足不同的配货需求，取代了原有传统仓库的概念。配送中心的发展离不开电子商务的应用，能使整个流通过程得到有效的控制。同时，配送中心的运营模式通过实现供应链的合理化，大大降低了商品的库存成本，获得了一定的集约效果，已成为连锁企业不可缺少的一部分。

2．配送中心与连锁经营企业

配送中心是连锁经营企业的核心，配送中心统一配送、统一进货的方式，实现了规模运输和库存控制，高效整合了物流资源，使物流更系统化，大大降低了企业的物流成本，使整个供应链获得更大的优势，从而提高了企业的竞争力。这种由中小型企业加盟连锁的配送中心是以批发商为主导、批发与零售相结合的经营模式，解决了中小型企业规模小、资金紧张、库存难的问题，同时成为批发商扩大市场占有率的突破口（见图 9.11）。

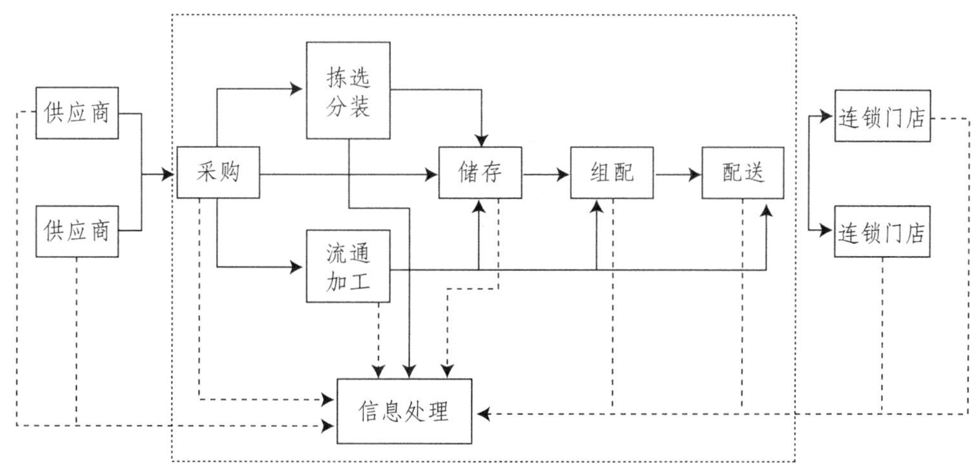

图 9.11　连锁企业中的配送中心运行图

资料来源：毛太田．连锁零售供应链优化关键问题研究 [D]．长沙：国防科学技术大学，2008.

例如，日本最大连锁经营企业 C.G.C（Co-operative Grocer Chain），为加盟的 225 家中小企业的 3679 家（2011-09）店铺提供商品、物流、情报和营业支援服务，在全日本拥有超大的物流网络，分别设有专为本地区或加盟企业的仓库配送货物的地区配送中心，专为加盟店配送的 JD 批量配送中心，以及 TC 中转运输中心，为全国加盟企业零售店配送超过 1500 种商品，通过统一的物流配送和采购，使中小加盟企业拥有可与大型企业抗衡的实力。自 1973 年建立以来，销售额持续攀升，企业规模突破 4 兆日元（见图 9.12）。

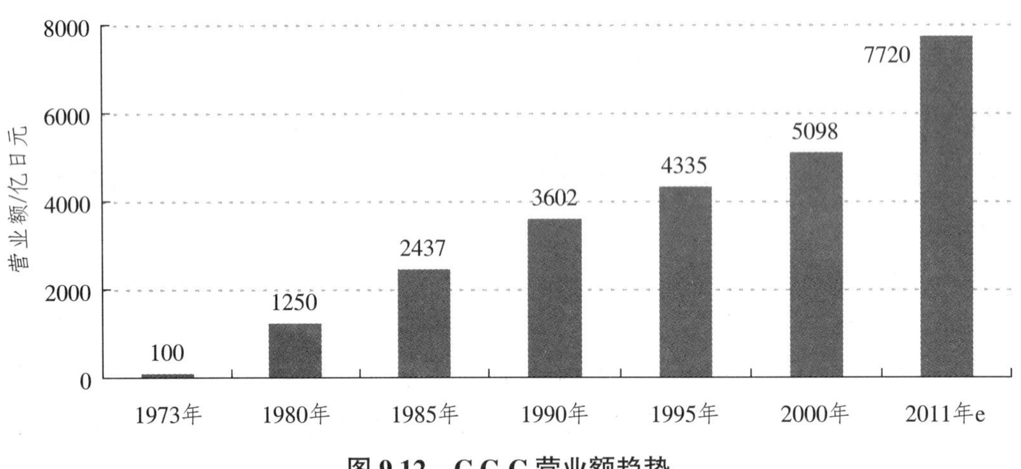

图 9.12　C.G.C 营业额趋势

资料来源：C.G.C. 公司网站. http://www.cgcjapan.co.jp/company/company.html

3．电子信息技术在配送中心的应用

电子信息技术的应用大大提高了配送中心的管理和库存的效率。通过电子信息技术构建的电子商务平台使配送中心与上下游企业之间实现信息传输，进而确保最佳的库存水平、最快的补货反应以及最迅速的送货服务（见图 9.13）。

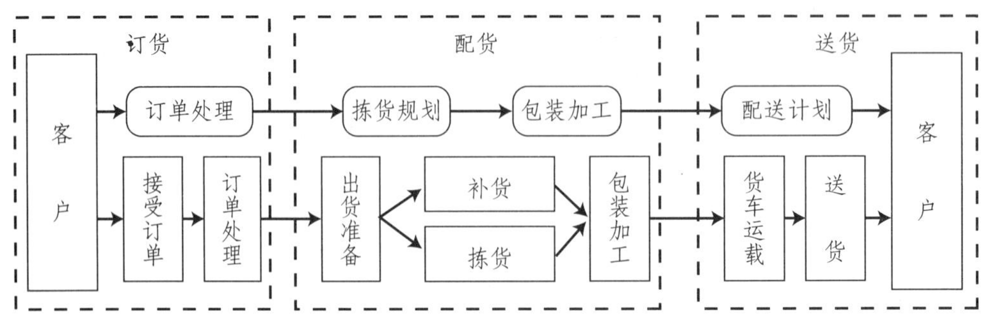

图 9.13　电子商务平台与物流区域配送中心调度模型图

资料来源：李金凤. 电子商务与物流区域配送中心调度模型的研究 [D]. 北京：中国石油大学，2008.

越来越多的企业积极采用电子商务物流配送模式，电子商务环境下的物流配送实现了实时监控，可以根据客户订单的要求，为顾客提供个性化服务，提高了配送的准确性。同时，无线射频识别（Radio Frequency Identification，以下简称 RFID）技术在配送中心的应用大大提高了货物出入库作业的效率，在清点时大大提高了准确性，提高了配送中心的作业效率，并且 RFID 标签实现了对货物在整个供应链上的跟踪和信息共享。RFID 技术的利用减少了多余库存和时间的浪费，优化了仓储与供应链管理，同时也大大降低了劳动力成本，解决了终端到终端的技术问题。2004 年，麦德龙集团在全企业的整个过程链中推广 RFID 技术，沃尔玛投入数百万美元用于引入 RFID 技术。

（三）综合商社

1．综合商社的多元性概念

所谓综合商社，是指从事大规模商品交易，以及国际、国内流通业务的大型商社，涉及领域广，种类多样，是以贸易为主体，集综合功能于一体的跨国公司形式的组织载体。综合商社的特点是企业规模和交易量大，品目多样，营业范围广，业务范围涉及海内外市场，在全世界拥有海外支社或营业所和巨大的情报网络等。综合商社涉及的业务领域主要有贸易、生产、金融，仓储、开发等，在市场流通领域起着重要的作用。

综合商社除了一般进出口商社的基本职能以外，还拥有五大职能。首先是金融职能，综合商社在与其他企业建立贸易关系时，会为上下游的相关企业提供租赁、融资等服务，这是建立在相互之间的信用关系之上的金融行为，综合商社强大的筹资能力可以带动产业联动，从而拓宽了购买商、制造商等的资本来源。其次是组织职能，综合商社是产业链上的组织者，在房地产业、海洋产业和原材料产业等系统性的巨型产业中，通过对制造企业或建筑企业等进行系统化的组织，使其产生巨大的网络和价值链，从而创造更多的商机。第三是信息职能，综合商社利用情报网络收集和掌握海内外的信息，特别是产业信息、科技信息和市场信息方面的收集，从而制定科学的战略规划，推动了贸易的发展。第四是海外投资开发职能，综合商社对能源开采、海外生产制造、大型基建项目等事业项目进行投资，从而掌握原料等进口渠道，进而为国内外制造商提供必要而稳定的资源供应，发挥其流通领域的支配力。第五是贸易代理职能，综合商社为供需企业提供贸易中介服务，特别是为中小企业提供原材料供给到成品采购等的全方位指导和代理服务，为其开拓市场，有机结合了进口贸易、国内贸易及三国贸易。

2．日本、韩国的综合商社

（1）日本的综合商社

综合商社最早起源于日本明治维新时期，是日本近代向国外发达国家招商引资、开拓产品市场、开展跨国经营的纽带，是日本较为独有的企业形态，在 70 年代末引起世界各国的广泛效仿和学习。上世纪 90 年代以后，随着信息化和全球化的发展，其信息收集、金融和市场的代理作用逐渐弱化，在这样的情况下，日本综合商社进行了适应性调整，综合利用其强大的资本、情报收集能力和管理能力，开始投入到海外资源开发、海外市场拓展、项目合作等新兴领域，并经过长期的考验建立起了一条强大的价值链，成为各产业领域不可缺少的一部分。在世界经济危机时期（2008 年 4 月 ~2009 年 3 月），日本三菱物产等七家综合商社仍然实现了 1 兆 982 亿日元的纯利润。进入 21 世纪，日本综合商社的经营战略开始变化，开始从事国际化信息竞争以及高附加值产业和供应链服务，积极参与能源资源的开发，并且受到新兴工业国旺盛的需求以及能源领域的价格上涨因素的影响，始终保持着较好的发展势头，事业投资也已经成为日本综合商社的收益支柱。

在亚洲等新兴国家带动下世界经济逐步复苏，加上能源需求的恢复，日本七大综合商社（伊藤忠商事、住友商事、双日、丰田通商、丸红、三井物产、三菱商事）2010 年度总体销售额较上年增加了 10.2%，达到 67.7 兆日元，净利润则增加 58.9%，达到 1.3 兆日元（见图 9.14）。

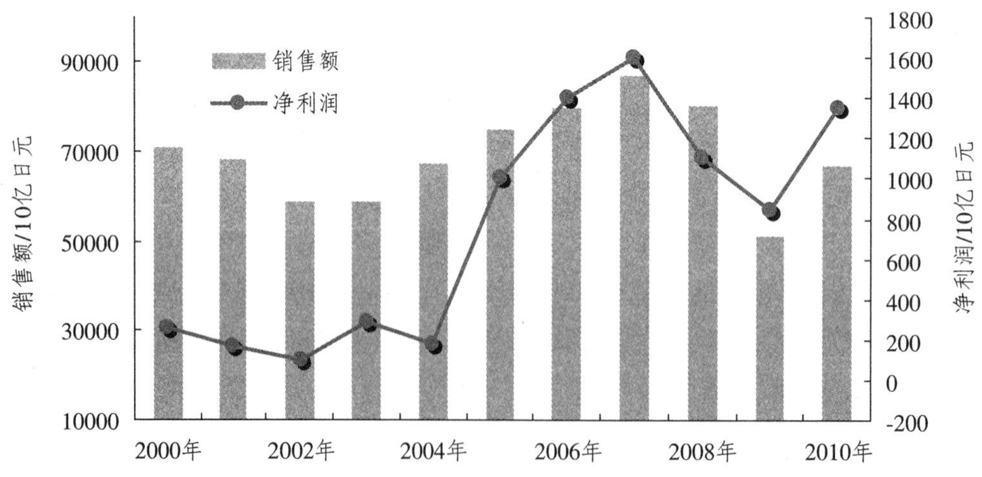

图 9.14　2000-2010 年日本七大综合商社销售额及利润趋势

资料来源：日本贸易会. 7 商社の 2011 年 3 月期连结算から [R]，2011-07.

三菱商事作为日本最大的综合商社，在 80 多个国家拥有超过 200 个分支机构，在北美、中东、非洲、中南美、东亚、欧洲、亚洲和大洋洲都拥有业务，业务领域涉及能源、金属、机械、化学品等。2010 年，三菱商事提出“中期经营计划 2012”的三年期计划，提出新兴市场的出现以及外部环境变化引起收益结构和模式变化，从而将目标瞄准中国、巴西、印度等新兴国家的内需市场，加大对金属和能源资源两大收益支柱的投资，计划三年内投资 2 兆多日元。2010 年报（2009 年 4 月 –2010 年 3 月）显示，公司营业额和利润虽较上年有所减少，但整体来说，能源和钢铁对净利润的贡献最大（见表 9.15、图 9.15）。三井物产作为日本重要的大型综合商社，在全球多个国家也拥有能源、水资源、钢铁等方面的项目。从最近的报告来看，三井物产的能源和资源领域也是其最为重要的支柱产业（见表 9.15、图 9.16）。

表 9.15　日本主要两大综合商社经营状况

10 亿日元

企业	2010 年 3 月			2009 年 3 月			2008 年 3 月			2007 年 3 月		
	营业收入	毛利	营业利润	营业收入	毛利	营业利润	营业收入	毛利	营业利润	营业收入	毛利	营业利润
三菱商事	4541	1017	181	6146	1463	589	6031	1172	355	5068	1146	410
三井物产	4096	702	145	5505	999	382	5715	981	371	4777	860	281

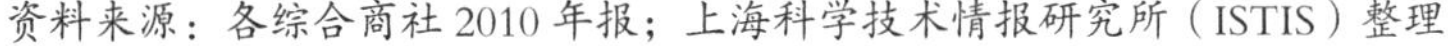

资料来源：各综合商社 2010 年报；上海科学技术情报研究所（ISTIS）整理

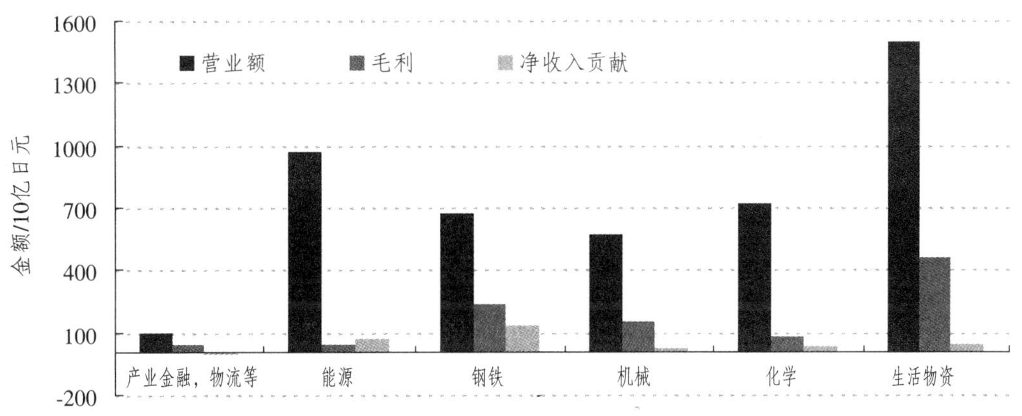

图 9.15　三菱商事 2010 财年各经营项目情况

资料来源：三菱商社. 2010 财年年报 [R]，2011.

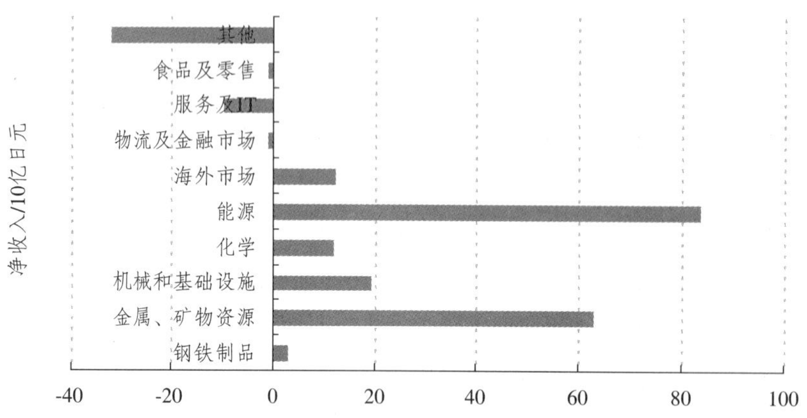

图 9.16 三井物产 2010 财年各经营项目的净收入贡献

资料来源：三井物产．中期经营计划 [R]，2011.

目前，日本综合商社逐步摆脱了单纯贸易中介的身份，通过积极构建价值链获得超额收益，在经济危机时期成为日本经济恢复的重要引擎。日本综合商社的活跃得益于各大综合商社各自拥有自己强势的领域和不同地区的选择。如三菱商事的最大收益点是其澳洲的煤炭项目，丸红则侧重发展中国家的电力事业，双日则主要在非洲开展资源开发项目。其次，日本综合商社注重长期的发展和战略布局，及时调整策略。第三，在资源开发、环境产业等未来的战略项目上，日本综合商社注重商社间或商社与专门企业间的合作，通过合作弥补各自的不足，实现共赢。

（2）韩国的综合商社

相对其他国家，综合商社在韩国的发展较为成功，最初的建立主要是为了增加出口、加强对外贸易。在政府政策、经济环境变化的影响下，韩国综合商社已从过去单纯的进出口代理的身份进化成为海外资源开发、产业材料贸易的推手。在经历了长期海外市场开拓后，韩国综合商社的竞争力也已然成为韩国的一大重要资产。

在韩国，综合商社主要有三星物产、大宇国际、现代综合商社、LG 商社等。各大综合商社的销售额业绩良好，2010 年的销售额及营业利润都较 2007 年有大幅提高。从销售类别来看，钢铁和化学制品的销售占到了一半以上，虽然资源类的销售所占比重相对较少，但近年来随着海外资源开发项目的不断投入也已渐现成效（见表 9.16、表 9.17、图 9.17）。

表 9.16 韩国主要综合商社概况

企业	建立年份	主要从事项目
三星物产	1938 年	能源和环境（发电、生物能源、基础设施），资源（石油 / 气体、煤炭 / 矿物、金属），产业材料（钢铁、化学、电子、纤维、生活物资等）

（续表）

企业	建立年份	主要从事项目
大宇国际	2000 年	贸易（钢铁、金属、化学、汽车配件、机械，物资等），制造（釜山工厂），流通（马山大宇百货商店）
现代综合商社	1976 年	机械 / 基础设施（汽车、船舶及基础设施），钢铁，化学（石油、石油化学制品等），电子 / 情报通信，资源等
LG 商社	1953 年	煤炭，石油，非金属，绿色能源，电子 / 机械，钢铁，进口贸易

资料来源：各大商社网站及年报内容；上海科学技术情报研究所（ISTIS）分析整理

表 9.17　2007–2010 年韩国主要综合商社销售额及利润情况

亿韩元

企业	2010 年		2009 年		2008 年		2007 年	
	销售额	营业利润	销售额	营业利润	销售额	营业利润	销售额	营业利润
三星物产（商事部门）	64059	386	48750	474	50414	348	45225	90
大宇国际	77720	1040	111479	1713	110458	1563	78161	919
现代综合商社	36338	541	25775	618	28372	517	16684	212
LG 商社	60699	1226	43161	1616	59167	1586	53610	585

说明：注 1：大宇国际为 2010 年 1 和 2 季度销售额及营业利润，其于 2010 年 8 月被 posco 收购。

资料来源：各大商社网站及年报内容；上海科学技术情报研究所（ISTIS）分析整理

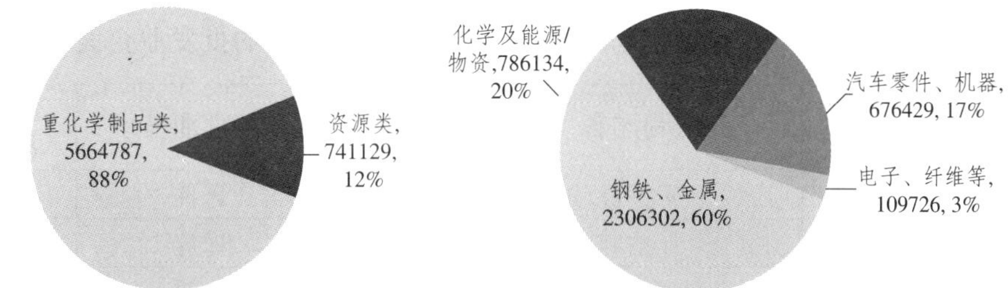

三星物产商事部门2010年分产品贸易额占比　　大宇国际2010年上半年分产品贸易额占比

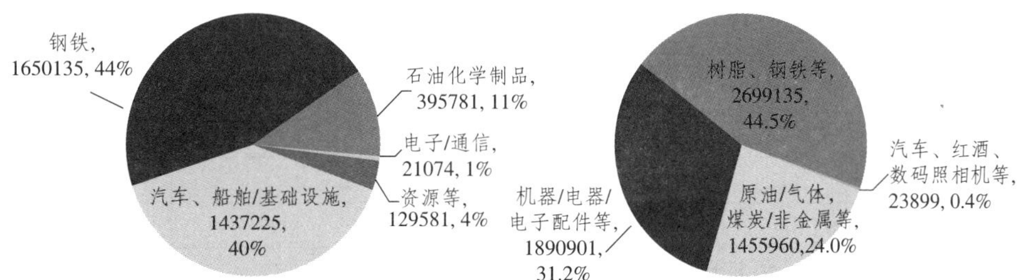

现代综合商社2010年分产品贸易额占比　　LG商社2010年分产品贸易额占比

图 9.17　韩国主要综合商社分产品贸易额占比

数据说明：单位为百万韩元

资料来源：三星物产．2010 项目报告书 [R]，2011；现代综合商社．2010 项目报告书 [R]，2011；大宇国际 2010 年上半年项目报告书 [R]，2011；LG 商社．2010 项目报告书 [R]，2011

近年，韩国综合商社加紧高收益性海外能源、资源开发事业的步伐，三星物产在墨西哥、加拿大、美国墨西哥湾、印度尼西亚、罗马尼亚等地开展能源、资源生产等项目。LG 商社 2007 年在印度尼西亚投资 MPP 煤矿，2009 年收购土库曼斯坦的一家天然气工厂，预计投产后年均产量将超过 700 万吨。同时 LG 商社也在国外经营石油化学业务，重点参与产油国及新兴市场为主的项目开发。大宇国际在缅甸开发海上天然气开发项目，预计 2013 年也将投产。现代综合商社在中国、印度、澳大利亚、哈萨克斯坦等国家拥有石油化工、煤炭等资源开发项目。预计能源、资源开发等将成为韩国综合商社未来发展的重点，韩国综合商社也将逐渐从贸易中介的角色向国际商业主导者转变。

四、批发业典型企业发展态势

2011 年财富杂志全球 500 强企业有 15 家批发企业上榜，其中保健类企业 8 家，电子及办公设备类批发企业 2 家，食品类企业 3 家，多元化企业 2 家。其中，美国批发企业占到近 50%，另外德国和日本各有 3 家企业上榜，英国和中国也各有 1 家多元化企业位列榜单。另外有 11 家贸易公司上榜 500 强，从国家分布上来看，90% 以上为亚洲的综合商社类企业（见表 9.18）。本次研究分别选取卡地纳健康、西斯科和三星物产三个代表不同业务类型的企业进行分析。

表 9.18　2011 财富杂志全球 500 强企业中的批发业企业

2011 年排名	2010 年排名	公司名称	国家	主要业务	营业额收入 / 百万美元
37	34	麦克森	美国	保健	112084
53	43	卡地纳健康	美国	保健	98601.9
84	76	美源伯根	美国	保健	77954.0
232	194	西斯科	美国	食品	37243.5
242	219	弗朗茨海涅尔	德国	保健	36332.6
264	268	英格雷姆麦克罗	美国	电子、办公设备	34589.0
309	295	Medipal 控股	日本	保健	31089.7
324	261	艾德卡	德国	食品	29392.2
335	—	Phoenix Pharmahandel	德国	保健	28641.0
381	386	阿弗瑞萨控股	日本	保健	25491.6
384	317	CHS	美国	食品	25267.9
396	389	技术数据公司	美国	电子、办公设备	24376.0
431	—	中国航空油料集团	中国	多元化	22630.1
474	341	沃斯利	英国	多元化	20729.4

（续表）

2011 年排名	2010 年排名	公司名称	国家	主要业务	营业额收入/百万美元
478	462	Suzuken	日本	保健	20454.6
125	146	三菱商事	日本	贸易	60792.7
139	242	来宝集团	中国香港	贸易	56696.1
148	164	三井物产	日本	贸易	54634.7
168	203	中石化	中国	贸易	49537.2
199	206	丸红	日本	贸易	43010.7
201	195	伊藤忠商事	日本	贸易	42611.6
244	244	住友商事	日本	贸易	36217.7
366	312	中粮集团	中国	贸易	26468.8
460	—	SHV	荷兰	贸易	21202.1
484	—	浙江物产	中国	贸易	20001.4
492	—	三星物产	韩国	贸易	19765.2

数据说明：“—”表示未上榜

资料来源：财富杂志. 2011 年世界 500 强排行榜 [N]，2011-07-07.

（一）卡地纳健康

卡地纳健康公司成立于 1971 年，成立早期主要从事食品分销，1979 年收购了俄亥俄州的一家药品分销公司，开始从事医药品的分销业务。1983 年，卡地纳健康公司上市，在 10 年中通过收购美国 10 多家药品分销商迅速发展。1987 年，其医药分销部分的业务规模已经是其食品分销业务的 2 倍，次年，卡地纳健康公司出售了其食品分销业务，专注从事医药保健行业。卡地纳健康公司成长迅速，1991 年收入已超过 10 亿美元，1994 年已近 60 亿美元。

今天，卡地纳健康公司已成为一家跨国医疗保健行业的服务供应商，同时又是一家生产医疗用品的制造商。主要经营药物及医疗产品，每天为超过 60000 个地点提供服务，每天生产 400 万医疗手术用品，为美国超过二分之一的手术提供手术用品。卡地纳健康公司全球拥有超过 30000 名员工，2008 年和 2009 年连续两年获得美国“最受尊敬雇主”称号。

1. 卡地纳健康经营现状

卡地纳健康是美国第二大药品分销商，仅次于美国麦克森公司。2011 年卡地纳健康入选世界 500 强企业，位居第 53 位，同时是美国 500 强企业第 19 位。卡地纳健康的业务主要分为医药品业务和医疗产品业务，其中医药品业务的比重占到 90% 左右。卡地纳健康的业务相当稳定，2010 财年随着医药品价格上涨和客户量的增加，医药品部分较 2009 财年收入有 2% 的增长。同时受到客户数量的增加、新产品销售和外汇的有利影响，2010 年医疗产品部分较 2009 年收入增加 7%。随着收入的增加，2010 财年和 2009 财年的产品销售成本也分别较上年增加 25 亿美元（3%）和 86 亿美元（10%）。通过六西格玛经营和卓越的举措，卡地纳健康顺利扩大了其在手术中心的业务，在 2010 财年，其在加拿大的医疗用品分销业务的收入和利润都获得了 2 位数的增长。

卡地纳健康最大的客户是 Walgree 和 CVS Caremark，2010 财年的业务量分别占到 24% 和 22%，包括以上两大客户在内的 5 大客户的业务量占到近 57%。相反，卡地纳健康依赖于不同的供应商，5 大供应商的供应量占到近 20%，而没有一个供应商占到超过 6%。

2010 财年，卡地纳健康迎来重大转变，拆分了全资子公司 CareFusion 的业务，以专注于重点业务经营。2010 财年，医疗产品部分获得 11% 的利润增长，而医药品部分的利润则下降 3%，其主要原因是由于更新客户合同时的价格变化以及战略定位的调整。2010 年 7 月，卡地纳健康花费 5.17 亿美元收购 P4 保健公司，并计划通过此次并购扩大其医疗产品部分的业务。2010 年 11 月，卡地纳健康以 4.7 亿美元收购中国药品分销企业永裕医药，以扩大其在国外的市场，这是美国药品分销企业在亚洲的首次重大投资（见表 9.19）。

表 9.19　2008 财年至 2010 财年卡地纳健康业务状况

主要经营指标		2010 年	2009 年	2008 年
年收入（10 亿美元）		98.50	95.99	87.41
经营收入（10 亿美元）	GAAP	1.31	1.29	1.39
	非 GAAP	1.38	1.42	1.44
持续经营每股分摊收益（美元）	GAAP	1.62	2.10	2.33
	非 GAAP	2.22	2.26	2.45
医药部分（10 亿美元）	收入	89.79	87.86	79.50
	非大宗客户	45.79	44.13	42.2
	大宗客户	44.0	43.73	37.3
	收益	1.00	1.04	1.02
医疗用品部分	收入（10 亿美元）	8.75	8.16	7.92
	收益（百万美元）	428	385	411
毛利（百万美元）		3780.7	3747.5	3777.1

资料来源：卡地纳健康 2010 财年年报

2．卡地纳健康的产品及衍生服务

卡地纳健康的业务主要包括两大块，即医药品及医疗产品。

医药品部分的业务是为美国和波多黎各的零售客户（包括连锁和独立药店、超市和大型商场的药品部门）、医院等提供全方位的批发服务。主要经营范围包括提供创新药和仿制药、非处方药，以及其他消费类产品的配送；核药服务（Nuclear pharmacy services）；供应链和库存优化服务，专业制药服务；第三方物流服务；监管咨询服务；零售药店支援服务；专业数据服务等。医药品部分的客户分为大宗客户和非大宗客户。大宗客户由专注于仓储和客户邮购业务的零售连锁客户组成，其余的为非大宗客户，非大宗客户业务占到收益的大部分。

医疗产品部分的业务主要是为医院、手术中心、实验室、医生办公室和其他医疗机构提供内外科及实验产品，并且卡地纳健康自己开发、制造自己的医疗和外科产品。这些产品包括无菌及非无菌产品套装、一次性手术用帘及服装、实验及外科用手套以及液体吸入及收集用品等。其医疗及外科用品直接或通过第三方分销商在美国、加拿大、欧洲、南美和亚太地区销售。

卡地纳健康经营着全美最大的放射性药物销售网络，每年为美国的医院提供1000万剂量的放射性药物，并正计划通过推进分子成像和投资核制药带动业务的增长。作为医疗产品制造商还为手术和实验提供优质的产品和服务，其提供的供应链解决方案帮助客户减少百万美元的药物及医疗、外科供应成本，同时其远程订单输入服务可以减少每年25%的劳动力。

卡地纳健康的价值链延伸服务不止于产品的配送，而将触角伸到医院的管理、药物的分发、补货、结算等。卡地纳健康每天配送全美25%的药物，但他们同时会协助零售商、连锁经营商和医院的药房开展经营业务，如在临床适用的情况下为零售药店推荐成本较低的仿制药。同时帮助医院和医疗系统简化操作，使其更有效地管理资源、降低成本。

3．卡地纳健康的高效供应链管理服务

卡地纳健康将有效的物流配送视为业务核心，一直致力于优化供应链。其供应链管理包括支出管理、分销管理、库存管理和效果管理等。

卡地纳健康在全国共有40个分销中心，拥有全国的专有运输系统、专业服务团队及最尖端的技术，旨在提供准确、准量、准时的服务。卡地纳健康拥有一套ValueLink的动态供应链系统，能帮助客户控制成本、简化供应流程、减少库存，通过该系统医院可以将卡地纳健康作为他们所谓的“异地”仓库，而不承担分拣、包装、采购、库存控制等库存成本，大大减少了成本的开支。该供应链系统区别于传统配送方式，为医院的科室直接配送医疗用品，跳过了医院的物品中心，从而减少了供应链中的接触点，加强了供应链的上下合作，减少了产品的等待时间和人力，保证了产品交付的准确性，大大节省了运输的时间和医生挑选医疗用品的时间。

同时卡地纳健康自己的物流企业 OptFreight 可以满足专门的运输需求，提供定制的报告跟踪和管理订单，能帮助客户减少 30%~50% 的运输成本。卡地纳健康还提供分销综合服务，提供协助解决方案。包括简化复杂的对内供应链，解决复杂的入库过程，制定最佳方法来平衡客户的库存水平等，并能利用专业知识、专业分析和技术手段为客户设计运输策略，提供产品供应信息，利用其专有的全国运输网络帮助客户顺利、快速配送产品。

除此之外，卡地纳健康提供程序包服务（Presource products and services）和库存接缝管理（Wound Closure Management），来有效帮助医疗机构进行库存管理，减少成本。通过程序包服务（Presource products and services），医生可根据手术的需求在超过 450 种的标准手术程序包中进行选择，也可以在线定制程序包以满足特殊要求。库存接缝管理服务（Wound Closure Management）是一套库存管理、跟踪及补货的系统，是卡地纳健康开发用以帮助用户简化订购、增加货物周转的高效运营系统。

（二）西斯科

西斯科（Sysco）是北美最大的食品批发商，创建于 1969 年，经营冷冻实物、各种罐头实物及干货、新鲜及冷冻肉、海鲜及家禽、进口特种产品及其他新鲜的农产品的批发，也经营各种非食物类的批发。除了提供食物材料等，西斯科还为客户提供各种配套的服务，是美国食品批发业领导企业。西斯科通过业务的扩张及收购，至 2010 年财年，年销售额达 372 亿美元，每年为超过 40 万的客户配送食物及相关产品达 10 亿次，在美国、加拿大、爱尔兰拥有 180 个分部，员工数达 45000 人。2011 年财富杂志世界 500 强企业排名第 232 位，2011 年美国 500 强第 67 位。

1. 西斯科经营现状

西斯科公司自 2006 年至 2010 年业绩平稳，2010 年销售额较 2009 年上涨 1.1%，净盈利上涨近 12%（见表 9.20）。根据西斯科 2010 财年年报，其业务范围涉及几乎所有食品类批发，罐头干货类、蔬菜和肉类等的批发占到近 50%，餐馆是其主要批发对象，约占到 60% 以上（见图 9.18）。

表 9.20 2006 财年至 2010 年财年西斯科的财务状况

千美元

主要经营指标	2010 年	2009 年	2008 年	2007 年	2006 年
销售额	37243495	36853330	37522111	35042075	32628438
税前盈利	1849589	1770834	1791338	1621215	1394946
净盈利	1179983	1055948	1106151	1001076	846040
毛利	7107486	7036331	7194857	6757472	6291331

资料来源：西斯科 2010 财年年报

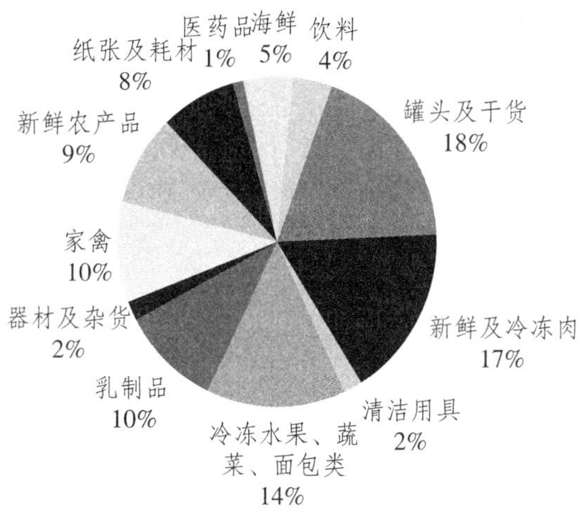

图 9.18 2010 财年西斯科分产品销售额占比

资料来源：西斯科 2010 财年年报

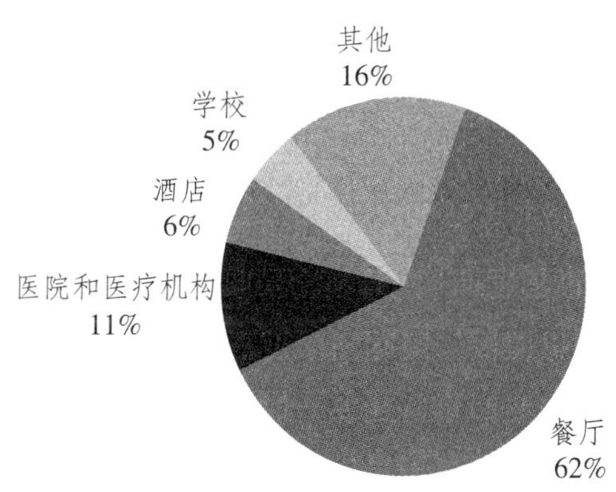

图 9.19 2010 年财年西斯科的客户分布

资料来源：西斯科 2010 财年年报

西斯科的业务主要由六大部分组成。最大的业务分支是 94 个本地 Broading 运营公司的业务，专为单个或连锁餐馆、医疗及教育机构提供食物及相关产品的配送（见图 9.19）。Broading 部门的营业利润大大高于其他业务部门，占到销售额的近 80%，营业收入的 92%。西斯科在 Broading 业务上投资力度大，经过多年的经营，其营销方式、技术和管理也相当纯熟，同时其业务的广度、地理上的优势及采购力保证了稳定的收益率。2009 财年由于经济环境的影响，受批发箱量的下滑及汇率变化的影响，销售业绩较 2008 年下降 2%，2010 财年销售逐步恢复，较 2009 财年上涨 1.7%，基本表现平稳（见表 9.21）。

第二块业务是 20 个 SYGMA 运营公司。SYGMA 运营公司创建于 1984 年，现为超过 14000 个连锁餐厅提供食物等的配送。2009 财年由于客户的增加以及成本增加导致的销售价格的上涨使得 SYGMA 的销售额较 2008 财年增加 5.8%，毛利增加 0.4%，营业收入增加 219999 万美元。2010 财年 SYGMA 业务也由于新客户的增加，销售额较 2009 财年增加 1.1%，毛利增加 0.7%，营业收入增加 171000 万美元（见表 9.21）。但一些不良的业务关系以及经济环境的影响多少削减了 SYGMA 部门的部分销售额。

第三块业务是特殊品公司（Specialty Companies），专为有特殊服务需求的客户提供特别个人服务。第四块业务是客户服务，提供家居产品，西斯科在香港的 Austin Tatum 公司专门服务亚洲市场的美国客户。最后一块业务是国际业务，西斯科在世界超过 100 个城市拥有自己的业务。这些业务相对 Broadline 和 SYGMA 业务的比重要小得多，销售额和营业收入基本保持在 10% 和 5% 左右（见表 9.21），而业务量也主要集中在美国。

表 9.21　2008 财年至 2010 年财年西斯科各业务部门情况

主要业务部门	2010 年		2009 年		2008 年	
	销售额占比	营业收入占比	销售额占比	营业收入占比	销售额占比	营业收入占比
Broadine	79.9%	92.4%	79.4%	93.7%	79.5%	93.0%
SYGMA	13.1%	2.1%	13.1%	1.4%	12.2%	0.4%
其他	8.5%	5.5%	8.8%	4.9%	9.6%	6.6%
交叉销售	1.5%		1.3%		1.3%	

资料来源：西斯科 2010 财年年报

2．西斯科的经营战略

西斯科主要通过持续的投资以扩大市场份额及收益，从而确立其在美国食品批发业界的领导地位。其战略主要有以下几个方面：

首先，增加销售额。西斯科通过现有顾客购买产品所占份额的增加、吸引新客户、稳定现有客户、加大新技术投入、实现营销合作及收购计划来带动销售额的增加。其销售团队的规模及专业知识，也是保持和提高销售额的有利因素。同时，西斯科还通过改善定价适应市场来增加提高销售额的机会。

其次，实施业务转型计划。西斯科正计划通过资源规划系统进行业务转型，以简化流程，降低成本，加强组织的效力，扩大核心业务，现正处于测试阶段。西斯科认为转型是势在必行的，并已在许多业务领域找到节省成本的机会，并计划建立一个共享业务服务系统，将各个营销企业零散的业务归拢在一个平台上操作。同时为销售人员和客户提供更有效便捷的工具，从而在分散的领域中获得更多的份额。此次业务转型的总投入大约为 9 亿美元，其中 2010 财年的投入为 2.46 亿美元，Boardline 和 SYGMA 的业务转型预计到 2013 年结束。

第三，提高生产效率。西斯科不断优化仓储及运输来提高配送的效率。通过优化系统和设备来提高对订单处理的速度和效率，同时通过实施卡车路径项目尽可能减少公里数和油耗，这些都将帮助西斯科减少成本，提高效率。

第四，降低采购成本。西斯科通过利用自身的购买能力和采购方面的专业知识以及有效利用供应链来降低产品的销售成本。西斯科的供应链计划主要针对库存水平、运费、产品成本、运营成本、运营资金需求以及未来设施扩大需求的管理。其中包括利用再分派中心（RDC）为西斯科的所有 Broadline 运营公司提供供应链的优化。现西斯科已拥有 2 个再分派中心，分别位于韦吉尼亚州和佛罗里达州，现计划再投资建设 2 个再分派中心。

3．西斯科的投资战略

西斯科自建立以来一直致力于为客户提供卓越的服务。2010 财年，尽管外部的经济环境还在复苏阶段，西斯科 372 亿美元的销售额已达到从业 40 年以来的最高水平。当然除了食品消费的刚性需求以外，西斯科不断把握机遇进行投资和收购也给销售的增长带来有利的影响。2010 财年，西斯科的资本投入回报率高达 19%。

2008 财年至 2010 财年，西斯科分别投入 0.5 亿美元、2.2 亿美元和 0.3 亿美元用于收购及扩大设施等投资项目。2009 财年，西斯科现金收购了爱尔兰、洛杉矶、加利福尼亚州和波士顿等地的食品业务，以及加拿大的一家农产品分销商。2010 年现金收购了纽约的 Boardline 食品运营业务，亚特兰大的一家农产品分销商，以及加拿大的一家海鲜分销商。

近几年，西斯科不断投资扩大设施以适应更高的要求。2008 财年至 2010 财年，西斯科分别扩建了其在加拿大、新泽西、芝加哥、宾夕法尼亚等地的设施。西斯科在已满负荷的老分销中心附近新建新分销中心，不仅扩大了业务，也缩短了配送的行程，提高了配送的速度和服务。同时西斯科还拥有区域配送中心、仓库，用于存储搬运较为困难的货物，以便之后再运往其他分销中心，这使得西斯科可以批量采购产品，从而减少了一级地区的库存压力，降低了成本。

（三）三星物产

三星物产成立于 1938 年，是三星集团的母公司。1952 年由三星商会更名为三星物产，1975 年被指定为韩国综合商社第一号，主营海外市场。1995 年 12 月与三星建筑合并，同时经营建筑和商事两大块业务，2006 年 12 月在伦敦交易所上市。现有 9000 多名员工，海外员工达到 3800 多名，在世界 48 个国家拥有 114 个分部，总资产达到 15 兆 7073 亿韩元（2010 年），销售额为 13 兆 441 亿韩元（2010 年末）。

韩国三星物产的建筑部门在全球有 15 个分部，专业从事集超高大楼、高新工厂设施、道路和桥梁、港口、发电站、住宅等尖端建筑技术为一体的业务。商事部则在世界 45 个国家拥有 96 个分部，专业从事能源及环境、资源、材料等业务。三星物产一直致力于太阳能、风力等新能源发展以及生物能源、淡水化等能源环境项目，并参与石油、气体的勘探、开发、生产和流通。

专业贸易商社极易受经济情况、国际汇率变化以及国际原材料价格的影响和冲击。对此，三星物产早已认识到海外原材料开发的重要性，将能源和材料开发作为自己的核心事业，一直致力于战略性投资和开发。为确保收益，三星物产突破传统业务方式，重点从事资源开发、海外商业生产项目的开发、合作投资以及新能源项目的开发。自 1982 年开始参与石油气体开发项目以来，三星物产不仅购买了美国墨西哥湾石油（气）生产矿区，还参加了墨西哥曼沙尼约 LNG 接收站建设及运营项目，参与中国麻黄山石油生产，同时还积极参与印度尼西亚大型棕榈农场项目，承揽了加拿大风力、太阳能发电基地等环境能源项目。

1．销售额持续增长

2008 年至 2010 年，三星商社的销售额逐年递增。从地区分布来看，亚洲国家的业务占到约 90%，其中 2010 年美洲地区的业务大幅增加，超过 2009 年销售额的 2 倍。从国内与国外的销售额来看，2010 年韩国国内占到 46%，海外业务占到 54%，2010 年海外业务的销售额较 2009 年上涨 2%，充分证明了其在国家化扩张上的力度和成效（见表 9.22）。从业务分类上来看，商事部门的业务逐渐增加，渐渐和建筑部门销售额持平（见表 9.23）。

2010年，由于新兴市场为中心的需求的恢复，韩国商社的出口额呈2位数增长。2010年末，韩国全国的出口额和进口额分别为4663.8亿美元和4252.1亿美元，韩国三星物产的出口额占到约0.5%，为25.5亿美元，进口额占到约0.1%。其中专业贸易商社的总出口额为223.1亿美元，三星物产就占到11.4%，其中73.97%销往亚洲国家。进口方面，韩国专业贸易商社的总进口额为29亿美元，三星物产占到15%（见图9.20）。

表9.22　三星物产在世界各主要地区的财务状况

百万韩元

年份	销售额总计	韩国国内	亚洲	欧洲	美洲	其他
2010年	13044076	6052828	5890368	531877	461683	107320
2009年	10875929	5229431	4946150	395625	183815	120908

表9.23　三星物产各项业务的销售情况

百万韩元

主要部门	2010年		2009年		2008年	
	销售额	比例	销售额	比例	销售额	比例
商事部门	6405916	49.11%	4874957	44.82%	5041396	42.70%
建筑部门	6638160	50.89%	6000972	55.18%	6770193	57.30%

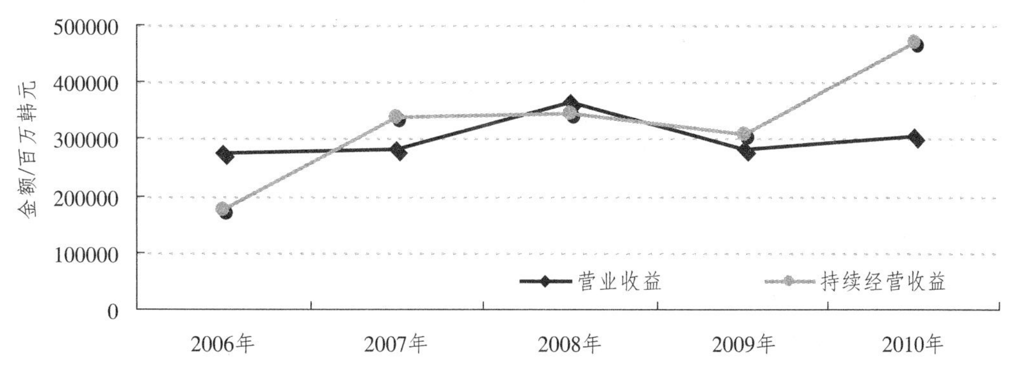

图9.20　2006-2009年三星物产的经营状况

资料来源：三星物产. 2010项目报告书[R]，2011.

2. 三星物产的可持续经营体系

三星物产以推进可持续经营的战略和经营体系为基础，持续创造经济、环境和社会各方面共同的效益。中长期战略、经营革新、伦理经营、风险管理、环境经营等是可持续经营的核心要素。三星物产根据中长期战略方向，通过各经营系统的组合，在可持续三大核心——经济、环境、社会方面取得了重大的成果。三星物产将持续经营的受益者分为股东、客户、职员、合作社、社会、市民团体和政府。

经济方面，三星物产 2003 年 ~ 2010 年，平均销售额超过 9 兆 5 千亿韩元。除 2009 年受金融危机影响，销售额和营业利润稍有下滑以外，基本呈上升趋势。2010 年较 2003 年销售额上涨 44%，营业利润上涨 22%。

环境方面，三星物产从 2006 年开始扩大绿色环境能源研究组织，重点培养建筑绿色环境能源的使用效率，2007 年最先设立绿色环境能源研究所，至 2009 年绿色环境、低能耗技术开发投资约 800 亿韩元,相当于 2009 年年销售额的 1.33%。同年被评为“绿色采购自发约定优秀企业”，绿色采购的比例基本呈逐年上升。同时为了提高全球市场绿色建筑的技术竞争力，在国内最早开始经营绿色远景专家 LEED AP 教育项目。韩国三星拥有全国最大规模 3200 吨雨水储存设施的公寓已于 2008 年 7 月竣工。

社会方面，三星致力于改善员工的工作环境，重视社会服务。积极鼓励员工参加社会服务，支援合作企业，如支援中小企业开发海外市场，签订共同合作协议等。

3．三星物产的核心竞争力

三星物产商事部门注重在价值链上寻找商机，通过发挥企业的创新力和综合运营能力,从而创造出新的价值和利益,被称为差别化核心竞争力。即通过已有的项目基础，加上对产品和项目的丰富知识和创意，从而创造新的价值。

三星物产自上世纪 70 年代开始铁矿原材料的开发，1989 年开始开发不锈钢制品，并自己新建工厂制造产品来更直接地满足客户的需求。1997 年三星物产收购罗马尼亚 Otelinox 不锈钢加工工厂，由于成功的经营，2004 年开始尝试高新技术高附加值的产业领域—精密材料。之后 2008 年又成功收购日本 Myodo Metal 高精密材料工厂，2010 年 4 月在中国浙江平湖建立不锈钢精密材料工厂,该工厂的年生产规模可以达到 72000 吨。三星物产在钢材项目上的价值链基本是“材料贸易产品的生产加工—流通、销售”的一整套环节。同样的操作也体现在其太阳能项目上。一开始只是半导体化学材料经营项目，慢慢衍生为太阳能项目，最后发展为太阳能发电站建设项目，形成了一条完整的价值链。

2010 年 1 月三星物产承接了加拿大安大略世界最大规模的风力 / 太阳能发电项目，至 2016 年将建设并运营 2.5GW 的风力 / 太阳能复合发电园区，此外，三星物产在美国加利佛尼亚、欧洲、中国等地区也积极推进太阳能发电项目。可以说三星物产的核心竞争力即是其综合能力的体现，即通过对价值链的分析寻求商业机会，并以客户的需求为导向，经过研究开发出最佳的方案，从而创造最多的价值。

4．三星物产未来的投资战略

三星物产制定中长期计划，其中建筑部门计划至 2015 年投资 300 亿美元，在发电站、建筑、土木等所有业务范围内实现全球市场战略。计划至2015年海外销售额比重由2010年的27%增加至51%，海外分部由原先的15个增加到30个，同时人力也从5105人增加到10100人。

三星商事部门计划到2012年销售额年平均增长15%以上，并计划到2015年为止每年投资3000亿韩元用于开发海外资源和新能源。该项目是三星物产此次计划的主力项目，是三星物产为了提高营业收益而实行的集中投资战略，预计将成为新的收益动力。2010年11月，三星物产就已联合韩国矿物资源公社，共投资1.9亿美元在世界最大的锂开发矿区—智利阿塔卡玛盐湖共同开发锂的商业生产，联合韩国石油公社共同购买并经营墨西哥ANKER油田。同时南美和非洲的矿物资源开发项目也正式启动，并计划参与非洲和俄罗斯等地区的锂、镍等矿物资源开发。三星物产2011年上半年资源部分的销售额达到1兆2758亿韩元，较上年同期增加7.3%，资源开发所占的比重从14.8%提高到19.4%。三星物产相关负责人表示，2011年三星物产商事部门将集中投资海外资源的开发以及能源领域，2011年将开展大规模投资，投资规模将达到4200亿韩元。

五、经验与启示

批发作为流通领域的重要环节，其发展直接影响流通业的健康。国内零售业发展已经基本与世界先进水平接轨，但批发业的改革与创新仍有待推进。目前，我国批发市场交易模式相对落后，区域发展不平衡，还存在较大的提升空间。国内批发业的衰弱有多方面的原因，一是上游的生产商和下游零售商对批发商的挤压，二是网络及第三方物流对于传统批发所构成的威胁，三是批发体制改革的滞后，新的流通体系的缺失。随着生产者和零售商向批发环节延伸进程的加剧，我国批发产业也表现出与市场经济体制不相适应的种种问题，如何寻找利益空间、取得生存和发展空间，从而推动整个批发业的发展成为重要的课题。

（一）推进价值链上下延伸

现代商业中，批发的作用依然重要，一方面制造商将销售外部化，对批发商依存度较高，另一方面零售业专注于销售以及对流通成本的考量，对批发商的依存度也在提升。如三星物产致力于价值链经营，业务贯穿材料到加工再到流通的整个环节；卡地纳健康公司自行开发、制造医疗和外科产品，并为自己的客户提供专业医疗管理和经营服务。批发业的发展不是独立地进行，而是应当促进批发与生产、零售共存的商品流通产业链的整体发展，促进市场体系中全部资源的整体协调。如今，我国国内的生产企业直接向零售商供货或直接销售，而传统批发商自身改革相对停滞，造成流通成本过高，使生产者和零售商向批发环节一体化发展。对于整个商业链来说，批发构建的是产业链、工业链和价值链，因此国内批发商要通过职能转变和创新来获得竞争优势，向生产商专门代理批发延伸，同时为零售商提供支持型服务，提供物流增值服务，从而成为商品流通体系中的主导者。

（二）提升供应链管理能级

批发交易活动的监管制度及基础设施的改善，以及市场的组织化和规范化能提高交易的效率，同时通过技术打破交易的时空限制，能进一步提升批发产业的地位。近年来，大型批发企业建立自己的配送中心或分销中心，如卡地纳健康公司拥有自己的物流企业和供应链管理系统，在美国拥有 40 个分销中心，又如西斯科公司拥有多个分派中心负责供应链优化。同时企业电子信息技术应用明显上升，美国批发业电子商务销售基本保持在 20% 左右，德国批发企业商业服务中有 74% 运用到电子信息技术，各大企业也将电子信息技术应用到整个供应链。然而国内对于批发交易监管、设施建设、电子信息技术的利用上还十分薄弱。例如，国内农产品市场的传统流通渠道经营质量差，表现在设施简陋、商品杂乱、成本高、管理差，而现代流通渠道的投资相对较大，市场占有率低，农产品市场体系导致结构性流通不畅以及成本和损耗高，效率相对较低。因此，应建设一批现代化配送集运中心，建设流通环节的信息化体系，推动产品流通的标准以及运营的组织化和规范化，促进产品流通立法和政策的制定，从而实现现代化流通的发展。传统批发市场则应实现升级，开发仓储服务，建立一批配送或分销中心，形成核心功能服务区，提高竞争力。并通过网络和现代技术实现传统市场的改造和升级，建立电子交易中心和结算中心，提升服务效能和质量，通过物流配送体系和金融、技术服务体系的完善来满足市场的需求。我国的相关立法较为滞后，相对世界的发达国家，我国仅有 90 年代出台的批发市场管理办法，不能满足如今批发市场的发展需求，应更新并制定批发交易的相关法律和制度。建议提升我国批发产业的政策措施应着眼于规范和促进上，推动批发业的内力发挥，维持和监管交易程序，不拘泥于批零比率的高低，而应重视批零协作的效率，为批零两大环节的协作提供良好的市场环境。同时统筹规划和合理布局现有的各类批发市场，强化监管，防止违规交易。

（三）加强业务领域拓展

从业务领域来看，多元化和综合化是未来批发企业长久发展的保障和未来趋势，如三菱商事、三星物产等综合商社，一方面保持多元化经营模式，一方面不断调整经营策略，拓展新兴和海外市场，建立完整价值链，获取最大利益。又如卡地纳健康公司通过物流和管理等服务的上下延伸，增加业务拓展，实现了资源的有效管理和成本缩减。麦德龙现购自运公司也开始推出送货等增值服务。

同时，国外的大型批发企业尤为重视海外市场的开发，积极参与跨国贸易，从销售比重来看，一些国外大型批发企业的海外销售比重较大，海外扩张的同时也十分注重本地特色。各大批发企业和贸易商社在海外设立网店，并不断扩大经营，国外市场甚至成为其发展的直接支柱。一些国外大型企业也十分注重海外市场的合作，直接帮助其拓展了经营规模。如麦德龙公司的业务分布于全球 30 多个国家，并致力于与当地企业合作运营现购自运商店，又如西斯科公司和一些综合商社通过海外兼并收购扩充其业务范围，再如日本三菱商事在全世界 200 多个国家拥有办事机构，长期致力于海外资源及能源市场的开发，并在未来放眼新兴经济体国家。虽然国内企业进驻海外市场的情况并不鲜见，但难以形成规模，因此建议国内批发业应打造区域性、国家性和国际性商品集散和采购平台，发展一批国际国内买家，鼓励国内有竞争力的企业向更有生命力的新兴市场拓展，获取更多的市场份额。将渠道和网点建设向海外延伸，并根据客户全球化扩张的需求，逐步拓展海外商品市场，直接参与国际贸易及竞争和合作。同时国内的批发企业也要进一步提升管理和技术水平，以适应商业全球化环境。

主要参考文献

【1】美国统计局．2009 Annual Wholesale Trade Report[R]，2011-02-28.

【2】美国统计局．Latest Monthly Wholesale Trade Report[R]，2011-08-10.

【3】美国统计局．2009 E-commerce multi-sector "E-Stats" report[R]，2011-05-26.

【4】美国商务部经济分析局．2010 Recovery Widespread Across Industries Advance GDP by Industry Statistics for 2010[R]，2011-04-26.

【5】欧盟统计局．Short-term business statistics-trade and service-Other services turnover index-Wholesale trade，except of motor vehicles and motorcycles[R]，2011-08-09.

【6】欧盟统计局，Wholesale and retail trade labour input index – annual data[R]，2011-09-22.

【7】欧盟统计局．Key figures on European business[R]，2010-08-13.

【8】英国统计局．Annual Business Inquiry – Division 51：Wholesale trade， except of motor vehicles and motorcycles[R]，2010-07-29.

【9】英国统计局．Annual Business Survey 2009R-Division 46：Wholesale Trade except of Motor Vehicles and Mototcycles[R]，2011-06-14.

【10】英国统计局．ICT Activity of UK Businesses 2009[R]，2010-11-26.

【11】法国统计局．Bi-montly survey of wholesaling[R]，2011-07-22.

【12】法国统计局．Turnover in the wholesale trade and business services – May 2011[R]，2011-08-01.

【13】德国统计局，short-term indicators-wholesale trade-Index of selling prices in wholesale trade[R]，2011-08-11.

【14】德国统计局．short-term indicators-wholesale trade-Turnover in wholesale trade at current prices[R]，2011-07-29.

【15】德国统计局．Use of information and communication technology in enterprises[R]，2011.

【16】日本经济产业省．Preliminary Report on the Current Survey of Commerce[R]，2011-07-28.

【17】日本经济产业省．Yearbook of the Current Survey of Commerce[R]，2010-6-30.

【18】日本总务省统计局．Japan Statistical Yearbook 2011[R]，2011；上海科学技术情报研究所（ISTIS）分析整理

【19】日本统计局．Results of "FY 2010 Research on Infrastructure Development in Japan's Information-based Economy Society （E-Commerce Market Survey）"[R]，2011-06-02.

【20】日本贸易会．7 商社の 2011 年 3 月期算から [R]，2011-07.

【21】韩国 kita 国际贸易研究院．日本综合商社的未来收益源培育战略分析 [R]，2009-12.

【22】麦德龙集团．Annual Report 2010[R]，2011.

【23】C.G.C．公司网站．http://www.cgcjapan.co.jp/company/company.html

【24】三菱商社．2010 财年年报 [R]，2011.

【25】三井物产．中期经营计划 [R]，2011.

【26】三星物产．2010 项目报告书 [R]，2011.

【27】现代综合商社．2010 项目报告书 [R]，2011.

【28】大宇国际．2010 年上半年项目报告书 [R]，2011.

【29】LG 商社．2010 项目报告书 [R]，2011.

【30】麦德龙集团．http://www.metrogroup.de/internet/site/metrogroup/node/9251/Len/index.html/.

【31】麦德龙现购自运公司．http://www.metro-cc.com/.

【32】沃尔玛公司．http://walmartstores.com/.

【33】家乐福集团．http://www.carrefour.com/.

【34】西斯科. http://www.sysco.com/.

【35】卡地纳. http://www.cardinal.com/.

【36】麦克森. http://www.mckesson.com/en_us/McKesson.com/.

【37】财富杂志. 2011 年世界 500 强排行榜 [N], 2011-07-07.

【38】周南,吴建业. 批发业探寻新发展—2009北京批发论坛召开[J]. 中国市场,2010(4):36-43.

【39】马龙龙. 论我国批发产业的振兴战略 [J]. 财贸经济, 2011 (4): 73-78.

【40】李金凤. 电子商务与物流区域配送中心调度模型的研究 [D]. 北京: 中国石油大学, 2008.

【41】刘喜峰. 连锁企业配送中心建设的探讨 [D]. 西安: 西安交通大学, 2006.

【42】毛太田. 连锁零售供应链优化关键问题研究 [D]. 长沙: 国防科学技术大学, 2008.

第十章　商业零售业发展态势

2009 年底，逐渐浮出水面的欧洲债务危机给正努力摆脱全球金融危机影响，开始企稳回升的世界经济蒙上了一层阴影，2010 年开始，全球经济增长全面减速。联合国在《2011 世界经济形势与展望》中，预计世界生产总值（WGP）将在 2011 年和 2012 年分别增长 3.1% 和 3.5%，并在 2011 年年中的更新版中将数字分别提高到 3.3% 和 3.6%，但并未掩饰其对世界经济复苏前景的担忧。按目前的经济复苏速度，还需 4 ~ 5 年，全球就业市场才能恢复到危机前水平，与此同时，各国为应对金融危机采取的各种消费刺激政策在 2010 年已逐渐减弱，这些都直接影响到消费者的消费意愿。在这样的环境下，商业零售业将仍面临许多挑战。

一、商业零售业发展总体态势

（一）总体规模企稳回升，美、欧、日为代表的竞争格局得以延续

零售业在全球的发展极不平衡。以美国、西欧、日本为代表的发达经济体，占据了全球零售额的绝大部分，其中尤以美国所占份额最高。根据德勤《全球零售力量 2011 年度报告》[1] 显示，全球最大的 250 家零售企业中，美国企业占总数的 33.6%，欧洲企业占总数的 36.8%，日本则为 12.8%，三者相加超过总数的 80%（见图 10.1）。

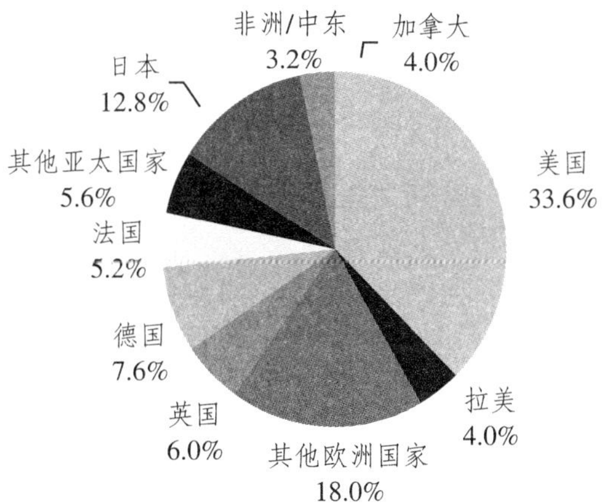

图 10.1　世界零售企业 250 强区域分布

资料来源：德勤. 全球零售力量 2011 年度报告 [R]，2011.

[1]Global Powers of Retailing 2011

受到全球金融危机的影响，美国零售业销售情况自 2008 年下半年起受到了强烈冲击，2008 年和 2009 年连续两年遭遇下滑，虽从 2009 年第二季度起逐渐有所起色，但 2009 年全年销售额相较 2008 年，下滑幅度仍然巨大，达到了 7.75%。2010 年美国零售业进一步企稳回升，年度增长率为 6.83%。2011 年，随着经济进一步回暖，美国零售业销售额逐渐恢复到危机前的水平，但增长速度有所下降。

从欧盟地区来看，零售业收益指数在 2007 年底达到高峰，之后一路下滑，至 2009 年底逐渐恢复，但尚未回到 2007 年的高点，在勉强达到 2008 年下半年也就是危机影响正式显现前的水平之后，欧洲零售业增长趋缓。2011 年 7 月与 2010 年 7 月相比，零售业指数在欧元区以及欧盟区小幅下降 0.2%，其中“食品、饮料及烟草”类指数在欧元区和欧盟区分别下降 2.0% 和 2.2%，非食品类在上述区域均上升了 1.7%。就整体指数而言，马耳他、葡萄牙、丹麦等 9 个国家下降，卢森堡、立陶宛、拉脱维亚等 12 个国家上升。

根据日本经济产业省的统计数据，日本近几年零售消费一直不振，但其受到金融危机的影响也相对较小，2008 年仍有小幅增长，2009 年下滑趋势也不明显，但 2010 年的表现相对疲软，2008–2010 年三年间的增长率分别为 0.3%、–2.3% 以及 2.5%。(见表 10.1)

表 10.1　日本零售业销售额

年份	销售额 /10 亿日元	增长率 /%
2010	135666	2.5
2009	132328	–2.3
2008	135477	0.3

资料来源：日本经济产业省. Preliminary Report on the Current Survey of Commerce[R]，2011–07.

总体而言，发达经济体 2009 年零售业急速下挫，2010 年则伴随着全球经济同步回暖，总体规模呈现企稳回升的态势，但受多种因素影响，增速趋缓，前景充满不确定性。

(二) 拉美成为最具吸引力的大型零售市场

相对于世界大部分地区，拉美地区受到本次世界金融危机的冲击较小，2010 年该地区 GDP 增长达到 6%。丰富的自然资源，不断进步且多样化的商业环境，充足的劳动力以及众多稳定的贸易伙伴，使这一地区在吸引人们注意力的同时，更吸引着国际投资者的注意。在科尔尼报告《2011 年全球零售发展指数》中，拉美地区表现抢眼，有 4 个国家连续 2 年进入指数榜前 10 位，且排名较去年均有上升。

本次发展指数榜中，巴西排名榜首，乌拉圭和智利紧随其后，秘鲁排名第 8。其中，巴西、乌拉圭、智利三国的市场吸引力指数分别达到了 100、85.0 以及 54.3，而智利得益于以稳定的社会经济政策为基础的长期发展战略，其国家风险指数为 100(风险极低)。

拉美地区已成为全球最具吸引力的大型零售市场（见图 10.2）。

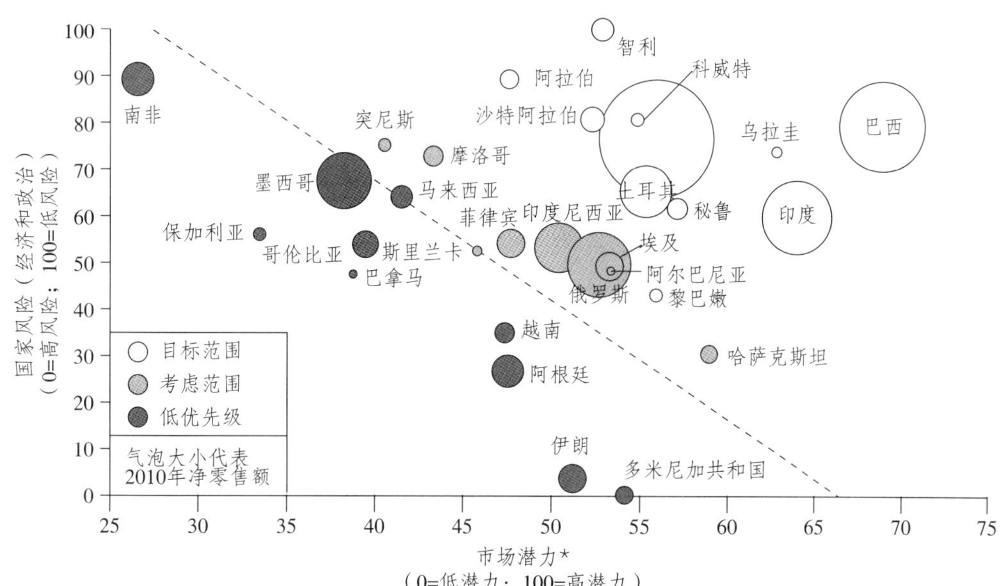

图 10.2　2011 年全球零售发展国家吸引力

数据说明：基于市场吸引力、市场饱和度和时间压力等的加权分数

资料来源：科尔尼. 2011 年全球零售发展指数 [R]，2011.

（三）传统零售渠道与新兴零售渠道加速整合联动发展

受到金融危机的影响，低价和低成本成为近年来业界重要的经营策略，各大公司纷纷通过调整门店或市场布局，关闭部分门店、裁剪人员或开拓网络等低成本销售渠道来降低经营成本，调整运营结构，并取得了一定的效果。作为业界的领头羊，沃尔玛在这方面具有很强的优势，这使得它在金融危机中仍能保持盈利并有一定程度的增长，据德勤的数据显示，2004–2009 财政年度，沃尔玛的复合年增长率为 7.3%。

除此之外，金融危机对成本和价格的压力也推动了各大商业企业在传统渠道之外，积极开拓新的营销渠道，使得网络、手机、团购等新兴零售方式快速发展，例如已经倒闭的 Woolworths 和 Zavvi 开始利用 Twitter 重新塑造自身品牌。超市虽然仍是业内主要业态，但网络销售的成长速度很快，亚马逊作为其中的领军企业，2004–2009 财政年度的复合年增长率达到 28.6%；而零售业巨头沃尔玛也不甘寂寞，继 2011 年 5 月与 1 号店达成入股协议后，又于 6 月在上海设立了它在全球的第二个电子商务总部。

一方面，沃尔玛、TESCO、梅西百货等以传统渠道起家的零售巨头纷纷加强网络虚拟销售，另一方面，亚马逊、eBay 等以新兴渠道起家的零售企业也以弹出式（pop-up）临时实体店铺等方式试水实体店销售渠道。各大企业在多渠道展开的同时，在渠道之间进行信息共享，并对各渠道进行一体化考虑，推动网络平台与实体平台紧密结合，呈现出传统渠道与新兴渠道联动融合的趋势。

（四）新一代技术加速应用于零售业

近年来，新一代科技的应用给零售业带来了重大的变革。综观目前国际零售业技术应用趋势，云计算及物联网技术有望成为新一轮零售技术发展的驱动力，而一些相关技术的发展，也为云以及物联网提供了坚实的基础。

自助服务终端（Kiosk）就是一个很好的例子。该词源于土耳其语，原意为路边无人看管的书报摊，现引申为一种自助的概念：自助服务终端。早在上个世纪 90 年代，零售行业就兴起过一阵“自助服务”风，只是由于当时的自助服务终端设备不仅体积庞大，而且与顾客的交互性差，因此不仅没有给零售商带来期望的效果，反而成为许多零售商的噩梦。但是随着自助服务终端技术的不断发展和成熟，如今又重回零售商的视线。现在的自助服务终端解决方案一改往日占用空间大、操作困难的负面形象，多采用软硬件一体、触摸屏操作的新型模式，不仅给顾客带来新的体验，也提升零售门店的整体形象。零售自助服务终端不仅仅是一个信息发布和交互系统，更是门店服务的延伸。而通过与嵌入式计算[1]相结合，将会为企业提供巨大而真实的销售数据，为企业“云”的创建以及物联网建设提供大数据（big data）的支持。例如中小型的嵌入式系统可以记录所销售的零食和其他东西的情况。一系列自动售货机的所有者可以掌握所有自动售货机所出售的所有零食的记录。

物联网在近年绝对是一个热词，物联网的成功，将深刻改变人们生活的方方面面。物联网产业未来所带来的价值将超万亿元，射频识别技术在仓储管理、电子自动化、产品防伪、RFID 卡收费等领域的广泛应用，让零售行业领先一步感受到了新技术带来的利润增长点。据悉在使用 RFID 标签的沃尔玛商场里面的货品脱销现象减少 16%，RFID 技术在货品补充上要比传统条形码技术快 3 倍，同时人工订单也减少大约 10%。

如果去超市买东西，手拿一部集成嵌入式芯片的手机，借助无线通信功能，手机可以和商品上的 RFID 芯片进行数据通信，借助无线射频技术，我们可以清晰地通过手机屏幕读出商品的生产产地、生产日期、产品成分、商品价格、物流途径等等所有我们需要了解的信息，并且通过银行转账系统进行商品的结算，这时手机就类似于商场结算的 pos 机。同时商场通过会员识别传感器，和会员身上集成嵌入式芯片的电子设备进行通信，可以清晰、完整地收集到会员购物时间、产品喜好、商品价位、意见反馈等等。这就是未来物联网时代的真实写照。

[1] 在普通物体（比如冰箱和汽车等）中放置计算机处理器，目的是为了收集数据、指导操作和为用户提供互动。

而物联网与云计算的结合对于零售企业在“大数据”时代获得竞争优势具有重大意义。目前，对于零售商来说，将顾客作为个体来考量并预见他们的需求越来越难。各种消费趋势层出不穷，变化速度越来越快。这意味着：零售商必须在越来越短的时间内掌握越来越多的关于顾客、产品等方面的数据，并加以分析利用。而物联网可以为零售商们带来实时、真实的相关数据，“云计算”则为零售商根据情况调节自身计算能力、提取有用信息提供了可能。

二、部分国家和地区零售业发展态势

（一）美国

1．行业总体规模发展态势

零售业是美国的重要产业之一，其发展受美国整体经济的影响较大。自 2008 年受金融危机影响以来，零售业业绩急速下滑，至 2009 年第二季度逐渐回升，到 2010 年底基本恢复到危机前水平。2010 年第四季度，美国 GNP 增长率为 3.1%，但 2011 年第一季度下降到 1.8%，直接影响到零售企业对今年的预期。宏观经济的变化增加了未来的不确定性。一方面，能源价格的上涨增加了零售企业的成本，同时减少了消费者的可支配资金，并导致食品价格的上涨；另一方面，私营企业带来的就业机会以及联邦减少工资税的政策将会在一定程度上缓解以上这些负面影响。美国零售业是否能够重拾升势，很大程度上将受制于宏观经济面的未来走势。

据美国统计局数据显示，2010 年美国零售业及食品服务业销售总额为 4.3 万亿美元，虽仍比不上 2007 年的 4.5 万亿美元以及 2008 年的 4.4 万亿美元，但相对于 2009 年的 4.1 万亿美元增幅已达 6.45%。2011 年上半年美国零售业销售总额达到 2.3 万亿美元，同比增长 8.1%，但环比增速有所下降（见图 10.3）。

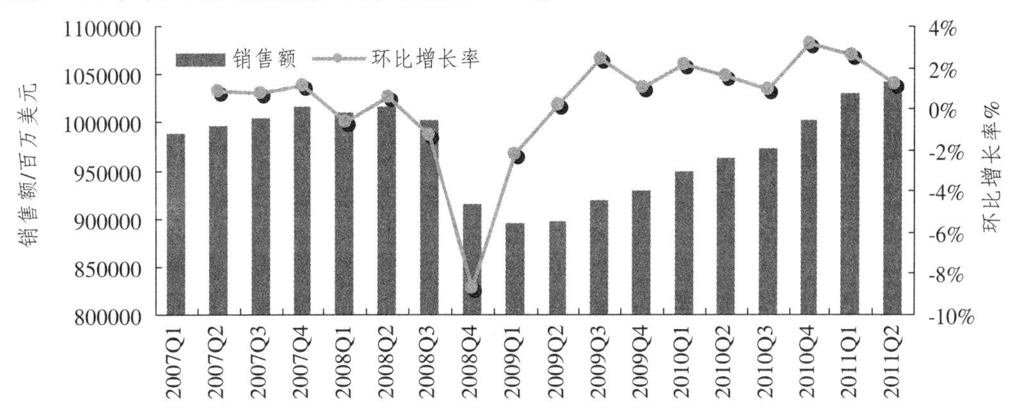

图 10.3　2007-2011 年第二季度美国零售业销售额及环比增长率

数据说明：零售额为经过调整的数据，并且不包括食品服务业

资料来源：美国统计局．Monthly Retail Trade Report[R]，2011-09-10.

从企业分布来看，零售行业中，大型商业企业集中度高的特点十分明显，而美国更是其中的佼佼者，在德勤 2011 年公布的 250 家全球最大的零售企业中，美国企业占据 84 家，销售额占 42.1%。全球前 10 大零售商中，有 5 家美国企业，排名第一的沃尔玛（Wal-Mart）销售收入达 4050 亿美元，是排名第二的法国家乐福的 3.38 倍（见表 10.2）。

表 10.2 全球零售业 10 强中的美国企业

全球排名	公司	所属国	集团收入/百万美元	零售收入/百万美元	集团净收入/百万美元	主要业态	运营国家/个	年均复合增长率/%
1	沃尔玛	美国	408214	405046	14848	大型超市、购物中心、卖场	16	7.3
6	克罗格	美国	76733	76733	57	超市	1	6.3
7	好市多	美国	71422	69889	1086	现购自运、仓储式会员店	9	8.2
9	家得宝	美国	66176	66176	2661	家居	5	-2.0
10	塔吉特	美国	65357	63435	2488	折扣百货店	1	6.8

数据说明：集团收入以及净收入可能包括非零售收入，基于 2009 财年数据
资料来源：德勤. 全球零售力量 2011 年度报告 [R]，2011.

2．主要零售业态发展态势

购物中心（Shopping Center 或 Shopping Mall）是指集各种零售、娱乐、餐饮、休闲于一体，满足人们各种需要，对购物者充满吸引力的购物、休闲地点。早在 1907 年，就出现于美国，并在第二次世界大战后盛行于欧美发达国家。20 世纪 90 年代以来，购物中心逐渐由单一的商品零售功能向综合消费功能转移，成为体现现代城市生活体验式消费的最佳场所。2010 年，美国购物中心数量约为 108000 家[1]，这是自 1971 年 ICSC 开始统计该数据以来，美国购物中心数量增长最少的一年（增长率为 0.2%，增长数量为 259 家）。2011 年前 4 个月的增长速度仍然无法令人乐观，新的购物中心仅有 50 家，购物中心总的可出租面积也呈现相似的趋势，2010 年增长 0.2%，为 73.3 亿平方英尺。目前这种缓慢增长的情况显示美国购物中心仍旧处于后危机时期的调整过程中。

美国百货业 2010 年度收入超过 900 亿美元，主要企业包括西尔斯（Sears）、JC 宾尼、梅西以及迪拉德等，该产业高度集中：大约 95% 的收入由前 8 家企业产生。前几年，美国百货业销售额逐年下降，在零售业中的地位也逐步削弱，但现在，美国百货业似乎又重获新生。2011 年上半年，奢侈品生产商例如普拉达（Prada）、路易威登（LVMH）等的销售额均获得了 2 位数增长，而它们在萨克斯（Saks）、内曼马库斯（Neiman

[1] CoStar 根据国际购物中心协会（ICSC）的数据编写

Marcus)、梅西(Macy's)等连锁百货的销售是这一增长的主要因素。2011年第一季度，萨克斯的销售额在2010年的基础上增长了8.8%，同店销售额增长了10.2%，是自2007年以来表现最好的季度；与此同时，梅西的营业收入增长了5.7%，利润几乎飙升了6倍；而最大的独立地区连锁店贝尔克(Belk)在2011年1月结束的财年中，凭借5.1%的同店销售额获得了90.2%的利润增长(见表10.3)。

表10.3　2010年美国主要百货商店经营发展概况

公司	2010年零售销售额/百万美元	平均每家店铺销售额/百万美元	同店销售变化率/%	店铺数
梅西	24834	29.3	5	848
J.C宾尼	17659	16.1	3	1099
柯尔	18391	17	4	1083
西尔斯	16353	18.5	–4	885
诺德斯特龙	7745	67.3	8	115
迪拉德	6020	19.5	3	308
贝尔克	3513	11.5	0	305
内曼马库斯	3326	77.3	5	43
邦顿	2980	10.8	1	275

数据说明：西尔斯仅包括西尔斯全线百货商店(不包括加拿大、凯马特、专门店)；梅西、诺德斯特龙、内曼马库斯不包括服装专门店以及奥特莱斯商店

资料来源：Kantar Retail

由于受到杂货店(Groceries)的冲击，美国超市业面临着困境，据美国食品市场研究所(FMI)的数据，美国超市的税后净利润已连续数年下跌，从2007年的1.91%下降到2010年的0.98%。为了寻找新的增长点，许多超市将注意力放在了卫生与保健上。克罗格(Kroger)在大约80%的商店开设了店内药房；西夫韦(Safeway)任命了一位新的高级副总裁，专门负责药品、卫生以及保健；H–E–B则将店内诊所的数量增加了一倍(见表10.4、表10.5)。

表10.4　美国超市产业近年发展概况

主要指标	2010年	2009年
雇员数	340万人	340万人
超市销售总额(2010)	5627.46亿美元	5569.73亿美元
年销售额达到200万美元的普通超市数量(2010)	36149家	35612家
税后净利润(2010)	0.98%	1.22%

（续表）

主要指标	2010 年	2009 年
超市店铺建筑面积的中位数（2010）	46000 平方英尺	46235 平方英尺
食品开支占可支配收入比例——美国农业部（USDA）数据		
在家消费食品	5.5%	5.5%
离家消费食品	3.9%	3.9%

资料来源：美国食品市场研究所（Food Marketing Institute，FMI）

表 10.5　2010 年美国主要超市经营发展概况

公司	2010 年零售销售额/百万美元	平均每家店铺销售额/百万美元	同店销售变化率/%	店铺数
克罗格	71120	22.8	3	3123
西夫韦	33262	22.6	–2	1475
超价商店	30398	12.5	–6	2426
布利克斯	25072	21.4	2	1173
阿霍德	23515	31.4	0	750
美国德尔海兹	18799	11.6	–2	1627
H–E–B	14947	50.0	N.A.	299

资料来源：Kantar Retail

（二）欧洲地区

1．行业总体规模发展态势

欧洲整体经济在 2010 年有所恢复，但受多种因素影响，预计 2011 年增长速度将减缓。从零售业视角来看，欧洲的经济增长大部分来自于出口，而非消费支出。以德国为例，2010 年出口推动的经济增长十分强劲，但消费支出增长则相对处于停滞状态。不过另一方面，德国失业率的持续下降或许预示着消费需求的增长。

2009 财年，欧洲地区的零售商们在销售额方面获得了较为明显的增长。但世界顶尖企业数量有所下降，在德勤发布的世界零售企业 250 强中，欧洲企业从前一年的 96 家下降到 92 家。但法国例外，其零售业复合销售额（composite sales）下降了 1.9%，这主要归因于美元在 2009 年的强劲走势。而英国企业则获得了相对较高的复合增长率——7.1%，是所有被分析地区及国家中最高的，净利润也处于最高水平（3.5%）。

值得一提的是，欧洲零售企业的国际化程度在世界范围内是最高的，在 2009 财年中，超过三分之一的销售收入来自于国际市场。对于以家乐福和麦德龙为代表的、名列世界零售业 250 强的法国和德国企业，这一数字更是超过了 40%。仅有大约 20% 的欧洲零售企业局限在一国进行销售。

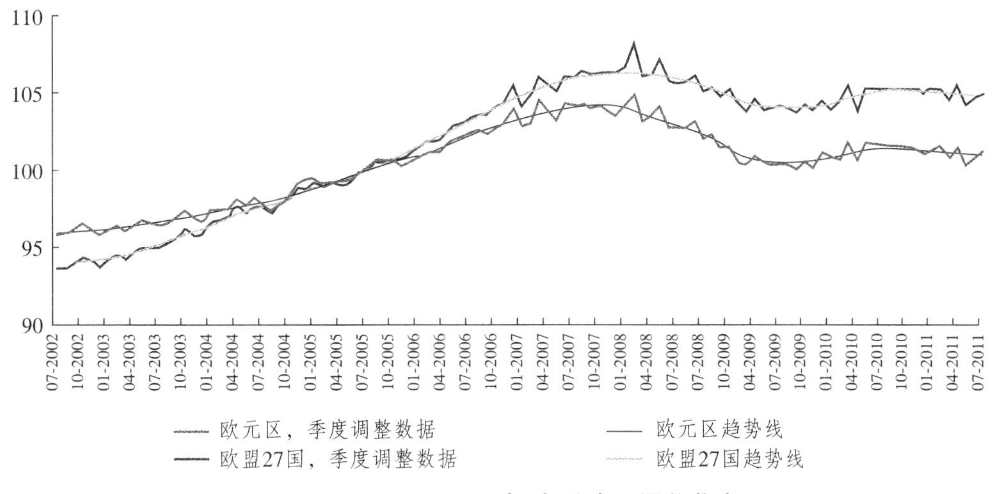

图 10.4　2002-2011 年欧洲地区零售指数

数据说明：欧洲地区零售指数（2005 年 =100）

资料来源：欧盟统计局. Volume of retail trade up by 0.2% in both euro area and EU27[R]，2011-09-11.

2．主要国家零售业态发展态势

法国、德国以及英国是欧洲主要经济体，在欧洲零售行业占据主要地位。在德勤世界零售业 250 强中，三国分别占据 10 席（4%），19 席（7.6%）以及 15 席（6%），（见表 10.6）。

表 10.6　欧洲 10 大零售商

欧洲区域排名	Top250 排名	公司	零售额 / 百万美元	所属国家
1	2	家乐福（Carrefour）	119 887	法国
2	3	麦德龙（Metro）	90 850	德国
3	4	Tesco	90 435	英国
4	5	Schwarz	77 221	德国
5	8	Aldi	67 709	德国
6	12	Rewe	61 771	德国
7	14	Edeka Zentrale	55 339	德国
8	15	Auchan	54 057	法国
9	22	E.Leclerc	41 002	法国
10	25	阿霍德（Ahold）	38 945	荷兰

资料来源：德勤. 全球零售力量 2011 年度报告 [R]，2011.

Euromonitor 数据显示，法国 2009 年零售业销售额 3934 亿欧元，预计 2014 年将达到 4070 亿欧元；德国 2009 年销售额为 3862 亿欧元，预计 2014 年将达到 3995.4 亿欧元；

英国 2009 年销售额为 2974 亿欧元，预计 2014 年将达到 3294 亿欧元。

法国的普通超市（supermarket）预计在今后几年将实现 1% 左右的复合年增长，从业者将通过提供更多特色服务，例如送货上门等将自己与巨型超市（Hypermarket）进行区分并获得一定优势；但同时也将面对折扣店等的挑战。得益于自有品牌战略（private label strategy）的成功，同时运营巨型超市与普通超市的家乐福预计在未来几年中将表现良好。

历史上，德国的零售商店大多为独立商店，直到上世纪 90 年代初才开设了第一家大型购物中心，1990 年至 2008 年，德国购物中心从 88 家增长到了 399 家。近年来，德国的购物中心正向城市中心发展，已成为德国城市中心的特色风景。2011 年，将出现大约 50 家新的购物中心，绝大多数将建在中心城区。相较而言，2009 年没有值得关注的超市开张或者倒闭，但有一些收购以及兼并的活动，例如在 2009 年 7 月，Rewe 兼并了比利时零售企业 Delhaize 的 4 家超市店铺。

经过长期发展，英国的零售业已经从小型零售店铺为主发展为以百货公司和连锁超市为主体的多层次、多形式、多功能的多元化零售经营业态。市场成熟度相当高，近年来已趋于饱和。在金融危机的影响下，英国零售业的竞争极为激烈，一些经营不善的企业走向崩溃，其中在 2008 年年底倒闭的百年老店 Woolworths 是其中的典型（有趣的是，2009 年 6 月，Woolworths 复活了，不过成为了一家网络零售商），而强势企业则通过收购和兼并进行扩张，并将目光投向海外，例如传乐购有意收购全球排名第三大的食品零售集团—荷兰的 Ahold；HRG 从美国 Hilco 公司收购了 HabitatUK 及其三个伦敦商店。

（三）日本

1. 行业总体规模发展态势

作为全球和亚太地区的经济大国，日本零售业在全球居于领先地位，在德勤 2011 全球零售业 250 强中，日本占有 32 席，仅次于美国，在亚太地区更是具有绝对优势地位，见表 10.7。不过日本零售企业的国际化程度是所有区域中最低的，有 68.8%（22 家）仅在本国运营。

根据日本经济产业省公布的统计数据显示，在经历了 2009 年 2.3% 的下滑后，2010 年日本零售业总销售额为 135 兆 4770 亿日元，增长 2.5%，基本恢复到 2008 年危机发生前的水平，但从 2010 年第四季度开始，再度下挫。2011 年初略有起色时，又受到 3 月的大地震影响，入境游客大幅减少，3 月零售销售额再次大幅下挫 8.3%，致使 2011 年第一季度零售总额下降 3.0%，第二季度虽有所缓解，但降幅依旧达到 1.7%。其中大型商场的销售额同比不断下跌，在一定程度上拖累了整个行业（见表 10.8）。

表 10.7 亚太地区 10 大零售商

亚太地区排名	Top250 排名	公司	零售额 / 百万美元	所属国家（地区）
1	16	Seven&I Holdings	52，508	日本
2	18	AEON	49，021	日本
3	20	Woolworths	44，410	澳大利亚
4	23	Wesfarmers	40，288	澳大利亚
5	37	Yamada Denki	21，734	日本
6	55	AS Watson	14，977	中国香港
7	62	IsetanMitsukoshi Hol-dings	13，575	日本
8	70	Bailian	12，257	中国
9	77	UNY	11，785	日本
10	83	Daiei	10，295	日本

资料来源：德勤. 全球零售力量 2011 年度报告 [R]，2011.

表 10.8 日本商业销售额及同比增长率

10 亿日元

年 / 月	商业销售额		批发		零售		大规模零售商店		
	销售额	%	销售额	%	销售额	%	销售额	%	%（调整后）
C.Y. 2008	621081	1.2	485604	1.5	135477	0.3	20951	▲ 1.2	▲ 2.5
2009	493796	▲ 20.5	361468	▲ 25.6	132328	▲ 2.3	19776	▲ 5.6	▲ 7.0
2010	501092	1.5	365426	1.1	135666	2.5	19579	▲ 2.1	▲ 2.6
F.Y. 2008	588941	▲ 4.8	454799	▲ 5.9	134142	▲ 1.1	20659	▲ 2.8	▲ 4.2
2009	492990	▲ 16.3	359435	▲ 21.0	133555	▲ 0.4	19568	▲ 5.3	▲ 6.4
2010	503780	2.2	369115	2.7	134655	0.8	19578	▲ 1.5	▲ 2.0
Q1 2011	125685	2.2	92871	4.1	32814	▲ 3.0	4699	▲ 2.1	▲ 2.6
Q2 2011	122771	0.6	89860	1.4	32911	▲ 1.7	4746	▲ 0.6	▲ 1.6

数据说明：（1）C.Y. 即 Calendar Year，指每年 1 月至 12 月；（2）F.Y. 即 Fiscal Year 会计年度，日本的会计年度通常从当年 4 月至第二年 3 月；（3）Q 表示季度，Q1 表示 1 季度，以此类推；（4）▲表示下降；（5）% 表示当期相比一年前的同比增长率。

资料来源：日本经济产业省. Preliminary Report on the Current Survey of Commerce[R]，2011-07.

2. 主要零售业态发展态势

为了对国内购物中心发展情况进行统筹，日本购物中心协会（JCSC）自 2007 年开始对购物中心进行全面调查。根据协会于 2009 年发布的新标准，购物中心必须满足总店铺面积在1500m² 以上、承租商铺（包括零售、餐饮、娱乐及其他服务设施）在10家以上、核心店铺（anchor tenants）面积不超过商场面积的80%（若其他店铺零售面积超过1500m² 则没有该限制）等条件。

按照新标准，2010年底，日本购物中心数量为3050家。店铺面积总数为44179274平方米，铺位租户总数为149420家，平均每家购物中心面积为14514平方米，铺位租户为49家，核心商铺店铺数为2715家。

2010年日本购物中心总销售额（估计）为274110亿日元，与上一年度相比减少了1.2%。从分业态情况来看，2010年以及2011年上半年，作为核心商铺的综合超市、食品超市以及百货店虽然延续了2009年的下跌趋势，但下跌幅度已大幅缩小，延缓了购物中心的整体业绩下滑，2011年6月，由于大减价等因素的刺激，购物中心整体业绩有所回升，但未来仍有许多不确定性因素（见表10.9）。

表10.9　日本购物中心、百货店、连锁超市销售额历年同期比较

%

年/月		购物中心样本数量	日本购物中心			百货店	连锁超市
			购物中心综合	承租店铺	核心店铺		
年份	2000	185	–3.4	–3.1	–3.7		
	2001	255	–2.2	–1.4	–3.3		
	2002	328	–2.1	–2.1	–2.1	–2.3	–2.1
	2003	（462）	–1.6	–0.8	–2.4	–2.8	–3.2
	2004	（522）	–1.7	–0.9	–2.9	–2.8	–3.5
	2005	（550）	0.3	1.5	–1.9	–0.2	–2.6
	2006	（523）	0.3	0.9	–0.7	–0.7	–2.7
	2007	（515）	–0.0	0.3	–0.6	–0.5	–1.4
	2008	（553）	–1.5	–1.1	–2.3	–4.3	–0.7
	2009	（507）	–6.8	–6.5	–7.4	–10.1	–4.3
	2010	（513）	–2.0	–1.7	–2.8	–3.1	–2.6
月份/2011	1月	（533）	–0.9	–0.8	–1.0	–1.1	–0.1
	2月	（505）	0.5	0.8	–0.1	0.7	0.6
	3月	（531）	–12.2	–14.8	–6.4	–14.7	0.3
	4月	（518）	–1.4	–1.0	–2.3	–1.5	–1.3
	5月	（524）	–1.4	–1.6	–1.0	–2.4	–1.4
	6月	（532）	2.0	2.9	0.3	0.3	0.1

资料来源：日本购物中心协会、百货店协会、连锁超市协会

与购物中心相比，日本百货店面临的情况更为严峻。据日本百货店协会的数据，

该行业销售额已经连续多年负增长，特别是近几年，日本百货店正经历着前所未有的不景气。2010 年圣诞节，东京有着 26 年历史的西武百货有乐町店关张，它在 1992 年的鼎盛时期年销售额曾高达 275 亿日元，但 2009 年的销售额仅有 138 亿日元，2010 全年日本共有 11 家百货公司倒闭。今年 3 月的震灾又再次把情况略有好转的百货业拉入谷底，当月日本百货店销售额同比下滑 14.7%，直到 6 月，随着旅游业日渐恢复，百货店的销售额才再次出现增长，当月日本全国百货店销售额达到 4927 亿日元，同比增长 0.3%，特别是日本宫城县仙台市与去年同期相比增长 14.1%，是唯一一个涨幅达到 2 位数的地区。由此可见，东北地区复兴过程中对各种物资的需求旺盛。

对于日本超市企业，由于面临着来自价格低廉的服装专卖店、家电卖场的激烈竞争，且日本消费者近年来越来越提倡节约，2010 年日本全国 7900 余家超市销售额为 12.3556 万亿日元（约合人民币 9822 亿元），同比下降 2.6 个百分点，这已经是日本全国超市年销售额连续 14 年同比下降。其中，食品同比下降 2.3%，服装下降 4.4%，日用百货和家电下降 2.7%，各种商品年销售额均比 2009 年有所减少。针对这一情况，目前日本各大超市也正采取积极措施，通过强化网上超市、在市中心地区建立主销生鲜食品的小型分店等方法，挖掘新需求，提高销售额。

（四）巴西

与发达国家及地区比较，发展中国家在摆脱金融危机的进程中无疑表现得更好。对于许多零售企业来说，他们的核心市场——美国和欧洲已经不再成为强劲的增长引擎，依靠发展中国家的新兴市场实现未来增长已经不是“有则更好”的选择，而是必需的。除了发展中国家巨头中国和印度以外，中东地区已经开始显现出巨大的潜力，但这一地区的政治骚乱很可能对国际零售商的信心造成不利影响。相比较而言，拉美地区已成为最吸引全球投资者的区域，科尔尼《2011 年全球零售发展指数》报告中，巴西、乌拉圭、智利以及秘鲁连续 2 年进入指数榜前 10 位，其中巴西更是高居榜首，与乌拉圭和智利一起，将中国与印度挤出了前三名，成为世界上最吸引投资者的国家。因此，本次研究选取巴西作为拉美地区的代表。

巴西是拉丁美洲最大的国家，名义 GDP 预计在 2011 年将达到 21326 亿美元，年度增长率 4.5%。预计 2011 年至 2015 年实际 GDP 平均年增长率将达 4.9%，人口预计从 1.97 亿增长到 2.02 亿，人均 GDP 预计增长 51.7% 至 16430 美元。2011 年人均收入预计将达到 10697 美元，中产阶级以及高收入群体不断增加，预示着总体消费能力的增加（见表 10.10）。

表 10.10 2008–2015 年巴西经济发展主要指标

主要指标	2008	2009	2010	2011f	2012f	2013f	2014f	2015f
名义 GDP（10 亿雷亚尔）(1)	2889.70	3078.30	3375.20	3688.70	4026.20	4405.30	4844.60	5354.70
名义 GDP（10 亿美元）(1)	1573.50	1541.10	1919.30	2132.60	2334.00	2694.40	2963.10	3325.90
年度实际 GDP 增长（%）(2)	5.1	–0.6	7.5	4.5	4.8	4.9	5.1	5.3
人均 GDP（美元）(2)	8196	7956	9821	10830	11766	13488	14733	16430
人口（百万）(3)	192	193.7	195.4	196.9	198.4	199.8	201.1	202.4
失业率（%）(4)	6.8	6.8	6.8	7.2	6.7	6.5	6.3	6.4

数据说明：（1）IBGE/IMF，（2）IBGE/BMI，（3）World Bank/BMI，（4）IBGE （5） f = BMI 预测，
资料来源：Business Monitor International （BMI）

零售业在巴西经济中占有重要地位，2010 年巴西零售业销售总额为 13073.6 亿雷亚尔（BRL），比 2009 年大幅增长 20.8%，占 GDP 总值的 35.6%，预计在今后的几年中，巴西零售业销售额将保持 10% 左右的增长，2015 年达到 21331.7 亿亚雷尔，占 GDP 总值的 36.4%（见表 10.11）。

表 10.11 巴西零售销售指数

主要指标	2008	2009	2010	2011f	2012f	2013f	2014f	2015f
零售销售额（10 亿雷亚尔）	1032.65	1082.14	1307.36	1454.97	1605.38	1757.93	1933.03	2133.17
零售销售占 GDP（%）	35.7	34	35.6	36.3	36.4	36.4	36.4	36.4
人均零售销售额（雷亚尔）	5379	5587	6690	7389	8093	8800	9611	10538
人均零售销售额（美元）	2929	3042	3643	4023	4407	4792	5233	5738
零售总额增长（雷亚尔，%）	13.1	4.8	20.8	11.3	10.3	9.5	10	10.4

数据说明：f = BMI 预测
资料来源：Business Monitor International （BMI）

巴西的零售业投资正逐渐走向顶点，2009 年末，巴西最大的零售商 Grupo Pao De Acucar 收购了连锁零售企业 Casas Bahia，2010 年，Ricardo Eletro 和 Insinuante 合并，组成第二大连锁企业，第三和第四则是家乐福和沃尔玛。另外，巴西家用电器连锁零

售企业 Magazine Luiza，最大的女鞋零售商 Arezzo，食品服务公司 International Meal 以及药店 Droga Raia 均在近期成功实现首次公开募股（IPOs）。巴西将主办 2014 年世界杯和 2016 年奥运会，这些赛事刺激了基础设施领域的投资，包括兴建大型商业中心和购物广场，购物中心的数量大幅增长，2010 年新增 16 家，2011 年和 2012 年预计将分别增加 25 家和 30 家。

三、部分新兴零售业态发展态势

零售业态是零售企业为满足不同消费需求而形成的不同经营方式。自 19 世纪中叶以来，世界市场的业态革命此起彼伏。目前，世界零售业态从总体上可分为有店铺销售和无店铺销售两大类。有店铺销售指有固定的进行商品陈列和销售所需要的场所和空间，并且消费者的购买行为主要在这一场所内完成的零售业态，是目前零售行业占主要地位的业态形式，包括传统的购物中心、百货商店、超市、便利店、专业店、折扣店等；传统的无店铺销售相对而言诞生较晚，但也有数十年的历史，包括电视直销、邮购等。这些传统零售业态已经较为成熟，虽然受到一些新兴业态的冲击，但总体而言发展较为平稳，与总体经济走势、消费者购买意愿等密切相关。因此，本年度零售商业研究将关注点放在一些国内尚不十分普遍的新兴业态领域，虽然这些业态目前在零售行业中所占比重较小，甚至有些在发展过程中遇到了一些困难，或是暂时还局限于特定地区，但它们的发展潜力不容忽视，可能在不远的将来将会为世界零售行业带来革命。

（一）DIY 概念专业店

“到商店去买几样自己喜欢的工具或材料，然后回到家中自己动手”，这就是 DIY 的全部含义。据百安居 B&Q 的研究数据，一个人到健身中心骑半个小时脚踏车所消耗的能量，相当于他在自己的花园里锄地 30 分钟所消耗的能量。既然后者能够改善花园的景观，又能够锻炼自己的身体，那何必再到什么健身中心去呢？正是凭借 DIY 的概念，百安居 B&Q、乐华梅兰 Leroy Merlin、家得宝 Home Depot 等家装建材企业在崇尚运动、健康的欧美地区获得极大成功。

但在国内，由于从观念到收入等种种原因，导致 DIY 文化在中国的风行程度远不如欧美发达国家。其造成的最明显后果就是在欧美遍地开花的外资建材超市在国内经历短时间的扩张之后遭遇挫折。1999 年，百安居入驻上海揭开了外资建材超市大规模登陆中国的序幕，之后家得宝、乐华梅兰等零售企业也加速了在华布局。但 2008 年后，这些洋超市普遍开始做起“减法”。2008 年百安居大规模关店瘦身，2010 年家得宝黯然告别北京市场，2011 年乐华梅兰关闭了其在北京四环大郊亭店的零售业务。这些都显示出 DIY 概念外资建材超市在中国正集体遭遇发展瓶颈。

但这并不意味着 DIY 在中国完全没有市场。例如在中国的电脑市场，从上世纪 90 年代的 286、386 时代开始，DIY 市场历经 20 年，一直被誉为“经久不衰的产业”，2010 年底，国内最大的 IT 零售连锁企业宏图三胞在古城南京率先推出了国内首个以强调娱乐消费、体验营销为主旨的“DIY 体验中心”。经过几个月的运营，不仅取得了令人惊喜的销售业绩，而且还让很多业内同行对 DIY 的发展有了更深的认识。

而在家装行业，受到挫折的外资超市们也在逐渐转型，以提供更适合中国人的服务。2009 年，百安居在中国正式推出整合店面的“T 计划”，引入自有品牌产品提升差异化；家得宝在中国提供了比海外市场更多且更便宜的安装服务；而各大企业在努力提升零售业绩的同时都纷纷加重了对装修业务的投入，通过装潢中心一方面为消费者提供设计、安装服务来简化装修流程，另一方面也起到了捆绑主材销售的目的。

随着新一代追求个性的 80 后、90 后年轻人逐渐成为消费主力，相信 DIY 概念在中国将会获得更多的认同，成为更为重要的零售业态。

（二）邻里中心

起源于 20 世纪 60 年代、发端于新加坡的邻里中心，是不同于百货公司、超市、卖场、商业街的第五商业业态，即社区商业业态，类似于我国的社区服务中心。

社区商业是一种以社区居民为服务对象，以便民、利民，满足和促进居民综合消费为目标的属地性商业。20 世纪 50 年代，社区商业首先在美国兴起，60 年代，在英国、日本、法国等西方国家逐步大规模发展起来，到 70 年代，新加坡的社区商业也开始大规模发展起来。

其中，欧美盛行大型新兴社区商业，以大型购物中心为主要形式，满足周边较大范围内居民的日常消费需求；“商业街协同组合”则是日本颇具传统特色的社区商业中心模式，这种社区商业同时肩负保护中小商业企业、保护城市传统文化特色的重任；邻里中心则是新加坡社区商业中心的名称，不以盈利为主要目的，而是为社区居民提供商品和服务的社区生活服务中心。

作为社区商业的新型开发模式，邻里中心指的是邻里单位中的公共中心，包括商业、医疗、图书馆、教堂等公共机构、开放的空间和住宅。它是一个分层系统，包含了区域中心、镇中心、居住区中心、邻里组团中心。每个居住区包含 6 ~ 7 个邻里组团，每个邻里组团拥有 4~8 幢住宅，约 1000 ~ 2000 户。邻里中心包含了一个商业服务中心，以组团内居民的日常服务活动为对象，和整个城市的中心商务区的功能相交叉。一方面，日常的生活服务可在小区内得到解决，避免了一些发展中国家的中心商务区过分拥挤的情况，另一方面，一些商务活动集中于中心商务区，也避免了中心商务区的衰落。

新加坡邻里中心主要特征有：以居住人群为中心，全部设施满足人们生活、文化交流的需要，构成一套巨大的家庭住宅延伸体系；邻里中心的服务对象以本区居民日常活动为主，有别于中心商务对外交流为主的城市功能；邻里中心是政府调控下的商业行为。

因此，邻里中心妥善地解决了城市居民生活质量和城市环境中的若干实际问题，对新加坡的经济社会发展和人群素质的提高起到了根本的保障作用，引起许多国家的关注，对我国的社区服务同样具有借鉴作用。

（三）移动电子商务

电子商务是指利用互联网为工具，使买卖双方不谋面地进行的各种商业和贸易活动。在零售行业，电子商务为商家带来许多好处，如交易便捷、节省成本、无店铺式等，使其更具有竞争优势，也使消费者的耗费减到最低。

互联网基础设施以及用户人群的飞速发展为电子商务的未来奠定了坚实的基础。近几年来，电子商务在零售业中所占的比重也稳步上升。以美国为例，近 10 年来，电子商务占零售业的比重增加了约 3 倍（见图 10.5）。

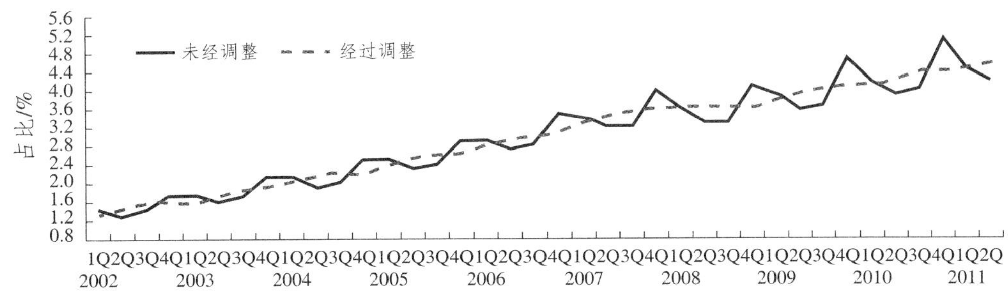

图 10.5　2002 年 1 季度至 2011 年 2 季度电子商务销售占美国零售业销售额比例

资料来源：美国统计局. 2nd Quarter 2011 Retail E-Commerce Sales Report[R]，2011.

我国电子商务的发展同样很快。2011 年 5 月，中国商务部信息化司司长李晋奇在“中国电子商务成长高峰论坛”上披露，据统计，2010 年中国电子商务交易总额超过了 4 万亿人民币，其中网络零售总额近 5000 亿元，约占当年社会消费品零售总额的 3%。

移动电子商务由电子商务的概念衍生而来，是指应用移动终端设备，通过移动互联网进行的电子商务活动，其中手机是主要使用的终端。

在市场需求快速增长、移动互联网迅速发展的双重支撑下，移动电子商务尽管刚刚起步，但却呈现了爆发式增长态势，成为蕴含极大发展潜力的战略性新兴产业。根据中国电子商务研究中心的统计数字，2010 年中国移动电子商务实物交易规模达到 26 亿元，同比增长 370%。

到 2011 年第二季度，中国移动互联网市场规模达 77.9 亿元，同比增长 93.8%，环比增长 20.9%。受移动支付和团购的推动，手机电子商务凸显快速增长的势头。在其他细分行业中，手机广告业务市场表现良好，手机游戏稳定发展，移动互联网规模总体攀升（见图 10.6）。

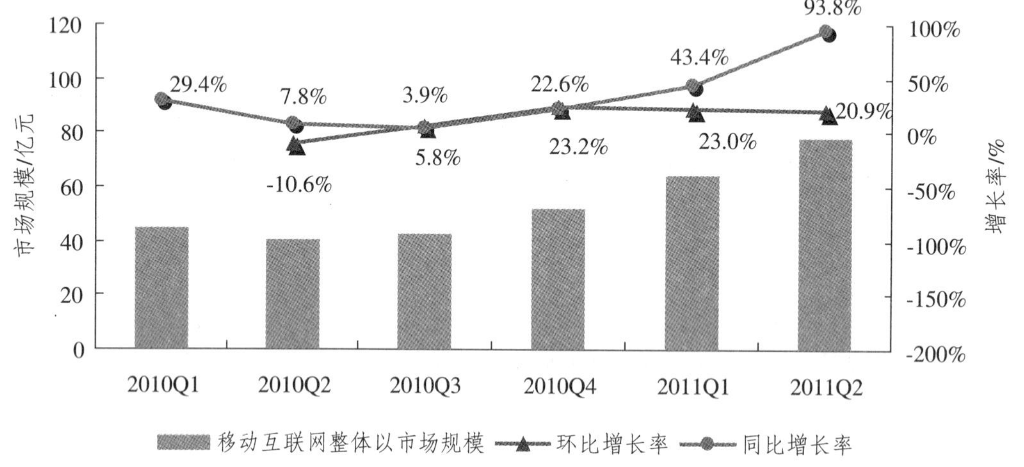

图 10.6　2010 年 1 季度至 2011 年 2 季度移动互联网市场规模

数据说明：中国移动互联网市场规模包括手机电子商务、手机广告、手机搜索、手机游戏等细分领域市场
资料来源：iResearch Inc. 根据企业公开财报、行业访谈及 iReserch 统计预测模型估算

巨大的市场正在开启，各大企业皆使出浑身解数，希望抢占移动电子商务高地。其中有客户数量与知名度均较高的传统电子商务企业如淘宝、当当、凡客诚品；也有以新兴零售渠道起家的后起之秀如拉手网；还有其他互联网企业如社交网站人人网等。

以淘宝为例，淘宝早已开始有序布局移动电子商务。2009 年，淘宝推出了 WAP 版手机淘宝；2010 年发布全面支持主流操作系统 Android 的手机淘宝客户端；2011 年 2 月淘宝无线开放平台正式推出，为第三方应用开发商提供基础的电子商务交易服务和数亿用户的商业机会。手机淘宝、消费者、商家、合作伙伴，协力创建了一个生机勃勃、持续繁荣的商业生态圈。

2010年3月，拉手网在上线的同时，便开通了Android版团购客户端；4月份又开通了iPhone版团购客户端，是中国上线的第一款团购类的手机客户端，也是中国上线的第一款电子商务类的手机客户端；2011年5月，iPad版拉手团购客户端上线。由此可见拉手网一直未停止技术创新的步伐，新兴企业的发展势头可见一斑。2011年6月底，拉手网新添了“周边团购”功能，方便用户随时查询当前所在位置，且能显示用户身边5公里以内团购信息。这类基于移动定位服务（LBS）的功能最近被众多电子商务企业所看重。

另一个看中LBS功能的是社交网站人人网。据悉，人人网将在今年推行SoLoMo[1]概念，以探索社交网络服务与LBS结合模式以及社交网站的新型盈利模式。人人网会将社交属性带到移动客户端上，并在此基础上加入LBS概念。人人网SoLoMo提供的服务包括Social+Local，即通过报到功能，在位置一栏中可以清楚地看到好友与用户之间的距离；以及Local+电子商务，在报到功能中加入旗下糯米网的团购信息，基于用户的地理位置推荐团购商品。将LBS、社交网站与团购进行结合，是基于本身内部资源的一种整合，或许将成为未来社交网站的发展趋势。

（四）未来商店

在各种新兴技术推广普及的大前提下，一种不同于以往零售方式的新型业态—未来商店应运而生。未来商店的概念其实非常宽泛，当下存在的各种业态通过对新技术的引入和整合都可能进入未来商店的范畴中。未来商店存在的目的，是与零售业的终极目标完全一致的，即更好地满足消费者的需求，让消费者能更便利地获取自己需要的服务与商品。

未来商店的思想雏形在上世纪已经出现。2003年，麦德龙集团在德国杜塞尔多夫市新建的麦德龙超市即是被德国麦德龙集团称为“Smart Helves”的未来商店，给客户带来了新鲜独特的超市体验：一个显示你的购物清单并指示你可以在哪里准确地找到每种商品的个人购物助理（PSA）；一个可以“看见”你在称量商品的商品秤；如果需要就可以一小时改变一次货架上的电子数码价格“标签”；可以每分钟都更新的、遍布店铺内的显示今日特卖品的图像显示屏；在酒类的走廊里有电脑可以为你今晚的晚餐调配最佳的葡萄酒，然后地板上的闪光显示条指引你到那瓶酒的位置。而且，不需要在结账时把购物车里的物品全部拿出来放到传送带上，只要把个人购物助理交给收银员并结账。同时，在仓库甚至在货架上，射频识别标签都可以在从配送中心、仓库、货架到结账的过程中跟踪商品。

[1] Social（社交）、Local(本地化)、Mobile（移动）

麦德龙集团的这个未来商店项目是和 SAP、Intel、国际商业机器公司以及大约 50 个在射频识别、供应链管理和零售领域的其他合作伙伴一起合作的项目，而这家示范性的未来商店正是建立在国际商业机器公司的中间件和基于射频识别技术的集成服务的基础上。

无独有偶，2008 年在上海浦东复旦大学张江校区落成的国际商业机器公司亚太地区首家“零售创新中心”，同样已经描绘出未来零售业的发展蓝图，其中包括自助购物、多媒体信息系统、基于条码和射频识别的店面管理、销售和库存管理以及个性化的客户关系管理系统等等。对于用户来说，未来商店无需工作人员，顾客可以自己动手完成购物过程，这是一种商业上的全新概念，也是用户的全新体验。

而 2009 年，位于上海市南京东路 558 号的上海世博会特许商品旗舰店团购中心建成，成为我国首家正式投入商业运营的基于射频识别技术的未来商店。同样是通过电子导购、自助结算与非接触支付为消费者提供便利，用电子货架、消费者数据库来为商家的服务提供更高的效率与更多更可靠的信息来源。就现在的未来商店来看，其基本组成主要包括射频识别设备、个人消费助理、未来消费卡、电子广告显示屏、信息终端、电子货架标签、智能称重仪、自助结算机、个人数字助理、无线局域网、智能货架和商店管理者工作台等。

而在更远的未来，未来商店依然拥有无限潜力可以挖掘。通过与商业智能和物联网的更紧密结合，未来商店可能并非只是实体的零售店，而是完全可以通过虚拟现实让消费者足不出户或者随时随地满足购物的需要。完全可以做到通过互动体验进行产品了解，很多产品都可以进行虚拟体验来获取试用机会，而服饰类商品还完全可以虚拟试穿。这样的零售模式，既方便了消费者，也能将产品更好地进行推广，应当是未来商店一个可能性非常大的发展趋势。

四、新一代技术在零售业中的应用

新兴科技给世界带来了巨大的变革，零售业也不例外。从降低成本、改善营运流程及顾客关系管理等方面，信息技术的应用影响着零售业对于市场的反应与敏锐度。此外，科技更有助于业界进行“市场区分”，通过科技应用，消费者更能在商品差异性不大的情形下根据自己的需求对商品进行辨别，获得不同的购物过程或体验。当然，无论哪一种高科技的应用，其先决条件都来自于消费者需求，有需求才有导入科技的必要性——即“科技，以人为本”。

零售业采用的科技涵盖了相当可观的范围，并还在不断扩展：从智能卡到物流中的射频识别（RFID）技术，从销售终端（POS）到数据挖掘技术等等，各项技术基本上都是为了帮助企业有效地将资源转换成有用信息，以创造企业附加价值，并提供给顾客更方便与满意的生活。表 10.12 即描述了当下零售业中主要科技类型的应用情况。

表 10.12　零售业各环节中主要科技应用情况

科技类型	范例	特点	交易活动应用
整合型科技	企业资源规划系统(ERP)	模块化；开放性；整合性；全面性；高度复杂性；图形接口；客制化；灵活性；最佳典范；实时控管；自动化	企业内部供应链管理；企业间供应链管理；供货商关系管理；顾客关系管理
分析型科技	资料挖掘（Data mining）	提升企业数据的附加值；支持快速的决策分析	发掘顾客需求与最佳解决方案；建立预测模型，找出高价值顾客；目标营销；购物篮分析；区分忠诚顾客
	顾客关系管理（CRM）	卖各种不同产品给特定顾客；用顾客偏好来作为市场区隔依据；持续吸引忠诚的顾客购买；以顾客价值为其要求重点；顾客为参与生产流程的内部对象；持续不断的顾客互动；长期顾客合伙关系导向；顾客生命周期管理；多角度、面向了解顾客全貌	服务信息管理系统；销售管理系统；在线接触管理系统
协同型科技	Web 2.0	本质与核心；经济法则的革新能力；技术能力	混搭服务；网络软件；共享平台；社群网络服务；播客服务
无线型科技	地理定位系统（GPS）	精确定时；定位；勘探测绘；导航能力	协助顾客进行周边信息查询、目的地□线查询、导航
	移动电子商务（M-Commerce）	无所不在；方便性；定位性；个人化	移动付款；短信广告；移动购物；移动拍卖；建立企业内部行动商业网络；产品、存货的监控管理
装置型科技	射频识别（RFID）	重复性使用；无屏障读取、主动式提供资讯；体积小、高储存量、容量；快速扫描速度与安全；耐久性；安全性	店面管□；供应链解决方案；搬运器具管□解决方案；□件管□；设备机器保养维修管□；商品回收作业管理；交易前台活动；方便消费者购物结账；非接触支付的应用。

资料来源：台湾财团法人商业发展研究院

在为数众多的零售业关键技术中，有一些技术在近几年零售业变革中正在发挥着越发重要的作用，其中较为有代表性的有射频识别（RFID）解决方案、商业智能、移动支付等。

（一）基于射频识别技术的解决方案

射频识别（RFID）作为近年来非常热门的物联网概念的核心技术之一，其发展势头非常强劲，在社会的各个方面都起着越发重要的作用。而因其在各种供应链服务中的优势地位，射频识别某种意义上已经代表了未来供应链管理方向，并已然成为了零售企业竞争的核心。

射频识别近年来在零售业的进展相当令人瞩目。零售企业快速扩张布点是其特有的产品经营策略，呈现出商品多品种、小批量化、高配送频率、多配送点、快速配送要求以及需要完善的信息系统支撑等特征，经济全球化的进程又大大延伸了供应链在空间的分布，全球采购、全球销售、全球服务、多基地协同生产等，将供应链延伸到全球范围。这些新的特征决定了射频识别技术将为零售业的进一步发展作出举足轻重的贡献。

在零售行业，射频识别解决方案的应用在提高供应链效率、改善库存可见性、降低运作成本、减少缺货可能性，以及提升客户购物体验方面都发挥了重要作用，因此受到业内人士的青睐。

射频识别的特点是利用无线电波来传送识别信息，不受空间限制，可快速进行物品追踪和数据交换，以无线方式进行双向通信。其最大的优点在于非接触，可实现批量读取和远程读取，可识别高速运动物体。与产品电子代码（EPC）相结合可实现真正的“一物一码”。

举例而言，2009 年，加拿大最大的独立五金、木材、建材、家具零售商 Home Hardware 公司在其总数超过 1000 个的零售门店中，部署了射频识别系统，帮助管理 Home Hardware 公司超过 60000 件的货品，并配合店内销售终端的业务运营，在大范围内改进并大大提高了运营效率。

由于零售业需求的增长，从业人员所需要处理的数据量也持续增长，因此，数据的采集和集中是智能商业至关重要的基础。射频识别的投入大大改善了零售业的数据基础。

射频识别数据采集解决方案性能稳定，使工作人员能够随时了解库存和仓库运作情况。尤其在重要的“补货”环节，利用射频识别技术能让制造商、物流商和零售商等均了解商品的实时库存，及时知道要补充什么货物、补充的时间以及数量。

射频识别作为一个新兴技术，要更快地融入行业中，更多需要考虑的已经不是技术本身，而是行业相关的解决方案。而近来的射频识别发展趋势也正说明了这一点，更多的是与合作伙伴协作完成的各个行业的解决方案与应用。这一现象也是射频识别技术业已经成熟的一个信号。

零售业中，采用射频识别的动力一方面来自政府与下游企业的强制性规定，一方面也来自于企业本身。越来越多的企业开始意识到对产品进行跟踪对提高本身的绩效、增加市场竞争力起到了决定性的作用。夏威夷农产品跟踪项目就是由地区农业局与州农业部联合实施，在运往夏威夷以及从该地区运出的农产品上采用射频识别技术，受到了许多供应商的支持。许多应用实例证明，一些发达国家在食品业应用射频识别方面已取得了满意的结果。澳大利亚的 Moraitis 与国际商业机器公司合作实施对该公司的西红柿产品用射频识别技术进行全程跟踪。北美最大的食品服务公司西斯科（SYSCO）已完成射频识别低温储运系统的测试，证明系统在提高食品安全方面起到了很大的作用。

（二）商业智能

瞬息万变的市场环境、海量的业务数据以及变化莫测的客户需求决定了零售业是商业智能（Business Intelligence，BI）应用的热点行业之一。因此，如何让零售企业实时准确了解运营的关键数据，让决策层在数据背后看到机遇与危机，就成为当前处于信息化前沿的国内零售企业普遍关注的核心问题。近些年来，商业智能在零售业取得了长足的发展，越来越多的零售企业开始或已经实施商业智能项目，商业智能已成为这些年对零售企业影响最大的 IT 技术之一，成为了零售企业信息化的一大组成部分。

商业智能其实是一系列技术的有机结合，主要包括以下技术：数据集市（Data Mart）和数据仓库（Data Warehouse，DW）；用户查询和报表（Query&Reports）；联机分析处理（On-Line Analytical Processing， OLAP），也称为多维分析；数据挖掘（Data Mining）；关键绩效指标（KPI）；分析型应用（Analytic Application）。

商业智能的工作原理主要是通过对数据进行抽取、清洗、聚类、挖掘、预测等处理来产生可透析的各种展示数据。而这些数据可直观地显示分析者所要探询的某种经营属性或市场规律。

商业智能有一个很优秀的功能就是设定一个边界条件进行挖掘工作，从杂乱无章的数据中找出内在的联系，沃尔玛著名的“啤酒与尿布”的故事就是这样产生的。

在国外，商业智能在零售业上已有了较好的应用，并产生相关的指标体系理论；在国内，商业智能依靠其本身所具有的灵活性和强大功能，正在零售业界迅速崛起。而基于“云计算”的“大数据”分析将会为商业智能带来新的发展。商业智能在零售业的应用主要集中在以下几个方面：

（1）销售分析：主要分析各项销售指标，例如毛利、毛利率、坪效、交叉比、销进比、盈利能力、周转率、同比、环比等等；而分析维又可从管理架构、类别品牌、日期、时段等角度观察，这些分析维又采用多级钻取，从而获得相当透彻的分析思路；同时根据海量数据产生预测信息、报警信息等分析数据；还可根据各种销售指标产生新的透视表，例如最常见的 ABC 分类表、商品敏感分类表、商品盈利分类表等。

（2）商品分析：商品分析的主要数据来自销售数据和商品基础数据，从而产生以分析结构为主线的分析思路。主要分析数据有商品的类别结构、品牌结构、价格结构、毛利结构、结算方式结构、产地结构等，从而产生商品广度、商品深度、商品淘汰率、商品引进率、商品置换率、重点商品、畅销商品、滞销商品、季节商品等多种指标。通过对这些指标的分析来指导企业商品结构的调整，加强所营商品的竞争能力和合理配置。

（3）顾客分析：顾客分析主要是指对顾客群体的购买行为的分析。富人和穷人各喜欢什么样的商品；富人和穷人的购物时间各是什么时候；自己的商圈里是富人多还是穷人多；富人给商场作出的贡献大还是穷人作出的贡献大；富人和穷人各喜欢用什么方式来支付等等。此外还有商圈的客单量、购物高峰时间和假日经济对企业影响等分析。

（4）供应商分析：通过对供应商在特定时间段内的各项指标，包括订货量、订货额、进货量、进货额、到货时间、库存量、库存额、退换量、退换额、销售量、销售额、所供商品毛利率、周转率、交叉比率等进行分析，为供应商的引进、储备、淘汰（或淘汰其部分品种）及供应商库存商品的处理提供依据。

（5）人员分析：通过对公司的人员指标进行分析，特别是对销售人员指标（销售指标为主，毛利指标为辅）和采购员指标（销售额、毛利、供应商更换、购销商品数、代销商品数、资金占用、资金周转等）的分析，以达到考核员工业绩，提高员工积极性，为人力资源的合理利用提供科学依据的目的。

（三）非接触式移动支付

支付方式的演进在近年来的零售业发展中也起到了举足轻重的作用，从传统的支付方式，到网上银行等基于互联网应用的更方便的电子支付方式，零售业对于支付便利性的定义被改写了。而今，在互联网已经成熟、物联网正跃跃欲试准备进入日常生活的各个角落的今天，支付方式也正在经历另一次进化：移动支付，这个将支付变成无处不在的新技术，正在进入我们的视线。

在移动支付的概念出现之前，业界出现过“非接触式支付”的概念，使用的非接触式支付卡在很多方面就像普通的信用卡一样，卡的正面印有账户持有者的姓名和账号，背面有一个包含账户信息的磁条，因此，这种卡可以在任何使用普通信用卡的地方使用，而在非接触式支付卡的内部嵌入了射频识别微芯片，可在一定范围内让终端通过芯片获取信息（如账号和姓名）。所以，持卡者无需在标准信用卡读取器中刷信用卡的磁条，只需在距离瞬间支付终端几厘米的位置拿着卡即可，而这种卡始终处于持卡者的手中。这个技术在发展过程中也得到了广泛的应用，比如现在使用的公交卡、餐厅的饭卡等都属于这一类技术的范畴。尽管非接触式卡可以带给人们更多的便利，但当非接触式卡进入支付领域的时候，其表现并不如期望的那么出色，主要原因在于非接触式卡本身并没有融入到消费者生活中，也就更谈不上拉动消费者需求了，也即其对消费者的吸引力并不如预期。要实现让非接触式支付最终为客户带来便利的目标，还需让这一技术成为一种潮流以及得到其他技术支持。

而事实证明，最终推动消费者和商家都欣然接受非接触式技术的，可能就是这项技术与手机的集成。一方面，使用手机进行支付有很多好处。手机作为当下大众的随身移动中心，可以进行许多电子交易相关的操作，能为非接触式支付提供很好的支持；另一方面，也是最重要的一方面，非接触式卡的成本是传统磁条卡的 5 倍。是用这样一个高昂的成本去换取一个额外的累赘带在身上还是让手机来解决一切问题——这两个选择的优劣是显而易见的。于是移动支付，这个以移动通信终端为载体的支付方式，成为了非接触式支付的继承者，并且以一种更为友好的方式征服了用户。

移动支付，就是指利用短信、蓝牙、红外线、射频识别等非接触式移动支付手段，允许移动通信用户使用其移动终端对所消费的商品或服务进行远距离账务支付的一种服务方式，包括手机订购、手机缴费、手机银行、刷手机消费等业务。移动支付所使用的移动终端可以是手机、PDA、移动 PC 等。随着 3G 网络和手机终端的日益完善，手机终端承载的功能越来越多，SIM 卡在速度、存储、识别能力上获得空前提高，可以集成各种消费交易等功能的手机支付应用的步伐明显加快。以我们现在所说的移动支付，大部分情况下即是指手机支付。

阿伯丁（Aberdeen）咨询公司公布的报告中指出，目前，80% 的国内零售企业已意识到移动支付的重要性，而 2005 年这个数字只有 36%。如今，大型零售企业面临的头号问题是如何提高服务水平、加强消费者的忠诚度，移动支付正是达到此营销目标的重要手段之一。

早在 2005 年，在日本、韩国，几乎所有的 3G 手机都配备了红外线装置用于移动支付，很多零售设备如自动贩售机、售票机、售货亭等都对收款设备进行了改造和更新，增加了红外线、射频识别、远程读取功能，很大程度上促进了日、韩两国零售业的发展。

2010 年，上海移动推出了“世博手机卡”，进行了手机移动支付的积极尝试。市民可通过在手机 SIM 卡中绑定世博会门票及消费卡，只要随身携带手机，就能够顺利进入世博园区，并在园区内进行购物、用餐、喝咖啡等各类消费。

当方便快捷的手机支付方式越来越广泛地成为用户的支付习惯时，这个市场爆发出来的能量无疑是巨大。根据艾瑞咨询数据显示，中国手机用户已经超过 7 亿，仅中国移动就有 5 亿用户。若参考日本成熟市场的手机支付用户渗透率约 50%，则未来几年中国市场手机支付用户数量可望达到 3.5 亿；若以人均每笔交易金额 300 元为例，每人每年手机支付一笔，全国至少就能产生近千亿消费市场。来自申银万国证券的报告显示，移动支付业务是“十二五”国家信息化战略的重要组成部分，移动支付业在产业链各环节的大力推进下，我国移动支付产业环境已基本形成，移动支付将进入高速发展期，预计中国手机支付用户 2011 年能达到 2500 万人，手机支付井喷在即。

五、经验与启示

全球金融危机后，中国的宏观经济逐渐恢复。零售行业在 2009 年经历了恢复性增长后，2010 年零售企业收入同比增长率达到 20.0%，超过 2008 年全年增速，但未超过 2008 年上半年的增速水平。2010 年下半年零售业的整体状况不佳，2011 年上半年的增速也明显低于 2010 年上半年，零售企业对于未来的乐观度有所下降。但总体而言，随着我国经济的持续回暖，2011 年中国零售业将会继续蓬勃发展。当然，我国零售业还存在着企业增长模式落后、区域布局不合理、竞争能力较为低下等问题。通过观察国外零售行业的发展，会给我们带来许多经验以及启示。

（一）转变增长模式，鼓励龙头企业跨区域拓展

在国际上，零售企业的国际化程度对企业的销售收入有着极为重要的影响。全球零售业 10 强中，只有 2 家仅在一国进行销售，排名第一的沃尔玛在 16 国进行销售，家乐福和麦德龙更是在超过 30 个国家进行销售。欧洲作为世界上零售业发展最为成熟的地区之一，其零售企业的国际化程度在世界范围内是最高的。在某一区域市场发展到一定程度，遇到瓶颈时，向其他区域进行发展无疑是企业实现突破的一条捷径。

从某种程度上来说，我国地域广大，与欧洲有其相似之处。但在国内，除了外资超市，很少有能做到全国性经营的跨区零售企业。这一现象与我国零售企业主要依靠简单的规模扩张模式，即依靠规模增长带来的议价能力从供应商处获得利润和短期融资，而对经营水平要求较少的扩张模式有关。但这也使得跨区域企业遇到越来越强的地区连锁零售企业时不具有竞争优势。

而在成熟市场，零售企业往往通过外部长期债务以及股权等方式进行融资，在面

对区域竞争者时，利用自身高超的经营水平以及规模效益获得竞争优势。虽然我国零售业的简单规模扩张模式可能在今后一段时间内还能继续维持，但要真正成为业界的强者，就必须转变原有的增长模式，从而将市场拓展到其他区域，获得突破性的发展。

对于政府来说，通过改善零售行业的发展环境，例如鼓励竞争、创立良好的市场竞争环境；完善法律法规，减少地方保护主义；坚持和扩大促进内需政策；为企业提供良好的融资环境等，都会为我国零售企业转变模式、增强竞争力、实现跨区域发展提供支持。

（二）提升新兴零售业态的创新能力

零售业态是指零售企业为满足不同的消费者需求而形成的不同经营业态，是零售经营方式的外部形态。零售业有其特殊性，新兴的零售业态往往对原有的业态产生巨大甚至是破坏性的冲击，之后新旧业态将共处于同一市场，但此时新业态往往居于市场的支配地位。

今天存在的百货商店、折扣店、连锁店、超市、便利店等的零售业经营模式，每一种模式的诞生无不是建立在对已有的业态进行破坏性创新的基础之上，这一转变贯通了整个零售业的发展史。而之后，为了继续存活下去，新的业态必须根据消费者的需求进行不断的调整和融合，持续进行维持性的创新，以免被更新的业态淘汰。由此可见在竞争激烈的零售业，对新兴业态的创新能力对于企业的生存和发展具有重要意义。

今天，随着技术的飞速发展，“云计算”、“物联网”的不断发展，足以对零售业现有业态产生重大的影响以至变革。在短短的时间内，电子商务、移动电子商务、未来商店等新兴的零售业态横空出世，对传统零售业态造成不小的冲击，直接导致众多传统巨头插手新兴业态，融合传统业态。对于零售企业来说，为了更好地满足消费者需求，占据市场，从而实现利润增长，提高利用新技术、进行业态创新的能力已经刻不容缓。

（三）加速推进新技术与零售业的融合

在世界零售业范围内，欧美等发达国家地区近年来的零售业销售增长乏力，而中国作为一个新兴市场，已经连续多年在零售业销售增长中保持优势，并连续 8 年全球零售业指数排行第一，体现出了一个后起之秀强大的增长潜力。而在零售业新兴技术领域，中国同样是起步相对较晚但是发展迅速的典型。最近就有一个典型案例能很好地说明这一点：

2010 年 11 月开始，英国乐购公司旗下的 Homeplus 连锁店率先在韩国首尔地铁站建立虚拟商店。这些没有商品的商店里全是杂货架和生鲜食品的照片，这些照片看起来和普通商店中的东西一样逼真。顾客来到虚拟商店的货架旁，选择他们希望购买的商品，然后用智能手机扫描商品的二维条码。二维条码扫描后，该商品就被装入他们的网上杂货店购物车。购物完成后，消费者可以选择送货时间，货物将被运送到他们的家门口。

这样一个新颖的模式推出仅半年多后，在上海就出现了类似的虚拟超市——“无限 1 号店”。由 1 号店发起的这一业务与韩国的业务类似，只需在手机上安装一个客户端软件后，即能将地铁站变成超市，直接扫描二维码购物。其初期投放规模即达到了在上海主要商圈的约 70 个地铁站，广告牌 100 余块，表明这绝非创意实验，而已经是真正的商用技术了。

这一个小小的事件其实即是国内外零售业新兴科技应用现状的一个缩影。大部分的新兴技术都是发源于国外，在国外发展成熟的，但是在投入实际应用后国内很快就能进行引进或者相似模式的开发，并且在国内这样一个新兴市场中得到广泛的应用——无论是射频识别还是电子商务、团购等，都是以这样一个模式进入国内市场并获得成功的。这样一个模式固然令国内的零售企业在短时间内获得了较大的发展，但是要真正提升国内零售企业的竞争力，甚至造就如沃尔玛这样的跨国零售巨头，国内的零售企业还需要在创新包括科技创新上加大投入，真正以顾客的体验和便利为标杆，发展出更多能引领零售业变革的新技术，让中国的零售业真正崛起。

主要参考文献

【1】美国统计局. 2nd Quarter 2011 Retail E-Commerce Sales Report[R], 2011.

【2】美国食品市场研究所. http://www.fmi.org/

【3】欧盟统计局. Volume of retail trade up by 0.2% in both euro area and EU27[R], 2011-09-11.

【4】日本经济产业省. Preliminary Report on the Current Survey of Commerce[R], 2011-07.

【5】日本购物中心协会. http://www.jcsc.or.jp/english/

【6】艾瑞咨询. http://www.iresearch.cn/

【7】德勤. 全球零售力量 2011 年度报告 [R], 2011-01.

【8】科尔尼. 2011 年全球零售发展指数 [R], 2011-06.

【9】台湾财团法人商业发展研究院. 2009 国际零售产业发展趋势研析与个案集 [R], 2010.

【10】台湾财团法人商业发展研究院. 台湾零售业科技应用与创新模式 [R], 2011-03-14.

【11】崔雅婷．自助服务终端（Kiosk）带给零售企业的新机遇 [J]．信息与电脑，2010（8）：41–42．
【12】联商网．Kiosk 自助服务终端——独立和高效的销售渠道 [N]，2009–10–24．
【13】吴勇毅．BI 应用：助力零售企业精确决策 [J]．软件工程师，2010 年 Z1 期：44–46．
【14】卢少科．2009 年零售业 RFID 应用观察 [J]．信息与电脑，2010（01）：70–72．
【15】杨旭．从非接触式支付到移动支付 [J]．中国信用卡，2009（22）：69–72．
【16】苏建东．国外零售业信息化技术发展动向（上）——POS 和自助服务机 Kiosk 发展方向 [J]．信息与电脑，2009（04）：31–34．
【17】苏建东．国外零售业信息化技术发展动向（下）——移动商务、RFID 和商业智能发展动向 [J]．信息与电脑，2009（05）：45–48．
【18】细说零售业 BI．BI&DWHome，2007–08–15，http://bidwhome.itpub.net/post/20871/327276
【19】安文莹．零售业在商业智能与商业分析中的抉择 [J]．信息与电脑，2009（12）：43–45．
【20】杨旭．从非接触式支付到移动支付 [J]．中国信用卡，2009（22）：69–72．
【21】吴勇毅．移动支付带来零售业售卖模式变革 [J]．信息与电脑，2011（01）：65–67．
【22】《信息与电脑》编辑部．2010 年国外零售业信息技术进展回顾 [J]．信息与电脑，2011（01）：26–28．

第十一章　大宗商品交易市场发展动态

大宗商品指可进入流通领域，但非零售环节，具有商品属性，用于工农业生产与消费使用的大批量买卖的物质商品。而在金融投资市场，大宗商品可设计为期货、期权作为金融工具来交易，可更好地实现价格发现和风险规避的功能。由于大宗商品多为工业基础，处于最上游，因此反映其供需状况的价格变动将直接影响到整个经济体系。

一、世界大宗商品交易市场发展态势

（一）2010 年全球大宗商品市场回暖，量价齐升

经历了 2009 年的相对停滞之后，世界经济缓慢复苏，实体经济需求回升，2010 年全球大宗商品交易迅速回暖，呈现出量价齐升的态势。据美国期货协会（FIA）的 2010 年年度调查显示，全球衍生品合约交易量创下历史新高，达到 223 亿手，较 2009 年的 177 亿手，大幅上涨了 25.6%。相较 2006 年的 119 亿手，交易量 4 年间增长了近 1 倍（见图 11.1）；而国际货币基金（IMF）的全球大宗商品价格指数[1] 则显示，2010 年的大宗商品综合价格指数为 152.2，食品、金属、能源的分类价格指数分别达到 149.4、202.3 和 147.1，较 2009 年的价格指数都有大幅反弹，基本回到甚至超过 2008 年水平（见图 11.2）

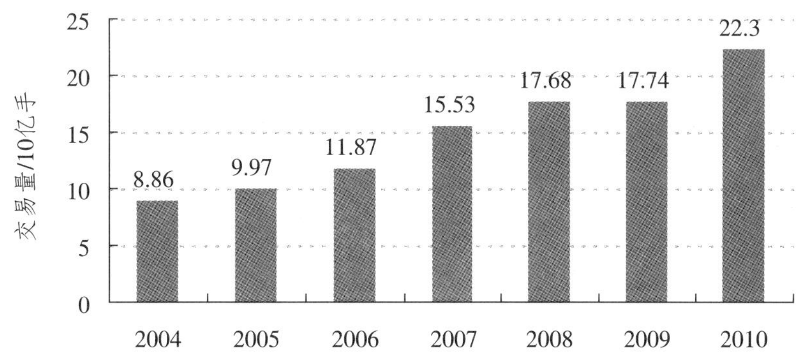

图 11.1　2004–2010 年全球期货和期权业交易量走势

资料来源：美国期货协会（FIA）；上海科学技术情报研究所（ISTIS）整理、编制

[1] 该指数设 2005 年时的价格为基准，值为 100。

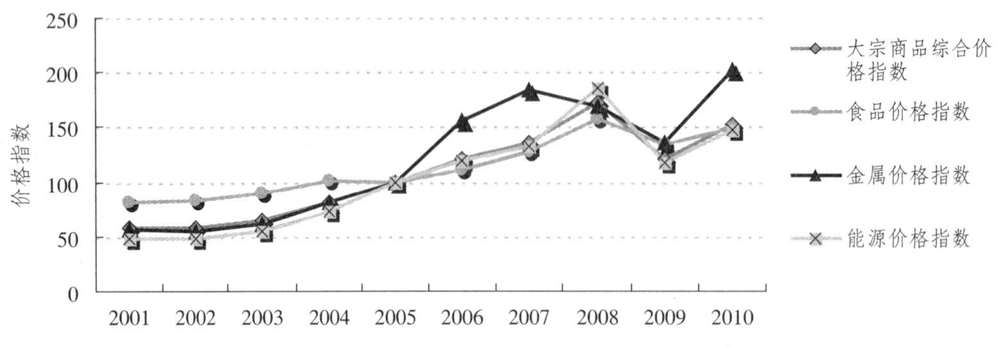

图 11.2　2001-2010 年全球大宗商品价格指数

资料来源：国际货币基金（IMF）；上海科学技术情报研究所（ISTIS）整理、编制

国际大宗商品市场在经历了长达 7 年的一轮上涨行情后，遭遇金融危机而回落，随后又迎来新一轮强势行情。从供给方面来看，大宗商品的资源稀缺性决定其价格水平的长期上涨趋势。但由于当下欧洲主权债务危机的爆发和加剧，以及美国经济复苏前景趋于暗淡，大宗商品市场基本处于震荡中前行状态。从对商品市场的研究发现，主导价格走势的已不再仅仅是传统的基本面因素，而更多的是主要经济体的政策取向，以及市场对经济前景的研判。

（二）大宗商品期货品种不断创新，农产品和工业金属交易量增长迅猛

大宗商品期货品种演变是期货市场发展的重要组成部分，目前期货品种由初级产品向高级产品过渡，即由农产品期货到工业原料和能源期货，再到工业半成品和工业品期货。从国际期货市场的最新发展来看，期货品种创新趋势又有更新的含义，即传统上不适合做期货品种的产品在经过一定的技术处理后被开发为新的期货品种，如一系列的指数期货。当前，在期货市场上市的另一些高级产品是非传统商品，如电力指数、碳排放指数、天气指数等，开始逐渐被投资者认识，交易趋于活跃。由于这些商品对实际生产部门的投入或产出具有潜在影响，从而具备了价格，且其价格变动同实际投入或产出的变动具有相关性。

从近年来期货市场的期货和期权两大类品种的发展来看，期货交易量增幅明显高于期权；从商品期货和金融期货两大类品种的发展来看，受股指期货和利率期货的拖累，金融期货的发展明显滞后于商品期货；再从商品期货 4 大类品种的发展来看，近年均取得了快速发展，其中农产品所占的市场份额依旧最大。此外，商品指数等品种开始引起市场关注。据美国期货协会（FIA）报告显示，2010 年全球农产品、能源产品、

工业金属和贵金属4类的合约交易量依次为13.1亿张、7.2亿张、6.4亿张和1.8亿张，占比分别为46.0%、25.3%、22.5%和6.3%。相较2009年，农产品和工业金属的交易量增长较为迅猛，两者增长率分别达到40.7%和39.1%，同期贵金属和能源产品的增长也达到了15.5%和10.1%。

（三）亚太地区与拉丁美洲迅速崛起，欧美主要交易中心仍持有定价权

新兴市场和发展中国家都保持对商品的持续旺盛需求。据美国期货行业协会报告显示，2010年亚太地区的期货衍生品交易量首次超越北美地区，成为全球最大的期货市场，年交易量达到88.7亿手，较2009年增长了42.8%。其中，中国、印度两国的期货市场增长尤为迅猛，郑州商品交易所的白糖期货、上海期货交易所的螺纹钢期货分别成为全球农产品和工业金属交易量最大的期货品种，印度大宗商品交易所的原油、天然气、铜、黄金、白银等品种的交易量也排名靠前；而拉丁美洲2010年的增长幅度为全球各地区中最高，达到了49.6%，但由于基数较小，年交易量仍仅为15.3亿手，其中巴西、墨西哥等国表现较为突出。北美地区和欧洲两大成熟市场，增速相对缓慢，2010年增幅分别为12.8%和15.1%，总量分别为71.7亿手和44.2亿手（见表11.1）。

表11.1　全球期货衍生品交易合约数量的区域分布情况

区域	2009年/张	2010年/张	变化/%
亚太地区	6206898074	8865036759	42.8
北美洲	6353460256	7169690209	12.8
欧洲	3838022268	4418537986	15.1
拉丁美洲	1020820724	1526946057	49.6
其他	325404696	315036438	–3.2
合计	17744604018	22295247449	25.6

数据说明：以上数据是基于全球78家交易所的交易合约数量。其他地区包括迪拜、以色列、南非和土耳其
资料来源：美国期货行业协会（FIA）；上海科学技术情报研究所（ISTIS）整理、编制

另一方面，虽然近年新兴市场进步迅速，甚至某些品种交易量超过欧美市场，但大宗商品主要的国际定价权仍由世界老牌商品期货交易所主导。譬如在原油交易中，纽约商业交易所（NYMEX）的西得克萨斯中质原油价格和欧洲洲际期货交易所（ICE）布伦特原油价格是定价基准；在燃料油交易中，新加坡普氏公开市场价格（PLATT）是定价基准；在有色金属交易中，英国伦敦金属交易所（LME）是定

价基准；在农产品贸易中，芝加哥期货交易所（CBOT）的农产品价格是定价基准。这些市场之所以可以成为定价中心，不仅得益于领先的商品产销量或贸易量，更是以国际化、市场的规范运营和良好的信誉为基础，且商品价格的连续性、市场流动性都占有优势。近年来，随着新兴市场的贡献度和成熟度的不断加大，市场中一些品种也逐渐拥有价格发现能力，诸如上海期货交易所的铜品种，其价格已具备一定国际影响力，并与伦敦金属交易所的相应品种产生价格互动，两者价格交替成为国际铜价的主要信息来源。

（四）国际大宗商品金融属性凸显，机构投资者参与程度日益加深

自现代意义的期货诞生以来，相应的商品市场便成为金融市场的一部分，石油、铜等大宗商品期货便有了金融产品的属性。在市场体系中，期货市场的价格发现、风险转移和提高市场流动性的三大功能更加明显。近 20 年来，在金融创新和金融全球化发展的大背景下，以及商品市场丰厚回报的吸引下，很多国际著名投资银行和商业银行都开设专门的商品部门投资于商品市场，或者为客户的商品投资进行管理。大宗商品作为新兴的投资资产类别，其价格与市场整体的资金供给有着一定的关系，大宗商品的金融属性日益凸显。大宗商品的金融化，一方面为商品市场的参与者提供价格发现和保值避险的工具，另一方面又由于投资者出于逐利目的在短期内的进出而放大价格波动幅度。

特别是在金融危机之后，受商品投资相对稳定的回报率吸引，国际金融机构纷纷从传统的股票和债市分流资金，以提高商品市场的配置比例。同时，原先禁止或抑制商品投资的国家也不断放宽监管尺度，从而将国际大宗商品价格推至高位。进入国际商品期货市场的以基金为主的各类机构投资力量规模越来越大，参与程度日益加深，其影响力甚至已超过生产商和消费者。目前进入商品市场的基金的种类主要包括商品交易顾问（CTA）基金、对冲基金及指数基金等。以商品交易顾问基金为主的期货投资基金是主要的市场参与者，占到交易额的 60% 以上；而对冲基金主要投资石油等能源类品种。据巴克莱资本的报告显示，2010 年全球管理下的商品资产规模达到了 3800 亿美元，该数值在 3 年内翻了一番。年流入资本达到 600 亿美元，仅低于历史最高纪录 2009 年的 720 亿美元（见图 11.3）。随着贵金属价格的强势增长，上市交易产品（ETPs）的投资资金从 2008 年的 1130 亿美元，上涨至 2009 年的 2150 亿美元，2010 年底更是达到了 3100 亿美元的高位。

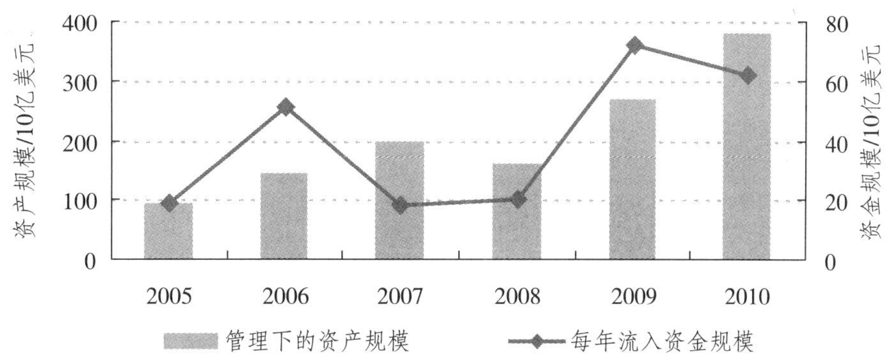

图 11.3 2005–2010 年全球管理下的商品资产规模走势

资料来源：巴克莱资本（Barclay Capital）；上海科学技术情报研究所（ISTIS）分析整理

（五）行业国际化程度不断提高，24 小时电子交易成为趋势

随着全球经济趋于一体化，金融、贸易市场竞争日益激烈，大宗商品期货市场作为衍生市场，其价格发现和风险管理功能也日趋重要，行业的国际化程度不断提高，主要体现在：一方面期货市场在监管体制、配套立法、组织结构、运行机制、交易功能、合约行为、信息交换等方面都有相应的国际公认标准；另一方面，各经济体逐步开放本地区交易市场，吸收境外投资者，同时允许境内期货公司开展国际业务。目前，世界上主要的期货市场已经成为一个国际化的、开放的共同交易场所，资本在国际间可以自由流动。例如，美国期货市场的会员来自世界各地，期货交易所注册会员中，外国会员占 25% 以上。英国期货市场中会员的国际化程度更高，以伦敦金属交易所（LME）为例，国外会员占 70% 以上。此外，全球其他重要的期货市场，特别是金融期货交易所的国际化程度也很高。例如，香港期货交易所中海外投资者的交易量占 25% 左右，新加坡国际金融期货交易所的会员则绝大多数来自国外。

在国际化的大背景下，24 小时电子交易便成为全球期货市场发展的趋势。最早实现 24 小时不间断交易的是黄金市场，位于五大洲的国际黄金交易市场伦敦、纽约、苏黎世、芝加哥和香港，联合法兰克福、巴黎、布鲁塞尔、东京、澳门、曼谷和新加坡等十几个城市，实现黄金在各时区连续 24 小时不间断的交易。目前，不少发达国家的交易所内部即拥有 24 小时交易平台，如纽约商业期货交易所（NYMEX）、芝加哥商品交易集团（CME）和伦敦金属交易所（LME）等。以全球技术最先进、交易时间最长、交易最活跃的芝加哥商品交易集团（CME）的 Globex 交易平台为例，该交易平台是全天候的，在许多节假日也照常运行，且不受地域限制，通过与 6 个主要金融中心的通信枢纽连接，提高交易速度和便捷性，用户遍布全球 80 多个国家。在过去几年中，芝加哥商品交易集团（CME）充分利用了 Globex 交易平台的优势，发起了一系列针对亚洲投资者的项目，包括亚洲及新兴市场的激励计划。除了在新加坡设立通信中心和设立办事处，还专为亚洲市场设计了许多新的品种。Globex 平台上黄金交易改变了全球黄金市场传统的以“空间换时间”的不间断交易模式，取而代之的是以“时间换空间”的全天不间断 24 小时交易，实现了价格的连续性以及价格对全球市场的即时反应。

二、世界大宗商品主要交易品种发展情况

随着金融创新的发展，越来越多的产品进入到大宗商品交易领域，但绝大多数交易商品都可以大致归类于农产品、金属（包括工业用金属和贵金属）和能源三大类。下文择要介绍。

（一）农产品

目前国际上交易的农产品期货有 21 大类，192 个品种，除小麦、玉米、大豆等谷物期货外，还出现了棉花、咖啡、可可等经济作物，随后生猪、活牛等畜禽产品也陆续上市。其中相当一部分交易非常活跃，在世界农产品的生产、流通、消费中，成为相关产业链的核心。

据美国期货行业协会（FIA）发布的统计显示，2010 年全球农产品期货交易主要集中在 3 个国家和 7 家交易所,其中中国和美国各占排名前 20 名的合约中的 11 席和 8 席，另一席由印度夺得。芝加哥期货交易所（CBOT）作为全球农产品的定价中心有 7 种合约入围，分别是玉米、大豆、小麦、豆油、豆粕期货，以及玉米期权和大豆期权。大连商品交易所和郑州商品交易所也较为活跃，分别有 6 种和 3 种合约入围。此外，上海期货交易所、美国洲际交易所、芝加哥商业交易所和印度商业与衍生品交易所也各有 1 种合约入围。

从交易量上看，郑州商品交易所白糖期货 2010 年成交 3.1 亿张合约，拔得全球农产品期货交易量头筹，较 2009 年增长了 109.0%。上海期货交易所橡胶期货成交 1.7 亿张合约，排名第二，同比增幅 88.0%。2009 年 4 月开始交易的郑州商品交易所早籼稻期货涨势最为凶猛，2010 年成交 2865 万张合约，较上年增长 1277.1%，而大连商品交易所棉花 1 号期货也取得了 918.8% 的年增长。相对而言，芝加哥期货交易所的品种较为成熟，成交量的增长幅度比较平稳。前 20 名合约中，有 15 种合约的交易量呈现正增长（见表 11.2）。

表 11.2　2010 年全球农产品期货期权交易量排名前 20 名的合约

排名	合约名称	合约规模	2009 年成交量 / 张	2010 年成交量 / 张	变化率 /%
1	郑州商品交易所白糖期货	10 吨	146063344	305303131	109.0
2	上海期货交易所橡胶期货	5 吨	89035959	167414912	88.0
3	大连商品交易所豆粕期货	10 吨	155404029	125581888	− 19.2
4	大连商品交易所豆油期货	10 吨	94836881	91406238	− 3.6
5	大连商品交易所棉花 1 号期货	5 吨	8534686	86955310	918.8
6	芝加哥期货交易所玉米期货	5000 蒲式耳	50948804	69841420	37.1
7	大连商品交易所棕榈油期货	10 吨	44426498	41799813	− 5.9
8	大连商品交易所大豆 1 号期货	10 吨	42507076	37393600	− 13.0
9	芝加哥期货交易所大豆期货	5000 蒲式耳	35758855	36933960	3.3
10	大连商品交易所玉米期货	10 吨	16744088	35999573	115.0
11	美国洲际期货交易所糖 11 号期货	50 长吨	27300259	29052539	6.4
12	郑州商品交易所早籼稻期货（*2009 年 4 月开始交易）	10 吨	1950083	26854086	1277.1
13	芝加哥期货交易所小麦期货	5000 蒲式耳	17677547	23090255	30.6
14	芝加哥期货交易所玉米期货期权	5000 蒲式耳	14435687	20810260	44.2
15	芝加哥期货交易所豆油期货	60000 磅	17132082	20791164	21.4
16	芝加哥期货交易所豆粕期货	100 短吨	12880767	14052845	9.1
17	芝加哥商业交易所活牛期货	40000 磅	8797033	11332739	28.8
18	印度商品和衍生品交易所瓜儿豆种子期货	10 吨	9029772	10937797	21.1
19	芝加哥期货交易所大豆期货期权	5000 蒲式耳	9555840	10046345	5.1
20	郑州商品交易所菜籽油期货	5 吨	10956863	9527915	− 13.0

资料来源：美国期货行业协会（FIA）；上海科学技术情报研究所（ISTIS）分析整理

1．玉米

玉米是全球三大农产品之一，年产量 7 亿吨左右，国际间贸易量达 8000 万吨。玉米期货是全球最早的期货交易品种，也是最重要、最成熟的交易品种之一，同时也是美国政府制定玉米产业政策和世界各大贸易商确定买卖价格的重要依据。1865 年，芝加哥期货交易所（CBOT）首次上市了玉米标准化期货合约，之后全球玉米主产国和主要消费国的期货交易所也相继上市交易玉米期货。据统计，目前共有 10 个国家的 16 家交易所上市玉米期货、期权与期指。而美国仍是全球最大的玉米生产、贸易和消费国。

从近 10 年的玉米期货价格走势来看，2001 年 1 月芝加哥期货交易所玉米期货的开盘价为 238.7 美分 / 蒲式耳，2011 年 1 月这一价格上涨至 616.2 美分 / 蒲式耳，10 年间价格增长了 1.6 倍，年复合增长率达到 9.9%。2008 年 6 月，美国玉米期货合约曾达到过 791 美分 / 蒲式耳的价格历史高位。

2．大豆

大豆是世界上最主要的植物油和蛋白饼粕提供者。目前，美国是世界上最大的大豆生产国和出口国。芝加哥期货交易所（CBOT）大豆期货价格已成为全球大豆贸易的一个指标价格。

从近 10 年的大豆期货价格走势来看，2001 年 1 月芝加哥期货交易所大豆期货的开盘价为 513.6 美分 / 蒲式耳，2011 年 1 月这一价格上涨至 1378.8 美分 / 蒲式耳，10 年间价格增长了 1.7 倍，年复合增长率达到 10.4%。2008 年 7 月，美国大豆期货曾达到过 1461 美分 / 蒲式耳的价格历史高位。

（二）能源

能源期货主要包括原油及其附属产品燃油、汽油等，以及其他能源品种，如丙烷、天然气等。近年来新兴的品种，包括电力、气温、二氧化碳排放配额等。目前，国际主要的能源期货交易所有纽约商品交易所（NYMEX）、欧洲洲际期货交易所（ICE）、新加坡交易所（SGX）、日本东京工业品交易所（TOCOM）等，其中前两者发展最成熟、全球认同度最高，后两者相对是区域性的投资、避险市场。

据美国期货行业协会（FIA）发布的统计显示，2010 年全球能源期货交易主要集中在美国与欧洲，领先的交易所为纽约商业交易所（NYMEX）和欧洲洲际期货交易所（ICE），两家分别在 2010 年能源期货交易量排名前 20 名的合约中占到 10 席和 4 席。新兴市场中，印度大宗商品交易所的原油期货、天然气期货，上海期货交易所燃料油期货，以及俄罗斯证券交易布伦特油期货也进入前 20 名。另外，有 5 个期权品种入围，包括纽约商业交易所（NYMEX）西得克萨斯中质原油期货期权、欧式天然气期货期权、西得克萨斯中质原油期货平均价期权，以及美国天然气基金上市交易基金（ETF）期权和美国油基金上市交易基金（ETF）期权。另外值得关注的是，有两个新兴期货品种也进入前 20 名，分别是纽约商业交易所宾夕法尼亚—新泽西 - 马里兰（PJM）西部枢纽非高峰期日前期货和欧洲洲际期货交易所欧盟碳排放配额期货。

从交易量上看，纽约商业交易所（NYMEX）西德克萨斯中质原油期货和欧洲洲际期货交易所（ICE）布伦特原油期货分列全球能源期货交易前 2 位，2010 年分别成交合约 1.6 亿张和 1.0 亿张，较 2009 年上涨 22.7% 和 34.9%。前 20 名品种中，有 13 个成交量上涨，其余 7 个下跌。涨幅最大的是俄罗斯证券交易所布伦特油期货，年增长达到 48.9%，跌幅最大的是上海期货交易所燃料油期货，年跌幅达到 76.7%（见表 11.3）。

表 11.3　2010 年全球能源期货期权交易量排名前 20 名的合约

排名	合约名称	合约规模	2009 年成交量 / 张	2010 年成交量 / 张	变化率 /%
1	纽约商业交易所西得克萨斯中质原油期货	1000 桶	137428494	168652141	22.7
2	欧洲洲际期货交易所布伦特原油期货	1000 桶	74137750	100022169	34.9
3	纽约商业交易所亨利港天然气期货	百亿英制热量单位	47951353	64323068	34.1
4	欧洲洲际期货交易所西得克萨斯中质原油期货	1000 桶	46393671	52586415	13.3
5	欧洲洲际期货交易所柴油期货	100 吨	36038870	52296582	45.1
6	印度大宗商品交易所原油期货	100 桶	41092821	41537053	1.1
7	纽约商业交易所西得克萨斯中质原油期货期权	1000 桶	28551730	32785267	14.8
8	纽约商业交易所纽约港无铅汽油期货	1000 桶	21159516	27898698	31.8
9	纽约商业交易所 2 号燃料油期货	1000 桶	21426014	26970106	25.9
10	纽约商业交易所欧式天然气期货期权	百亿英制热量单位	25309214	23957725	− 5.3
11	纽约商业交易所亨利港天然气掉期期货	25 亿英制热量单位	25670240	20417178	− 20.5
12	美国天然气基金交易所交易基金期权	100 股	21341282	19189569	− 10.1
13	美国油基金交易所交易基金期权	100 股	15932407	15191991	− 4.6
14	印度大宗商品交易所天然气期货	12.5 亿英制热量单位	11124491	11176937	0.5
15	俄罗斯证券交易所布伦特油期货	10 桶	741665	11127254	48.9
16	上海期货交易所燃料油期货	10 吨	45753969	10682204	− 76.7
17	纽约商业交易所亨利港天然气倒数第二掉期期货	25 亿英制热量单位	11038692	8995324	− 18.5
18	纽约商业交易所 PJM 西部枢纽非高峰期日前期货	5 兆瓦小时	6810613	4913517	− 27.9

（续表）

排名	合约名称	合约规模	2009 年成交量 / 张	2010 年成交量 / 张	变化率 /%
19	纽约商业交易所西得克萨斯中质原油期货平均价期权	1000 桶	3203460	4621556	44.3
20	欧洲洲际期货交易所欧盟碳排放配额期货	1000 欧盟排放配额	3775621	4263655	12.9

资料来源：美国期货行业协会（FIA）；上海科学技术情报研究所（ISTIS）分析整理

1．石油

石油期货产生于 1978 年，随着石油价格的跌宕起伏，其发展迅速，交易量超过金属期货，成为全球期货市场最大的商品期货交易品种。其价格发现和风险规避的功能被广泛认可，在国际贸易中发挥越来越大的作用。随着中国等主要石油消费国国内石油市场的开放，未来越来越多的国家将建立石油期货和期权交易，石油衍生品种类也会更加丰富。

目前，全球主要石油期货市场有纽约商品交易所、欧洲洲际期货交易所以及东京工业品交易所等。纽约商品交易所能源期货期权交易量占到三大能源交易所总量的 60%，其上市交易的西德克萨斯中质原油（WTI）是全球交易量最大的商品期货，2010 年超过 1.6 亿手，也是全球石油市场最重要的定价基准之一。此外，伦敦欧洲洲际期货交易所交易的北海布伦特原油也是全球最重要的定价基准之一，全球原油贸易中的 50% 左右都参照布伦特原油定价。

从近 10 年的原油期货价格走势来看，2001 年 1 月纽约商品交易所西得克萨斯中质原油期货的开盘价为 22.75 美元 / 桶，2011 年 1 月这一价格上涨至 92.73 美元 / 桶，0 年间价格增长了 3.1 倍，年复合增长率达到 15.1%。2008 年 7 月原油价格曾涨至 147.9 美元 / 桶的价格历史高位，后骤降至 40.1 美元 / 桶，2009 年 3 月原油市场开始逐步复苏，2011 年 4 月又曾涨到过 115.1 美元 / 桶的近期高位。

2．煤炭

全球煤炭资源约有 1083 万亿吨，但各地资源分布不均衡，主要集中在北半球，可采储量 25% 集中在美国，8% 在欧洲。美国向来是世界主要煤炭出口国，进口最多的则是日本，其次是法国、加拿大和意大利等国。

20 世纪 90 年代中期，国际上开始出现煤炭场外交易市场（OTC），随后美国、欧洲等国开始从价格发现和套期保值角度出发，进行煤炭期货交易的探索。作为世界上最大的煤炭资源国和消费国之一，美国于 2001 年 7 月在纽约商业交易所（NYMEX）上市了中部阿巴拉契亚（Central Appalachian）煤炭期货。2006 年 7 月，欧洲洲际交易所（ICE）

引入了针对欧洲市场的两种煤炭期货合约，里查兹港（Richards Bay）煤炭期货合约和鹿特丹（Rotterdam）煤炭期货合约。

（三）金属

目前，国际期货市场上市交易的金属主要有 10 种，包括铜、铝、铅、锌、锡、镍、钯、铂、金、银等。其中，贵金属期货有金、银、铂、钯等，主要交易场所在纽约商品交易所（COMEX）等；工业金属包括铜、铝、铅、锌、镍等，主要交易场所在伦敦金属交易所（LME）等。

据美国期货行业协会（FIA）发布的统计显示，2010 年全球金属期货期权交易主要集中在 5 家交易所和 2 个上市交易基金（ETF）。目前，伦敦金属交易所（LME）、纽约商品交易所（COMEX）和上海期货交易所是全球主要的金属期货定价中心，前两家交易所各有 3 个品种入围 2010 年交易量前 20 名，上海期货交易交所有 4 个品种入围。但从绝对数量上看，印度大宗商品交易所（MCX）有 7 个品种入围前 20 名，排名第一。从品种上看，螺纹钢、锌、铜、铝、镍等是最活跃的工业金属，而黄金、白银是投资最多的两种贵金属。

从成交量上看，上海期货交易所螺纹钢期货 2010 年成交合约 2.2 亿张，排名 2010 年全球金属期货成交量第一。同时，上海期货交易所的锌期货以 1.5 亿张合约排名成交量第二，而该品种合约交易量年增长率达到 345.5%，增幅排名第一（见表 11.4）。

表 11.4　2010 年全球金属期货期权交易量排名前 20 名的合约

排名	合约名称	合约规模	2009 年成交量 / 张	2010 年成交量 / 张	变化率 /%
1	上海期货交易所螺纹钢期货	10 吨	161574521	225612417	39.6
2	上海期货交易所锌期货	5 吨	32253386	146589373	354.5
3	SPDR 黄金上市交易基金期权		34346029	54737222	59.4
4	上海期货交易所铜期货	5 吨	81217436	50788568	– 37.5
5	伦敦金属交易所优质初级铝期货	25 吨	46988069	46537180	– 1.0
6	纽约商品交易所黄金期货	100 盎司	35139541	44730345	27.3
7	印度大宗商品交易所铜期货	1 吨	29602264	31341022	5.9
8	伦敦金属交易所铜期货	25 吨	24922949	29949765	20.2
9	印度大宗商品交易所白银 M 期货	5 千克	16954687	21325577	25.8
10	白银信托上市交易期权		7157042	21187121	196

（续表）

排名	合约名称	合约规模	2009 年成交量 / 张	2010 年成交量 / 张	变化率 /%
11	伦敦金属交易所特殊优质锌期货	25 吨	15901774	18065641	13.6
12	印度大宗商品交易所镍期货	250 千克	9792850	17929207	83.1
13	上海期货交易所铝期货	5 吨	20530548	17261995	– 15.9
14	印度大宗商品交易所白银期货	30 千克	11555501	16440533	42.3
15	印度大宗商品交易所黄金 M 期货	100 斤	14756451	15307163	3.7
16	纽约商品交易所白银期货	5000 盎司	7990528	12826666	60.5
17	东京工业品交易所黄金期货	1 千克	11913502	12198340	2.4
18	印度大宗商品交易所黄金期货	1 千克	12144967	12052225	– 0.8
19	纽约商品交易所铜期货	25000 磅	6398967	10305670	61.1
20	印度大宗商品交易所锌期货	5 吨	4033350	8091763	100.6

资料来源：美国期货行业协会（FIA）；上海科学技术情报研究所（ISTIS）分析整理

1．铜

铜作为一个期货交易品种已有百年历史。目前全球主要的铜期货市场有英国伦敦金属交易所（LME）、纽约商品交易所（COMEX）和上海期货交易所（SHEF）。铜是英国伦敦金属交易所最早交易的期货品种，1977 年以前期铜成交量一直稳居第一位，尽管其后被铝赶超，但目前铜仍旧占该交易所成交总量的 30% 以上。英国伦敦金属交易所已形成权威的国际定价机制，铜期货合约、期权合约为现货交易商和风险管理者提供了选择组合。铜期货也是上海期货交易所（SHFE）成立以来最主要的交易品种。

从近 10 年的铜期货价格走势来看，2001 年 1 月伦敦金属交易所（LME）铜期货的开盘价为 1752 美元 / 吨，2011 年 1 月这一价格上涨至 9685 美元 / 吨，10 年间价格增长了 4.5 倍，年复合增长率达到 18.6%，增长速度在所有期货品种中名列前茅。2011 年 2 月，伦敦金属交易所铜期货价格达到 10190 美元 / 吨的历史高位。

2．铁矿石

全球铁矿石资源量超过 8000 亿吨，主要分布在澳大利亚、巴西、俄罗斯、加拿大、中国、乌克兰等国。铁矿石供应一直垄断在少数几家跨国巨头手中，价格也节节攀高，严重影响钢铁生产厂商。随着铁矿石期货市场的逐渐兴起，该领域的格局将发生变化，竞争也愈加激烈。

2008 年 6 月，普氏铁矿石价格指数（Platts iron ore index）成为市场上第一个独立透明的即时铁矿石价格指数，满足了矿商以及钢铁企业对第三方价格的要求。2011 年

1月，印度商品交易所（ICEX）和大宗商品交易所（MCX）推出全球首支铁矿石期货，该合约是以卢比计价，且仅限国内贸易商进行交易。在此之后，8月新加坡商品交易所引入铁矿石互换合约（Iron Ore Swap），以美元计价，向全球投资者开放，结束了铁矿石作为全球大宗交易商品却没有金融衍生物的历史。截至目前，包括欧洲洲际交易所（ICE）在内的4家全球性商品交易所已经推出了铁矿石的期货交易合约。

3. 黄金

2010年底，地球上的黄金储量据估算约有16.9万吨（54亿盎司），其中四分之三已在过去100年中进行了开采。据英国咨询公司TheCityUK统计，2010年全球黄金市场总规模为7.6万亿美元，交易资金量达到25.1万亿美元，其中三分之二的交易量发生在场外，剩余部分是在交易所交易（见图11.4）。场外交易市场主要是由机构投资者和黄金市场专业人士主导，每天24小时交易，不设正式的机构，通过电话或电子交易系统进行操作，主要的交易中心有伦敦、纽约、苏黎世、东京、悉尼、香港等。而场内交易中，纽约商品交易所（Comex）、东京商品交易所（Tocom）和印度大宗商品交易所（MCX）是目前最主要的黄金交易所。SPDR黄金信托（GLD）是全球最大的黄金上市交易基金（ETF），2010年该期权交易量达到5474万张，是最活跃的黄金合约。

从近10年的黄金期货价格走势来看，2001年1月伦敦黄金期货的开盘价为272.45美元/盎司，2011年1月开盘这一价格上涨至1421.38美元/盎司，10年间黄金价格增长了4.2倍，年复合增长率达到18.0%。2011年黄金价格又继续高歌猛进，并在9月份达到1920美元/盎司的历史新高，随后大幅回调，处于强烈震荡中。

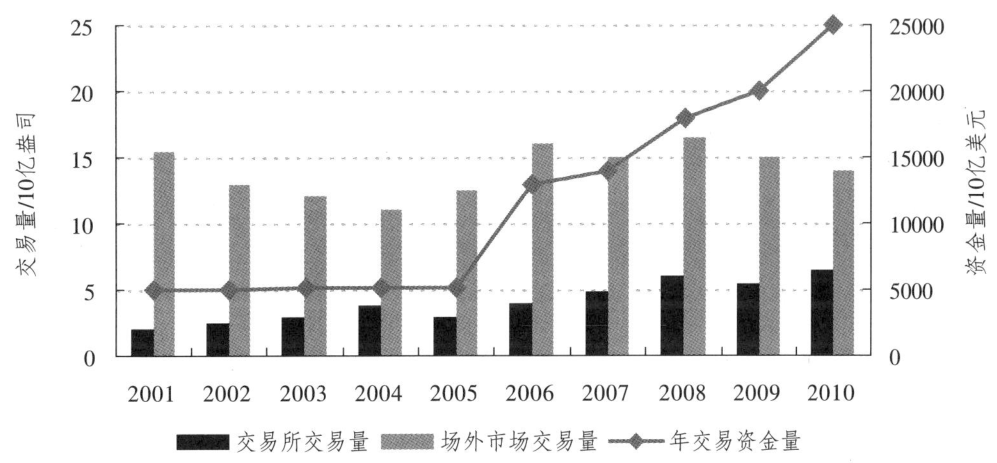

图 11.4　2001–2010 年全球黄金市场规模变化

资料来源：TheCityUK. Commodities Trading[R]，2011–03.

4．白银

全球银储量约有27万吨，主要分布在波兰、中国、美国、墨西哥、秘鲁等国。从交易市场规模上看，据英国咨询公司CityUK统计，2010年全球白银市场总规模达到220亿美元，年交易资金量达到3.2万亿美元（见图11.5）。iShares Silver Trust（SLV）是全球最大的白银上市交易基金（ETF），2010年该期权交易量达到2119万张。

从近10年的白银期货价格走势来看，2001年1月伦敦白银期货的开盘价为4.59美元/盎司，2011年1月这一价格上涨至30.90美元/盎司，10年间价格增长了5.7倍，年复合增长率达到21.0%，增长速度在所有期货品种中名列前茅。2011年4月，伦敦白银期货曾达到了49.81美元/盎司的价格历史新高。

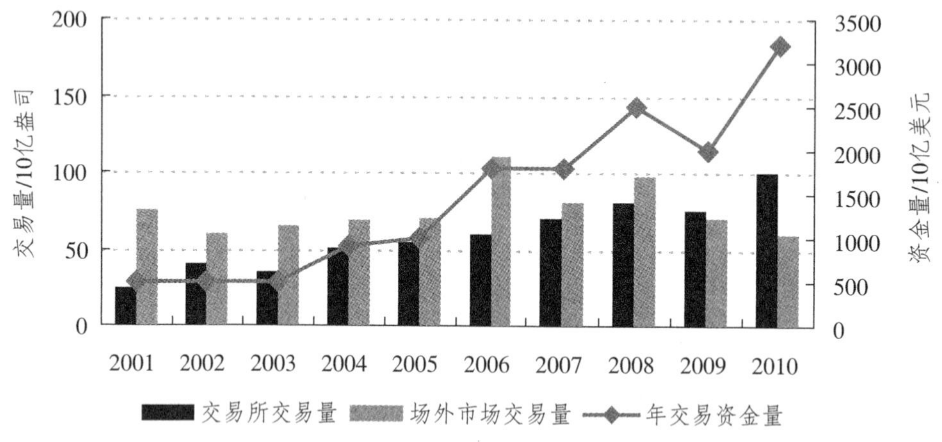

图11.5　2001-2010年全球白银市场规模变化

资料来源：TheCityUK. Commodities Trading[R]，2011-03.

三、世界大宗商品的主要交易中心

纽约、芝加哥、伦敦是全球最重要的三个大宗商品交易中心，交投活跃，且对黄金、石油、农产品、有色金属等重要商品的定价具有指导作用，而新加坡则是典型的区域性大宗商品交易中心，橡胶、燃料油等品种也对国际市场较具影响力。以下从大宗商品交易市场发展演变、现状规模、主要交易所和交易品种、市场特色、政策监管等方面进行介绍。

（一）美国

美国是现代期货的发源地，也是目前最为成熟的市场。美国期货市场在商品交易法（Commodity Exchange Act）的框架下运作，其他法律，如证券法、银行法部分条款也间接地对期货市场产生约束力。美国期货市场的主要监管机构包括商品期货交易委员会（CFTC）、期货业协会（NFA）、证券和交易所委员会（SEC）、美联储及货币监管局（OCC）等。为了防止金融危机重演，2009 年以来，美国探索实行大规模的金融改革。2010 年 7 月 21 日，美国国会通过了《多德—弗兰克华尔街改革和消费者保护法》，对金融体系运行规则和监管架构进行了全面改革和修订。其中有关期货业改革，是要求将场外（OTC）交易的衍生产品转移到交易所内交易和清算。该法案规定，美国商品期货交易委员会（CFTC）建立同时适用于场外市场和交易所市场的交易持仓限额制度。新金融法案旨在通过给予美国商品期货交易委员会（CFTC）更大权力，来监管不负责任和过度冒险行为，以对场外衍生市场实施更加严格的监管。该法案强制要求适用的衍生品必须进行中央结算及交易所交易和清算。

据美国商品期货交易委员会（CFTC）的统计数据显示，2010 年美国期货市场名义价值达到了 2111 亿美元，其中活跃的品种有西德克萨斯中质（WTI）原油、玉米、天然气、小麦（芝加哥期货交易所）和糖等，年期货等同合约量分别达到 45.1 万手、44.6 万手、32.9 万手、21.9 万手和 20.4 万手（见表 11.5）。美国期货市场主要以芝加哥和纽约为主。

表 11.5　2010 年美国期货市场规模及主要分类品种统计

主要品种	名义价值 /10 亿美元			期货等同合约 / 千手		
	多方	空方	净多（空）	多方	空方	净多（空）
可可	1.4	0.6	0.9	48	19	29
咖啡	6.8	1.8	5.0	76	20	56
铜	10.1	2.1	8.0	92	19	72
玉米	19.6	5.8	13.8	631	185	446
棉花	7.7	2.5	5.2	110	35	75
肥牛	0.8	0.3	0.6	14	5	9
黄金	19.3	4.4	14.9	135	31	105
热燃油	9.5	1.7	7.8	89	16	73
瘦肉猪	4.3	1.1	3.1	130	36	95
活牛	8.2	2.2	6.0	189	50	138
天然气	17.5	2.8	14.6	393	64	329
无铅汽油	9.6	1.4	8.2	94	14	81
白银	7.3	1.2	6.1	47	8	40
豆油	4.9	1.3	3.6	140	37	103
黄豆	18.7	5.2	13.5	269	74	195

（续表）

主要品种	名义价值 /10 亿美元			期货等同合约 / 千手		
	多方	空方	净多（空）	多方	空方	净多（空）
糖	10.5	3.6	6.8	307	103	204
小麦（芝加哥期货交易所）	14.6	5.7	8.9	362	142	219
小麦（堪萨斯期货交易所）	1.9	0.6	1.3	44	14	30
西德克萨斯中质原油	57.4	15.7	41.7	622	171	451
合计	283.7	72.5	211.1			

资料来源：美国商品期货交易委员会（CFTC）；上海科学技术情报研究所（ISTIS）分析整理

1．纽约

上世纪 70 年代的两次石油危机，打破了当时原油市场上脆弱的供求平衡关系，石油等能源产品价格波动剧烈，导致了石油期货等能源期货的产生。1974 年，纽约商业交易所（NYMEX）尝试推出了交割地为鹿特丹的燃油期货，1978 年又推出了以纽约港为基准的 2 号取暖油期货，至此纽约商业交易所已成为世界上最具影响力的能源产品交易所。几乎在同一时期，布雷顿森林体系崩溃，美元与黄金脱钩、金价波动加剧，纽约商品交易所（COMEX）于 1974 年适时推出黄金期货合约。可以说，20 世纪 70 年代以纽约为中心的石油和黄金期货的建立是商品期货真正大发展的标志。

目前，纽约仍是石油与黄金的全球定价中心。纽约商业交易所于 1994 年合并了纽约金属交易所（COMEX），成为当时全球最具规模的商品交易所。纽约商业交易所地处纽约曼哈顿金融中心，与纽约证券交易所相邻。该交易所在纽约的商业、城市和文化生活中扮演着重要的角色，为金融服务业以及工业联盟提供了成千上万的工作岗位，并且通过其自身成立的慈善基金会支援市内社区的文化和社会服务项目，为大都市的慈善事业做出努力。现在，纽约商业交易所仍以能源品种为主，通过公开竞价来进行交易的期货和期权合约有原油、汽油、燃油、天然气、电力，煤、丙烷、钯等，该交易所在 2010 年能源期货交易量排名前 20 名的合约中占到一半，10 个品种的累计交易量达到 3.8 亿手；而纽约金属交易所仍以金属品种为主，上市的有金、银、铜、铝的期货和期权合约，2010 年该交易所的黄金、白银和铜期货入围全球金属期货期权交易量排名前 20 名，交易量分别为 4473 万手、1283 万手和 1031 万手。

2．芝加哥

如果说纽约是综合性的国际金融中心，那么芝加哥则是专业的全球期货中心。19

世纪中期芝加哥诞生了现代意义上的期货交易。作为美国中西部重要的粮食产地和集散地，芝加哥期货交易所（CBOT）在发展初期是以农产品期货为主，随着农产品期货体系逐渐丰富，影响范围不断扩大，玉米、大豆、小麦等品种的期货价格，不仅成为美国农业生产、加工的重要参考价格，而且成为国际农产品贸易中的权威价格。上世纪70年代后，芝加哥期货市场敏锐地捕捉到世界经济和金融形势的新变化，芝加哥期货交易所（CBOT）和相继成立的芝加哥商业交易所（CME）、芝加哥期权交易所（CBOE）推出了中、长期美国政府债券、股票指数、市政债券指数、黄金和白银等期货品种，以及农产品、金融和金属的期货期权。150多年来，期货市场的创新与发展都同芝加哥紧密联系在一起，从农产品到畜产品，从工业品到金融衍生品，从期货到期权，从交易所会员制到公司上市，作为世界期货交易中心，芝加哥一直引领世界期货市场的发展。

由芝加哥商业交易所（CME）、芝加哥期货交易所（CBOT）、纽约商业交易所（NYMEX）合并而成的全球排名第二的期货期权交易机构——芝加哥商业交易集团（CME Group），2010年交易量达到30.8亿手。强强联手的合并稳固了芝加哥期货中心的地位。此外，期货市场的发展也离不开创新，芝加哥商业交易集团于2003年成立了创新中心（CFI），以促进跨行业的重大创新和创造性思维，并专门设立弗雷德·阿迪特创新奖，每年颁发给提出能对市场起到重要作用的创新想法、产品或服务的个人或集团。2004年集团成立了竞争市场咨询委员会（CMAC），成员由包括诺贝尔奖得主在内的金融专家组成，对市场重要问题向董事会提供以政策、分析、报告和战略为形式的建议。

（二）英国

欧洲的大宗商品交易市场主要集中在金属与能源领域，基本不涉及农产品，2010年市场交易量达到44.2亿手，年增幅为15.1%。欧洲主要的交易所有欧洲期货交易所（Eurex）、泛欧交易所（Euronext）、欧洲洲际交易所（ICE）、伦敦国际金融期货交易所（Liffe）和伦敦金属交易所（LME）等。尽管法兰克福、巴黎等欧洲大都市都在大力发展金融业，但只有伦敦才是欧洲乃至全球最大的衍生品交易中心。

在近两年国际金融中心排行榜上，伦敦超越纽约成为国际金融中心的霸主，这一结果很大程度上归结于伦敦近几年衍生品市场的快速发展。从历史上看，伦敦也是金属期货的诞生地，19世纪英国开始从国外进口铜矿石和锡矿石进行精炼，矿石价格因路途遥远风险很大，从而促成了1880年伦敦金属期货交易所成立。

目前在伦敦进行的衍生品交易量约占全球商品交易总量的15%。据英国咨询公司TheCityUK的报告显示，2010年基于伦敦的三大交易所衍生品交易合约量达到15.6

亿张，其中商品交易合约量达到 3.5 亿张。三大交易所中，伦敦国际金融期货交易所（Liffe）是泛欧交易所（Euronext）下属的国际衍生品业务部门，主要从事“软商品”交易，2010 年交易量达到 12.2 亿手；作为全球最大的有色金属交易所，伦敦金属交易所（LME）提供铝、铜、镍、锡、铅、锌 6 种初级金属的期货期权合约和 2 个区域性铝合金合约，以及这些金属的综合指数。2005 年该交易所推出全球第一份塑料期货合约，2007 年又推出了聚丙烯和线性低密度聚乙烯 2 种区域性合约。2010 年伦敦金属交易所的交易量达到 1.2 亿手，较 2009 年上涨 7%，估值达到 1.2 万亿美元；欧洲洲际交易所（ICE）是全球能源领域领先的电子化期货期权交易所，2010 年交易量达到 2.2 亿手（见表 11.6）。此外，经营电力和气体短期批发交易的 APX-ENDEX 交易所在伦敦也设有办公室。

表 11.6　2000–2010 年基于伦敦的衍生品交易年合约量

百万张

年份	欧洲洲际期货交易所	伦敦国际金融期货交易所	伦敦金属交易所	合计	其中：商品交易
2000	25.5	131.1	66.4	223.0	96.6
2001	26.4	619.1	59.4	704.9	90.5
2002	30.4	697.0	58.6	786.0	94.7
2003	33.3	695.1	72.3	800.7	112.2
2004	35.5	787.8	71.9	895.2	115.4
2005	42.1	759.3	78.6	880.0	129.2
2006	92.7	730.3	86.9	909.9	189.5
2007	138.5	949.0	92.1	1179.6	243.4
2008	153.0	1049.7	113.2	1315.9	297.4
2009	165.7	1056.0	111.9	1333.6	289.7
2010	217.2	1222.6	120.3	1560.1	354.2

资料来源：TheCityUK. Commodities Trading[R]，2011–03 及各大交易所；上海科学技术情报研究所（ISTIS）分析整理

金融服务局（FSA）作为英国金融业唯一的集中统一的监管者，受命于英国下议院与英国财政部。《英国金融服务法（2000 年）》用法律的形式保护了英国期货业的自律监管。可以说，伦敦大宗商品交易市场离不开英国期货期权协会（FOA）、伦敦能源经纪公司协会（LEBA）、伦敦黄金市场协会（LBMA）、批发市场经纪公司协会（WMBA）等自律性机构的协调和管理。例如，伦敦黄金市场协会（LBMA）成立于 1987 年，与英国金银市场的监管机构金融服务局（FSA）保持密切关系，是代表金银批发市场的

贸易协会，会员涵盖全球持有黄金的主要央行、来自世界各地的黄金生产商、精炼商、加工商以及其他贸易商。伦敦黄金市场协会（LBMA）的现行职责包括很多方面，涉及精炼标准的制定、交易文件和交易实际执行条款的制定等。该协会制定的商品交割名单目前被广泛视为金条和银条品质标准，这很大程度上得益于该协会严格的检验标准。根据其监管条例，申请进入商品交割名单的精炼商，协会定期对他们的检测能力进行检查。该协会每年一次的贵金属会议已成为世界黄金市场重要的高水准论坛。

（三）日本

在过去的几十年中，日本的商品期货市场一直雄居亚洲第一。但 2003 年以来，日本商品期货市场却发生了前所未有的衰落。具体表现有 4 个方面，一是市场规模大幅萎缩：年交易量从 2003 年的 1.56 亿手降至 2009 年的 0.34 亿手，降幅达 78%，在全球商品期货市场交易量所占比重从 2001 年的 30.61% 迅速降至 2009 年的 1.56%，增长率从 2004 年开始转为负增长，在 2008 年甚至达到 -35%；二是资金流失、投资者离市：日本商品期货市场保证金水平在近几年也出现下滑，从 2003 年高点 5100.57 亿日元跌至 2009 年的 1680.57 亿日元，跌幅达 67%。商品期货市场投资者人数也迅速减少，从 2003 年的 11.82 万人降至 2008 年的 8.72 万人，降幅为 26%；三是期货经纪业状况堪忧，从业人员大量流失：会员数从本世纪初的 100 多家降至 2009 年的 37 家，经纪人数也从 2003 年的 1.45 万人降至 2009 年的 3500 人；四是交易所纷纷兼并重组，交易量大幅下降：日本商品期货交易所从鼎盛时期的 13 家，到 21 世纪初合并为 7 家。近年交易所又加快了兼并重组进程，经过 2006 年的集中合并仅剩现在的东京工业品交易所（TOCOM）、东京谷物商品交易所（TGE）、关西商品交易所（KEX）和中部大阪商品交易所（C-COM）4 家，而 2010 年这 4 家交易所交易量变化率分别为 -4.3%、-40.6%、51.2% 和 -59.4%，中部大阪商品交易所预计也将在近期关闭。

究其原因，一方面是内因和长期宽松发展的结果：日本作为典型的岛屿国家，自然禀赋匮乏，经济依靠强大的进口支撑，主要大宗商品大部分在本国没有生产或产量甚微。因此，日本期货市场依托发展的现货基础薄弱，产业客户结构相对单一，品种缺少足够的套期保值需求。而且，很多期货品种相关现货市场存在相对集中的情况；同时，日本商品期货市场一直以中小散户为主，机构投资者实力偏弱，个人投资者占比过高给市场带来较大的风险，特别是农产品期货市场呈现远期合约月份活跃的典型投机型市场格局；另一方面是政府监管不力，改革又操之过急：随着 2004 年固定佣金率制度到期后，经纪公司面临巨大的竞争压力，所采取的手法也更加不规范。针对这些问题，2004年日本商品期货业的监管者进行了二战后最大的一次期货方面的法律修改，决心为投资者真正建立起公开、透明、高效的商品期货交易平台体系，同时从根本上改善投资者结构，真正发挥商品期货市场在宏观经济中的功能和作用。但相关法律规定在一定程度上脱离了期货市场发展现状，超出了市场的承受能力，给期货经纪公司的经营带来困难，直接导致市场萎缩。尽管日本政府已经意识到目前问题的严重性，并推出系列措施，力图重振市场，但近年来日本商品期货市场由盛转衰的教训仍值得引以为戒。

（四）新加坡

作为亚太地区的贸易中心，新加坡的期货市场从上世纪60年代起步，并逐渐发展成亚洲燃料油和橡胶的定价中心。其中，新加坡商品交易所（SICOM）是东南亚地区最大的天然胶期货交易场所。新加坡商品交易所年成交量越200万吨，实际交割2万吨，对国际橡胶现货贸易有指导性意义，根据期货结算价作为定价的重要参考。而成立于1986年的新加坡国际金融交易所（SIMEX），通过推出亚洲最早的金融期货产品，如欧洲美元利率期货、德国马克期货、日经225股指等离岸股指期货，并获得了这些指数期货的定价权，部分产品的交易量甚至超过了指数所在国的同类产品，一跃成为亚洲最佳金融衍生品交易所。

新加坡大宗商品交易市场的快速崛起与其区位优势有一定关联，并依靠后发的金融创新能力，将区位优势转化为竞争优势。现在的新加坡交易所（SGX）由新加坡国际金融交易所（SIMEX）和新加坡证券交易所于1999年合并成立，随后新加坡商品交易所（SICOM）也融入其中，成为亚太地区首家集证券及金融衍生品交易于一体的企业股份制化交易所。据美国期货行业协会（FIA）统计数据，新加坡交易所2010年的交易量达到6.2千万手，较2009年上涨16.0%，其中新加坡商品交易所2010年的交易量达到87.5万手，同比上涨1176.7%。目前，新加坡交易所商品交易范围涵盖农产品、能源和金属三大领域，包括棕榈油、咖啡、橡胶、燃料油、铜、铝、锌等7个品种。高度开放化也是新加坡市场的一大特色，新加坡交易所（SGX）与伦敦金属交易所（LME）开展合作，在亚洲携手推出金属期货，创建迷你LME合约。

新加坡对衍生品市场的监管，主要依据1986年颁布的《期货交易法》，主管机构是新加坡金融管理局。金融管理局有权审核批准成立期货交易所和期货结算所，并制定了期货市场的实施细则，主要内容包括市场参加者的行为规定，期货商的最低资本额和期货商与客户的对账方式等，还列出了市场参加者申请表格、客户开户时风险披露声明及参加者的财务报告格式等。金融管理局批准成立了依照美国芝加哥商品交易所管理模式的新加坡国际金融期货交易所，在交易所内部设立了结算所。此外，金融管理局还通过发给执照来监管期货市场，执照的有效期仅 1 年，即市场参与者需要每年更换执照同时接受审核。执照的种类有 6 种，分别为经纪商及其代表人、期货交易部门及其代表人、期货基金募集商及其代表人。

（五）中国

以 1990 年 12 月郑州商品期货市场成立为标志，中国期货市场已经走过了 20 年的发展历程。从创业之初的艰难探索，到次清理整顿，再到 2010 年股指期货的顺利推出，中国期货市场进入了由量的扩张向质的提升转变的历史新阶段。2009 年，中国期货市场客户保证金规模突破 1000 亿元大关，从交易量来看，我国已经成为全球第一大商品期货市场。铜、大豆等品种在国际市场上，尤其是亚洲市场上已经有了初步定价权，其表现已经开始影响国外交易所价格。

据中国期货业协会（CFA）统计，2010 年全国期货市场累计成交期货合约 31.3 亿手，累计成交金额为 308.7 万亿元，同比分别增长 45.22% 和 136.51%。另据美国期货业协会（FIA）统计，中国的白糖期货和螺纹钢期货是全球交易量最大的 2 个品种。在前 20 位农产品期货期权成交量排名中，中国三大商品期货交易所品种占了 11 个，在成交量前 20 名金属期货期权合约中，上海期货交易所螺纹钢、锌、铜期货成交量分别位列全球第 1、2、4 位。

1．上海

近年来，上海期货市场交易规模持续扩大，市场功能逐渐增强，风险控制能力不断提高。据中国期货业协会（CFA）统计数据显示，2010 年上海期货交易所累计成交量为 12.4 亿手，累计成交额为 123.4 万亿元，同比分别增长 43.01% 和 67.41%。据美国期货业协会（FIA）统计排名显示，2010 年按交易规模衡量，上海期货交易所在全球 53 家主要衍生品交易所中排名第 11 位，居国内首位。目前上海期货交易所上市交易的 8 个期货品种，主要包括金属产品系列和能源化工类产品系列。同时，上海期货市场价格的国际及国内影响力逐步增强，对现货价格的指导作用也日益明显，上海期铜已成为全球三大铜定价中心之一，上海铜期货价格对伦敦铜期货价格的引导作用不断增强；天然橡胶超过日本东京成为全球最大的期货交易市场；燃料油价格成为亚洲地区现货贸易重要定价依据之一；锌期货价格成为国内企业重要参考指标之一。

为增强风险控制与管理能力，上海期货交易所根据交易规则，一方面综合运用调整交易保证金比例、涨跌停板幅度、持仓限额和风险警示、市场稽查、出入金管理等多种市场化调控措施；另一方面启动强行平仓制度，及时降低仓位，有效控制和化解市场风险，保护了交易所会员以及中小投资者的利益。

上海期货市场的发展还获得了国家战略层面的支持。2009 年 4 月，国务院发布了《关于推进上海加快发展现代服务业和先进制造业建设国际金融中心和国际航运中心的意见》，其中对期货市场的地位和作用给予高度重视，提出了加大期货市场发展力度，做深做精现有期货品种，有序推出新的能源和金属类大宗产品期货，支持境内期货交易所在海关特殊监管区内探索开展期货保税交割业务，扩大境外投资者参与的比例和规模；上海市政府也对期货市场的发展提出了具体要求。2009 年 5 月，上海市政府发布了《市政府贯彻国务院关于推进上海加快发展现代服务业和先进制造业建设国际金融中心和国际航运中心意见的实施意见》，关于期货市场发展，明确提出以下几个方面：支持上海期货交易所有序推出原油、汽柴油、沥青等能源化工期货品种上市，促进形成亚太地区的原油等大宗产品基准价格；支持推出铜、铝等期权类产品；开发铅、白银等金属类期货以及商品指数期货；此外，还要探索在海关特殊监管区域内开展期货保税交割业务，引入境外投资者参与上海期货市场交易。

2．郑州

郑州商品交易所是我国首家期货市场试点单位，以农产品交易为主。目前上市交易的期货品种有小麦（包括优质强筋小麦和硬白小麦）、棉花、白糖、精对苯二甲酸、菜籽油、早籼稻等 7 种。其中，白糖期货 2010 年成交 3.1 亿张合约，成为全球商品期货交易量最大的品种，较 2009 年增长了 109.0%。截至 2010 年底，郑州商品交易所共有会员 215 家，分布在全国 27 个省（市）、自治区，其中期货公司会员 173 家，非期货公司会员 42 家。据中国期货业协会（CFA）统计数据显示，2010 年郑州商品交易所累计成交量为 9.9 亿手，累计成交额为 61.8 万亿元，同比分别增长 118.36% 和 223.37%。据美国期货业协会（FIA）统计排名显示，2010 年按交易规模衡量，郑州商品交易所在全球 53 家主要衍生品交易所中排名第 12 位，全国排名第 2。

郑州商品交易所注重加强与国际期货同业的交流与合作。1995 年 6 月加入国际期权（期货）市场协会。先后与美国芝加哥期权交易所、芝加哥商业交易所、纽约—泛欧交易所集团、日本关西农产品交易所、东京谷物交易所，巴西期货交易所等国外多家期货交易所签订了友好合作协议，定期交换市场信息，进一步扩大在国际上的影响力。

四、世界主要大宗商品交易巨头

操控全球大宗商品交易市场的既有高盛、摩根斯坦利等著名投行，又有诸如嘉能可、托克等低调而神秘的独立贸易商。独立贸易商基本属于私有企业，不公开融资，既在全球范围从事实物贸易，又在期货市场投机。

（一）高盛

高盛集团（Goldman Sachs）成立于1869年，是全世界历史最悠久及规模最大的投资银行之一，总部设在纽约，并在东京、伦敦和香港设有分部，在23个国家拥有41个办事处，向全球提供广泛的投资、咨询和金融服务。不为人熟知的是，高盛集团还专门设有大宗商品交易部门，并且在市场中占有举足轻重的地位。例如，高盛与摩根士丹利、壳牌石油等共同成立了在线大宗商品及期货交易市场——洲际交易所（ICE），通过操控北海现货原油基准（BFOE）市场，从而影响全球的石油价格。

高盛在大宗商品交易市场的权威性还体现在对商品市场的研究上，旗下的金融研究机构在1991年创建了高盛商品指数（GSCI），该指数是目前国际上较为重要的商品指数之一。高盛商品指数在芝加哥商品交易所（CME）交易，被认为是跟踪量最大的商品指数，对其跟踪的基金高达600亿美元，其中绝大部分进行场外衍生品交易。该指数具有真实的价格发现、成本节约、实际可投资等显著特点，目前包括24种商品，其中6种能源产品、5种工业金属、8种农产品、3种畜牧产品和2种贵金属。2007年2月份，国际最大的金融指数公司标准普尔公司从高盛公司手中购买了该指数，并重新命名为标普高盛商品指数（S&PGSCI）。

（二）嘉能可

嘉能可（Glencore）是全球最大的大宗商品交易集团，被誉为大宗商品领域的高盛，创立于1974年，企业总部位于瑞士巴儿（Baar），涉足全球金属矿产、能源产品和农产品三大类交易，参与生产、采购、加工、提炼、运输、仓储、融资等全产业链活动。集团在全球40个国家50个办公室拥有2700名正式员工，并在全球13个国家和地区聘用了54800人。2010年营业额达到1450亿美元，税前收入41亿美元，总资产798亿美元。不显山露水的嘉能可集团在大宗商品交易市场可以说呼风唤雨，具有一定的垄断地位，譬如，2010年嘉能可控制着第三方锌市场60%的份额，锌精矿和铜市场一半的份额，铅市场45%的份额，铝市场38%的份额。嘉能可于2011年5月在伦敦证券交易所和香港联交所上市，继而从低调的幕后开始曝光于世人面前。

嘉能可的战略关键要素包括：① 持续扩大地域范围和经营多样化。作为世界上最大的实物商品供应商之一，嘉能可一直致力于目标新兴市场的开拓；② 对工业资产的战略性投资。嘉能可认为这些投资将减少垂直整合，带来强于同行的竞争优势；③ 运用额外资本和流动资金，以扩大业务。成为上市公司使得嘉能可在下一阶段的发展中获得持续增长所需的资金支持；④ 聚焦成本管理，进一步增强后勤能力。工作重点是从可靠的第三方供应商那获得具有价格竞争力的实物商品采购价；⑤ 维持保守的财务状况和投资评级；⑥ 分散风险管理；⑦ 把员工、环境和当地社区放在最高优先地位。

（三）托克

托克（Trafigura）是一家私营公司，成立于 1993 年，目前是全球第三大独立石油贸易公司和全球第二大独立有色金属精矿贸易公司。2010 年托克公司的营业额达到 792 亿美元，净收益达到 4.4 亿美元，可使用信贷额度约为 300 亿美元，全球工业资产投资超过 25 亿美元。托克主要从事原油、石油产品、可再生能源、金属、煤炭、金属矿石及精矿的各类采购和贸易活动，主攻工业客户市场，在全球 67 个办事处雇用了 6000 多名员工。在石油领域，托克与全球超过 65 个地区的第三方油港签订长期租赁协议，拥有超过 4500 万桶的石油储存设施，同时在全球各地拥有 80 多艘定期租船；在金属和矿藏领域，托克现拥有和经营位于南美、非洲和中国的多个精矿储存设施以及位于秘鲁的一座矿山。集团新成员托克煤炭（Trafigura Coal）已迅速发展成为热煤、焦煤和焦炭产品的世界级供应商。凭借在资源贸易和投资方面的专业知识，托克发展了海外对冲基金，将业务进一步扩展至资产管理领域。

托克较早进入中国，于 2005 年全资注册成立了托克贸易（上海）有限公司，致力于大宗商品的采购和销售，核心业务为石油、有色金属的矿石、精矿和精炼金属及黑色原料等。

（四）嘉吉

嘉吉（Gargill）集团创建于 1865 年，是一家从事国际性的食品、农业、金融和工业产品及服务的综合性跨行业企业，在农产品贸易领域居全球领先地位，位列四大粮商（另外三家为阿丹米 ADM、邦吉 Bunge 和路易达孚 Louis Dreyfus）之首。嘉吉始终保持家族企业性质，目前在 63 个国家拥有 13 万名员工。在 2011 财年，嘉吉销售和其他收入达到 1195 亿美元，净收入达到 42 亿美元。在粮食期货市场，嘉吉占据重要地位，同时也一直被业界指责操纵市场，造成大宗粮食商品价格的大幅波动。经过 140 多年的发展，嘉吉已将风险管理能力作为其核心竞争力。嘉吉的内部风险管理涉及许多方面，例如，采用融资方式通过易货贸易形式来保证原料供应；通过合并重组进一步控制全球谷物产业链与事业的多元化，以提高经营交易的稳定性等。

商品贸易是嘉吉的一项核心业务，通过提供生产、加工、营销和分销等服务，联系粮食、油料和其他农产品的生产者和消费者。在谷物和油籽领域，嘉吉主营的大宗商品有小麦、玉米、油菜籽、大麦和高粱，以及植物油和膳食，不仅拥有超过150万吨的干散货吨位，且结合公司的融资和风险管理业务，提供一系列金融产品和对冲；而嘉吉的棉花业务则遍及全球每一个棉花生产和消费地区，每年交易的商品棉花超过500万包，在美国的仓储能力超过50万包；在糖行业中，嘉吉在日内瓦、香港、明尼阿波利斯、明尼苏达州和阿姆斯特丹设有办事处，从事散装原糖、白砂糖和乙醇贸易，通过设在埃及、印度、中国、俄罗斯、乌克兰和其他消费国的办事处，将糖运输和分销给客户；嘉吉的海洋运输协调所有公司的粮食和油籽业务中散装货物增长的货运需求；在能源领域，嘉吉在电力、天然气、煤炭、碳排放、石油市场以及广泛的相关衍生品和结构性产品领域拥有交易和管理风险的专家；此外，嘉吉还在全球四大洲设点从事多种有色金属产品的处理和交易。以粮食起家的嘉吉公司，目前已被认为是全球多元化经营最成功的公司之一。

五、大宗商品交易市场热点问题初探

（一）发展期货市场争取商品定价权，促进国际金融中心建设

国际贸易中的大宗商品其定价基本上采用期货定价方式，而其价格又是分别参照或依据几家主要的商品交易所的期货价格。因此，只有发展期货市场，才能有助于掌握资产的国际定价权。当前，各个国际金融中心正在通过大力发展衍生品市场，争取商品定价权，以确保在当前日益激烈的国际金融中心争夺战中获得比较优势。上海期货交易所的金属铜可以说是国内最具影响力的期货品种。上海期货交易所作为金属铜的三大国际期货交易市场之一，市场机制日渐成熟，价格发现功能日益增强，具有一定的国际定价能力，与伦敦金属交易所和纽约商业交易所产生联动关系。如果能够进一步提高上海期铜市场的交易规模，并开发类似的明星品种，将有助于提高上海在国际市场上的定价权，促进金融中心建设。

国际金融中心都有发达的期货市场，期货市场在国际金融中心变迁中发挥着重要作用（见表11.7）。从历史演变来看，1876年伦敦成立了金属期货交易所，期货市场开始在国际金融中心建设中发挥作用；20世纪70年代，芝加哥商业交易所推出外汇期货合约，芝加哥期货交易所推出首张利率期货合约，为其他商品期货和金融期货交易开

辟新境，引发金融体系的革命，更推动了芝加哥金融中心功能的转型；同一时代，纽约商业交易所建立了石油和黄金期货，石油和黄金为代表的大宗商品期货促生国际商品定价中心；20 世纪 80 年代，世界经济中心逐渐向亚太地区转移，逐渐呈现多极化的发展态势，衍生品市场起步，社会存在巨额需求，为新兴市场发展提供了契机，新加坡、香港、首尔等成功崛起的新兴国际金融中心不约而同地选择了以政府出面，通过国家政策，推动期货等衍生品市场的发展，争夺国际金融资源，提升自身竞争力，从而迅速崛起。因此，上海要成为国际金融中心，首先要形成能够在世界范围内有影响力的价格和定价基准来调节资源配置。

表 11.7　世界主要国际金融中心期货交易所概括

城市	交易所名称	成立时间	主要交易产品	备注
纽约	美国国际证券交易所（ISE）	2005	股票期权	美国期权市场第一家全电子化交易的期权交易所
	纽约商品交易所（Nymex）	1994	原油、贵金属等	全球最大能源、黄金期货交易市场
	Nymex 绿色交易所	2007	环境类的期货、期权和掉期合约	
	美国期货交易所（NYSE liffe）	2008	贵金属等	
	纽约商品交易所分部（Comex）	1933	铜、铝等基本金属和金、银等贵金属	
芝加哥	芝加哥商业交易所（CME）	1874	利率、股票指数、外汇和商品等的期货、期权交易	全球最大交易所
	芝加哥期货交易所（CBOT）	1948	农产品期货、期权	2006 年 10 月 17 日与 CME 合并
	芝加哥期权交易所（CBOE）	1973	股票期权、指数期权、利率期权等	
	芝加哥期货交易所（CCX）	2003	二氧化碳等六种温室气体减排交易	全球第一家、北美地区唯一一个自愿参与温室气体减排量交易的市场交易平台
伦敦	伦敦金属交易所（LME）	1877	基本金属和贵金属以及 LME 金属价格指数	全球最大的金属交易市场及定价中心
	伦敦洲际交易所（ICE）	2001	布伦特原油	其前身是国际石油交易所（IPE），目前是全球两大能源交易所之一，其布伦特原油期货价格是国际贸易中原油定价的重要基准

（续表）

城市	交易所名称	成立时间	主要交易产品	备注
伦敦	伦敦国际金融期货交易所（LIFFE）	1982	货币、债券、短期利率、股票和商品的期货和期权	2002 年 1 月 LIFFE 被欧洲交易所（Euronext）合并，合并后名称为 Euronext. LIFFE
东京	东京谷物交易所（TGE）	1952	农产品	
	东京股票交易所（TSE）	1878	日经平均指数等、东证股价指数	
	东京国际金融期货交易所（TFX）	1989	主要交易金融期货、期权、利率调期和复合型衍生产品	
	东京商品交易所（TCM）	1984	日本唯一的一家综合商品交易所，是目前世界上最大的铂金和橡胶交易所之一	

资料来源：杨迈军．期货市场的发展与上海国际金融中心建设 [J]，上海金融学院学报，2009（6）：18-25.

（二）创新期货交易品种，完善上市机制

目前，我国期货市场已经具备了进一步快速发展的条件和基础，但期货品种结构的不完善仍是制约我国期货市场发展的瓶颈问题。据统计，国际市场上期货品种多达 300 种左右，印度就有 100 种以上，而目前我国三大期货交易所上市的商品品种仅 23 种。与国外发达市场相比，我国期货市场在产品配套和品种丰富程度方面还有很大差距，产品创新速度缓慢；品种结构简单，导致市场深度不够。此外，国民经济高速发展，对各种原材料的需求迅速增加，很多重要的工业原料如石油都需要大量依靠进口，由于缺乏活跃的期货市场和相关的期货品种，导致定价权的缺失，使我国在国际商品定价过程中处于被动地位。

未来我国急需创新期货交易品种，且可以从以下三类中考虑：① 争取石油期货尽早上市。我国是石油消费大国，是世界排名第五的石油生产大国，但我国在国际石油市场定价方面没有任何"话语权"。近年来石油价格暴涨暴跌，对我国战略石油的储备、石油及其下游的产品生产和加工企业的成本控制以及利润带来极大的不确定性。推出石油期货，将有利于加强国内市场需求对国际油价的影响，也为国内企业套期保值、锁定成本开辟新渠道。上海期货交易所的燃料油期货交易已经为原油期货积累了宝贵经验和市场运作基础；② 推出商品期权类产品，进一步丰富产品种类；③ 推出商品指数期货。商品指数作为一种重要的领先经济指标，是我国经济景气预测领域急需的工具，

商品指数期货也是未来需要重点发展的期货品种。

目前我国期货品种上市审批较为繁琐复杂，一定程度上影响了期货市场的发展。可以考虑成立期货品种上市审批委员会，成员由期货行业主管部门、相关行业企业、专家学者以及行业协会代表组成，以投票形式审批交易所的拟上市品种涉及提案。审批机构应为常设机构，并定期召开审批会议。

（三）发展机构投资者，建立商品交易顾问（CTA）制度

国外成熟期货市场中各类机构投资者占据市场的主要地位，美国、日本、英国等国期货市场机构投资者的交易量占国内期货市场总交易量 70%~90%。机构投资者拥有专业的投资技能、丰富的人才储备、完善的风险控制体系，能够有效抑制期货市场价格剧烈和非理性波动，更好实现期货市场价格发现功能。相对于机构投资者，个体投资者的投资行为则有较大盲目性。而目前我国期货市场的投资者结构具有明显的散户特征，以上海期货交易所为例，截至 2008 年年底，投资者总数近 62 万户，其中法人投资者为 1.9 万多户，占总客户数的 3.1%，其余 60 万户均为自然人投资者，占总客户数的 96.91%。由于当下我国的专业投资管理公司和专业的经纪人队伍还没有建立和规范起来，所以实际的投资大部分还得依靠投资者自己来完成。以机构投资者为主体的投资者结构，是期货市场走向成熟的重要标志，也是我国期货业发展的重要目标。

在过去 10 年中，商品基金构成了商品市场每日交易的重要组成部分，是市场的活跃因素，并左右商品的价格走势。其中，最具影响力的商品基金是期货商品交易顾问（CTA）基金。商品交易顾问（Commodity trading advisors，CTA）基金指由专业的资金管理人运用客户委托的资金自主决定投资于全球期货和期权市场以获利，并且收取相应管理费用的一种基金组织形式，既可以是个人，也可以是一个团队。1949 年，首只期货商品交易顾问（CTA）基金在美国公开发行，经过半个多世纪的发展，全球期货商品交易顾问（CTA）基金发展迅猛，其中又以美国、欧洲为代表，亚洲的日本和中国台湾地区也有所发展。2010 年，美国期货商品交易顾问产品规模接近 3000 亿美元。据统计，在伦敦金属交易所（LME）两种最活跃的交易商品（铜和铝）以及国际原油市场，期货商品交易顾问基金持有的头寸占到相当大的比例。2008 年金融危机以来，全球股市市场大幅下挫，整体对冲基金规模缩减超过 1 万亿美元，而同期全球五大期货商品交易顾问基金旗下的资产依然取得正回报，整体期货管理基金也因此而跑赢全球股指逾 40 个百分点。全球五大期货商品交易顾问基金按规模依次为 Bridgewater Associates、Man AHL、Winton、Transtrend 和 FX concepts。近年来，期货商品交易顾问基金的投资品种已不局限于商品期货，更是拓展到股指期货、外汇期货、国债期货、天气期货以

及电力期货等几乎所有期货品种。根据市场参与面和交易方面的不同，期货商品交易顾问基金可以分为程序化投资模式、多元化投资模式、各专项期货品种投资模式和自由式投资模式等几大类。

目前，我国正在对期货商品交易顾问基金的设立进行前期探索性工作。2010 年 12 月，证监会通过了《期货公司期货投资咨询业务实行办法》，其中规定的期货投资咨询业务主要包括协助客户进行风险管理；收集整理分析期货市场信息及各类相关经济信息；为客户设计套期保值、套利等投资方案，拟定期货交易策略等交易咨询服务等。截至 2011 年 9 月，全国已有两批共 35 家期货公司获准该项创新业务资格。业内人士认为投资咨询业务的实施将为未来商品交易顾问基金的推出铺路。

主要参考文献

【1】FIA（美国期货协会）. Annual Volume Survey 2010[R]，2011-03.

【2】IMF（国际货币基金）. Indices of Primary Commodity Prices[R]，2011-06.

【3】TheCityUK. Commodities Trading 2011[R]，2011-03.

【4】刘翔峰. 日益凸显的国际大宗商品金属属性及对策 [J]. 国际商务，2008（7）：36-38.

【5】吕保军. 论期货市场品种的创新与发展 [J]. 金融理论与实践，2010（7）：28 — 30.

【6】王兵等编. 期货 CTA 业务模式及配套制度建设 [M]. 中国金融出版社，2010.

【7】杨迈军. 期货市场的发展与上海国际金融中心建设[J]. 上海金融学院学报，2009（6）：18-25.

【8】张小瑜. 国际大宗商品市场发展趋势及中国的应对 [J]. 国际贸易，2010（5）：33 — 35，53.

【9】高盛集团网站 .www2.goldmansachs.com/.

【10】嘉能可集团网站. www.glencore.com/.

【11】托克集团网站. www.trafigura.com/.

【12】嘉吉集团网站. www.cargill.com/.

第十二章　金融危机以来主要国家和地区商务政策法规新动态

2008年下半年金融危机逐渐蔓延全球。为应对危机影响，美国、日本、欧盟等政府出台一系列经济刺激计划或对外贸易政策，刺激商务消费，恢复与推动国内商务市场，扩大对外贸易。

一、美国商务政策法规新动态

美国的商务管理体系由行政机构、司法机构、独立机构和商会团体4部分组成。行政系统内主管商务的中央政府机构主要为商务部，地方上的各州政府根据宪法享有包括商业规划在内的区域规划和土地规划权力；司法系统内是隶属司法部的反托拉斯局，是唯一有权对某些反托拉斯案件向联邦法院提起刑事诉讼的联邦机构；独立机构包括美国联邦贸易委员会、美国国际贸易委员会等，主要是维护市场公平竞争和保护消费者权益；商会团体的独立性、自由性、非营利性较强，职能包括组织展览与会议、出版刊物、举办讲座，为其成员提供服务资讯，制定行规与产业发展规划，代表会员向政府争取有利的立法，接受政府委托做咨询报告等。总体来看，美国政府对于商务领域的管理主要集中在维护市场公平竞争、保护消费者权益等一般性经济管理方面，较多采用自由市场竞争主导模式。

2008年9月以来，美国次贷危机演变为近70多年来最严重的金融危机，引致经济衰退。美国政府出台一系列财政、金融政策与法规，加强国内商务消费与出口驱动，拓展海外市场，同时进行关税保护，强化进口管制。

（一）针对国内商务市场的政策法规

1．实施“消费者和商业信贷”计划

2009年2月，为了化解金融危机，清理金融机构不确定资产与资金困扰以及整顿为超过50%的汽车产业提供小企业贷款的二级市场，重启商务需求以提供更多的就业机会，美国财政部公布旨在解救银行业的《金融稳定计划》(Financial Stability Plan)，取代 2008 年 10 月的《问题资产救助计划》(Troubled Asset Relief Program，简称 TARP)。

《金融稳定计划》包括 6 个方面的行动方案。

（1）制定资本援助计划(Capital Assistance Program),建立“金融稳定信托(Financial Stability Trust)”基金，对银行资产负债表的风险进行连续和前瞻性的测试与评估，增加其透明度和信息披露。

（2）建立 5000 亿～10000 亿美元“公共与私募投资基金(Public-Private Investment Fund)”，清理银行不良资产，对私有资本和私有资产进行估价，推动私有市场恢复运作。

（3）实施高达 1 万亿美元资金规模的《消费者和商业信贷计划》(Consumer and Business Lending Initiative)。财政部和美联储合作把美联储 2008 年 11 月发布的《资产抵押证券定期贷款工具》(Term Asset-Backed Securities Loan Facility) 的资金规模最高扩大至 1 万亿美元，范围扩大到商业抵押贷款支持证券 (Commercial Mortgage-Backed Securities，简称 CMBS) 和其他资产类别，例如普通商业机构发行的住宅抵押贷款支持证券 (non-agency residential mortgage-backed securities) 和公司债务抵押资产等，向私人投资者提供融资，主要针对小型企业信贷、学生贷款、消费者和汽车贷款市场及商业抵押贷款，支持其购买 AAA 级资产抵押证券，限制新包装的 AAA 级贷款购买，刺激二级信贷市场。

（4）进一步完善监管与问责机制，提高透明度。包括建立新的标准，加强美国国会监督小组 (Congressional Oversight Panel)、特别监察长 (Special Inspector General)、政府问责局 (Government Accountability Office) 以及负责银行系统监管的国务委员会 (Congressional Committees) 等机构的监管力度，限制股息、股票回购和收购，限制高管薪酬，禁止投资决策中的政治干预，公开进行合同与投资的网络信息发布等。

（5）制定承受能力之内的住房保障与赎回预防计划 (Affordable Housing Support and Foreclosure Prevention Plan)。包括制定贷款修订标准，提供 6000 亿美元进行 GSE 抵押贷款支持证券和 GSE 债务购买以降低整体抵押贷款利率，提供 500 亿美元防止中产阶级家庭丧失自住产权抵押品赎回权等。

（6）制定小企业和团体信贷计划 (Small Business and Community Lending Initiative)。财政部与 SBA 计划建立小企业与团体银行贷款计划，包括提高 SBA 贷款担保，减少 SBA 贷款费用，提供监管资金与快速申请渠道，使用《消费者和商业信贷计划》资助 AAA 级 SBA 贷款购买，解冻为小企业提供贷款的二级市场等。

2. 颁布“购买美国货”条款

为了应对 20 世纪 20 年代末至 30 年代初的经济危机，减少国际支出，维护本国的财政平衡与国际金融地位，各国政府制定“购买本国货”（buy-at-home）等政策以限制进口。美国国会也在 1933 年通过了“购买美国法”（Buy American Act）。这是美国历史上第一部详细规定联邦政府购买美国产品的立法，第一次用法律的形式明确要求总统通过颁布行政命令执行该法案。虽然在全球物资匮乏和海上航运受阻的第二次世界大战期间一度被搁置，但“购买美国法”在战后通过“战略物资与储存法案”（Strategic Materials and Stockpiling Act）、“双边防务协助法案”（Mutual Defense Assistance Act）“双边安全法案”（Mutual Security Act of 1951）等进行适用，50 年代末 60 年代初进行某些条款放宽解释执行。2009 年 1 月，美国“众议院版”经济刺激计划重提“Buy America”（购买美国产品）。相关的第 1640 条款提出：在“不违背美国对国际协定的承诺”的前提下，经济刺激计划支持的工程项目必须使用“国产”钢铁和其他制成品。随后，奥巴马政府在 7870 亿美元的经济救助方案中，再次以委婉方式表达“购买美国货”。

“购买美国法”规定美国联邦政府机构通过政府采购渠道购得的物资必须是“终端关键部件的组装或生产工序是在美国完成的”（the last significant assembly or manufacturing operation should take place within the United States），同时这些部件的价值必须超过该产品总价值的 50%，除非① 购买这些产品与公共利益不符；② 与国外产品相比，国产产品价格偏高；③ 产品使用地是在国外；④ 美国国内无法生产足够数量这样的产品或无法满足这些产品的质量要求。

有关部门在“购买美国法”的具体执行中一般采用两种限制措施。第一类限制措施是根据财政部规定的幅度，在政府采购招投标中，对于本国商品与外国商品的价格差价比例确定在 25%，以此来决定本国产品的价格是否属于法案中界定的“合理价格”。即只要本国产品价格没有超出外国同类商品价格的 25%，政府采购就应该优先考虑本国产品。第二类限制措施是依据法规规定，美国政府无论在何地为本国采购物品，或在美国境内和境外无偿向外国提供设备、物资、商品以及为提供这些设备、物资、商品而给予资金、信贷或可兑换外汇担保时，有关部门应该确保这些物品是通过悬挂美国国旗的商船运输的。

从制订以来，“购买美国法”的适用范围不断扩大，从限制公共住房部门贷款的用途、限制农村电气化主管部门贷款的用途逐渐扩展到政府采购的各个领域，范围包括国内货品及与美国有关的国外制造产品。

（二）针对商务主体的政策法规

2010 年 9 月，奥巴马政府推出新一轮经济刺激计划，内容主要包括大规模交通基础设施更新及扩建计划、企业研发税收抵免、企业与中产阶级减税计划。

在交通基础设施方面，根据计划，美国将在 6 年内重建 15 万英里公路，建设及维护 4000 英里铁路，修复或重建 150 英里机场跑道，并安装下一代空中交通控制系统以缩短飞行时间，减少航班延误现象，这一计划预计耗资 500 亿美元。

在针对企业研发方面，自前总统比尔 · 克林顿以来，每位美国总统都支持永久延长企业研发税收抵免，但鉴于成本高昂，国会往往仅同意临时延长这一优惠措施。此次措施以终止一些大企业减税措施为代价，在今后超过 10 年间耗资 1000 亿美元，“永久性延长”企业研发税收抵免。

在针对企业和家庭减税方面，新措施将允许企业到 2011 年底，减记全部厂房和设备投资，为企业节省购置生产设备和厂房的资金，预计总额 2000 亿美元。其中，奥巴马表示，国家难以承受将布什时期的减税政策扩大至最富裕美国人群的负担，因此永久性延长对占美国家庭 98% 的年收入低于 25 万美元中产阶级家庭的减税政策，而年收入超过 25 万美元家庭的减税优惠在 2011 年 1 月 1 日到期之后不再延长。

有专家认为，当前美国企业活力不够和个人消费疲软是经济困难的重要原因，此次对于企业研发的税收抵免、将惠及大约 150 万家企业的减税以及对于中产阶级的减税措施，将从消费和投资两个方面拉动包括商务在内的经济复苏。但也有专家指出此次刺激计划尚有不足。美国小企业协会认为，大多数小型企业每年投资不会超过 25 万美元，因此新减税政策主要将对大企业有利。小企业最需要的不是减税，而是专门针对它们的扶持政策。目前奥巴马敦促国会通过小企业法案，对小企业实施大约 120 亿美元减税，并设立 300 亿美元基金推动社区银行为小企业提供贷款。

（三）针对对外贸易的政策法规

在这次金融危机导致经济衰退的过程中，除了加强对经济的干预之外，美国政府的另一大经济政策即加强对出口的推动，为美国产品打开国外市场，同时进行关税保护，强化进口管制，阻止对方贸易国对美国市场进行倾销。

1. 加强出口驱动，拓展海外市场

2010 年 3 月，奥巴马总统在美国进出口银行 2010 年会上宣布实施名为“国家出口倡议（National Export Initiative，简称 NEI）”的促进出口战略，动用美国政府全部资源，在今后 5 年内使美国出口增长 100%，新增 200 万个就业机会。

奥巴马提出，美国刺激经济增长的重要组成部分之一，是确保美国企业能够积极参与国际市场，增加其出口的货物、服务和农产品，以此推动就业。“国家出口倡议”将有助于消除贸易壁垒，使美国出口在未来 5 年增长 100%，协助美国企业尤其是小企业克服融资、获得政府援助以及向国外宣传等障碍，进入新的国际市场。

“国家出口倡议”是美国有史以来第一次由总统和内阁提出的促进出口的政府战略，从加强贸易拓展、便利融资以及强化贸易规则三方面扶助美国企业开拓海外市场。主要内容包括：① 通过增加美国进出口银行（Export-Import Bank of the United States）的出口贷款等方式大幅度提高对美国国内企业出口贸易的融资支持，增加向中小企业提供信贷；② 与商务部宣传中心（Advocacy Center at the Department of Commerce）相协调，利用美国的驻外机构大力宣传美国国内企业，或者组织赴美贸易代表团到国内企业考察，以推动美国企业出口；③ 动用美国各政府部门和各使馆与领馆的力量，加强对美国企业特别是中小企业的出口援助，包括信息提供和其他技术援助，协助美国企业的产品进入需求最大和增长迅速的市场；④ 美国政府的贸易部门将致力于消除妨碍美国企业产品进入外国市场的不公平贸易壁垒，并要求贸易伙伴实施同样的劳工和环境标准，以消除相关国家不利于美国企业产品竞争的各种做法；⑤ 制定框架促进服务贸易出口，包括必要的政策和促进工具，通过开辟新兴市场、减少贸易壁垒、加强执行贸易协议为其海外出口开辟市场；⑥ 改革战略性高技术产业出口管制体系，如简化对某些企业高科技产品进入市场的审查程序，取消对雇佣双重国籍和外国国籍雇员的公司出口产品的某些非必要限制措施等。

为了实现该战略，美国政府成立“出口促进内阁（Export Promotion Cabinet）”作为落实行动的中枢，由美国国务卿、财政部长、农业部长、商务部长、劳工部长、美国行政管理和预算局（Office of Management and Budget）局长、美国贸易代表署、总统经济政策助理（Assistant to the President for Economic Policy）、国家安全顾问（National Security Advisor）、经济顾问委员会（Council of Economic Advisers）主席、美国进出口银行（Export-Import Bank of the United States）行长、美国中小企业管理局（Small Business Administration）局长、海外私人投资公司（Overseas Private Investment Corporation）总裁、美国贸易发展局（United States Trade and Development Agency）局长及其他行政机关和总统办公室负责人组成，几乎涵盖了所有政府部门。出口促进内阁配合美国贸易促进合作委员会（Trade Promotion Coordinating Committee，简称 TPCC）进行工作，在 180 天之内通过贸易促进合作委员会向总统汇报其全面执行规划，并定期举行会议，向总统报告进展。贸易促进合作委员会主席必须将“国家出口倡议”战略的执行情况纳入年度报告中，并按照 1992 年的《出口加强法》（Export Enhancement Act），公法编号 102-249，美国法令全书编号 106 Stat. 2186，行政命令 12870 要求，向参议院银行、住宅与城市事务委员会（Committee on Banking， Housing， and Urban Affairs of the Senate）和众议院外交事务委员会（Committee on Foreign Affairs of the House of Representatives）进行汇报。

2. 进行关税保护，强化进口管制

在大力推进出口驱动、扩展海外市场的同时，美国政府进一步进行关税保护，强化进口管制。

金融危机之后，美国多次实行保护性关税。例如 2009 年 9 月，美国商务部裁定对中国进口的油井管加征 10.9% 至 30.6% 关税，总额超过 26 亿美元；同月，美国宣布对从中国进口的所有小轿车和轻型卡车轮胎征收为期 3 年的惩罚性关税，即在 4% 的原关税基础上分别加征第一年 35%、第二年 30%、第三年 25% 的附加关税。此外，美国国会还提出了“碳关税”议案，计划从 2020 年起开始实施“碳关税”，即对进口的排放密集型产品征收特别的二氧化碳排放关税。

2010 年 8 月，美国商务部公布强化贸易救济措施的 14 项建议，加强反倾销和反补贴等政策的执行力度。主要内容包括：① 取消给予单个外国出口企业在特定情况下的反倾销或反补贴豁免；② 此前对美商务部作出初裁但尚在调查过程中的反倾销或反补贴案件，相关企业可以以现金或债券作为保证金继续向美出口，而此次政策规定在相关部门作出反倾销或反补贴初裁后，受到制裁的企业只能以现金作为保证金继续向美国出口商品；③ 针对涉及非市场经济国家的反倾销案例，改变目前计算倾销幅度时有关出口关税和增值税的计算方法，采取新的计量方法计算非市场经济国家的工资水平，使用替代工资水平以充分反映包括福利、税收等在内的所有劳动力成本。

为此，商务部在 2010 年 11 月发布 3 份政策公报：① 政策公报 10.1“提供予国有企业的补贴的专向性”(Specificity of Subsidies provided to State-owned Enterprises)，确认美国商务部在反补贴调查中将国有企业视为 “特别组群”，提供给国有企业的补贴视为“专向性补贴”。② 政策公报 10.2“当以进口价格衡量正常价值时，须包含国际运费”(Inclusion of International Freight Costs when Import Prices constitute Normal Value)，阐明和重申在对于涉及非市场经济体系的反倾销程序执行中，要把国际运费、国外经纪费用和手续费纳入计算进口价格。③ 政策公报 10.3“适用于设有多所生产设施及 / 或多项生产程序 / 多条生产线的非市场经济体系企业的生产要素的呈报规定”(Factor of Production Reporting Requirements for Non-market Economy Companies with Multiple Facilities and/or Production processes/lines)，重申在涉及非市场经济体系国家的反倾销调查和复核中，规定企业必须为旗下每个生产设施制造全部商品所投入的生产资源进行呈报，而非只为制造输入美国市场商品的生产设施进行呈报。获取所有生产资源的数据可确保美国相关部门计算出更加准确的平均审查成本。

二、日本商务政策法规新动态

日本的商务管理体系主要由行政部门、独立机构和中介组织组成。行政系统内主管商务的中央政府机构有负责商务政策制定的经济产业省、进行农产品粮食和药品方面商务管理的农林水产省和厚生劳动省；独立机构有公正交易委员会，维护市场公平竞争和反垄断；中介组织包括进行市场调查和监测的半官方社团法人、进行行业自律和维护会员企业利益的民间行业组织。总体来看，日本政府对于商务领域的宏观管理与直接管制较多，对于半官方社团法人的政府影响也较强，而独立机构商务监管程度较弱。

金融危机之后，日本政府出台一系列经济刺激方案，加强国内商务消费，扶持商务企业，并提出亚太自由贸易区经济伙伴战略计划，开拓海外商务市场。

（一）针对国内商务市场的政策法规

为应对国际金融危机的不利影响，自 2008 年 10 月到 2010 年期间，日本政府先后多次出台经济刺激方案，推动国内商务市场。

首先，在 2008 年 10 月日本政府总额 26.9 万亿日元的一揽子经济刺激方案中，在 2009 年 3 月底之前向日本所有家庭发放现金补助，总额为 2 万亿日元；创设消费者厅，加强消费者政策，确保生活安定；强化和稳定与金融特别措施有关的法律，支持适当的金融商品结算方式，稳定金融资本市场;复兴地方企业与商店街，降低高速公路收费，加强地域经济活力；延长和扩充住房贷款个人所得税减免，支援优良的都市开发项目，促进不动产证券化和流动化，制定公共设施耐震性等防灾对策等。

其次，在 2010 年 9 月日本政府 9200 亿日元（110 亿美元）详细经济刺激方案中，动用 4500 亿日元继续刺激日本国内对家电和住宅等的消费，适当延长家电、住房等消费优惠政策的时限。

此外，2009 年世界贸易组织（WTO）在对日本贸易政策的检查报告中，敦促日本朝着贸易自由化的方向进行结构改革。2011 年 2 月，世界贸易组织继续发布对日本贸易政策的检查报告。此次检查报告分析认为有较多制造业和服务业领域的日本企业通过由政府和金融机关建立的“企业再生增援机构”获得保护，而且日本政府下调企业所得税“将促进来自海外的直接投资”。同时，检查报告指出日本的结构改革“陷入滞后”，再次敦促日本为扩大来自外国的直接投资而完善环境并进行农业改革。

（二）针对商务主体的政策法规

除了推动国内商务市场之外，日本政府出台经济刺激方案对商务企业进行积极扶持。

首先，在 2008 年 10 月日本政府总额 26.9 万亿日元的一揽子经济刺激方案中，强化中小企业雇用维持支援政策，鼓励企业增加雇员；制定和加强对中小企业的援助政策；制定地方公共团体支援政策等。

其中，制定和加强对中小企业的援助政策，包括追加 21 万亿日元贷款，为陷入困境的中小企业提供信贷担保；商工组合中央金库和政策投资银行进行金融危机对策，增加日本企业海外事业贷款，强化民间金融机构的金融中介机能，加强建设行业的资金调度；支援中小企业的对策税制；进行人才培养和开发研究；支援中小企业新技术商品化和资金调度，对违反承包法、垄断禁止法进行严加处理。

其次，在 2010 年 9 月日本政府 9200 亿日元（110 亿美元）详细经济刺激方案中，投入 1750 亿日元，通过减轻日本中小企业资金负担等方式来稳定和扩大就业；在促进日本中小企业对国内投资和开拓海外市场方面投入 1200 亿日元，促进大型企业增大在日本国内投资的比例，支持中小企业开拓海外市场等。

（三）针对对外贸易的政策法规

20 世纪 60 年代开始，日本确立“贸易立国战略”，对内限制外资参与竞争，对外积极开拓国际市场，贸易顺差额逐年扩大。21 世纪之后，日本经济逐渐减少对贸易盈余的依赖程度。根据日本政府在新世纪初制定的战略，2005 年至 2030 年是日本由外贸顺差国转为逆差国的阶段，日本应在这段时间内完成由“贸易立国”向“投资立国”的转变。在 2008 年金融危机影响下的美国金融体系和实体经济遭受巨大冲击，亚洲与新兴市场经济体减少借贷投资、增加储蓄投资，以及 2009 财年日本年度贸易逆差的出现，客观上加速了这一战略进程，为日本快速扩大海外投资创造了多种有利条件。

2010 年 6 月，日本内阁通过《新增长战略》最终决议，提出 7 大战略领域和 21 个国家战略计划。

7 大战略领域包括“绿色创新”环境与能源强国战略、“生命创新（life innovation）”健康强国战略、亚洲经济战略、旅游导向型国家与本地复兴战略、科技与 IT 导向国家战略、就业与人力资源战略、金融战略。其中，亚洲经济战略提出 2020 年目标是建立亚太自由贸易区（Free Trade Area of the Asia-Pacific，简称 FTAAP），推动国内改革促使人员、商品及资本流翻番，促使亚洲收入翻番，扩展机遇。制定的基本政策是使日本成长为一个“桥梁国家（bridge nation）”。具体包括：① 亚洲国家已与日本企业实现了产业一体化，特别是亚洲中产阶级迅速崛起以及亚洲国家在增长的同时遭遇到日本早已面对和解决的问题，如城市化与环境问题等，为日本带来重大的商业机遇，因此要充分利用日本在亚洲市场上的优势；② 促使日本成为亚洲增长的“桥梁国家（bridge nation）”，共享日本的经济增长经验，进一步巩固亚洲的现有增势，巩固日本在环境、亚洲区域商务等领域的独特优势；③ 作为 2010 年亚太经合组织（APEC）主办国，积极促进贸易和投资自由化，构建亚太自由贸易区（FTAAP）路线图，建立一个无缝隙的亚洲市场；④ 在亚洲地区扩展日本的安全标准，尤其是智能电网、燃料电池以及电动汽车等优势领域，并与亚洲国家一起持续建设食品安全国际标准；⑤ 在亚洲及世界范围内传播日本“安全”技术，利用日本的技术和发展经验，推动高速铁路、城市交通、水资源供应、能源等领域安全的日本产品出口，并努力加强基础设施项目的承接与管理，同时推动发展中国家各产业领域人力资源发展，以创造更多的商业机遇，促进日本出口和投资增长；⑥ 实行国内改革以与亚洲市场一体化，修订阻碍人员、货物及资本流动的规章制度，通过建设羽田机场 24 小时国际航空港、签署“开放领空”协议、进行国际集装箱及散杂货战略性港口开发等措施，促进与各国在大学、科研、文化、体育以及青年等方面的交流与合作，并推动日本与全球各国人员、货物及资本流量翻番。⑦ 作为一个亚洲国家，日本应促进亚洲地区的整体发展，通过向亚洲市场出口日本的内容、设计、时尚、传统文化、传媒艺术等创意产业，商业活动扩展，以及与各国合作消除版权冲突、城市化问题、全球环境问题等，使亚洲的收入翻番，以此扩大日本经济增长机会，增强其海外竞争力与国内实力。

根据 7 大战略领域的基本目标和政策，《新增长战略》提出了 21 个国家战略计划，从绿色创新、生命创新、亚洲战略、旅游和本地复兴、科技与 IT、就业与人力资源、金融等领域进行目标与具体措施制定。其中，与亚洲战略相关的有第六、第七、第八、第九、第十项国家战略计划。

（1） 第六项，基础设施相关系统出口。建立国家战略计划委员会（Council for National Strategic Projects），由首相担任国家政策大臣（Minister for National Policy）一职，从公共部门与私营部门选择人员组成委员会。加强政府驻外机构在海外项目方面的服务能力，在所选择的国家地区派驻基础设施项目专门官员（specialized officers for infrastructure projects）。加强相关政府部门金融支持，提高基础设施项目经营能力，在国家政策部门（National Policy Unit）下设立基础设施相关系统出口促进委员会（Council for Promotion of Export of Infrastructure-Related Systems），通过公私合营、公私合作促进基础设施相关系统出口。扩展日本国际企业银行（Japan Bank for International Cooperation，简称 JBIC）为发达国家提供投资贷款支持的领域，总结经验建立风险预测与管理系统，为高效发展项目提供贷款，恢复商务领域活力。提高公共事业公司的海外运营能力。通过这些措施，2020 年目标是基础设施相关系统出口的市场规模达到 19.7 万亿日元。

（2）第七项，降低企业税，推动日本成为亚洲产业中心。为了加强日本企业的经营能力，鼓励外资企业在日本建立商务基地，日本政府将把企业税降低至大多数国家的水平，所采取的方式有降低税率以及在确保就业和提高企业进行商务选址环境的基础上扩大税基确保税收来源。制定 2011 财年计划，鼓励外资企业在日本建立亚洲总部和研发基地，增加高素质人员的就业机遇，推动日本成为亚洲产业中心。到 2010 年底制定"亚洲产业中心与日本领域直接投资促进规划"（program for promoting Japan as Asian industrial center and direct investment into Japan），进行系统改革，确保人员、物品和资金流畅通，增强日本商务环境的吸引力，改革商务相关程序，包括出口物质的"担保区域流通原则"（principle of delivery to bonded areas）等。通过这些措施，2020 年目标是外资企业雇员数量翻番和对内直接投资翻番，以此提高日本企业运营能力，增加就业，吸引外资企业，带来更多高价值产品与服务。

（3）第八项，培育国际人才和广纳国际高级人才。为了促进日本教育机构和企业适应国际变化需求以及需要进行国际化事务处理的个人进行发展，日本政府支持高等教育全球化，鼓励日本与国际青年人交流与增加海外经验，扩大与国外高校进行多样化资格认定的范围，鼓励国外教师与国外学生进入日本，支持国外学生在日本企业就业。引入在欧洲国家、美国和一些亚洲国家应用较多的"分数制度"（point system），修订高级人才移民管理程序，吸引更多外籍高级技术人员进入日本，并对日本劳动力市场、产业和居民生活在这方面受到的影响进行监测和分析。通过这些措施，促使日本外籍高级技术人员数量翻番，2020 年派遣 30 万日本青年人出国进修，吸引 30 万名外籍学生来到日本进行学习与培训。此外，推动公共与私营部门在海外合作发展当地的人力资源。

（4）第九项，知识产权、标准化和"酷日本（Cool Japan）"出口战略。改组科学与技术政策委员会（Council for Science and Technology Policy），参考知识产权促进总部（Intellectual Property Promotion Headquarters），建立"科学、技术和创造战略总部"（Science, Technology and Innovation Strategy Headquarters），绘制战略领域知识产权获取与利用路线图，绘制战略领域日本标准全球化推广的路线图。通过国外电视节目收购、提高电子流通、阻止盗版、加速审查过程等措施，支持时尚、内容、设计、食品、传统文化、旅游和音乐等"酷日本（Cool Japan）"相关产业商务活动，鼓励公私合作进行地区产品推广，鼓励外籍人员参与创意工作，促使日本利用软实力实现增长。通过这些措施，2020 年目标是在战略领域使日本标准成为全球标准，内容相关产业亚洲市场收益每年达到 1 万亿日元。

（5）第十项，亚太自由贸易区（Free Trade Area of the Asia-Pacific，简称 FTAAP）经济伙伴战略。到 2010 年秋季绘制“经济合作全面战略基本政策”（Basic Policy for Comprehensive Strategy for Economic Partnership），与亚洲国家和其他主要国家和地区进行经济合作。通过关税和其他商务方式，如投资与移民限制等非关税方式，加速国内机构改革，促进高质量的经济伙伴合作，确保与国内产业相协调发展。作为建立“东亚社区”（East Asian Community）的一部分，作为 2010 年亚太经合组织（APEC）主办国，日本政府应努力保持强有力的领导地位，探索建立亚太自由贸易区的理想路径。增加日本医疗或护理机构的外籍人员就业数量，向海外扩展日本医疗和护理技术与知识。通过这些措施，2020 年目标是推动亚洲人员、产品与资金流翻番，促进区域商务发展，鼓励外资企业在日本建立商务基地和集聚人力资源。

三、欧盟商务政策法规新动态

欧盟委员会（European Commission）是欧盟的常设执行机构，也是欧盟唯一有权起草法令的机构。根据《欧洲联盟条约》221 条及相关规定，欧盟委员会具有法律文件建议主动权，负责欧盟各项法律文件、预算和项目的执行，并作为欧共体在国际舞台的代表进行特别是商贸和合作方面的国际条约谈判。

（一）针对商务主体的政策法规

欧盟将满足企业雇佣人员少于 250 人、营业额少于 5000 万欧元、资产负债表少于 4300 万欧元 3 个条件的企业列为中小企业（SMEs：Small and Medium Enterprises）。

在“小企业优先”（think small first）原则下，欧盟 2000 年通过《欧盟小企业宪章》，2005 年发布“为了增长和就业的现代中小企业政策”，把满足中小企业的需要作为“里斯本增长和就业战略”核心。其后几年，欧盟委员会不断出台鼓励中小企业的政策，在研发框架计划中显著增加了对中小企业的资助，明显改善了中小企业的商业环境。例如：为企业注册提供一站式服务，减少新开设公司的时间和成本等。

2008 年，欧盟理事会特别要求实施进一步增强中小企业可持续发展和提高竞争力的计划。2008 年 6 月，欧盟发布《欧洲小企业法》（A “Small Business Act” for Europe）法规文件。这是欧盟第一个关于促进中小企业发展的综合性政策框架，提出了促进中小企业发展的 10 项原则：① 积极倡导企业文化，促进创新精神。包括设立优秀中小企业奖励制度，举办“欧盟中小企业周”活动，营造对中小企业友好环境，使对中小企业友好成为主流政策选择等。② 增加再创业机会。包括各成员国对有关非欺诈类破产企业的法律审理程序争取限定在一年内审结，确保破产后企业家的第二次创业得到公平对待，如申请资助项目等。③ 确定“小企业优先”（think small first）原则。在立法与行政行动的程序中充分考虑小企业的特点并提出针对性建议，通过相关法规前至少提前8周与中小企业机构咨商。④ 公共机构对中小企业的需求及时作出反应。包括减少企业注册等各种行政费用，简化发证手续，明确除涉及公共安全的企业外不超过1个月完成企业登记注册手续，行政机构不得要求企业重复提供同样信息的材料，确保小企业每3年内最多1次被要求填写统计报表，建立中小企业联系点，实现网上申请与一站式服务等。⑤ 采用满足中小企业需要的公共政策工具，协助中小企业进入公共采购。例如及时披露有关信息，提供采购指南手册，鼓励发包商小型化项目，避免不合比例原则的资质审查等。⑥ 便利中小企业融资。例如发展风险投资市场，针对中小企业发展资助10万到100万欧元的资助计划，改进税收和管理，鼓励投资等。⑦ 帮助中小企业在欧盟单一市场中获得更多机会。例如使用电子签名与电子授权，在标准化与认证等方面减少相关费用、维护公平，消除保护主义壁垒，促进跨境贸易等。⑧ 鼓励中小企业技能升级和各种类型创新。包括鼓励中小企业参与第七研发框架计划，加强中小企业与高校间的交流，鼓励达芬奇人才计划，鼓励成员国间研发计划等集群合作，帮助小企业实现网上企业自我诊断等。⑨ 协助中小企业应对环境挑战以赢得更多商机。例如通过税收优惠和优先领域设置等鼓励中小企业发展有生态效益的产业和产品，鼓励发展环境创新型的中小企业，利用欧盟团结基金等扶持中小企业。⑩ 进行国际化支持。例如建立“市场进入团队”，为中小企业提供市场信息服务，鼓励并支持中小企业积极开拓中国、印度等快速成长市场。

在其后的2008-2010年间，欧盟委员会和各欧盟成员国按照方案进行执行，减轻行政负担，便利中小企业融资渠道，推动中小企业开拓新兴市场。2011年2月，欧盟委员会发布对执行情况的审查报告，总结取得的进展，并研究下一步政策措施。

首先，已取得的进展方面。立法领域，除了《欧洲私人企业条例》（Statute for a European Private Company，简称SPE）相关规则仍在讨论中，其他《欧盟小企业法》法规已在执行中，例如电子发票指令等同纸张发票，营业额少于200万欧元的企业可将其增值税会计推迟到收获客户付款时间，公共部门须为中小企业承担起支付之日起30天的安全保障等。非立法领域，约有10万中小企业从企业竞争力和创新框架计划（Competitiveness and Innovation Framework Programme）的金融工具中获益，预计到2013年还将有20万中小企业受益，平均而言每个被授予担保贷款的中小企业增加1.2个工作岗位；通过逾期付款指令，公共部门要求在30天内向其供应商进行支付，提高企业的现金流；欧盟私营有限公司建立企业所需的平均时间和成本从2007年的485欧元和

12 天降低到 2010 年的 399 欧元和 7 天；中小企业参与公共采购的在线程序获得简化，联合投标机会增多；欧盟委员会于 2010 年 9 月成立在中国的欧盟中小企业中心，协助更多欧盟中小企业进入第三国市场；将企业家和中小企业作为创新和科研政策的核心，消除企业家“使想法进入市场”（bring ideas to market）的最后壁垒。

其次，欧盟委员会研究接下去的政策措施，进一步开展促进创业和中小企业行动。

（1）减轻行政负担。包括促进整个欧盟“只有一次”原则，即在已有其他程序提供情况下，公共机构和行政机构应避免请求相同的信息、数据、文件或证书；修改有限责任公司的年度账目和综合账目基本要求，简化欧盟会计框架；与智能调节通信（Smart Regulation Communication）联网，缩减为会员国“镀金”的量化指标；各成员国须严格执行“小企业优先”原则，系统评估法案中“中小企业测试”（SME test）对于中小企业的影响情况，确定下一阶段预算期间将执行的商业相关法案年度规划的精确时间。

（2）改善融资渠道以促进投资和企业成长。包括协助中小企业通过加强信贷保证计划，支持投资、企业成长、创新和研究；简化程序，便于中小企业通过欧盟资助方案；改善中小企业融资渠道，使中小企业进入风险资本市场，使投资者更了解中小企业所提供的机会；建立欧洲级别的知识产权定价制度，便于中小企业获取知识市场；各成员国应协助中小企业获取结构基金（Structural Funds），开发“信贷监察员”（credit ombudsman）解决方案以促进中小企业和信贷机构之间的对话，避免阻碍跨境风险资本投资的双重征税，建立一站式商店（one-stop-shops）便于中小型企业申请欧洲、国家和地方的补助金等。

（3）帮助中小企业面对全球化的市场。提供新的建议以支持中小企业开拓欧盟以外的市场；制定应对全球化竞争和网络的新战略；增加信息和援助，协助中小企业使用欧盟贸易防御工具（EU Trade Defence Instruments，简称 TDI）；消除自由贸易协定下的非关税贸易壁垒，促进中小企业进入第三国；各成员国须按照成员国援助和竞争规则（Community State Aid and competition rules）进行支持中小企业的网络建设，鼓励中小企业租赁或购买专科专业，以协助企业成长、创新和国际化。

（4）协助中小企业进行内部市场活动。包括开展欧盟范围不公平商业惯例的深入分析并进行相应的法律建议；为通用综合企业税基（Common Consolidated Corporate Tax Base，简称 CCCTB）提出立法建议，进行新的增值税战略以降低单一市场的税收障碍和行政负担；促进跨境债务追偿；提出“欧洲合同法”实施办法；修订 2011 年欧洲标准化体系以确保适应中小企业的需求；解释原产地标签规则，告知中小企业有关信息以保护其合法权益；加强内部市场的电子互操作性，尤其是到 2012 年实行《单一市场法》（Single Market Act）的建议，确保整个欧盟电子认证的相互识别，在 2011 年修订关于电子签名的指令；各成员国须全面落实公共采购等方面的“便于中小企业最佳做法的欧盟法典”（European Code of Best Practices facilitating SMEs），促进欧洲标准免费摘要的网上公布。

（5）协助中小企业把握资源节约型经济的商机。包括实施新的能源效率计划（Energy Efficiency Plan）和迈向生态创新的行动计划（Eco-innovation Action Plan），特别关注中小企业在促进网络、低碳技术和资源高效领域的创新；进一步推进针对欧洲企业网络内环境和能源专家的具体行动；各成员国应更好地使用国家援助（State Aid）以支持在环境和能源领域的投资，协助中小企业通过欧洲社会基金（European Social Fund）获得必要的管理和技术技能，协助中小企业进行生态管理和审计计划（Eco-Management and Audit Scheme，简称 EMAS）和 ISO14000，鼓励微型和小型企业采取简化 EMAS 型计划如“EMAS- EASY”。

（6）促进企业家精神，创造就业机会和包容性增长。包括创建至少在 10 个欧盟国家的女企业家指导计划，为其提供创业、企业成长咨询和支持；支持与促进业务转让；到 2011 年底通过“社会事业倡议”（Social Business Initiative），专注追求社会目标的企业；各成员国到 2013 年底须将牌照及许可证获取时间缩短到 1 个月，并将具有诚信企业家的破产解除和债务清偿最大期限放宽到 3 年以促进二次创业，应开发用户友好和可得到广泛支持的市场以增加业务成功转让的数量。

（二）针对对外贸易的政策法规

2010 年 3 月，欧盟委员会发布欧盟新战略《欧盟 2020 年战略——为实现灵巧增长、可持续增长和包容性增长的战略》，6 月获得批准，成为继“里斯本战略”之后欧盟的又一个十年经济发展新战略。新的欧盟战略提出了未来十年“灵巧增长、可持续增长、包容性增长”3 大发展方向，劳动力就业、研发投资、温室气体排放和可再生能源使用、教育、生活贫困人口数等领域 5 个首要目标，“创新联盟”、“年轻人在行动”、“欧洲数字化议程”、“资源更高效的欧洲”、“全球化时代的产业政策”、“新技能和新工作机会议程”、“消除贫困的欧洲大平台”等 7 大行动计划及具体措施。其中，欧盟委员会提出了 2020 贸易战略，计划未来几年的重要目标之一是建立与新兴经济体的战略合作关系。主要内容包括：① 注重完成进行中的多边和双边磋商，尤其是具有最大经济潜力的磋商，同时重视现有协议的执行，关注非关税贸易壁垒；② 对未来某些行业实行贸易开放，如“绿色”产品、技术及高科技产品与服务、实现国际标准化的行业，尤其是一些增长性领域；③ 与重要合作伙伴进行高层战略对话，讨论市场准入、管制架构、全球失衡、能源和气候变化、原材料获得、全球贫困等战略问题。欧盟委员会决定，从 2011 年开始，在欧洲理事会春季会议之前出具关于贸易和投资壁垒的年度报告，商议如何改善市场准入和欧盟公司的监管环境。

在 2020 贸易战略基础上，2010 年 11 月，欧盟委员会公布名为《贸易、增长和世界事务（Trade， Growth and World Affairs）》的新贸易战略文件，还有《过去 5 年欧洲全球战略成果》与《贸易：繁荣的驱动力》2 份附件报告以及 1 份关于欧盟如何开展国际贸易的民意调查报告，勾勒未来 5 年欧盟贸易政策走向。

在《贸易、增长和世界事务》中，欧盟委员会肯定了贸易的作用。欧盟是世界上最大的出口来源地，2009 年欧盟出口的商品和服务总量约占欧盟 GDP 的 13%。其民意调查研究报告显示，65% 的欧洲人认为，欧盟从国际贸易中获益匪浅; 2/3 的欧洲人认为，欧洲商品和服务能在全球竞争中占上风；60% 的欧洲人认为，贸易政策必须能够促进就业。因此，欧盟深刻认识到贸易在巩固其优势、推动经济发展和增加就业方面的作用。

《贸易、增长和世界事务》列举了欧盟未来 5 年全球贸易的 6 项优先目标。① 积极推动多边和双边贸易谈判议程。虽然目前多哈回合（Doha Round）谈判进展缓慢，但多哈回合一旦成功将预计为世界经济带来每年 3000 亿欧元，进一步巩固欧盟支持和倡导的多边贸易体系和多边贸易规则制定的地位。因此，策划网罗国际人才听取意见，努力在 2011 年底前促成多哈回合谈判完成。此外，目前欧盟已完成与韩国、秘鲁、哥伦比亚、中美各国的双边自由贸易协定的谈判，与海湾国家、印度、加拿大、新加坡等国的谈判在进展中，与南美共同市场的谈判也重新开始，并准备由马来西亚和越南开始进行东南亚国家自由贸易协定谈判。这些自由贸易协定（Free Trade Agreements，简称 FTAs）涉及与商务紧密相关的重要方面，例如商品、服务和投资的监管壁垒、知识产权、保护创新等，囊括了欧盟全部对外贸易的 50%，可实现平均出口税率下降到 1.7%、平均进口关税下降到 1.3%，对欧盟 GDP 的长期贡献将达到 0.5 个百分点，为其带来巨大经济利益。② 加深欧盟的战略伙伴关系。欧盟委员会特别关注美国、中国、俄罗斯、日本、印度和巴西对于欧盟的重要战略意义，突出强调与这 6 个重要战略伙伴关系的“基于双边各自利益的对等关系”和“各方均需共担权利和义务”原则。③ 帮助欧盟企业进入全球市场，强调获得对等的开放和市场准入条件。④ 积极对外投资，同时吸引外国对欧盟的直接投资。欧盟吸引了全球海外直接投资总额的 29%。由于外国投资能够直接创造就业，欧盟将推动与主要贸易伙伴进行全面的投资政策谈判，包括印度、加拿大、新加坡以及中国和俄罗斯。⑤ 强调贸易政策的执行力，坚决抵制他国的贸易保护措施。欧盟委员会向欧洲理事会提交系统报告，阐明欧盟针对海外贸易壁垒和贸易保护措施而采取行动的优先顺序。⑥ 实现贸易的“包容性”，即让每个欧洲人都享受到贸易的利益，而且推动贸易对发展的促进作用，让所有人都分享全球经济发展所带来的好处。这一点既是要打开欧盟以外的市场，同时也包含支持发展中国家适应开放市场。

后者将主要通过在2011年制定贸易支持发展新框架政策而实施。

欧盟委员会的贸易政策是欧盟的例行政策文件。新的贸易战略文件在保持2006年欧盟贸易战略的连续性基础上，面对当前世界经济和贸易环境的最新变化，特别是金融危机引发全球性经济衰退，进行贸易战略调整，细化和深化其贸易政策，强化"开源"和"扩流"，以发挥商务发展在经济复苏和就业增长宏观政策目标中的重要作用。

四、世界贸易组织商务政策法规新动态

世界贸易组织（World Trade Organization，简称WTO）是一个具有法人地位的国际组织，与国际货币基金组织（IMF）、世界银行（WB）一起被称为世界经济发展的三大支柱。它是多边贸易体制的法律基础和组织基础，在市场准入、促进公平竞争、经济发展、非歧视性基本原则基础上，对各成员国的贸易政策和法规进行监督管理、定期评审；组织实施其管辖的商品货物、服务、与贸易有关的投资及知识产权等各项贸易协定和协议；协调其与国际货币基金组织和世界银行等国际组织和机构的关系，保障全球经济决策的一致性和凝聚力；调解成员国之间的争执和冲突；为其成员国提供处理各项协定和协议有关事务的谈判场所，并向发展中国家提供必要的技术援助以帮助其发展。

2008年12月，世界贸易组织发布《补贴与反补贴措施协议》（Agreement on Subsidies and Countervailing Measures）与《反倾销协议》（Agreement on Anti-Dumping）新草案。

首先，在补贴与反补贴方面。2010年补贴与反补贴措施委员会（SCM Committee）审查了成员国的特别补贴通报、反补贴税立法通报、反补贴行动半年度报告，以及发展中国家的出口补贴延长期限资助计划。

按照《补贴与反补贴措施协议》，成员国必须通报其具体的年补贴额，每2年提交一次。2010年委员会继续审议2007年和2009年的补贴情况以及有关反补贴税的通报情况。从2009年7月1日到2010年6月30日的一年间，共有6个世界贸易组织成员国通报了24项新的补贴情况，其中美国10项、欧盟8项。在2010年6月底，共有66项明确职责和价格承诺的反补贴措施生效，其中美国43项、加拿大9项、欧盟8项。此外，在其4月和10月的会议上，委员会讨论了如何改善《补贴与反补贴措施协议》下贸易信息的及时性和完整性。

出口补贴延长期限资助计划主要涉及自由贸易区或出口商的税收优惠政策。按照世界银行公布数据，人均国民生产总值（GNP）低于1000美元的低收入发展中国家可豁免取消出口补贴，直至其人均国民生产总值连续3年达到1000美元（1990年美元以不变价格计算）。根据总理事会（General Council）在2007年制定的决策，补贴与反补

贴措施委员会对于发展中国家出口补贴计划延长期限的授权时间为2013年底，授权成员国必须在其后2年内逐步淘汰，最终截止时间为2015年12月31日。目前有19个发展中国家的出口补贴计划取消期限授权得以延长。10月份，委员会对于授权成员国进行中期评估。在审查的基础上，委员会同意再延长一年的过渡期，直至2011年底。

其次，在反倾销方面。2010年反倾销措施委员会（Committee on Anti-Dumping Practices）在春季和秋季举行了2次会议，通报了许多新的反倾销调查立法情况与一个审查立法情况，并审查了各成员国的半年度报告。

从2009年7月1日到2010年6月30日的一年间，共有25个世界贸易组织成员国通报了181项新的反倾销调查，其中印度34项、欧盟21项、阿根廷19项、美国16项。在2010年6月底，共有1379项明确职责和价格承诺的反倾销措施生效，其中美国257项、印度205项、欧盟149项、土耳其121项、中国119项。

五、经验与启示

总体来看，为应对金融危机，自2008年9月之后到2010年，美国、日本、欧盟等政府出台的一系列经济刺激计划或政策，主要是刺激消费、保障和扩大就业、减少企业破产数量。其中大部分都属于金融措施，例如购买企业债、为失业者提供贷款等，由政府支付的资金也主要是用于企业信贷担保方面，而在新增投资和促进消费方面的投入并不是太多。而且，除了美国强调交通基础设施建设之外，这些经济刺激计划大多没有针对特定产业领域。但是，作为经济领域的重要组成部分，同样遭受金融危机冲击的商务产业必定会受到这些经济刺激计划的较大推动，市场逐渐复苏。

（一）对国内商务市场进行保护与复兴成为当前多国贸易政策的共同特点

金融危机之后各国采取的经济政策，特别是在商务领域，最大的特点即实施保护性贸易政策，对内侧重进行保护与复兴国内商务市场，采取较多的限制进口措施，强化进口管制，对外则积极拓展海外市场，加强出口驱动。

美国在2009年重提“Buy America”（购买美国产品），在“不违背美国对国际协定的承诺”的前提下，经济刺激计划支持的工程项目必须使用“国产”钢铁和其他制成品；在2010年成立出口促进内阁，实施“国家出口倡议”战略；以及加征诸多进口附加关税，公布强化贸易救济措施的14项建议，加强反倾销和反补贴等政策的执行力度等，这些政策措施都表现出较明显的贸易保护主义，保护本国的商务产品。特别是，根据世界贸易组织的规定，“特定产品过渡性保障机制”和“特殊保障措施”所包含的“贸易转移”规定赋予其他世界贸易组织成员国采取连锁行动的权力，即在美国对某国产品实施特保措施之后，其他世界贸易组织成员国可以不再履行任何程序，直接实施同样的特保措施。因此，美国这种限制进口措施，在具体执行之后向全球范围扩大，引起与加强了全球性的贸易保护。根据世界银行统计，2009 年上半年世界各国采取的限制进口措施较上年同期上升了 18.5%。同样，世界贸易组织在 2009 年下半年到 2010 年上半年的一年间所进行的反倾销调查也说明了这一情况。到 2010 年 6 月底，美国共有 257 项明确职责和价格承诺的反倾销措施生效，在全球占到了 18.6% 的最大份额。

相比较美国，日本与欧盟在 2010 年提出的亚洲经济战略与 2020 贸易战略，则更加强调对外贸易的扩展。例如日本制订的几项国家战略计划中，设立专门委员会，鼓励基础设施相关系统出口；推行知识产权、标准化和“酷日本（Cool Japan）”出口战略，绘制战略领域日本标准全球化推广的路线图；推行亚太自由贸易区经济伙伴战略，绘制“经济合作全面战略基本政策”，与亚洲国家和其他主要国家和地区进行经济合作。欧盟委员会发布的《贸易、增长和世界事务》新贸易战略文件，积极推动多边和双边贸易谈判议程；积极对外投资；帮助欧盟企业进入全球市场，强调获得对等的开放和市场准入条件；强调贸易政策的执行力，坚决抵制他国的贸易保护措施。

（二）发展以中小企业为主体的商务环境成为商务政策推进的核心理念

金融危机之后美国与日本实施的一系列经济刺激方案，虽然没有特定产业领域，但都将中小企业作为扶持的重点。

例如美国在 2009 年 2 月出台《金融稳定计划》，制定小企业和团体信贷计划，包括提高 SBA 贷款担保，减少 SBA 贷款费用，提供监管资金与快速申请渠道，使用《消费者和商业信贷计划》资助 AAA 级 SBA 贷款购买，解冻为小企业提供贷款的二级市场等；并且敦促国会通过小企业法案，对小企业实施大约 120 亿美元减税，设立 300 亿美元基金推动社区银行为小企业提供贷款。日本在 2008 年 10 月日本政府总额 26.9 万亿日元的一揽子经济刺激方案中，制定和加强对中小企业的援助政策，包括追加 21 万亿日元贷款，为陷入困境的中小企业提供信贷担保，支援中小企业的对策税制、新技术商品化和资金调度，对违反承包法、垄断禁止法进行严加处理等；在 2010 年 9 月日本政府 9200 亿日元（110 亿美元）详细经济刺激方案中，投入 1750 亿日元减轻日本中小企业资金负担，投入 1200 亿日元促进日本中小企业对国内投资和开拓海外市场等。欧盟在 2008 年颁布《欧洲小企业法》（A “Small Business Act” for Europe）法规文件，提出了促进创新精神、增加再创业机会、“小企业优先”（think small first）原则、公共机构对中小企业的需求及时作出反应、协助中小企业进入公共采购、便利中小企业融资、帮助中小企业在欧盟单一市场中获得更多机会、鼓励中小企业技能升级和各种类型创新、协助中小企业应对环境挑战以赢得更多商机、进行国际化支持等促进中小企业发展的 10 项原则，并在 2011 年对执行情况进行审查，总结取得的进展，研究与提出下一步政策措施。

商务领域大部分都是中小企业。中小企业在大多数国家都占据了企业数量的绝对比重，并在就业中拥有较大比重，是创造就业机会的重要资源。例如欧盟有 2300 多万家中小企业，占欧盟企业总数的 99%；中小企业雇佣了 1 亿人，约占欧盟 70% 的就业岗位，其中平均 2 个人的小企业提供了 30% 的就业岗位，中小企业对就业增长的贡献率达 84%；而且绝大多数新成立的中小企业从事服务行业，对技术转移与推广起着重要作用。因此，这一系列经济刺激方案以及对外贸易政策都能极大地推动中小商务企业的发展。营造有利于中小企业发展的整体商务环境，引导产业良性发展，成为发达国家商务政策推进的核心理念。

主要参考文献

【1】U.S. Department of the Treasury. Financial Stability Plan: report of U.S. Department of the Treasury [R], 2009-02-10.

【2】The White House. Executive Order – National Export Initiative: report of the White House [R], 2010-03-10.

【3】U.S. Commerce Department. Trade Law Enforcement Initiative: report of U.S. Commerce Department [R], 2010-03-10.

【4】Ministry of Economy, Trade and Industry. On the New Growth Strategy: report of Ministry of Economy, Trade and Industry [R], 2010-06-18.

【5】European Commission. "Think Small First" A "Small Business Act" for Europe: report of European Commission [R]. COM (2008) 394, 2008-06-25.

【6】European Commission. Thinking Big for Small Businesses – What the EU does for SMEs: report of European Commission [R], 2011-06-30.

【7】European Commission. SBA Review: What has been done and what is to be done for Europe' s SMEs: report of European Commission [R], 2011-02-23.

【8】European Commission. Europe's Small Business Act strengthens small businesses and drives growth: report of European Commission [R], 2011-02-23.

【9】World Trade Organization. WTO Annual Report 2011: report of World Trade Organization [R], 2011-07-11.

第十三章 政府市场监管和公共服务体系建设

一、概述

政府职能通常表述为经济调节、市场监管、社会管理、公共服务，这 4 项职能包括了政府的政治管理职能、经济管理职能、文化管理职能和社会管理职能。经济调节和市场监管指的就是经济管理职能。除了经济调节以外，政府管理经济的手段就是市场监管。目前，政府市场监管的职能主要有：对价格的监管、对资源使用方向的监管、对企业及其市场行为的监管以及对保障国家经济安全和人民生活质量的监管等。

公共服务体系包括教育、公共卫生、公共文化服务、社会福利等系统。完善的公共服务体系是保障国家发展、稳定社会格局的重要保证。

由于政府市场监管和公共服务体系建设涉及的内容十分广泛，限于篇幅，这里主要根据当前大家关注较多的热点，从行业和管理对象两个角度出发，选取后金融危机下国际金融监管和食品安全监管（行业角度）、知识产权保护和消费者权益保护（管理对象角度）等领域，研究国内外政府如何对这些领域进行监管的。

二、后金融危机下国际金融监管改革新动向

金融危机是金融监管立法改革最重要的推动力，随着世界经济形势的复苏和金融体系的逐步稳定，在后危机时代下世界主要经济体的主要任务开始由采取短期政策措施以遏制危机蔓延和深化转向金融监管立法制度改革，以此修复现行金融监管体系的根本性缺陷。美英及欧盟三大经济体先后颁布多项金融监管立法改革方案，反映出各经济体在金融监管立法改革方面的不同态度和利益诉求，虽然三方监管立法改革措施和具体内容存在一定差异，但是立法改革存在很多的共同之处，折射出后危机时代下国际金融监管立法改革的新动向。其中加强系统性风险监管和加大金融消费者保护力度成为改革重点。

（一）美国

美国作为金融危机的发源地，其改革方案对现行金融监管体系进行了重大调整，分别于 2009 年 12 月和 2010 年 7 月通过了《金融监管改革——新基础：重建金融监管》和《2010 年华尔街改革和消费者保护法》两大法案。法案内容主要包括：对美联储“超

级监管”的定位，成立金融服务监管委员会；建立消费者金融保护局（CFPA），保护消费者权益；将对冲基金、私募股权投资基金和风险投资基金等纳入监管体系；加强对场外金融衍生品交易的监管等。

面对外界对美国监管体系的质疑和改革的呼声，奥巴马政府于 2009 年 6 月公布了《金融监管改革——新基础：重建金融监管》（以下简称《改革白皮书》），并于 2009 年 12 月 11 日获众议院通过，力图从监管理念、监管制度、监管架构、监管手段等各个方面革新现有的监管体系，实施更为严格的消费者保护政策，出台对金融产品更为严格的监管规制。《改革白皮书》具体涵盖了五大方面内容（见表 13.1），其核心有两项：一是将美联储打造为超级监管者，加强对大型金融机构的监管，并将对冲基金、保险公司等非银行金融机构纳入美联储监管范围；二是设立新的金融消费者保护局，将消费者权益保护作为金融监管的中心内容。

表 13.1 《改革白皮书》的主要内容

措　施	具体内容
加强对金融机构的监管	成立金融服务监管委员会（FSOC），以监视系统性风险，同时促进跨部门合作； 强化美联储权力，将监管范围扩大到所有可能对金融稳定造成威胁的企业；除银行控股公司外，对冲基金、保险公司等也将被纳入美联储的监管范围；对金融企业设立更严格的资本金和其他标准，大型、关联性强的企业将被设置更高标准； 成立全国银行监管机构，以监管所有拥有联邦执照的银行； 撤销储蓄管理局及其他可能导致监管漏洞的机构，避免部分吸储机构借此规避监管； 对冲基金和其他私募资本机构须在证券交易委员会注册。
建立对金融市场的全方位监管	强化对证券化市场的监管，包括增加市场透明度，强化对信用评级机构的管理，创设和发行方须在相关信贷证券化产品中承担一定风险责任；全面监管金融衍生品的场外交易；赋予美联储监督金融市场支付、结算和清算系统的权力。
建立消费者和投资者保护机制	建立独立的监管机构——消费者金融保护局（CFPA），以保护消费者不受金融系统中不公平、欺诈行为的损害；对消费者和投资者的金融产品及服务强化监管，促进这些产品透明、公平、合理；提高消费者金融产品和服务提供商的行业标准，促进公平竞争。
赋予政府应对金融危机的手段	建立新机制，以使政府自主决定如何处理发生危机并可能带来系统风险的非银行金融机构；美联储在向企业提供紧急金融救援前须获得财政部许可。
提高国际监管标准并加强国际合作	建议各国共同提升监管标准，并在监管资本标准、全球金融市场监管、国际金融公司监管和危机预防与管理等四个方面与国际社会达成一致意见。具体包括加强国际资本框架建设与全球金融市场监管，强化国际金融公司监管，改革危机预防和管理的机构和程序，增强金融稳定委员会职能等。

资料来源：上海科学技术情报研究所（ISTIS）整理、编制

2010 年 7 月 1 日和 15 日，美国众议院和参议院先后通过了《2010 年华尔街改革和消费者保护法》(因以参议院银行委员会主席克里斯托弗 · 多德和众院金融委员会主席巴尼 · 弗兰克命名，简称为《多德—弗兰克法案》)，并于 7 月 21 日由总统奥巴马签字生效成为法律。该法案从财政部提案、众议院立法、参议院立法、参众两院协调到最终生效，历时一年多。该法案被认为是 20 世纪 30 年代“大萧条”以来最全面、最严厉的金融改革法案，并为全球金融监管改革树立新的标尺。该法案的三大核心内容是：①扩大监管机构权力，破解金融机构“大而不能倒”的困局，允许分拆陷入困境的所谓“大到不能倒”(Too big to fail)的金融机构并禁止使用纳税人资金救市；可限制金融高管的薪酬。②设立新的消费者金融保护局,赋予其超越目前监管机构的权力,全面保护消费者合法权益。③采纳所谓的“沃克尔规则”，即限制大金融机构的投机性交易，尤其是加强对金融衍生品的监管，以防范金融风险。《多德—弗兰克法案》的主要内容见表 13.2。

表 13.2 《多德—弗兰克法案》的主要内容

措　施	具体内容
成立金融稳定监管委员会	成立金融稳定监管委员会，负责监测和处理威胁国家金融稳定的系统性风险。该委员会共有 10 名成员，由财政部长牵头。委员会有权认定哪些金融机构可能对市场产生系统性冲击，从而在资本金和流动性方面对这些机构提出更加严格的监管要求。
设立新的消费者金融保护局	在美国联邦储备委员会下设立新的消费者金融保护局，对提供信用卡、抵押贷款和其他贷款等消费者金融产品及服务的金融机构实施监管。
监管场外衍生品市场	将之前缺乏监管的场外衍生品市场纳入监管视野。大部分衍生品须在交易所内通过第三方清算进行交易。
限制银行自营交易及高风险的衍生品交易	在自营交易方面，允许银行投资对冲基金和私募股权，但资金规模不得高于自身一级资本的 3%。在衍生品交易方面，要求金融机构将农产品掉期、能源掉期、多数金属掉期等风险最大的衍生品交易业务拆分到附属公司，但自身可保留利率掉期、外汇掉期以及金银掉期等业务。
设立新的破产清算机制	设立新的破产清算机制，由联邦储蓄保险公司负责，责令大型金融机构提前做出自己的风险拨备，以防止金融机构倒闭再度拖累纳税人救助。
规定美联储监管权限	美联储被赋予更大的监管职责，但其自身也将受到更严格的监督。美国国会下属政府问责局将对美联储向银行发放的紧急贷款、低息贷款以及为执行利率政策进行的公开市场交易等行为进行审计和监督。
美联储监督企业高管薪酬	美联储将对企业高管薪酬进行监督，确保高管薪酬制度不会导致对风险的过度追求。美联储将提供纲领性指导而非制定具体规则，一旦发现薪酬制度导致企业过度追求高风险业务，美联储有权加以干预和阻止

资料来源：上海科学技术情报研究所（ISTIS）整理、编制

（二）欧盟

金融危机爆发以来，面对金融监管权力分散在各成员国的局面，欧盟更加认识到分散的监管体系不仅不利于金融体系的稳定，也与欧盟金融一体化以及全球性的金融市场不相匹配。因此，加强监管与协调成为欧盟自危机发生之后监管改革的主题。欧盟金融监管改革方案的主要目的是打破各成员国之间在金融监管领域的分割，实现欧盟层面上的统一监管。

2010 年 9 月 7 日，欧盟成员国财政部长一致通过了 2009 年 9 月欧盟委员会关于金融监管改革的系列提案，2010 年 9 月 22 日欧洲议会举行全体会议最终审查并批准了《欧盟金融监管体系改革》法案。至此，欧盟金融监管体系改革法案最终获得批准并付诸实施，一个由欧洲系统性风险管理委员会（ESRB）和欧洲监管局（ESAs）组成的欧盟全新的泛欧金融监管体系于 2011 年 1 月开始运作。

欧洲金融监管体系的重塑是 2008 年国际金融危机爆发以来欧盟实施的最重大的经济改革举措和制度创新，它标志着欧盟成员国各自为政的金融监管格局将被彻底打破。《欧盟金融监管体系改革》法案主要包括三方面内容（见表 13.3）。

表 13.3 《欧盟金融监管体系改革》法案的主要内容

措　施	具体内容
设立欧洲系统性风险管理委员会	在泛欧金融监管改革法案中，欧盟设立一个主要由成员国央行行长组成的欧洲系统性风险管理委员会（ESRB），其重要职责包括控制欧盟信贷总体水平和抑制泡沫，监测整个欧盟金融市场上可能出现的宏观风险，及时发出预警并提出应对相关情况的措施，以确保欧盟作为一个整体更好地应对未来可能的金融危机。该委员会负责制定一套统一标准，对跨国金融机构面临的风险进行统一评估，以便确认这些机构面临的风险类别。同时，该委员会还将负责制定一套以不同颜色分类的风险级别，反映不同的风险水平，并据此对金融机构提出建议或者发出警告。 欧洲系统性风险管理委员会没有正式权力，只是一个协商机构，其建议不具法律约束力，主要通过欧洲央行、监管机构以及欧盟委员会的广泛参与和风险分析来实现监管目的。
建立超国家金融监管机构	泛欧金融监管改革法案中的一个重大突破是建立泛欧监管机构，这个超级监管机构将覆盖欧盟的银行业、保险业和金融市场。根据法案，欧盟将成立三个超国家金融监管局：① 欧盟银行业监管局。前身是欧洲银行业监管委员会秘书处，总部设在英国伦敦，主要负责对银行业的监管。② 欧盟证券与市场监管局。前身是欧洲证券监管委员会秘书处，总部设在法国巴黎，主要负责对证券行业的监管。③ 欧盟保险与雇员养老金监管局。前身是欧洲保险与雇员养老金监管委员会秘书处，总部设在德国法兰克福，主要负责对保险业的监管。 三个监管局均是实体性质的金融监管机构，主要是从微观层面上控制金融风险，促进金融市场的健康发展，具有执法权。三个监管局将超离于单个国家，有权驳回或否决各国监管机构的决定，解决了欧盟金融市场在高度一体化过程中缺乏跨国性的实体来统筹各国金融机构监管的问题。

（续表）

措　施	具体内容
确立“消费者保护”为金融监管的中心目标	加强对金融消费者和投资者的保护，成为后金融危机时期各国和各地区金融监管当局反思和改革的重要内容。此次欧盟金融改革法案成功将消费者保护列为欧洲金融监管局工作的绝对核心。这方面主要体现为欧洲金融监管局的一些职权规定上，例如三大欧洲金融监管局有权调查特定金融机构或特定金融产品，如“有毒”产品，或裸卖空等金融行为，以评估其对金融市场造成何种风险，并在必要的时候发出预警。根据特定的金融法规，三大欧洲金融监管局还可临时禁止或限制有害的金融活动或产品，并要求欧委会提出立法建议永久禁止或限制此类活动或产品。

资料来源：上海科学技术情报研究所（ISTIS）整理、编制

欧盟这一全新金融监管体系具有开创性意义。长期以来，以德国为代表的欧洲大陆国家一直强调要加强金融监管，但因美国的反对和英国的抵制而始终未能展开讨论。金融危机爆发之后，包括英美在内的世界各国重新审视金融创新与金融市场系统性风险监管的必要性，使得欧洲大陆国家重视金融市场稳定、强化监管的理念和主张得以付诸实践，欧盟新金融监管方案得以出台，全面的金融改革得以拉开序幕。对于欧盟成员国来说，新监管体系的确立是欧洲经济一体化进程的又一里程碑，它标志着成员国部分金融监管权限开始向欧盟转移，各成员国在此领域长期各自为政、难以协调的局面开始发生实质性转变。而对于世界各国而言，欧盟的这一新体系为不同国家金融监管机构的合作开创了先例。

（三）英国

美国次贷危机引发全球金融危机以来，英国金融和经济受到极大影响，尤其是对英国金融监管机制造成巨大冲击。自 2008 年以来，英国对金融监管机制进行了一系列改革。2008 年，英国议会颁布银行法特别条款，专门授权监管部门采取相关措施以应对这些受危机影响的银行；2009 年 2 月，英国议会通过了《2009 年银行法》，加强金融监管改革以全面应对全球金融危机；2009 年 3 月，英国金融服务局公布了应对全球银行危机的监管措施专题报告；2009 年 7 月 8 日，英国财政大臣达林公布了《改革金融市场》白皮书；2010 年 4 月，英国颁布《金融服务法》以加强金融监管；2010 年 6 月 16 日，英国财政大臣乔治 · 奥本斯宣布将对英国金融监管体系进行 13 年来最重要的改革，并将在两年内完成新监管架构的立法（见表 13.4）。

表 13.4 2009-2010 年英国金融监管情况一览表

时 间	通过法案 / 行动	主要内容
2009 年 2 月	《2009 年银行法》	规定英格兰银行作为中央银行，承担金融稳定职责，在英格兰银行理事会下面新成立金融稳定委员会（FSC），由英格兰银行行长兼任委员会主席，专门负责防范金融系统风险。
2009 年 7 月	《改革金融市场》白皮书	白皮书提出新成立一个金融稳定理事会（CFS），由英格兰银行、英国金融服务局（FSA）和财政部共同组成，以全面负责金融稳定方面的金融风险监控；要扩大英国金融服务局对金融系统性风险的监管职权；要加强金融消费者利益保护机制改革，并加强欧洲监管合作和国际监管合作。
2010 年 4 月	《金融服务法》	采纳英国政府在 2009 年 7 月公开发表的《改革金融市场》白皮书的许多建议。
2010 年 6 月	宣布将对英国金融监管体系进行 13 年来最重要的改革	于 2012 年取消金融服务局（FSA），英格兰银行将成为英国唯一的金融监管机构，负责全面金融监管。原金融服务局的职能将被新成立的三个机构——金融政策委员会（FPC）、审慎监管局（PRA）和消费者保护和市场管理局（CPMA）所取代，以负责英国金融监管事务。

资料来源：上海科学技术情报研究所（ISTIS）整理、编制

针对金融系统性风险，英国《2009 年银行法》规定了英格兰银行作为中央银行，承担金融稳定职责，在英格兰银行理事会下面新成立金融稳定委员会（Financial Stability Committee，FSC），由英格兰银行行长兼任委员会主席，专门负责防范金融系统风险。为落实英格兰银行的金融稳定监管权，英国《2009 年银行法》授权英格兰银行对银行支付系统的监控职权，并建立健全银行支付系统监管机制、金融风险问题、银行的特别流动性支持机制、金融稳定监管协调和干预机制、金融稳定风险调查分析机制等。为防止金融风险的扩散及加强对危机的处理，英国《2009 年银行法》建立了特别解决机制、银行破产机制和破产银行赔偿机制，进一步强化了金融监管信息共享机制和监管协作机制等程序与内容。

2009 年 7 月 8 日，英国财政大臣达林在英国国会众议院听证会上具体阐述了《改革金融市场》白皮书，白皮书的核心目标是加强金融系统建设，推动今后金融体系的重建。白皮书提出新成立一个金融稳定理事会（Council for Financial Stability，CFS），由英格兰银行、英国金融服务局（Financial Service Authority，FSA）和财政部共同组成，以全面负责金融稳定方面的金融风险监控。为进一步控制金融系统性风险，白皮书提出，要扩大英国金融服务局对金融系统性风险的监管职权，加强金融市场的监管和金融风险传播的控制，增强金融市场的约束，提高银行抗风险的能力。白皮书还提出，要加强金融消费者利益保护机制改革，并加强欧洲监管合作和

国际监管合作。

针对《改革金融市场》白皮书所提出的政府对金融危机的原因分析，以及改革金融市场监管和消费者保护等一系列建议，英国于 2010 年 4 月出台了《金融服务法》（Financial Services Act 2010），采纳了英国政府在 2009 年 7 月公开发表的《改革金融市场》白皮书的许多建议：① 增加英国金融服务局（FSA）维护金融稳定的新目标，增强公众对金融事务的了解，并规定了相关措施以满足 FSA 调整的新目标；② 规定了被批准监管执行人员的报酬，由 FSA 制定有关人员报酬的规则；③ 规定了金融服务局提出有关金融危机的恢复和解决方案，并授予 FSA 禁止卖空或要求信息披露的权力；④ 通过规定金融服务局的中止受管制活动的许可权，以及取消征收罚款和免除授权的限制等，加强金融服务局的纪律处分权力，由金融服务局对未经批准的个人从事控制性金融业务的行为进行处罚，或暂停公司及个人的部分业务活动或全部业务活动；⑤ 通过采取规定消费者赔偿计划并明确信用卡计划的限制规定等措施，加强消费者保护；⑥ 规定了特别解决机制的成本费用，并要求金融服务赔偿计划（FS）管理其他的相关计划的权力；⑦ 规定了有关金融稳定信息的获取权及资产保护计划，金融服务局有权收集与金融稳定相关的、有助于识别对英国金融市场构成潜在威胁行为的信息；⑧ 对银行间支付系统服务作了相关规定，并对 2009 年银行法作了修正等等。

2010 年 5 月 11 日，英国保守党领袖卡梅伦接任首相职务后，与自由民主党组建新一届政府。联合新政府执政后，开始了对英国金融监管机制的进一步改革。2010 年 6 月 16 日，英国财政大臣乔治 · 奥本斯宣布将对英国金融监管体系进行 13 年来最重要的改革，主要内容是到 2012 年完成对英国金融服务局（FSA）的现有监管职能的分解，并将该局的监管职能转交给英国中央银行即英格兰银行。改革后，英国将新成立金融政策委员会（FPC）、审慎监管局（PRA）以及消费者保护和市场管理局（CPMA）三个新机构以负责英国金融监管事务。其中，金融政策委员会（FPC）和审慎监管局（PICA）将由英格兰银行负责成立，前者主要承担维持金融系统的稳定性职责并掌握宏观政策工具，后者主要负责金融公司的稳定性，并新增加一位英格兰银行副行长担任审慎监管局局长以负责审慎监管工作；消费者保护和市场管理局（CPMA）主要负责消费者保护和金融市场规则监管。

三、国内外食品安全政府监管体系分析研究

食品安全问题是一个复杂的社会问题，在社会经济发展中占据着十分重要的位置。

发达国家经过多年的发展和经验积累相对来说形成了一个较为成熟的食品安全监管体制。这里先简要介绍三种食品安全监管模式，然后以美国、欧盟和中国为例展开说明。

（一）三种食品安全监管模式

2003 年，国际粮食组织和世界卫生组织共同发布了《建立有效国家食品安全控制体系指南》，其中，对国家食品安全监管体系做出了三种模式的界定。

（1）多个部门分工监管体制，以美国为代表。美国食品安全管理实行的是多部门联合监管模式，不同部门间、联邦与各州和地方之间的食品安全职责相互补充和相互依赖。

（2）单个监管部门体制，以欧盟为代表。欧盟食品安全管理采用设立专门部门——欧盟食品安全局（EFSA）独立监管的模式。

（3）综合性体制，这种体制试图在多个部门的体制上，强调食物链监管工作各个部门及环节之间的有效协调与合作。我国即采用这种模式。

（二）美国

美国食品安全采用政府多部门分工监管、共同负责的监管模式。美国在食品物流各环节中涉及的食品安全管理职能机构达 20 多个，但起主要作用的有美国农业部下属的食品安全检验局（FSIS）、卫生与人类部下属的食品药品管理局（FDA）和环境保护署（EPA）。同时，美国的食品质量安全具有强大的法律支撑和健全的监管制度。

1．食品安全监管机构

美国的食品安全管理职能由农业部、卫生与人类部和环境保护署等机构分别承担。如图 13.1 所示，农业部下属的食品安全检验局（FSIS）管理肉、禽、蛋等食品安全危险性较高的产品，包括生产、流通、包装等环节的安全控制；卫生与人类部下属的食品药品管理局（FDA）负责除肉、禽等以外 80% 的食品，以及部分化妆品的安全管理；环境保护署（EPA）则负责农药、水土环境相关的食品安全控制。此外，商业部的国家海洋渔业服务中心（NMFS）负责海产品的检查、评估和分级；财政部的酒精、烟草和火器管理局（BATF）负责烟酒制品配方的管理；海关、司法部、联邦贸易委员会等机构也不同程度的承担了对食品物流安全的监管职能。

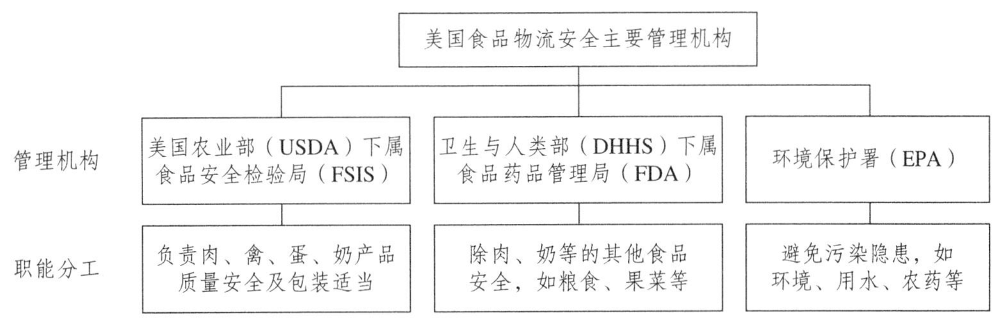

图 13.1 美国食品安全监管机构职能图

资料来源：上海科学技术情报研究所（ISTIS）整理、编制

2．食品安全相关法律体系

美国联邦法律法规具有覆盖全面、内容具体的特点。有关食品安全方面的法律条例多达 35 种，大致可分为四个层次：第一类，综合性法律，如《联邦食品、药品和化妆品法》。美国有关食品安全法令均是以《联邦食品、药品和化妆品法》为核心，它为食品安全的管理提供了基本原则和框架，赋予了相关方相应的职责与权限。该法自 1938 年颁布以来，经过无数次修改后，已成为美国关于食品的基本法；第二类，针对不同产品制订的法律，如《联邦肉品检查法》等；第三类，针对食品流通环节制订的法律，如《食品运输卫生法》等；第四类，与生产投入相关的法律，如针对农药的《食品质量保护法》。具体可见表 13.5。除此之外，作为法律执行中的补充，一系列更为详细的机构和部门法规也明确地阐明了与食品安全相关方面的内容，并进行季度性的实时更新。

近年来，美国频发食品安全事件，例如，2006 年的“毒菠菜事件”，2008 年的“沙门氏菌事件”，2009 年的“花生酱事件”以及 2010 年的“毒鸡蛋事件”等，这使民众对美国食品安全管理体系的有效性产生质疑，要求加强食品安全立法和执法的呼声越来越高。

美国立法机构 2009 年启动了修订《联邦食品、药品和化妆品法》的进程。分别出现了众议院的《美国 2009 食品安全加强法案》（众议院于 2009 年 7 月 30 日通过并于 2009 年 8 月 3 日提交参议院审议）和参议院的《FDA 食品安全现代化法案》（参议院卫生、教育、劳动和养老金委员会通过并提交。参议院和众议院审议）两个版本。最终两个版本将合并，并分别经参众两院审议通过后方可成为正式法案并付诸实施。

表 13.5 美国食品安全相关法律体系

法律类型	法律名称	主要内容
综合性法律	联邦食品、药品和化妆品法（FFDCA）	包括控制食品假冒、规范标签、紧急事件、农药残留标准、添加剂控制、食品企业检查、有毒成分容许量等。
主要食品产品安全法	鲜活农产品法（PACA），联邦谷物标准化法（USGSA），蛋品检查法（EP IA），联邦肉品检查法（FMIA），禽产品检查法（PP IA）等	对蛋类、肉品、禽类等具体产品形式的卫生、包装、屠宰、认证、销毁、处罚标准进行详细规定。
与食品流通环节有关的法律	正确包装与标签法（FPLA），食品运输卫生法（SFTA），联邦进口乳品法（F IMA）等	包括工具使用、检查、管理、处罚、豁免等。
与生产投入相关的法律	食品质量保护法（FQPA）	农药残留标准、农药注册等。

资料来源：上海科学技术情报研究所（ISTIS）整理、编制

2011 年 1 月 4 日，美国总统奥巴马签署了《FDA 食品安全现代化法案》（FDA Food Safety Modernization Act，FSMA），使该法案成为第 111 届国会第 353 号法律并付诸实施。这是 70 多年来美国对现行主要食品安全法律《联邦食品、药品和化妆品法》的重大修订，也是美国食品安全监管体系的重大变革。《FDA 食品安全现代化法》和《联邦食品、药品和化妆品法》比较，有三大方面提升：① 扩大 FDA 对国内食品和进口食品安全监督管理权限（表 13.6）；② 构建更为积极的和富有战略性的现代化食品安全“多维”保护体系，妥善解决食品安全和食品防护问题；③ 确保美国国家食品供应安全继续走在世界前列。美国食品及药物管理局（FDA）、美国海关边境保护局及其他有关部门将于短期内开始实施《FDA 食品安全现代化法》。

表 13.6 《FDA 食品安全现代化法》新增加的 FDA 权限

序号	具体内容
1	进口商须核实外国供应商和进口食品是否安全可靠，没有实行该等核实程序的进口商不得进口食品。
2	增加 FDA 巡查食品设施的次数，包括在 2012 年 1 月 4 日前巡视至少 600 家外国设施；之后 5 年，每年巡查设施数目至少相当于前一年的两倍。FDA 可与外国政府达成协议及安排，以便巡查外国设施。该局须指定一些认可机构，以认可第三方证明外国食品设施符合美国食品安全标准。
3	扩大现行注册规定，要求所有食品设施必须注册，并每两年重新注册。若有证据显示某食品设施的产品可能会导致人畜严重健康问题甚至死亡，FDA 有权吊销该食品设施的注册。

（续表）

序号	具体内容
4	授权 FDA 要求高风险食品进口出示安全认证，并拒绝让没有认证或来自不允许美国人员巡查的外国食品设施或国家的食品入境。
5	允许 FDA 根据《联邦食品、药物和化妆品法》，扣留冒牌或掺假的食品。
6	进口食品的预先通报文件必须列出曾拒绝该种食品入境的国家名称。
7	某公司未有自发回收掺假食品，或含有可导致人畜严重健康问题甚至死亡的未申报致敏物质的食品，FDA 有权下令强制回收。
8	设立合格进口商自愿计划，让进口产品能快速进入美国境内，允许进口商使用第三方认证或符合 FDA 订立的进口认证规定参与合格进口商自愿计划。
9	允许 FDA 估算处理违规个案涉及的费用，例如回收产品及重新检查的费用。
10	为 FDA 监管目的而进行的各种化验测试，须由 FDA 化验所或获 FDA 承认的认可机构认可的化验所进行。
11	若 FDA 有理由认为某种食品掺假，可导致人畜严重健康问题甚至死亡，该局有权翻查食品设施的记录。
12	FDA 必须制定试行计划，以测试及评估能迅速有效追溯蔬果和加工食品的新方法。
13	FDA 可就新鲜农产品订立安全标准。

资料来源：上海科学技术情报研究所（ISTIS）整理、编制

3．食品安全监管制度

食品安全监管制度是美国各级管理部门所采取的保证食品生产和加工全过程安全的有力保障。美国对水产、肉类、乳制品、果蔬汁等多种食品加工企业实施强制性的“危害分析和关键控制点（HACCP）”认证，该认证通过危害分析设置基于流通的关键点监控，可以控制食品生产加工和包装过程中可能存在问题的主要环节。此外，在食品物流过程的质量控制中，生产环节采用农药残留监测计划（PDP）、贝类卫生计划（NSSP）、质量保证（QA）和质量控制（QC）等；流通环节采用食品安全全程监测、连锁责任追究、市场食品质量安全自检等；加工环节采用 HACCP 认证、长期定向监测、监督抽样、强制检验等。

（三）欧盟

欧盟对食品安全相当重视，尤其是 2000 年疯牛病等事件后，欧盟各成员国政府对现行的管理体制和机构设置等进行了反思。2000 年欧盟食品安全白皮书中，提出建立一个独立的食品管理机构负责食品安全问题。2001 年通过立法，2002 年欧盟食品安全局（EFSA）正式开始行使职能，2005 年在意大利正式挂牌成立。欧盟食品安全局的职责范围很广，统一负责欧盟境内所有食品的相关事宜，负责监督整个食品链的安全运行，根据科学证据做出食品危机风险评估。

1．食品安全监管机构

欧盟食品安全管理采用设立专门部门——欧盟食品安全局（EFSA）独立监管的模式。欧盟食品安全局由 4 部分组成——管理委员会、执行主席和员工、科技委员会、咨询论坛，主要职责是开展食品安全风险评估，独立地对直接或间接与食品安全有关的事件提出科学建议，提出食物法规的建议。此外，欧盟委员会健康和消费者保护局（DGSANCO）负责食品安全法规修订、监督成员国执行以及对食品安全进行综合评估，下设 8 个部门，其中安全与供应链管理局、食品与兽药办公室重点监督成员国执行欧盟食品安全相关法律的情况（见图 13.2）。

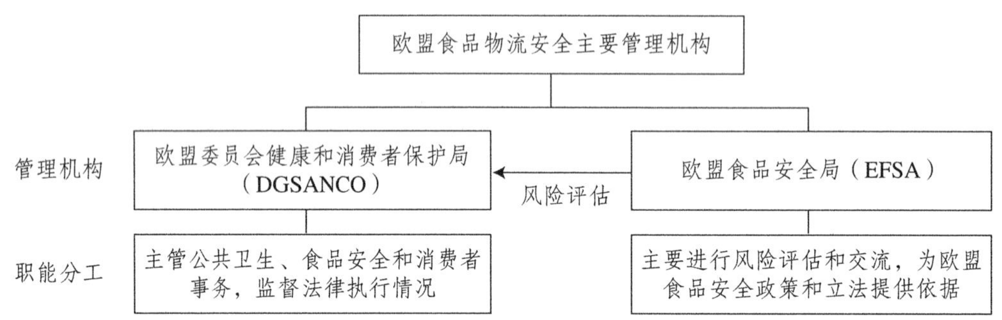

图 13.2 欧盟食品安全监管机构职能图

资料来源：上海科学技术情报研究所（ISTIS）整理、编制

2．食品安全相关法律体系

欧盟为统一协调内部食品安全监管规则，陆续制订了《食品安全白皮书》、《食品卫生法》、《欧盟食品安全卫生制度》等 20 多部食品安全法规，形成强大的法律体系，直接或间接地从国家法律角度对食品安全进行了规范。其中，《食品安全白皮书》包括食品安全政策体系、食品法规框架、食品管理体制、食品安全国际合作等内容，提出了 84 项保证食品安全的基本措施，是欧盟及其成员国完善食品安全法规体系和管理机构的基本指导。此外，欧盟还制订了一系列食品安全规范要求，包括动植物疾病控制、药物残留控制、食品生产卫生规范、良好实验室检验、进口食品准入控制、出口国官方兽医证书规定、食品的官方监控等。

3．食品安全监管制度

欧盟严格把关食品物流过程的质量控制，生产环节采用农药残留检测制度、行业协会自查制度、良好生产实践指南及食品投入品管理制度等；流通环节采用食品安全全程追溯、市场准入制度、通用及专项标识管理及绿色壁垒等；加工环节采用 HACCP 认证、企业资格认证、标准化生产制度、产品有机认证等。

此外，欧盟还建立了食品、饲料快速预警系统（RASFF），对食品安全进行风险评估。欧盟食品、饲料快速预警系统（RASFF）的主要功能是，针对成员国内部由于食品不符合安全要求或标识不准确等原因引起的风险和可能带来的问题，通过及时通报各成员国，使消费者避开风险的一种安全保障系统。系统主要流程包括收集信息、风险评估、信息通报、信息反馈及再评估等（如图 13.3 所示），快速预警系统通过及时评估食品安全事件的风险和快速反应机制及时向公众发布可供参考的信息，避免食品安全事故蔓延。

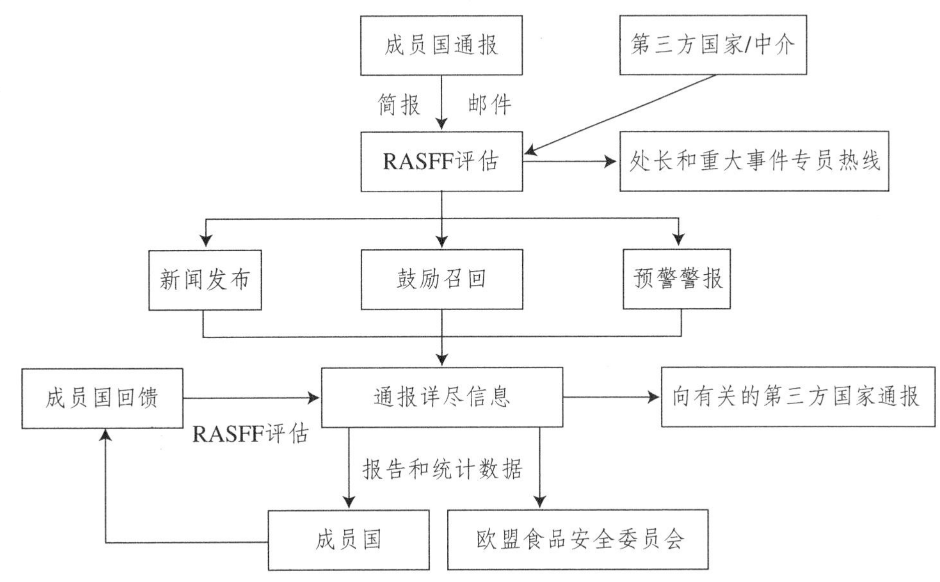

图 13.3　欧盟食品、饲料快速预警系统（RASFF）执行流程图

资料来源：上海科学技术情报研究所（ISTIS）整理、编制

（四）中国

我国食品安全监管的职能分工目前正处于新的《食品安全法》（2009 年 2 月通过，2009 年 6 月 1 日起正式实行）颁布后的过渡时期。目前基本沿袭着食品安全分段管理的模式，强调食物链监管工作各个部门及环节之间的有效协调与合作。

1. 食品安全监管机构

我国在 2008 年大部制改革中，重新将国家质量监督检验检疫局（质检局）纳入卫生部体系中，由卫生部牵头，承担食品安全综合协调职责，联合农业部、工商局、质检局、药监局等部门，在各自范围内实施监管。在种植养殖、批发零售、餐饮加工等环节由不同的政府机构负责监管，其中农业部门、质量监督和检验检疫部门、商务部门分别负责食品供应链的种植养殖环节、食品加工环节、食品流通环节，而工商行政部门负责各个环节经营主体的经营执照颁发（经营许可），卫生部门除控制卫生许可外，同时按照新食品安全法规定实施对食品安全的综合协调。此外，海关、质量监督和检验检疫部门同时监管进出口食品安全（见表 13.7）。

表 13.7　我国食品安全主要职能部门分工情况表

部门名称	环　节					
	种植养殖	集散批发	食品加工	餐饮服务	终端零售	进口出口
农业部门	安全监管					
质量监督			安全监管			安全监管
商务部门		安全监管			安全监管	
食药管理				安全监管		
工商行政		主体经营	主体经营	主体经营	主体经营	
		资格认定	资格认定	资格认定	资格认定	
卫生部门		卫生监督	卫生监督	卫生监督	卫生监督	
海关部门						通关监管
卫生部门	食品安全法颁布后主管负责综合协调监管					
食药管理	食品安全法颁布前主管负责综合协调监管					

数据说明：不同省市对于食品安全监管职能的分工也存在差异，如某些地区以工商行政部门为主导进行食品安全监管，表中所列偏重普遍性情况。

资料来源：上海科学技术情报研究所（ISTIS）整理、编制

2．食品安全相关法律体系

目前，我国涉及食品安全的法律包括《食品安全法》、《农产品质量安全法》、《农业法》、《动物防疫法》、《进出口商品检验法》等，对于具体产品和生产、流通环节的细节规定较少涉及，或仅存在于地方性管理规范、管理办法中。在标准方面，我国现行食品安全相关标准在时效性、完整性和协调性方面有待提升：时效性上，以目前已有的 8 个强制性国家限量标准来说，其中 3 个是 1994 年的标准，标龄 17 年，而锌含量卫生标准（GB13106—1991）的标龄已长达 20 年；完整性上，我国食品中农药最大残留限量（GB2763—2005）规定了 136 种农药残留限量，而国际食品法典委员会（CAC）的同类标准规定了 228 种农药残留；协调性上，例如我国既存在白酒良好生产规范（GB /T23544—2009），又存在白酒卫生规范（GB /T 8951—1988），两类规范并存造成消费者的困惑和生产者的无所适从。

3．食品安全监管制度

食品安全监管主要涉及生产、加工、流通等环节，市场准入制在食品安全监管方

面发挥着重要的作用。我国食品市场准入机制主要由三部分组成，即生产环节的市场准入、流通环节的市场准入及加工环节的市场准入。食品生产环节的准入制度主要包括产品认证、农资投入品准入管理和产地准出制度；食品流通环节的准入制度主要包括绿色市场认证、索证索票制度、购销台账制度和大型市场自主检测；食品加工环节的准入制度主要包括 QS（Quality Safety）产品认证、HACCP 认证、ISO 质量标准认证、食品卫生许可证等。目前，我国主要使用 QS 认证对食品、化妆品及其相关设备、材料进行质量安全认证标志，2003 年首先在米、面、油、酱油、醋五类食品中推行，随后又扩大到肉制品、乳制品、饮料等 10 类食品，其他食品的强制认证工作正在分地区、分情况地逐步展开。对于 HACCP 认证，我国依然采取非强制认证办法，对于肉类等食品安全隐患较大的产品也未作具体要求。

四、国外知识产权保护制度及监管

知识产权作为自主创新的出发点和落脚点，作为建设创新型国家的重要支撑，已经成为国家竞争力的核心要素。知识产权保护已成为国际经济秩序的战略制高点，并成为各国激烈竞争的焦点之一。世界各国，特别是以美国、日本为代表的发达国家，纷纷调整和制定其面向新世纪的知识产权战略，并将其纳入国家经济、科技发展的总体战略之中。

（一）美国

美国是当今世界经济实力、科技实力最强大的国家。“知识产权富民”、“知识产权强国”在美国已成通识。美国特别重视知识产权的作用，通过国内立法严格保护知识产权。

1. 知识产权保护制度

美国的知识产权保护可以分为三个层面：立法层面、行政层面、司法层面。

（1）立法保护。美国国会所制定通过的联邦法律，按国防、外交、内政、商务、劳工、农业、运输等事务逐一编集成为不同编目的《联邦法》（United States Code），共 50 编，而其中与知识产权有关的包括：第 35 编的专利法及第 15 编的商标法。因此，美国对知识产权的立法保护，是在联邦层面上的统一立法，虽然各州都有对知识产权保护的地方立法，但其与联邦法精神并不相冲突。

（2）行政保护。行政保护，主要体现在知识产权的行政管理方面。承担这一职能的是，隶属于商务部的专利商标局，主要负责商标、专利的申请，对专利申请的审核、授权以及专利文献的管理等。从申请到批准，专利需要经过 18 个月，而商标是 15 个月，专利的保护期限是 20 年，而商标的保护期则是 14 年。

（3）司法保护。如果说行政保护是事前的授权保护，那么司法保护则是事后的救济保护。美国对知识产权的救济保护，主要有三条途径：一是联邦与州多层次的知识产权司法保护。美国联邦地区法院是版权、注册商标、专利、植物品种、集成电路布图设计等侵权案件的初审管辖法院。二是三个政府部门负责知识产权的行政保护。美国商标专利局对知识产权纠纷进行行政处理；美国国际贸易委员会（ITC）根据《美国关税法》第 337 条款对侵犯美国知识产权的进口商品案件拥有管辖权；美国海关有权对进入美国的假冒商标的商品或盗版商品实行扣押。三是知识产权的仲裁保护。美国于 1925 年制定了仲裁法，1926 年成立了仲裁协会，通过调解仲裁方式对知识产权进行保护。

2．知识产权保护的法律体系

近几十年来，美国根据国家利益和企业竞争的需要，对专利法、版权法、商标法等传统知识产权法律不断地进行修改与完善，扩大了保护范围，加强了保护力度。目前，美国已经建立起一套完整的知识产权法律体系。美国主要的知识产权法规包括：

在专利法方面，1996 年美国国会修改了《专利法》，1999 年又颁布了《美国发明人保护法》，确立了专利“先发明”制度和 1 年的宽限期保护制度以及早期公开制度。1996 年修订的美国专利法，将专利保护从过去的 17 年延长到 20 年，将专利权的取得从申请之日起算改为批准之日起算；对专利侵权的证据提取，扩展到全球任何一个国家，不再有国别限制，甚至包括世贸组织在内；专利的初步审查期为 18 个月，申请期内可以公开申请。

在商标法方面，早在 1870 年美国就制定了联邦商标法，现行商标法是颁布于 1946 年的兰哈姆法，规定了商标使用在先原则，即商标的先使用者获得商标法律的保护。如果能够提供使用在先的证据，商标即使没有注册，只要处于使用状态同样可获得法律保护。此外，美国商品的外形、声音、颜色、味觉均可申请注册商标，并分成商品商标、服务商标、证书商标和集体标志 4 大类。对侵害商标专用权行为，不但要赔偿有形损失，而且还要赔偿无形资产损失。1996 年，美国开始实施《美国联邦商标反淡化法》，对著名商标又进行了更为严格的保护，规定了著名商标的保护和使用的原则，以及混淆、诋毁行为的法律责任等内容，解决了与互联网域名有关的商标淡化问题。

在商业秘密保护方面，美国一直把对商业机密的保护列为各州法律调整的范围。20 世纪 90 年代以来，由于互联网的广泛利用和电子商务的发展，使美国越来越重视对商业秘密的保护。1996 年，美国制定了《联邦商业间谍法》，把盗窃商业信息行为列入刑事责任范畴，这是美国在知识产权保护方面最为严厉的法律。

此外，美国制定了保护其国内企业和国家利益的知识产权保护条款，即“337 条款”。“337 条款”是美国关税法中的第 337 条款的简称。“337 条款”主要是用来反对进口贸易中的知识产权侵权和不公平竞争行为，特别是保护美国知识产权人的权益不受涉嫌侵权进口产品的侵害。随着美国对外贸易政策从“自由贸易”向“保护贸易”转变，“337 条款”已经成为管制外国生产商向美国输入产品侵犯知识产权的法律规则和单边制裁措施。

3．知识产权保护管理机构

美国联邦的知识产权管理机构按功能可分为两类（见表 13.8）：

一类是行政主管机关。美国专利商标局是专利商标核审机构，下设专利、商标审查登记部门和专利、商标文件部门两大类职能处室部门，前者主管专利、商标计划控制及审查、登记，后者主管有关文件分类、技术评估及预测等。另外，在商务部设有国际贸易委员会，具体负责美国对外贸易政策中有关知识产权保护的决策与执行。美国版权办公室负责版权登记，还负责公告和版权纠纷的行政处理。其他政府机构（如能源部、农业部、环保署、卫生部等）都拥有各自的专利管理部门，有权以各自机构的名义进行专利的申请、维护以及许可转让。

另一类是特别设立的与科技法律有关的机构。为了研究科技政策、草拟科技立法、修正与知识产权有关的法案，以及收集最新的科技资讯，在美国国会也设立了相应的知识产权咨询部门，如国会研究服务署、会计署、科技评估室、国会预算室等。

表 13.8 美国知识产权管理机构及职责

<table>
<tr><th>类 型</th><th colspan="2">机 构</th><th>职 责</th></tr>
<tr><td rowspan="5">行政主管机关</td><td rowspan="2">专利商标局</td><td>专利、商标审查登记部门</td><td>主管专利、商标计划控制及审查、登记</td></tr>
<tr><td>专利、商标文件部门</td><td>主管有关文件分类、技术评估及预测等</td></tr>
<tr><td colspan="2">商务部下设的国际贸易委员会</td><td>负责美国对外贸易政策中有关知识产权保护的决策与执行</td></tr>
<tr><td colspan="2">版权办公室</td><td>负责版权登记、公告和版权纠纷的行政处理</td></tr>
<tr><td colspan="2">其他政府机构（如能源部、农业部、环保署、卫生部等）各自拥有的专利管理部门</td><td>有权以各自机构的名义进行专利的申请、维护以及许可转让</td></tr>
<tr><td>与科技法律有关的机构</td><td colspan="2">如国会研究服务署、会计署、科技评估室、国会预算室等</td><td>研究科技政策、草拟科技立法、修正与知识产权有关的法案，以及收集最新的科技资讯</td></tr>
</table>

资料来源：上海科学技术情报研究所（ISTIS）整理、编制

4．知识产权保护的新趋势

国际金融危机爆发以来，全球经济活动明显放缓，世界贸易增速下降。在如此艰

难而又复杂的国际经济背景下，美国进一步加强部署和调整其知识产权保护策略。当前美国知识产权保护有以下新趋势：

（1）不断加强版权保护力度，尤其是互联网版权法的保护。2009 年 5 月，美国贸易办公室把加拿大列入知识产权保护不充分的 12 个“优先观察名单”。美国贸易代表办公室认为，美国的知识产权权利人、商人和工人在国际盗版、假冒和其他偷窃知识产权的行为中承受了不小的损失，即使是最近的贸易盟友和邻居加拿大也要在以规则为导向的贸易体制下，加强知识产权的保护和实施。2008 年，以美国为主的国际知识产权联盟（IIPA）就批评加拿大和俄罗斯、中国为违反美国版权法最糟糕的国家。在 2009 年专门的 301 报告中，美国对中国互联网盗版问题十分关注，把百度列为网上盗版的代表，同时谴责阿里巴巴和淘宝等中国电子商务网站，向客户提供侵权产品。

（2）美国商业方法专利领域“专利适格标的”的判定标准发生变化　可专利性趋于严格。美国判例在商业方法案件的处理中，曾归纳了“转换测试法”、“除外事项测试法”、“St ate Street”测试法。2008 年 10 月，美国联邦上诉巡回法院在 Bilski 案中驳回 Bilski 商业方法专利申请的权利要求，针对方法发明是否为专利适格标的，确立了“机器测试法”或“转换测试法”的适用。此案宣告“State Street”测试法走入历史。同时，美国生物技术专利领域——专利显而易见性标准上判断原则紧缩和趋于严格化。美国这两个专利领域的发展，表明美国已意识到对商业方法专利过滥授予问题的严重性。在国际金融危机下，美国倾向于对商业方法专利采取严格的标准审查制度，加强专利的创新含量，保持美国的核心竞争力，而不是把财力、物力花费在对没有多少创新含量的产品和技术的专利保护上。

（3）十分强调政府介入知识产权标准化的制定，推动美国市场规则和标准在国际层面上的实施。美国认为，政府在签订国际协调的标准协定方面可以发挥重大的作用。因为知识产权保护中需要标准，将专利制度与技术标准巧妙地结合在一起，使得标准较容易利用其技术优势，从而在知识产权中处于有利地位。美国一些高新技术公司通常先把规则性的东西制定成为国际标准，然后把这种标准性的路径全部设定成专利进行注册，从而在市场竞争中处于优势地位。

（二）日本

日本政府高度重视知识产权保护，明确提出“知识产权立国”的基本国策。2002 年，小泉纯一郎就任日本首相后，制定了《知识产权战略大纲》，本着“国家利益优先”的原则，强调知识产权的创造循环，即创造、保护、活用、人才培养，促进知识产权的不断产生并形成螺旋上升的创新趋势。由此确立的“知识产权立国”被称为继明治维新“开国”和二战后“开国”之后的“第三次开国”。知识产权立国战略标志着日本继“技术立国”后又一次大的战略转移，即从“科学技术立国”向“知识产权立国”转移。

1. 知识产权战略实施机构

为了推进知识产权战略的实施，日本专门成立了知识产权战略总部，由首相担任战略总部的部长，战略总部的成员为内阁所有的大臣，此外还专门聘请10位著名的企业家、大学教授和律师作为战略总部的成员。

知识产权战略总部下设知识产权事务局。知识产权事务局由25名成员组成，其中17名来自各部门，6名来自产业部门，2名来自大学，主要工作是制定年度“知识产权推进计划”。事务局还设有研究小组，对“推进计划”提出咨询意见。知识产权事务局每年6月出台当年的“推进计划”，各相关部门按“推进计划”的要求落实本部门的相关工作。其中经济产业省负责落实《专利法》和《商标法》的相关工作；文部科学省负责《著作权法》的相关工作；农林水产省负责《种苗法》的相关工作。企业和大学也按照“推进计划”开展各自的工作。

知识产权事务局下设3个专门调查会，负责对计划的实施情况进行检查，并根据调查的情况提出新的课题，为制定下一年度的推进计划提出对策建议。其中知识产权强化竞争力专门调查会负责调查研究有关知识产权强化竞争力的课题；日本品牌调查会负责调查研究有关日本品牌振兴的课题；数字网络时代的知识产权制度专门调查会负责调查研究针对近年来数字技术发展和网络化普及的知识产权制度的课题和对策。

2. 知识产权战略的基本方针和主要内容

日本在制定年度知识产权推进计划的同时还制定中长期推进计划，提出阶段性目标、工作方针和主要措施。从2003年起至2009年，先后推出了三期中长期知识产权推进计划，具体内容见表13.9。

表13.9 日本三期中长期知识产权推进计划

期数	实施时间	目　标	基本方针	基本措施
1	2003年3月 至 2006年2月	首次提出实现知识产权立国的目标	知识创造循环活性化	设置知识产权高等法院；设置大学知识产权本部；制定专利审查加速法，修改职务发明的规定；新设关于泄露商业秘密的处罚规定；制定数字内容产业促进法；制定知识产权人才培养综合战略

（续表）

期数	实施时间	目　标	基本方针	基本措施
2	2006 年 3 月至 2009 年 3 月	实现世界最前端的知识产权立国	深入各地支援中小风险企业；推动大学内部的知识产权创造和产学协作；改革申请制度，加速专利审查；振兴日本品牌；确保和培养知识产权人才	启动“专利审查高速公路”；制定国际标准综合战略；引入地区团体商标制度；设置“知识产权避难所”；启动专利论文信息检索系统；5 年内录用 490 名任期制审查官；着手修改著作权法
3	2009 年 4 月至 2013 年	突出“扩大和推进运用知识创造的循环”，并正式引进政策评估循环制度。目标是强化知识产权的国际竞争力	强化和促进创新的知识产权战略；强化全球性知识产权战略；推进软实力产业的成长战略；确保知识产权的安定性和可预见性；构建针对用户需求的知识产权体系	综合评估专利制度的未来方向；大学知识产权本部和技术转移机构（TLO）的清理和专业化；解决权力滥用的问题；强化知识产权的高层外交；完成防止仿冒盗版商品扩散条约；完善数字内容的交易环境；研究审查运用外部智力资源的方法

资料来源：上海科学技术情报研究所（ISTIS）整理、编制

3．知识产权法律保障体系

在推进知识产权战略过程中，日本政府高度重视相关法律的修订和完善。为了加强知识产权保护，日本建立了完善的知识产权保护法律体系。目前，日本知识产权法律制度以《知识产权基本法》为基础，辅之以《商标法》、《专利法》、《著作权法》、《版权法》、《实用新型法》、《外观设计法》以及《不正当竞争防止法》、《反垄断法》等多部法律，形成了日本知识产权法律制度的基本框架体系。其中《商标法》、《专利法》等专门性法律与《不正当竞争防止法》、《反垄断法》互为补充，成为知识产权保护的两道防线。此外还重视研究新问题、新动向，及时修改和完善法律，日本知识产权相关法律修改非常频繁，有的法律甚至每年都进行修改，从而提高了法律的应用性、时效性和操作性。

（三）英国

英国是世界上最早颁布法律来保护知识产权的国家，其于 1623 年颁布的《垄断权条例》是世界上第一部正式而完整的专利法，也是世界各国现行专利法基本条款的雏形；1709 年颁布的《安娜女王法令》是世界上第一部具有现代意义的著作权法。这两部法律的颁布为英国奠定了世界知识产权保护制度鼻祖的地位，也对后来资本主义各国的知识产权立法产生了重要影响。

1．知识产权法律保障体系

经过 400 多年的发展，英国已形成了较为完备并具有英国特色的知识产权法律适用体系。英国在完善自身知识产权制度的同时，也在不断推动世界知识产权保护制度的发展。英国参加了众多的保护知识产权的国际公约，包括 1883 年《保护工业产权巴黎公约》、1886 年《保护文学艺术作品伯尔尼公约》、1961 年《罗马公约》、1970 年《专利合作条约》、1994 年《与贸易有关的知识产权协议》（TRIPS 协议）等等。对于这些所参加的国际公约，英国先后通过相应的国内法予以实施。

目前，英国知识产权保护的法律适用主要包括两个层次：一是作为欧盟的成员国，适用欧盟的知识产权法律。英国通过 1972 年《欧洲共同体法》确认了欧共体法在英国的最高地位，因此，欧盟有关知识产权法律适用的法律在英国知识产权法律适用体系中居于最高地位。二是适用国内法。目前，英国法律中有关著作权的内容主要规定在 1988 年《著作权、产品设计和专利法》之中，并且该法经过 1995 年《著作权期限及权利实施条例》、1996 年和 2003 年《著作权及相关权利条例》、2005 年《著作权（直布罗陀）令》、2005 年《著作权和表演（适用于其他国家）令》等多次修正。1883 年的《保护工业产权的巴黎公约》是英国专利法和商标法的基础。英国在 1994 年颁布了《商标法》，在 1977 年通过了《专利法》，并于 2004 年对该法做出修正。

2．知识产权保护管理机构

1852 年，英国政府颁布《专利法修正法令》并设立英国专利局（UKPO），迄今已有 150 多年的历史。保护工业设计的职能是 1875 年纳入英国专利局管理的，商标注册管理是 1876 年纳入英国专利局管理的。1990 年，英国专利局正式成为政府机构，隶属于英国贸易和工业部（DTI），并于 1991 年 10 月 1 日取得贸易基金地位，从而实现自收自支。经英国政府批准，英国专利局于 2007 年 4 月 2 日正式更名为英国知识产权局（UKIPO）。

英国知识产权局（UKIPO）负责处理工业产权事务，包括专利、外观设计、商标和版权。其 6 项主要职能是：① 专利、外观设计和商标等申请的受理和审批；②促进和支持知识产权法律及知识产权保护的相关活动；③ 执行《专利法》、《外观设计注册法》、《商标法》、《著作权法》及其他知识产权相关立法；④ 努力确保英国工商业，特别是中小企业掌握和运用知识产权，提升其地位和竞争力；⑤ 努力保证学术界的研究活动能够获得应有的回报；⑥ 协调相关国际事务。

英国知识产权局（UKIPO）现由 7 个部门组成：① 专利部；② 信息与通信部；③ 商标与外观设计部；④ 客户与创新支持战略部；（5）知识产权与创新部；⑥ 人力资源与行政管理协助部；⑦ 财务部。其中，每个部门又下设不同的处室（见表 13.10）。

表 13.10 英国知识产权局机构组成表

序号	部 门	下设处室
1	专利部	主管办公室、信息技术与业务变更处、审查与创新处（下设申请人协助办公室、检索咨询服务办公室、本国 / 国际申请审查与法律事务办公室）和审查诉讼与专利登记处
2	信息与通信部	信息技术服务处
3	商标与外观设计部	注册处、国际处、法律 / 听证处、审查处、业务改进处、计算机客户服务处和行政处
4	客户与创新支持战略部	检索咨询服务处、宣传信息与媒体事务处、外观设计与印刷服务处、咨询处以及客户关系管理处
5	知识产权与创新部	版权政策处和专利、商标与外观设计政策处
6	人力资源与行政管理协助部	人事处、劳资处、办公室、培训处、战略计划处和伦敦办事处
7	财务部	财务处、采购处和登记管理处

资料来源：上海科学技术情报研究所（ISTIS）整理、编制

五、国外消费者权益保护制度及监管

（一）美英消费者权益保护制度及监管

美英是世界上消费者权益保护思想萌发较早的国家，两国政府都非常重视保护消费者合法权益工作，设有专门机构保护消费者权益，且具备较完善的消费者权益保护法。

1. 美国

美国是世界上消费者权益保护思想萌发最早、消费者权益保护措施及实践最为完备的国家。1891 年成立的美国纽约消费者协会，是世界上第一个以保护消费者权益为宗旨的组织；1899 年诞生的美国消费者联盟，是世界上第一个全国性的消费者组织；1914 年，美国设立的联邦贸易委员会，是世界上第一个保护消费者权益的政府机构。20 世纪 60 年代，随着美国消费者运动规模和影响的进一步扩大，1962 年 3 月 15 日，美国总统肯尼迪在《关于保护消费者利益的总统特别国情咨文》中，率先在世界上提出了消费者享有的 4 项基本权利：安全的权利、了解的权利、选择的权利和意见被听取的权利。1969 年，美国总统尼克松又进一步提出了著名的消费者第 5 项基本权利：索赔的权利。与此相呼应，各级消费者权益保护的专门机构广泛建立起来，政府的强力介入使消费者权益保护水平上升到一个新的台阶。

（1）消费者权益保护立法

美国消费者权益保护法律制度建立得早且较为完善。从 20 世纪初开始，经过 60 年代高涨的消费者保护运动的推动，美国已形成了成文法与判例法并重，联邦立法与州立法相结合，综合运用民事、刑事、行政法律手段，覆盖所有消费领域的相当发达

的消费者保护法律制度。美国没有全国性的消费者保护基本法，而是由众多单项的成文法和长期积累的大量判例构成了消费者权益保护立法体系。

在近100年的时间内，美国先后制定了《纯正食品药品法》、《食肉检查法》、《联邦商业委员会法》、《商业管制规则》、《食品、药品和化妆品法》、《正确包装和标志法》、《食品安全法》、《消费品安全法》、《消费者供货法》、《消费者租赁法》、《统一产品责任示范法》、《消费者信贷保护法》、《谢尔曼法》、《克雷顿法》、《帕特曼法》等。这些保护消费者权益的成文法规范可归纳为五大类：① 竞争法；② 消费品安全、卫生管理法；③ 商品标示及商标管理法；④ 合同法；⑤ 产品责任法。详见表13.11。

表13.11　美国消费者权益保护法规范

类　型	具体法规 / 内容
竞争法	包括：《谢尔曼法》(1890年)、《克莱顿法》和《联邦贸易委员会法》(1914年)、《罗宾逊•帕特曼法》(193年)、《塞维•凯弗维尔法》(1950)、的《哈特•科斯特•诺迪罗反托拉斯改进法》(1976年)《综合贸易和竞争法》(1988年)等。
消费品安全、卫生管理法	包括：《联邦食品、药品和化妆品法》、《食品添加剂修正法》、《凯佛•哈里斯药品修正法》、《肉类食品卫生法》、《化妆品真实法》、《全国交通和汽车安全法》等。
商品标示及商标管理法	例如：《正确包装和标示法》、《香烟标示法》、《绒毛产品标示法》、《汽车信息披露法》等。
合同法	如《马克尤逊——摩西保证法》、《消费者信用保护法》、《消费者租赁法》等。
产品责任法	《产品责任法》中始终贯穿了充分保护消费者权益的原则，遵循将消费者作为弱者予以充分保护的原则，明确消费者的举证责任，消费者只需证明产品存在缺陷、产品出厂时缺陷已经存在、产品缺陷直接造成了损害即可，无须证明被告是否存在过失或违反担保。《产品责任法》还将“心灵创伤”纳入赔偿范围，实质上就是在消费领域引入“精神损害赔偿”的概念。

资料来源：上海科学技术情报研究所（ISTIS）整理、编制

以上这些法律对受理来自消费者的控告、规定产品责任、价格、质量标准，到禁止假冒商品以及防止有潜在危险的消费品进入市场等，都做了详细的规定。这一法律体系包括以下几个方面内容：有关商品（服务）信息披露的法规；有关商业行业正当性的法规；有关价格的法规；有关消费安全的法规；有关消费平等性的法规。如美国为保障食品安全，与之相关的法律法规非常繁多，既有综合性的，如《联邦食品、药物和化妆品法》、《食品质量保护法》、《公共卫生服务法》和《膳食补充剂与健康教育法》；也有非常具体的《联邦肉类检查法》、《禽产品检查法》和《蛋类产品检查法》等。这些法律法规几乎涵盖了所有食品，为食品安全制定了非常具体的标准以及监管程序。

（2）消费者权益保护机构

美国消费者权益保护机构的特点是层级明确，系统完备，可分国家、地方、民间及私营 4 个层次（见表 13.12）。

表 13.12　美国消费者权益保护机构

层 级	机构名称
国家级	联邦贸易委员会（FTC）
	消费品安全委员会（CPSC）
	联邦食品和药品管理局（FDA）
	农业部食品监督分级局
地方级	州、县、市级消费者权益保护机构
民　间	美国消费者利益委员会（ACBC）、美国消费者联合会（ACA）及美国消费者联盟（ACL）
私　营	有营利和非营利两种

资料来源：上海科学技术情报研究所（ISTIS）整理、编制

美国国家级的消费者权益保护机构有 4 个：

一是联邦贸易委员会（FTC），它是美国联邦政府中历史最悠久的消费者权益保护机构，设立这个机构的初衷是行使国家反托拉斯法，其主要作用是制止不正当竞争行为，防止垄断。现在，FTC 仍然会同司法部行使反托拉斯法的职责，FTC 的工作还包括禁止绝大多数商业欺骗活动，尤其是欺骗性广告，其属下的反欺诈活动局专门检查报刊、电台、电视台上的广告并有权立即强制取缔该局认为是虚假的或是有错误导向的广告，如所有的香烟广告中必须使用“吸烟危害健康”的警语就是 FTC 规定的。该委员会设有消费者保护局，并在全国 10 个地区设有办事机构。它拥有包括立法权、受理投诉权、调查权、行政裁决权、起诉权等极大的权力。

二是消费品安全委员会（CPSC），主要职责是对消费产品使用的安全性制定标准和法规并监督执行。CPSC 现有的目录上管理着 15000 多种不同的产品，CPSC 规则已成为一个国际认可的安全生产准则。消费品安全委员会是美国最具权威的消费者权益保护机构，执法最为严厉，其任务是保护消费者免遭不安全产品的伤害，还帮助顾客收回退货款。不少具有潜在危险的产品是依法由厂商报告 CPSC，再由它确定其危险程度以及是否能投放市场，这种做法同时也反映了企业和 CPSC 之间的合作关系。

三是联邦食品和药品管理局（FDA），它是美国规模最大的消费者权益保护机构，在维护消费者利益方面，其工作最为重要。它的主要职责是负责食物、药品和化妆品的安全性和纯净度的检验及批准加贴标签工作。同时，FDA 也是国际医疗审核权威

机构，通过 FDA 认证的食品、药品、化妆品和医疗器械被公认为对人体是安全而有效的，在美国等近百个国家，只有通过了 FDA 认可的药品、器械和技术才能进行商业化临床应用。

四是农业部食品监督分级局，该局承担着肉类检验和食品分级的职责。在美国，所有出售的肉类和家禽都必须接受该局的检验检疫，以确保制成食品的动物是健康的，肉类食品是安全可靠的。

美国地方性的消费者权益保护机构十分健全，全美各州、县、市均设有消费者权益保护机构。各州一般设有独立的消费者事务部，没有独立设置此机构的州，则由州长办公室或司法部长办公室承担此项职责。该类机构的职能包括：教育消费者，使消费者了解自身权益；出版刊物，解释各州的消费者保护法案；印制宣传单，对如何避免商业欺诈提出建议；畅通消费者申诉热线；执行有关消费者保护法案；对金融诈骗展开调查；对诈骗者提起民事或刑事诉讼；颁发各类职业如房地产经纪人、保险代理从业执照和从业人员的管理，等等。

美国民间消费者权益保护机构历史悠久且发达成熟，最具特色的三大消费者民间机构是美国消费者利益委员会（ACBC）、美国消费者联合会（ACA）及美国消费者联盟（ACL）。其中，影响力最大的当属成立于 1953 年的美国消费者利益委员会，该委员会总部设在密苏里大学，其主要工作是提供消费者报道、信息及情报，维护消费者在美国的经济权益，着重研究有关消费者利益方面的法律、政策，出版自己的期刊《消费者业务杂志》，并受理消费者的投诉。该委员会因属民间机构，在解决消费纠纷时，往往采取向新闻媒体曝光、代表消费者向法院起诉等手段。此外，他们还监督法院审判程序，向法官提交备忘录以说明消费问题的重要性。

美国私营消费者权益保护机构有营利和非营利两种。非营利的机构主要是由一些公司建立或资助的，宗旨是维护消费者权益及公司利益，防止他们受到不法侵害。它既可向顾客提供有关公司和有关产品的信息，也可受理消费者的投诉。在美国，最著名的消费者权益保护私营机构是最佳企业咨询所（Better Business Bureau，简称 BBB），它在全美各地设分支机构 140 多家，免费向消费者提供信息，告诉他们不要到哪些厂家或商店购买商品。同时，美国生产消费类产品的企业，大多在企业内部设有保护消费者权益的自律性机构，免费提供资讯和接受查询。另外，还有一些地方商会在维护消费者权益方面也伸出援手，从而使消费者权益保护的网络更加广泛而健全。

2．英国

英国政府都非常重视保护消费者合法权益工作，具有较完善的消费者权益保护法，在消费者组织的设立上，既有政府部门设立的，也有民间组织，并注意使两者有机的结合。

（1）消费者权益保护立法

英国消费者权益保护法规比较完善，其法规大致可分为五大类：①关于消费品安全、卫生管理，主要有《制药与毒品法》、《公共卫生法》、《食品与药品法》、《食品卫生条例》、《医药法》等。②关于竞争和垄断，主要有《垄断与限制性贸易惯例（调查与管理）法》、《限制性贸易惯例法》、《竞争法案》等。③在传统契约法领域，1974 年颁布了《消费者信用法》、《分期付款购买法》、《虚假拍卖法》、《虚假陈述法》、《不公平合同条款法》、《货物买卖法》、《货物供应（默示条款）法》等。④商标及消费品宣传管理方面，主要有《商标法》、《不当广告法》、《食品标签条例》、《商业广告（揭示）令》、《危险品包装与标签条例》等。⑤1987 年，英国颁布了《消费者保护法》，其内容主要包括产品责任、消费者安全、令人误解的价格标示等。

（2）消费者权益保护机构

英国在消费者组织的设立上，既有政府部门设立的，也有民间组织的（见表 13.13）。

表 13.13　英国消费者权益保护机构

层级	机构名称
政府部门组织	贸易工业部
	公平交易办公室
	贸易标准部
民间组织	消费者协会
	消费者理事会
	市民咨询局

资料来源：上海科学技术情报研究所（ISTIS）整理、编制

英国政府设立的消费者组织主要有：贸易工业部、公平交易办公室和贸易标准部。

贸易工业部是负责消费者事务工作的最高机构，成立于 1983 年 6 月，由工业部和贸易部合并而成，共有 11600 多名工作人员，贸易工业部专门设有消费者事务处，负责制定消费者权益保护政策，实施消费权益保护方面的法律法规。

公平交易办公室成立于 1973 年，总部设在伦敦，是依据英国《公平贸易法》设立的。该办公室隶属于英国贸易工业部，除总干事（任期 5 年）由贸易工业部任命外，其余工作人员均为公务员，不受贸易工业部的控制，是一个相对独立的政府机构，其职能是负责实施竞争政策与消费者权益保护政策，促进并维护消费者的经济利益。

英国政府设立的地方保护消费者权益的组织叫贸易标准部，不隶属公平交易办公室，是各级政府组建的。根据贸易标准立法，该部负责当地的消保法律的实施，有权

起诉控告隐瞒商品真实情况、缺斤少两、有误导性标签行为的商家，并通过多种途径解决消费者在购买和使用商品或接受服务中遇到的问题，还负责产品安全方面的工作，收集产品安全信息，反馈给有关行业协会。消费者的投诉主要由当地贸易标准部处理。

英国民间消费者组织主要有：消费者协会、消费者理事会、市民咨询局。英国消费者协会成立于1975年，有工作人员500多名，是一个完全独立的民间组织，总部设在伦敦。消协实行理事会制，会员选举理事，理事会任命总干事。该协会的主要任务是：研究消费者保护问题；对商品的质量和安全予以监督和检测，并在该协会的刊物中公布；受理消费者投诉与咨询；发挥消费者在市场中的力量与影响，组织消费者保护自身利益。消协还拥有研究与产品测试中心，该中心有90多名工作人员，技术力量雄厚，是欧洲非常有权威的检测机构，检测结果具有法律效力。

英国消费者理事会成立于1973年，是独立组织，由政府拨款资助。主要从事消费者权益保护的调查研究和宣传活动，工作范围涉及公共设施、健康服务、社会保障体系、法律体系、教育等方面与消费者权益相关的问题。

英国消费者组织的经费都很充足。英国公平交易办公室的经费全部由政府拨给，每年财政拨款达2000万英镑；英国消费者理事会的经费全部由政府拨款资助。英国市民咨询局的经费来源于地方政府的资助；英国消费者协会的经费来源有三项：出版物、检测费、消费指导费。

（二）美日电子商务中消费者权益保护制度及监管

电子商务在当今蓬勃发展，给我们的生活带来极大便利，与此同时面临着许多监管问题。如何处理这些问题成为了电子商务能否健康有序发展的重要因素。各国政府都制定一系列的法律与政策来稳固和规范电子商务的发展。美国、日本等电子商务发达的国家，相继出台了一系列法令，以弥补电子商务带来的法律上的空白，已经形成了一套成熟而行之有效的法律保护体系。

1. 美国

（1）立法

美国政府在电子商务中消费者权益保护方面的做法是，政府把权力分散给私有企业、民间机构以及一些国际组织，让他们自己去行动，当需要对消费者权益保护等问题作出反应时，政府的行动是很小的、可预测的、简单而一致的。当然，美国在制定全国性电子商务法时，还考虑电子商务的国际性特点，在电子商务案件的国际管辖、国际协助方面留下开放性接口，使之能与电子商务全球化趋势相融合。

美国政府1997年7月颁布了《全球电子商务纲要》，这是全球第一个官方正式发表的关于电子商务立场的文件。该纲要体现了以下原则：①私人应居于主导地位；②政府应避免对电子商务做不必要的限制；③当需要政府介入时，政府参与的目的应该在于支持和维护一个可预测的、介入程度最低的、持续的、简单的商业法律环境；④政府应认同互联网的特性，阻碍电子商务的发展的法律应被重新审阅、修改甚至废除，以满足新电子时代的需求；⑤互联网中的电子商务应在国际化的基础上被推进，以增强消费者上网从事交易的信心。依据该纲要规定的原则，美国分别与日本、澳大利亚、韩国等国签署了《电子商务联合宣言》。该宣言内容基本上是《全球电子商务纲要》的翻版。可以说，《全球电子商务纲要》正在成为各国电子商务政策的准则。

美国还制定了《统一计算机信息交易法》和《统一电子交易法》。《统一电子交易法》最重要的规定是为电子签名下定义并赋予电子签名法律效力，确保“书面”以及“签名”的要求不会成为电子交易的障碍，使电子商务和传统商务处于平等地位，保证合同和交易不会因为使用电子媒介而失去其证据效力和执行效力。在上述法案通过后，美国众议院法律制定委员会通过了《全球及全国商务电子签名法（草案）》，以建立日后在跨国商务场合中电子签名使用的法律基础。在隐私权保护方面，美国联邦贸易委员会2000年5月公布了《消费者金融信息隐私规则》。

（2）监管

截至目前，美国已经出台了一系列法律与政策来稳固和规范电子商务的发展。其中联邦贸易委员会直接负责管理部分电子商务行为，且联邦贸易委员会法案也规定了实施细则，诸如在线广告必须是真实且无欺诈性的。美国政府的官方网站上也提供了简明扼要的对于各种规模的企业的说明，其中特别强调的重点有保护客户的隐私、网上交易缴税、国际网上贸易、在线广告与市场营销以及数字版权等问题。

2．日本

（1）立法

日本保护消费者权益的基本法律是《消费者权益保护基本法》。这部法律对政府、经营者、消费者三者的责任和义务进行了规定。同时根据交易对象和交易形态的特殊性，日本在不同的行业法中也规定了消费者权益保护的内容。但是所有这些与商品交易相关的法律，都是以日本明治时代制定的商法和民法为基本法起草制定的，与电子化商品交易不太适应。为此，日本于2000年制定了《消费者契约法》，从2001年4月1日起，此后订立的所有合同（劳动合同除外）都在其保护范围之内。在该法律第1条中规定了由于经营者的一定行为致使消费者产生误认和理解错误时，消费者可以取消合同或者收回其承诺的意思表示；规定了对合同中免除经营者损害赔偿责任及损害其他消费者利益的条款可以视为无效。为了防止发生因消费生活用品危害消费者的生命和安全，保障消费者使用消费生活制品的安全，日本制定了《消费生活用制品安全法》。这样，日本就形成了一个以《消费者权益保护基本法》为核心的，包括商品价格、商品质量、商品卫生、商品安全等多种内容的保护消费者权益的法律体系。

日本于 2001 年 6 月通过了《有关电子消费合同和电子承诺通知的民法特例法》。该法律对电子合同的成立日期采用的是到达主义，而非发信主义，并将保护扩大到了利用者操作失误这个范围。也就是说，如果经营者没有采取切实措施防止操作失误，即使利用者存在重大过失，签署的合同也可能无效。日本 2001 年 6 月 1 日施行的《特定商品交易法》中，在互联网上进行的商品销售，适用于该法中的通信销售，并遵守与之相关的规制。尽管该法律的保护对象限定在政令中事先规定的指定商品、指定权利和指定服务，并不适用于互联网上所有的商品交易。在该法律中，与电子商务交易有关的规定包括：禁止夸大广告宣传、重要事实公示、书面承诺通知义务等。

（2）监管

日本在制定、完善相关法律的同时，相关政府部门设立了专门机构加大对互联网上交易行为的监管。

早在 1996 年 1 月，日本经济贸易工业部就建立了一个名为“日本电子商务促进委员会”（ECOM）的组织，用以监督日本的 B2B 和 B2C 业务。1998 年 3 月，ECOM 发布了一项“电子商务在私人业务中对个人数据相关保护的方针”。在对消费者权益的具体保护上，2001 年 4 月日本开始实施《消费者契约法》。此法案为保护消费者的合法权益提供了法律依据，并制定了详细的规章制度以方便判决消费者和商家之间的合同问题。在设立该法案之前，日本消费者的权益只受到多种一般法律的保护。

六、经验与启示

综合前述不同国家和地区政府对不同行业监管体系最新进展的论述，可以得出以下几点可资参考的经验与启示。

（一）建立宏观审慎监管体系，防范系统性风险

国际金融危机暴露了微观审慎的金融监管模式的不足，对金融系统脆弱性和系统性风险传导机制的研究得到广泛重视，全球主要经济体和国际组织都迫切认识到需要在加强和完善微观审慎监管的同时，构建以宏观审慎监管为重点的金融监管，针对系统性风险的宏观审慎监管成为主要的监管改革方向。

美国提出建立跨部门的金融稳定监督委员会，并于 2010 年 10 月正式成立；欧盟

在泛欧层面建立系统性风险理事会，并于 2011 年 1 月正式运行；英国提出在央行内设金融政策委员会。这些改革的主要目的均在于增强宏观审慎分析层面的沟通协调，强化应对系统性风险的能力。此外，各国结合本国国情对监管资源也进行了整合。美国将系统重要性机构纳入美联储的监管范围，金融稳定监督委员会被授权识别具有系统重要性的机构、金融活动及金融市场基础设施等，可以向美联储建议对系统重要性机构实施更审慎的监管标准；欧盟拟组建泛欧金融监管体系，力图通过宏观审慎与微观审慎的有机结合加强监管；英国提出在央行下新设审慎监管局，负责对存款类机构、投资银行和保险公司等金融机构的审慎监管。

我国近年来在金融监管体系的改革与完善上，也取得了很大进展，从过去央行统一负责的混业监管模式，发展到当前的分业监管框架；许多先进的监管理念和手段被运用到金融监管工作中，监管体系和内容日渐完善和丰富多样；基本确立了与国际水平相近的银行业、保险业和证券业监管法律、法规体系，加强了以风险和资本为核心的专业监管。在国际金融危机肆虐的背景下，我国金融体系保持了稳健运行，为宏观经济复苏和发展提供了有力支撑。尽管如此，我国金融体系中若干可能导致系统性风险的问题仍然不能忽视，特别是加强金融监管各部门之间的协调，是当前强化宏观审慎监管的重要方面之一。我国可以借鉴泛欧金融监管法案的改革思路，在分业经营、分业监管模式现状下，立足目前银行分业监管体制，加强中央银行在宏观审慎监管和防范系统性金融风险方面的职能。中央银行可在监管协调中发挥“牵头”作用，促进监管机构之间的信息共享和协作。此外，从长远的角度看，可在金融机构监管层面之上，尝试设立由国务院牵头，中央银行、财政部三个监管机构人员组成的“金融稳定委员会”，对涉及我国金融稳定的重大事项实行票决机制，明确问责机制，提高监管效率。

（二）完善食品安全立法和标准，逐步建立食品安全监管保障体系

欧美发达国家和地区的食品质量安全具有强大的法律支撑，如，美国有关食品安全方面的法律条例多达 35 种，法律法规内容具体、覆盖全面；欧盟为统一协调内部食品安全监管规则，陆续制订了 20 多部食品安全法规，形成强大的法律体系，直接或间接地从国家法律角度对食品安全进行了规范。美国《联邦食品、药品和化妆品法》作为食品安全管理的基本原则和框架，自 1938 年颁布以来，经过无数次修改完善，2009 年美国立法机构启动了最新一轮的修订进程，并于 2011 年 1 月 4 日由美国总统奥巴马签署通过并付诸实施。此外，欧美发达国家和地区都对食品安全监管设立了市场准入制度，并建立食品安全风险评估保障体系。如美国对水产、肉类、乳制品、果蔬汁等多种食品加工企业实施强制性的 HACCP 认证；欧盟建立了食品、饲料快速预警系统，

针对成员国内部由于食品不符合安全要求或标识不准确等原因引起的风险和可能带来的问题，通过及时通报各成员国，使消费者避开风险。

目前，我国涉及食品安全的法律，对于具体产品和生产、流通环节的细节规定较少涉及，或仅存在于地方性管理规范、管理办法中；在标准方面，现行食品安全相关标准在时效性、完整性和协调性方面有待提升完善。我国食品安全监管的市场准入制度尚处在建立健全时期，标准认证要求不高，认证管理水平也有待提升。在人口密集、收入水平较高的地区，对食品安全隐患较大、危害性较高的产品，应逐步提高市场准入要求，加强认证管理，形成有层次的食品安全市场准入制度。我国卫生行政部门可借鉴发达国家对食品安全进行风险评估的办法，构建具有食品安全风险评估与预警职能的专门部门，在广泛吸收专家意见的基础上，形成由专业研究团队支持的应急机制、风险预警机制，同时通过日常潜在风险研究为食品安全法律法规和标准制定提供建议。此外，应适宜在人口密集的城市地区，针对风险较高的肉类、水产品、禽类制品实施产品召回制度；针对高附加值产品或高端认证产品建立信息追溯系统；充分发挥媒体、消费者的舆论监督作用和行业协会组织的自我约束作用，建立安全事故上报、信息发布机制以及安全评优奖励机制等，逐步建立和形成食品安全监管保障体系。

（三）重视相关法律的修订和完善，大力推进知识产权保护工作

近几十年来，美国根据国家利益和企业竞争的需要，对专利法、版权法、商标法等传统知识产权法律不断地进行修改与完善，扩大了保护范围，加强了保护力度，美国目前已经建立起一套完整的知识产权法律体系。日本在推进知识产权战略过程中，重视研究新问题、新动向，及时修改和完善法律，相关法律修改非常频繁，有的法律甚至每年都进行修改，从而提高了法律的应用性、时效性和操作性。

随着知识产权在世界经济和科学发展中的作用日益凸显，越来越多的国家都认识到未来全球竞争的关键就是科学技术与知识产权的竞争。发达国家把知识产权保护问题提升到国家发展战略的宏观高度，把加强知识产权保护作为其在科技、经济领域夺取和保持国际竞争优势的一项重要战略措施。在国际金融危机爆发以来的复杂、艰难国际经济背景下，以及伴随日益增加的国际知识产权纠纷，美国进一步加强部署和调整其知识产权保护策略，日本也坚持把推进知识产权战略摆在重要地位。

知识产权保护在我国还处于发展中阶段，目前我国的知识产权保护取得了一定的进步，但仍有很大的发展空间。现阶段，随着世界科学技术的不断进步和发展，很多新兴的知识产权资源不断地被人们发现，其中有一些知识产权资源暂时还缺乏明确的

法律规定，许多的知识产权侵权案件因为法律的空白而给执法人员带来困扰。我国政府应该进一步强化立法和加强执法，要结合我国实际经济发展状况制定出符合经济全球化发展需要的法律。此外，现阶段我国的科学技术发展水平还落后于发达国家的水平，我国大部分的产业仍处于依赖国外技术进口阶段，缺乏核心的自有知识产权。我国的广大中小企业普遍缺乏知识产权意识，缺乏发展自有知识产权的长远战略意识。有的企业即使拥有专利，也缺乏国际化的眼光和知识产权资源的运用管理经验，不懂得在全球范围内运用知识产权来提高自己企业的竞争力。因此我们还要进一步加强知识产权的推广工作，加强知识产权管理，强化知识产权保护。

（四）完善消费者权益保护法律体系，健全消费者权益保护管理机构

美英两国政府都非常重视保护消费者合法权益工作，目前已建立了几乎覆盖所有消费领域的消费者保护法律制度，同时，消费者权益保护机构和管理机构十分健全，政府、民间、企业共同努力。在美国，从事消费者权益保护的不仅有联邦、州和地方各级政府机构，还有众多民间或行业团体。政府机构拥有受理投诉、进行调查、实施处罚和必要时应用法律程序的权力。民间组织通常为消费者提供诸如法律咨询和消费指南等信息服务，并向政府机构提出意见和建议。政府机构与民间组织合作，将触角延伸到社会的各个角落，为消费者提供了强有力的支持与保护。

目前，我国虽然颁布了《消费者权益保护法》，各省也陆续出台了相应的实施办法，但保护消费者合法权益的法律法规体系仍未建立起来。譬如，在处理消费者反映的热点、难点等问题时经常因无法律依据而棘手。因此，我国的消费者权益保护法律体系有待完善。此外，我国消费者权益保护协会（简称消协）的维权职能有待发挥和强化。《消费者权益保护法》规定，消费者权益保护协会是在法律承认的前提下维护自身合法权益的社会团体。同时，该法的其他条文还对消费者权益保护协会的义务以及职能进行了明确规定，这说明我国赋予了消协法定的权利。但在实际生活中，我国消协所起到的作用并不大，因为人们遇到消费纠纷的时候，很少会向消协寻求帮助，致使消协无法发挥应有的作用，同时也增加了消费纠纷方面的诉讼负担。还有，在人员组成上，消协成员主要包括政府机关人员、工商户代表、妇联代表以及新闻媒体单位的代表，其中，政府机关人员主要是指技术监督管理部门和工商行政管理部门的领导人员。由此可见，在消费者协会中并没有独立的消费者代表，这很不利于消费者进行正当、合理的维权活动，消费者协会的宗旨也很难实现。针对这种状况，在《消费者权益保护法》的修改过程中，应该就消协的人员组成进行合理的规定，如以选举或推举的方式增加普通消费者代表。

主要参考文献

【1】廖峥嵘. 国际金融监管改革新动向 [J]. 国际资料信息，2010（1）：20–23，27.

【2】余海斌，王慧琴. 英国金融监管机制改革的实践与启示 [J]. 现代金融，2011（1）：12–13.

【3】张璇. 欧盟泛欧金融监管体系改革及其启示 [J]. 财经问题研究，2011（6）：116–119.

【4】焦志伦，陈志卷. 国内外食品安全政府监管体系比较研究 [J]. 华南农业大学学报（社会科学版），2010 年（4）：59–65.

【5】于空军. 日本实施知识产权战略有关情况及启示 [J]. 中国工商管理研究，2010（10）：57–59.

【6】姚建春，雷兴长. 美国知识产权保护制度的特点分析 [J]. 社科纵横，2007（10）：32–34.

【7】朱慧. 美国消费者权益保护刍论 [J]. 经济研究导刊，2008（10）：143–145.

【8】蒙微. 美、日电子商务中消费者权益保护制度对我国的借鉴 [J]. 河南科技大学学报（社会科学版），2009（4）：97–99.

第十四章 网络环境下的商务模式创新

网络在改变人们生活方式的同时，对就业、经济等要素的影响力也显得越发重要。网络环境下，企业与企业之间、企业与消费者之间的信息交流可以跨越时间、区域的阻力，通过电子邮件（eMail）、即时通信软件（IM）等工具实现信息的无缝对接，再辅以贝宝（Paypal）、支付宝等第三方支付对于现金流的支持，以及由第三方物流公司承担的货运服务，传统的商品贸易和线下服务成功地实现了向网络的转移，并在最近的5年内（2006 ~ 2011）蓬勃发展，跃升为经济发展的重要推手之一。

商务模式是指一个企业赖以生存和发展，能够为企业带来收益的经营方式。网络的普及与信息技术的发展为商务模式的创新提供了一个全新的机遇和挑战。新环境下，伴随着手机、平板电脑等一系列移动终端设备的遍地开花，3G、4G等移动通信技术的不断升级以及消费者对网络消费的日益习惯，涌现了一批基于网络环境、全新或改良的创新商务模式。越来越多的中小企业试图通过模式创新来寻求在市场中分一杯羹，而大企业同样也希冀于开拓全新的商务形态来维持其市场领先地位。网络环境下的商务模式创新，为小企业打入市场提供了契机，也为大企业保持领先提供了保障，为商务发展提供了一个更为自由、开放的拓展手段。

本章首先总结了若干网络环境下商务模式创新的主要途径；然后针对电子商务、数字出版等几个重点领域，阐述商务模式创新的一些最新形态：对相对成熟的商业模式，归纳其模式形态及产业应用最新动态；对于尚处萌芽和试验阶段的模式，则在介绍商务模式本身的同时，给出其未来发展展望。

一、网络环境下商务模式创新途径

网络环境下，商务模式创新的途径大致可以总结为四种类型：技术诱发型、领域融合型、领域微创新与传统行业的网络化。其中，技术诱发型的典型代表是近场通信技术（NFC，Near Field Communication）与移动商务，核心产品有Google Wallet和Square；领域融合型模式创新中的佼佼者当属社会化电子商务，2010年大行其道的团购即是其中的一种；领域微创新可以看作是对当前商务模式的一种微调整，奢侈品电子商务网站Gilt及其经营的奢侈品私卖（private sale）模式就是领域微创新的成功代表；

传统行业的网络化是人们利用互联网寻求产业革新的一种全新方式，电子商务本身就是零售批发业的网络化，现阶段则涌现出数字出版、网络会展等多个全新行业。

1. 技术诱发

技术诱发型模式创新的驱动核心是技术，即通过关键技术的革新与突破开辟全新的业务领域，在高科技与互联网行业，这一创新途径具有普遍性。尤其在新兴产业领域内，科技研发是产业得以发展的基础，摸索出合适的商业模式则是产业走向成功的关键。

成功的技术诱发型商业模式，最普遍的特征是产业化初期技术具有不可替代性，并通过配套的商业模式迅速占领市场。当该技术在整个行业内趋于成熟，技术壁垒已被打破时，企业已经积累了相当规模的用户群，培养了用户使用自己服务的习惯。互联网巨头谷歌是技术诱发型模式创新最为典型的代表，无论是在创立初期利用 PageRank 算法排序搜索结果，还是近期通过整合近场通信技术开发的电子支付产品 Google Wallet，都是从技术这一核心基础出发，达到占领市场的目的。

2. 跨领域融合

不同业务领域之间的有机结合同样可以开辟一个全新的市场，从整合用户不同层次需求的角度出发，提供垂直一体化的服务。该模式成功的关键在于，互相结合的业务领域之间必须具有潜在的相关性，能够很好地符合用户的使用习惯。社会化电子商务的崛起是该模式最为成功的案例，商家敏锐地看到了消费者在购物与社交分享之间的潜在的相关性需求，结合网络零售与社交网站两方面的功能，吸引消费者的加入。作为鼻祖级的电商，亚马逊已经实现了全网交易的社会化分享功能，通过与 Facebook、Twitter 等社交网站之间建立战略合作，将用户在亚马逊上的购物行为一键分享到其网络社交圈中，建立电子商务的社会化传播。

3. 领域内微创新

领域微创新是行业内后发企业立足市场最为有效的途径。该模式并非从本质上改变既有商业模式的形态，而是从一些反传统、微观的角度出发，对既有模式进行革新。微创新模式下的创业企业往往通过寻找一个特定的细分市场作为自己发展的突破口，随着规模的壮大再从局部扩展到整个行业。2007 年才创立的奢侈品私卖（private sale）网站 Gilt 是该模式应用的典型案例。Gilt 从奢侈品零售这一细分领域出发，一反传统地采用注册邀请制与电子邮件私卖的形式来发展具有自身特色的零售网络，取得了巨大的成功。

4. 传统行业网络化

传统行业网络化是互联网普及为商业模式变革带来的最显著的变化，亚马逊的成功始于零售书店的网络化销售。互联网低成本与跨地域的特征为传统行业的发展提供了多样的选择。但是，网络化模式也面临着自身特有的发展困境，即如何从免费的特征中寻求盈利的突破口。广告、付费内容与个人增值服务是现阶段最为普遍采用的模式，虽然网络视频、网络出版等服务提供商都以广告与收费内容实现收益，不过也依然面临着行业大规模亏损的窘境。对于新近崛起的网络健康管理服务、网上会展等行业，在吸引消费者扩大自身网站流量的同时，也正积极探索符合自身发展特征、适应当前商业环境的盈利模式。

二、电子商务行业商务模式创新

电子商务是网络环境下商务模式创新的最初形态，也是互联网发展最为成熟的行业之一。2010 年，电子商务在规模扩张的同时，其发展势头也呈现出社会化、移动化等时代特征。以 iOS、Android 为首的移动平台对移动购物和支付的支持，以及以 Groupon、LivingSocial 为代表的团购网站的大规模兴起，为网络零售贸易的扩张注入了两股最大的强心剂，并将进一步推动网络购物蚕食传统零售市场份额。

1. 社会化电子商务与团购

社会化电子商务，顾名思义，是电子商务伴随着社交网络的发展而形成的一种全新的电子商务模式，是跨领域融合拓展型商务模式创新的典型代表。社交网站（SNS）与微博为人们提供了一个反映自己现实生活方式的网络平台，人的社会属性越来越多地以互联网的形式展开。社会化电子商务就是希望通过人的社会属性以互联网的方式来传播、推荐商品和服务，实现更好的基于网络的购物。社会化电子商务主要运营模式如图 14.1 所示：

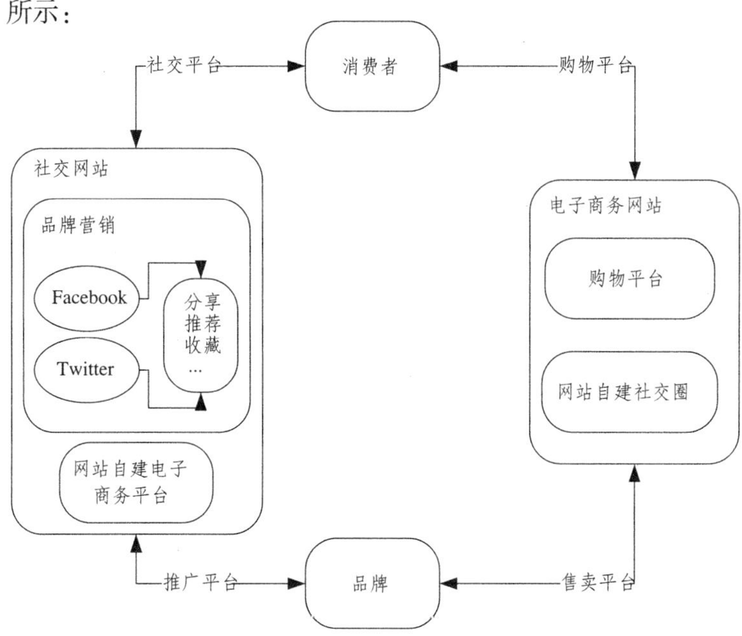

图 14.1 社会化电子商务主要运营模式

资料来源：上海科学技术情报研究所（ISTIS）分析整理

如图 14.1 所示，从内容上来看，社会化电子商务网站往往提供了分享、推荐、收藏等功能，在用户履行购买行为的同时，也可以将该行为告知自己社交圈内的好友。电子商务网站可以提供用户建立自己的社交圈，但更多是利用第三方社交网站提供的应用程序接口，譬如 Facebook、Twitter 等拥有重大用户基数的站点。亚马逊就通过调用 Facebook 和 Twitter 提供的应用程序接口，让用户可以在这些网站上分享自己在亚马逊的购物行为，达到社会化营销的目的。

从类别上来看，社会化电子商务网站可以划分为三类：①以现有的电子商务为基础构建自己的社交网络；②以现有的社交网络为基础开展电子商务；③利用第三方社交平台（Facebook、Twitter 等）推广的电子商务。其中，第一和第二类网站事先已经具备了相当的规模和用户群。在国内，第一类的代表有京东（京东乐享）和凡客（凡客达人），第二类则以豆瓣、开心等社交网站推出的团购服务为代表。第三类比较适合一些初期创业型公司以及一些没有自己独立网购平台的供应商，利用互联网的开放性共享社交平台上的用户，向他们推广自己的商品和服务。

作为全球最大的社交网站，Facebook 同样也积极拉拢品牌入驻，布局自身的社会化电子商务战略。来自数码零售社区网站 shop.org 在 2011 年 4 月针对 1787 名美国成年网络购物者的调查报告显示，56% 的 Facebook 用户会通过点击 Facebook 上的文章加入零售商品牌的网站，并且 28% 的用户会直接点击链接购买商品。消费者在社交网站上关注零售商品牌，58% 主要是为了获得特别折扣，49% 是为了获取产品的最新信息，而 39% 是想了解这些品牌的活动或者竞赛。

2010 年强势兴起的团购网站是社会化电子商务模式应用的典型代表。团购模式的实质，是将具有相同购物意愿的消费者集中起来，通过大量购买以实现低价消费的行为，近于传统的批发方式。商家通过薄利多销、量大价优的原理，为消费者提供低于零售价的团购折扣和单独购买得不到的优质服务。而消费者则从价格优惠中得到切实的好处。美国团购模式的鼻祖是知名团购网站 Groupon。

Groupon 最早成立于 2008 年 11 月，总部位于美国芝加哥，其经营模式结合了电子商务、社交网络、互联网广告、传统贸易等多个领域。消费者在购买 Groupon 网站上推出的团购产品的同时，还可以发表自己的购物体验，将团购产品通过 twitter 或者 email 的方式推荐给自己的好友等。

Groupon 团购模式的最大特点在于其对于现金流的完全掌控，并完全回避了物流纠纷带来的风险。传统电子商务的发展为网络支付与退款等服务提供了完善的工具支持，消费者在 Groupon 的购买行为完全被限制在了网络，并不涉及到与团购提供商之间的现金交易。因此，Groupon 对现金流具有强大的掌控力。另外，Groupon 网站上提供的商品很多都是像 SPA、学习课程等成本固定、只在时间上存在变化的服务性产品，消费者通过线上购买之后直接到团购提供商方面享受服务，整个流程中完全排除了第三方物流的参与，因此也规避了物流纠纷带来的风险。

美国是社会化电子商务与团购模式的发源地，在 Groupon 以及 LivingSocial、Tippr 等众多团购网站的推动下，2010 年，美国的团购市场表现卓越。来自美国团购信息聚合网站 Local Offer Network 提供的数据显示，2010 年美国消费者在团购网站上一共花费了 11 亿美元，而 2011 年的预期数据将达到 27 亿美元，增幅达到 138%。其中，Groupon 一家 2010 年的营收就达到 7.6 亿美元，占据了 70% 的全美团购市场份额。整个 2011 年一季度，全美已完成了 4 万笔团购交易，几乎是 2010 年全年 6.3 万数据的三分之二，增长势头显著。表 14.1 给出了 CrunchBase 科技公司评出的 2010 年领先的 6 家社会化电子商务与团购网站：

表 14.1 2010 年美国社会化电子商务与团购应用领先网站

社会化电子商务网站	简要描述
Blippy.com	Blippy 为用户提供分享信用卡交易信息的服务——包括用户的购物地点、购物数量以及购买商品。这些发布出来的信息将提供给其他用户群体进行相关评论、分享和“Like”标识。
Groupon.com	Groupon 为世界各地的 150 多座城市提供各色的团购服务。通过承诺为企业提供最低数量的消费群体，Groupon 能够提供别处无法获得的折扣交易。2011 年 3 月，Groupon 与腾讯成立合作公司，以高朋（gaopeng.com）的域名上线，正式进入中国市场。
Jetsetter.com	Jetsetter 是一个私人网上社区，专门为会员提供有关世界各地度假胜地的内部信息、专业知识和单独交易。所有的特色服务均由驻扎在世界各地的营销团队精心挑选并在最后的五六天内进行销售。Jetsetter 的理念是旅行是快乐、简单的——当然包括计划的部分。
Livingsocial.com	LivingSocial 通过邀请用户及其好友进行团购的模式。每天为用户在餐厅、温泉洗浴、运动健身、旅馆及其他特色消费节上省了 90%。另外，LivingSocial 的用户群体超过了 8500 万，是社会化电子商务的领军企业之一，总部设在华盛顿。
Onekingslane.com	One Kings Lane 是一个专注于设计、家居、装饰和礼品方面的私人网上交易平台。通过 72 小时品牌和特色主题活动（至少每天 3 个，一周 5 天），会员有机会以 7 折优惠价格获得有限数量由专门设计师设计的高端商品。
Shopkick.com	Shopkick 为移动平台和实体零售业搭建了互通的桥梁。它是第一个给予消费者奖励的程序，并为那些到实体店购物的人提供了 iPhone 应用程序。基于低成本的 PRESENCE 技术，当用户进入了合作伙伴的零售店时，shopkick 手机应用会自动识别。2010 年 8 月，shopkick 通过与百思买（Best Buy）等全美大型购物中心合作发布了它的首个移动手机服务。

资料来源：Social Commerce Today

除了社会化的特性之外，表 14.1 中所有的网站都提供了移动平台的应用程序，也从侧面反映了当前电子商务模式应用的第二个趋势——移动性。

2. 移动电子商务

移动电子商务，是指利用手机、平板电脑等无线终端设备从事的商务活动，是随着移动技术的兴起与电子商务的普及发展起来的全新的商务模式，具有“无处不在”和“个性化”的特点。无线通信技术的突破、移动互联网的蓬勃发展与电子商务之间的结合催生了移动电子商务这一全新的商务形态，彻底打破了传统有线网络的局限，并且通过信息之间的直接传递，大面积扩大商业空间的范围。移动商务利用手机终端的特性，方便商家随时随地具有针对性地找到自己的用户，向他们提供个性化的服务，满足不同用户不同状况下的各样需求。

移动商务不仅仅局限于实体和虚拟产品的购买，还基于手机移动的特性，提供了各种基于地理位置的服务和生活信息推送，通过支付网络的支持在手机上实现购物，其模式如图 14.2 所示：

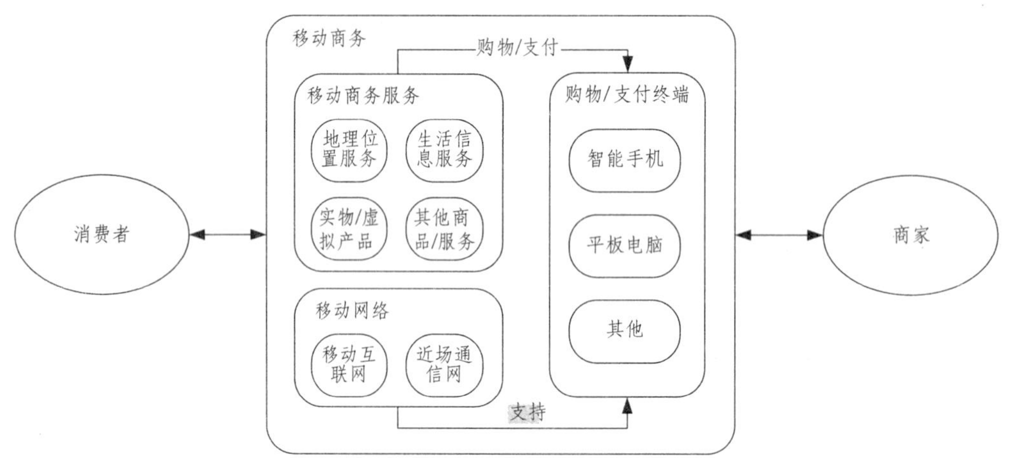

图 14.2　移动电子商务主要运营模式

资料来源：上海科学技术情报研究所（ISTIS）分析整理

如图 14.2 所示，智能手机和平板电脑作为购物与支付的终端，架起了消费者与商家之间的桥梁，展现移动商务服务的内容，通过移动网络的支持实现商品与现金的流通。

移动商务的发展，取决于三个方面的先决条件：设备、网络与应用，三者缺一不可。现阶段的移动设备主要以智能手机为主。不过随着 2010 年 iPad 在全球范围内的风靡，平板电脑也将逐步扩大自己在移动商务设备中的数量。设备的普及率不高，是移动商务现阶段最大的两个瓶颈之一。网络是移动商务便捷性与安全性的保证。网络的发展与设备的普及息息相关。网络的速度上去了，消费者才愿意去购买支持该网络的移动设备。网络的稳定性直接决定了支付的安全与否，而支付的安全性是现阶段移动商务的第二个大瓶颈。人们对手机上的支付还是存有疑虑，担心由于网络的不稳定而导致的付款失败。应用则决定了是否有足够的软件支持移动商务的发展，包括发现和浏览商品的应用、支付的应用等等。网络卖家在向移动商务转型的过程中，往往都会开发自身基于不同平台的手机应用，比如团购巨人 Groupon 和 LivingSocial 在 2011 年 2 月分别推出了各自基于 iOS 和 Android 等不同平台的应用，将自己的商务活动扩展到移动平台中去。

移动商务最大的两个优势是无所不在购物与个性化服务。无所不在购物是移动互联网的特性使然，满足了消费者随时迸发的购物需求。基于个人电脑的电子商务由于其有线网络或 WIFI 等无线网络在热点（Hotspot）区域内的范围局限，用户只能在特定的地点和时间履行自己的购买行为。而移动商务很好地解决了空间和时间范围内的限制，实现用户从欲望迸发到购物行为的一对一映射。个性化服务也是移动商务相对传统电脑的一个巨大优势，因为手机具有的身份特性和地理优势是传统电脑所无法比拟的。例如通过地理定位服务（LBS，Location Based Service），服务提供商可以获悉用户的地理位置，为其基于当前地理环境推荐个性化的餐饮、购物服务。而这样的服务在传统的桌面电脑上是无法实现的。

手机钱包将随着移动商务的发展而趋于流行。集成了近场通信技术的智能手机让手机钱包不再仅仅是概念上的产品，也大幅度提升了用户的支付体验。Square 和谷歌分别从商家和消费者的角度为手机支付提供了两种不同的解决方案。Square 为没有 POS 机的商家提供了一个专门的读卡器和 iPhone 应用，商家只需将 Square 免费发放的读卡器连接到自己的 iPhone 上面，并在 app store 中下载 Square 的 iPhone 应用，就可以实现 POS 机刷卡的功能。每笔交易 Square 向商家收取 2.75% 的费用。而谷歌的手机支付产品 Google Wallet 则从消费者的角度出发，通过在安卓系统中集成近场通信芯片，实现手机支付的功能。

品牌推广、数据安全与购物体验是限制移动商务发展的三个最大的障碍。移动商务提供商面临的一个最大问题就是如何提高自己客户端的下载量和使用范围。没有强大的品牌认知度，用户很少会去下载该品牌商家的客户端。Groupon 和 LivingSocial 的客户端之所以在各种平台上被广泛下载和使用，是因为他们事先已经在互联网上取得了成功。而单纯的移动商务卖家在认知度不够的前提下往往无法获得足够的客源以及应用下载量。此外，对移动网络在安全性方面的不信任也是阻碍移动商务发展的重要因素，用户往往担心自己在手持设备上履行的支付行为会因为移动网络的不稳定而导致失败。最后，手机较小的显示屏也令移动商务相对传统电子商务在购物体验上处于明显的劣势，影响了消费者的购物欲望。

产业界方面，来自美国金融研究机构 Aite Group 发布的数据显示，2010 年美国移动支付总成交金额估值为 16 亿美元，年增长率高达 300%。预计到 2015 年，该数字将攀升到 214 亿美元，5 年间的年复合增长率维持在 65.4% 左右。图 14.3 给出了 2008—2015 年美国移动支付的总成交额与增长率情况：

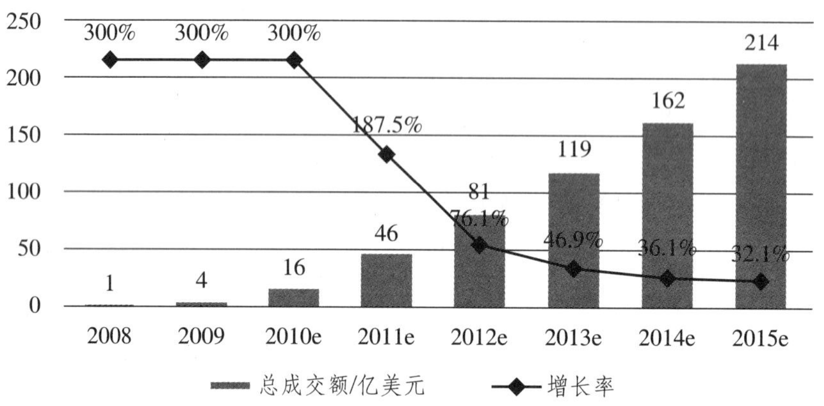

图 14.3　2008-2015 美国移动支付总成交额与增长率

数据说明：带 e 的为估计值
资料来源：Aite Group 2010，11

来自艾瑞咨询的研究报告认为，美国移动支付成交额大幅增长的原动力主要体现在 4 个方面：① 智能手机等终端的大量使用是促使移动支付总成交额爆炸性增长的最主要因素。采用苹果（iOS）、谷歌（Android）、微软（Windows Mobile）、黑莓（Blackberry）等不同移动平台的智能手机的大量出货和普及为移动支付的发展奠定了基础。并且，随着以 iPad 为首的平板电脑越发受到消费者的青睐，用户使用平板电脑进行购物的行为也将越来越频繁。② 运营商和手机制造商大量使用近场无线通信芯片，这种统一的标准促进了手机支付的发展。来自市场研究公司 iSuppli 的研究数据显示，2010 年，全球有 5260 万部手机内置了近场无线通信功能，约占到所有出货手机的 4.1%。iSuppli 预计，到 2014 年，将会有 13% 的手机集成了近场无线通信功能，整体数字达到 2.201 亿部。③ 移动商务和移动支付由于其贴近生活需求的便捷性受到消费者的广泛青睐。随着智能手机对移动支付的支持，人们在日常出行时可以用手机代替传统的皮包履行支付功能，进一步减少随身物品给人们出行带来的不便。④手机银行作为一种新型、快速的支付方式，正在经历全世界范围内的增长。来自瑞典市场调查公司 Berg Insight 的研究报告显示，2009年全球手机银行以及相关业务用户量为5500万，预计到2015年该数字将达到8.94亿，年复合增长率达到59.2%。

3. 奢侈品私卖模式

私卖模式（private sale）是通过领域内微创新实现商务模式创新的典型代表，不同于传统的面向普通大众的网络零售电子商务模式，其销售对象相对固定，并且常常通过邀请制等方式控制消费者的增长速度。图14.4展示了私卖模式的主要框架：

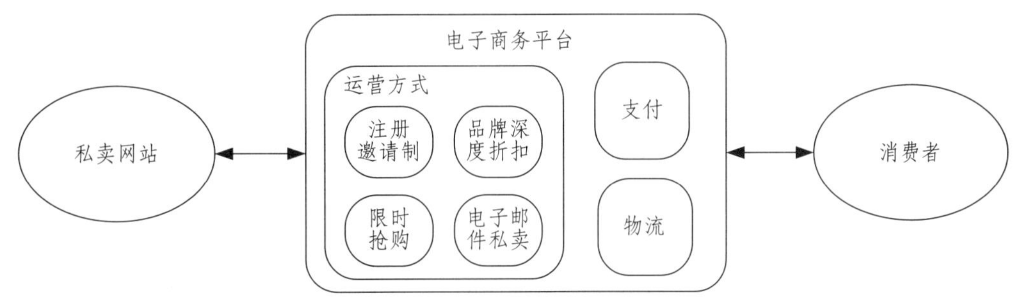

图14.4 私卖模式运营框架

资料来源：上海科学技术情报研究所（ISTIS）分析整理

如图14.4所示，私卖模式从本质上是面向细分市场的电子商务模式之一，现阶段主要以奢侈品等高端品牌的售卖为主，主要遵循高端品牌—深度折扣—限时抢购的经营方式。其中，品牌是主体，利用互联网无所不在的特性，可以充分拉近传统印象中高高在上的奢侈品与消费者之间的距离；深度折扣是卖点，为高收入人群之外的消费者购买奢侈品提供了渠道；限时抢购是形式，利用广告效应以及时间上的限制突出强调商品的有限性，提升对用户的吸引力。当然，也存在限时抢购之外普通售卖的形式，而品牌与深度折扣则是私卖模式中恒久不变的主题。

私卖模式初期的建立与奢侈品库存的积压息息相关，著名的奢侈品售卖网站Gilt在初期建立时就以销售金融危机影响下滞销的奢侈品库存为主，产品覆盖面也往往局限在几个特定的品牌。然而，随着经济的复苏与消费的带动，当库存被消化完之后，如何继续为高端品牌建立深度折扣的优惠成了奢侈品网站面临的首要议题。

一种解决方案是继续维持折扣的力度和品牌的高度，通过减少奢侈品从生产到最终零售流通的渠道来降低销售的成本，从而对用户实现优惠。为此，著名设计师及其工作室成为了奢侈品网站商品采购的主要目标。Gilt即采用了第一种解决方案。第二种解决方案是降低品牌的高度，从国际顶级奢侈品延伸到二三线品牌，继续维持折扣的力度。顶尖奢侈品在厂家资金库存链循环顺畅时不愿意因为深度折扣而降低品牌的形象。二三线品牌则不同，在售卖网站既有的大量用户基础之上，他们愿意提供大幅度的折扣扩散自身品牌的覆盖面。国内的一些私卖网站，如俏物悄语（iHush），采用的就是降低品牌高度的解决方案。

邀请制也是私卖模式下奢侈品网站微创新的一种，其用意在于加强用户的“身份认同感”。此类网站的营销模式更多依赖的是产品诱惑力与“口口相传”的口碑，传统的搜索引擎优化（Search Engine Optimization，SEO）的互联网营销方式对其影响有限。即使是二三折深度的折扣，打折后依然动辄万元的奢侈品注定不是大众化的产品，这也就决定了通过搜索引擎带来的用户更多的需求仅仅是对信息的查询，转化为潜在消费者的数量有限。因此，此类网站通常不开放注册，通过严格执行会员邀请的营销模式，增强消费者与网站之间的黏性，培养稳定的消费团体。Gilt 在创立之初，其合伙人就向身边的亲朋好友们发出了 1.5 万封的邀请函，而目前其 75% 的会员是通过朋友介绍加入的。通过受邀请人在网站上的消费给予邀请人一定金额的奖励，无疑也增加了网站会员对于邀请好友加入的积极性。

私卖模式下进行私卖的途径是电子邮件，类似于团购网站。不同的是，团购营销模式下电子邮件仅仅是一种辅助，网站通过广告与搜索引擎优化获得流量，并转换为潜在客户。所有的互联网用户都可以看到商品的信息。而奢侈品私卖网站上的商品只对注册用户可见，电子邮件更像是其私人社区内的独家商品信息服务。

限时抢购是私卖模式下商家主要的销售形式。通过电子邮件的方式，告知会员当前与未来折扣的商品信息，以限时抢购的方式来刺激消费者的购买。Gilt 一般商品的抢购限时在 36 到 48 小时之间，但往往 30 分钟之内就已经被抢购一空。

从细分市场扩张是奢侈品私卖网站在发展到一定阶段之后的必然之路，并在扩张过程中严格遵循自身建立的品牌形象。Gilt 在 2007 年 11 月最初成立时，仅仅以女性为售卖对象。不过，随着规模的扩张与电子商务潮流的发展，Gilt 也逐渐将业务领域延伸到了男性产品、旅游、团购等行业，涉及生活信息的方方面面，并且依然秉承着其高端产品——深度折扣的营销模式。表 14.2 简要给出了 Gilt 截止到 2011 年 5 月的发展历程：

值得一提的是，Gilt 曾在 2009 年 8 月尝试建立 Gilt Fuse 站点，为消费者提供那种相对便宜、“不是贵得那么离谱的品牌”服务，却最后以失败告终。而这也促使了 Gilt 在后续发展时，时刻秉持自己高端服务的路线，无论是后来的同城团购服务，还是新建的美食站点，无一不站在顶级消费的高度。

表 14.2　奢侈品私卖网站 Gilt 发展历程

时间	项目	项目说明
2007 年 11 月	Gilt 网站建立，初期专营女性服装与配饰	实行会员邀请制（现已可公开注册）、建立电子邮件私卖模式、并推出商品的限时抢购（往往只持续 36 至 48 小时）
2008 年 4 月	推出男性奢侈品专区	业务规模扩张，开拓男性奢侈品领域
2009 年 2 月	在日本成立 Gilt Japan	区域扩张，为日本用户提供 Gilt 高端品牌深度折扣的私卖服务
2009 年 8 月	建立低价独立站点 Gilt Fuse	Gilt Fuse 旨在为消费者提供更为廉价的品牌。现在已经与 Gilt 站点整合
2009 年 9 月	建立旅游站点 Jetsetter	为消费者提供全球豪华旅游服务，初期提供了超过 20 个国家 200 多个风景胜地的旅游
2009 年 9 月	推出 iPhone 应用，布局移动商务	进入移动电商领域，并于 2010 年 4 月推出 iPad 应用，成为最早一批进入平板电脑领域的零售商
2010 年 4 月	推出团购频道 Gilt City	提供同城团购服务，包括了各种高级餐厅和沙龙的折扣
2010 年 5 月	推出居家专区 Gilt Home	开拓居家产品分领域
2011 年 5 月	推出饮食频道 Gilt Taste	Gilt Taste 既是一个饮食产品的电子商务站点，也为用户提供知名大厨们的饮食配方等

资料来源：维基百科等；上海科学技术情报研究所（ISTIS）分析整理

当前环境下，Gilt 以及众多私卖模式经营的奢侈品网站面临最大的问题依旧在于：其经营方式是否需要往线下延伸？尽管深度折扣让更多的消费者体验到了购买奢侈品带来的乐趣，但是互联网虚拟的环境依然没有改善奢侈品在消费者传统印象中高不可攀的形象。此外，网购环境在奢侈品的购物体验与消费安全性方面远远无法和实体店模式相提并论，人们更愿意在线下亲自体验后才决定购买与否，而不仅仅只是依赖网站中提供的图片。

三、数字出版行业商务模式创新

数字出版是传统出版业的数字化经营，拥有绿色、环保、大容量、低成本等特征。数字出版产业链中，涉及内容生产、版权、发行、内容平台、支付平台、终端阅读器等一系列环节，包括了作者、出版社、运营商、消费者等不同参与角色。其中内容平台与终端阅读器的结合经营是数字出版业发展最大的趋势，以亚马逊经营的电子书店与 Kindle 阅读器为代表；版权则是数字出版面临的最大问题所在。互联网免费开放的特性以及行业内的不规范造成了盗版电子书遍地泛滥的局面，给作者和出版商都带来了巨大的经济损失。2010 年，随着电子阅读器与集成了阅读功能的平板电脑的大规模普及，数字出版从桌面（Desktop）和网页（Web）更多地走向了移动（Mobile），并围绕着内容的版权问题形成了付费与免费两种主要的商业模式。

1. 付费内容与阅读终端

付费内容的本质是虚拟商品交易，通过在线电子书店面向消费者售卖。电子阅读器是付费内容阅读的趋势，也包括了手机和平板电脑等移动设备。由于存在盗版问题以及互联网免费分享导致的易复制特性，电子书内容付费模式一般不面向个人桌面电脑。

在付费内容结合阅读终端的经营模式下，服务提供商主要的收入来源有两层：消费者对阅读终端硬件的购买以及在线电子书店的消费。现阶段内的阅读终端主要有 3 类：电子阅读器、智能手机和平板电脑；网上内容平台也可以根据搭建主体的不同分为 3 种不同的建设方案：出版商自建网络书店、科技类公司搭建的在线书店以及移动运营商开发的移动书城，其主要模式如图 14.5 所示：

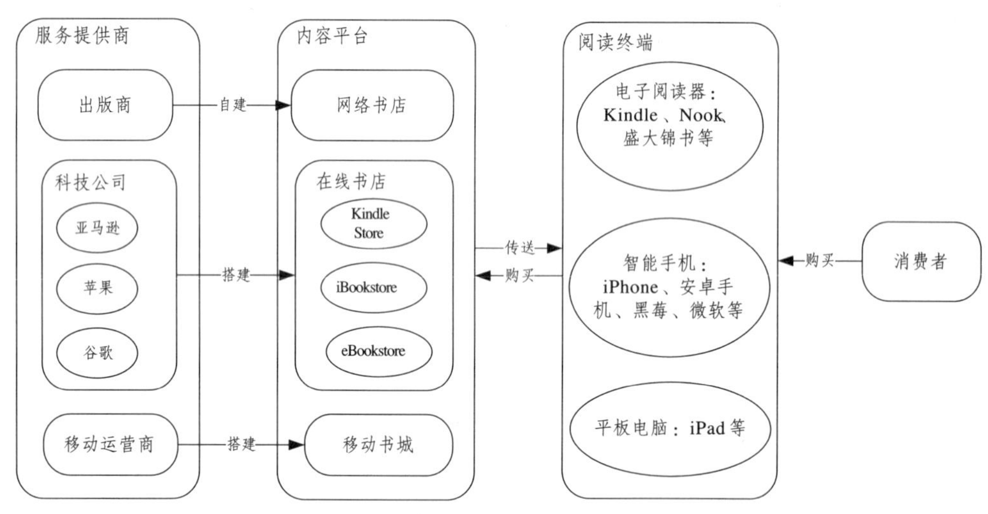

图 14.5　付费内容与阅读终端相结合的运营模式

资料来源：上海科学技术情报研究所（ISTIS）分析整理

如图 14.5 所示，出版商、亚马逊等传统涉及图书行业的科技公司以及移动运营商构成了数字内容服务的三大主要提供商。出版商自建内容平台的优势是无需和他人分享付费内容的收入，但是其技术劣势与内容广度上的局限显而易见——单一出版商拥有图书版权的数量有限。因此，拥有版权的出版商更多选择与亚马逊、谷歌等拥有在线数字图书平台的科技公司或者移动运营商之间进行合作，将电子图书制作的代理权授予第三方。

科技类公司搭建网络在线书店时，一般都与各大出版商之间建立了合作关系，将数字化之后的图书上架到各自的在线书店，收入与出版商之间实行分成。亚马逊、谷歌和苹果是目前三家最主要的在线电子书店提供商，三者都为电子书的阅读提供了各自的终端：亚马逊的 Kindle 阅读器、谷歌的安卓手机和平板电脑、苹果的 iPhone、iPad 等移动设备，并且三者之间实现了互通，如苹果用户同样可以在自己的 iPhone 上通过 Kindle 和 Google eBookstore 的应用阅读对方的电子图书。电子书定价方面，亚马逊是自主定价，苹果允许出版社自行定价，而谷歌则采用与出版社协商定价的方式。

移动运营商筹建在线电子书店是随着手机阅读的普及，运营商寻求新的利润点而催生的业务形态。现阶段，手机的用户基数远远高于电子阅读器和平板电脑，面向手机的服务越发受到消费者的青睐。因此，出版商选择与运营商合作，依托其大规模的用户基础，铺展手机阅读的业务。但是，该模式下的运营商在收入分成时拥有更多的话语权，其分成的比例也显著高于网站搭建内容平台的模式。如苹果公司与出版商采用三七分成的结构，国内的汉王与出版商之间的分成比例是二八；而中国移动、中国联通等运营商在分成结构上所占的比例一般都高达 60%，出版商很容易陷入被“边缘化”的困境。

亚马逊是奠定数字出版产业“终端 + 内容”模式运营的先锋企业。在电子阅读器 Kindle 推广的初期，为了吸引更多的读者加入到自身的电子阅读阵营中来，亚马逊甚至不惜赔本销售，将电子图书的价格定在了 9.99 美元。相对于美国一般 26 美元的纸质图书价格，其低廉的优势立竿见影，大大促进了 Kindle 的普及。

但是，过低的电子图书定价损害了出版商的利益，亚马逊与出版商在电子图书定价权方面陷入了僵持。直到苹果公司涉足电子图书市场，僵持的局面才被打破。2010 年 3 月，苹果推出了 iPad 平板电脑，内置电子图书服务，并且拥有 Kindle 所不具备的彩色图书服务。iPad 迅速占领市场，打破了亚马逊和 Kindle 独大的市场地位。苹果允许出版商可以对电子图书自主定价，一般在 12.99 至 14.99 美元。而作为出版商的代理，苹果可以从中获取 30% 的利润。之后谷歌在涉足电子图书市场时，基本参照了苹果的模式。

在巨大的竞争面前，亚马逊一方面暂时退守，妥协并同意出版商自主定价的权利；另一方面，亚马逊主动出击，将目标瞄准出版商所掌握的内容资源，试图整合数字出版整条产业链。2010 年 5 月，亚马逊旗下自主出版品牌亚马逊重唱（Amazon Encore）高调宣布与惊悚小说作家康拉思达成合作，首先推出其小说的数字版本，售价 2.99 美元；之后再推出纸质平装版的图书，售价 14.95 美元，作者将获得 70% 的数字版收入。亚马逊从图书零售商一跃变身为拥有自主定价权的出版商，并且其率先推出电子版本图书的做法彻底革新了纸质图书电子化的产业形态。

2. 免费内容与广告营销

数字出版行业内免费内容与广告营销的模式本质上是互联网广告营销模式的复制，通过免费服务吸引和获取用户，以用户群为基础招揽广告商的青睐，从广告位的租售上获取利润。个人电脑与上网本是广告模式营销的主要战场，亚马逊同样也开始尝试以更为低廉的价格售卖 Kindle 阅读器，但是在内容中植入广告。图 14.6 给出了免费内容与广告营销经营模式的主要框架：

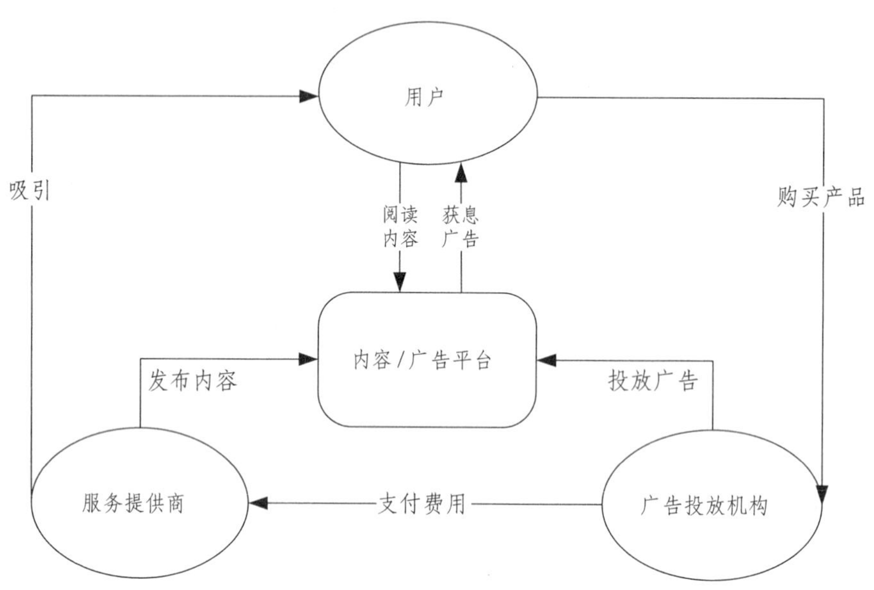

图 14.6　免费内容与广告营销相结合的运营模式

资料来源：上海科学技术情报研究所（ISTIS）分析整理

如图 14.6 所示，内容 / 广告平台是该模式运营的核心部分。服务提供商向平台发布电子图书资源，广告投放机构向平台发布广告信息，用户则在平台上阅读内容并接受广告信息。谷歌的数字图书馆就遵循这样的营销模式，通过免费向读者提供部分内容聚集人气，获得广告收益，最后与内容提供商分成。

现阶段，最成熟的内容 / 广告平台依旧基于互联网和个人电脑，广告被植入页面。亚马逊也尝试将广告营销的模式从个人电脑带向电子阅读器。2011 年 4 月，亚马逊宣布发布新一代内置广告版本的 Kindle 阅读器，仅售 114 美元，硬件配置与先期 WiFi 版相同，但是便宜了 25 美元。Kindle 上搭载的广告可以为亚马逊带来更多的收入，以填补 25 美元的价差，初期的广告客户包括了通用汽车、保洁和信用卡巨头 VISA。广告版的 Kindle 阅读器一旦联网，将强制在屏保中为客户显示广告。

随着科技的发展和行业的成熟，收费与免费模式之间的界限将被打破，越来越多的企业会采取混合运营的方式。例如为收费的电子图书提供免费试读（谷歌电子图书），在收费的内容中植入广告（亚马逊广告版 Kindle），免费的电子图书将仅局限于浏览而需购买下载（百度文库）等等。混合运营模式下，作者、出版社、零售商、广告商、读者之间将通过博弈为自身寻求更多的利益，免费和收费的模式也将在这种博弈和对话中找到平衡的支点，进化为更加成熟的形态。

3. 按需出版

按需出版（Print on demand）是指对于某些短板、断版和个性化书籍，出版社根据市场需求采用即时印刷出版的经营方式，由读者通过网站选择想要购买的书籍并付费。由于数字出版突破了传统模式的印数限制，高度自动化的流程与较少的人工参与使得单册印刷的成本被大幅降低，为按需出版的实现创造了前提。按需出版的经营模式在欧美发达国家比较普遍，在国内的应用则相对并不广泛。

小规模需求下，相对于传统的胶印出版方式，数字化按需出版无论是在成本还是出版速度上，都具有无可比拟的优势。而且，存货堆积的风险被降低为零，出版商无需在管理库存上花费过多的时间和精力。互联网的便捷性让销售渠道不再受到时间和地域的限制，随时随地购买与网上支付的成熟让出版商的流动现金更为充裕，也为消费者提供了更多阅读上的便利。图 14.7 给出了按需出版模式下读者订购电子图书的主要流程：

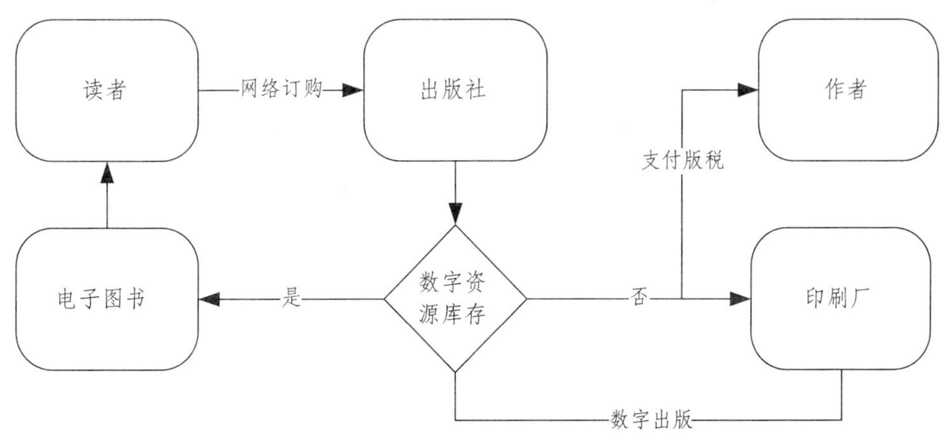

图 14.7　按需出版模式下读者订购电子图书主要流程

资料来源：上海科学技术情报研究所（ISTIS）分析整理

如图 14.7 所示，读者、出版社和电子图书是流程中的主要元素。如果读者需求的电子图书尚有库存，则通过网络直接递送；如果数字库存也已断销，则出版社通过印刷厂按照读者数量需求重新进行出版印刷，并向原作者支付一定的版税。

数字资源书本的存储方式是数字化按需出版最具革命性的改变。惠普公司打印及成像系统集团事业部副总裁兼 Aurelio Maruggi 甚至用“物流”一词来形容按需出版对胶印出版的改变：“我们现在说的按需印刷，是改变物流，比如以前印刷 5000 本书，销售 1000 本，剩下 4000 本要进行仓储；而按需印刷把一个真实的物理化的存储转变成一个虚拟的存储，我仍然要印五 5000 本，但不是一次性完成印刷，把所有的数据文件放在印刷商处，需要的时候随时印刷，转变成虚拟的存储，而不是实体的存储，所以根本方式没有改变。不论你通过网络预订也好，到书店购买也好，是没有任何区别的，改变的只是书籍的存储方式”。

网络是按需出版最主要的营销平台，电子商务技术在其中起到了无可比拟的重要作用。网络环境下，资金流与虚拟产品的即买即送为消费者与出版社实现了双向道的交易互动，而这一点在胶印模式下是无法实现的。对于图书资源而言，按需出版提供了图书电子化再制作的服务，为资源的永续流传提供了可能。

产业界方面，美国兰登书屋通过购入 XLI BRI 网络公司 45% 的股份，支持该公司的按需印刷业务，读者可以通过网络订购等方式下载图书。在德国，几乎所有比较大型的出版社都引入了按需印刷，贝塔斯曼集团也从 2001 年起涉足这一领域，下属的 Bertelsmann Media on Demand 公司专营这一业务，并被视为成功案例。在国内，惠普公司在 2011 年推出了 T300 彩色喷墨轮转印刷机，从技术上扫清了向数字印刷过渡的障碍，使得数字印刷完成按需出版在国内实现成为了可能。

四、其他行业商务模式创新

电子商务和数字出版本质上都是传统批发零售业与出版行业的网络化经营，并且在发展的轨迹中寻找到了切合自身特点的相对成熟的盈利模式。互联网大范围普及趋势下，区域优势和知识成本被大幅度弱化，也促使更多的服务业走上了网络化经营的道路。

1. 专业服务业

专业服务是指在某些特定的领域内为客户提供的知识含量和科技含量都很高的特殊服务，一般包含了法律、税务、市场调查、媒体设计等多个领域，是第三产业的专业化延伸。随着互联网的大规模普及，专业服务业也尝试突破既有的商业形态，在网络环境下寻求新的创新模式。

（1）在线问卷调查

在线问卷调查在专业服务网络化运营中拥有相对成熟的形态。与传统的问卷调查相比，线上调查可以帮助用户更加快速、准确、经济、高效地采集所需数据，降低调研成本，减少人为误差，从而使得调研的结果具有更强的普遍意义，帮助个人和企业在相关问题上制定决策。个人增值服务是在线问卷最主要的盈利模式，一般采取免费试用和高级功能付费订阅的方式，如图 14.8 所示：

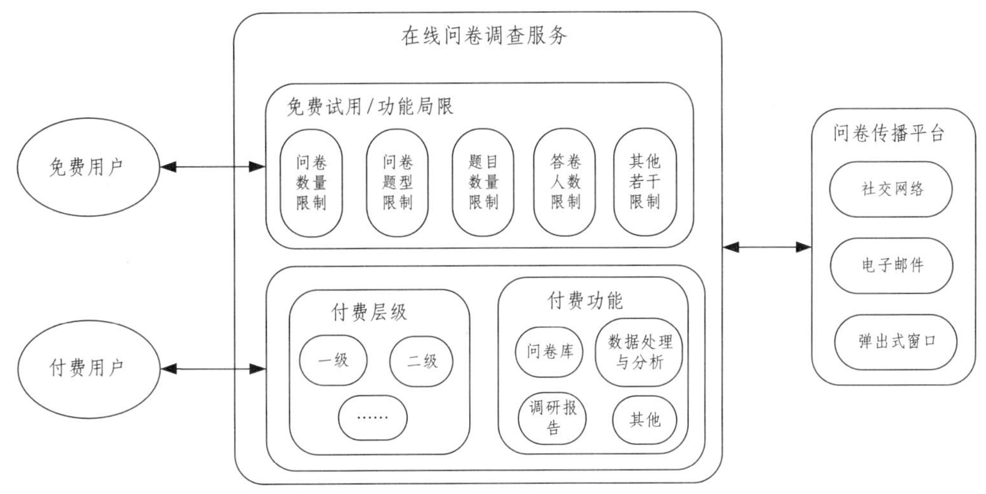

图 14.8 在线问卷调查服务主要经营模式

资料来源：上海科学技术情报研究所（ISTIS）分析整理

如图 14.8 所示，免费和付费用户构成了在线调查服务的两大主要客户群。免费的问卷服务一般设置了较多的局限，著名的问卷调查网站 SurveyMonkey 就限制每个用户所创建的免费问卷数量最多只有 20 份，每份问卷最多 10 个题目，答卷人数不能超过 100 等等。付费模式一般划分了若干个等级，随着付费金额的增加，用户所能获取的功能越发强大。SurveyMonkey 就划分了月付费用户、黄金用户和铂金用户三个付费等级，其客户对象一般集中在企业。

社交网络分享、邮件邀请和弹出式窗口是问卷的三个主要传播平台。互联网的社交网络化同样也是在线问卷调查服务发展的特征趋势之一，此类网站一般都提供了 Facebook 等社交网站的账户登录，用户可以在问卷创建并发布后分享到自己的社交网络。邮件邀请是以电子邮件发送的方式寻找特定的答卷人。弹出式窗口一般以 Flash 形式的广告嵌入到大型门户站点的页面之中，吸引用户加入到答卷人的行列。

在线调研的局限同样明显，答卷人敷衍了事导致的样本质量低下增加了后期数据处理的难度，脏数据与数据缺失充斥在调查样本当中。互联网的开放性与随意性注定了答卷人不会认真对待每一份随机收到的问卷，不记名的答卷方式下，盲目填写与机器作弊的现象频发。相对纸质的问卷调查，其统计结果具有的参考价值反而更少。

对于在线问卷服务提供商而言，为企业对象提供种类更加丰富的问卷内容，提高样本质量和结果分析支持，是其维持现阶段高级用户付费盈利模式的主要工作。此外，在线问卷调查服务提供商也可以尝试向免费用户投放广告的方式来开拓新的利润来源。

（2）网络会展行业

网络会展是企业利用虚拟的网络空间进行的展览活动和贸易活动，在欧美发达国家相对普遍。2010 年，美国有 72.4% 的企业接受过网上会展服务。国内网络会展的代表则是上海世博会与腾讯网合作开展的网上世博项目。电子商务与网络会展联系紧密，会展企业借助电子商务平台更好地推销自己的产品。根据两者合作主体的不同，网络会展的经营模式可以分为以下两种，如图 14.9 所示：

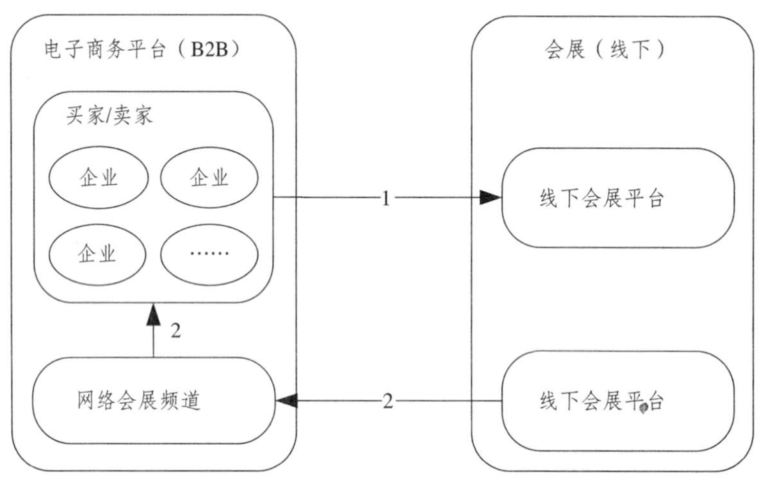

图 14.9　网络会展服务主要经营模式

说　明：图中 1 和 2 对应网络会展的两种经营模式
资料来源：上海科学技术情报研究所（ISTIS）分析整理

如图 14.9 所示，第一种模式是通过企业对企业（B2B）的电子商务平台向线下会展行业的延伸。电子商务网站采用企业联盟的形式突破网络的局限，涉足会展行业，深化行业“纵深化”的服务，为企业提供除线上 B2B 服务之外更多的线下专业增值贸易与全面的、深入的一揽子 B2B 解决方案。电子商务网站借助会展的平台可以放大自身买家与卖家的资源优势，开展特定主题的见面会，深化企业间的合作。该模式最大的弊端在于地域性方面的局限，因此最适用于本地企业。

第二种模式是会展公司在展览过程中借助电子商务的平台实施的贸易活动。“线下

展览 + 网络交易 + 线上展览”是该模式的主旋律，买卖双方通过展会获悉资源信息，通过互联网进行贸易活动。一旦线下展会结束，电子商务网站通过开辟会展频道继续在网上展览，具有延时落幕的特征。特别是在移动互联网大规模普及的当下，买家在展会中看到合适的商品，可以直接通过手机平台在相应的电子商务网站购买，实时就地凸显了会展的效果，加速了商品的流通，提高了贸易的效率。

国内，包括阿里巴巴、生意宝等 B2B 电子商务平台都提供了线上线下展览以及买家见面认证的服务。通过会展与电子商务的有效结合，提供贸易撮合、招商引资等服务，势必成为会展行业未来发展的一大主要趋势。

2. 健康管理服务业

健康管理服务在本质上是专业服务业的一种，执行健康管理是目前世界各国解决医疗支出日渐高涨的方式之一。美国、日本等发达国家皆已开始实施健康管理。美国健康管理服务的实施主体是企业，因为企业需要支付员工的医疗费用；日本则鉴于医疗费用的节节攀升，从 2008 年起由政府出资、保险公司负责执行国民的健康管理服务，旨在降低医疗费用的开支。

伴随着互联网资讯的愈加发达，人们对健康医疗管理的服务需求也发生了改变。以前人们习惯在医院或诊所获取健康医疗信息，现在人们则更多诉求于网络，各种医疗资讯平台应运而生。资讯类医疗网站、网络医院和社交网站是现阶段人们利用网络进行在线医疗最普遍的方式，三者的主要营销模式如图 14.10 所示：

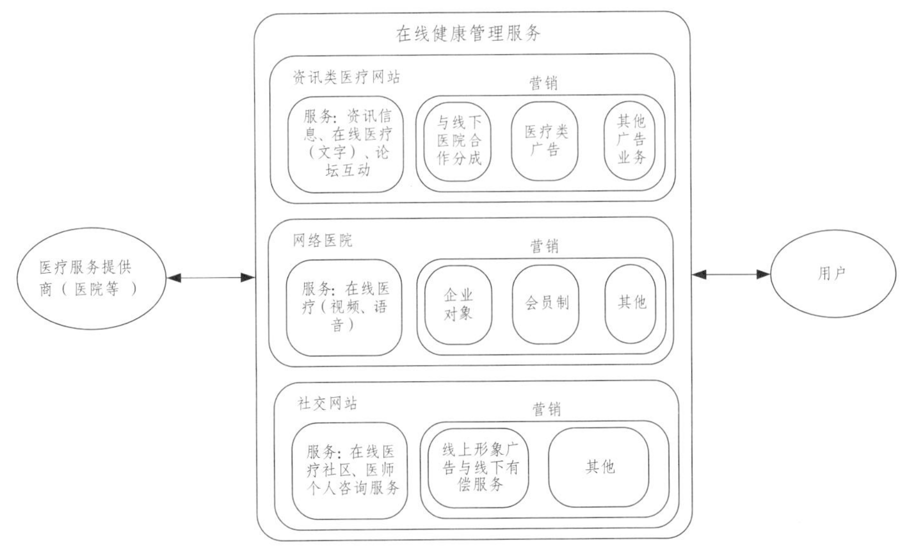

图 14.10　在线健康管理服务主要经营模式

资料来源：上海科学技术情报研究所（ISTIS）分析整理

如图 14.10 所示，资讯类医疗网站的主要运营模式是合作与广告，包括与线下医院的合作以及为其提供的宣传广告；网络医院主要以视频会议和即时通信软件为工具，由医师为用户提供有偿咨询服务；社交网站则是医院和医生利用社交平台开展的与用户之间的互动，为其提供专业化服务。

资讯类医疗网站为用户提供了快速求医的便捷性，特别适合一些不是特别重大的小疾病。拥有一定用户规模的医疗类网站一般都与全国各地大中型医疗机构建立了密切的联系，为网友提供全面快捷的即时求医咨询服务，足不出户就能与大医院的医生取得联系，获得基本的专业健康信息，并可以提前预约专家，获得有信誉保障的医疗健康服务。医药资讯类网站承担了患者与医院之间的桥梁作用，对医院来说是有益的补充，对患者而言更是便捷的工具，大幅提高了就医的效率。

网络医院服务在美国相对成熟，一般由医疗公司创建，科技公司提供技术支持。美国的在线医疗网站（Online Care Anywhere）由明尼苏达州蓝十字及蓝盾医保公司创建，由软件及服务（SaaS，Software As a Service）供应商 American Well 公司提供技术支持，为用户以视频会议和即时通信的方式提供与主治医师之间的在线医疗服务，并向每次网上就诊的用户收取诊疗费用。在明尼苏达州，蓝十字及蓝盾公司主要以企业和企业员工为服务对象，通过与企业之间建立合作，企业员工可以享受每次 20 美元的诊疗费用待遇，而普通用户平均每次上网就诊的费用为 45 美元。对于明尼苏达州之外的用户，只要其加入成为蓝十字与蓝盾公司的会员，同样可以享受与企业员工等同的网上诊疗优惠。

社交网站同样也被用于拉近医生和患者之间的距离，Facebook 和 Twitter 等社交网站如今也已经被医生和医院用来传播健康医疗信息。通过社交网站提供的组群服务，医师们可以创建在线社区，患者们可以在其中分享其就医经历。通过社交网站建立的医生与患者之间的互动越多，那么双方在预约就医之前所做的准备也就越充分，从速度和效率上都提升了就医的质量。并且针对多数亚健康的患者，医生可以在了解其饮食和生活习惯后直接给出健康管理方案，免去了用户到实体医院就医的繁琐。此外，Facebook 和 Twitter 组群页面上由众多用户分享自身就医的经历也可以被视作在线医疗的“知识库”，医生可以为症状类似的患者提供各种文章的博客链接，为来自世界各地不同的患者提供咨询服务。

除了改变用户就医的方式之外，网络也改变了患者病历的传统形态。网络就医环境下，电子病历卡应运而生。如 American Well 公司就与微软达成合作，利用后者的 Health Vault 电子病历服务，让患者放心地将他们的全部病历存储在网络当中。化验结果和 X 光片同样也可以上传到电子病历中。患者自己来控制对病历信息的访问，决定谁能够查看这些病历记录。微软之外，谷歌也提供了名为 Health 的电子病历服务。

个人隐私与数据安全是在线医疗与网络健康管理所面临的最大的问题。如何确保患者的信息不被盗用，需要技术和道德两个层面深层次的努力。技术服务提供商要确保患者的电子病历卡不被黑客攻击和盗取，医生要遵守自己的职业操守和道德规范，在公开的社区中不能诊断、处理或讨论任何人的健康信息，更不允许将患者的电子病历卡信息泄露。随着 Web 2.0 技术的不断升级，电子病历卡厂商们也已经开始尝试将短信和视频会议等工具嵌入他们的软件之中，加强隐私防范。

网络医疗服务在加强患者与医生之间互动的同时，也允许医生群体之间相互沟通，共享最佳治疗案例和新技术情报等。软件及服务的订阅模式在其中起到了良好的效果，很多个人诊所都倾向于使用电子病历卡的软件及服务模式，例如免费的 Practice Fusion 和 NoMoreClipboard 网站。在美国，大多数通过电子病历卡技术接收病人的医生都来自小诊所，并没有实施电子病历的经验，或者几乎没有 IT 从业人员。因此，这些简单、低成本甚至免费的服务得到了他们的青睐。采用低成本的软件及服务订阅模式，医生可以为患者提供更好的在线医疗服务，患者可通过即时通信工具预约看病，人们将更多地开始习惯在"云端"相遇。

3. 网络图像服务

随着数码单反相机的日益普及，人们对图像服务的需求愈发强烈。网络相册、在线图像处理、网络冲印店、个性化图像产品等服务如雨后春笋般涌现。图像服务尤其对社交网站影响重大，Facebook 高速增长的背后，其全球最大规模的相册服务功不可没。谷歌也通过一系列的动作，包括先后收购了网络相册提供商 Picasa、在线图像处理服务提供商 Picnik 等展开竞争，并将其整合到最新的 Google+ 社交网络之中。

从盈利模式来看，网络图像服务提供商以个人增值服务与电子商务为主要盈利手段，会员制与个性化产品定制是其中最常见的两种形态。图 14.11 给出了网络图像服务提供商主要的经营模式：

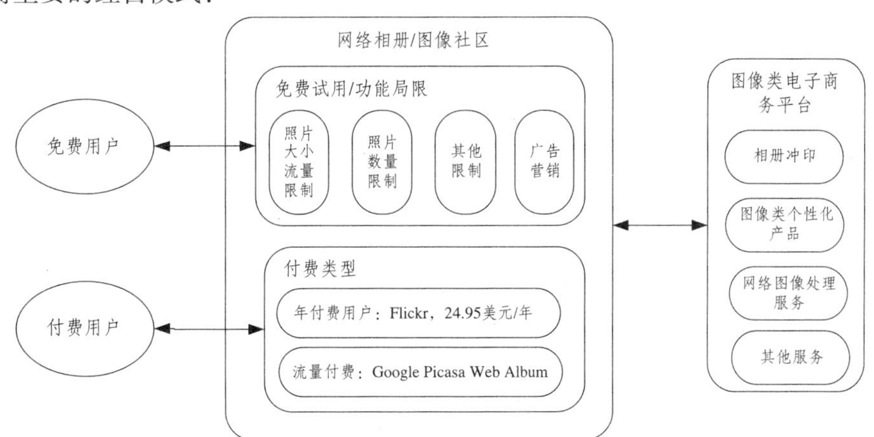

图 14.11　网络图像服务主要经营模式

资料来源：上海科学技术情报研究所（ISTIS）分析整理

如图 14.11 所示，网络相册提供商一般都采取会员收费的方式盈利，著名的在线相册 Flickr 就采取免费与收费会员结合经营的模式。免费用户每月可上传的相册大小被限制在 100 兆，并且其全部相册数量不得超过 200 张，还需强制接收 Flickr 提供的广告。而收费用户需要每年缴纳 24.95 美元的会费，之后可以享受一年内无限容量的相册服务，并且可以利用网站提供的统计工具查看自己的相册在网络上被浏览的痕迹和趋势。

网络相册提供商的第二种主要盈利方式是提供定制的个性化产品的电子商务服务，惠普公司旗下的喀嚓鱼（Snapfish）网站是这类服务的代表。喀嚓鱼为用户提供了在线相片冲印与个性化图像产品等服务，用户可以在网站上自行定制印有自身图像的服装、马克杯、日历等，网站通过产品的售卖从中盈利。

此外，用户对创意图像和各种美化效果的需求也催生了一大批在线图像处理网站。美国著名的图像处理网站 BigHugeLabs 为用户提供了图像拼盘、蒙太奇效果、图片拼贴画等一系列艺术效果，并与喀嚓鱼类似，通过为用户提供个性化定制产品盈利；而创业网站 Tucia 则为用户提供 Photoshop 图片美化的服务。用户可以上传自己的相片到该网站上，网站工作人员利用 Photoshop 软件为用户美化该相片，每张相片收取 2.99 美元的服务费用。

随着社交网站的普及，图像处理服务提供商同样也注重利用社交网络开展营销。Flickr 本身就是一个图像社区，各种摄影爱好者通过 Flickr 提供的组群服务走到一起，交流各种摄影心得体会；而包括喀嚓鱼、bigHugeLabs 等图像处理网站都建立了与 Flickr 的合作关系，为其用户提供自身各色的服务。

在国内，在线图像服务的盈利模式目前仍然以电子商务为主，通过网站平台售卖自定义图像的个性化产品，提供在线冲印服务等等。鉴于国内网民对收费相册服务的接受程度大大低于美国等发达国家，类似 Flickr 的收费模式无法开展和普及，一般都由各大门户网站，例如网易、腾讯等提供在线相册服务，依靠广告为主要营销模式。但是门户网站的在线相册服务也面临着盈利的瓶颈，网易首席执行官丁磊就表示，网易相册的营收基本对公司不构成利润贡献。对付费相册的不习惯也促使了更多国内的在线图像服务提供商依赖电子商务的模式从中实现盈利。

五、经验与启示

互联网为商务模式的创新提供了全新的机遇和挑战，进一步推动了各类服务业的发展，通过梳理、剖析网络环境下催生的各类创新商务模式及其运营过程中面临的困境与问题，我们可以获得如下启示：

1. 加强关键技术研发，促进行业应用

网络环境下的商务模式创新，具有强烈的技术诱导性特征。没有通信技术与移动互联网的发展，移动商务永远将只是一个概念。前沿技术的研发与应用为商务模式的开辟提供了必要的基础条件。为此，作为行业的监督者，政府可以从三个方面着重入手：

首先是加强对技术研发的重视程度，提高研发人员的工资待遇。互联网环境下的服务和产品，人力资源是最大的成本。由于技术本身具有的高门槛特性，决定了其专业化程度不是一般人所能掌握。其次是加强对海归与大型科技类公司人才的引进。互联网源自美国，引领行业潮流与发展的几乎清一色都是美国的公司。在中国本土创新土壤有待完善、技术能力尚显不足的今日，国际人才的引进就显得相对重要。最后是在技术商用的环节上，提供引导性的帮助。比如物联网等复杂技术的商用，在产业前景尚未明朗、技术疑难相对较多时，需要政府从财政、应用方向等各方面为企业提供帮助，引导其商业化进程。

2. 关注服务模式融合，实现竞合发展

服务与服务之间的渗透往往能催生全新的产业，例如电子商务与社交网络的结合开辟了社会化电子商务这一全新的领域，孕育了 Groupon、LivingSocial 等一批朝气蓬勃的企业。互联网环境下，商业变化日新月异，往往几个技术上的突破就能创造一个全新的市场。通过将这些面向不同用户的各异需求结合起来，诱发用户新的需求形式，从分工与合作的经营方式入手，达到迅速占领市场的目的。

为此，企业之间的合作是第一要义。互联网创业公司在经历了初期的成长之后，已经拥有一定规模数量的稳定用户群。提供不同服务的互联网公司可以通过用户群的共享与服务的衔接，实现合作与共赢。比如国内的网络零售巨头京东商城就与人人网、新浪微博等各大社交门户合作，用户可以在这些社交门户上分享自己在京东商城的购物经历和体验。

互联网商业环境下，作为企业，需要实时洞察行业内的前沿趋势，寻找可能合作的目标，开发新的利润点；作为政府，需要为企业创造一个自由竞争的环境，杜绝行业恶性竞争，规范市场秩序，在必要时为新兴行业提供诚信上的保证。

3. 调整创业政策导向，完善激励机制

大学生创业一直是政策扶持的对象，虽然成功的案例也不在少数，但是学生在行业洞察力与个人阅历两方面的先天缺陷注定了成功的案例只是其中的沧海一粟。不同于学生创业群体，大型企业高层管理人员经过长时间商业环境的洗礼，具有丰富的行业及管理经验，更易将创新商务模式转化为收益。例如 Gilt 的两位创始人 Alexis Maybank 曾经是 eBay 加拿大业务的主管，而 Alexandra Wilkis Wilson 则担任过著名奢侈品牌宝格丽与路易威登的销售主管。前者熟悉电子商务的发展，后者对奢侈品销售的渠道与模式如数家珍。结合两人在各自领域内的优势，Gilt 的成功也就水到渠成了。

阻碍企业高管下海创业的因素主要有二：首先是对家庭需要承担的责任决定了他们都是风险回避型的人才，而不像大学生那样乐于拥抱未知；其次是大型企业高管本来就收入不菲，已经跻身成功人士的他们无需再通过创业寻求社会的认同。由此，政府可以适当调整创业扶持政策，将鼓励学生创业与完善激励机制并重，让更多具有实际商务经验的高层管理人员投身于新兴服务产业，营造积极的创业氛围。

4. 推进示范应用，鼓励企业微创新

高新技术产品的商用伴有巨大的风险。由此，产品的试点与示范性应用就显得相对重要。在新兴产业形态尚未明朗之前，通过政府的牵线搭桥，在小范围内形成试点，搭建一个高新技术的应用平台，鼓励创业公司入驻，给予其充分的自由度和发展空间，并在资金、税收等方面提供相应的补助。一旦企业形成规模化发展，再从试点区域向外扩张。

在吸收创业公司入驻示范园区的过程中，政府要鼓励增加企业内的微创新元素，可能仅仅是一个改良的设计，就能引领一波新的行业趋势。著名的地理位置信息提供商 Foursquare 初时仅仅是苹果 app store 中的一个应用，就是因为其敏锐地看到了地理位置在移动互联网中的重要作用，才一跃发展成为全球领先的科技公司，并催生了地理位置信息服务这一全新的行业。

主要参考文献

【1】天涯海阁网．浅谈社会化电子商务 [N]，2011-03-17.

【2】Shop.org．New Study Evaluates Consumer Behaviors， Attitudes toward “Social Commerce” [R]，2011-05-27.

【3】Socialbeta．畅想社会化电子商务的未来 [N]，2011-02-14.

【4】网易．圆桌论坛：移动电子商务仅是噱头？ [N]，2011-04-28.

【5】天极网．移动电子商务的七大机会 [N]，2011-02-25.

【6】Tech2ipo．Square 模式详解：随时随地移动支付 [N]，2011-01-21.

【7】艾瑞咨询．2015 年美国移动支付总成交额将达 214 美元 [N]，2010-12-24.

【8】iSuppil．2014 年 NFC 功能手机全球出货量将超 2 亿部 [N]，2010-12-22.

【9】Berg Insight．2015 年全球手机银行用户预计将达 8.94 亿 [N]，2010-04-23.

【10】站长之家．谈 B2C 微创新——邀请制和用户体验 [N]，2011-04-03.

【11】TechFrom．新商业模式：私下销售 Private Sales Gilt Groupe 年营收 1.5 亿 [N]，2010–12–24．

【12】21 世纪经济报道．中国版奢侈品网站的美丽与哀愁 [N]，2011–06–27．

【13】快乐工作人杂志．Gilt Groupe 以私人 email 名单卖三折品牌货，今年业绩将达 50 亿 [N]，2009–07．

【14】Gilt Groupe．http://www.gilt.com/company．

【15】中国新闻出版网．关于出版社电子图书出版的盈利模式研究．2010–10–25．

【16】杨文轩．寻找数字出版的商业逻辑 [N]．出版商务周报，2010–07–19．

【17】慧聪印刷网．开拓疆土——惠普将按需印刷进行到底 [N]，2011–06–29．

【18】SurveyMonkey．www.surveymonkey.com

【19】问道网．www.askform.cn

【20】倪庆萍．电子商务环境下网络会展的创新发展 [J]．商业研究，2009（01）：212．

【21】求医通网站．“我在线，你健康”——2009 年网络“在线求医”服务与你同行 [N]，2009 年 12 月．

【22】网界网．Web2.0 与在线医疗：医生患者相遇在“云”中 [N]，2010–06–11．

【23】Flickr．www.flickr.com

【24】Snapfish．www.snpafish.com

第十五章 世界商务集聚区发展研究

一、世界商务集聚区发展概述

（一）商务集聚区的基本内涵

1. 商务集聚区的基本概念

随着经济全球化发展和国际产业资本的转移，以高附加值产业活动和中高端商务活动集聚为标志的集聚区现象在许多国家大量出现，日益成为影响区域乃至国家整体竞争力的重要因素。

目前在国际范围内，“商务集聚区”这一概念缺乏明确定义，与之相近但并不完全等同的概念涉及“中央商务区（CBD）”、“专业化产业集群”等概念，因此，很有必要对“商务集聚区”的研究对象加以分析阐明。

纵观近年的研究文献，涉及商务集聚区的相关文章多引自上海市政府对“现代服务业集聚区”的界定。2004 年，上海首先提出的“现代服务业集聚区”概念，是伴随上海国际大都市发展并借鉴世界城市发展经验所提出的新理念，主要指按现代理念统一规划设计，依托交通枢纽和信息网络，以商务楼宇为载体，将相关的专业服务配套设施合理有效地集中，在一定区域内形成空间布局合理、功能配套完善、交通组织科学、建筑形态新颖、生态环境协调，充分体现以人为本，具有较强现代服务产业集群功能的区域，可分为中央商务区、创意产业园、科技创业园、软件园、现代物流园、文化休闲旅游区、大型专业市场等主要形态。

结合多年的实践，并对“现代服务集聚区”概念不断充实、提升与完善，可以认为，“商务集聚区”多不局限于单一门类的服务产业，而是基于多种高附加值高技术属性的产业部门构建而成，相关服务产业综合配套，空间相对集中，具有资源集合、产业集群、服务集成的复合功能，是培育发展较高附加值服务业门类的重要载体。

大都市作为全球经济的管理和控制中心，是诸多中高端商务活动的集中地，也是商务集聚区这一高端经济集聚模式的主要发生地。从世界著名大都市的发展过程来看，商务集聚区必然集聚金融服务、专业服务、商务服务、会展旅游等多项服务业活动，其中，金融业是商务集聚区的灵魂，专业服务业是商务集聚区的主体，商业特别是零售业是商务集聚区的基础，会展业和旅游业是商务集聚区的发展新方向，高技术产业则有助于进一步提升商务集聚区的经济产值。

2．商务集聚区的发展特点

无论是在发达国家还是发展中国家，典型的商务集聚区皆呈现以下特点：

（1）趋向大都市性

由于商务活动趋向集聚在基础设施和信息网络发达、生产和生活环境品质高、市场需求旺盛、经营环境开放的地区，大多数中高端商务活动多集聚在大都市，特别是国际性大都市，这些城市往往成为跨国公司总部的集聚地、国际金融中心、贸易中心、信息中心等，即，商务集聚区天然产生并发展于大都市。正是由于这一大都市属性，使得商务集聚区企业的地方根植性远强于制造业产业集群的企业，后者易于因原材料成本、税收等因素而发生迁移。

（2）智力资源密集

由于现代服务业中的商务活动知识化信息化程度较高，相对于制造业，商务集聚区的发展对外部环境尤其是人力资源、相关产业发展以及政府管理水平的要求更高，而受原材料成本等因素制约影响较小。充裕丰沛、自由开放的劳动力市场以及教育和研发机构提供智力支持和储备，使得各种生产要素围绕高技术人力资源集聚，从而带动区域产业的发展与更替，成为商务集聚区的重要特征之一。

（3）竞合关系显著

由于集聚区企业大多是相关产业或支持性产业交错布局，企业间相互依存，存在显著的竞合关系。相比制造业集聚区而言，商务集聚区更多的是水平关联性集群，集群企业在面对共同的市场和客户群，基于大都市基础和吸引更大规模共同客户而集聚的同时，也力求提供差异化服务，避免同质竞争。

（4）孕育创新先机

随着技术创新速度的加快，规模经济对竞争力的影响在下降，创新能力以及对市场变化的快速响应能力成为决定竞争力的主要因素。一方面，商务集聚区内各项服务业门类为制造业提供的服务，有助于制造业的创新，另一方面，集聚区中企业间的共享和交流机制亦为自身的创新发展提供有利的基础和条件。可以说，商务集聚区在区域创新体系中发挥着重要作用。

（5）地缘属性鲜明

商务集聚区不以行政区域加以划分，而是以地理毗邻为界限，区域范围可大可小。虽然以网络技术为主的现代化通信技术使得人际交流沟通更为便捷，但是因近邻而带来的面对面交流和协调的便利，仍然无法取代。

3．商务集聚区的不同类型

按不同分类标准，商务集聚区可分为不同类型：

根据集聚区成型的驱动力，可分为政府主导型、市场推动型，或是政府主导加市场推动两者兼而有之的复合型集聚区。

根据集聚区的辐射强度，可分为辐射国际、辐射所在国或周边区域、辐射国内某一地区等不同层次的集聚区。

根据集聚区的服务种类，可分为专业化商务集聚区和综合型商务集聚区，前者是指以某一产业部门为主的集聚区，后者指以若干种产业部门及相关产业共同构筑的集聚区。

根据集聚区的区位，可分为市区和郊区商务集聚区。

（二）商务集聚区的发展规律

1．产业逐渐集聚是商务集聚区发展的必然规律

诸多国际著名商务集聚区的集聚发展经验表明，整个区域的形成和发展是城市演进的历史动态过程，一般都经历相当长的时间。伦敦、纽约、东京等城市的集聚区发展均经历较长的历史孕育期，如伦敦金融城经历 300 余年、纽约曼哈顿经历近 200 年时间，才各自形成现在的产业规模。而二战以后新兴的商务集聚区，如本章将重点研究的伦敦加纳利码头和巴黎拉德芳斯新城，也经过 20 ~ 30 年才基本形成。由于这一产业逐渐集聚的特征，导致区域开发建设周期较长，投入产出的效益不能立竿见影，因此，集聚区的规划发展要根据国际国内形势和经济发展状况不断进行调整与完善。

2．完善基础设施是商务集聚区发展的必备基础

商务集聚区是各种商务设施高度集中，人流、物流、信息流高速流动的相对狭小区域，所以基础设施是其成功发展至关重要的因素。高效率的对内对外交通网络是区域高效运作的基本保证。纽约曼哈顿由地铁、环形高速公路等组成交通运输网络；东京新宿是东京最重要的交通枢纽，有 9 条地铁经过，日客流量超过 300 万人；拉德方斯也是 40 万人口的地下公交换乘点。此外，商务集聚区必须在基础设施建设方面具备前瞻性，不仅排水、供电、道路、停车等基础设施的布局规划能满足目前发展规模的需求，亦要充分考虑更大规模的无线城市等新型发展理念。

3．功能配套提升是商务集聚区发展的重要因素

诸多城市已发展成熟的商务集聚区均经历从单一的商务办公功能向商务、商业、居住、观光、旅游等功能的集成，因此，必须注重配套功能的规划建设，以商务楼宇为核心，星级宾馆、商业休闲、生态环境为配套，协调发展相关的生活服务业或公共

事业部门，并注意与周边地区结合，成为吸引周边地区的创意文化中心、娱乐休闲中心、商业购物中心，促进集聚区的全面繁荣。

4．地方发展特色是商务集聚区发展的关键特征

国际著名商务集聚区的发展经验表明，是否具有鲜明的地方特色和凝聚力也是区域能否获得成功的关键因素。地方特色一般通过建筑设计、文化创意和产业发展等特色得以体现。建筑特色是集聚区风貌的体现，是了解集聚区的第一窗口；文化特色有助提升地方影响力，是宣传集聚区的巧妙抓手；最重要的则是产业特色，商务集聚区的核心竞争力主要靠高度集中的产业结构来加以强化。如曼哈顿集聚区分为依托中央公园集聚高档住宅区的上城和高档写字楼云集的中城，由于各自特色鲜明而大获成功。

二、世界商务集聚区发展比较分析

学界认为，国外商务集聚区的建设都是市场经济自然选择和推动的结果。与市场经济的“无形之手”相比，政府推动的“有形之手”在商务集聚区的形成过程中没有发挥作用。其实，这与商务集聚区发展的实际情况并不一致。

商务集聚区的建设是长期或中长期的过程，如，从纽约曼哈顿的建设开始，政府对商务集聚区的规划和投资引导的力量时时存在。特别是在美国针对 1929 ~ 1933 年大萧条实施的“罗斯福新政”获得成功后，西方国家政府对经济进行干预就更加频繁和直接。二战之后许多著名集聚区即是由政府直接规划、设计、推动、引导的结果，例如，在当前已获肯定的伦敦加纳利码头区域发展案例上，政府规划的痕迹尤为鲜明。

因此，本节拟从集聚区的成型驱动力角度，甄选完全政府主导成型的伦敦加纳利码头、政府主导加市场推动形成的巴黎拉德芳斯，以及完全市场推动形成的香港中环等三个商务集聚区作为典型案例，考察剖析它们从酝酿成型到稳定成熟的发展特点、发展历程及经验教训。此三则案例涉及城市均为国际知名的全球化都市，商务活动的集聚和辐射效应较为明显，对于我国特大城市规划构建商务集聚区具有一定参照价值。

（一）政府主导成型的商务集聚区——伦敦加纳利码头

英国首都伦敦[1]位于英格兰东南部的平原地区，泰晤士河横穿城市中部，距离泰晤

[1] 伦敦从严格意义上，应被称为大伦敦地区，其行政区划分为伦敦金融城和 32 个行政区，金融城外的 12 个行政区称为内伦敦，其余 20 个区称为外伦敦。若按区块划分，大伦敦可分为伦敦金融城、西伦敦、东伦敦、南区和港口。金融城是传统意义的金融资本集聚之地，西伦敦是英国王宫、首相官邸、议会和政府各部门所在地，东伦敦是工业区和工人住宅区。报告为简洁处理，以伦敦代称大伦敦地区，特此注明。

士河入海口 88 公里。整座城市占地面积近 1600 平方公里，人口 751 万人，下辖 33 个行政区，市区由 14 个区构成，占地 319 平方公里。

伦敦是与纽约、东京齐名的三大全球化都市之一，也是全球国际金融中心，金融业和金融区的发展在大伦敦地区和英国的经济与社会发展中具有重要的牵引作用。这从“全球金融中心指数（GFCI）”自发布至今连续 5 年将伦敦排在全球各大都市榜首可以得到印证。这一榜单虽由伦敦金融城公司自行编制发布，但已是获得业界广泛认可的全球最具权威的国际金融中心指标指数。

伦敦以金融及相关经济产业活动为核心，在 18 世纪末的工业化时代，即奠定国际金融中心的基础。随后的 2 个多世纪内，历经世界经济重心转向美国、英国经济停滞滑坡等多次打击，伦敦作为全球金融中心的地位虽有所下降，但其对世界的影响犹存。尤其是 20 世纪 50、60 年代，世界政治经济形势发生重大变化为伦敦金融业复兴提供历史机遇，英国于 20 世纪 70 年代推行金融业务自由化，于 80 年代逐步放松政府对金融体系的管制，使得伦敦作为全球金融中心的角色重放光芒。在这一时代变迁的大背景下，80 年代政府逐步着手规划兴建的加纳利码头在集聚商务活动方面的巨大能量亦得到国际认可。

1. 集聚区发展现状

加纳利码头（亦称金丝雀码头）位于伦敦东部的道克兰区，距离市中心的金融城约 6 公里，占地面积 1 平方公里，区域内有英国最高的楼宇第一加拿大广场（高 231.5 米，自 1991 年竣工以来即是英国境内最高建筑，2012 年可能被即将竣工的 Shard London Bridge 超越）。该区域规划成型完全出自英国政府及伦敦市政府之手，至今不过 30 余年，目前与先期建成的伦敦金融城名气不相上下，被称为“新金融城”或“第二金融城”。

加纳利码头因成功将汇丰银行、巴克莱银行、花旗银行、路透社等知名企业总部从伦敦金融城吸引而来，从而赢得更多企业入驻。2009 年，占地 1 平方公里的加纳利码头就业人口总数已逾 10 万，落户企业逾 9000 家，建筑面积 230 万平方米（见表 15.1）。

由表 15.1 还可看出，2000 ~ 2009 年期间，伦敦金融城的金融服务业及所有部门从业群体均维持同一水平线时，加纳利码头就业群体翻倍增长，发展势头正劲。因其面积不足伦敦金融城的四分之一，就业人口密度已高于前者。所以，假以时日，加纳利码头有可能超越伦敦金融城，成为更具辐射力的金融服务集聚区。

表 15.1　2000–2009 年加纳利码头就业人口变化

万人

年份	伦敦金融城		加纳利码头	
	金融服务业就业人数	就业总人数	金融服务业就业人数	就业总人数
2000	15.8	33.0	1.1	4.6
2005	13.5	30.6	4.7	8.7
2006	13.1	30.3	5.4	9.6
2007	13.5	31.2	5.7	10.5
2008	14.0	32.8	6.0	10.9
2009		31.7		10.5

资料来源：伦敦市政府网站；上海科学技术情报研究所（ISTIS）分析整理

若将区域内就业人数按不同产业部门细分，可见，金融服务业、专业服务业及相关商务支持部门，是加纳利码头的核心构成（见表 15.2）。虽然相比金融危机前就业人数有所减少，但伦敦市政府表示，由于该区域与金融城就业人群构成类似，三分之二人群从事金融服务及相关商务活动，随着经济逐渐复苏，这一下跌趋势可望止跌回升。根据伦敦金融城的最新官方统计，按照目前伦敦金融城与加纳利码头的发展规划，到 2016 年，将有超过 20 万新职位在该区域落户，半数以上落在加纳利码头区域。

表 15.2　加纳利码头与伦敦金融城按部门分类的就业人口简况

人

产业部门	伦敦金融城		加纳利码头	
	2008 年	2009 年	2008 年	2009 年
金融保险业	144 600	134 600	60 100	50 400
专业服务业	72 800	75 900	8 500	8 800
商务支持业	32 500	25 300	8 600	15 700
交通仓储业	3 000	3 000	1 700	1 700
宾馆餐饮业	14 900	14 700	3 700	3 600
批发零售业	9 600	15 500	4 600	3 300
健康服务业	3 100	2 900	900	1 200
公共行政部门	5 300	4 300	3 000	3 200
教育服务业	3 700	3 500	600	600
就业总人数	328 100	316 700	109 900	105 000

资料来源：伦敦市政府网站；上海科学技术情报研究所（ISTIS）分析整理

2．加纳利码头的重要竞合伙伴——伦敦金融城

提及加纳利码头的发展，很难绕开较其先期崛起的伦敦金融城。最初正是由于金融城老城区地理位置狭窄，政府考虑以旧区改造为基础，并为英国的金融发展提供必要的新空间等多方面因素，加纳利码头的全新规划方才提上议事日程。

伦敦金融城占地约 1.6 平方英里（合 4.1 平方公里），被伦敦人称为“一平方英里（the Square Mile）”。虽然面积不大，但承载千年历史，从 17 世纪下半叶起，已成为英国乃至全球金融垄断资本的心脏。时至今日，世界 500 强企业已有 375 家在金融城设立分公司或办事处。2009 年，这里聚集近 500 家外国银行，近 200 个外国证券交易中心和 20 多家顶尖保险公司总部或区域总部，另外还有 180 多个外国证券交易中心，每天外汇交易量达 6000 多亿美元，管理全球 4 万多亿美元的资产。根据英国《经济学人》杂志统计，在各项主要金融业务中，金融城占据全球 20% 的跨境借贷、40% 的非英国股票交易、32% 的外汇交易、43% 的衍生品场外交易，以及二级市场 70% 的国际债券交易。除对冲基金资产外，伦敦在几乎所有指标上都胜过美国、德国、法国、日本等国的金融中心。

2010 年，伦敦金融城的金融服务业和专业服务业合计创造 319 万亿欧元，占金融城自身生产总值的 88.6%，占整个伦敦地区金融服务业产值的 42.1%，占全英国金融服务业产值的 17.9%。

由于具有深厚的历史底蕴、良好的城市发展规划、发达的现代服务业集群和充足的人才储备，伦敦金融城发展成为全球最大的跨国总部集聚地之一。在伦敦落户的跨国公司总部中，业务涉及金融类型的占主要地位。在将各大企业吸引而来的集聚因素中，最值得一提的是金融城独特的管理自治体制和多点发展的城市规划。

伦敦金融城作为庞大而致密的金融业网络体系，其管理和运行需要高度精细化，因此，建立了专门的市政机构“伦敦金融城政府”，致力于维护伦敦金融城的全球地位。这一体制自几个世纪前的《约翰国王大宪章》起便得以确立，伦敦金融城政府成为世界上最古老的市政地方自治主体。伦敦金融城政府主要提供基础设施维护、经济战略规划及所有相关服务，人员构成包括伦敦金融城市长、两名市政司法长官、市政参事等官员以及议会（Common Court）。伦敦金融城政府的市府参事议政厅（Court of Alderman）和政务议事厅（Court of Common Council）的角色类似英国的上议院和下议院，他们通过处理信息和出访等，维护“伦敦金融城”这一特殊品牌。经过不懈努力，伦敦金融城已达金融服务行业的最高境界。

基于这一独特的管理架构，伦敦在城市规划中即一直突出其金融中心的特点。但随着 20 世纪中期制造业就业与居住人口的外流，伦敦的国际商务机构迅速增加并向原有住宅区方向发展，在西敏寺地区形成与伦敦金融城相对应的、以专业服务业为主体

的又一块商务集聚区。但是，为了保证公众利益和公共环境不受高强度和高密集开放的破坏，伦敦开始采取适当抑制的态度对待商务集聚区的不断渗透，并在伦敦制定“限制性分区”，将商务活动限制在单纯的商务集聚区之内。这种合理规划一定程度上使得伦敦的社会发展更为稳定，城市的金融特色更为鲜明，因而跨国公司尤其是金融类企业纷纷将总部选址伦敦金融城。

但是，在目前全球金融危机肆虐的情况下，金融城的未来发展遇到前所未有的挑战，这对金融城内的企业发展也造成一定影响。2010 年 11 月金融城市长表示，受全球金融危机波及，金融城经济持续动荡，尽管英国政府出台一系列干预举措，但未来数年内仍有可能出现高达 7 万人的裁员。伦敦作为金融中心受到的强烈冲击和自身极高的劳动力成本，是跨国公司未来几年将总部或分企业设立在此的重要不利因素。

除此之外，恐怖主义因素也将影响企业选择。近两年内，金融城遇到几起恶劣的恐怖袭击，加上 2011 年夏天伦敦市内各区爆发的一连串社会骚乱，对城市及产业发展带来不小负面影响，而安全性是企业选择落户地时必要考虑的重要因素之一。因此，如果伦敦政府不采取必要举措严控恐怖主义事件的发生，必将成为金融城作为跨国企业总部选择的一大劣势。

3. 集聚区发展历程

二战后，随着英美等国进入所谓的后工业化时代，制造业衰落、生产性服务业兴起，在此期间，英国经济遭受严重打击，暴露深层次结构问题，大量制造业基地消失，仅从 1971 年到 1991 年就带来 200 万人的失业，伴随的是原有以制造业为主导的城区和城市开始衰落，由于城市中心聚集大量失业群体，新兴的中产阶级纷纷迁出，进一步造成内城的持续衰落。在这一背景下，英国政府力图通过一系列城市更新改造计划，振兴因后工业化转型而造成的衰落地图，在此基础上提高城市吸引力，吸引中产阶级及相关产业重回城市中心区域。在整个区域的发展过程中，政府引导规划的身影随处可见。

20 世纪 80 年代，加纳利码头所在的道克兰区正是上述类型的贫困地区，其转型改造可分为四个阶段。

第一阶段是组织准备阶段。伦敦市政府划定 8.5 平方公里土地，于 1981 年根据《地方政府规划与土地法》成立半官方性质的开发商——伦敦道克兰开发公司（London Docklands Development Corporation，以下简称 LDDC）。该机构被授予三项重要权力，一是土地整合权，包括强制购买权，LDDC 拥有特殊的保留权限，可快速从其他公共机构获得土地而不需公众咨询；二是获得周边三个行政区的发展控制权；三是有权使用政府资助为开发准备土地。政府还要负责对 LDDC 进行初期全额投资作为启动资金，启动后公司运营经费来自政府和住房、工商业开发、土地处置产生的收入。但是地方行政职能、住宅分配、教育统筹、医疗管理及各项战略规划等权利，仍保留在地方政府和相关机构手中，LDDC 可通过设立各类基金的方式协助、调控、促进地方政府改善这些方面的工作。

第二阶段是征地、规划和基础设施完善阶段。首先是土地重整，提供必要的设施确保土地可以出售，其次是编制本地区使用的总体规划，为未来私人开发的规划申请提供依据。

第三阶段是招商阶段。在这一阶段，以免除 10 年营业税和土地开发税的优惠政策，将可开发土地销售给私人企业加拿大的奥林匹亚约克公司（Olypia&York）。

第四阶段是私人部门建设阶段。由于加纳利码头区距离金融城不远，吸引大量商务楼宇建设，如在此期间兴建的第一加拿大广场，成为加纳利码头的地标建筑，商务楼宇带来的新就业机会促进住宅开发，引起周边住宅的新建与改造，从而进入城市更新的良性循环。

这种模式的城市更新需有庞大的资金和有力的制度支持，才能迎来大规模建设。跟随加纳利码头所在的道克兰旧区改造，之后英国成立的城市开发公司基本复制这一套路。

但是，这一套路也存在很大风险，因为土地招商的成败直接与当时的房地产市场行情有关。在加纳利码头开发改造初期，以开发商奥林匹亚约克公司在 1992 年房地产最不景气的时候破产为标志，原先的规划思路遭遇社会各界批评。随后经历近 10 年停滞期，开发商重新回购加纳利码头区域土地，在区域改造过程中不再一味重视以房地产为主的开发，而是修正策略，与周边 3 个区政府合作，重点改善区域公共环境，获得区政府和当地居民对其他大规模开发工程的支持，从而积极寻求企业入驻，此时方才真正取得经济上的成功，由 1991 ~ 2001 年期间区域就业人数直线上升，亦可窥见区域的加速开发步伐（见表 15.3）。1999 年，随着 LDDC 公司逐步解体后，加纳利码头周边各个行政区重新开始彼此竞争。

表 15.3　1991–2001 年间加纳利码头就业人数变化

人

年份	金融业就业人群	就业群体总量
1991	1000	17000
1993	3000	27000
1995	5000	28000
1997	6000	34000
1999	9000	40000
2001	24000	62000

资料来源：cityUK 网站；上海科学技术情报研究所（ISTIS）分析整理

可见，经过 30 余年间的种种曲折，整个加纳利码头地区发生翻天覆地的变化，不仅成为伦敦城市旧区改造计划的成功范例，更吸引了来自全球各国的目光。

4．集聚区发展经验

从 1981 年英国政府开发加纳利码头至今 30 余年，并非一帆风顺，其间可供借鉴的发展经验主要来自其强大的政府引导模式，涉及以下两点：

第一，依托与伦敦金融城这一强大后盾与平台的竞合关系，为自身发展开拓新局面。伦敦金融城作为伦敦独有的管理组织架构，政府职能定位明确，即负责建设并维护适合金融业和其他行业的最佳环境、协助城内的金融机构以及相关产业与英国的中央政府、议会、金融监管机构、欧盟委员会的沟通，向海外市场推广金融城和英国的各类金融服务等。金融城市长每年巡游世界各地，向全球推介伦敦金融中心。金融机构参与管理，是金融城的鲜明特点之一。金融城常住人口不到 2 万，而在城内工作的从业人员超过 30 万。众多商业机构、公司以及并不居住在金融城内的从业人员对金融城政府的运作均有发言权。根据公司规模，确定相应的选票比例，保证各公司都能参与金融城的管理。伦敦金融城政府还有一个重要职能：对影响伦敦金融业发展的有关重大问题组织调研，提出相关政策建议，免费提供给有关部门和企业。如 2007 年就组织了 25 项调研报告，其中关于全球金融中心指数的调查报告在全球范围引起广泛关注。

第二，在加纳利码头的具体开发过程中，LDCC 这一特色体制值得研究。在 LDCC 正常运转的 17 年时间内，公共部门投资 18.6 亿英镑，私人部门投资 77 亿英镑，431.73 万平方米土地用于再开发，修建道路 144 公里，在道克兰地区架起轻轨，并且建造了逾 230 万平方米的工商业用地；开垦 763.02 万平方米荒地，建造了 24046 幢房屋，新建 2700 家商业贸易单位和 5 所健康中心，投资建设了 11 所小学、2 所中学、3 所大学和 9 所职业培训中心等。在一系列繁荣景象背后，LDCC 适当参与，在区域更新开发过程中不是直接开发和依靠补助金吸引企业，而是在吸引私人资本介入城市开发建设过程的同时，更多注重为企业创造舒适环境，即通过经营城市，创造独特的城市环境和吸引力来促进企业家更好地经营企业，从而提升区域和城市的竞争力。

（二）政府主导加市场推动的商务集聚区——巴黎拉德芳斯

一般意义的巴黎指巴黎大区，又称法兰西岛，位于法国北部，由巴黎市和埃松、上塞纳、塞纳－马恩、塞纳－圣德尼、瓦尔德马恩、瓦尔德马兹和伊夫林等 7 省组成。全区面积 1.2 万平方公里，占全法国面积 2.2%，2008 年全区人口近 1200 万人，人口占法国总人口的 19%，创造的 GDP 逾 5500 万欧元，占法国 GDP 的 29%。

1．集聚区发展现状

拉德芳斯位于巴黎市区西北部，巴黎城市主轴线的西侧，原来是个默默无闻的小村庄。1958 年，为满足巴黎日益增长的商务空间需求，缓解巴黎老城区的人口和交通压力，保护巴黎古都风貌，巴黎市政府提出在郊区的拉德芳斯规划建设现代化城区。政府计划用 30 年时间将包括 Courbevoie、Manterra、Puteaux 三镇的拉德芳斯区建成工作、居住、娱乐设施齐全的商务区域。

全区规划用地 750 万平方米，先期开发 250 万平方米，其中商务区 160 万平方米，公园区（以住宅区为主）90 万平方米。目前已建成商务楼宇 314 万平方米，容纳公司 1600 多家，其中包括法国最大的 5 家银行和 17 家企业，170 家外国金融机构和 190 多家世界著名跨国公司的总部和区域总部。该区目前拥有 18.8 万职工，2 万居民，每年接待 200 万游客，每天有 40 万人在此换乘地铁。区内还有占地 11 万平方米、全欧洲最大的购物中心与 70 万平方米的行人徒步区。

经过半个多世纪的建设，拉德芳斯区已形成以金融服务、通信服务、能源服务三大产业为核心，吸引众多大企业总部和中小企业入驻（见表 15.4），目前已成为欧洲最具影响力的商务集聚区，被誉为“巴黎的曼哈顿”。

表 15.4　拉德芳斯区特色产业及商务活动集聚简况

产业部门	就业人群总数	落户的知名企业
金融服务业	约 5.3 万人，占巴黎大区金融服务业就业总数的 1/5。	800 家企业，如汇丰银行、比利时法国合资银行德克夏银行、东方汇理银行、LCL、Fortis、American Express、GE Money Bank、ING and BNP Paribas 等知名银行。
通信服务业	约 4 万人，比 2000 年翻倍增长	360 家企业，如 Atos Origin、CSC Computer Sciences,、Capgemini、EDS Electronic Data Systems、Oracle 等通信工程企业和 SFR、Thales Communications 等电信企业．
能源服务业		6 家企业，包括空气化工、Areva、EDF、GDF Suez、Suez environment、Technip、Total。
其他产业部门	制药产业：美国爱尔康眼科制药、美国百时美施贵宝、瑞士诺华制药、法国赛诺菲圣德拉堡制药； 电子装备产业：法国施耐德电气、美国江森自控； 石油产业：法国石油研究所； 航空产业：法国达索航空、法国斯奈克玛航空工业集团。	
高等教育部门	7 所高等院校与研究机构，包括：巴黎第 10 大学南泰尔大学、巴黎第 9 大学多菲纳大学分校、达芬奇大学、法国高等经济商业学院、EDC（企业创建者与领导者学校）、法国工程师学校。	

资料来源：拉德芳斯区招商网站；上海科学技术情报研究所（ISTIS）分析整理

2．集聚区发展历程

拉德芳斯的开发建设始于 1958 年，欧洲的战后复兴推动巴黎经济的快速增长，于是政府成立独立规划机构——拉德芳斯区域开发公司（Etablissment Public d' Amenagement de la region de la Defense，EPAD），委托其下放价值 6.8 亿法郎的 30 年开发管理合同，负责包括征地、获得土地所有权、规划和基础设施建设、管理旧建筑、出售建设权和发放建筑许可证、管理财务等，而不对区内产业布局制定规划。1988 年，政府又将 EPAD 服务期限延至 2007 年。

但拉德芳斯今天硕果累累的局面并非一蹴而就，也与伦敦的加纳利码头类似，经历一番波折。1956 年 10 月，拉德芳斯第一次规划就确定了其被分为两大区，即 130 万平方米的商务办公区和 620 万平方米的公园区。1964 年 12 月，EPAD 划出 85 万平方米商务区，制定严格的规划准则，隆重推出了拉德芳斯新区，但初期只是计划在高速公路两旁建设限高 100 米的商务楼宇与较低的集合住宅。

两轮规划之后,拉德芳斯并未取得明显成果。由于当初区域规划及配套设施有问题，招商情况一直不太理想，曾陷入严重的财务危机，不但各大公司总部不想去，甚至连公司分部也不想去。

以商业为主的服务业真正进入拉德芳斯是在第三次规划后。为解决拉德芳斯区的配套设施问题，加强新老城区的一体化，1972 年，巴黎市政府建设了铁路快线 RER 延伸段至巴黎市中心，仅十分钟就可到达老城，同时，将教育部和设备部迁到拉德芳斯，并启动了新凯旋门等一系列美化公共空间的项目。同时由于 20 世纪 70 年代法国进入经济快速上升期的外部经济环境变化,服务业急速增长,要求在商务活动方面拓展空间,尤其是金融保险业。当时 UAP 保险公司进入法国市场，但要求 EPAD 把分散在巴黎的写字楼集中到拉德芳斯，这样就需要 7 万平方米的写字楼。但据第二次规划 EPAD 最多只能提供 2 幢各 2.8 万平方米的写字楼。因此，政府决定进行第三次规划。1972 年总体规划出台，商务办公面积从 80 万平方米增加到 160 万平方米，建筑面积扩大 2 倍，建筑限高放宽到 200 米，最后使得 UAP 大楼高达 190 米。1978 年，房地产业复苏，政府适时采取鼓励举措，新写字楼与购物中心陆续出现。1983 年，密特朗总统发布竞标，宣布建设象征拉德芳斯发展新纪元的新凯旋门。1989 年新凯旋门落成,成为巴黎新地标。

经过前后数轮规划,拉德芳斯区终于逐步收获今日之辉煌。铸就成功局面的因素中，EPAD 功不可没。EPAD 是 1958 年由法国政府和巴黎地方政府联合成立的，带有高度工商业色彩，负责各开发案的工程顾问与财务管理。它并不负责建设，而是将建筑权利出售给民间建设公司，作为机构最主要的经济来源。然而，这个机构中最可贵的地方在于其三四十年来稳定的经营架构，同一群工程师、建筑师、都市规划专家与景观设计师从青壮年到老年始终陪伴，这也促成当初创立新区的原始意图得以历经数次政治与经济环境剧变的考验。

区域开发公司在法律上是一种创新机构，是先期政府政策推动加后期市场运营运作的典型。它一方面允许国家政府掌握都市的主导权，另一方面也保障开发公司的自主性，使土地的收购、基础设施的建设及出售具有必要弹性，在区域整体配置规划过程中，遵循“坚守原则”和“适时变通”的双重要求。历史轴线禁建曾是其中第一个不可侵犯的准则，直到 1972 年贝聿铭提议在轴线上建造双子塔之前，无人考虑此类方案，后来建成的新凯旋门却获得一致认同，可见有所坚持与有所变通对拉德芳斯规划水准的贡献。原本只限于工业技术中心（Centre International des Industries et Techniques，CNIT）前方的人行广场后来扩展成占地 22 万平方米的高架景观徒步区，是另一弹性发展的案例。此外，从规划初期的 85 万平方米商务区到如今近逾 300 万平方米，供应量调高三倍以上以满足市场需求，类似的规划弹性对新区开发成功的贡献不言而喻。

3. 推动集聚区发展的巴黎大区规划

深入探究拉德芳斯商务集聚区成型的推手，离不开区域开发机构这一类商业运营的操盘手，更离不开法国及巴黎大区政府当时的政策环境演进。

（1）巴黎大区规划的提出背景

19 世纪中期，巴黎市经历数十年的“奥斯曼都市计划”改造，奠定巴黎市的发展基础和城市空间，在 19 世纪末 20 世纪初工业大规模发展期间，人口迅速增长，由于巴黎市区发展受到各方面限制，人们开始转向郊区，二战后这种城市郊区化现象更加明显，郊区大批土地被小块出租，出现大量独立住宅，城市化高潮到来。

由于国家过多干预的是巴黎市内的建设发展，郊区发展被忽视，区域化的都市规划思想，即普鲁斯特方案，是法国政府第一次主动表达宏观控制巴黎区域发展城市规划的意愿。该方案由于二战并没有得到实施。二战后，巴黎城市地区非工业化趋势日益严重，政府开始考虑制定工业区划控制政策和区域总体发展政策。在政策调控下，从 20 世纪中叶起，巴黎市内一些基础工业开始转移到巴黎大区边缘，甚至大区以外。1960 年编制的《巴黎区域布局与总体规划结构》即在这一背景下展开，1965 年获批时名为“巴黎大区整治规划管理纲要”，标志着巴黎郊区新集聚区建设的全面开始。1994 年新一轮修编的“巴黎大区总体规划”得到批准，是目前巴黎大区发展的法律文件。

（2）巴黎大区规划的主要内容

巴黎大区规划认为，未来巴黎地区发展的重点不在城市空间的继续扩大，而是对现有建成空间的结构调整以及促进区域均衡和谐发展。在城市布局上主张首先开发与完善市中心地区以外的郊区，保持拉德芳斯等 6 个郊区新城的持续发展，使其成为服务 30 ~ 100 万人的新经济增长点。这无疑从政策层面推动了拉德芳斯区的进一步发展。

（3）巴黎大区规划的创新内容

第一，规划把“建设新的城市发展增长点”作为调整城市空间结构、促进区域均衡发展的重要手段，根据交通联系的便利程度，在巴黎周围规划了 4 个集就业、居住和服务等功能于一体的郊区城市发展增长点，这是所谓的“新区”概念第一次出现在正式的区域规划文件中。事实证明，这个富有创意的规划设想顺应区域城市化加速发展的趋势，拉德芳斯新区的建设被誉为“20 世纪城市建设史上最令人振奋的城市中心开发”。

第二，规划把“形成多中心的城市空间格局”作为城市发展战略的重要内容，利用区域道路系统将市区与郊区相连，共同组成“多中心的巴黎城市密集区”，以区域城市概念取代传统的城市概念。

第三，规划把郊区的设施配置问题提高到战略高度，以此加强区域空间凝聚力，实现区域的空间结构调整。

（4）萨科齐上台后提出的“大巴黎城市发展计划”

2009 年，法国总统萨科齐大力推动价值 350 亿欧元的“大巴黎城市发展计划（Grand Paris）”，该计划旨在打破目前大巴黎城市化地区因行政划分过细造成的城市发展失衡，试图通过国家与地方以及巴黎大区各市镇之间的联合，以更具统一性的发展目标促进城市化区域的整体发展，从而形成对内协调对外竞争的城市发展战略。

有关方案建议，将巴黎大区无限扩大，通过修建高速铁路和提高塞纳河航运功能，让区域延伸到法国北部诺曼底港口城市勒阿佛尔，期望在未来 10 ~ 20 年间将巴黎建成充满凝聚力的“世界之城”。

这一方案因耗资巨大及政治意味浓郁，在法国各界引起讨论，争议不断。主管这一计划的协调指导委员会由法国国家、巴黎大区、巴黎市相关负责人组成，另由 23 位资深人士组成的科学委员会从中协助，统领委员会全部工作的总指挥是萨科齐亲自指派的巴黎地区拓展事务国务秘书克里斯蒂安 · 布朗先生。如“大巴黎城市发展计划”能切实实施，很有可能对拉德芳斯集聚区的发展产生难以估量的影响。

4．集聚区发展经验

拉德芳斯的规划建设成功纾解巴黎市区过于拥挤的压力，作为政府规划的新区，没有破坏老城的古朴，还为老城注入崭新活力，可供借鉴的发展经验有：

第一，合理的开发机制保证拉德芳斯规划的有效实施。开发过程中，EPAD扮演重要角色，该公司在开发之初成立，带有较强政府色彩。EPAD与法国中央政府密切联系，保证政府在区域规划与计划中的主导权，同时，还在土地收购、基础设施建设等方面拥有很大自主权，通过建设交通道路等基础设施，吸引投资者，并向开发者出售建筑权。另外，通过与地方政府合作，处理好与当地居民的利益关系。

第二，便捷的交通体系保证区域办公的高效率。拉德芳斯在建设初期即高度重视交通设施建设，并大力发展公共交通。1970年，区域内快速铁路通车，从市中心区到拉德芳斯区不超过5分钟。目前拉德芳斯已形成高架交通、地面交通和地下交通三位一体的交通系统，拉德芳斯也成为欧洲最大的公交换乘中心，近8成人口进出选择公共交通。

第三，多元化的商务楼宇满足区域内企业的多样化需求。在EPAD开发之前，拉德芳斯区内有一些小型的私人开发建设规划，包括国家工业与科技中心（CNNIT）、埃索公司总部等。这些初期公司由于不愿配合EPAD严格要求人车分离的原则，建成后交通相当不便。此后，EPAD严格执行人车分离原则，并根据不同时期不同企业的发展需要制定多元化的办公楼规划，满足商务集聚区多元职能的发展。初期，办公楼设计的目标客户群是法国及跨国公司总部，因而充分考虑办公室采光要求，控制建筑物高度和间距。进入上世纪70年代，金融保险业、通信服务业、咨询服务业的发展对商务楼宇提出新的要求，为此EPAD借鉴美国经验对办公楼进行更加灵活多样的规划，注重建筑物外部形态和室内空间设计，同时在大楼设计中推广节能技术，强调城市发展与环境保护之间的协调关系，为区内企业提供良好外部环境。

第四，完善的配套设施提升综合服务功能。到20世纪80年代为止，区域内已建成欧洲最大的购物中心，总面积超过10万平方米。区域内还有多家大型会展中心，满足企业展览和会务需求，如区域内曾举办七国高峰会议等高等级会议。同时，区内还有邮局、旅行社、出租车公司、快递公司、餐厅等各种服务设施。

第五，营造良好的景观文化环境，丰富集聚区城市内涵。拉德芳斯区内的新凯旋门建于1989年，与卢浮宫、协和广场、香榭丽舍大街、凯旋门等建筑物处于同一轴线，使得新凯旋门不仅成为拉德芳斯的标志性建筑，更成为巴黎现代都市闻名的象征。此外，IMAX影院、会展中心、德方斯宫、新凯旋门屋顶展厅等则提升了区域建设的文化品位。

但区域公共空间维护成本高昂的问题也不容小视。建造期间，EPAD所需预支的成本就相当可观，完工之后，其管理费用更高达每年 1 亿法郎，约为传统市镇中心商业区的 2 倍。这笔庞大的支出首先来自于广大的公共空间面积，一般市区道路与广场平均占总都市面积的 25%，在这里却占 60%，而且有相当部分埋在地下。不论是应付使用人次、24 小时电梯运转与室内照明，以及防水结构各方面的技术要求，安全的维护，所需投入的人力物力都很沉重。

尽管区域存在一定程度的结构性瓶颈，拉德芳斯的开发规划基本仍被认为是区域建设中的典范，它在各层面政策力量推动下，通过 EPAD 高效合理的运作，已成为以商务办公为主，集多种功能于一体的高端商务集聚区。

（三）市场推动成型的商务集聚区——香港中环

香港特区背靠中国内地，面向东南亚，虽然少平地、多丘陵，且天然矿产资源贫乏，但自由开放的经济政策加上独特的地缘优势促成其今日的繁荣。

过去三四十年间，香港成功地由轻工业基地蜕变为国际金融中心、贸易中心和航运物流中心，目前在全球已具备一定的竞争优势，在各项竞争力排名榜上名列前茅。根据瑞士洛桑管理学院的研究，香港 2010 年在全球的竞争力排名第 2；中国社会科学院比较全国 294 个地级以上城市综合竞争力的结果显示，2009 年，香港已是连续 5 年中国最具竞争力的城市，排名在深圳、上海、北京和台北之前；2010 年，美国传统基金会的研究亦连续 16 年评选香港为全球最自由的经济体系。2010 年，香港 GDP 达到 1.75 万亿港元，人均 GDP 为 24.73 万港元，劳动人口 370 万，总面积 1104 平方公里。

1．集聚区发展现状

中环商务集聚区位于香港岛北部，行政区划属于香港 18 区之一的中西区，北临维多利亚港，拥有优越的地理位置、高效的运输系统和健全的基础设施，自 20 世纪 70 年代开始，随香港经济起飞而发展起来，是香港的经济贸易心脏。

整个中环面积占地约 1.57 平方公里，分为核心区和拓展区两大部分，核心区位于德辅道附近，拓展区位于国际金融中心附近。由于中环土地供应稀缺和租金较高，带动毗邻中环的上环和金钟区域的发展，作为外围区，成为对核心区商务活动的补充。

目前，中环以 0.1% 的土地，创造香港 16.8% 的 GDP，土地实现集约利用，是整座城市单位面积土地创造财富最高的区域，形成以金融服务业为主，批发零售进出口贸易、专业服务业、社会及个人服务业为辅的产业格局（见表 15.5）。

表 15.5 2008 年中环集聚区占香港特区经济比重

主要指标	中环	香港	占比
GDP（亿元，人民币）	2 594	15 425	16.8%
占地面积（平方公里）	1.57	1 104	0.1%
单位土地面积产值（元 / 平方米）	165 223	1 397	

资料来源：香港特区政府网站；上海科学技术情报研究所（ISTIS）分析整理

从就业角度看，中环集中全港 13% 的就业人口，就业密度远高于香港平均水平。金融、贸易、批发零售、商务服务业、社会及个人服务业是区域就业人口分布最多的行业，其中半数就业人口从事金融和贸易相关工作（见表 15.6）。

表 15.6 2008 年中环集聚区就业人口简况

指标	就业人口 / 人	面积 / 平方公里	就业密度 / 人 · 平方公里 $^{-1}$
中环	330 654	1.57	210 608
香港	2 480 772	1 104	2 249

资料来源：香港特区政府网站；上海科学技术情报研究所（ISTIS）分析整理

从入驻机构看，中环区域办公机构约 3.7 万个，占全港 12%，办公机构密度是香港平均水平的 94 倍，虽然机构数量低于油尖旺区，但机构密度居于首位。贸易、金融、商务服务业、社会及个人服务业是入驻机构中数量最多的产业部门（见表 15.7）。其中，区域金融机构约占区域机构总量的 10%，容纳区域 26% 的就业人口，创造区域 53% 的 GDP 产值。金融业高附加值的特性，使其具有更强的财富贡献和经济带动力。

表 15.7 2008 年中环集聚区入驻机构简况

指标	机构数量 / 家	面积 / 平方公里	办公机构密度 / 个 · 平方公里 $^{-1}$
中环	36 749	1.57	23 407
香港	305 852	1 104	277

资料来源：香港特区政府网站；上海科学技术情报研究所（ISTIS）分析整理

2．集聚区发展历程

伴随香港经济的持续推进，城市规划、建设和产业布局也呈现快速现代化的发展趋势。作为香港经济核心的中环，其地位由历史条件和市场环境共同推动，政府在此过程的功能定位主要是致力于确保土地供应的充足，满足因经济增长和转型而产生的土地需求；同时，通过公开、透明、公正的制度，建设区内的公共基础设施。整个发展过程中最显著特征是与城市和经济发展密切相关（见表 15.8）。

表 15.8　中环集聚区的发展历程

阶段	发展初期（1841 年 -20 世纪初）	初步发展（20 世纪初 -1970 年）	快速发展（1970–2000 年）	发展成熟（200–现在）
区域发展	港岛开埠后最早开发的区域；开埠后作为政府专用地块，港督府坐落于此；	随着香港经济的发展和金融市场的兴旺，中环进入全盛发展期；多次填海造田扩展中环的土地面积，不断兴建摩天大厦，物业建设大规模展开	银行、保险等金融服务业，法律、财务等商业服务机构在中环高度集聚，促其成为香港的金融中心和商务集聚区；基础设施不断完善，地铁通车，自动扶梯系统建成，形成高效运输系统。	中环新海滨计划，提升集聚区环境质量和舒适度。区域发展成熟后，更加注重人居环境的改善，实现和谐发展。
占地面积		0.8 ~ 1 平方公里	1 ~ 1.5 平方公里	1.57 平方公里
从业人口		15 ~ 18 万（1960 年代）	25 ~ 30 万（1980 年代）	约 33 万（2008 年）
经济贡献		对城市 GDP 贡献 5 ~ 10%（1960 年代）	对城市 GDP 贡献 12% ~ 15%（1980 年代）	对城市 GDP 贡献 17%（2008 年）
物业特点		大量兴建办公楼	旧物业重建、新物业密集开发，以国际金融中心为代表的新地标建成	区域开发基本结束

资料来源：香港特区政府网站；上海科学技术情报研究所（ISTIS）分析整理

在区域发展过程中，其开发模式亦值得研究，可概括为以下两种：

早期是以香港置地为主的开发模式，核心区主要建筑由其兴建，并承担公共设施建设，大力改善区域内外联系，建成中环—半山自动扶梯系统，在主要楼宇之间建设人行通道或连接天桥，改善区域内部建筑之间以及半山居住区的连通性，统一规划使区域成为有机整体。

中后期则打破单一投资开发主体模式，鼓励投资来源多元化，如香港地铁公司、新鸿基地产、恒基兆业等更多投资商参与区域建设。利用区域规划交通的开发，将办公楼宇的兴建与地铁交通有机联系，整合区域各种资源，建成高规格、地标性的优质物业，提升区域整体建筑档次和对跨国企业的吸引力。

随着中环区域开发告一段落，目前的区域规划不同以往，主要致力于区域环境的改善，从 2007 年开始，正在进行维多利亚港沿岸片区的规划研究，即中环新海滨城市设计规划，拟通过对文化艺术、公共休闲等设施的发展，为区域土地用途增加新元素，丰富集聚区功能。

3. 集聚区产业集聚历程

中环商务集聚区的产业定位取决于香港城市发展的产业阶段，伴随香港产业的升级换代，中环区域亦逐步实现产业发展与集聚的高端化（见表 15.9）。

表 15.9 中环集聚区的产业集聚历程

阶段	转口贸易阶段（1841–1950 年）	工业化阶段（1951–1970 年）	经济多元化阶段（1970–2000 年）	现代服务业阶段（2000年–现在）
香港	自由贸易港，发展转口贸易；航运、港口、保险等贸易相关产业快速发展。	贸易滑坡，资金流入制造业，单一贸易港向工业化城市转型；纺织、服装、塑料、玩具、化工等轻工业发展较快，成为亚洲制造业中心；房地产业开始发展	内地经济发展，承接香港制造业转移；以金融、房地产、旅游等为代表的服务业得到大力发展。	发展高技术产业，信息技术带动传统服务业升级换代；以金融、商务服务业为代表的现代服务业成为香港经济的主力产业。
中环	贸易、商业为主；渣打、汇丰等外资银行进入，金融业崭露头角。	商业、贸易和制造业相关行业为主；区域建设带动房地产发展。	抓住产业结构升级的契机，加速金融、批发零售贸易、房地产和旅游等服务业的集聚。	服务业升级，处于高端产业链的金融保险、专业服务在区域内进一步强化和集聚。

资料来源：香港特区政府网站；上海科学技术情报研究所（ISTIS）分析整理

4. 集聚区成因剖析

作为高度开放的国际都市型经济体，香港都市环境的外在条件是中环区域得以繁荣的最根本条件。香港的主要优势在于区位条件、国际联系、服务业、人才和标准制度等五个方面。

第一，贯通亚洲背靠内地的区位优势。目前，全球发展趋势之一是重心逐步转向亚洲，金融海啸之后，此趋势更为明显。香港作为贯通亚洲南北的枢纽，背靠中国内地这一广大市场，由此获得的推进力，有助于经济与商务活动的集聚。

第二，与国际市场的紧密联系优势。长久以来，香港扮演着亚洲交通、贸易和通信枢纽的角色，发达流通的信息网络，使得香港易掌握来自世界各地的客源和销售订单，在海运和空运方面均占有一定份额或航线优势，是世界重要的国际金融中心、贸易和航运物流中心，也是跨国企业在亚太区设立区域总部的集中地、世界各国通向中国内地的门户。在通讯系统方面，香港拥有亚洲最先进的电子及光纤通信和卫星通信网络系统，与欧美、中东和亚洲各区的连接网比亚太区其他城市更为密集。与国际社会广泛的联系，并通过参与国际竞争合作，使得香港实现持续完善和创新，营造一流的集聚区氛围。

第三，成熟发达的服务业优势。香港服务业占本地生产总值比例已从 1987 年的 71% 增值到 2009 年的 90% 以上，其中，四大支柱产业包括贸易和物流业占 25.9%，金融服务业占 16.1%，旅游业占 2.8%，专业服务等占 11.9%。目前，香港已经成为世界第 13 大贸易实体、第 15 大银行中心、第 6 大外汇交易市场和亚洲第 3 大股票市场。如此发达的服务业水平，必然有助于中高端服务业活动在中环区域内持续集结集聚。

第四，丰富的人才与技术优势。香港拥有多所高水准高等教育院校，是世界各地人才在亚太区集聚的重要地区之一。就科研发展而言，香港高校和部分研究机构掌握大量自主研发技术，也有不少科研人才拥有在美国硅谷企业的实际运营经验，不仅掌握世界先进的技术，也熟悉国际资本市场的运作。

第五，较高的制度标准优势。香港法律体制健全，知识产权保障制度相对完善；政府行政透明公平，廉洁高效，公职人员操守得到社会的充分监察。此外，企业管理水平较高，其专业服务包括医疗、法律、建筑、测量和会计等水准与国际接轨，并由具公信力的行业协会或工会进行自我监督。

但是也必须指出，面对未来挑战和全球经济格局的进一步变化，香港遭遇的服务业竞争日趋激烈、结构调整问题突出、发展成本持续上升等问题，仍需花大力气加以解决，应在认清优势的同时，不能忽略眼前的挑战和隐忧。

（四）经验与启示

总结前述国际城市商务集聚区开发建设过程中的经验教训，对于我国商务集聚区的建设发展具有重要借鉴意义。

1．尊重市场规律，制定科学合理的发展规划

商务集聚区是城市经济发展到一定阶段的产物，因此其开发建设也必须尊重市场经济发展规律。市场自发形成的商务集聚区充分体现市场规律的重要性，政府规划引导建设的商务集聚区也需要考虑市场需求而不能盲目开发建设。如法国巴黎拉德芳斯商务区开发过程中成立的 EPAD，即是尊重市场规律的体现。历史经验表明，成功的商务集聚区的建设周期往往长达十几年甚至几十年，因此，科学合理的具前瞻眼光的综合规划显得尤为重要。在自发形成商务集聚区的中后期，政府规划引导也可发挥作用，如纽约曼哈顿能够保持平稳发展的重要因素之一，即是政府及时通过规划进行功能分区，使中城和下城各自发挥职能。

2．完善配套服务设施，保持商务集聚区的持久活力

在海内外城市商务集聚区开发建设中出现的夜晚“死城”现象，归根到底是因其

功能设计仅仅注重办公，忽略商业和娱乐等综合功能，而成功的案例恰恰也是因为有效实现商务集聚区应有的复合功能。如，纽约曼哈顿中城的洛克菲勒中心是由19栋建筑共同围合而成的城市绿洲，形成集办公、商业和娱乐功能于一体的商务办公设施。纵使在面积狭小的东京新宿，也强调高档商业设施的配备到位。居住功能也是商务集聚区需要配备的功能之一，区域能够持续发展很大程度上有赖于周边大型居住社区的形成，如纽约曼哈顿周围即存在面积巨大且按人群划分的若干大型社区。

3．把握开发进度，进行商务办公设施建设

商务集聚区楼宇设施价格的剧烈变动不仅不利于资源的合理配置，导致办公场地紧缺或过剩，也不利于商务集聚区高端形象的树立，因此，商务集聚区，尤其是商务楼宇的开发要把握进度，控制投放市场的总量，保持供需平衡和价格相对稳定，使其始终具有独特的竞争力。例如，巴黎拉德芳斯规划面积为750万平方米，但却严格控制前期开发总量，仅为规划面积的三分之一，从而有利掌握市场动向，实现市场供需平衡，避免造成空间浪费和价格波动。

4．加强政府服务，营造良好的商务环境

商务环境历来是决定商务集聚区水平高低的重要指标之一，因此，需要通过政府宏观引导，不断完善各种商务服务环境。如巴黎拉德芳斯成立的EPAD一定程度上担负为企业提供各种政府服务的功能。此外，信息化也是国际商务活动的技术保障，因此加强信息网络基础设施建设也是完善商务集聚区环境的重点工程，如，东京新宿在20世纪80年代末因写字楼供给不足，许多大公司外迁，但随着智能大厦的落成，迁出的一些跨国公司又重新返回新宿。

三、跨国公司区域总部的发展动态研究

大型跨国公司凭借巨额资产、庞大的生产规模、先进的科学技术、科学的管理手段，将其触角伸展至全球各个角落，谋求全球战略布局。作为跨国公司重要载体的商务集聚区或者城市本身，是承载跨国公司所有资源运作的基本平台。有关研究认为，衡量国际大都市的关键是“跨国银行指数”和“跨国公司指数”，而瑞士洛桑的全球竞争力指数、世界经济论坛的全球竞争力指数、知名咨询公司普华永道每年联合纽约市政府发布的“机会之都”报告等诸多知名排行榜，均将跨国公司总部集聚总量列为城市竞争力的重要评价指标之一，可见，跨国公司总部对城市经济活动的集聚有着举足轻重的作用。而发展具有深度辐射影响力的商务集聚区，离不开集成综合调控功能的跨国公司总部。本节对区域总部区位选择因素及其产生的影响作一简要探讨。

（一）影响跨国公司区域总部的区位因素

跨国公司区域总部是跨国公司在该区域行使业务职能的部门，需要制定经营战略，进行人事、管理、会计、法律、财务、劳务、广告、宣传、调查等业务活动。它同公司的其他部门例如生产部门、销售部门、研究部门的区位因素截然不同，需要设立在有战略意义的地区，有着良好的通信条件，对服务及技术创新要求颇高，其区位选择的本身具有很强的特殊性。

联合国贸易发展会议（United Nations Conference on Trade and Development，UNCTAD）认为，跨国公司地区总部的选址需考虑以下条件：一是较高的国际化程度；二是拥有高素质的专业化人才，包括企业管理人员、研究开发人员等；三是较低的企业和个人所得税；四是优质的信息和通信技术等基础设施；五是良好的业务支援服务，包括法律、会计、咨询和公共关系等；六是接近顾客，尤其是规模较小的公司更看重这一点。

基于上述背景，报告经过研究认为，影响跨国公司区域总部的主要因素涉及人才资源、基础设施、服务业集聚水平、区位优势、区位环境、市场环境等多种因素。

由于北美洲、欧洲、亚洲是世界上各大跨国公司建立区域总部最集中的地区，下文将对跨国公司选择三大市场的区位因素进一步分析。

（二）北美洲区位选择因素

1．北美洲区域总部发展现状

根据 UNCTAD 连年发布的投资报告，2007 年美国吸引外国直接投资 2328 亿美元，对外直接投资 3138 亿美元，净存量为 -810 亿美元。2007 — 2008 年受金融危机及美元贬值影响，美国较优厚的投资条件和凸显的投资价值，使各大跨国公司持续对美国注入资金。在金融危机影响下，2007 年的外国直接投资流入量依然稳健，但出于对某些发达国家面临的经济不确定性的担忧，流出量也同样巨大，这部分资金去寻找更具价值的区域市场。因此，2010 年美国吸引外国直接投资 2280 亿美元，对外直接投资 3255 亿美元，两者之间净存量为 -975 亿美元，差距比 2007 年有所放大。

落实到区域总部的数量，跨国公司区域总部逐渐迁出似是难以更改的事实。跨国公司区域总部在美国纽约大都市圈的情况如表 15.10 所示，2005 年前 500 家公司总部和地区总部数比 1984 年下降 35%，达到 21 家，这或许也是近年来跨国公司将总部移出美国所导致的局面，部分跨国公司倾向将总部或者区域总部建立在成本更低、更符合其战略发展的国家或地区。

表 15.10 1984–2005 年国际大都市集聚跨国公司总部与区域总部比较

大都市	1984 年		1999 年		2005 年	
	人口 / 千人	前 500 家公司总部和区域总部数	人口 / 千人	前 500 家公司总部和区域总部数	人口 / 千人	前 500 家公司总部和区域总部数
纽约	17082	59	16400	25	19926	38
东京	26200	34	27200	63	28800	58
伦敦	11100	37	7600	29	9800	35
巴黎	9650	26	9600	26	9690	28
大阪	15900	15	10600	21	11730	10
芝加哥	7865	18	6900	2	8902	12
上海	8500	0	13700	12	14790	32
北京	9430	0	11400	3	19800	13

资料来源：沙森，《全球城市纽约伦敦东京》，2005.10，上海社会科学院出版社

2．在北美洲设立区域总部的区位条件

北美洲是世界经济最发达的地区之一，主要国家为美国和加拿大，是目前世界上对跨国企业最具吸引力的地区，该地区的竞争优势和独特魅力来自于银行、保险、咨询、证券、外贸等领域，它们为世界各国的跨国公司提供一流服务，具有其他国家或地区无法替代的国际地位，它优厚的区位优势条件表现在：

第一，优秀的高素质人才。北美洲聚集了世界上最优秀的科技人才，受教育程度高于世界平均水平，而且北美洲特有的教育体制源源不断地吸引世界各地的精英来此深造。2007 年，美国约有 493 万学士以上学位的科学家和工程师分别被政府、大学、工业和科研单位雇佣，其中 25% 在外国出生。在拥有博士学位的科学家和工程师雇员中，40% 出生于国外。这些高素质人才对区域经济发展做出重要贡献，这也是各大跨国公司将区域总部设立于此的重要原因。

第二，完善配套的基础设施。北美洲的互联网宽带、同轴电缆、交换机系统、光纤、卫星传输等均属于最先进的商务设备。此外，商务活动所必需的物流服务、便捷的交通系统、国际空港、高档会展中心、国际标准的写字楼、休闲娱乐场所等大型公共设施一应俱全。同时，那些能为区域总部的外国员工提供十分优越生活条件的地区，也是全球各公司设立总部的首选之地。

第三，领先的科学技术。美国拥有领先世界的科技，并保持高效的科研创新，这是美国持续重视对科技发展的投入，重视对产业界的激励以保持创新环境的结果。2011 年 9 月 7 日世界经济论坛发布的《2011 — 2012 年全球竞争力报告》认为，美国

已处在创新型发展阶段，是全球技术开发中心。美国知名智囊兰德公司 2008 年 6 月 11 日 的报告指出，美国的研发支出与科研从业人员仍居世界首位，研发支出占全球总支出的 40%，专利发明占工业化国家所有专利发明的 38%。科研从业人员 130 万人，占工业化国家总数的 37%。全球排名前 40 的大学有 3/4 位于美国，排名前 100 的大学有 58% 在美国，70% 的诺贝尔奖得主在美国工作。

第四，健全的法律法规。美国和加拿大的监督制度、工会制度、税收制度、贸易制度、环保安全标准等均十分严格，有利于跨国公司区域总部有效地对成本进行控制，并且管理规范透明，相应的法律也十分完善健全。

第五，巨大的市场容量。虽然北美洲人口刚过 4 亿，但群体消费能力强，对商品的品牌和质量要求较高，基于美国特殊的消费信贷制度及美国式生活方式，提前消费成为该地区主要的消费形态，对商品的需求程度远远高于世界其他地区。

虽然北美区域市场的集聚力强大，仍应注意可能因市场进入门槛偏高、贸易保护机制过强、成本优势丧失等负面因素，导致跨国公司基于自己的战略目标将地区总部转移到欧洲和亚洲新兴市场。

（三）欧洲区位选择要素

1．欧洲区域总部发展现状

根据 UNCTAD 投资报告，2008 年，欧洲各国集中了非金融业跨国公司 100 强中的 57 家总部或区域总部，其中，英国 14 家、法国 13 家、德国 10 家，占据榜单的半壁江山。早期的一项研究显示，2002 — 2003 年间，全球跨国公司在英国建立或重置全球总部或地区总部数量为 181 家，领先其他发达国家；美国为 126 家；澳大利亚、德国和荷兰分别为 54、37 和 34 家，欧洲成为这一时期跨国公司建立或重置全球总部或地区总部数量最多的地区（见表 15.11）。

表 15.11　2002–2003 年间全球跨国公司建立或重置总部或区域总部情况

国家 / 地区	总部或区域总部数量
发达国家	624
英国（伦敦、曼彻斯特、伯明翰等）	181
美国（纽约、芝加哥、休斯敦等）	126
澳大利亚（悉尼、墨尔本等）	54
德国（法兰克福、柏林等）	37
荷兰（阿姆斯特丹、鹿特丹等）	34
其他国家或地区	192

资料来源：联合国贸易发展会议（UNCTAD）网站

2. 在欧洲设立区域总部的区位条件

同样作为经济发达的区域市场，欧洲在以下三项区位条件上占据一定优势：

一是精湛的制造技术与尖端的科研优势。基于欧洲国家完善的质量控制体系和工人对精湛技术的追求，欧洲产品从外观到内在质量都无懈可击，尤其是汽车工业，“精工制造”成了产业代名词，德国的奔驰、宝马等均享誉全球。欧洲的环保标准是世界最安全的标准之一，该标准在一定程度上反映出欧洲科技实力雄厚。虽然欧洲制造业逐渐转移到世界其他地区，但是传统工业制造强国德国、法国、瑞士等均代表世界顶级水平，尤其是瑞士的钟表制造业及钻石切割工业，在市场上占有绝对优势。除此之外，欧洲的科技研发水平和美国不相上下。为保持这种先进科技创新的优势，欧洲各国投入资金进行研发，不断为市场提供较高科技含量的高品质商品。

二是强大的金融集群实力。欧洲的金融集群采用多点发展模式，不局限于某一特定区域，而是强调产业集群功能的可持续发展，金融在欧洲的发展有着深厚的积淀，集中了相当数量的金融机构，尤其是外国银行设立的分支机构。其中，伦敦是世界上最大的国际保险中心，是知名商务集聚区伦敦金融城和加纳利码头的所在地，每年外汇成交总额约 3 万亿英镑，是世界最大的国际外汇市场，同时还是世界最大的欧洲美元市场，占世界欧洲美元成交额的 1/3 以上，伦敦股票交易所是世界四大股票交易所之一，是实至名归的全球金融中心。

三是区域的税收与区位优势。欧洲有着非常优惠的税收政策，适合各类跨国公司区域总部的设立。例如瑞士在 2006 年修订税法以使外资制度更具竞争力，良好的税收优惠有力地增进欧洲的竞争力。同时，还具有稳定的政治环境和完善的法律制度，为跨国公司地区总部的长远规划创造有利条件。欧洲从地理方面看属于环地中海区域，地理位置得天独厚，其基础设施也较完善。此外，欧洲多元文化的融合使这里的总部氛围更加浓郁。随着欧盟进一步扩张，欧盟成员国的数量上升很快，越来越多的欧洲国家共同使用一种货币，分享加入欧盟带来的贸易利益与经济发展。以上这些区位条件，有效地促进跨国公司区域总部在欧洲进一步集聚。

（四）亚洲区位选择要素

1. 亚洲区域总部发展现状

亚洲的经济复苏始于 20 世纪 60 年代日本的迅速崛起；70 年代亚洲“四小龙”的出现极大地拉动了经济的发展；80 年代，印度、马来西亚、泰国受益于廉价的劳动力、特殊的地理位置和美国的亚洲战略，它们的经济也迅速发展起来。同时，中国在改革开放后，取得了举世瞩目的经济发展成果。亚洲经济在 1997 年金融危机爆发前年均增长 8%，远远高于发达国家经济增长的平均水平。金融危机后亚洲经济在中国的带动下恢复较快，很多国家的跨国企业积极对外投资。2008 年，按国外资产排名的发展中经济体非金融跨国公司 50 强中有 30 家源自亚洲，其中 17 家来自中国（包括香港特区和台湾地区），分别是中国大陆的中信集团、中国远洋运输总公司、中国建筑工程总公司、中石油、中石化，香港特区的和记黄埔、怡和控股、新世界发展有限公司、中电控股、中资控股、第一太平洋、香格里拉亚洲、东方海外，台湾地区的台塑集团、鸿海精密、华硕电脑、广达电脑等。

UNCTAD 的世界投资报告还指出，2007 年亚洲外国直接投资流入量为 3193 亿美元，流出量为 1947 美元，投资存量为 1246 亿美元，2007 年开始成为全球外国直接投资净流入量最多的地区。金融危机后虽然总量有所减少，但 2010 年 7 月最新数字显示，凭借中国大陆和中国香港特区的直接投资量实现 2 位数增长，东亚地区直接外资投资量增至 1880 亿美元，中国流入量上升 11%，增至 1060 亿美元。由于中国的工资和生产成本持续上涨，因此劳动密集型制造业向中国转移的趋势已经放缓，直接外资流入正在向高技术产业和服务业转移。

与此同时，在亚洲地区，集聚在新加坡和中国香港特区的跨国公司地区总部已经达到相当数量：新加坡大约 6000 家外国公司中，有 3600 家跨国公司以区域总部形式在新加坡开展业务；2010 年，在香港设立区域总部的跨国公司已达 1285 家，开设地区办事处的跨国公司则有 2353 家。

这些成绩应归功于亚洲地区区域经济一体化程度的提高，持续的经济增长，投资环境的改善，人口受教育水平的提高，以及广阔的市场和更多的投资机会。而上述种种因素也是直接吸引跨国公司区域总部的重要区位条件。

2. 在亚洲设立区域总部的区位条件

亚洲地区设立跨国公司地区总部的区位条件，与北美洲和欧洲等传统发达区域市场有较大区别。

第一，各国相继推出积极的外资引进政策。地区中各国积极鼓励外国直接投资，并推出优惠的经济政策鼓励跨国公司在本地区建立区域总部，同时配合各国优厚的区域总部设立机制，对跨国公司产生极大吸引力。菲律宾在 1974 年就给予跨国公司设立地区总部的优惠措施；随后新加坡于 1986 年提出“国际综合商务中心构想”，并对跨国公司的经营总部引入税收等优惠政策，马来西亚也于 1990 年制定了相应的优惠政策。香港虽然没有针对地区总部的优惠政策，但是香港的法人税在整个地区是最低的，再辅以世界金融中心，完善的基础设施，背靠中国大陆市场强有力的支撑，对各大跨国公司在此设立区域总部有很强的吸引力。

第二，国家首都或首位城市的区位优势明显。亚洲地区区别于欧美等发达国家的另一重要特点是各国的首都或首位城市集各项高级职能于一身，既是本国的政治中心，又是经济中心，有着完善的基础设施配套，地区中各国也纷纷举全国之力发展首都或首位城市，例如中国的北京、上海，印度的新德里，泰国的曼谷，韩国的首尔和马来西亚的吉隆坡等。

第三，各国竞相强化自身优势实施总部战略。亚洲各国为争取跨国公司区域总部进行激烈的竞争，出台各种优惠政策，完善国内的政治经济体制，特别是针对区域总部进行专门的研究，同时对拟建立区域总部的所在地加大投资力度，升级基础设施，配套成熟的服务体系。如何更多更优质地引进跨国公司区域总部是亚洲各国各地区发展经济的核心任务和重要的战略目标。

3．跨国公司的亚洲战略

针对亚洲市场独特的区位条件及快速的经济发展，跨国公司对亚洲地区也相应做出战略性的调整，主要表现在：

第一，跨国公司组织体系战略变化。跨国公司的业务领域快速扩大，在亚洲地区投资的深度和广度逐渐加强，迫切需要建立完整的生产营销体系，以适合在该地区经济快速发展的需要。同时，随着2008年世界金融危机的蔓延，跨国公司在欧美等发达国家的赢利能力受到严重影响，而在亚洲地区的经营管理显得日益重要，迫切需要调整亚洲区的公司战略，依托亚洲经济的强劲动力拉动跨国公司的整体效益。

第二，投资结构的战略变化。由于亚洲地区经济的强劲发展，工资水平节节攀升，由此导致消费结构的变化。20世纪80～90年代亚洲地区工资水平较低，廉价劳动力充足，使跨国公司纷纷在此设立加工部门以降低成本。随着经济的不断发展，生产资料价格不断上升，亚洲各国的薪金水平也逐年提高，导致跨国公司制造业加工部门的利润降低，对传统加工部门的转型势在必行，跨国公司的投资向高附加值产业转换，从劳动密集型部门向知识、技术密集型部门过渡。

第三，区域市场一体化的战略变化。区域市场一体化产生的集聚效应对跨国公司的利润增长具有积极的意义，跨国公司一方面快速发展自己完整的组织架构，使在该地区建立成熟的生产销售体系；另一方面同其他跨国公司强强联合，抢占新市场并扩大传统市场占有率。

以上战略的调整使跨国公司持续对亚洲投资，并逐步设立区域总部，从20世纪90年代开始的二三十年来，各大跨国公司纷纷将地区总部设在香港、北京、上海、新加坡等经济发达城市的商务集聚区内。

通过对北美洲、欧洲和亚洲的区位选择因素的分析可以发现，尽管不同地区有各自的优势，但是未来的市场容量、完善的基础设施、先进的科技和持续的创新能力、丰富的高素质人才，以及健全的法律制度等因素对跨国公司的区域总部战略具有直接的影响，是跨国公司区域总部最为重要的区位选择因素。另外，对跨国公司亚洲战略的分析表明，跨国公司区域总部在总部制定的全球经营框架下，从区域层面上对经总部授权的区域内数个子公司、分公司以及代表处等分支机构的各项活动（生产、销售、物流、研发、人才培养、融资、市场调研等经济科研活动）进行统筹管理和协调，负责制定公司区域经营战略的组织形式，在此过程中，应对全球经济发展格局的变化，其区域总部战略也会逐步调整、顺势而为。一个地区或城市要发展总部经济，吸引更多的跨国公司地区总部入驻，从而加快形成具有国际影响力的商务集聚区，就必须不断地强化前述区位选择因素。

主要参考文献

【1】包晓雯. 大都市现代服务业集聚区理论与实践——以上海为例 [D]. 上海：华东师范大学资源与环境学院，2009.

【2】伦敦市政府网站. http://www.cityoflondon.gov.uk/Corporation.

【3】巴黎市政府网站. http://www.paris.fr/english.

【4】香港特区政府统计处网站. http://www.censtatd.gov.hk/.

【5】联合国贸易发展会议. http://www.unctad.org/Templates/StartPage.asp?intItemID=2068.